唐锡彤 刘晓焕 吴德运 主编

吴佩孚新论

——吴佩孚国际学术研讨会论文集

下册

国家图书馆出版社

吴佩孚评价之我见

吴佩孚1874年生于山东蓬莱,1939年在北京去世。吴佩孚是清末秀才,美国史学家费正清称他为"学者军阀"。众所周知,1923年他镇压了京汉铁路工人运动,造成著名的"二七"惨案,并抵抗北伐运动,兵败后蛰居四川,"九一八"事变后伏居北平。对北洋直系军阀首领之一的吴佩孚的评价,应该在当时特定的环境下,根据吴氏的现实变现,实事求是地具体分析,而不能笼统地肯定或否定。

一、民族主义情结

我们通过对北洋军阀统治时期的重大历史事件的考察,结合吴氏在其中的表现,可以看出他既有与人民为敌的反动性的一面,也有在客观上推进历史发展进程的一面。这需要从当时的历史发展过程中去探析。

清朝时,年少的穷秀才吴佩孚在家乡的蓬莱阁前看到了被日本人在甲午战争中炸毁的楼宇,愤然写下了"何日提劲旅,收复旧山河"的诗句。

1917年,张勋复辟,段琪瑞和曹琨都发兵讨伐,第一个攻入北京的就是吴佩孚团长。吴佩孚对"驱逐鞑虏,恢复中华"是相当拥护的,他心里有的大汉民族主义的思想,是不能容忍满清复辟的。在护法运动中,吴佩孚虽然在湖南战场上接连攻打护法军获胜,但因其与段祺瑞矛盾的激化,而对护法军作出了让步,罢战主和,并通电全国主张"南北议和",支持孙中山,而获得社会舆论的好评。而吴佩孚在"五四"运动中的某些表现,则更说明了他的民族意识。

在一般意义上,我们对于"五四"运动的理解都是知识界和一般民众爱国热情的爆发,而忽略了军人的爱国情怀。"五四"运动要求政府拒签《巴黎和约》,维护主权。得到了全国各阶层的支持,在军界中,吴佩孚就是一个支持者。运动爆发时,远在湖南的吴佩孚直接给总统徐世昌发出通电:"大好河山,任人宰割,稍有人心,谁无义愤?彼莘莘学子,激于爱国热忱而奔走呼号,前仆后继,民草击钟,经卵投石……其心可悯,其志可嘉,其情更可有原!"后又致电南北双方将领联名通电反对政府签约,他说:"决不许出卖祖国的主权!不能让强敌将我山东家乡当肉吃!身为山东籍的军人,我愿对日本背水一战!"并表示:"军人卫国,责无旁贷,共作后盾,愿效前驱!"这就是吴佩孚对待"五四"运动的态度。而吴佩孚等军界诸侯的态度又在一定程度上影响了国是决策。

1922年,第一次直奉战争反直"奉皖孙"三角同盟惨败,于是苏联人在拉拢广州国民党的同时也开始拉拢吴佩孚,两次表示愿意出钱出顾问帮助他。但吴佩孚和一拍即合的国民党不同,他觉得,苏联人的赤化终究会摧毁儒家的中国,而且他更不愿失去外蒙。对吴绝望后,苏联人才开始专一对广州孙中山的支持。

吴佩孚通电保护故宫,更是显示了他的民族情结。当时挤在宣武门内象房桥国会厅里争吵不休的参议员和众议员们简直昏了头,居然要拆除紫禁城里最精华的太和殿、中和殿和保和殿三大殿,在其废墟上另建议会大厦!远在洛阳的吴佩孚惊闻此讯,立马直接把一封电报拍给了大总统、总理、内务总长、财政总长四位。电文掷地有声:"何忍以数百年之故宫供数人中饱之资乎?务希毅力惟一保存此大地百国之瑰宝。无任欣幸。盼祷之至!"各报刊登载了吴氏通电后,颂扬吴帅之声鹊起,抨击国会之议潮涌,"保存此大地百国之瑰宝"的威严号令让始作俑者噤若寒蝉,故宫三大殿方幸免一劫。

1923年,吴佩孚在洛阳开学练兵,对着一群年青的学生大呼:"我要把你们培养出一百个将军来,把中国失去的土地都收回来!"底下的青年学生大呼"大帅万岁"!1932年,西北五省的军阀联名上书,推举吴佩孚出山领导对日抗战。吴佩孚也表示要:"舍此残生以御国辱。"

二、"三不主义"信条

董必武对吴佩孚有过这样的评价:"吴佩孚虽然也是一个军阀,但有两点却和其他的军阀截然不同,第一,他生平崇拜我国历史上伟大的人物是关、岳,他在失败时,也不出洋,不居租界自矢……他在失势时还能自践前言,这是许多人都称道他的事实。第二,吴氏做官数十年,统治过几省的地盘,带领过几十万大兵,他没有私蓄,也没置田产,有清廉名,比较他同时的那些军阀腰缠千百万,总算难能可贵。"吴佩孚为人的信条是:"不贪财,不好色,不纳妾。"大量史实证明,吴佩孚是言行一致的。而吴佩孚的"三不主义"更是证明了这一点。

不借外债。在北洋军阀统治期间,主要是依靠外债维持着。直系军阀获得了英美的支持。但吴佩孚一生都没有向外国人借过一分钱。真正获得过英美支持的是直系中的冯国璋和孙传芳,吴佩孚是军阀中的例外。

不入租界。1924年,第二次直奉战争,吴佩孚败给了张作霖和冯玉祥。部下劝他到租界里躲躲,他不听。1937年,日本占领北京,蒋介石劝他南下,他回电说:"世上有桃源则去,未有则不去。"有人劝他搬进天津租界,他不去。1938年,曹锟病死在天津法租界,他不愿自毁誓言,只在北京设灵堂祭奠。

不纳小妾。吴佩孚辉煌后,始终不肯抛弃其糟糠之妻。更难能可贵的是,两人无子女,其妻劝吴纳一小妾,不要断了吴家香火,吴不从。1922年,一个德国贵族女子,迷上了吴佩孚,不远千里跑到洛阳,向他当面求爱,被断然拒绝,该女子还不死心,回到上海,不断给吴佩孚写情书,几个月后,所有的情书都没开封的退了回来,最上面的一个封面上写着"老妻尚在"四个大字。像这样的人物,在当时的社会背景下,能够做到这些,应当说是难能可贵的。

三、英雄主义本色

饱读诗书的吴佩孚在卧室中,用悬挂着自撰的联语自律:"得意时,清白乃心,不纳妾,不积金钱,饮酒赋诗,犹是书生本色;失败后,倔犟到底,不出洋,不走租界,灌园抱瓮,真个解甲归田。"吴佩孚的确是这么做的。他在第二次直奉大战中失败以后,在情况十分危急时,有人劝他躲进外国租界地暂避一时,或者是取得洋人支持出国,以求东山再起。但吴佩孚都坚决拒绝了。在他忍辱负重逃到四川奉节白帝城以后,日本人又派特使找到他,答应给他财力和武力的大力支持,帮助他报仇雪耻,恢复霸业。但是,吴佩孚却不为所动,他对日本人的回答是:这是我们中国人自己的事,用不着外人插手。若没有日本人的入侵,吴佩孚原本是要在北京城里颐养天年的。可是,卢沟桥事变的枪声打断了他的残梦。

对日本的侵略罪恶,吴佩孚是深恶痛绝的。即便流落四川有东山再起之意时,日本特务头子荒木代表日本愿奉送"步枪十万支、机枪二千挺、大炮五百门,子弹若干,此外并助款百万",但他拒而不受。就在张学良到北平火车站来迎接他时,他质问张学良"九一八"事变为何不抵抗。不久又通电揭露伪满洲国成立的本质:"伪称满洲独立国,实际为日本附庸,阳辞占领之名,阴行掠夺之实。"

当得知南京大屠杀的消息后,为表示抗议,他整整绝食一天。

国民党军炸开花园口黄河大堤,他为淹死很多日本人而喜,但又为无家可归的140万中国人而悲。日本特务头子土肥原、川本等采取拉拢、威逼各种手段都未能让吴佩孚放弃民族气节。

1931年"九一八"事变以后,日本帝国主义扶植溥仪搞伪满洲国,他当即通电反对。1935年日本侵略者策动汉奸搞华北自治,请吴佩孚做"华北王"。吴佩孚愤然作色道:"自治者,自乱也。"加以拒绝。

1937年初夏,日本人通过卢沟桥事变快速侵占了北平,一直不肯去南方做蒋的清客的吴佩孚,成了敌寇辖下的高级寓公。和吴一样留在北平的一些有身份的人士怕死也怕失去悠闲的日子,便摧眉折腰事倭寇,其出任伪职的经历成了终身难以洗净的污点,这其中不光有吴的一些北洋同僚与旧部,也有北大名教授周作人这样的名士。

像所有的异族统治者一样,敌寇急于在占领区建立从属于自己的傀儡政权。日本人看好了两个一直与蒋介石不对付的中国人,一个是中国当朝二号人物汪精卫,一个便是曾统兵近百万的北洋时代最有人格力量,"在北洋军阀中,比较还像一个人"的吴佩孚。他们希望"汪吴合作",一南一北,一文一武,敦请这两位强人出任傀儡政权的头儿,则亡华春梦便可变现矣。

1937北京被占领了后,身在北京的吴佩孚就更加显眼。日本人制订了"南唐北吴"计划,要其出山,但吴佩孚表示,日本人不撤兵就不从政:"我文天祥还是做得了的。"1938年,汪精卫投敌后,日本人又指定了"汪吴计划",并派汪大汉奸找他协商事宜,吴佩孚找了各种借口,就是不和汪精卫见面,回信:"公果能再回重庆,通电往来可也。"真是对汉奸的绝好讽刺。1938年,台儿庄大捷后,他给蒋介石发电报表示祝贺,并希望再接再厉,光复山河。

尽管汪精卫终于答应"合作",从重庆逃到了河内,但一直在日本人眼皮底下的吴佩孚却沉默如山,任冷落多时的什锦花园突然冠盖聚集说客盈门,却统统无补费精神!这其中,既有他的前部下、后来当了伪政权军事首领的齐燮元,更有战后被国际法庭绞死的甲等战犯、日本驻华特务机关首脑土肥原贤二和华北派遣军参谋长板垣征四郎。吴佩孚不为所动、不受抬举、不肯附逆,天长日久,院里松柏本色不凋。日本人对吴佩孚是寄寓厚望的。且读一份战后日本"土肥原贤二刊行会"编撰的一段文字:"当时(1938年——引者注)日本军以破竹之势,席卷华北、华中、华南。以王克敏、梁鸿志、德王为首的政府相继成立。土肥原作为陆军、海军、外务三省特别委员会的负责人,正在策划在三个政府之上建立以吴佩孚为首的中央政府的工作……"

其实吴佩孚也答应过"出山",条件也极简单,只一条:请日本人撤出包括东北在内的所有中国领土。而且,他也确实令旧部于河南开封一带集结改编成了"皇协军",甚至还派人在山东境内招过兵,只是后来该部"全部潜逃","回归重庆军建制"(日本人语)人们才知道了吴氏的初衷。

日本人还越俎代庖地在什锦花园为他安排过一次记者招待会,他尚未开口,中外记者们已经读到了打印好的"吴氏对时局的意见"。一身中国绅士装束的他,放下打印稿,一字一句地说:"惟'平'乃能'和','和'必基于'平'。本人认为,中日和平,惟有三个先决条件:一、日本无条件自华北撤兵;二、中华民国应保持领土和主权之完整;三、日本应以重庆(国民政府)为全面议和交涉对手。"怕在场的日本人听不懂,他厉声令秘书"断乎不容更改"地将自己最后的"政治宣言"翻译成日语。日本人急忙封杀报道,但还是有一家美国报纸报道了。

恼怒的日本人终于绝望了,这位中国将领断乎不会屈服了。

四、历史的评说

即便是吴佩孚这样"知书达理"的"儒将",也是满脑子的封建思想。他最崇拜关羽,在"上下""尊卑""主从"之类封建道德束缚下,他明知曹锟当总统的时机尚未成熟,虽曾极力表示反对,但终究不能不服从他的那个昏庸的上级。吴在直系三派中(曹锟、吴佩孚、孙传芳)兵力最强,曹锟实际上不是他的对手,但吴就是不敢取而代之,始终被曹氏家族牵着鼻子走,最后一同走进火炕,成了曹锟的殉葬品。

其实,吴佩孚最终成为悲剧人物,确实原因就是他太固执于头脑里的封建传统观念了,他的很多做法很像矜持自傲的关羽。无论主公如何无能,他决不取而代之。老上司曹锟那么不受人爱戴,入主中南海后妻妾满床,只知道整日寻欢作乐,他却宁肯躲得远远的(在洛阳)也不愿"犯上作乱"。

无论局势如此变化,他决不改弦更张。1924年,当惊悉第三路军总司令冯玉祥叛变、本军形势危急之际,他的顾问焦急地请其与昔日的老师段祺瑞携手对付危局,他却大谈"千古不磨之成文宪章,即孝、悌、忠、信、礼、义、廉、耻之八德",坚称自己宁为玉碎不为瓦全,坚决不做违背四千年"成文宪章"的事。

无论叛将如何讨饶,他决不宽恕容纳。冯氏的国民军发动第二次政变后,满以为驱逐了段祺瑞会使吴佩孚高兴,便通电要全军投靠吴氏门下,吹捧"吴玉帅"有"命世之才",并表示:"此后动定进止,惟吴玉帅马首是瞻。"但他接到通电后,却只批了四个大字:"全体缴械",愣是把送上门来的大礼掷出门外,生生逼得国民军又变成一块又砸回来的石头。

无论外力是否可借,他决不稍加利用。苏联人、日本人都没住声儿地拉拢他,都想赔本武装他的部队,但被他一概拒绝(在这一点上,他既不如蒋介石,也不如冯玉祥,人家是借了老毛子的资金壮大了自己,然后,再翻脸不认人)。

  这就是吴佩孚,一个不同于其他军阀的军阀,一个有着民族主义情节的军阀,一个有着清廉名的军阀,一个具有民族气节的军阀。

    李鹏程 临沂大学沂蒙文化研究院副教授

略论民初吴佩孚与教育界的关系

在上世纪20年代初,作为北洋军阀中的风云人物的吴佩孚,曾经与教育界发生比较密切的联系,二者之间的关系有一个由热转冷的过程,即从五四时期的互相欣赏,到20年代中期发展为互相批评。

一、五四时期的吴佩孚

五四时期,吴佩孚曾以进步、开明的姿态出现,数次通电,力主拒签和约;斥责当时当权的皖系北京政府卖国,公开支持学生爱国运动;他的言行受到包括教育界在内的社会舆论的普遍赞赏,认为他是一个不同于其他军阀武夫的青年将军。也就是从这时候开始,吴佩孚上升为北洋军阀中颇具影响的人物。

五四时期,吴佩孚正在湖南,但他关注时局,频频通电全国,对学生和广大群众的爱国运动表示了同情和支持,呼吁政府释放被捕学生。五四运动在北京爆发之后,学生运动遭到残酷镇压。各地群众为声援北京学生,纷纷上街游行、请愿,控诉政府的暴行,请释爱国学生。在此革命狂澜中,吴佩孚作为政府派往前线带兵的大员,却站到了干预朝政的学生和民众一边,为学生运动辩护。九日,吴率所部第三师全体官兵连发数电致北洋政府及全国各省各界。他在电文中疾呼:"窃维天视自我民视,天听自我民听,民心即天心也。士为四民之首,士气即民气也。此次外交失败,学生开会力争,全国一致,不约而同,民心民气概可想见。""夫天下兴亡,匹夫有责,况学生乎?"①不仅为学生辩护,他还委婉表达了对政府的不满,"当此外交失败之秋,顾忌者慑于威而不敢言,偏私者阿其好而不肯舍,铜驼荆棘,坐视沦管大好河山,任人宰割,稍有人心,谁无义愤。彼莘莘之学子激于爱国热忱,而奔走呼号,前赴后继……其心可悯,其志可嘉,其情更有可原"②。吴佩孚请求大总统"以国本为念,以民心为怀,一面释放学生,以培养民气而救危亡"③。

七月一日,吴氏联络李奎元、冯玉祥、谭浩明等通电反对在巴黎和会上签字:"如果签字,直不啻作茧自缚,饮鸩自杀也","军人卫国,责无旁贷,共制后盾,愿效前驱。"④在"五四"风潮中,吴佩孚是相当活跃的,左一个通电,右一个通电,可谓无日无时无吴之通电。而且旗帜鲜明,其通电的内容与"五四"风潮的方向一致,对督促政府让步是起了重大作用的。

五四期间,正在湖南的吴佩孚还与湖南教育界产生实际接触。当时,由于段祺瑞的亲信、反动军阀湖南督军张敬尧的暴虐统治,湖南省发动了一场轰轰烈烈的驱张运动。在这一运动中,包括教育界在内的湖南知识界也是先锋,他们深知吴佩孚与张敬尧之间矛盾颇深,并鉴于吴佩孚对国家面临的外交危机态度开明,因而采取了"联吴驱张"的策略。湖南学联派代表到衡阳,上书请愿,在吴佩孚面前痛切陈词。吴氏初见学生代表,继见全体,称叹不置,并鼓励中等以上学生开展社会教育工作,到妇女界做广泛的社会宣传,挨户讲演,"使一般太太小姐们,略懂点国事"⑤,表现的颇为开明。不久,吴便电张,劝其释放学生,告诫他"勿为已甚",并向曹锟

---

①③ 《吴师长佩孚通电》,《大公报》1919年6月11日。
② 《五四爱国运动档案资料》,中国社会科学出版社,1980年,第351页。
④ 同上,第354页。
⑤ 《时评》,《民国日报》1920年5月1日。

发出密电,言"勋臣(张敬尧字)舆情不洽",要求将张他调①。张敬尧在社会舆论及吴佩孚的压力下,只好被迫让步,释放了被押学生。吴佩孚为表示自己支持学生驱张,还捐光洋百元,资助湖南学生联合会会刊《湖南学报》,并最终配合湖南的革命派取得了驱张运动的胜利。吴佩孚因而一度蜚声于湘省各界,学生誉之为"寄身军旅,为国勤劳"之革命将军。

虽然吴佩孚在五四时期的行为,有其作为在野的地方实力派的个人私利考虑,有装点门面、利用民意的意图,但从客观结果上看,此般表态,在当时的军阀中仍属罕见,与媚外的皖系和其他颟顸无能的军阀形成鲜明对比,对于推动五四运动向有利于国家、民族方向发展是起了积极作用的。所以五四时期吴佩孚受到包括教育界在内的举国舆论的一致好评,在民众眼里他是一个有进步思想的、爱国将领。时人评论道:"如果南北大多数军人都有这样的表示,那北廷则要卖国,恐怕也没有胆量来实行。可惜一般军人还如做梦一般,没有觉悟,所以北廷竟肆无忌惮了。"②蔡和森当时指出:吴佩孚在五四时期"反对日本帝国主义的侵略,攻击安福系新旧交通系的卖国,无论其动机如何,这些行动总象是一个未为国际帝国主义所收买的军阀了"③。青年毛泽东也称赞他"信义昭于中外,威望洽于全湘"④。时人称赞吴"赤诚爱国""大义昭然"⑤。

在吴佩孚与教育界关系和谐的表面现象下,其实潜藏着双方在思想理念上的巨大差距。具体分析吴佩孚在五四时期对学生运动的表态,可以看出充满了儒家传统气息,是儒家民本思想、士大

---

① 丑伦杰:《驱张运动在衡阳》,《五四运动在湖南回忆录》,湖南人民出版社,1979年,第191页。
② 《时评》,《民国日报》1919年6月28日。
③ 《蔡和森文集》,人民出版社,1980年,第129页。
④ 《新民学会资料》,人民出版社,1959年,第209页。
⑤ 《津代表致吴佩孚电》,《民国日报》1919年9月15日。

夫精英观念和朴素的民族主义思想综合作用的产物,这与青年学生受新文化运动所倡导的民主、自由观念影响下产生的近代民族主义观念其实是有深层次的不同的。双方只是在国难当头的现实环境之下,在民族主义旗帜下的短暂相互认同,此后随着时局的变迁,双方之间理念上的深层差异逐渐显露出来,双方之间的关系也逐渐冷淡。

二、索薪运动中的吴佩孚

20世纪20年代初,由于政府屡屡拖欠教育经费,作为全国教育界旗帜的北京国立八校又带头发起了向北京政府的索薪运动,索薪运动中北京教育界继承了五四以来的独立性、组织性和斗争性,以上书、请愿、罢教等方式与政府之间展开了不妥协的斗争,甚至与政府方面发生了流血冲突。但是在这次政教双方的博弈中,吴佩孚对教育界的态度就发生转向,明确表示对于教育界的自由风气表示不满。

20年代初教育经费短缺的直接原因完全在于政府方面——军阀割据、财政管理混乱、庞大的军费开支占用大部分教育经费,北京国立八校经费的短缺甚至还有北京政府因五四运动而故意报复教育界的原因。索薪运动中北京政府敷衍、搪塞,几乎等同于无赖的所作所为,证明政府对教育持一种漠视或无视态度,这是推动教育界与政府走向决裂的催化剂。教育是离不开政府的支持的,教育界对此很清楚,从1920、1921年的两次北京国立八校的罢教来看,教育界对政府最初是抱有一定的期望和信任的,与政府的交涉方式也以温和的陈请、上书请求体恤为主,对政府能"容纳"教职员的意见表示感激。而且从教育界当时单纯的索薪目的本身来说,教育界与政府之间的矛盾不是不可调和的,只要政府能保证有较稳定的经费投入,或国家处于非常状态下,深明大义的教育界是可以在经费问题上让步的。这一点在后来的国民党统治时期得到了印证,30年代初国民政府的教育经费基本有所保障时教育界的风潮就不太激烈,抗战期间教育界更是甘愿与政府同舟共济、勒紧腰带支持政府抗战。20年代索薪运动和教育经费独立运动之所以越来越激烈完全是政府当局一再食言,践踏教育的结果,教育经费环境的一再恶化才将教育界逼上了与执政当局对立的位置。

20年代初北京政府与教育界之间的关系疏离达到了极端的程度,其中可以反映出教育与政治之间关系的一般性问题,索薪和教育界提出的教育经费独立诉求背后蕴藏着现代教育理念与专制政治之间深刻的冲突。吴佩孚在1924年对教育界的一番表态正说明了军阀武人与现代知识分子之间在根本价值判断上的差距。

"吴使对于北京教育界,多不满之言辞,尤以学生动辄驱逐校长反对教职员及教职员之组织联合会与政府对抗为最不满意,略以学生在求学时期,应尊敬师长,专心学问,今乃动辄干预外事,藉端好恶,拒迎师长,越出学生应守范围,匪独此风不可长,即于学生本身学业,亦大有妨碍。""至于教职员,其职务原在授课办公,各尽其职足矣。今亦组织联合会,中小学有中小学教职员联合会,专门大学有专门大学教职员联合会,甚至有公立学校之联合会,有私立大学之联合会,干预职务外之事务,结合群众,藉群力而与政府对抗,此等究是如何景象耶?譬如军队,我辈若为师长,而一师中之团营连排长有团营连排之各个联合会,尚能指挥钳制乎?此风实尤不可长也。我辈以此等不合理之举动,应即加以制止或纠正,而后办事不至棘手。"[①]

在吴佩孚眼里,学生、教师各有其"本分",如果学生、教师超越其"应守范围",组织团体,干预"职务外之事物",这都是"不合理"的、应加以"制止"的举动。其实这一时期,教育界的斗争形式、斗

---

① 《教育界消息·呼吁无门之京师教育界》,《教育杂志》第16卷第10号。

争目标与五四时期没有多少不同,只是斗争内容不同而已,不是争国权,而是争民权,但吴佩孚的态度在发生了180度的转弯,不仅不赞成,而且发出赤裸裸的威胁。关键原因在于他是儒家专制秩序、等级观念的维护者,教育界的自尊、自立、自主的意识,在其看来当然是不守本分、思出其位了。而且武人的身份更强化了他政治思想观念的狭隘性,他甚至将办理学校等同于带领军队,完全不理解现代教育性质。持有这样的观念,那自然是将教育经费视为对教职员的施舍,而不是一个国家政权应尽的责任。北京政府也正是在这种理念主导下,处理教育经费之争的。

索薪运动中吴佩孚态度的转变,其实深层原因还在于处于自由主义思潮中的教育界与固守传统政治理念的军人政府之间存在的根深蒂固的价值观差异。随后围绕着英国退还庚款的用途之争,教育界与吴佩孚之间正式唱起了对台戏。

三、庚款之争中的吴佩孚

20世纪初,美国首先退还庚款用作发展中国教育事业,在中国各界的争取下,英法等国也相继表示退还庚款的意向,中国朝野为此兴起了关于退还庚款的用途之争。中国教育界认为各国退还庚款也应该用在教育上,但各实力派军阀却另有打算。围绕着英庚款是优先用于教育还是优先用于筑路问题,教育界与筑路派曾经展开激烈的争夺。吴佩孚就是当时筑路派的主要支持者,与教育界公开唱反调;而教育界在这个问题上也明确表示出对吴佩孚所属军阀群体的不信任。

教育界在最初的英庚款用途之争中是占得先机的,他们利用媒体宣传或其他社交手段,向国内外大力宣传庚款兴学,使庚款兴学的呼声在早期一度主宰了舆论导向。1924年7月24日,全国教联会退还庚款事宜委员会通电,主张庚款全部用于发展中国教育文化事业上,"认为国家根本之需要,惟在增进国民知识程度,庶进则于世界勉图贡献,退亦足以自保生存"①。而且全国教联会十分关注英庚款退还问题,"从第五届年会开始,几乎每届都有关于庚子赔款的提案,特别是第十届年会通过了《庚款分配标准及董事组织原则案》"。他们认为庚子赔款的总额是按照全国人口平均每人课罚一两赔付,所以退回时也应该退回至各省的义务教育,为全国的各个人谋幸福。中国教育界的活动对英国退款用途的意向也产生过一定影响。比如在中英庚款退赔的交涉中,英国部分人士对于庚款用途,呈递外交部的早期建议中,以主张发展英式教育的居多②。英国政府的决定也或多或少受到一些影响,如1925年英国国会通过的《1925年中国赔款案》规定了英庚款用于发展中国教育或者其他事业。

但是当1922年英国声明退还庚款之后,建议英庚款用于其他用途的意见逐渐增多,其中以主张英庚款用于筑路声势最大最强,遂引发了庚款是优先用于筑路或治淮、还是优先用于文教事业之争。吴佩孚等实力派军阀是庚款筑路论的强力倡导者,他曾先后竭力主张用俄庚款修筑陇海铁路,用美英庚款修筑川汉、粤汉铁路,而且吴佩孚还迫使政府召开外交、财政、交通、教育四部会议具体商讨庚款筑路的方案。

吴佩孚倡议庚款筑路是振振有辞的,他并不直接反对庚款兴学,或者说他并不公开主张教育不如交通事业重要,但事实上他站在教育界的对立面,与教育界直接展开竞争。他在致公府与交通部的电文中指出,如果庚款只用于教育事业,那么庚款就会"随支随用,随用随消,不过取济一时,仍属无补久远",所以"欲为一劳永逸之计,不外惟生财货殖是图,而实际之巩固丰惠者,殆莫出铁路

---

① 王树槐:《庚子赔款》,《中央研究院近代史研究所专刊》,1974年,第349页。
② 同上,第437页。

之右",将庚款投资于铁路事业,当铁路修成"岁收约可数千万元,实非兴学之良好机会,将来指定之基金,则此项收入,无虑他用,固有教育当然可食惠享成,源源接济,是庚款虽以修路,修路正为兴学,一举数善"①。之后,吴佩孚致电道路协会,力陈庚款筑路的三项主张,首先他认为教育是长远发展的事业,"其经费亦必置于长远发展之地",然而庚款为定数,总会有用尽之时,所以他主张庚款基金应用于生产事业,"而国内生产事业,未有如铁路发展率之速且久者",而且"庚款用于筑路,路政逐年发达,教育费亦与年俱增,百年树人,计孰大于此者,此为发展教育计,不得不主张者";其次,他认为在所有的国内生产事业中,"又未有如铁路之安全可恃者",为巩固教育基金,也必须庚款用于筑路;最后,他认为国家教育与实业必须并举,"而实业中尤以交通为全国之枢机,百政之根源"。为了消除教育界对军阀挪用庚款的顾虑,吴佩孚还主张组织监督委员会,"以为专管机关,教育界关系利害,列应如入"②。他还曾经这样向美方解释主张用美庚款筑路的理由:"(一)此项铁路可为中美两国交谊之永久纪念物;(二)能为中国之经济事业及一切实业树巩固之基础,同时可因此增加美国在中国之商业;(三)此项铁路收入能永久接济教育经费,较之直接支用赔款者为利多矣;(四)此项铁路之建筑,能使中国之劳动阶级得有职业,救济一般游民,其利益亦甚大也。"③总之,吴佩孚主张庚款优先用于筑路的理由概况起来就是:庚款筑路可以一举多得。

  吴佩孚手握重兵是直系军阀的主力,能够直接影响到北洋政府的决策,所以吴佩孚的主张不可小视。用庚款筑路,然后以铁路孳生的利息兴学或办理其他事业,这个理由也足够冠冕堂皇,毕竟,仓廪实而知礼节的道理是很有说服力的。所以,当时商界、政

---

① 《洛吴主张赔款筑路之理由》,《申报》1924年8月14日。
② 《吴佩孚致道路协会电》,《申报》1924年8月17日。
③ 《吴佩孚对美退庚款的意见》,《申报》1924年7月1日。

界相当一部分人都支持该主张:"中国今日处此困境,譬如少年遭逢厄运,既未受教育,又缺乏衣食,以其赤贫如洗,两者不可兼得,试问少年于此,将何以决其取舍,将枵腹而谋入学乎?抑将先谋衣食而后谋教育乎?此一问题之答案,任何人皆能知之。"①

听起来,庚款用于筑路是一种能兼顾各项事业的万全之策。但问题在于主张筑路的主体是军阀,中国当时的政治环境、军阀自私贪婪的本性和超强的社会控制力使教育界有充足的理由怀疑,庚款会被他们侵吞挪用,并用于争权夺利,所谓庚款筑路只是他们侵夺庚款的一个说辞而已。

教育界反对庚款筑路的理由很多,其中,对军阀政治的不信任是最直接和最现实的原因。民初军阀当局的所作所为已经使他们信誉尽失,教育界认为,政府预算的教育经费一般都为军阀充当军费,或者被官员中饱私囊,国家早已经没有了监督力量,所以根本就无法保障英庚款全部用于筑路而不被军阀挪用;就算庚款用于筑路了,但是现在的铁路为军阀盘踞,所以根本就无法保证生利后用于教育。有人质疑:"中国政府借债度日,倘若退还的赔款再受他的管辖,必定拿充军费。"②全国教联会组织的庚子赔款委员会,也表示对于庚款用于筑路、利息用于兴学的主张,"在政权未一军纪未整时,绝对不能赞成"③。

这个时候,吴佩孚不再被视为军阀当中少有的优异分子,他提出的庚款筑路主张同样遭到教育界的质疑,他那些冠冕堂皇的说辞也同样不能消除人们对其私心的怀疑。因为军阀专注私利、忽视民生的事实摆在那里,"倡导淮之说者,为南京之齐燮元,倡筑路之说者,为洛阳之吴佩孚,考其内幕,一则与副总统问题有关,一则与武力经营有关,所谓导淮筑路,不过其托词而已。即使不以不屑

---

① 薛敏老:《庚子赔款当作何用》,《申报》1924年7月6日增刊。
② 《庚款与教育》,《教育杂志》第15卷第6号。
③ 《教育团体力争退款又一表示》,《申报》1924年8月19日。

之心度人,而按诸事实,津浦京汉诸铁路,岁有赢利,悉数括为军费,京汉铁路黄河桥,日久失修,势将倾圮,不闻鸠工葺治,粤汉铁路,由武昌至长沙,每一小时仅行八英里,其速率反不如马车,亦因机关车及铁道枕木日久失修之故。此等事,实腾笑中外,亦不闻稍事缮理,则以铁路收入,已悉数为军阀攫尽故也。持此为证,则谓导淮筑路,所筹赢利,可以供诸教育,其谁信之。果使此说得行,各国退还赔款,滴足以延长中国内乱,此必非各国之所愿,尤中国人们所不能默然者也"①。

总而言之,从五四运动到20年代中期,吴佩孚与教育界的关系由互相赞赏转向互不信任和互相批评,从在舆论上互相支持转向在实际利益上互相竞争。这种现象反映了上世纪20年代正处于现代化转型期的中国,由多种社会势力及多种社会诉求的分化所带来的矛盾和冲突。以吴佩孚为代表的近代新兴的军阀势力是一种思想上稍有趋新、但总体上仍传统守旧的群体,而且这一群体还带有军人阶层关注小群体利益的狭隘性。而20年代是公认的近代中国市民社会孕育形成期,作为倡导民主、自由等新思潮先驱的中国知识界,正是这一发育中的市民社会中最有活力的一员。特别是经过五四运动启迪和锻炼过的知识界,在20年代初期正表现出最为自由、独立的个性,他们与军阀当权者在如何引领中国走向现代化等时代课题上是有根本分歧的。他们在有限的时政议题上短暂达成共识是可能的,但双方之间由于各自所属群体的时代差距和在内在理念上的分歧,注定双方的关系最终走向断裂。

姜朝晖　德州学院

---

① 《粤教育会对庚赔退款的之主张》,《申报》1924年7月19日。

新发现的吴佩孚函电所反映的有关史事

　　近来,为本次"吴佩孚国际学术研讨会"准备文章,笔者专门在图书馆查阅了由天津市历史博物馆编辑、由王宜恭、李经汉、张黎辉担任总编的大型图书——《天津市历史博物馆馆藏北洋军阀史料》①。该大型图书实际上是一套丛书,内分袁世凯、黎元洪、徐世昌、吴景濂4卷,凡33册(16开本精装),约3.3万余页。由于全书卷主或为北洋军阀首脑或为其政要人物,加之所收资料都是首次公开披露,采用原件影印出版,因而具有反映层次高、鲜为人知、内容真实无误等特点,颇富史料价值。另外,该套丛书印数不多,仅400套,流传也未广。由于时间关系,笔者重点查阅了与吴佩孚有关的史料,发现仅吴佩孚往来电函即达三四十件之多,尤其是吴佩孚发给(托人带给)吴景濂、黎元洪等人的电函就有10件②,既是对以往公开出版、发表的有关吴佩孚著述的补充,也对研究吴佩孚的生平与思想有参考价值。限于篇幅,兹仅据吴佩孚的这10件电函反映的历史事实,剖析一下1919—1927年间吴佩孚的有关思想与活动情况。

---

① 本书由天津古籍出版社在1996年6月出版。
② 包括信函6件,全是给吴景濂或吴景濂等人的;电报4件,其中致吴景濂等人电1件,其他3件则均系致黎元洪或黎元洪等人的。当然并不排除个别电函曾经公开发表过。

一、致吴景濂等电函(7件)

在《天津市历史博物馆馆藏北洋军阀史料·吴景濂卷》里,笔者查到有关吴佩孚致吴景濂等电函7件。为便于探析电函中所涉及的吴佩孚思想与活动情况,兹先按时间顺序抄录电函原文,并稍加注释,然后再探究电函与吴佩孚有关史事。

1. 吴佩孚就藉靳云鹏组阁之转机敦促和
议续开事致吴景濂等函
(1919年10月12日)

莲伯

慧僧①先生大鉴:

---

① 慧僧指褚辅成。褚辅成(1873—1948),字慧僧,浙江嘉兴人。监生出身。日本东洋大学高等警政科毕业,在日本加入同盟会。回国后任嘉兴府商会总理。1909年当选为浙江省咨询局议员、候补常驻议员。辛亥革命时参与领导起义,光复省城,军政府建立后任民政长。后任浙江省参议会会长,浙江军政府参事。1913年,当选为第一届国会众议院议员,同年8月遭袁世凯逮捕,袁死后获释。1916年,参加第一次恢复之国会,与王正廷组织政余俱乐部。国会解散后响应孙中山号召,南下护法,参加广州国会非常会议。1918年9月,护法国会开正式会议时当选为众议院副议长。1925年,任善后会议委员。1927年,任浙江省政府委员兼民政厅长。抗日战争时期任国民参政会参政员,主张抗日。1946年5月,九三学社正式成立时,任中央理事。后曾任上海法学院院长。1948年去世。

子超①

李君兰坡②莅衡,奉到兰章③,具谂④诸君公忠体国,钦佩莫名。佩(孚)近年以来,对国事补救无方,正滋内疚,辱承推奖逾恒,益令增惭。国家不造⑤,祸乱相寻,上下交困,至此已极!凡有国家思想

---

① 子超指林森。林森(1868—1943),字子超,号长仁,福建林森县(闽侯县)人。幼居福州,入英华学堂,因反清被开除,后参加反割让台湾斗争,并加入兴中会;1905年中国同盟会成立时率会加盟。辛亥革命中,领导九江起义,并促海军反正,派兵援鄂、皖,稳定革命大局,被举为民国开国参议院议长。1914年,在东京加入中华革命党。参与二次革命,加入中华革命党,受孙中山委托主持美洲党务;又创办飞行学校,被孙中山誉为"领袖支部"。1916年回国仍主参议院,旋率众南下护法,在南方军政府担任外交部长,极力维护孙中山的领袖地位。1922年底任福建省长,3个月后返粤,任建设部长等职,后当选为国民党一大中央执行委员。1925年7月国民政府成立,任常务委员、海外部部长,因参与"西山会议"受警告处分,继主中山陵建设。1927年起任特别委员会委员、国民政府常委、立法院副院长等职。1931年,改任立法院长、代理国府主席。翌年元旦,出任国民政府主席兼主中央监察委员会,主张团结抗日。1943年5月接见外国使节,发生车祸中风不起,同年8月1日在重庆逝世,葬于重庆歌乐山林园。

② 李君兰坡,即李有忱。李有忱(1882—?),字兰坡,奉天(今辽宁)新民人。奉天两级师范学校肄业。曾任新民师范中学教习监学、新民县教育会会长。1913年当选为众议院议员。1917年任护法国会众议院议员。1922年北京国会恢复时,仍任众议院议员。(南京图书馆:《中国近现代人物像传》,上海古籍出版社,2011年,第375页)另外,从白坚武著、中国社科院近代史所编,杜春和、耿来金整理《白坚武日记》一书的记载来看,1919年10月中旬,他早于彭占元、于洪起、周嘉坦3人到达衡阳拜访吴佩孚,又早于彭占元3人(大约1919年10月19或20日)离开衡阳先期赴上海(详见该书第1册,江苏古籍出版社,1992年,第213页)。

③ 兰章:形容文章美好佳妙;对他人书信的美称。

④ 谂:知悉。

⑤ 不造:不幸。

者,无不盼望和平。日前中央派王揖唐①为(南北议和北方)总代(表),于和会前途大有妨碍,故佩(孚)不得不发忠告之电,以期另换总代,俾和局早日告成。现在(临时内阁总理)龚(心湛)②退靳

---

① 王揖唐(1877—1948),原名志洋,字慎吾、什公。后更名赓,字一堂,号揖唐,笔名逸塘。安徽合肥人。1904年,参加清末最后一次科举考试中进士,被授予兵部主事;旋得军机大臣徐世昌推荐,留学日本学习军事。留学回国后历任东三省督练处参议,吉林兵备份处总办,北洋新军陆军协统。1912年,任军咨府军咨使、统一党理事长、共和党干事、进步党理事、总统府秘书、参议、顾问。同年11月26日,授为陆军中将。1913年2月12日,加陆军上将衔;12月30日,授以二等嘉禾章,任参议员。1914年5月,任参政院参政、总统府咨议;10月8日,授以勋四位,江皖筹赈督办。1915年8月,任吉林巡按使;12月21日,授一等男爵。1916年,任内务部总长,兼京都市政督办,众议员。1917年11月23日,授予一等文虎章;12月30日,授予一等大绶嘉禾章,临时参议院议长,安福俱乐部干事部主任、总裁,众议院议长,外交委员会专门委员。1918年8月12日,授予一等大绶宝光嘉禾章;10月16日,授予勋三位。1919年,任北方议和总代表;5月21日,授予勋二位。1924—1925年,任安徽省长兼督办安徽军务善后事宜。1931年,任东北政务委员会委员。1933年,任行政院驻平政务整理委员会委员。1935年,任冀察政务委员会委员。1937年,任冀察政务委员会委员长,伪华北临时政府常务委员会委员兼赈济部总长。1938年,兼伪内政部总长,又兼联合委员会委员。1939年,任伪新民会会长,兼中国佛教学院董事长。1940年,任伪中央政务委员会委员、伪考试院院长、伪华北政务委员会委员、委员长兼内务署督办、兼新民会会长兼新民学院院长,伪中央执行委员会委员。1940年10月,王揖唐应邀去日本访问,参拜了靖国神社,还叩谒了天皇。1941年,任伪华北防共委员会委员长,兼剿共委员会委员长。1942年,任伪国民政府委员,兼伪华北综合调查研究所长,兼华北青少年团监。1943年,任伪最高国防委员会委员,伪全国经济委员会副委员长,伪华北政务委员会咨询会议议长。1948年9月10日被处决。

② 龚心湛(1871—1943),原名心瀛,号仙舟,安徽合肥人。监生。金陵同文馆毕业后任驻英、日、美、法、比等国使馆随员多年,回国后又在广东、云南为官,历任广州知府、署广东按察使、云南提法使等。民国成立后,历任安徽省财政厅长、安徽省省长、内阁财政部次长、代理内阁总理、内务总长兼交通总长等职。吴佩孚在给吴景濂写此函时,他担任3个月的临时内阁总理一职已卸任(任期为1919年6月23日—9月24日)。

(云鹏)①代,国事前途大有转机。靳(云鹏)之宗旨,素抱正大,已有表示之电,深愿结合南北正人君子,共济时艰。诸君忠爱过人,必表同情,务请促进和平,以解倒悬而苏民困。此区区愚忱,日夜所祷祝也。并盼教言时锡,以资韦佩(孚)。其余未尽之怀,均请兰坡先生代为面达。专复。祗颂

台祺

    弟吴佩孚谨启("吴佩孚"三字长方形印章)
      十月十二日 ②

  按:此函是第二次南北议和期间吴佩孚在衡阳写给护法国会吴景濂等人的信函。原函共3页,每页竖排8行,每行十三四字不等(其中第3页半页5行)。

  这件信函所反映的史实是:吴佩孚在第二次南北议和时期有"盼望和平""共济时艰"的良好愿望。首先,他反对大总统徐世昌所派北方议和总代表王揖唐,认为"日前中央派王揖唐为(北方)总代(表),于和会前途大有妨碍",故"不得不发忠告之电,以期另换总代,俾和局早日告成。"对于王揖唐出任北京政府总代表一事的

---

  ① 靳云鹏(1877—1951),字翼青(一作翼卿),山东邹县(今邹城市)苗庄人。出身贫寒。18岁至天津小站入袁世凯新建陆军当兵。1898年,入随营武备学堂学习。1909年,由段祺瑞举荐去云南,任第十九镇总参议。辛亥革命爆发后,云南蔡锷、李根源等举兵,靳在昆明五华山战败后潜回北京,旋受段祺瑞重用。1913年春,被段保荐任北洋第5师师长,9月署理山东都督,次年晋升将军。他参与14省将军联名电请袁登基,得袁授伯爵位。1916年4月,他看帝制败局已定,又通电劝袁辞职让贤,被撤职,因而博得"反难帝制"的虚名。段祺瑞执掌北洋政府大权后,靳受重用,效忠段之武力统一全国政策和亲日政策,曾代表北洋政府与日本签订《中日陆军共同防敌军事协定》等3个丧权辱国条约。1919年初,出任北洋政府陆军总长;9月,任国务总理。1921年12月下台(其首次担任临时内阁总理任期为1919年9月24日—11月5日)。后寓居天津,曾与日本财阀合办企业,任鲁大矿业公司理事长兼总经理。晚年信佛。

  ② 王宜恭、李经汉、张黎辉:《天津市历史博物馆馆藏北洋军阀史料·吴景濂卷》第5册《第二次南北议和》,天津古籍出版社,1996年,第681—682页。

态度,赵恒惕等编《吴佩孚先生年谱》也有记载说:"(1919年)9月15日,北(京)政府改派王揖唐为议和总代表,(吴佩孚)先生以为王为安福系中坚,其人格不能与西南护法之旨相容,(曾发表)删电愤词反对,湘方谭(延闿)、赵(恒惕)铣电响应。"①其次,他认为"现在(临时内阁总理)龚(心湛)退靳(云鹏)代,国事前途大有转机",对靳云鹏"素抱正大"之宗旨"已有表示之电""深愿结合南北正人君子,共济时艰"并"务请(国会诸君)促进和平,以解倒悬而苏民困"。由此可见,吴佩孚对于第二次南北议和所持态度和做法都是值得肯定的。另外,护法国会众议院议员李有忱受吴景濂等人之托携带此函前往衡阳拜访吴佩孚,亦向未其他史籍所不载,而从吴佩孚函内所载"奉到兰章""并盼教言时锡"等句来看,双方关系似乎已经较为密切了。

---

① 山东省历史学会胶东人物研究专业委员会编,唐锡彤、安家正、吴德运诠释:《吴佩孚诗抄》(附录三《吴佩孚先生年谱》),烟台市新闻出版局,2009年,第17—18页。

2. 吴佩孚为介绍彭(占元)①、于(洪起)②、周(嘉坦)③三人代为面达续开和议之意见致吴景濂等函

① 彭占元(1870—1942),字青岑,又名东半,山东濮州(今属鄄城县)彭楼村人,清末廪生。1903年师范毕业后,留学日本,参加同盟会,被推为同盟会山东分会部长,捐款创立《民报》社,旋充任同盟会山东分会主盟人。1906年回国,创办曹州普通中学堂,发展革命力量。后历任山东省咨议局议员、资政院议员。辛亥革命爆发后,先与同志王鸿一等在曹州谋独立,失败后又参与"山东独立"后的有关工作。民国成立后,历任南京政府临时参议院议员、北京政府临时参议院议员、第一届众议院议员、曹州府善后局参议员、护法国会众议院议员等职。彭占元热心教育,造福乡梓,晚年回籍邀集各乡绅士募捐,创办南华小学(今菏泽二完小),带头捐出家中宅基地,建彭楼小学堂(今彭楼完小)。1935年7月,黄河从临濮、董口决口,他主持大堤合拢工程,披星戴月,栉风沐雨,操劳奔波于工地,终使决口合拢。晚年,定居曹州,经营盐务。抗战时期,日本曾多次拉拢收买他,终不为所动。1942年去世,享年72岁。

② 于洪起(1877—1940),字范亭,山东栖霞清河口村人。1902年入京师大学堂学习。1905年,留学日本。孙中山在日本创立同盟会,与徐镜心、谢鸿焘等胶东留日学生争相加入。1907年,回乡分管山东提学使司兼山东文莱学堂和山东优级师范教习,并与谢鸿涛一起创办烟台东牟公学,积极宣传废除科举制度,振兴教育、开办新学,展开革命活动。1908年5月,于洪起等发起成立以学界为主体的山东矿产保存会,广泛联络各界人士开展斗争,反对德国人侵略山东矿权。1909年,任山东省咨议局秘书。1911年武昌起义后,参加烟台独立运动。1912年,在烟台任山东都督财瑛顾问,并任南京临时政府参议院议员。1913年,任众议员议员。1915年,参加讨袁活动。1917年,任护法国会众议院议员。1923年回乡创办霞光小学。1924年创办烟台先志中原,任校长。1928年任江苏省政府秘书(一说秘书长)。1931年任南京国民政府监察院监察委员。1940年10月病逝。擅长书法,行楷参以魏碑,尤以草隶见长。

③ 周嘉坦(1887—1947),字履安,山东长山(今属淄博市周村区)二十里铺人。生于一个贫寒农民家庭自幼酷爱读书,在村中私塾读过四书五经,对于算学有特殊的爱好。新学兴起后,考入山东优级师范学堂,毕业后授同举人出身。1911年,被山东农业专门学校聘为数学教员。因热心公益事业,于1913年被选为北京众议院议员。国会解散后,仍返校教书。吴大洲在周村领导反袁护国革命,并成立护国军政府,周嘉坦为商会会长王遂善收买,到处奔走,反对护国革命。1916年袁世凯倒台后,第一次恢复国会,他仍任众议院议员。1917年,又担任护法国会众议院议员。1922年,第二次恢复国会,再度担任众议院议员。翌年,参与贿选(受贿投了曹锟票)。此间,曾一度署理陕西汉中道尹。1932年,在察哈尔省政府财政厅任职。1938年,秦德纯主政北京时,任市政府秘书长。1937年去职后,回周村闲住,后去博山投资开办煤矿。因不善经营,一年后破产,赔了3万银元。1940年重回周村,被任为道德学社负责人。1943年,去济南,担任济南道德学社总统长,不问政治。1947年因病去逝,时年60岁。他才思敏捷,著述很多,大多散失,遗作有《高公子芳小传》《数学三百题解》等(淄博市政协文史资料委员会、周村区政协文史资料委员编:《山东护国运动》,山东人民出版社,1996年,第234页)。

(1919年10月下旬—11月初)

莲伯

慧僧仁兄伟鉴：

子超

前肃寸笺，谅邀台阅。敬维诸君为国宣劳，勋祺畅茂，为颂为祝。国事纠纷，迄今两载有余，今日言和，明日言战，终无一定之办法，人心惶惶，恐国本飘摇，殊非佳兆。但双方之所争者，不过意见未见融，并无何等不共之仇。自靳公翼卿(即靳云鹏)组阁，渐有转机。闻其入手办法，先与各方当道融洽精神，征求意见，将各种法律事实磋商就绪，即行开会解决，以谋永久真正之和平。诸君忠爱过人，对于此种办法，谅必乐闻。尚□(祈)促进和平，以期大局早日解决，俾生民少受痛苦。所有未尽之怀，均请彭(占元)、于(洪起)、周(嘉坦)三公代为面达，并乞教言时锡，以匡不逮。敬颂台祺。维□(照)不备。

愚弟吴佩孚拜启("吴佩孚"三字长方形图章)①

按：(1)这份函件共计3页，每页竖排8行，每行14字(其中第3页为半页5行)。(2)系吴佩孚继上函(即《就藉靳云鹏组阁之转机敦促和议续开事致吴景濂等函》)以后又托来访的三位国会议员给吴景濂等人带去的信函。(3)此函后未写日期，大致时间是整理者推测的。(4)对于彭、于、周三人，整理者不详其名，系笔者经考证后添加的。

这封信函所反映的史实有二：其一，再次反映了第二次南北议和期间吴佩孚的态度。他认为："(南北)双方之所争者，不过意见

---

① 《天津市历史博物馆馆藏北洋军阀史料·吴景濂卷》第5册《第二次南北议和》，第702—704页。

未见融,并无何等不共之仇。"而自靳云鹏组阁后,此事"渐有转机"。同时他也肯定了靳云鹏的具体做法:"先与各方当道融洽精神,征求意见,将各种法律事实磋商就绪,即行开会解决,以谋永久真正之和平。"并且仍然期望"促进和平,以期大局早日解决,俾生民少受痛苦"。其二,从信函题目,尤其是函内所说"所有未尽之怀,均请彭(占元)、于(洪起)、周(嘉坦)三公代为面达"来看,国会议员彭占元等一行三人确于1919年10月间前往衡阳拜访过吴佩孚,这在《白坚武日记》一书和《彭占元等就与吴佩孚晤谈事致吴景濂等电》(1919年10月21日)中也均有记载(此事笔者已另有文章考述,兹不展开详谈),惟在其他史籍尤其是彭占元、于洪起、周嘉坦三人有关传记资料却均无记载。

3. 吴佩孚就恢复法统事致吴景濂等电
（1922年1月26日）

吴莲伯①议长、张亚农②副议长，并转两院诸公公鉴：

两议长豪电，两院诸公阳电，均奉悉。尊法固佩孚所主张，而诸公言之尤为切至，深盼军人、国民同时觉悟，大法早复，共有率循。惟诸公尽其职责，蕲③底于成。佩孚□谨从诸公之后，以张法

---

① 吴莲伯即吴景濂。吴景濂（1873—1944），字莲伯（又作莲伯、濂伯），别号晦庐，辽宁宁远（兴城）人。1897年中丁酉科副榜。1907年，毕业于京师大学堂优级师范科，旋留学日本。翌年归国，议叙中书。1909年后，历任奉天（今辽宁省会沈阳）自治会会长、奉天师范学堂监督、奉天教育会会长、奉天省咨议局议员、议长。武昌起义时，与蓝天蔚宣布奉天独立，任奉天保安会副会长。旋任奉代表出席于南京召开的十七省代表会议。1912年1月任临时参议院议员、议长；8月，任国民党理事。1913年初，任北洋政府众议院议员，中日国民协会主席。曾拒绝袁世凯聘任大总统顾问职务。1916年9月，与张继等在京组织宪法商榷会和益友社。1917年5月，任众议院议长。旋出席广州国会非常会议，任国会非常会议众议院议长。是年任中国大学副董事长。1922年6月以后，支持曹锟贿选总统。1925年10月，被段祺瑞政府褫夺官勋。其后息影津门，不问政治。1937年"七·七"事变后，坚拒与侵华日军来往。1944年1月24日，在天津逝世。

② 张亚农即张伯烈。张伯烈（1866—1934），字亚农，号益三，湖北随州西城南关草店子人。1904年，经张之洞选拔留学日本攻读法律，在东京时创办湖北地方自治研究会。1907年回国，任粤汉川铁路公司总理。年余再赴日本学习法政。1909年，被推为湖北留日学生代表，回到汉口进行维护铁路权斗争，并晋京请愿，迫使清政府同意成立湖北商办铁路公司。1910年，任河南提学使，创办开封女子师范学堂。后南下参加武昌起义。1912年，当选为南京临时参议院议员。1913年4月，当选为民国第一届国会众议院议员，并被评为武昌起义乙等勋。国会解散后，任总统府政治咨议，发起组织共和党，任共和党北京本部干事。1915年袁世凯称帝，封黎元洪为武义亲王，张伯烈劝黎不要接受，以示反对。1917年，任护法军政府大元帅府秘书、军政府湖北劳军使。1922年，任众议院议员、副议长。1923年，曹锟贿选总统，许张为湖北省省长，张伯烈伙同议长吴景濂积极为曹锟购买选票，后因曹锟在第二次直奉战争中失败被囚，事遂未成，仅任两湖巡检使署秘书。曹锟、吴佩孚倒台后，张伯烈北上，在天津当律师。1931年，末代皇后文绣向天津地方法院提出与溥仪离婚，聘请张代为诉讼并出庭辩护，名噪一时。晚年定居北京皮库胡同。1934年病逝。著有《商办湖北铁路意见书》《假定中国宪法》等。

③ 蕲：古同"祈"，祈求。

治之目也。敬布区区,百希努力。吴佩孚。宥。①

按:本电文收入王宜恭、李经汉、张黎辉总编《天津市历史博物馆馆藏北洋军阀史料·吴景濂卷》第1册《国会》。需要说明的有以下几点:(1)该电报系原件,共1页。其顶部中间有"中国电报局"五个较大的字,左上角有"来□纸",右上角为"本局号数",并均有相对应的大写英文(其中"本局号数"下右首写有"24191"字样)。以下则为表格,内有"××局""由电报局收到(日期、几点)""原来号数""等第""字数"等内容。以上内容占了整个电报纸的上三分之一位置。(2)电报正文占据电报纸中部及中部偏下位置,共有22行,第一行为电报来文号码,有"0702""5571""0130"(以上三组号码译成汉字即"吴莲伯"三字)等字样,第二行为每组号码所代表的汉字。其中电函来文号码(如"0702")像是机打的,下面的汉字则是用毛笔写的小字,不加标点,计107字(每行10字)。

这份电报反映的有关史实是:1920年直皖战争后,直奉两系共同把持了北京政府,但吴佩孚已权倾中央;1922年第一次直奉战争后,吴佩孚成为北洋军阀的首要人物,操纵政局。一般说来,在第一次直奉战争以后,吴佩孚与直系始倡"恢复法统",如刘楚湘《癸亥政变纪略》一书记载:"直系军阀首领曹锟于壬戌(1922年)之夏,借其部属吴佩孚等之力战胜奉军后,恢复法统。"②但从上述吴佩孚致吴景濂、张伯烈暨参众两院电文来看,吴佩孚很早以前就有"恢复法统"的想法,至迟在第一次直奉战争以前即有这种想法了。

---

① 《天津市历史博物馆馆藏北洋军阀史料·吴景濂卷》第1册《国会》,第509页。
② 刘楚湘、顾菊英:《癸亥政变纪略》,中华书局,2007年,第16页。

4. 吴佩孚就制宪和联省会议事致吴景濂函
（1922年8月15日）

莲伯仁兄大鉴：

冠三①、济美②两兄来洛，藉谂③尊况，为国贤劳，曷胜欣慰！频

---

① 刘冠三(1872—1925)名恩赐，字冠三。山东省高密市康家庄人。1902年春，考入山东大学堂师范馆。1905年，加入中国同盟会。1906年春，与丁耕农集资在济南白雪楼设立《山东白话报》馆，出刊油印小报，宣传革命，故被清政府查封，他被开除学籍。后又集资在趵突泉(后迁杨家庄)创办山左公学，聘请同盟会员、留日学生徐镜心、齐树棠、左汝霖等任教。他常于夜间深入学生宿舍，分发《民报》《晨钟》等进步报刊，为国民革命造舆论。1907年冬，公学被清政府查封；同年12月，他避捕赴青岛。次年2月，与革命党人陈干等开办震旦公学。1908年5月，与陈干等联络全省各界组织保矿会，反对德国侵吞山东矿权，抵制德货。公学也组织学生游行示威，抗议清廷屈膝媚外。1909年，清廷与德国驻青岛总督交涉查禁震旦公学，引渡刘冠三。他星夜逃离青岛，嗣化装农夫，推一独木轮车出走诸城，后辗转沂州(今沂水)、曹州(今菏泽)以及河南、山西、察哈尔(今内蒙古)、直隶(今河北)等地，联络同志，发展会员，宣传革命，历时两年。1911年秋回山东，与刘溥霖、蔡自声等秘密组织山东同盟会机关。武昌起义后，山东宣布独立。他去青岛成立同盟会机关，置备武器，组织胶济铁路沿线地区的武装独立斗争。山东独立被取消后，他赴上海拜谒孙中山，寻求革命对策，被委以光复山东的重任。回鲁后，即发动高密、诸城、即墨的光复独立及徐州第三十九混成旅之成立。中华民国建立后，他任同盟会山东分会副会长、山东临时省议会副议长。1912年，孙中山辞去大总统职务，北上考察，刘冠三等人曾护送孙中山由济南去青岛。1913年，第一届国会成立时任众议院议员，同徐镜心、丁惟汾等人联合反对袁世凯的阴谋活动。袁以重金贿之，他不为所动，仍与袁对抗，还多次援救被袁逮捕的同志。1914年吴大洲、薄子明等在山东举义倒袁，他由北京回山东参加斗争。袁下令逮捕他，幸赖商震等人帮助脱险，到陕西避难。1916年，首次恢复国会时，仍任众议院议员。1917年，段祺瑞揽权，国会再次被解散后，他奔赴广州，协助孙中山成立护法政府，任护法国会众议院议员、山东招讨使，负责山东全省军务，协同南方革命军北伐。此间，他督师徐州，击败鲁督张树元部。1922年，第二次恢复国会时，再任众议院议员。时曹锟为谋取总统之位，重金贿买议员，丁惟汾、王乐平等议员避赴上海对抗，他身患肺癌未走，不得以为曹锟投票。后病情恶化，逝于北京。1928年，移葬于高密县城西岭三星台。1987年6月，复移葬于高密县烈士陵园。

年祸变纠纷,迄难调解。兹幸议会完全集会,今后所有一切立法问题,均可遵据约法付诸国会解决,静待其成。此外而有联省会议云

② 杜济美(1884—1966),直隶怀来(今属河北省)新保安镇人。21岁(1905年)赴日本东京留学,并加入同盟会。1907年归国后,先后被派往山东、河南、直隶各省从事推翻清政府活动。1910年,刘冠三前往察哈尔联络革命党人时,杜济美为其主要联络对象之一。对此,张玉法《中国现代化的区域研究·山东省(1860—1916)》一书在对刘冠三周游华北五省之事宣传革命、发展会员情况时曾有记载说:"刘冠三周游三年有余,足迹踏遍山东各地,复由曹(州)入豫。由豫而晋,由晋而察,由察而冀,遍访(华北)五省百余县之私塾。所联系者在豫有刘艺三、张天放、杨勉斋、暴质夫、张伯英、阎子顾等,在晋有景梅九、李素等,在察有童效贤、张励生、杜济美等,在冀有李锡九、赵心如、王葵庵、宋鹰等,合之在山东所联络者,不下千数百人,于北方之革命影响极大。"(参见《中央研究院近代史研究所专刊》〔43〕,台湾"中央研究院"近代史研究所,1982年,第302—303页。)同年(1910年),杜济美也曾与童效贤(一作童孝贤)、段原夫(一作段亚甫)3人到过山东曹州(今菏泽),并曾给曹州府官立中学堂的师生做过公开演讲。此后,杜济美等赴开封联络革命党人时曾被捕。对此,王近信1962年4月所撰《王鸿一先生在辛亥革命前后》一文的记载说:"及我上了官立中学(即曹州府官立中学堂)的第二年,即1910年,有由直隶(即现在的河北省)保定政法学堂到曹州去的三位革命党人:童效贤、段亚甫和杜济美。此时,(王鸿一)先生以省视学的身份,公然一天的晚上在官立中学的大礼堂内,让他作公开演讲,鼓动革命,而(王鸿一)先生毅然任掩护之责。""童、段、杜旋赴开封,我(王近信)不久亦(奉命)去(开封),拟设立一照相馆,为南北友人落脚及联络之处。因事机不密,当段(亚甫)、杜(济美)二人回保定时,在开封车站被捕。童(效贤)和我即散去。"(山东省政协文史资料研究委员会编:《山东文史资料选辑》第21辑,山东人民出版社,1986年11月,第60页)辛亥革命后,被选为直隶省临时议会议员。1913年当选第一届国会众议院议员。1922—1924年间,曾任国会第三次常会议院议员。期间,参与曹锟贿选(即受贿5000银元投了曹锟的赞成票)。1926年末,任绥远都统署参议兼国民党第三集团军左路总指挥,特别省党部秘书长。北伐胜利后,历任沧县、武清、赤城、固始、武安等县县长。其中在担任武安县县长(1934年)时,还曾领衔纂修《武安县志》。(刘晓焕:《民主革命先驱宋绍唐》,吉林美术出版社,2011年,第139页)以后又到河南泛东挺进军总指挥部任党政处处长,兼河南省政府参议。1946年6月,任冯钦哉主持的察哈尔省政府(在河南省)顾问。1948年3月,傅作义在张家口成立察哈尔省临时参议会,杜济美担任议长。1951年3月,加入中国国民革命委员会。1952年,被聘为察哈尔省文史馆员,后转为河北省文史馆员。1966年病逝于北京(刘海林:《张家口人物志》(古代·近现代卷),党建读物出版社,2005年,第204页)。

③ 谂:古同"审",熟悉、详知。

379

云,皆在僭越逾分之列,亟望议会诸公,本法定职权,早成宪典,以答海外喁喁①之望。政轨纷错,由于根基未定,证往察来,至为殷念。名达如兄,想有同感。管见所及,略致拳拳未尽之言,统托冠三、济美两君面达。专函奉复。即颂

　　道祺

　　　　　　　弟吴佩孚启("吴佩孚"三字长方形图章)
　　　　　　　　　　　　　　　　八月十五日②

　　按:此信系吴佩孚在洛阳时期写给吴景濂的信函之一,共计两页。每页竖排8行,每行十三四字不等。

　　这封信函大致反映了两件史实:一是反映了吴佩孚对于制宪和联省会议的态度。对于制宪、立法问题,吴佩孚认为:"今后所有一切立法问题,均可遵据约法付诸国会(国会于1922年8月1日在北京复会,吴佩孚曾致电祝贺③)解决,静待其成",并"亟望议会诸公,本法定职权,早成宪典,以答海外喁喁之望"。而对于"联省会议",因其有悖于吴佩孚的"武力统一",故持否定态度,认为"在僭越逾分之列"。二是记载了前同盟会员、国会众议院议员刘冠三、杜济美两人曾于1922年8月中旬从北京南下洛阳拜访过吴佩孚,而此事在以往史籍尤其是刘冠三、杜济美两人的多种传记资料(包括文献资料、回忆资料)中均无记载,可补史缺。

---

①　喁喁:比喻众人敬仰归向的样子。
②　《天津市历史博物馆馆藏北洋军阀史料·吴景濂卷》第4册《局势》(下),第175—176页。
③　《吴佩孚诗抄》,第26页。

5. 吴佩孚就陈请援例旌恤魏郁文①事致吴景濂函
（1926年5月15日）

莲伯仁兄议长大鉴：

接诵惠书，具聆壹是。魏君驰驱国事，积劳物化，至可悯惜，旌恤有章，自不容缓，第此间无案可稽，兹摄政内阁已成，希径向中央援例陈请何如？专复。并颂议安不具。

吴佩孚拜启（"吴佩孚印"方形图章）

五月十五日 ②

按：此函是吴佩孚在就任十四省讨贼联军总司令以后写给吴景濂的亲笔信，共两页，并且落款处盖有吴佩孚的图章（非常清晰）。此函反映的历史事件（一个国会议员死后的"旌恤"问题）虽然不大，但目前历史上留下来的这一个时期内吴佩孚的电函并不多见，如现存中国第二历史档案馆编《吴佩孚档案资料选编》一书，

---

① 魏郁文（？—1926），甘肃人。曾任广州护法国会非常会议众议院议员、国会第一届第三次常会众议院议员（汤锐祥：《护法运动史料汇编》第2册《国会议员护法篇》，花城出版社，2003年，第713、614页）。据《林森吴景濂褚辅成等关于停止制宪的通电（1920年1月24日）》记载，1920年1月8日，魏郁文曾出席非常国会宪法制定、讨论会议："八日宪法会议议事日程为地方制度第十一条第二项至第二十二条。有参议员沈钧儒、余兆炎、杨永泰、秦锡圭、张鲁泉、孙光庭、刘新桂、王鎏声、杨森、扎布、杨择、丁文莹、杨天骥、韩玉辰、郑际平、杨福洲、宋汝梅等十六（七）人，众议员徐兰墅、张佩绅、陈鸿钧、李为纶、欧阳振声、斐廷藩、周之翰、林溥恩、陈祖基、徐绍熙、袁麟阁、刘彦、廖希贤、钟才宏、王源翰、魏郁文等十六人，称六日张案反证表决后，有人再提起疑义，强求重行表决。并以八日议事日程明列第三项，相率不出席，以示抵制，冀推翻六日表决。"（《林森等停止议宪通电》，连载于长沙《大公报》1920年2月13、14、15日）另据《参与曹锟贿选国会议员姓名录（1923年9月13日报载）》记载：魏郁文系参与曹锟贿选的国会众议院议员之一（上海《民国日报》1923年9月13日《拥曹议员题名录——8日选举预备会出席者……签到共428人……中有冒名顶替》，同上书，第614页）。

② 《天津市历史博物馆馆藏北洋军阀史料·吴景濂卷》第1册《国会》，第1242—1243页。

即缺少1925年10月31日—1926年10月16日期间吴佩孚的电函资料①。因此,此函的发现正好弥补以往出版、发表资料(尤其是吴佩孚著述)的不足。

这份函件反映的史实是:它反映了吴佩孚对于一个普通国会议员之死的关注。从这封信函内容可以得知,魏郁文生前与吴景濂尤其吴佩孚关系较为密切,特别是他在曹锟贿选过程中投了曹锟的赞成票,也说明此人系亲近直系之人,故在他死后吴佩孚还致函吴景濂请求对其"援例旌恤"。另外,以往只能在护法国会非常会议议员名单、曹锟贿选议员名单中见到魏郁文的名字,而生卒年不详,从上述函件推知,魏郁文的卒年应当是1926年(上半年5月中旬以前)。

6. 吴佩孚为邀请会晤事致吴景濂函
(1926年)

莲伯先生大鉴:

久暌②霁光,时殷回溯,迩者徂暑迎秋,遥企兴居,顺时笃祜,定符远颂也。时会方艰,纲沦法斁③。我公群伦领袖,定有救国宏谟,尚望早日贲临④,藉亲教益,是所切祷。耑泐敬颂崇祺,百惟荃照。

吴佩孚拜启("吴佩孚印"方形图章)

廿七日⑤

---

① 《吴佩孚档案资料选编》,《民国档案杂志社》,2009年,第310—324页。
② 暌:通"睽",分离,隔开。
③ 斁:解除;厌倦,懈怠,厌弃。
④ 贲临:贵宾盛装而来。
⑤ 《天津市历史博物馆馆藏北洋军阀史料·吴景濂卷》第8册《综合》,第699—700页。

按:(1)此函共计两页,每页6行,每行约12字(其中第二页5行)。(2)此函后尾只有"廿七日"三字,未缀"年、月",整理者推测是在1926年,又未推测其月份。从信函中提到的"迩者徂暑迎秋"一句来分析,笔者推测,这应当是吴佩孚1926年初秋,即大约是8月27日写给吴景濂邀请他南下会面的一封信。

这份函件所反映的史实是:1926年7月,广州国民政府领导的国民革命军已经开始北伐,首当其冲的即湖北的吴佩孚直系武装。从吴佩孚写给吴景濂信函的时间推测,当时汀泗桥、贺胜桥之役可能正在进行之中。为有所挽回,吴佩孚在所谓"时会方艰,纲沦法斁"情况下,邀请吴景濂前来,为他出谋划策。为更好地理解此函背景,兹再将当时北伐战争的相关情况补述于下:原来,为了实现国家统一,尽快结束军阀割据的局面,早在1926年7月9日,由广东国民政府领导的国民革命军10万人即已正式出师北伐。在苏联军事顾问的帮助下,北伐军制定了正确的行动方针,首先向直系吴佩孚部队盘踞的湖南、湖北进军。共产党人叶挺领导的、以共产党员为骨干组成的第四军独立团是北伐先锋。在各界民众的支持下,北伐军高歌猛进。进入湖北后,直至武汉,而吴佩孚的直系势力企图凭借汀泗桥、贺胜桥的险要地势阻止北伐军的进攻。经过浴血奋战,北伐军终于在8月下旬攻下汀泗桥、咸宁和贺胜桥,一举击溃了吴佩孚主力,并在10月10日攻占武昌。另外,在吴佩孚这方面来看,在北伐军北上之初,吴佩孚低估了北伐军实力,尚与奉军在南口继续围攻冯玉祥的国民军,直至北伐军四路来攻,断直系归路,而吴佩孚部将董政国等人率3万余众与北伐军战于平江、金井,"均不利"。8月21日,吴佩孚接到告急电报,一面命齐燮元代理总司令,"留长辛店处理一切",一面赶速"连夜南下"①。吴佩孚由京汉路南下,沿途阅军,不日即率刘玉春等部"驰抵汉口",组

---

① 《吴佩孚诗抄》,第47页。

织抵抗。27日,复率刘玉春、陈嘉谟等部抵达咸宁,而此时国民革命军北伐军总司令蒋介石也率部抵达岳州,双方在汀泗桥大战,直军失利。吴佩孚躬亲督师,下令"退却者杀无赦","以大刀队八路监视各军",始稍挽颓势,夺回汀泗桥。而吴佩孚致函吴景濂事,当在此日。28日晨,北伐军再攻,汀泗桥再次失守,直军退守贺胜桥。北伐军乘胜追击,双方大战再起,相持不下。29日,北伐军猛攻,不下。30日,北伐军再攻,直军失利败退,吴佩孚再度亲临督战,手刃后退官兵数百人而无济于事,贺胜桥失守,直军退守武昌。10月10日,武昌失守①。

7. 吴佩孚就退居蜀夔的情况致吴景濂函
(1927年12月8日)

莲伯宗兄惠鉴:

云山间阻,梅讯难通,缅怀江云,倍切驰系。比维动定咸宜,玉为企颂。年来时局艰难,险象环生,愧挽救之无方,遂间关而入蜀。抵夔以来,徜徉山水,颇足自娱,□以奉慰未尽之言,通由詹子卿君面陈,尚希遇事维持,时惠良箴,□(是)则馨香所祷盼者也。专此布候。藉颂

勋安

     宗愚弟吴佩孚拜启("吴佩孚印"方形图章)
          十二月十八日 ②

按:(1)此函共两页,每页竖排8行,每行约15—17字不等(其中第二页仅有两行)。(2)目前来看,此函恐系吴佩孚写给吴景濂

---

① 《吴佩孚诗抄》,第48—52页。
② 《天津市历史博物馆馆藏北洋军阀史料·吴景濂卷》第8册《综合》,第710—711页。

的最后一封信了。以往吴佩孚致吴景濂函,落款自称"弟""愚弟",而此函起首成对方"宗兄",落款自称"宗愚弟",显然说明两人关系更加密切了(当然也并不排除吴佩孚有套近乎之意)。

  这封函件所反映的有关史实大致如下:1927年6—7月,吴佩孚残部在豫南被国民革命军北伐军第二集团军右路军总司令孙连仲等部击溃,被迫逃往湖北、四川。据孙连仲1927年7月8日发布《关于击溃吴佩孚残部攻占襄樊等通电》称:"吴逆(吴佩孚)祸国,民族共愤,战锋屡挫,仍不觉悟,犹待机思逞。旋见敌路占领镇平,协同方(振武)军,节节环逼,自知大势已去,乃率随员及残部数千余人逃往邓州,依附于逆(指于学忠),藉保性命,复被敌路围攻痛剿,而林师堵于东,张部截于西,加以南有襄河之阻,北有退兵之急,势穷力尽,改图窜川。渡襄之际,被我追缴,被俘者千余人,没溺者四五百人,伤毙者无算,蒋雁行积急自戕,张其锽中弹而毙,吴(佩孚)、于(学忠)二逆仅以身免,由是襄樊、新邓通经敌路占领,豫南得告肃清……"①此役之后,吴佩孚一蹶不振,后来率残余逃往四川,依附杨森,后又在夔州(今重庆奉节)暂居。对此,赵恒惕等编《吴佩孚先生年谱》也有记载说:"(1927年)七月十三日,(吴佩孚一行)越秭归抵巴东,杨森携夫人率川中个师旅长自万县乘轮迎于巫山界岭,优礼有加,同轮至白帝城。入居永安宫行馆。""二十日,(吴佩孚)先生通电各方,来川游历,不问政治,时部属尚有五千余人,略予所编,以节开支。""秋间,在奉节第八师讲武堂学校毕业典礼训话……"云云②。

---

 ① 《吴佩孚档案资料选编》,第330页。
 ② 《吴佩孚诗抄》,第54—55页。

二、致黎元洪等电报(3件)

在《天津市历史博物馆馆藏北洋军阀史料·吴景濂卷》里，笔者查到有关吴佩孚致黎元洪等人电函3件，大致情况如下。

1. 吴佩孚译呈东京来电并请还京电
(1922年6月7日)

已呈

谨呈

黎大总统钧鉴：

顷探得小幡日使接东京电文，曰："支那已亦大反省，谋之内争，实行国内统一，固了中政府之实力，恐难一致。果能统一实现，若在支那外交得安，则不独列国军队撤退，法权撤去，外国邮便局废止，及尊重国权之一切处置，行将逐件实现，支那实大可畏也。"等语。谨此奉闻。统一国家，靖内对外，应请钧座应天顺人，早日还京为叩。吴佩孚叩。阳。①

按：这份电报并非原件，而是抄件，共一页，计7行，其中第一行为"已呈""谨呈"四字，"谨呈"二字小于"已呈"，且"谨呈"应该是吴佩孚的原话，而"已呈"则显然是抄写者加上的，表示这份电报已经呈给黎元洪了。这是目前所见为数不多的、由吴佩孚单独且直接发给黎元洪个人的电报之一，对了解吴佩孚与黎元洪两人的关系提供了有价值的参考资料。

这份电报反映的史实是：1922年第一次直奉战争后，直系（曹锟、吴佩孚）控制了北京政府，遂逼当时担任大总统的徐世昌去职。

---

① 《天津市历史博物馆馆藏北洋军阀史料·黎元洪卷》第6册，第297页。

同年6月2日,徐世昌被迫离职,迁居英租界,既结束了他五年的总统生涯,也从此结束了他从政40余年的历程。此后数日间,吴佩孚一面于6月4日致电天津参议院议长王家襄、众议院议长吴景濂,认为:"大位(大总统职位)不可一日虚悬,(应)请元首(黎元洪)克日返京,以固根本",而"元首未到京以前,当然有国务院摄行(大总统)职权"①(以此有1922年6月2日—11日国务总理周自齐摄行大总统职权达9日之事),一面又于6月7日以个人名义致电黎元洪,在告知所获日本驻华公使小幡收到国内来电的中文之意,同时又敦促黎元洪"早日还京(复职)"。在直系及各方电促之下,黎元洪先是于1922年6月6日发布主张先行废督裁兵然后就职通电,又于6月10日复发表复职通电,表示6月11日"先行入都,暂行大总统职权,维持秩序"云云②。对于吴佩孚吴佩孚"尊崇法统""恢复法统"的思想及其活动(包括拥黎元洪出山),《吴佩孚先生年谱》也有记载,兹依次摘录,以示稍加补充:"(1922年)五月十四日,(吴佩孚)先生感于败奉之后,收拾国局惟有尊崇法统,恢复民初国会,(遂发表)通电征求各方意见。""六月四日,(吴佩孚)专电参议院(议)长王家襄、众议院(议)长吴景濂,痛述国家纷乱,皆有政客、军人各便私图,毁法乱纪,惟有欢迎(参众)两院早日恢复集会,并迎黎元洪复总统职,以定国本。曹锟及十省军政首长二十四人联名响应先生号召。""(六月)六日,黎氏声明以废督、裁兵为复职条件。""七日,(吴佩孚)先生与曹锟多人复电遵依,于是迎黎之计遂定。""十二日,黎元洪入京复任大总统……""十三日,(吴佩孚)先生入京觐贺黎总统,并献替国策,当夜返保(定)。"③某

---

① 《保定吴佩孚为复江电以元首未到京以前应由国务院行使职权(致王家襄、吴景濂)电》(1922年6月4日),《癸亥政变纪略》,中华书局,2007年,第24页。
② 中国史学会、中国社会科学院近代史研究所编,章伯锋主编:《北洋军阀》第4卷,武汉出版社,1990年,第225页。
③ 《吴佩孚诗抄》,第26页。

种意义上说,吴佩孚的这份电报,对催促黎元洪尽快还京复职起到了一定作用。

2. 吴佩孚请根据公法公理誓死力争收回旅大电
（1922年4月9日）

吴佩孚来电
　　日人拒绝否认二十一条收回旅大望政府人民根据公法公理誓死力争由
北京大总统、参众两院、国务院、驻外各公使、保定曹巡阅使、北京王巡阅使、冯检阅使、各省督军、督理、督办、省长、护军使、海军总司令、各舰队司令、各省议会、各报馆均鉴：
　　自日本拒绝我政府否认二十一条条约之通牒,并已经租借期满之旅大亦拒绝收回,凡我国人同声愤慨。夫二十一条者,以暴力胁迫缔结,质言之,则以日本一方意思而缔结,依条约原则,即已根本不能成立。我国代表叠向巴黎及华府会议声明无效,并无废止之可言。况依我国法,结约最高权在于国会,该约未经国会同意,形式上未为成立。既经国会否认其为无效,更不待论。征之美国参院否决巴黎和约,可为最近之先例。年来主张中日亲善、保全东亚和平之声洋洋盈耳,我两国国民应有共同觉悟。若言亲善,而不去此亲善之障碍,求和平而独报此和平之斧斤,一穴溃堤,祸重来日。即为日本计,亦宁有利焉？望我政府、国民根据公法公理,急起直追,求世界之正评,促邻邦之反省,群策群力,誓死力争,石烂海枯,勿渝此志。佩孚不敏,谨当随我父老昆季之后也。披沥①陈词,伏维公鉴。吴佩孚青。印。②

---

① 披沥：指开诚相见,尽所欲言。
② 《天津市历史博物馆馆藏北洋军阀史料·黎元洪卷》第7册,第470—473页。

说明：(1)该电报系原件，共计4页，每页顶部都有"大总统府来报纸"字样。(2)每页右侧(即电报正文右侧)都有"××局来，第××号计××字"字样，只有第一页在"局"字前用毛笔填写"洛阳"二字。(3)每页纵列10行，其中五行较宽，为电报号码(4位阿拉伯数字)，每一宽行右侧为窄行，供译电稿之用。(4)电报第一页右上角批有"交院并复"四字，当系黎元洪所批。(5)每页左边从上到下均有这样一行字："中华民国十二年四月十一日午点收发明字第206号。"其中"十二""四""十一""明字""206"与电报正文一样，都是毛笔填写的，而其他"中华民国""年""月""日""午""点""收发""第""号"等字样，则都是电报纸上原有的。(6)这份电报从吴佩孚致电的对方来看，不仅上到大总统、国务总理，而且下至各省议会、各报馆，显然带有通电性质。

这份电报反映的历史事实为：在旅大租借期满之际，吴佩孚挺身而出，通电呼吁收回旅大。这一事件的历史背景值得稍加介绍。沙俄早就企图在太平洋攫取一个不冻港。甲午战争后，帝国主义掀起瓜分中国的狂潮。继1897年11月德国借口两名德国教士在山东被杀，派军队强占胶州湾后，沙俄借口"帮助中国人摆脱德国人"，于1897年12月14日派舰队驶入旅顺口，次年3月27日，又逼迫清政府签订了《旅大租地条约》。5月7日，又签订了《续订旅大租地条约》。这两项条约的主要内容有：1.旅顺、大连及其附近水面租与俄国，为期25年。期满可"相商展限"，俄国在租借地内享有治理地方和调度水陆各军等全权，清政府无权驻军；2.租地以北划出一段"隙地"(几乎包括了整个辽东半岛)，未经俄方许可，中国军队不得进入。3.中国同意俄国从中东铁路修一支线到旅顺、大连，"此支路经过地方，(中国)不将铁路利益给与别国人"。通过签订中俄《旅大租地条约》，俄国强租旅大，在辽东半岛南端，建立了海军基地；中东铁路与南满支线把这个远离俄国本土的军港同俄国联结起来，东北三省成了沙俄的势力范围，俄国在远东的战略地位大大加强。强租旅大的第二年,它又擅自把旅大租借地改为"关东省",实行军政合一的殖民统治。1904—1905年,日本通过日俄战争打败俄国,旅大及其相关权益又被日本攫取①。1915年1月,日本又以支持袁世凯称帝为诱饵,提出灭亡中国的"二十一条",强迫中国接受。"二十一条"第一号(共四款)是针对山东的,第二号(共五款)则是针对"南满洲及东部内蒙古"的,其第一款即规定:"两订约国互相约定,将旅顺、大连租借期限,并南满州及安奉两铁路期限,均展至99年为期。"②消息传出,遭到中国人民的坚决反对。第一次世界大战后,"我国代表(曾)叠向巴黎(和会)及华府会议声明无效"。故当旅大租期届满,国内要求收回旅大的呼声日高。吴佩孚就是当时坚决要求收回旅大的军方代表。他在通电中,首先声明:"夫二十一条者,以暴力胁迫缔结,质言之,则以日本一方意思而缔结,依条约原则,即已根本不能成立。""况依我国法,结约最高权在于国会,该约未经国会同意,形式上未为成立。既经国会否认其为无效,更不待论。征之美国参院否决巴黎和约,可为最近之先例。"接着,他指出:"年来主张中日亲善、保全东亚和平之声洋洋盈耳,我两国国民应有共同觉悟。若言亲善,而不去此亲善之障碍,求和平而独报此和平之斧斤,一穴溃堤,祸重来日。即为日本计,亦宁有利焉?"最后,他有提出具体做法和自己的态度:"望我政府、国民根据公法公理,急起直追,求世界之正评,促邻邦之反省,群策群力,誓死力争,石烂海枯,勿渝此志。佩孚不敏,谨当随我父老昆季之后也。"可见,通电文中,吴佩孚的爱国情绪溢于言表,他的这一行为是值得肯定的爱国行为。

---

① 按:日俄双方签订的《朴茨茅斯条约》第五条中即有规定,"俄国政府以中国政府之允许,将旅顺口、大连湾并其附近领土领水之租借权内一部分之一切权利及所让与者,转移与日本政府,俄国政府又将该租界疆域内所造有一切公共营造物及财产,均移让于日本政府"。

② 《北洋军阀》第2卷,第799页。

另外,稍加一提的是,继吴佩孚之后,尚有直系山东籍将领、湖北施宜镇守使赵荣华亦曾于1923年5月3日发表通电,呼吁坚持收回旅大,与吴佩孚遥相呼应①。

在吴佩孚等人带头呼吁下,到了第二年,国内各阶层民众要求收回旅大的呼声愈高,形成了全国规模的群众运动。

3. 吴佩孚请严重交涉日军在湘暴行电
(1923年6月12日)

吴佩孚蒸电
日舰在湘暴行请严重交涉由
北京大总统、国务院、外交部、参众两院、(北京)王巡阅使、冯检阅使、保定曹巡阅使、各省督军、暨理、督办、省长、都统均鉴:

湖南省长(赵恒惕)东电,计达驻湘日舰蔑视公法,摧残市民,似此暴行,实堪愤慨,应请政府严重交涉,各省合力抗争,用卫国权,以重民命。临电激切,统维察照。吴佩孚。蒸。印。②

说明:(1)该电报系原件,共2页,每页顶部也都有"大总统府来报纸"字样。(2)每页右侧(即电报正文右侧)都有"××局来,第××号计××字"字样,惟有第一页在"局"字前用毛笔填写"洛阳"二字。(3)每页纵列10行,其中五行较宽,为电报号码(4位阿拉伯数字),每一宽行右侧为窄行,供译电稿之用。(4)电报第一页右上角批有"交院并复"四字,当系黎元洪所批。(5)第一页左边从

---

① 《赵荣华请坚持收回旅大电》,《天津市历史博物馆馆藏北洋军阀史料·黎元洪卷》第7册,天津古籍出版社,1996年2月,第554—558页。按:在原始档案中,该电文标题为《湖北施宜镇守使赵荣华江电——收回旅大坚持到底由》,电报译稿(电报纸)长达5页,比吴佩孚的通电还多1页。

② 《天津市历史博物馆馆藏北洋军阀史料·黎元洪卷》第7册,第675—676页。

上到下均有这样一行字:"中华民国十二年六月十二日午点收发明字第240号"。其中"十二""六""十二""明字""240"与电报正文一样,都是毛笔填写的,而其他"中华民国""年""月""日""午""点""收发""第""号"等字样,则都是电报纸上原有的。第二页则未填"明字""240"字样,余与第一页同。(6)这份电报从吴佩孚致电的对方来看,不仅上到大总统、国务总理,而且下至各省议会、各报馆,显然也带有通电性质。

这份电报反映了如下史实:1923年5—6月,(湖南)省城人民为收回旅大举行反日示威,日本水兵枪杀长沙市民,造成了轰动一时的"六一惨案"①。"驻湘日舰蔑视公法,摧残市民"的消息传出,吴佩孚义愤填膺,遂发表通电,"请政府严重交涉,各省合力抗争,用卫国权,以重民命"。这一做法本身也是体现了吴佩孚的爱国主义精神,并值得予以肯定。

从以上有关吴佩孚发出的信函、电报内容来看,绝大多数是首次披露,弥足珍贵。它们与其他档案、报刊等项资料一样,客观地反映了一些历史事实,可以与以往出版、发表的有关资料互为补充,加深对吴佩孚在这些历史事件中的思想与活动的了解。

刘晓焕　山东社会科学院
杜庆余　山东社会科学院

---

① 《1840—1949年湖南历史大事记》,《编辑常用资料手册》,湖南省地方志编纂委员会内部印行,1988年,第520页。

被溥仪称为"贿选大总统曹锟的心腹谋士"的北洋政府总统府秘书长王毓芝

在清朝最后一个皇帝溥仪的回忆录《我的前半生》一书中,作者曾提到他去日本公使馆时遇到的一个叫王毓芝的人物并有所评介:"我进了日本公使馆,我并不是唯一的客人,当时还住着一个名叫王毓芝的人物,他是贿选大总统曹锟的心腹谋士。"而王毓芝确实是在民国初年北洋军阀时期的政治舞台上曾一度显赫的重要人物,特别是在直系军阀曹锟担任大总统前后,他凭借为人机警权变,在政治上善于策划谋略,颇有运筹帷幄、操纵自如之才,所以他能以一介书生步步高升,跻身于高官显位。

一

王毓芝(1877—1933),字兰亭,济宁(今济宁市中区)人,出身于小手工业家庭。其祖籍为浙江仁和,后迁居济宁。迁居济宁后,世代以经营扎纸活生意(即用彩色纸、木架或苘杆扎成喜庆、丧事应用的彩花或灵楼、纸罩、花圈等消费品)为生,故济宁当地人俗称他家为"王扎彩家"。在封建社会,这种行业属于手艺匠人之类,不算是正式商业或手工业者,被列入所谓"下九流",几乎与仆役、吹鼓手、理发匠等身份相同,为士大夫所不齿。自明清以来,这类所谓"下九流"出身的人,其社会交游、活动都要受到一定的限制。如他们的子弟不管学业成就如何,都没有资格参加州、府、县考试,上进之路遭到了限制。因此,即使学富五车,也只能皓首穷经,老于牖下,根本不能跻身于士大夫之林。

  王毓芝自幼读书,聪颖过人,十三四岁时,就已经熟读了四书五经及很多诗文。他父亲觉得他是个可造之才,就节约其家庭用度,供应儿子求学深造。15岁那年,王毓芝就学于当时济宁较有名望的王文墀①塾馆。入学后,王文墀见王毓芝聪明好学,很是器重,故常加意辅导培植,以冀将来有成。王毓芝从此学业大进,他又进一步钻研了当时考试必用的制艺(八股文、试贴诗),一二年后已斐然成章。当时,在济宁州、县学设立的任城、渔山、池楼、济阳各书院里,除了有担任教谕、训导职务的学者按时讲学外,每月还考试一次,优等按名次发给"膏火",即助学金,以资鼓励。王毓芝在月考中屡列前茅,其学业成绩已到了文场中可以一试的程度。

  清光绪二十三年(1897)州考,王毓芝以童生②身份参加考试,果真"不鸣则已,一鸣惊人",这场考试中他居然名列第一,即所谓"案首",颇震惊了济宁的一些世族门阀,咸有"谁家生得馨儿"之感。当时的考试制度规定,考取人数是有定额的,济宁本州的仅29名。"案首"复试被录取是无可置疑的,这样就引起了人们的妒忌、觊觎之心。当时的考试制度还有这样的规定:如果初试被录取者其中有冒籍(非本州、县籍贯)或出身门第不当者,这样就占了本州、县的名额,侵犯了当地士大夫阶级的特有利益,在清代考试中是绝对不允许的。当其时有一位向来好多事的边荣焕,是当时的廪生③,他竟利用其职权,提出王毓芝非身家清白,应予罢考(即取消其复试资格),这是"朝廷"的法定制度。这样,王毓芝无可奈何,只有忍气吞声,偃旗息鼓,不能继续参加复试了。

---

① 字佩笙,清光绪乙酉(1885)科优贡,时尚未出宦,在家设馆教学,亦属寒士。
② 不表示年幼,而是表示初级考试之意。
③ 廪生有负责保证考生籍贯、身份的职权,称保廪先生。

二

　　自被罢考之后,王毓芝壮志不已,在仍操旧业之余,博览群书,养精蓄锐,以待时机。清光绪三十年(1904),清廷宣布实行"新政",废除科举制度、提倡兴办学堂,随着而来的,国家任用人员,亦多由新式学堂毕业生中选拔。当时,学堂分科培养人才,王毓芝颇识时务,于是尽弃以前所学,不仅早已涉猎了康维新变法的理论及《盛世危言》等书籍,接触了资产阶级改良主义思想,而且也了解一些西方资本主义制度。于是,他毅然离家,于1905年考入陆军讲武堂(陆军学堂)。该学堂为北洋军阀开山老祖袁世凯所创办,是培养他手下军政人员的学校。王毓芝在校肄业二年,以优等生卒业后,颇得袁系军阀曹锟(后为直系军阀首领)的赏识,从此便在曹锟麾下效力,充当幕僚。当时,曹锟职位虽然并不高,但究属袁世凯的嫡系,故在军政各方面不乏周旋活动的条件。王毓芝依附曹锟以后,可谓官运亨通,扶摇直上。有记载说:"(陆军学堂)肄业后(王毓芝)为曹锟办理文牍,被赏识,委以机要秘书。"继任长江上游总司令秘书后,随着曹锟职务不断递升,王毓芝亦得以上下其手,辅车相依。况且他又有相当的聪明才智,善于相机行事,于是利用时机,逐渐跻身于高级政治舞台。1916年任直隶督军署[①]秘书长。次年7月,兼任直隶省长公署[②]秘书长。1918年6月,任川粤赣湘四省经略使公署[③]秘书长。1920年直皖战争时任直军司令部秘书长。

　　[①]　督军为曹锟,1916年9月10日—1923年10月20日在任,期间曹锟还曾于1918—1920担任川粤湘赣四省经略使。
　　[②]　省长先后由曹锟兼任、曹锐署理及实任,即1917年7月18日—1918年1月30日曹锟兼任;1918年1月30日—1922年6月18日由曹锐先署后任。
　　[③]　经略使为曹锟,1918年6月20日—1920年8月20日在任。

直皖战争后,曹锟转任直鲁豫三省巡阅使①,王毓芝亦联袂而上,继担任直鲁豫巡阅使署秘书长后,又先后在北洋军阀政府历任币制局副总裁②、全国烟酒事务署督办③等要职。可谓一帆风顺,周旋进退,左右逢源。

1923年6月以后,王毓芝积极协助曹锟贿选总统,先后发380名议员每人每月200元(银币,下同),并聘为直、鲁、豫三省巡阅使署顾问。9月2日,贿选票价公开定为5000至10000元不等,以支票支付,计573张;支票签有兰记(王毓芝)、秋记(吴毓麟)等标记,分别由大有、劝业、麦加利银行付款。10月4日,议员邹瑞彭向北京地方检察厅举发他和吴毓麟等贿赂议员选举总统之事,并将证据制版送交各报刊发表,使贿选丑行公之于众。但王毓芝无视舆论,仍利用其人事关系,为贿选奔走斡旋,活动于南北军阀、政客、各界要人及各国使节之间,以其高超的交际手段,获得各方支持。10月15日,正式投票,签到者593人,曹锟以480票"当选"中华民国第五任大总统。计用贿费达1356万元。曹锟得以登上总统宝座,虽属贿选,但王毓芝巧妙的拉拢交际手段是起着重要作用的。也正因此,在曹锟总统任内,总统府秘书长一职一直由王毓芝担任④。

在此期间,在王毓芝提携下,其二弟王毓栋(干卿)亦得担任津浦路货捐局局长,三弟王毓芳(香亭)则先后得任将军府将军、湖北榷运局局长、武汉关监督等。其所担任职务均为取得经济收入相当可观的要职,真可谓"一人得道,拔宅飞升"。当时济宁一带咸以为荣。只是曹锟宝座未稳,即在第二次直奉战争中因冯玉祥倒戈回京发动"北京政变"后被迫下野,王毓芝也休戚与共,同时下台。

---

① 1920年8月20日—1923年10月10日在任。
② 1920年8月22日—1921年。
③ 1922年8月21日—1924年11月5日。
④ 任期为1923年10月10日—1924年10月25日。

此后,王毓芝就腰缠万贯,在天津英租界建有华丽的楼房,养尊处优地当寓公以娱晚年了。

三

　　王毓芝对于济宁人是没有感情的,其原因就是因为他早年考试时被济宁人罢了考。在他官运亨通的时候,有些故旧亲友也曾去京津找他谋求职业,他大都漠然置之。就是他的受业师王文墀老先生跑去找他,想以师生关系得个一官半职,不料他竟把老师置于案安牍劳形的职务上,位既不高,俸又不厚,使老先生大失所望,所以不到一年的时间就辞职回了济宁,仍然当他的穷塾师了。至此以后,济宁的同乡们很少有人托他谋求职业,这也正合乎他的意愿。直到1933年去世以前,他从未回过济宁老家。可见他对桑梓情谊,始终是不能和谐的。据了解他的人谈:王之为人,机智深沉,多谋善断,工文翰,善辞令,接待人物,沉默寡言,颇有威仪。根据以上情况来看,确属旧社会官场中能手。他以一穷书生出身,而能在10余年飞黄腾达,平步青云,身履显位,以上所谈,是确实可信的。

　　1933年秋7月,王毓芝病故于天津英租界寓所。灵柩回籍后,停放在他做官时在济宁新建的豪华宅第(济宁市中区北门大街路东,至今规模宛在)。至秋后9月间发丧时,是王毓芝及其已故的亲属共五口丧,一同回籍安葬。事先发出讣告数百封,以曹锟、吴佩孚、靳云鹏等为名誉治丧委员会总理,聘请济宁士绅名流李为舆、刘子员等亲与其事。其丧局先后出进时间达月余之久。出殡时,卫队、仪仗、旌、幡、牌、匾、祭帐、挽联、花圈、灵楼、棺罩等以及送殡亲友迤逦前行,长约二三里。真是观者塞途,车骑填巷。人流引领摩肩,无不惊骇而慨叹之。据说这个丧事耗资一万元(银币),极尽铺张浪费之能事。从此以后,在济宁一带举办丧事者,可以说无与伦比的了。当然这些浪费的钱财都是搜刮得来的,固无足道,旧社会官僚家庭的奢侈浮华即此可见一斑。

王毓芝有四子(秉俊、秉恕、秉璋、秉和)一女,当时都寓居天津。从此以后,王氏子孙有的在京、津,有的则在江南,天各一方,在原籍济宁的也就很少了。

正如知情人所评介:总结王毓芝一生,他出身于小手工业者,以刻苦求学,利用时机,转变为官僚资产阶级人物,终其一生;其政治活动能力颇能适应当时的气候环境,故能显赫一时,为人称道。然随军阀割据的政局而浮沉,对国家民族毫无贡献,纯属刀笔文人,投机政客。

附录:1924年王毓芝与吴佩孚、齐燮元等人往来电稿选录

一、吴佩孚关于调遣豫鲁鄂等省军队援苏与王毓芝、陆锦等往来密电(1924年8月27日—30日)

1. 吴佩孚致王毓芝、陆锦密电(8月27日)

急。北京公府王秘书长、陆处长鉴:永密。宥酉电奉悉。抚帅敬电,此间亦经接到调借军队,谊应协助。惟虑彰明调拨,或遗东北藉口。故已商定,由填防苏边之鲁豫各军,沿铁路线延申前进,加入战事,藉以暗中辅助。现在已规定拨归抚帅调用者,为豫军郭振才一团,至鲁军张烈一团,亦候令备调。湖北方面,并经告由珩珊转饬黄仁、刘佐龙准备一团候调,知注特复。吴佩孚。感。印。

2. 王毓芝、陆锦致吴佩孚密电稿(8月30日)

十万火急。洛阳吴巡阅使鉴:元密。顷接齐巡阅使艳电开:现在敌军以一师半在松沪取防势,以两师在吴兴、长兴取攻势,即日发动。此间以两师对吴兴、长兴,取攻势防御,诚恐右翼力薄,故需援甚急。主座拨调寇王两旅,来苏无期,务恳于卅一日以前,饬拨两混成旅到苏。不必拘定寇王两旅也。且即令寇王两旅目下准来,亦必须一星期内外,缓不济急。拟恳饬拨二十三师,即日南下,如不能,可拨二十四师,再不能,可由焕章处拨一混成旅。究应如何办理,请代陈主座睿断示复等语。当经转呈主座。奉谕:查此次之事,台端不欲显然相助,以免奉张藉口,与此间宗旨合符。惟现在长兴方面,情势急迫,前拟由鄂调拨两旅赴苏应援,顷接萧巡阅使来电,以寇王两旅均难调动。吴巡阅使所嘱由第四混成旅准备一团,听候调用。已饬刘旅遵照办理等语。望即转电萧巡阅使,速饬该团星夜开拨,以赴事机。一面饬在徐鲁豫两团,先行迳赴南京,以固防线。一面速派兵队赴徐接防。目下形势急迫,军情万变,苏省绾长江之中枢,设有疏失,动摇大局,深可危虑,望速办理,勿延为要。等因。特电密达。敬希察照。并祈速复为盼。王毓芝。陆锦。

(北洋政府大总统府档案)

——以上摘录中国第二历史档案馆编:《中华民国史档案资料汇编》第3编《军事》第3册,江苏古籍出版社,1991年7月,第161—162页。

二、齐燮元关于双方调兵遣将积极备战并请派援军情形与王毓芝等往来密电(1924年8月27日—28日)

1. 齐燮元致王毓芝、陆锦密电(8月27日)

北京王督办兰亭兄、陆处长绣山兄均鉴:亲译。敬密。宥酉电敬悉。硕划尽筹,无任钦感。兹将彼我两方近况,分达如下,(一)敌军凇沪方面,对我布置,原有一师一旅及特种部队,现又将臧致平所部开调沪上。湖州方面,对我布置,原有一师,现又将杨化昭所部开调始兴长、长一带。据报:日来敌方纷纷调遣,一俟集结完毕,约予月底,即向我军开始攻击。浙军一二两师,亦正调集浙东,专对闽军。该军对苏虽表好感,然决不为我用。此间因形势日迫,所有军队,已分向各地集中。目下昆山附近,已到约两师及混成一团,本日尚拟开步炮各一团赴昆山。宜兴附近,已到有两旅,广德已到一旅,其他一旅,本日可到宣城,海军亦派一部开驻江阴。(二)敌方正在输送中,今昨两日,尚无变化,惟双方情形,异常严重,旦夕破裂,亦未所知。前承玉帅允拨一旅一团协助,现在只到一团,其余部队,何日开拨,尚未接电。总上情形,如此两兄老谋深算,尚祈随时指示为祷。齐燮元。感。印。

2. 王毓芝、陆锦复齐燮元密电稿(8月28日)

特急。天津,徐州线转南京齐巡阅使鉴。怡密。感电敬悉。当即陈明主座钧阅。现在情势已急,自应速调援军,以厚实力。顷已致电吴、萧两巡阅使,请其迅派寇英杰开抵芜湖,王都庆旅开赴南京,俾备援应矣。以全力援助,务望宽怀,知关注念,特电驰闻。嗣后情形,仍祈随时电知为祷。王毓芝。陆锦。俭。印。八月二十八日

(北洋政府大总统府档案)

——以上摘录中国第二历史档案馆编:《中华民国史档案资料汇编》第3编《军事》第3册,江苏古籍出版社,1991年7月,第160—161页。

三、王毓芝等密告府派议员提出查办曹吴案并乘机要求任免三省文武官员须由曹锟保荐其使副署方可负责电(1923年5月)'

1. 王毓芝致陆锦密电(5月17日)

保定巡阅使署、参谋处、陆将军绣山弟鉴:直密。府派议员提出查办曹、吴案,黎氏居心可知。乞将此事密告李倬章或杨佐廷,再查办之。文各报已登载,谅已阅及矣。毓芝。筱。印。

2. 陆锦致李济臣密电稿(5月18日)

急。洛阳巡署李参谋长倬章鉴。元密。顷接兰亭兄由京来电云,府派议员提出查办曹、吴案,黎氏居心可知。祈将此事密告倬章、佐廷两兄为荷。等语。特电密达,即希察照,并转告佐廷兄为盼。弟陆锦。巧。

(北洋政府直鲁豫巡阅使署档案)

——以上摘录中国第二历史档案馆编:《中华民国史档案资料汇编》第3编《政治》,江苏古籍出版社,1991年8月,第1385页。

四、王毓芝等关于曹锟贿选总统前活动情形函电(1923年8—10月)

1. 王毓芝等致刘楚臣密电稿(8月11日)

绥定刘总指挥楚臣兄鉴:宏密。七月蒸电敬悉。荩筹卓见,佩仰莫名。现在国会议员有少数受反对,系金钱运动,以致宪法会议人数不足,屡次流会。刻正竭力联络,设法疏通,以期足法定人数,继办大选。近日进行情形,尚称顺利。总之,我辈宗旨确定,为国为民及我系前途之关系,无论如何必须尽力办理。嗣后情形如何,容再电闻。特复。弟王毓芝、陆锦。真。印。

2. 王毓芝致陆锦密电(10月1日)

特急。保定巡阅使署陆参谋长绣山弟鉴:亲译。恰密。众议院延期之事,吴副使复高总长一电,甚不赞成,恐风声泄漏,其拆台方面益有破坏材料,而国会必起恶感,大选即难望成功。孝伯兄已将此意密达健公,请转陈帅座,致电国务院,请将众院延期之案从速公布,并嘱芝拟一电稿如下,文曰。北京国务院鉴。新密。众议院延期一案,已经参议院通过,咨达政府,事属维持国家,祈即依法公布,至为企盼。曹锟又拟致吴副使一电,文曰;洛阳吴巡阅使鉴:怡密。众院延期,本为不得已之事。自此案通过,致党方面大加恐慌,百计破坏。若我方稍有异议,即中其拆台之计,莫如表示赞同,过彼阴谋,并请政府筹备召集下届众院。兹致国务院长一电,文曰:众议院延期一案,已经参议院通过。事属维持国家,祈即依法公布,至为企祷。等语。我弟明达,当能鉴察。兄曹锟。以上两稿,祈呈帅座鉴阅速发,并望密复。芝。东。印。

(北洋政府直鲁豫巡阅使署档案)

——以上摘录中国第二历史档案馆编:《中华民国史档案资料汇编》第3编《政治》,江苏古籍出版社,1991年8月,第1411页、第1418—1419页。

参考资料:

笑侬:《我所知道的王毓芝》,《军阀逐鹿——济宁籍北洋军阀人物专辑》,济宁市新闻出版局,1993年。

爱新觉罗·溥仪:《我的前半生》,群众出版社,1964年。

中国第二历史档案馆:《中华民国史档案资料汇编》第3编,江苏古籍出版社,1991年。

济宁市地方史志编纂委员会:《济宁市志》,中华书局,2002年。

刘玉平、朱承山、胡广跃、杜建春:《济宁历代名人》,中国文史出版社,2007年。

王伟波　昌邑市博物馆副馆长、副研究馆员

短命的陆军第二十师师长、直系陕西督军阎相文

阎相文（？—1921年8月23日），字焕章，山东济宁人。早年毕业于天津武备学堂。曾参与镇压辛亥革命。1917年任直隶第二混成旅旅长。次年春率部南下入湘，镇压护国军。不久随吴佩孚等率直系军阀通电主张南北议和。1920年秋，升任第二十师师长。1921年任陕西督军，旋自杀。本文重点介绍他晚年督陕与自杀的经过。

一

1920年7月，直皖战争爆发，战争很快以皖系失败而告终。于是，属于皖系的地方官也纷纷下台。当时的陕西督警陈树藩属皖系，自然被直系首领曹锟、吴佩孚视为眼中钉，准备也让他下台。然而，陈树藩却是个不好对付的人。他拥有好几个师的兵力．而且陕西的形势特别复杂，北有以于右任为首的靖国军，南有郭坚的山西民军，直系即使能派兵占据西安，也不兔要陷入两面夹攻之中，再加上还有一个阴险狡诈的省长刘镇华，曹、吴要想控制陕西，也并不是容易之事。

经过一年的准备，在直系授意下，北京政府终于下达了撤掉陕西督军陈树藩（调其任将军府将军）的命令，同时于1921年5月25日任命曹锟手下的第二十师师长阎相文为署理陕西督军，并命他

立即率自己的二十师（原驻湖北），吴新田的第七师，张锡元的第四混成旅及冯玉祥的第十六混成旅入陕。

由师长升为一省督军本应该是件大喜事，但阎相文受命之后却忧心忡忡，因为他知道，曹锟、吴佩孚给他的不仅是一副烂摊子，而且还要靠自己去征战才能抢过来，何况陕西还民情复杂，兵匪如毛呢。他也明白，自己忠厚有余，才智不足，胆小谨慎，在别人的指挥之下带兵打仗还可以，但若要自己去独挡一面，治理一方就有点为难以应付了。但既然上司下了命令，而且还是赏识提拔自己，他也只能硬着头皮去执行了。

阎相文夙知第16混成旅战斗力很强，有该混成旅随同入陕，这使他多少感到欣慰。当时，冯玉祥因处境困难，正在寻求发展之机，所以很愿为阎相文承担攻打西安的任务。而且，陕西省长刘镇华已发表通电，对他入陕表示欢迎。稍事布置之后，阎相文即命冯玉祥率第十六混成旅为先头部队，经渑池、陕州入潼关，吴新田率第七师由荆紫关入陕，而他的第二十师殿后。陈树藩与陕西省长刘镇华急忙调兵布防，以镇嵩军张治公师坚守西安；柴云升师驻防周至、户县、眉县，巩固后方；憨玉琨师驻防商州、山阳，阻击吴新田军。以陕军刘世珑师在西安附近设防，阻击由潼关入陕直军。张金印师驻咸阳、兴平、礼泉，防靖国军攻袭。时陈部约3万余人，但上下离心，军无斗志。而刘镇华表面拥陈，暗中却与直系勾结。吴师入陕南后，憨玉琨奉命不予抵抗，致使吴师7月初即轻取商州、蓝田，直趋西安。与此同时，东线直军冯玉祥因以前曾随陆建章来过陕西，对陕西地理形势比较熟悉，所以进军尤十分顺利，在阳郭镇、灞桥等处打了几个胜仗之后，很快就兵临西安城下。

陈树藩之所以敢抗拒免职命令，除拥有重兵之外，主要原因之一是他受到了刘镇华的怂恿。刘镇华两面三刀，一方面表示拥护阎相文入陕，另一方面却暗中劝陈树藩拥兵自卫，并说，双方一旦交火，他保证率部来援。然而，等到冯玉祥兵临城下时，刘镇华却按兵不动,坐山观虎斗。陈树藩颇有自知之明,鉴于自己的兵力挡不住冯玉祥的攻势,遂放弃西安向咸阳退却。不料他刚出城门,就被刘镇华带兵拦住了去路,将他的手枪队和重炮营全部缴械。与此同时,冯玉祥也趁机率部穷追,陈树藩只得率残部逃入南山山中。这样,西安和咸阳地区就被冯玉祥控制了。7月7日,阎相文入西安就陕西督军职,随之督师西进,猛攻溃败的陈部省军,在咸阳收编刘世珑残部。张金印在兴平弃军逃走,余部为胡景翼靖国军收编。陈树藩率卫队100余人经眉县逃往汉中。

冯玉祥的第十六混成旅在这次驱逐陈树藩的战斗中功劳最大,阎相文便看中了这支训练有素、战斗力强,又到处受人排挤的队伍。而且阎、冯两人的妻子都是河北沧州刘家的女儿,说起来算是亲戚,于是,阎相文打电话给曹锟和吴佩孚,力请将十六混成旅扩编成师。吴佩孚素对冯玉祥有成见,本不愿准阎所请,然而拗不过阎的一再坚持和曹锟的压力,只得答应,但声明不给冯部加饷增械。这样,冯玉祥的十六混成旅便扩编成了中央陆军第十一师。

阎相文明白自己的处境,因而处处推重和信赖冯玉祥。而冯玉祥受阎重用和竭力保荐,感知遇之恩。因此,两人相处不久,便彼此开诚布公,知无不言,相处得十分融洽,竟成了无话不说的至交。他们常在一起讨论陕西的局势,一致认为目前的困难是暂时的,前途是大有希望的。阎甚至让冯代为处理督署日常事务,所以陕西人说:"冯焕章包办了阎焕章"(冯玉祥字焕章)。

但阎相文没有想到的是,摆在他面前的困难比他估计的要严重得多。

二

阎相文遇到的第一个大的难题是粮饷问题。在军阀割据时代,军队的饷项和粮食往往靠自己就地解决,陕西的情况当然也不例外。惟与其他省份不同的是,当时陕西的驻军特别多,除了阎相文带去的三师一旅外,还有地方部队井岳秀、田玉洁、田维勤、曹俊夫的四个旅和胡景翼的一个师,再加上郭坚的民军,刘镇华的镇嵩军及邠州的郭金榜部,总人数在10万以上。况且,麻烦的是,属于阎相文控制的地区十分有限,而陕西驻军大多独霸一方,各自为政,还强迫人民大量种植鸦片自行贩卖,以致省财政收入枯竭,粮饷就显得特别困难。

一开始,阎相文把解决粮饷问题的希望寄托在省长刘镇华的身上。他对刘镇华的印象不错:自己奉命入陕时,刘不仅通电欢迎,而且还将从陈树藩那里收缴的枪械奉献给自己。当阎相文与刘镇华商量粮饷问题时,刘讨好他说:"阎将军,这个不用犯愁,我这儿现留有鸦片烟土数百万两,以此供应军队粮饷保证不成问题,而且,我们陕西最富庶的鄠县、郿县一带也控制在我的手下。"阎相文见刘镇华如是说,心里踏实了许多,不免对刘夸奖有加。其实,阎相文初来乍到,刘镇华摸不清他的底细,怕他像收拾陈树藩那样来收拾自己,故百般奉承,多方讨好。时间一长,刘镇华看出阎是一位忠厚可欺的人,便改变了态度。当阎相文向他催问烟土时,他竟然推辞说还没有收齐。阎相文听了十分气愤,但也无可奈何。冯玉祥等人听说后,都劝阎相文给刘镇华来硬的,而阎相文则认为此法不妥:不仅刘镇华拥有几万人马,而且陈树藩余部尚未肃清,民军郭坚等也有二心,我们自己又粮饷无着,在这种情况下还是不起烽烟为好。

刘镇华说的烟土成了泡影,而陕西的富庶之区也控制在他的手下。阎相文因为养不起自己的兵马犯了难,整日唉声叹气,找不到解决的途径。

令阎相文大伤脑筋的是,除粮饷问题之外,还有一事让他压力重重。

阎相文是靠了曹锟、吴佩孚的提携才升任陕西督军的,因此,曹、吴对他来说有"栽培之恩"。当时,曹、吴两人权倾朝野,找他们求一官半职的亲朋故友多如牛毛,以致他们无法全部安插。阎相文率部入陕,对曹、吴来说自然是一个好机会,所以,他们就把两百多名退职军人、失意政客及亲朋故旧交给阎相文,要阎相文"好好照顾",而这些人又带来了更多的亲戚朋友。这样,好几百人浩浩荡荡地跟着阎相文到陕西来"走马上任"。阎相文在既脱不开情面、又不愿得罪上司的情况下,自然打算安置这些人。可是,阎相文抵任后,陕西并没有成为他的一统天下,尤其是在用人行政方面,并没有预想的理想。其省令所能到达的地方,只有北起渭河,南至秦岭之间宽阔不过60华里的狭长地区,就是在这样一块小小的辖区之内,却驻有他带来的三师一旅和刘镇华的镇嵩军各部,况且他们也各有自己的人,已经感到人浮于事了。这样,对曹、吴交给他的这些人,阎相文就"心有余而力不足"了。

既然无法安插,又不能怠慢,阎相文只得按资排辈,将他们当中好多人或聘为顾问,或委以参议、咨议之类,作为督军署的食客,每天开几十桌酒席来款待他们。然而,这班人远道而来并不只是想混碗饭吃而已,他们的兴趣是怎样升官发财,因此,不管阎相文怎样盛情款待他们,都无法使他们感到满足,三天两头便来找他要官要钱,闹得他寝食不安。这些人都是有点背景和来头的,阎相文不敢得罪,只好耐心解释,并说只要陕西局面经过整顿,问题就可以得到解决,劝他们再等待些时日。岂料,可食客们却没有耐心,继续纠缠不清,阎相文又气又怕,索性就不跟他们见面了。食客们见达不到目的,就纷纷写信给曹锟和吴佩孚,说阎只知任用私人,对他们根本不予重视,甚至还有人说阎对于直系的人敷衍了事,而对皖系的人反而优礼重用。曹、吴见信之后,不分青红皂白,多次写信诘问责难,而阎相文不敢申辩,他知道对曹、吴进行解释是没用的,只能把痛苦闷在心里。

堂堂督军竟然被一群食客搞得狼狈不堪,压力重重。时间一久,阎相文就有些扛不住了,他曾对手下人说过:"看来,我不死掉是没有清静日子的。"

阎相文真是倒霉透顶,在粮饷无着、食客纠缠使他为难之际,他却又好心办了件"坏事",把一个吴佩孚正要启用的土匪头子杀掉,弄得吴佩孚大动肝火。据说事情的经过是这样的:

在陕西凤翔、岐山一带有一支数千人的武装"陕西民军",首领是郭坚。郭坚是一个自命不凡、行为放荡而又小有才华的豪强人物,他起初打着靖国军的招牌与各方联系,交游甚广,曾受到陕西地方一部分上层人士的赞许。后来,郭坚在陕西西部招收了几千名土匪,编为地方部队,这就是所谓"陕西民军"。

此前,郭坚在凤翔、岐山一带进行封建割据,他不仅在辖区内横征暴敛,还纵容部下四出骚扰,奸淫掳掠,无所不为,尽管当地百姓纷纷到省告状,但陈树藩、刘镇华对他毫无办法。阎相文督陕之后,整顿地方秩序列就被提到了议程上来。一天,他跟冯玉祥、阎治堂(阎的手下旅长)、张纪(阎的参谋长)谈起了郭坚。冯玉祥对郭坚纵兵殃民十分恼火,极力主张为民除害,其他人也有同样的想法。阎相文一则考虑到郭坚民愤太大,不除不行,二则也要为将来进兵陕南剿陈扫清道路,便同意了冯玉祥的主张,并要兼任陕西西部剿匪总司令的冯玉祥具体执行。于是,冯玉祥便命部下骑兵团团长张树声负责将郭坚"请"到西安来,但他没把"请"郭目的告诉张树声。郭坚有一个叫张聚廷的好友,他和张树声曾同在一个帮会里共过事,算是"同门兄弟",张树声便通过这层关系请动了郭。郭坚在张聚廷和张树声的陪同下走到咸阳时,突然说自己做了个不吉利的梦,不肯前往西安了。张树声怕向冯玉祥交不了差,便百般解释,说阎督军请他绝无恶意,只是敬重他的为人,还说有作为的人不应相信迷信等。郭坚终于释然,来到西安住进了张聚廷家里。当张树声冯玉祥复命时说:"郭坚这小子真不识抬举,督军和师长派专人请他,没想到他作了个梦,竟要半途折回,真是令人好笑。"冯玉祥微笑而答："好了,你能把他请来,就算不辱使命。"

8月13日,冯玉祥和阎治堂联名宴请郭坚,郭坚遂在张聚廷的陪同下来到西关军官学校的宴厅。郭坚见参加宴会的只有七八个人,心里觉得有点不对,还没等他来得及细想,学校的围墙突然倒塌,隐藏在后面的伏兵全暴露出来了。郭坚的随从正在厢房吃饭,见状大惊,立即与冯部士兵冲突了起来。冯玉祥见事机已泄,立即指挥士兵一拥而上,将郭坚牢牢捆住。冯玉祥将阎相文的手令拿出给郭坚看了看,然后就下令将他枪毙了。请郭有功的张树声事先不知此事,竟吓得跳窗逃跑了。

枪决郭坚的消息传开后,陕西舆论大加称赞,不料此事不久就传到了吴佩孚那里,竟引起他强烈不满。因为吴佩孚此时正在汉口计划进攻宜昌,西取四川,他想利用郭坚从陕南进入川北,牵制川军,并曾答应郭坚事成之后论功行赏。没想到阎相文一枪把郭坚毙了,这不但打乱了吴佩孚的计划,而且也有失他的威信。盛怒之下,吴佩孚写信对阎相文大加辱骂。这样一来,阎相文觉得跳进黄河也洗不清了。

三

当初,阎相文来陕西本来也是想有所作为的,可他没想到到了陕西以后陕西地方的情况竟然这么复杂,困难重重,事事棘手。既然自己缺乏魄力,在陕西无法打开局面,阎相文顿生退意。但又一想到自己这么一大把年纪,督陕还不到两个月便狼狈退出,肯定会遭别人耻笑,便又动摇了。再者,曹、吴将他派到陕西,是让他牢牢地控制陕西,为直系效命的,而今若两手空空回去,曹、吴也不会允许的。思前想后,阎相文突然有了佛教倡导的四大皆空的意念。他似乎看到了极乐世界里那种没有欺骗,没有压榨,人人平安相处的理想生活,在那里,谁也用不着害怕谁,谁也用不着讨好谁,要怎么样就怎么样,多么美好。人是免不了一死的,我阎相文在人世间看够了,过够了,何不早点去极乐西天呢?阎相文萌生了轻生的念头。

8月23日晚,阎相文的鸦片瘾大发了,恰在此时,参谋长张纪来访,于是两人躺在烟榻上,烟灯相对,边吸边谈,动情之处,张纪呵气连天,阎相文则泪水涟涟,直到午夜,张纪才恋恋不舍地离去。张纪走后,阎相文却并无睡意,他浮想联翩,从粮饷无着想到了刘镇华的烟土,从曹、吴甩给自己的故旧想到了他们的蛮横无理,由被杀的郭坚想到了盛怒的吴佩孚……他虽然一再强迫自己静下心来,排除杂念,及早入睡,但他却怎么也做不到,眼前依然浮现着刘镇华奸笑着的嘴脸、郭坚临死前惊恐的目光、吴佩孚杀气腾腾的模样……最后,阎相文再受不了折磨了,他长叹一声:"我,还是死了好!"决心已定,阎相文提笔在纸上写好了遗书,内容大致如下:"我本愿救国救民,恐不能统一陕西,无颜对三秦父老。"写完后折好放进口袋,穿戴整齐,然后抓起大烟,大口大口地吞下了。

第二天凌晨,督军署里人声嘈杂,医务人员、卫兵慌作一团。尽管办法用尽,阎督军还是坚决地到了他向往的西天极乐世界去了。

由上述可知,阎相文自杀系由于抵任后发现陕西地方情形复杂,军队多而粮饷无着,曹、吴甩给他的"包袱"重(故旧多)使他难以应付,尤其是杀了郭坚引起吴佩孚不满,最后走上了不归路,可以说是自寻绝路。但也有一些资料说阎相文是为冯玉祥逼死的。最早提出这种说法的是当年的报人喻血轮,他在所著《绮情楼杂记——一位辛亥报人的民国记忆》一书①中即以《冯玉祥逼死阎相文》为题叙述了这一过程:"民国九年直皖一战后,皖系失败。陕西

---

① 《北洋轶事》,喻血轮:《绮情楼杂记——一位辛亥报人的民国记忆》,中国长安出版社,2011年。

督军陈树藩为保持地盘,立与民军媾和,而以释放胡景翼为条件。讵胡返三原后,九月间又以民军司令名义,宣布讨陈,相持至民十春间,北政府调陈树藩为祥威将军,而以直系第二十师师长阎相文继任陕督。阎率第十一师师长冯玉祥入陕,且预与民军合作,而将胡景翼改编为陕西暂编第一师。阎拥有此两师实力,自以为可高枕关中矣。顾冯玉祥阴险狠毒,决不肯久居人下。陕局既定,冯遂勾结胡景翼,以孤阎势,复欲兼并其他民军,以增胡实力。于是怂恿阎召另一民军司令郭坚,由凤翔来省,初颇优礼。八月十三日,冯宴之于西关讲武堂,酒次,伏兵忽起,郭当场被杀。此举阎初不知,事后让冯,冯非惟不认过,且使人示意阎,如不自为计,祸且及焉。阎顿感进退失据,上下交困,突于八月二十三日服毒自杀,遗书谓:"我不能救国救民,统一陕西,无颜见三秦父老!"其处险恶,情见乎词。八月二十五日北政府遂派冯署理陕西督军。时人比之为第二李纯事件,盖认阎死实冯逼之也。"①其后,也有一些回忆录和学者也曾是说。如:赵云生先生1964年12月《冯玉祥三次入陕》(第2部分《阎相文自杀与冯玉祥二次入陕》也说:"冯玉祥不征求阎相文的同意,擅自杀了郭坚,郭为上峰所要的一个人,这使阎感到无法交代,午夜彷徨,忧虑失眠,就这样地钻了'牛角',吞烟自杀了。阎死,冯继阎督陕。"②以上所载,不乏片面性,也算聊备一说吧。

附录 中国第二历史档案馆有关阎相文资料选编

一、大总统免去范国璋改任阎相文为第二十师师长令稿(1920年10月3日)

大总统令

兼署陆军总长靳云鹏呈,请将陆军第二十师师长范国璋免职,另候任用。

---

① 《绮情楼杂记——一位辛亥报人的民国记忆》,第162—163页。
② 文闻:《西北军集团军政秘档》,中国文史出版社,2009年,第82页。

范国璋准免本职。此令。

中华民国九年十月

大总统令

任命阎相文为陆军第二十师师长。此令。

中华民国九年十月

（北洋政府国务院档案）

——中国第二历史档案馆编：《中华民国史档案资料汇编》第3编《军事》（第1册），江苏古籍出版社，1991年，第352页

二、关于范国璋被免去第二十师师长遗缺以阎相文继任文电（1920年10月）

1. 范国璋致曹锟电稿（10月14日）

保定曹巡阅使钧鉴：璋奉令免职调京，另候任用等因。遵即口（己）电嘉鱼代行师长张纪，所有师长一切职务，准备移交。恳转饬阎师长即日赴嘉接收任职为祷。璋俟移交清楚，即行来辕，再图报效。特陈。旧属范国璋叩。寒。

2. 范国璋致王占元密电稿（10月14日）

武昌王巡阅使钧鉴：瑜密。璋奉令免职来京，另候任用等因。遵此。已电嘉鱼张旅长纪准备交代。除电恳曹使速饬阎师长到嘉接收任职外，特电谨闻。又璋一俟移交事毕，再行来辕面谒钧座。票陈一切。范国璋叩。寒。

3. 范国璋致张纪等密电稿（10月14日）

嘉鱼甘师副官长并转张旅长鉴：璋密。顷阅公令调京，另有任用。所有嘉鱼、新堤一带防务，均由各高级主官勉任其难，照常供职。其关于军需、装械、马匹等移交，着各该主任人员赶速办理。璋一俟到京各事料理就绪，即行来嘉与诸同袍握叙一切。惟望各官兵各尽其职，勿懈为嘱。又本师长一切职务，仍遵前令，着旅长张纪暂行护理。倘阎师长即日到嘉，着该旅长即时将印信如式移交。除电曹使转阎师长外，特电闻。饷项事，予仍严为催部。并及。璋。寒。

4. 张纪等复范国璋密电（10月15日）

师长钧鉴：璋密。寒、删两电均敬悉。旅长等奉职无状，上累我宪，愧悚万千。事已至此，更复何言。惟有谨遵钧谕，督同各级官长，力维现状。一面赶办各项交代事宜，一面派慭团附于十六日赴许，迎迓阎师早日莅嘉，藉筹善后，

411

请纡钧念。旅长张纪、孙积孚叩。删。印。

5. 范国璋致陆军部禀(10月□日)

敬禀者:窃国璋奉王巡阅使谕来京禀陈前方情形,适过保定,阅悉报载大总统令:陆军第二十师师长范国璋,着免职来京,另候任用,又大总统令:任命阎相文为陆军第二十师师长。各等因。奉此。国璋于十四日抵京。当即电至嘉鱼代行师长旅长张纪转知各部,并将师长关防、装械、文卷准备移交。除已电请曹巡阅使转饬阎师长速行赴嘉接收外,用特肃函,恳祈钧部电饬新任师长早日到差,以重防务,实为德便。肃此。恭叩钧祺。

范国璋谨禀

(北洋政府陆军部第二十师档案)

——中国第二历史档案馆编:《中华民国史档案资料汇编》第3编《军事》(第1册),江苏古籍出版社,1991年7月,第352—354页

三、阎相文为接任第二十师师长与国务院来往电(1920年11月)

1. 阎相文致国务院等电(11月13日)

北京国务院、陆军部钧鉴:本年十月十三日奉大总统令:任命阎相文为陆军第二十师师长。此令。等因。奉此。相文遵于十一月十二日驰抵陆军第二十师防次,随于十三日准前任师长范国璋,将原领暂编陆军第二十师师长木质关防一颗暨全师军需、军械、车骡、马匹、官兵花名各项清册及文卷,一并移交接管前来,相文即于是日接任视事。伏思相文以樗栎之材,谬膺师干之寄,刻值时艰多故,益惧陨越贻羞。惟既承简命之荣,合效驰驱之力,当竭驽钝,藉报涓埃。所有相文接任期暨感激下忱,谨电禀陈。

师长阎相文元叩。印。

2. 国务院复阎相文电(11月16日)

嘉鱼阎师长鉴:元电悉。执事整军经武,韬略冠时,荣总师干,曷胜忭贺。嘉防重要,仍望加意饬励戎行,用副倚畀。特复。院。铣。印。

(北洋政府国务院档案)

——中国第二历史档案馆编:《中华民国史档案资料汇编》第3编《军事》(第1册),江苏古籍出版社,1991年7月,第354页

四、阎相文关于湘省谭赵程三派之争暨请领枪弹备防致靳云鹏密电(1921年1月4日)

北京陆军部靳总长钧鉴:统密。文因湘省叠生变幻,内容复杂,捣乱分子

较多,以致酝酿如斯险象。师长特派精干人员,前往调查内容真相。现据回称:湘省军政要人,原分二系,即谭、赵、程潜等。谭系为旅长宋鹤庚、司令陈嘉祐、张辉瓒、吴剑学,团长唐生智、贺祖耀、叶开鑫。程系旅长廖家栋、鲁涤平,司令李仲麟,团长瞿维英、张振武、郭步高等。上年程虽失败,党羽未除。今夏倒张后,因谭、赵居要,而野心不死,复谋倒谭拥程目的。奈民意未定,仍推赵,待时适李烈钧蹈道而来,该逆等佥以时机不可失,即与李烈钧谋合内应,实行倒赵,以湘省为根据,并分兵入赣入鄂,实行自治。其肆力者,惟(李)仲麟、瞿维英、廖家栋、张振武、郭步高等。讵意被赵侦知。分电招来,伪为会议。于十二月二十四日夜半三小时,击毙李仲麟、瞿维英、张自雄、郭步高暨军政要人共十七名。廖逆闻已逃,鲁逆存亡未卜,同时将四团解散。此次赵之手腕异常敏捷,否则又不堪设想。但湘省表面似属安静,其内容仍未敢逆料。现赵之分兵堵御,李、鲁二军地点,正与鄂境毗连,职师首当其冲,不得不严加防范。古语云:兵可备不用,不可无备。现职师炮位及枪炮弹缺乏,稍有不静,无所措手。除另派员赴部请领枪弹及补充炮弹而外,故将湘省状况,特电奉闻。并乞指示方略,以便遵循。师长阎相文叩。真。印。

(北洋政府陆军部档案)

——中国第二历史档案馆编:《中华民国史档案资料汇编》第 3 编《军事》(第 3 册),江苏古籍出版社,1991 年 7 月,第 443—444 页

刘乃贤　昌邑市博物馆馆长、副研究馆员

直系山东省长熊炳琦

熊炳琦(1867—1959),字润丞,山东济宁人,世居城内熊家街。

一

熊炳琦祖上也是读书人家,由于家中人口多,为了糊口度日,其祖父熊毓和只好弃儒从医。熊毓和虚心钻研,诊断脉理、分析病症比较高明,尤其对瘟疹、伤寒更有所长。熊毓和医德好,熊敬轩性情慷慨、好施舍,在地方声誉很好。熊炳琦兄弟三人,行三,自幼聪明,勤奋学习,本来打算走科举之路,但由于光绪三十年废科举,打破了科举功名的梦想,只好辍学就商。

熊炳琦下学后,曾学习做生意,但在学徒中不慎打破了店中的茶壶,受到了店主人的严厉斥责,他便负气出走,竟然往"招兵处"报名当兵。当时正值袁世凯奉旨在小站督练"新建陆军"。当招募人员送熊炳琦入伍后,不久督练处就发现了他的才能,认为熊炳琦年青有为又才貌出众,并且还写一笔工整的小楷,于是提拔熊炳琦为司书生,接着保送到"保定陆军军官学堂"培养深造。毕业后开始分到禁卫军参谋处任职,不久就升任为少校参谋。由于熊炳琦精明干练,做事认真勤快,不久又提升为直隶都督署参谋、江苏都督署军务课长。这时,曹锟担任直鲁豫巡阅使,他看中了熊炳琦,于是提拔他担任了直鲁豫巡阅使参谋长,当时担任直鲁豫巡阅使署秘书长的是济宁人王毓芝,二人有乡谊,又都受曹锟信任,被曹锟视为左膀右臂,从此,在北洋军阀的扶持下,在乡亲的互相支持下,他平步青云,扶摇直上。

　　1922年山东督军田中玉操纵第三届议会选举,竟派人打伤议员和被选举人,曹锟为了稳定局势,也为了控制山东,于是在1922年11月14日派熊炳琦担任山东省长。在任命省长中,北洋政府明确表示,田中玉只管军事,不管行政,自然也就不能过问议会选举问题了,这就给熊炳琦一个主持议会选举的任务。当时山东议会选举搞的矛盾重重,熊炳琦妥善处理了各派之间的矛盾,选举民族资本家宋传典当了议长。由于在议会选举中产生了一些选举债务,熊炳琦主动由省署实业借款的日本所让利息中提出了十七万元,作为正副议长的补偿费。另外还从此项中归还了两届议长张公制在任内所借的山东烟草公司专卖局的两万元债款。从此,解决了两届议长竞选的代价问题,造成了山东民意、行政两方之间皆大欢喜的和谐局面。宋传典当选为议长后,确实想为山东人民做一些事情。但是,议会只是立法机关,多数议员对开会并不热心,也不愿出席。每次开议员大会,均需议长宋传典准备用餐,好多事情就是在宴会后人未散时通过的。比较重要的议题,需要议长多次请客,才能获得通过。后来到了张宗昌时期,省政府实行高压政策,省议会只会领薪,不准开会。宋传典从1923年1月当议长,一直担任到1928年4月,开始是请托议员开会,后三年则不准开会,所以这个时期的议会几乎形同虚设。

二

　　熊炳琦任省长期间还遇到收回胶澳商埠行政管理权的大好机遇。

　　事情的原委是:日本早就觊觎山东的领土,甲午战争,中国战败,从1894年冬日本开始侵入山东,先侵占了威海卫。1914年9

月,日本借对德国作战之名,再次侵入山东,并将在山东的德军打败,德军投降,日军司令部宣布替代和强占了德国在山东的一切权益。德军在战前,就考虑到日本的野心,曾私下表示可以考虑将胶州湾租借地直接归还中国,战败后,德国大使馆参赞就明确表示:愿将胶州湾租借地归还中国。但是,袁世凯政府迫于日本的压力,不敢接受德国的建议,希望美国调解。而美国不愿卷入其中,于是胶州的问题就搁置下来。日本打败德国以后,就侵占了胶州湾,北京政府就照会日本政府,要求日军退出胶州湾,日本政府置之不理。到后来竟然向中国提出了"二十一条"。"二十一条"中关于山东问题的条款共有四款:一是要求承认由日本继承德国在山东的一切特权并加以扩大;二是山东省内包括沿海一带土地及岛屿,无论何名目,概不让于或租于他国;三是准日本建造由烟台或龙口连接胶济线的铁路;四是中国政府从速自开山东省内各主要城市为商埠。在日本的压力下,北京政府竟然同意将德国在山东的势力范围转让给日本,并于 1915 年 5 月 9 日签定了协议。日本占据胶济铁路后,在沿路设立警察所,公然侵犯中国的主权,看到山东省张怀芝坐视不问后,又于 1917 年 10 月在青岛设立了行政总署,强行管理地方民事纠纷,抽收捐税,并在署内设立了铁路管理科,管理胶济铁路及其附近矿产,进一步侵犯了中国的权益。1919 年 1 月 18 日,巴黎和会正式召开,中国以战胜国身份派团参加了会议,并提出了归还山东的议案。但日本代表团和日本政府一方面对英美等国施加压力,另一方面又威胁利诱中国,结果使《凡尔赛条约》裁决:德国将其在山东的一切特权、财产,转让给日本,却没有写上日本须将山东交还中国的字样。巴黎和会的不平等裁决,引起了中国人民的强烈反对,从而爆发了五四运动。巴黎和会后,美国与日本的矛盾尖锐,美国从自身利益出发,不能容忍日本独霸中国的局面,更不希望日本在远东地区无限止地看长势力。1921 年 7 月,美国共产党人总统哈定在英国的支持下,倡议在华盛顿召开太平洋会议,日本政府为避免华盛顿会议上陷于被动,决定在会议之前解决山东问题,曾由日本外相内田拟定了一份《山东善后处理大纲》,该"大纲"的主要内容是:日本归还胶州租借地,但要中日合办山东铁路、矿山等。这个"大纲"又遭到了全中国人民的反对,结果直到华盛顿会议也没有达成协议。1921年11月12日召开的华盛顿会议并没有把中日问题列入意识日程,会后,中日双方召开会议,美英两国各派代表旁听,中日双方于1921年12月1提开始谈判,到1922年2月4日,双方代表签署了《解决山东悬案条约》,该"条约"的主要内容是日本撤军,归还青岛,该"条约"于1922年6月2日生效。中国方面任命王正廷、唐在章、徐东藩为接受委员。1922年12月10日正式收回青岛,1923年胶济铁路接管完毕。正在中国谈判刚要结束签定协议时,熊炳琦到山东担任省长,正碰上接受青岛的大好事。1922年12月10日,北京政府任命熊炳琦兼胶澳督办,负责接受青岛,并会同王正廷办理。12月9日,王正廷、熊炳琦带领随员到达了青岛,10日上午日军司令部接受仪式,日本国旗降下,中国正式收回青岛。熊炳琦接受青岛后,即委派其随员王鸿为行政长官,即日开始办公,从此,熊炳琦经常在青岛与济南之间奔走协调诸多事宜。但由于派系之争,1924年3月吴佩孚又向曹锟政府弹劾熊炳琦卖官鬻爵,同时又推荐他的亲信高恩洪接替熊炳琦担任胶澳督办,曹锟慑于吴佩孚的压力,不得不易人,熊炳琦担任了一年零四个月的胶澳督办,风光了一阵子,就下台了。

三

1923年5月5日在山东发生了震惊中外的"临城劫车案",由于所劫的车是京沪国际联运特别快车,被劫的这列车上不仅有百余名中国乘客,更重要的是有英、美、法、意、瑞等外国乘客26人,孙美瑶将这些人劫持到抱犊崮山,这就引起了国际人士的重视。

事发后,各国公使马上向北京的黎元洪政府提出了严重的抗议,北洋政府乱作一团,遂下令停止一切政务,集中全力采取营救措施。因为这个事情发生在山东境内,所以,作为省长的熊炳琦更是如坐针毡。

事发以后,在枣庄中兴煤矿公司俱乐部举行了第一次会议。北京政府为了使洋人早日获得释放,尽快平息国际纠纷,确定了招安的策略。政府方出席的和谈代表是交通总长吴毓麟、曹锟代表杨以德、山东督军田中玉、山东省长熊炳琦、徐海镇守使陈调元、江苏交涉员温世珍等。抱犊崮山派来了代表孙美嵩,他转达了孙美瑶谈判条件,即要么收编,官兵必须撤回原防,并且要给他们补充军火,还要派一名官员上山作人质,待条件兑现后,即释放洋人,并放人质。其他条件都好答复,惟独派官员作人质一事,使官员们目瞪口呆,都缄口不言。沉闷良久,突然熊炳琦挺身而起,说:"我愿意为人质也!"田中玉立即击节赞叹说:"熊省长真乃顶天之柱也!要拍电总统府,报你这大仁大勇之壮举。"次日,黎元洪果然来电,以"忠勇""刚正"四字大加褒奖。事发后第六天,谈判即开始,经过了一个月零两天的谈判,最终达成了五条协议,人质和肉票才得以释放。应该说,熊炳琦虽没有谈判之功,但他的勇气却折服了土匪,为谈判创造了条件。

四

第一次直奉战争后,直系为了控制北京政权,曹锟想当总统,就导演了一场贿选总统的闹剧。

为了保证将曹锟选上总统,曹锟任命他原来的参谋长熊炳琦从山东省长任上调到北京,专门负责主持大选事宜。熊炳琦进京后,召集摄政内阁成员和王毓芝等人联名宴请参、众两院在京的全体议员,公开提出大选问题。于9月11日又召集上述人员参加宴会,会上熊炳琦透露说出席大会费用提高到500元,并公布于次日为正式选举之期,次日正式选举的会场上却出现了冒签名的问题,于是引起了争吵,大家一哄而散。熊炳琦、王毓芝等人眼看要功亏一篑,于是,就采取补救措施。他们决定由原班人马再吸收陆军次长王坦、直隶省长王承斌等人努力做国会议长吴景濂的工作。吴景濂稍有松动,他们就送给了他40万元的操心费,熊炳琦、王毓芝、吴景濂三人达成协议,许愿只要将曹锟选成,每个参选议员付给费用5000元,但需先签支票,待选出总统三日后,兑现现金。熊炳琦等导演的这场贿选总统闹剧,遭到了各省军阀的一直反对,全国各地公法团体也先后通电声讨。10月3日又有一众议院议员向北京地方检查厅揭发熊炳琦、吴景濂等人行贿受贿的行为,并将支票一张作为证据公布在报刊上。主持大选的熊炳琦等人在此铁证下,虽然无可抵赖,但却硬下头皮,装聋作哑,置之不理,仍按期进行。10月5日选举总统之时,北京军警全体出动,盘查往来人员,戒备森严。选举由吴景濂主持,结果曹锟以480票当选为总统。

直系军阀操纵国会,公开贿选总统,摄政内阁公开进行交易,山东省省长熊炳琦公开为贿选总统奔走效命,闹的甚嚣尘上,举国皆知。虽然经各方通电反对,个别议员揭发控告,但大局已定,难以扭转。10月10日经众议院公布选举结果,当日,曹锟在北京宣誓就职,这场闹剧划了个句号。

五

曹锟贿选,举国声讨,奉系军阀联合西南各省的军阀卢永祥、何丰林、唐继尧、熊克武等公开通电反对。当时曹锟操纵直鲁豫三省的军政大权,拥有十万大军,自恃人多势众,一意孤行,结果激发了矛盾。先是盘踞江苏的直系军阀齐燮元与盘踞在在浙江的卢永祥发生了齐卢之战,奉军便以支持卢永祥为借口于1924年9月组织了六军入关,同时通电声讨曹锟。接着又发生了第二次直奉战争。在直奉战争中,冯玉祥受到南方革命的影响,逐渐厌恶内战,在直系与奉系鏖战激烈时,冯玉祥突然秘密从前线倒戈回师,于10月22日晚发动了政变,保卫了总统府,软禁了贿选上台的总统曹锟,解散了内阁,并下令驱逐了废帝溥仪,离开北京,废除帝号,修正了清室优待条件。冯玉祥发动的北京政变,使直系军阀几近崩溃。奉系军阀乘胜追击,一路经过直鲁豫三省,所向无敌,很快就占领了徐州,迫近安徽。东北军第二军军长张宗昌借混乱之机,大肆收编直系溃败的军队,扩张自己的军队。在张作霖保荐下,经段祺瑞任命为苏皖剿匪司令,从此,张宗昌拉着自己的队伍陈兵江南。并纠集奉系军阀杨宇霆、姜登选等部,盘踞苏皖一带,到处兴风作乱。于是吴佩孚与孙传芳在岳州共同通电,兴师讨伐奉军。一时间,将孤军深入的张宗昌部打的非常狼狈,只好向被退兵。张宗昌为了保存实力,就派其僚属童好古到岳州,要求吴佩孚从中调和奉军与孙传芳关系,但是,吴佩孚没有做通工作。这时张宗昌想了熊炳琦,熊炳琦是直系军阀中的头面人物,而且与吴佩孚、孙传芳都有比较好的关系,在张宗昌的请托下,熊炳琦承担起了说客任务。熊炳琦与童好古先去岳州想拜访吴佩孚,吴佩孚到了汉口。他们又追到了汉口,先让吴佩孚向孙传芳转达了张宗昌愿意修好的衷情,随后,就偕同吴佩孚一起去拜孙传芳。见到孙闯芳后,熊炳琦还真卖力当说客。他慷慨陈词,晓之以战争的厉害和修好的必要,于是孙传芳则给了熊炳琦一个面子,让张总昌部退兵,孙传芳部进驻了徐州,达成了停战协定。

熊炳琦升官后,就想回家光荣一番。1923年在任山东当省长期间,他就从兖州转道济宁,回家扫墓祭祖,同时将其父亲熊敬轼的灵柩迁葬到了城北卢家庙,并树碑纪念。事前,他特地派专人请状元王寿彭为他撰写了碑文,拜碑之时,轰动全城。在济宁居住期间,地方士绅名流来拜访者络绎不绝。熊炳琦离开济宁时,济宁地方官署仍然按照旧的礼仪,特备八抬大轿送到兖州车站,然后在车站前的一个估衣店小坐,熊炳琦感到要制造一个大度的形象,于是拿出五百元,资助了该店,让店主扩大经营。熊炳琦到济宁可谓衣锦还乡,风光荣耀了。

1927年,吴佩孚众叛亲离,不得不入川投奔杨森栖身。熊炳琦也携眷迁居北京,负起子侄辈的教育工作。以后,他在天津投资经营天津利中酸厂,长期充任利中酸厂的董事会董监。

新中国成立后后,熊炳琦曾任天津市民革成员。1959年1月19日病逝,终年74岁。

参考资料:

济宁市政协文史资料委员会编:《军阀逐鹿——济宁籍北洋军阀人物专辑》,济宁市新闻出版局,1993年。

济宁市地方史志编纂委员会编:《济宁市志》,中华书局,2002年。

刘玉平、朱承山、胡广跃、杜建春:《济宁历代名人》,中国文史出版社,2007年。

王志民:《山东重要历史人物》,山东人民出版社,2009年。

杜庆余　山东社会科学院副研究员

部分山东籍国民党人（前同盟会员）与吴佩孚的交往

近年来，笔者先后撰写了《于恩波年谱》《彭占元评传》两部书稿，书内均涉及到一些山东籍国民党人（前同盟会员）与吴佩孚的一些交往（主要是函电方面）情况。以后笔者又陆续看到一些相关的材料。就目前所知，先后去衡阳、洛阳拜访吴佩孚的就有陈干（创办青岛震旦公学及山东保矿会，辛亥革命期间率领淮泗讨虏军攻克徐州）、彭占元（同盟会山东分会第三任主盟人、南京临时政府参议院议员、第一届国会议员）、刘冠三（创办济南山左公学与《山东白话报》，领导辛亥青州、即墨、安邱、高密、诸城独立，第一届国会议员）、陈命官（参与创办烟台东牟公学，烟台《渤海日报》社长，后被推举为南京临时政府参议员）、万光炜（同盟会员、山东省议会议员）等著名山东籍革命党人（甚至还是原同盟会山东分会的主要领导人、国民党鲁支部的主要负责人），相继在吴佩孚部任职（含短期）的也有孙丹林（同盟会登州举义主要领导人之一）、刘大同（辛亥安图举义领导人、中华革命党山东支部长）等山东籍原革命党人，至于联名给吴佩孚致函电者就更多了。吴佩孚去世后，丁惟汾（同盟会山东分会第四任主盟人，倡导辛亥山东独立，第一届国会议员）还与山东旅外全体同乡先后两次给去遗属发去唁电。兹将两书稿内相关内容摘出，加以修改，并补充陆续发现的其他资料，以"部分山东籍国民党人（前同盟会员）与吴佩孚的交往"为题，撰成专文，提交大会研讨交流。

一、护法国会众议院议员彭占元、于洪起、周嘉坦赴衡阳与吴佩孚晤谈，致电吴景濂等报告晤谈经过（1919年10月）

1919年，"五四运动"爆发。此前，奉命南下与南军作战的北军将领吴佩孚（时任中央陆军第三师师长）率部打到衡阳即停滞不前，更与南军握手言欢，并处处表现出一副爱国将军的模样，支持青年学生的爱国活动。当年10月中旬，为摸清吴佩孚的真实情况，护法国会众议院议员彭占元（曾任同盟会山东分会主盟人）与同志于洪起（山东栖霞人，早期同盟会员）、周嘉坦三人奉护法国会众议院议长吴景濂等人派遣，前往衡阳，以拜访山东同乡名义谒见吴佩孚，受到吴佩孚的欢迎。从谈话过程中，彭占元等人了解到，时任临时内阁总理的靳云鹏（山东邹县人）畏惧吴佩孚之正直，尚不敢对吴佩孚如何，遂派心腹王某南下衡阳，以欺骗话语缓和气氛，意在转移矛盾，将北京政府卖国行为全部归诸徐树铮，而靳云鹏则以改过自新名义，与吴佩孚谋和，吴佩孚为其所骗，双方"乃以去徐（树铮）、撤王废约等事相约"。彭占元等人到达衡阳后，面告吴佩孚，谓"靳（云鹏）之卖国罪状及欺骗阴谋与徐（树铮）相等"，使吴佩孚逐渐明了真相，甚至抱怨彭占元等人"来衡（阳）过迟"。彭占元等人也了解到，吴佩孚为人"刚毅洁白，勇于有为，惟缺乏法律知识"，乃为之编写《解决时局意见书》一册，"为之解释民国与法律之关系及毁法之危险"。吴佩孚乃秀才出身，阅读之后大有进步。鉴于"前军府拒王电文，大为此间（衡阳）非议"，彭占元等人遂于10月21日致电吴景濂等人，一面告知与吴佩孚晤谈情况，一面要求"请转告军府，速以正式主张表示强硬态度，勿再委靡苟且，致令此间（吴佩孚）疑贰"，并指出："若复首鼠两端，坐失机会，不惟无以对'护法'二字，且无以对全国国民也。西南要人宜多致衡（阳吴佩孚)函电,以资联络。"1919年10月21日彭占元等人致吴景濂函件,既是现存护法国会议员彭占元等人发布与吴佩孚有关的为数不多的电函之一,同时也是研究彭占元等人护法期间活动情况尤其是吴佩孚驻防衡阳时期的重要文献资料之一,兹将信函内容摘录如下,以资参考:

众议院吴莲伯(吴景濂)先生转林子超(林森)、褚慧僧(褚辅成)先生鉴:

廉密处。靳阁(靳云鹏)来日之前,畏吴(佩孚)正直,不敢骤发,乃派王□来衡(阳),用欺骗之语缓和此间盛气,将北庭卖国罪状悉归诸小徐(树铮)一人,靳([云鹏]表示)愿改过自新,语意谋和。吴(佩孚)受其愚,乃以去徐(树铮)、撤王废约等事相约。弟等(向吴佩孚)面述靳(云鹏)之卖国罪状①及欺骗阴谋与徐(树铮)相等,吴(佩孚)渐知,并怨弟等来衡过迟。吴(佩孚)之为人,刚毅洁白,勇于有为,惟缺乏法律知识。弟等乃作《解决时局意见书》一册,为之解释民国与法律之关系及毁法之危险,刻已大有进境。前军府拒王电文,大为此间非议。请转告军府,速以正式主张表示强硬态度,勿再委靡苟且,致令此间疑贰。须知北庭黑幕已完全揭破,国民心理已大不似从前。若复首鼠两端,坐失机会,不惟无以对'护法'二字,且无以对全国国民也。西南要人宜多致衡函电,以资联络。此电系送自郴州转发。兰坡已赴沪,来电用廉密为妥。彭占元、于洪起、周嘉坦。印。②

为加深对护法国会众议院议员彭占元等人衡阳之行有关情况

---

① 按:袁世凯死后,段祺瑞执掌北洋政府大权,靳云鹏颇受重用,效忠段之武力统一全国政策和亲日政策,曾代表北洋政府与日本签订《中日陆军共同防敌军事协定》等3个丧权辱国条约。因而曾被山东革命党人丁惟汾、于恩波等人痛斥为"段贼鬼伎""卖国贼"(详见本文第二部分)。

② 《天津市历史博物馆馆藏北洋军阀史料·吴景濂卷》第3册《局势(上)》,第400—402页。

的考察,笔者又翻阅了吴佩孚这方面的记载,结果颇有收获:

其一,是笔者在王宜恭、李经汉、张黎辉总编《天津市历史博物馆馆藏北洋军阀史料·吴景濂卷》第5册《第二次南北议和》里又查到了当时吴佩孚致护法国会众议院议长吴景濂、副议长褚辅成以及参议院议长林森的信函,即《吴佩孚为介绍彭(占元)、于(洪起)、周(嘉坦)三人代为面达续开和议之意见致吴景濂等函(1919年10月下旬—11月初)》,兹一并抄录于后,以资对照:

莲伯
慧僧仁兄伟鉴:
子超

前肃寸笺,谅邀台阅。敬维诸君为国宣劳,勋祺畅茂,为颂为祝。国事纠纷,迄今两载有余,今日言和,明日言战,终无一定之办法,人心惶惶,恐国本飘摇,殊非佳兆。但双方之所争者,不过意见未见融,并无何等不共之仇。自靳公翼卿(即靳云鹏)组阁,渐有转机。闻其入手办法,先与各方当道融洽精神,征求意见,将各种法律事实磋商就绪,即行开会解决,以谋永久真正之和平。诸君忠爱过人,对于此种办法,谅必乐闻。尚□(祈)促进和平,以期大局早日解决,俾生民少受痛苦。所有未尽之怀,均请彭(占元)、于(洪起)、周(嘉坦)三公代为面达,并乞教言时锡,以匡不逮。敬颂台祺。维□(照)不备。

愚弟吴佩孚拜启("吴佩孚"三字长方形图章)①

其二,是笔者在《白坚武日记》一书中也查到了相关记载。当时,在江苏督军李纯手下任顾问之职的白坚武,奉命前往衡阳联络吴佩孚,在衡阳也见到了彭占元等3人,因而在其日记中也有所披露。从日记中可以看出,白坚武是1919年10月16日晚到的衡阳,

---

① 王宜恭、李经汉、张黎辉:《天津市历史博物馆馆藏北洋军阀史料·吴景濂卷》第5册《第二次南北议和》,天津古籍出版社,1996年,第702—704页。

次日即在直隶陆军第一混成旅旅长王承斌处见到了彭占元一行(说明当日彭占元一行也差不多同时前往拜访了王承斌处),18日还专门拜访过彭占元等人,并曾对彭占元一行"告以大局局部拯救之法"。这从侧面说明彭占元一行到达衡阳要比白坚武要略早几天。兹亦将其中相关内容一并摘录于后,以资参证:

(1919年10月)16日晚9时抵衡州,寓吴子玉师长司令部,叙谈一切。

17日早访王孝伯旅长深谈近况,座中晤鲁周、于、刘(彭)三议员及奉天李兰坡。周嘉坦(字履安)、于洪起(字范亭)、彭占元(字青岑),上文误彭为刘。晚,吴请宴,王孝伯、萧衡山、张子衡三旅长,左宗濂君在座。①

18日拜访萧衡山、张子衡、阎相文②三旅长,湘军代表岳宏群、左霖苍,国会议员彭青岑、于范亭、周履安、李兰坡,对周、左等各告以大局局部拯救之法。王孝伯、萧衡山、张子衡、阎相文请宴余及左霖苍,适周、李二议员到,宾主欢谈,11时散归。③

---

① 按:17日日记涉及到的人员中,王孝伯即王承斌;周、于、刘(彭)三人,周即周嘉坦、于即于洪起、刘(彭)即彭占元;李兰坡即李有忱(国会众议院议员);"吴设宴"中的"吴"指吴佩孚;萧衡山即萧耀南(萧耀南字珩山,又作衡山,时任直隶陆军第三混成旅旅长);张子衡即张福来(张福来字子恒,又作子衡,时任陆军第三师第六旅旅长)。

② 阎相文,济宁人,时任直隶陆军第二混成旅旅长。

③ 白坚武著,中国社科院近代史所编,杜春和、耿来金整理:《白坚武日记》(第1册),江苏古籍出版社,1992年,第213页。

二、护法国会议员丁惟汾、于恩波等人联名致吴佩孚函，鼓励吴佩孚"努力救国"、"勉作国家栋梁"（1920年）

1920年直皖战争爆发，直系战胜皖系。大约在是年，丁惟汾（山东日照人，同盟会山东分会第四任主盟人）、于恩波（山东昌邑人，早期同盟会员）等5位山东籍护法国会众议院议员遂有函致吴佩孚。函中，首先指责山东籍北洋政府官员中的卖国贼周自齐、靳云鹏；其次，对吴佩孚"起兵衡阳，以讨卖国贼为号召"表示赞许，对他"回戈北指，天下向风，段贼强横，凶焰顿熄"（后两句当系指其直皖战争中打败皖系）誉为"功在旂常，鼎铭万世"，同时又借"国内有识之士"之言指责他"别有私图"，只讨伐卖国的段祺瑞，对"巧与卖国"（指其出卖国家高徐、顺济铁路权益和山东权益）的大总统徐世昌则"任其逍遥法外"。最后，鼓励吴佩孚"放大眼光，努力救国，勿为私恩拘束，勉作国家栋梁"。兹将该函全文摘录于后，以供研究者参考：

致吴子玉函

子玉乡先生麾下：入民国后，吾乡有卖国大憝二：一洪宪钦差周子齐，一段贼鬼伥靳云鹏。自二贼出，国内之人，几疑圣贤桑梓之邦为卖国贼出产地，三齐父老为二贼负辱蒙耻久矣！至麾下起兵衡阳，以讨卖国贼为号召，吾乡人士稍藉扬眉，更可喜者，回戈北指，天下向风，段贼强横，凶焰顿熄，功在旂常，鼎铭万世。汾（丁惟汾）等远在滇南，亦同额称庆。但国内有识之士，对麾下不无微言，盖以段为卖国巨贼，既已难逭分讨，而于卖国罪浮于段者，麾下反拥戴之，是麾下借讨卖国贼为名，实则别有私图耳！汾等虽不敢转信浮言，然而拍卖高徐、顺济铁路以作运动伪统之经费，致使巴黎和会山东外交完全失败，造成浩劫，国家陆沈，罪恶丛集，上于天齐。对著名卖国之段祺瑞则加讨伐,对巧于卖国之徐世昌任其逍遥法外,不惟无以杜段贼之口,无以服天下之心,无以洗涤桑梓父老之奇耻大辱,元恶未除,卖国条约仍在,救国无术,乡邦仍需沦亡。即麾下此次不避艰险,毅然决然之豪举,究不免为巨蠹神奸所利用。汾等对国家之大,乡谊之重,不忍知耳不言,误麾下以误国家,为此义难缄默,特具□议,望即放大眼光,努力救国,勿为私恩拘束,勉作国家栋梁,国家幸甚,同乡幸甚。塞外风寒,诸希廑注。

乡弟丁惟汾、阎容德、高福生、张瑞萱、于恩波。①

三、前同盟会员、山东省议会议员万光炜偕高剑泉、王鸿赴洛阳拜访吴佩孚(约1922年8、9月间)

1922年9月30日,北京政府发布任命令,原直鲁豫巡阅使(曹锟)署参谋长熊炳琦出任山东省长。熊炳琦之所以能够顺利担任山东省长,与一位叫万光炜的前同盟会员、山东省议会议员不无关系。

万光炜(1880—1963),字仲兮,号素印,山东曹县万楼村(今属曹县郑庄乡)人。早年留学日本,约1908年加入同盟会。武昌起义后,参与曹州"龙厅会议"、策动曹州独立活动。民国成立后,历任第一、二、三届山东省议会议员,是当时民国初年山东省议会比较活跃的人物之一。1922年8、9月间,还在万光炜第二届山东省议会议员任内时,因山东省议会国民党王鸿一派和共和党张公制派联合反田(中玉)斗争,使山东督军兼省长田中玉深感"地位动摇"。田中玉知道万光炜与在洛阳建立大本营的两湖巡阅使(前直

---

① 丁惟汾等:《山东革命党史稿后编·附录〔二〕》,《山东文献》第12卷第4期,第43页。

鲁豫巡阅副使)吴佩孚的秘书长郭绪栋①有一定交情,乃托万光炜前往洛阳,代为活动。万光炜以自己与郭绪栋交情泛常,不如高剑泉(胶县人)与郭绪栋交情深厚,田中玉遂委托万光炜、高剑泉二人同往洛阳,并派其督军署军需课长王鸿(字渐逵,济宁人)"偕往招待"。岂料,王鸿别有用心,与同是济宁籍的熊炳琦早已穿了一条裤子。他先与万光炜、高剑泉二人拜盟,继又提出"鲁人治鲁"之议,称:熊炳琦出任山东省长一事,已得曹锟许可,"但未得吴佩孚同意,暂难发表"。洛阳之行,"若能说(服)吴(佩孚)应允,伊(指王鸿)可全权代表熊(炳琦),以厅长相酬",并当场许诺熊炳琦一旦当上省长,即让高剑泉担任警察厅长,万光炜出任教育厅长。高剑泉"即极承当",万光炜"无虽意于官位,但亦韪其'鲁人治鲁'之议"。就这样,王鸿轻易说服了万、高二人。万光炜一行三人到达洛阳后,经郭绪栋引介,很快见到了吴佩孚,遂当面"提议熊(炳琦)担任省长事"。一开始,据说"因田(中玉)本吴(佩孚)军校教官,(吴佩孚与之)有师(生)之诣(谊),一力主张维持田氏"②。到了晚上,万光炜一行又托郭绪栋去找吴佩孚说清,"吴(佩孚)方应允"。

---

① 郭绪栋,字梁丞,一字谅忱,又作梁臣,山东胶县人。对于郭绪栋及其与吴佩孚的关系,1957年11月,万光炜在其所撰回忆录《熊秉(炳)琦任山东省长之经过》一文中也有记载:"(郭梁臣),胶县人。初在小站军部以笔墨任军佐,知吴佩孚以文生从军,(遂)提(拔)充(任)帮写。吴(佩孚遂)认郭为师。适该部挑选陆军学生(深造),郭即以吴充选,(吴以后)因得飞黄腾达,(先后)充当(直鲁豫)巡阅副使(及两湖巡阅使)。时郭已退职家居,为胶县商会会长,吴即以秘书长相俾(畀),甚为信任,在政治上可以左右吴氏。"

② 按:吴佩孚不愿更动田中玉的一个重要原因是田中玉"为人俭省"。如据张公制《我曾接触的几个军阀》记载:"第三届(山东)省议会成立以后,我曾和宋传典、陈鸢书、杜尚到北京去见黎元洪,到保定去见曹锟,要求撤换田中玉(的督军职务),但都没有成功。后来我又去过一次保定见吴佩孚。吴竟说:'田中玉为人俭省,可以给山东省下几个钱。'看来他(吴佩孚)对田(中玉)的评价还不错,所以我们(还一时)动摇不了他。"(山东省政协文史资料委员会编:《山东文史集粹·政治卷》,山东人民出版社,1993年,第258页)

随后,"王(鸿)高(剑泉)赴保定(抑或青岛)与熊(炳琦)报信,万(光炜)自回济(南)"。对此,万光炜颇有感触地说,他们此行"以拥田(中玉)去,反以倒田归也"。及熊炳琦抵达济南履任山东省长一职后,"以许钟璐(字佩丞,济宁人,清末举人,曾充第一届山东省议会议员)为秘书长(按应当是政务厅长)"。适值青岛接收,"有横财可发,(熊炳琦)委王鸿承办其事,王(鸿)即重用郭珍泉(长清人)等人,一切谋划,皆在地楼中,外人呼为'地窖党'。又以青岛巨商丁敬臣(江苏人)对于青岛情形,最为熟悉,约万(光炜)赴青(岛),为之介绍。究竟发财若干,(外人)不得其详"。青岛接收完毕,熊炳琦"调王(鸿)任财政厅长"。王鸿抵任后,"即以唐仰杜(邹县人)、温敏斋(登州人)、李式陶(济宁人)为科长";因这些人"皆无财政经验",王鸿"又请老财幕吴友石(江苏人)为(财政厅)顾问,一切规划,皆出其手"。而高剑泉"虽未得(任)警(察)厅(长),(也被熊炳琦)委以青州蚕桑试验场(场长),因以致富"云。至于万光炜,自谓无官瘾,对于报酬,"则绝不要求也"[①]。

[①] 以上引文均见万光炜:《熊秉(炳)琦任山东省长之经过》,1957年11月手稿,第1—2页。按:有关熊炳琦担任山东省长前后的事宜,因系作者亲身经历(虽然已时隔35年),应属可信,况又为外人所不知,故笔者尽量多引用原文,以便读者详其来龙去脉。

四、国会众议院议员刘冠三、彭占元、赵正印等人与众议院同人就北京政府变相承认"金佛郎案"事致电黎元洪、吴佩孚等人，坚持要求依照1905年换文办理（1922年11月）

早在光绪二十七年（1901），义和团运动失败后，八国联军强迫清政府签订了丧权辱国的《辛丑条约》，其中规定中国赔款4.5亿两，年息4厘，39年还清，本息合计9.8亿余两。其中法国占15.75%，每年约合1400余万法郎。原以海关银两折合，自第一次世界大战爆发后，法国法郎骤跌，但此为法国国内之通货膨胀所致，与中国摊还赔款之原有规定无关。1922年6月22日，法国政府竟向中国政府提出要求，将以往历年电汇还款办法改为照金元计算。一时，国内舆论激昂，群起反对。自徐世昌去职至黎元洪复位，北京政府均不接受。法国政府为达目的，竟然不择手段，一面不批准华盛顿会议条约向北京政府施加压力，一方面请北京外交使团在中国关余盐余两项款项内之法国应得赔款依照金元计算标准悉数由海关总税务司先行扣留，不准中国政府提用。1924年第二次直奉战争后，直系统治垮台，段祺瑞于11月24日出任临时执政，形势发生变化，因财政困难，至1925年4月12日，由外交总长沈瑞麟与法国驻华公使订立条约，承认用金元偿还对法之庚子赔款，作为退还被总税务司扣留之1600万元关余盐余之条件。依照当时法郎汇率平均价格计算，中国将增加国库负担8000余万元之巨。消息传出，举国哗然，既痛恨帝国主义之恶劣行径，又痛恨军阀之祸国殃民，民族自救运动因之较前更加炽烈。

1922年8月1日，第一届国会在北京复会（即国会第三期常会）。从此，彭占元等国会议员随即参与了抵制法国无理上述要求的一系列活动。当年10月3日，针对"法国关于庚子赔款，要求用金佛郎偿还,及八国公使援例要求一案",刘冠三、彭占元、赵正印等人所在国会众议院经开会议决,"依照1905年换文办理",即否决了法国政府及八国公使的要求(亦即不承认八国公使提出的要求),并随后咨达政府。随后,国会众议院方面继续寻求法律依据加以抵制,况刘冠三、彭占元等人是留日政法大学毕业,对一般法律条文也并不陌生。经查《宪法》第107条及105条之规定:"国会定议之决议案,政府如有异议时,得于公布能请求国会覆议;其未经请求覆议之决议案,逾公布期限,即与法律案有同等之效力。"又查《议院法》第57条之规定:"政府提出之议案,经甲院否决时,甲院应将否决之旨通知政府。"同时,彭占元等众议院议员更鉴于"两月以来,政府并未将此案照会法使及各国公使",尤其是"高凌霨代揆以来"①,援引王克敏、黄郛等以嫌疑重大之人入阁,于是变相承认金佛郎之说相继而起",而"两院议员叠经提出质问,政府概置不理"。参议院两次开会,请求国务员到院说明,又复藉词规避,昨日仅由外交总长顾维钧出席参议院,竟称政府以两院无之一致表决,不能对外有所表示。于是,刘冠三、彭占元、赵正印等山东籍议员

---

① 按:此处可能有误。原电文称"自高凌霨代揆以来",查阅有关资料,看不出在1922年11月左右高凌霨有代理内阁总理的记载。1922—1923年间高凌霨的任职情况是:1921年6月11日前任内务总长(5月16日至5月23日一度代理交通部长),8月15日署财政总长(未就),9月19日署农商总长,11月29日免(署农商总长),改署内务总长;1923年1月4日仍署内务总长(1月25日任内务总长),6月14日始摄行大总统。(参见钱实甫编著、黄清根整理:《北洋政府职官年表》,华东师范大学出版社,1991年,第21—23页)不仅如此,高凌霨"援引王克敏、黄郛等以嫌疑重大之人入阁"之王克敏、黄郛,在1922年(11月前后)亦不见"入阁"之记载,到了1923年,始见王克敏于7月16日署财政总长(8月14日免),11月12日再署财政总长;黄郛2月3日任外交总长(3月25日请假,4月9日辞免),9月4日署教育总长(1924年1月12日免)(同上书,第21—26页)。由此观之,由彭占元等人参与发表的《吴景濂暨众议院议员就政府变相承认金佛郎案事致北京大总统等快邮代电》,电文原件前后均未署时间,编者根据电文内容确定为1922年11月18日,也可能不准确,似乎说是在1923年11月18日更符合电文内容。具体如何,当需再作进一步考实。

(18人)联合其他省区的国会议员(共计315人),复于11月18日,联名以快邮代电(类似通电)形式就政府变相承认金佛郎案事致北京大总统、各部院、各检阅使、巡阅使(包括吴佩孚)、警察总监、步兵统领、各都统、各省督军、督理、督办、总司令、省长、省议会、教育会、商会、农会、各报馆,历述"金佛郎案"的由来,再次据理力争,要求按1905年换文办理,同时痛斥法国之无理要求,指出答应法方无理要求后的严重危害(仅对法国一国我国即损失1.2亿元左右):"本案经本院否决后,已将否决之旨通知政府,且久逾请求覆议期限,依法政府早应遵照决议案办理,本无迟回考虑之余地,按一九零五年换文,系当时各国因用银付款颇受损失,故改定三种具体办法,由各国自行择定其一,照行至赔款清偿之日为止。换文成立之时,由中国补偿各国付银损失共八百万两;同时法国及其他各国,于光绪三十一年五月三十日,分别照会中国,声明择定电汇办法,业经实行十有余年。依照国际法规,条约原则,本有相当之定性。法国如欲变更电汇办法,要求改付现金佛郎或现银,即无异破坏一九零五年换文之效力,增加我国约外之担负,且法国定货币,佛郎只有一种,本无金纸之分。欧战以后,佛郎价跌,电汇时价,与现金比较,适成三与一之差,此乃法国本国货币问题,按之条约,我国无担负此项损失之理。查法国部分赔款余额,尚有三万九千余万佛郎。若以金佛郎折算,则我国所受损失,当在一万两千万元左右。倘八国同时援例,则损失之数,更属不赀。此外,历年各项金币借款,倘更援例要求,则后患何堪设想?本院再三审议,以为我国对外不可负破坏条约之恶名,对内不可贻国库重大之损害。故全体一致议决,按照一九零五年换文办理。"接着,彭占元等议员又进一步指出:"揆诸法律事实,利害显然。政府理应依据国会决议案为适当之措置。乃两月以来,政府并未将此案照会法使及各国公使。而自高凌霨代揆以来,援引王克敏、黄郛等以嫌疑重大之人入阁,于是变相承认金佛郎之说相继而起。两院议员叠经提出质问,政府概置不理。参议院两次开会,请求国务员到院说明,又复藉词规避,昨日仅由外交总长顾维钧出席参议院,竟称政府以两院无之一致表决,不能对外有所表示。查《议院法》,'甲院否决之案,只须将否决之旨通知政府',并无移付乙院之规定。此案既经本院否决,通知法定手续毫无遗漏,外交总长竟有此项藉辞。是政府对于本案尚存违背本院决议案之心已不啻昭然若揭。本院权衡利害,以为国际条约不可不遵,国家宪法不可不守,国库负担不可不虑,国会议决不可不顾。而风气所播,舆论沸然,内有砍法便已营私之人,外有假借外力盛胁之说。是本案情势已在千钧一发之交,迫不得已,缕述详情,通告中外。务望体察国家利害关系之钜,急起直追,共相援助,俾希图违约坏法卖国营私之徒,知所儆惧,庶国家人格,条约利权,或可保持挽救于万一,大局幸甚。"落款是众议院议长吴景濂、副议长张伯烈,议员彭占元等共计315人(其中山东籍国会议员18人)。兹将电报原文抄录于后,以资对证:

吴景濂暨众议院议员就政府变相承认金佛郎案事致北京大总统等快邮代电(1922年11月18日)

万急。

北京大总统、各部院、冯检阅使、王巡阅使、警察总监、步兵统领、洛阳吴巡阅使、天津王副巡阅使、南京齐巡阅使、武昌萧巡阅使、各都统、各省督军、督理、督办、总司令、省长、省议会、教育会、商会、农会、各报馆公鉴:

查法国关于庚子赔款,要求用金佛郎偿还,及八国公使援例要求一案,业于本年十月三日,经本院并案议决,依照一九零五年换文办理咨达政府在案。又查宪法第一百零七条及一百零五条之规定,国会定议之决议案,政府如有异议时,得于公布能请求国会覆议;其未经请求覆议之决议案,逾公布期限,即与法律案有同等之效力。又,议院法第五十七条,政府提出之议案,经甲院否决时,甲院应将否决之旨通知政府。本案经本院否决后,已将否决之旨通知政府,且久逾请求覆议期限,依法政府早应遵照决议案办理,本无迟回考虑之余地,按一九零五年换文,系当时各国因用银付款颇受损失,故改定三种具体办法,由各国自行择定其一,照行至赔款清偿之日为止。换文成立之时,由中国补偿各国付银损失共八百万两;同时法国及其他各国,于光绪三十一年五月三十日,分别照会中国,声明择定电汇办法,业经实行十有余年。依照国际法规,条约原则,本有相当之定性。法国如欲变更电汇办法,要求改付现金佛郎或现银,即无异破坏一九零五年换文之效力,增加我国约外之担负,且法国定货币,佛郎只有一种,本无金纸之分。欧战以后,佛郎价跌,电汇时价,与现金比较,适成三与一之差,此乃法国本国货币问题,按之条约,我国无担负此项损失之理。查法国部分赔款余额,尚有三万九千余万佛郎。若以金佛郎折算,则我国所受损失,当在一万两千万元左右。倘八国同时援例,则损失之数,更属不赀。此外,历年各项金币借款,倘更援例要求,则后患何堪设想?本院再三审议,以为我国对外不可负破坏条约之恶名,对内不可贻国库重大之损害。故全体一致议决,按照一九零五年换文办理。揆诸法律事实,利害显然。政府理应依据国会决议案为适当之措置。乃两月以来,政府并未将此案照会法使及各国公使。而自高凌霨代揆以来,援引王克敏、黄郛等以嫌疑重大之人入阁,于是,变相承认金佛郎之说相继而起。两院议员叠经提出质问,政府概置不理。参议院两次开会,请求国务员到院说明,又复藉词规避,昨日仅由外交总长顾维钧出席参议院,竟称政府以两院无之一致表决,不能对外有所表示。查《议院法》,"甲院否决之案,只须将否决之旨通知政府,并无移付乙院之规定。此案既经本院否决,通知法定手续毫无遗漏,外交总长竟有此项藉辞。是政府对于本案,尚存违背本院决议案之心已不啻昭然若揭。本院权衡利害,以为国际条约不可不遵,国家宪法不可不守,国库负担不可不虑,国会议决不可不顾。而风气所播,舆论沸然,内有黩法便已营私之人,外有假借外力盛胁之说。是本案情势已在千钧一发之交,迫不得已,缕述详情,通告中外。务望体察国家利害关系之钜,急起直追,共相援助,俾希图违约坏法卖国营私之徒,知所儆惧,庶国家人格,条约利权,或可保持挽救于万一,大局幸甚。众议院议长吴景濂、副议长张伯烈,议员邓毓怡、恒诗峰、韩增庆、马文焕、金诒厚、王吉言、李春荣、张云阁、李保邦、张滋大、齐守朴、李榘、张国浚、张官云、杨式震、张鼎彝、马英俊、钱崇垲、杜济美、童效先、吕复、张良弼、宋庆余、崔怀灏、张士才、李东璧、李景濂、张敬之、王双歧、张恩绶、蒋宗周、李有忱、王荫棠、李膺恩、齐耀瑄、赵东藩、叶成玉、马庆长、薛丹曦、田美峰、方震儒、阮性言、孙润宇、孙炽昌、高旭、胡照沂、刘可均、陈中、朱溥恩、丁善庆、祝光樾、杨润、谢翊元、邵长镕、陈尚裔、王茂才、戴维藩、何雯、张伯衍、贺廷桂、吴汝澄、李振钧、陈策、谭启桂、宁继恭、刘鸿庆、汪建刚、王源瀚、许植才、张益芳、汪有兰、曾幹桢、陈子斌、赖庆晖、汪汝梅、黄攻素、潘学海、谢越石、卢元弼、欧阳成、彭学浚、周学宏、周珏、陆昌烺、谢国钦、金尚诜、韩藩、蒋著卿、王烈、陈焕章、傅亦僧、张浩、徐象先、董庆余、钟麒祥、欧阳钧、朱腾芬、赖德嘉、陈承箕、朱观玄、张琴、黄荃、黄肇河、杨树璜、连贤基、刘万里、覃寿公、张则川、范鸿钧、廖宗北、骆继汉、袁麟阁、杜树勋、冯振骥、方表、李锜、石润金、陈家鼎、黄赞元、罗永绍、魏肇文、胡擎、程崇信、席绶、周泽苞、王恩博、向元均、禹瀛、刘昭一、阎与可、张玉庚、胡鑫垚、王广瀚、王谢家、盛际光、王之箓、杜凯之、周祖澜、赵正印、管象颐、郭广恩、刘冠三、周廷弼、张映竹、彭占元、曹瀛、贺升平、徐绳曾、李载赓、孙正宇、岳秀夫、陈鸿畴、杜潜、张善与、陶毓瑞、王敬芳、张华祖、王法歧、陈全三、袁振黄、陈廷飙、郭生荣、裴清源、梁善济、罗黼、张升云、阎鸿举、耿臻显、李景泉、贾鸣梧、郭德修、侯元燿、刘祖尧、刘志詹、王国祐、狄楼海、王鸿宾、白常洁、李含芳、赵煊、马骧、杨诗浙、段大信、寇遐、郭浤、阎琳、朱家训、任郁文、姚守先、杨铭源、高增融、李增秋、田澍宝、奉璋、祁连元、郭修、张映兰、李克明、萧汝玉、张廷弼、郝天章、周之瀚、魏郁文、张全贞、文笃、周继孚、李含荃、李永发、陈世禄、袁炳煌、李式璠、罗润业、张瑞、古壹、刘泽龙、廖劲伯、袁弼臣、周泽、陈宗常、潇湘、孙镜清、傅鸿铨、秦肃三、徐际恒、蒲伯英、唐玠、李汝翼、余绍琴、黄如鉴、杨肇基、黄明新、陈垣、李清原、谭文骏、叶夏声、黄霄九、黄汝瀛、曾庆模、饶芙裳、郭宝慤、杨梦弼、何铨□、易次乾、陆祺、梁成久、林绳武、林树春、王斧、王钦宇、黄宝铭、唐树基、詹永祺、陈师汝、程大璋、龚政、龙鹤龄、王永锡、梁昌诰、罗增麒、凌飞、李增、王桢、严天骏、毕宣、张大义、田宗龙、李华林、陈光勋、俞之昆、陈时铨、陈祖基、万鸿恩、张芳联、段雄、刘炳蔚、赵诚、李燿志、杜成镕、万钧、刘尚衡、夏同龢、金永昌、张树桐、敬棍五、李芳恩、克阿穆尔、孙钟、熙玉、李景鈊、易宗夔、吴恩和、诺门达赖、邓镕、佘司礼、王震东、扎木苏、霍春森、王式、康士铎、萧必达、饶孟任、方贞、江天铎、江骢、恩华、石凤歧、王玉树、胡汇源、曹振懋、王杰、王乃昌、陈堃、陈嘉会等叩。巧。印。①

五、刘冠三、丁惟汾、彭占元、赵正印等山东籍国会议员联名致电黎元洪、吴佩孚等人，要求将山东督军田中玉早日撤惩（1923年6月4日）

在担任第一届国会第三期常会众议院议员期间，刘冠三、丁惟汾、彭占元、赵正印、于恩波、刘星楠、张映竹、于均生、于洪起等，与山东省议会组织（由王鸿一、张公制领导）的反田（中玉）斗争遥相呼应，力争将山东督军田中玉早日赶出山东。他们借助当时山东发生临城劫车案（1923年5月6日）之契机，于1923年6月4日发

---

① 《天津市历史博物馆馆藏北洋军阀史料·吴景濂卷》第6册《罗文幹案与曹锟贿选》，第56—62页。

动其他山东籍国会议员共计28人联名致电大总统黎元洪、国务院及各地巡阅使(曹锟、吴佩孚等人)、督军、山东省议会,指责山东督军田中玉纵匪殃民、玩弄政府,要求立即将其撤职惩办。其后,田中玉果于当年10月15日被免去山东督军之职,与山东籍国会议员刘冠三、彭占元、赵正印、丁惟汾等人坚持反田尤其这份电报有很大关系。因这份电报流传未广,兹摘抄于后,以供研究者参考:

《国会议员赵正印等支电
——山东督军纵匪殃民玩弄政府请早日撤惩由》

北京大总统、国务院、保定曹巡阅使(锟)、洛阳吴巡阅使(佩孚)、南京齐巡阅使(燮元)、开封张督理(福来)、蚌埠马督理(联甲)、天津王省长(承斌)、济南省议会鉴:

报载,山东田督军(中玉)养电述来京报告办理临案情形,并请各方催促政府等语。该电大旨谓:政府主张剿办,则督兵进剿;政府若服从土匪命令,则请另派员办理。似对于土匪有剿办之决心。而议抚贻误全在政府。此案发生,政府张皇失措,误国殃民,实难辞咎。田督军手握兵符,莅鲁五载,土匪遍地,职司维何拥有一师十一混成旅之众,至不能保护行旅,与匪开封等交涉,成何事体!事机紧迫,尤以候中央主剿命令,为辞无怪,匪焰益张,解决无日。查鲁匪大股啸聚多经年,骚扰惨杀,笔不胜书。即如去年七月间,泰安沈村敬庄,一日掳去二百余人。十月间,西南乡一日掳去二百余人。本年三月,莒县一日掳去五百余人。五月二十三日,恩(县)、夏(津)、武(城)交界宗纪庙地方,一日掳去五六百人。均除杀伤不计外,土匪横行,肆无忌惮,岂皆可以政府未曾主剿,卸其责任。且田督军去年兼省长,任内预征钱粮,经省议会及旅外鲁人群起阻止,并经国务院两次严令不准预征,该督军抗不奉行,独开恶例,何以搜刮民财则力抗政府命令,剿办土匪则力请政府命令?显系一力欺压鲁民、无心剿办土匪,平时侵饷纵匪,临事藉词趋避,玩弄政府,淆乱视听。如此居心行事,实为有玷封圻。此次临案,牵动国际,国家尊严损失殊钜。该督巧言如簧,何能掩天下人耳目? 国家纪纲尚存,即应早日撤惩。议员等为该督拥兵溺职,恋栈无耻,法所不容,义难缄默,谨此电闻。国会议员赵正印、王凤蓍、于元芳、王志勋、张映竹、周祖澜、管象颐、刘冠三、袁景熙、阎与可、刘星楠、董毓梅、郭广恩、尹宏庆、金承新、于恩波、丁惟汾、于均生、杜凯之、彭占元、王乐平、邓天乙、于洪起、周嘉坦、盛际光、王庆瀚、周廷弼、王之篆等。支。印。①

六、彭占元、张映竹等国会议员就黎元洪在恢复法统前后"解散国会""窃位攘权,造孽构祸"理应"避贤让能"事致冯玉祥、曹锟、吴佩孚等通电(1923年6月11日)

1923年6月6日,直系军阀津保派为了将曹锟早日扶上大总统宝座,在逼迫张绍曾内阁总辞职后,又着手逼迫大总统黎元洪让位。在曹锟授意下,京畿一带军警,如陆军检阅使冯玉祥、京畿卫戍总司令王怀庆、步兵统领聂宪藩、警察总监薛之珩等所部军警官佐,趁着政务无人负责之际,与7日集合500人到总统府逼要军饷。9日晨,京城内外京畿京城以"索饷不得"为由一律罢岗。在这种情况下,一部分倾向于直系的国会议员,在彭占元、张映竹(菏泽人,1905年加入同盟会)、徐绳曾、王荣光、岳秀夫等人联络下,共162位国会议员,于6月11日,联名致冯玉祥、王怀庆、曹锟、吴佩孚等

---

① 《赵正印(等)请早日撤惩田中玉(致大总统等)电(1923.6.4.)》,王宜恭、李经汉、张黎辉:《天津市历史博物馆馆藏北洋军阀史料·黎元洪卷》第3册,天津古籍出版社,1996年,第600—606页。按:《国会议员赵正印等支电——山东督军纵匪殃民玩弄政府请早日撤惩由》为原始档案标题,《赵正印(等)请早日撤惩田中玉(致大总统等)电》是该电文收入本书时编者补加的标题。

通电,指责黎元洪1917年以"元首"解散国会,"酿成护法战争",致民不聊生;6年后,法统恢复,政枢无人,为一时权宜之计,迎黎元洪"暂摄政权",望其"秉公守法,勉盖前愆",不意近来"府院两方,时发生权限之争",致"内阁全体之辞职"、京城内外城警区一律罢岗,"总统之不能维系人心也明矣"。最后指出:黎元洪"窃位攘权,造孽构祸",应早日"避贤让能"云。该通电全文如下:

彭占元等电(1923年6月11日)

北京冯检阅使、王巡阅使,保定曹巡阅使,洛阳吴巡阅使,各省督军、督理、省长,各法团,各报馆钧鉴:天祸中国,政变迭出,穷流追源,其原来自复辟之役。黄陂以赫赫元首解散国会,遁逃外国兵营,酿成护法战争。六年水火,民不聊生,往事如昨,所共见也。法统恢复,政枢无人,为一时权宜之计,迎黄陂暂摄政权。夕阳返照,宜如何秉公守法,勉盖前愆。乃近者府院两方,时发生权限之争,不惟有背内阁制之精神,实足以启跋扈者之野心。恶例一开,何堪设想?近更不惜袒护一私人之位置,逼起内阁全体之辞职。致内外城警区一律罢岗,京师治安在在堪虞,人心惶恐,若大难之将临,一旦宵小乘机,秩序紊乱,不测之祸谁负其咎?内阁去职仅三日耳,而险象若此,再延数日更难逆料。此无正式合法之内阁事实,总统之不能维系人心也明矣。窃位攘权,造孽构祸,又焉用此无益之元首为也。国内不乏贤达,大位岂容久据?避贤让能,古同尚,若贪恋一己之尊荣,不惜倒行而逆施,则天视民视,漫谓莫予毒也。卵破巢覆,夫何取焉。古曰:识时务者为俊杰。又曰:智者见机,不俟终日。今日之事,愿与天下共筹之。刍荛之见,用质高明。临电迫切,不尽欲言。国会议员彭占元、徐绳曾、王荣光、岳秀夫、邢鸿章、张映竹等一百六十二人同叩。印。(北洋政府大总统府档案)①

---

① 中国第二历史档案馆:《中华民国史档案资料汇编》第3编《政治》,江苏古籍出版社,1991年,第1390页。

彭占元、张映竹等 162 位国会议员的上述通电,无疑对当时直系"逼黎出京"事件中起到了推波助澜的作用。

七、彭占元、刘冠三、赵正印等山东籍国会议员联名致国务院、吴佩孚等函、电,反对山东省长熊炳琦擅自更换政财两厅厅长(1923 年 6 月—1923 年 9 月)

根据北京一份叫《捷闻通信社》的内部刊物(油印本)1923 年 10 月 1 日刊发的名为《熊炳琦所引起之鲁政潮——呜呼熊氏……赞助大选乎?抑破坏大选□乎?》一文记载:1923 年 6 月 13 日大总统黎元洪为直系军阀所弃,被迫去职,彭占元、刘冠三、赵正印等山东籍国会议员"忍辱居京,与政府一致行动,绝无丝毫要求"。然山东省长熊炳琦(1922 年 9 月 30 日—1924 年 11 月 14 日在任)在大选(曹锟贿选)之前却不顺舆情,擅自决定"调动山东政财两厅长",彭占元、刘冠三等 20 余位山东籍国会议员"全体开会",议决一致反对,并联名致函电于国务院及曹锟、吴佩孚两巡阅使,请求罢免熊炳琦山东省长之职。其中致国务院函内容如下:

泽畬①、秋舫②、绍明③总长、兰亭④督办阁下:

---

① 高凌霨(1868—1939),字则畬,晚年别号佗桧,天津人。光绪甲午年(1894)科举人。1900 年义和团运动以后,以捐班知府分发湖北武昌候补,时张之洞任两湖总督。张在以前任两广总督时,其青县同乡高崇基任广东藩台和广西巡抚等职,与张之洞相处共事,最为融洽,高凌霨遂冒认高崇基为同族,骗取了张之洞的信任,遂不断地被委以要缺,直到清末,竟爬上了湖北提学使高位。1913 年,刘若曾署理直隶民政长(1913 年 7 月 17 日—1914 年 2 月 19 日)时,高凌霨被任为署理民政司长(1913 年 8 月 21 日—1914 年 4 月 9 日)。因与直系军阀曹锟是同乡,渐成曹锟嫡系。嗣又进入北洋政府,从此扶摇直上,长期成为曹锟的红人。在 1923 年曹锟贿选总统以前,直系内部分成津、保、洛三派。曹锟是保派首脑,吴佩孚是洛派首脑,高凌霨、曹锐、边守靖 3 人则为津派的中坚人物。而津派尤为直系坚主急进贿选的一派。当时吴佩孚主张缓进,与津派形成对立,争执甚力,结果由保派居间调处,洛派迁就了津派,遂演出了驱黎(元洪)贿选的一幕丑剧。在直系贿选前和酝酿贿选当中,高凌霨曾先后任(署)农商总长(1922 年 9 月 19 日—11 月 29 日)、财政总长

敬陈者：
————

（1922年10月28日—12月25日）、内务总长（1921年12月25日—1922年6月11日，1922年11月29日—1924年1月12日）、兼代交通总长（1922年5月6日—23日）、代理国务总理（1923年6月13日—1924年1月12日）、摄行大总统（1923年6月14日—1923年10月10日）、农商总长（1924年9月14日—10月31日）等职。曹锟当选大总统后，高凌霨一度被任为国务总理，后来改任税务督办（1924年1月12日—9月14日）。1924年10月，冯玉祥倒直，发动北京政变，曹锟被囚，高凌霨逃到天津，继又潜往上海，一年多后（1926年）由上海回到天津，寓居日租界桃山街，逐渐与亲日派接触，并参加了日本驻军直接控制的"中日同道会"，热衷于亲日活动。"九·一八"事变以后，日本帝国主义为了继续向华北扩展势力，特派日本僧人吉井芳纯来华，在天津成立了"中日密教研究会"，推段祺瑞为会长，高凌霨、王揖唐分任副会长，以佛教为掩饰，进行阴谋政治活动。这时，高凌霨常与伪满外交部大臣张燕卿（张之洞之子）暗通消息，实际上张是高联络日寇各方面关系的主要渠道。1932年，南京国民政府通令各省重修省志，高凌霨任河北省通志馆馆长。1935年，任北平冀察政务委员会（委员长宋哲元）委员。"七七"事变爆发后，日本侵略军攻占天津，高凌霨任天津市治安维持会委员长。同年冬，伪华北临时政府在北平成立，高继续任政府委员、天津市市长、河北省省长等伪职。1939年，高凌霨河北省省长被免，不久死于北京。

② 吴毓麟（1871—1944），字秋舫，回族，安徽歙县人。1886年考入天津水师学堂第三届管轮班。毕业后被选派赴德国深造，入德国浮尔底造船厂学习。归国后，任海军练舰教习、天津水师学堂教习。1895年授知府衔，嗣任直隶路矿总办及邮传部帮办等职。1907年8月1日，任陆军部海军处视察，1909年7月15日，任筹办海军处视察。辛亥武昌起义后，任北方赴沪议和代表团顾问。1912年9月7日，任海军部视察，1913年1月11日，授海军轮机中校；2月17日，调任大沽造船所所长，1914年兼任直隶海巡及全省水陆警察事宜；同年7月5日，晋海军轮机上校。1915年任导淮局局长及直隶改良河工筹备处长，两年后被任命为北洋铁工厂厂长。1918年任直鲁豫巡阅使署咨议，同年2月23日，授海军轮机少将。1919年曾与天津中外人士组织中英美俱乐部。1920年4月，兼任"海军大沽艺徒学校"校长。1921年，吴毓麟兼任首都保卫会总裁，京兆河道治理督办，同年11月2日，晋授海军轮机中将。1922年6月，吴毓麟转任津浦铁路总办。1922年7月21日，授勋五位，9月参与鲁案善后督办署，收回胶澳铁路事。1923年1月出任交通总长（1923年1月—1924年1月24日署，1923年1月15日—1924年10月31日两免两任）。1924年10月后退居天津意、德租界。1944年秋病逝于天津，卒年73岁。

③ 袁乃宽（1868—?），字绍明，河南正阳人，其父袁子明原为太平天国英王陈玉成的部下。袁乃宽后来在袁世凯小站练兵时当士兵，为张镇芳的门生。后来自称是袁世凯的亲侄子，官至陆军中将。1915年极力怂恿袁世凯称帝，是十三太保之一。1923年署理高凌霨内阁农商总长（1923年9月4日—1924年1月12日），1924年寓居天津。

④ 王毓芝（1875—1933），字兰亭，济宁（今济宁市市中区）北门大街人。1905年考取陆军学堂，肄业后为曹锟办理文牍，被赏识，委以机要秘书。1912年，任东三省测绘学堂书记官、文案提调。1914年4月，任长江上游警备总司令部秘书官。1916年9月，任直隶督军署秘书兼咨议、省长公署秘书。1918年6月，任四川、湖南、广东、江西四省经略使署秘书长。1922年8月21日—1924年11月5日，任全国烟酒事务署督办。此后1923年1月协助曹锟贿选总统，发380名议员每人每月200元（银币），并被聘为直、鲁、豫三省巡阅使署顾问。9月2日，贿选票价公开定为5000至10000元不等，以支票支付，计573张；支票签有兰记（王毓芝）、秋记（吴毓麟）等标记，分别由大有、劝业、麦加利银行付款。10月4日，议员邹瑞彭向北京地方检察厅举发他和吴毓麟等贿赂议员选举总统之事，并将证据制版送各报刊发表，使贿选丑行公之于众。但他无视舆论，仍为贿选奔走斡旋，活动于南北军阀、政客及各国使节之间。10月5日，正式投票，签到者593人，曹锟以480票"当选"中华民国第五任大总统。计用贿费达1356万元。曹锟就任总统后，委其为总统府秘书长（1923年10月10日—1924年10月25日），仍兼任全国烟酒事务署督办。1924年11月，曹锟下野，王毓芝被解职。后病死于天津。

442

自六月十三日以后,同人等忍辱居京,与政府一致行动,绝无丝毫要求。□(然)从政治合作,公谊私交,自问无负。前在甘石桥聚会,熊君润丞(熊炳琦字润丞)声明以同乡而递省长,同人信任,绝不应发生问题。乃近日熊君举动,将同人等摈诸政治合作之外,有使同人绝对不能信任之处。熊君任山东省长年余,用人行政,非亲即昵,其视国会同人,若无干预本社(省)政治之资格。近对于东省政、财两厅,决意更动,力保于元芳、曲卓新充任,闻已数催国务院,不日发表。查曲卓新曾长山东财政厅,搜刮民财,供给洪宪,舆论不洽,东人怨之至今。熊省长或以其善于搜刮,臭味相投,可资臂助,遂尔援引。于元芳之为人如何,不须详述,但两院同乡罕与往来,惟知为熊省长组织'明德学社'政团之人,或以其办理政团有功于省长,藉此酬旧,亦未可知。熊君动以山东党派分歧,引起党争为虑,惟其言行,处处矛盾。今之政、财两厅,皆其近邻,兹保举之于元芳,又为其个人所办政团之首领,咸党昵近,引类呼朋,全省政权悉入私人掌握。所谓引起党争者,绝不令他人干预耳。同人等以熊省长此等举动,实不顾地方,不恤人言,蔑视同人之爱乡精神,不愿与同人相合作,不愿受同人之信任。同人等以其奉职无状,措置乖□(戾),除电政府及保(曹锟)洛(吴佩孚)请求另简贤能、饬勿干预宪选外,特此郑重声明。熊省长此项保荐,如不即日撤销,同人决不愿受任何支配。再有陈□,同人对山东,并无所要求、希冀,及图谋位置之意思,幸勿误会。专函敬颂,亮察不宣。山东国会议员刘冠三、王凤翙、彭占元、于均生、张骏烈、张鲁泉、赵正印、周嘉坦、刘星楠、王之篆、萧承弼、阎与可、史泽咸、张映竹、刘昭一、周廷弼、盛际光、周庆恩、王广瀚、金承新、徐宝田、张汉章同叩。①

---

① 《天津市历史博物馆馆藏北洋军阀史料·吴景濂卷》第6册《罗文幹案与曹锟贿选》,第809—811页。

同日，刘冠三、彭占元等山东籍国会议员们有联名致电行政院各总长、驻保定之直鲁豫巡阅使曹锟、驻洛阳之直鲁豫巡阅副使（两湖巡阅使）吴佩孚文，内容如下：

行政院各总长、保定曹巡阅使、洛阳吴副使鉴：

"鲁省土匪遍地，阖境骚然，军民长官，奉职无状，早在洞鉴。省长熊炳琦，任事年余，毫无政绩。近为产销税一案，既非财政部令行之国税，又省议会通过之地方税，一意孤行，苛敛虐民，激起十六县罢市风潮，始暂行撤销。地方骚扰，商民损失，成何景象？犹复不自引咎，更严拿无辜，力图报复。以鲁人长鲁，不顾民间疾苦，至于此极！殊为造祸乡邦，有□封圻！至其用人行政，不论资格，不论人才，近邻私亲，皆列显要。近为政财两厅，信而见疑，保举毫无名望、从未入官及名誉扫地之人物充任，该省长遂臭味相投。多数人为生命财产起见，万难承认。数月以来，藉口襄办大选，居京遥制。凡所主张，皆生枝节，如首倡先宪后选，以迂缓选政之声势；首倡接洽名流，以抹倒多数，言不由衷，事必矫异。两院同人，或不知其在京所任何职，所作何事。窃以该省长既不顾地方，无补中央，且系与督军田中玉均为交部严行议处之员，应请一并另简贤能，将该员等调京另用，免再贻误地方，酿□生事。并请讯饬该省长，对中央宪选大政，勿得干预妄言，□□纷扰。迫切陈词，伫候明教。山东国会议员刘冠三、王凤翥、彭占元、于均生、张骏烈、张鲁泉、赵正印、周嘉坦、刘星楠、王之篆、萧承弼、阎与可、史泽咸、张映竹、刘昭一、周廷弼、盛际光、周庆恩、王广瀚、金承新、徐宝田、张汉章同叩。①

其后，彭占元、刘冠三、张汉章、等山东籍国会议员，在发出上述两电函之后，又约见保定方面（直系）要人（当系指全国烟酒事务

---

① 《天津市历史博物馆馆藏北洋军阀史料·吴景濂卷》第6册《罗文幹案与曹锟贿选》，第811—813页。

444

署督办、直豫鲁巡阅使署顾问王毓芝等人)一次,声明:"如罢熊(炳琦)之主张不蒙当局采纳,即全体退出国会,不复赞助选宪两政。"①9月底,彭占元、赵正印、刘冠三等山东籍议员又在京城福兴居二次聚会,决议与熊炳琦斗争到底,直至熊炳琦下台为止。此时,6月14日摄行大总统的内务总长高凌霨(8月28日又被阁员推为主席)为首的摄政内阁闻知此事,深恐因此影响到大选人数,对大选不利,故决定对山东省政、财两厅长调动之事缓办,《捷闻通讯社》(1923年10月1日)对此有记载说:"鲁省国会议员廿余人,因熊炳琦擅自调动山东政、财两厅长,全体开会,决定一致反对,并致函国务院、致电曹(锟)吴(佩孚)两使,请罢免熊氏省长本职,等情,已见昨日本社报告。兹续闻该议员等,昨又在福兴居二次宴会,决定坚持倒熊到底。摄阁方面,深恐以此影响于大选之人数。故对于鲁省两厅长之更动,已决定缓办。惟鲁议员尚不肯抛弃倒熊主张。王兰亭(即王毓芝)出面调停,不知能有效否也?"②

需要稍加说明的是,1923年10月1日内部油印本《捷闻通信社》,共计7页,其中首页在"捷闻通信社"(竖排)5个大字下方尚有"电(电话号码)南四五六三号 卅日发 十月一日稿"等字样,另外在《捷闻通信社》右上方(即右上角)还有两行小字,即:"呈上攻击熊炳琦的新闻三件,乞莲公议长赐阅。亚先□。"③显然是一个叫亚先的人呈送给国会众议院议长吴景濂审阅的。

彭占元、刘冠三、赵正印等22位山东籍议员与熊炳琦斗争的结局,因与吴佩孚有一定关联,亦顺便在此顺便一提。首先,彭占元等人在大选前要求罢免熊炳琦山东省长之职的目的并没有达到,大概是由于王毓芝的调解与直系首脑曹锟的保护,熊炳琦的山东省长职务一直担任至直系军阀在第二次直奉战争失败后的11

---

①② 《熊炳琦所引起之鲁政潮》,《捷闻通讯社》1923年10月1日。
③ 《天津市历史博物馆馆藏北洋军阀史料·吴景濂卷》第6册《罗文幹案和曹锟贿选》,第808页。

月24日始"辞免"省长之职;而彭占元、刘冠三等22人随后也参加了10月5日的大选,且均收取了5000—1.5万元(银元)不等的贿赂,绝大多数投了曹锟的票,占了参与贿选的山东籍国会议员35人中的大半(约占62.86%)。其次,受到彭占元、刘冠三等人攻击的于元芳、曲卓新两人,大选前并未得以出任山东省政务、财政两厅厅长,只是到了大选后,由于吴佩孚的保荐,仅于元芳得以出任山东省教育厅厅长(未能得任政务厅厅长),彭占元、刘冠三等人的斗争算是取得了一定的胜利。一开始虽经熊炳琦一再电请、催促,但北京政府摄政内阁为保证参与大选的人数,对山东省调动政财两厅厅长之事决定缓办,故迟迟没有按熊炳琦的要求发表任命于元芳、曲卓新的政财两厅厅长的命令;大选之后,北京政府摄政内阁(1923年10月12日高凌霨始以内务总长兼代内阁总理)于12月1日任命于元芳接替王讷为山东省教育厅厅长,王宗元接替王鸿署理山东省财政厅厅长(而非曲卓新),同时调山东省实业厅厅长田步蟾为山东省政务厅厅长以接替原政务厅厅长许钟璐(许钟璐则调任胶东道尹)①。而于元芳所以能够出任教育厅长,主要是因其籍贯莱阳与直系军阀首领吴佩孚(蓬莱人,系仅次于曹锟的直系首脑人物,大选前先后为直鲁豫巡阅副使、两湖巡阅使,大选后任直鲁豫巡阅使)均属胶东(旧登州府)同乡,尤其是于元芳在大选前曾跑到洛阳拜访过吴佩孚,因为有了吴佩孚的保荐,于元芳出任

---

① 钱实甫、黄清根:《北洋政府职官年表》,华东师范大学出版社,1991年,第23页。

山东省教育厅厅长之事才万无一失①。

---

① 按:据载,吴佩孚性格坦率,官做的大了不免盛气凌人,说话有时也不太注意场合及分寸,有意无意中得罪了不少前来求见谋职之人。其中,比较有名的就有山东籍的名流陈纪云、安茂寅2人。其秘书长郭绪栋对此甚感忧虑,遂对吴说:"像陈纪云、安茂寅这些人,都是具有一定才干和影响的人物,他们前来的目的都是想得到重用,大帅应以礼相待,加以笼络,否则将失去人心。"吴佩孚对郭绪栋的话历来言听计从,从这以后他还真改了不少脾气,吸纳或笼络了不少人才。这其中就有山东籍国会众议院议员于元芳。于元芳(1887—1958),后又名元方,字春圃(后又字纯朴),以字行,山东莱阳县前河前村(今属莱阳市)人。他4岁从父读书,12岁登州府试秀才第1名,随后便代替父亲教授乡里。15岁参加省试,中副举人第1名。后游学北京,考入北京高等警校。适逢举贡会考恩科,遂以副举人中试。殿试后,以26名进士入民政部为六品主事。是时,办公民政部,食宿于学校。3年后以优异成绩毕业于高等警校,获品学兼优奖章1枚。授予七品警官,未就。1911年,辛亥革命起,参加倒清运动。民国立成立后,更渐成名。1913年4月担任第一届国会众议院议员,并为国务咨议。1917年11月,任临时参议院议员。另外,他还参与过张公制在济南组建的诚社。1922年8月,第一届国会复会,于元芳第三次赴京就国会议员(众议员)职。其后,他慕名来到洛阳,求见同乡吴佩孚(清末,莱阳县、蓬莱县均属登州府),并托郭绪栋先为之通融,吴佩孚接受以往教训,不仅当天晚上就接见了于元芳,而且对于元芳还相当客气。于元芳当场感谢大帅在百忙中如此快地安排时间接见了自己,吴佩孚则很客气地回答说:"你是国会议员,神圣不可侵犯,吴某岂敢怠慢?"曹锟贿选总统时,于元芳亦投了曹锟一票。不久,在吴佩孚的帮助与举荐下,于元芳回到山东,于1923年12月1日当上了山东省教育厅厅长。1924年10月,第二次直奉战争吴佩孚失败后,段祺瑞在11月24日重任临时执政府执政,废弃《中华民国宪法》;12月13日第一届国会正式撤销,于元芳又随之去国会议员职(同年12月2日又被免去山东省教育厅厅长之职)。20世纪30年代,他移居青岛,住在黄县路4号(后还于1938年搬进黄县路12号老舍故居住过),与伪青岛市公署市长赵琪是邻居,赵琪邀他出山为官,他不答应,几次邀他赴宴也不答应,并称:"道不同不同席。"他与金石家丁佛言、社会活动家张公制、诗人吕美荪、文学家黄公渚及刘季三都是交往多年的密友,他们常常在一起吟诗唱和。日本投降后,国民党政府行政院长翁文灏曾来青岛拜访于元芳。后来,国民党出资劝于元芳全家去台湾,他坚决不答应。1949年,移住无棣二路70号。新中国成立后,他相继担任山东省各界人民代表会议特邀代表、青岛市政协委员、山东省政协委员等职。1958年,于青岛病逝。他一生精研《易经》,著有《易学三编》3卷、《古韵疑》22卷、《五代史札记》3卷、《文集》12卷、《诗集》6卷。(刘晓焕:《郭绪栋与吴佩孚——吴佩孚的秘书长郭绪栋其人其事》,唐锡彤、刘晓焕、吴德运:《品读吴佩孚——第四届吴佩孚学术研讨会论文集》,黄海数字出版社,2010年,第184—187页)

八、前同盟会员、中华革命党山东支部长刘大同与吴佩孚的两次交往(1925年、1931年)

刘大同(1865—1952),名建封,字石荪,号芝叟,诸城(今属安丘)人。清末曾任吉林安图县知事。后弃官参加孙中山领导的革命运动(加入同盟会),领导过辛亥安图举义。民国初立后从事反袁活动;二次革命失败后,赴日本加入孙中山领导的中华革命党,并被孙中山委任为山东支部长,旋回国领导山东讨袁斗争。护法运动起,又南下参与护法运动。北伐战争后,赋闲家居,书画自娱,抗日战争后移家济南,创"明湖书画社"以卖字画为生。为人重名节、耿介有骨气,工书善画,长于左笔。擅画墨梅,风格苍劲正直。晚年兼作山水、花卉,诗有奇气。著有《岭南吟》《梅花吟》《醒迷魂》等。其中《梅花吟》一书即涉及作者与吴佩孚的两次交往情况。

(一)刘大同与吴佩孚的首次交往

第二次直奉战争中,因冯玉祥中途倒戈,回京发动"北京政变",吴佩孚统帅的直军一败涂地。吴佩孚率残部经海路南逃,经长江回到武汉,准备组建护宪军政府,以两湖巡阅使、湖北督军萧耀南阻挠而搁浅,不得不返回洛阳。嗣以镇嵩军憨玉琨部攻入洛阳,吴佩孚宣布下野,上鸡公山养病。不久,国民二军胡景翼又进入河南,吴佩孚被迫乘火车入鄂。经萧耀南同意,暂住黄州,之后又移驻岳州。到了1925年10月,在各省直系将领的拥戴下,吴佩孚通电就任十四省讨贼联军总司令,东山再起。此间,他广招人才,希望与奉系张作霖继续争雄。当时,山东同乡、名士刘大同就在他招揽之列。刘大同应邀由上海奔赴武汉后,准备帮吴佩孚讨奉。但后来不久,吴佩孚不听靳云鹗等人之劝,联合冯玉祥国民军讨奉张作霖,反与张作霖联合讨伐国民军,其旗号由讨贼(讨奉)改为讨赤(讨冯),因而不少人与之离心离德,甚至不辞而别。其中,刘大同就是这样又离开吴佩孚,回到上海的。刘大同在其《〈梅花吟〉其六十一》一诗注释说:"纪元十四年,吴(吴佩孚)邀至汉,(嗣)因其与奉张合作,意见不合,旋即返申而作。"其诗全文如下:

东风忽来,岭上花开。触景辄感,抑郁徘徊。丁此乱世,我心如灰。安得深山,长对此梅。(纪元十四年,吴××邀至汉,因其与奉张合作,意见不合,旋即返申而作)①

(二)刘大同与吴佩孚的第二次交往

吴佩孚系清末秀才出身,其诗、书、画水平都达到了上乘。但就绘画来说,喜画梅、竹、菊,这与刘大同的绘画爱好颇为相近,况二人又系鲁东同乡,早已互相闻名,并曾短期共事(即前述 1925 年曾在武汉共同讨奉,当时有可能两人已开始交流诗、书、画)。晚年,为与刘大同进一步切磋绘画艺术,吴佩孚曾向刘大同"索梅题句"。据刘大同《梅花吟》其百之二》即记载,1931 年,吴佩孚曾向他索要他画的梅花并要求他在画上题句。刘大同盛情难却,遂如所请,为吴佩孚画了一幅梅花(画),并题诗一首。其诗及附注如下:

朔风吹断玉兰干,懒写梅花笔欲乾。破碎河山颠倒树,那堪图出与人看。(纪元二十年,吴子玉索梅题句,时热河又亡於日矣。)②

惟查赵恒惕等编《吴佩孚先生年谱》的记载,1931 年上半年,吴佩孚尚在四川游历、演讲(讲学),搞慈善活动;当年秋,又北上出川,经松潘一路抵达甘肃武都,10 月 14 日还曾在天水"演讲回、汉关系",至 11 月 1 日抵达兰州,12 月 24 日尚在兰州佛教会讲儒、

---

① 刘萍、刘自力策划,安龙祯、孟昭秋整理:《刘大同集》(诗文),吉林文史出版社,1993 年,第 93 页。
② 同上,第 98 页。

释、道三教同源①。惟不知此次吴佩孚索要梅花(画)并题句时与刘大同是否在一起,抑或是吴佩孚托人向刘大同索要画和题句的。又,查阅有关史料,日军侵占热河的时间是在1933年3月,而非刘大同所记"纪元二十年",故老先生的回忆可能有误,也未可知。若以"热河又亡于日"作为参照时间,那么当时吴佩孚早已回到了北平(今北京),他在北平稳定下来后,向刘大同"索梅题句"也不是没有可能的。详情待考。

九、国民党中央秘书长(中央常委)丁惟汾(等人)对吴佩孚晚年动向的关注以及吴佩孚去世后发给其遗属的唁电(1931年、1939年)

在吴佩孚晚年,主要是他出川后的动向,可能是出于对"党国安危"的考虑,身为国民党中央秘书长的丁惟汾自然十分关注。在中国第二历史档案馆"国民政府档案"里有一组《川陕甘宁等地有关吴佩孚活动情形文电(1931年8月—1932年1月)》,里面就有时任国民党中央秘书长的丁惟汾签署发出的三份文函。1939年12月4日,吴佩孚去世,12月7日、11日,时任国民党中央常委的丁惟汾又以个人及山东旅外全体同乡名义先后两次给其遗属发去了唁电。

(一)晚年吴佩孚出川后,身为国民党中央秘书长丁惟汾对他动向情形的关注(1931年10月28日—12月12日)

这方面,从现存中国第二历史档案馆"国民政府档案"的《川陕甘宁等地有关吴佩孚活动情形文电(1931年8月—1932年1月)》里面的时任国民党中央秘书长丁惟汾签署发出的三份文函可略见

---

① 山东省历史学会胶东人物研究专业委员会编,唐锡彤、安家正、吴德运诠释:《吴佩孚诗抄》(附录三《吴佩孚先生年谱》),烟台市新闻出版局,2009年,第57—59页。

一斑。兹摘录三文函于后,以资参考。

1.《国民党中执会秘书处函》(1931年10月28日)

中国国民党中央执行委员会秘书处公函 第22505号

据青海省党务特派员真电呈:为吴佩孚已抵临洮,甘军政要人,均表示欢迎,应如何处置。等情到会。奉常务委员谕:抄送国民政府(备案)。特录谕并抄同原电一件函达,查照转陈为荷。右致

国民政府文官处

中华民国二十年十月廿八日

秘书长丁惟汾 ①

2.《国民党中执会秘书处密函》(1931年11月23日)

中国国民党中央执行委员会秘书处密函 第24085号

顷奉常务委员交下新编十五师党务特派员李一民篠电一件,内称:顷吴子玉电刘师长称:渠抵兰州,回汉冰释,甘宁青将领拥渠主持对外军事,以作政府后盾,陕(西)杨(虎城)被共党包围,为蒋(介石)所不满,对渠行动,多所造谣,请向各方解释,等语。职以事关大局,谨呈。等语。奉批:交国民政府。特录电函达,希即查照转陈为荷。

此致

国民政府文官处

中华民国廿年十一月廿三日

秘书长丁惟汾 ②

3.《国民党中执会秘书处函》(1931年12月12日)

中国国民党中央执行委员会秘书处公函 第26036号

顷奉党务委员(常务委员)交下青海省党务特派员方少云等电

---

① 中国第二历史档案馆:《吴佩孚档案资料选编》,《民国档案》杂志社,2009年,第358页。

② 同上,第359页。

为：吴佩孚先后派遣代表多人来青（海），对于青海政局不无阴谋，恳迅转电入甘部队从速设法解决。等情。一案。奉批：交国民政府。相应抄同原电函达，希即查照转陈核办为荷。此致

国民政府文官处

附抄原电一件

中华民国二十年十二月十二日

秘书长丁惟汾

抄电

急。南京。中央执行委员会钧鉴：奋密。窃查吴佩孚入甘及其荒谬措施各情，业由职等先后谨呈在案。现查吴佩孚以前代表何占鳌业经返兰（州）外，相隔未及三周，今有前代表多人来青（海），于青海政局不无重大阴谋，本省当局虽始终拥护中央，不为所惑，但若不予筹制止方法，终非西北之幸。为此，电恳钧会迅咨国府，电令入甘部队部队从速设法解决，则本党幸甚，青海幸甚。中国国民党青海省党务特派员方少云、燕化棠。印。①

（二）吴佩孚去世后，时任国民党中央常委的丁惟汾以个人及山东旅外全体同乡名义先后两次给吴佩孚家属发去唁电（1939年12月7日、11日）

1939年12月4日，吴佩孚在北京去世。消息传来，国民政府国防最高委员会决定追赠（吴佩孚）一级上将。中国国民党中央执行委员会，国民政府军事委员会委员长蒋介石，行政院长孔祥熙，监察院院长于右任，外交部长王宠惠，教育部部长陈立夫，国民党中央组织部部长朱家骅、海外部部长吴铁城等机关及军政大员先后电唁吴佩孚家属。身为国民党中央常委的丁惟汾，亦先后于12月7日、11日以个人及山东旅外全体同乡名义先后两次给吴佩孚家属发去唁电，对吴佩孚的去世表示哀悼，对吴佩孚晚年不与日本

---

① 《吴佩孚档案资料选编》，第360—361页。

人合作、"不屈不挠,尤昭大义""高风亮节"的行为给予赞誉,望遗属节哀,并表示山东旅外全体同乡还将为吴佩孚开会追悼。现将两份唁电摘录如下,以资参证:

1. 丁惟汾以个人名义电唁吴佩孚家属(1939年12月7日)

丁惟汾电唁吴佩孚家属(1939年12月7日)

(中央社讯)中央常委丁惟汾(十二月)七日电唁吴佩孚家属云:

北平吴子玉先生家属礼鉴:顷悉子玉先生噩耗,曷胜怆愕。先生邦家魁硕,乡国典型,不屈不挠,尤昭大义,方期异日握晤,共图匡济,一朝永诀,感叹弥襟。敬此电唁,尚望节哀,善承先志。丁惟汾。阳。印。

(1939年12月9日剪报)①

2. 丁惟汾以个人暨山东旅外全体同乡名义再次电唁吴佩孚家属(1939年12月11日)

丁惟汾等电唁吴佩孚家属(1939年12月[11日])

(中央社重庆十一日电)中央常委丁惟汾暨山东旅外全体同乡电唁吴佩孚家属云:

子玉先生高风亮节,功在邦家,大义凛然,廉顽立儒,勿傅噩耗,怆悼同深。远阻关河鸟致,除开会追悼外,特电奉唁,至希节哀。丁惟汾暨山东旅外全体同乡仝叩。

(1939年12月12日剪报)②

诚然,有关山东籍国民党人(前同盟会员)与吴佩孚有这样那样交往的事还有不少,如陈干(佟立容女士已有专文论及陈干与吴佩孚的交往)、刘冠三(曾偕杜济美于1922年8月间赴洛阳拜访吴

---

① 《吴佩孚档案资料选编》,第440页。此电唁标题为笔者所加。
② 同上,第448页。

佩孚①)、陈命官(吴佩孚雄踞洛阳时期曾往洛阳拜访吴佩孚以求谋职②)等人与吴佩孚的交往,乃至孙丹林等人长期或短期在吴佩孚部任职,等等,不一而足,限于篇幅,就不在此一一赘述了。

刘晓焕　山东社会科学院

---

① 详见笔者另文《新发现的吴佩孚函电所反映的有关史事——天津市历史博物馆馆藏北洋军阀史料有关吴佩孚函电探析》。

② 详见刘晓焕:《郭绪栋与吴佩孚——吴佩孚的秘书长郭绪栋其人其事》,唐锡彤、刘晓焕、吴德运主编:《品读吴佩孚——第四届吴佩孚学术研讨会论文集》,黄海数字出版社,2010年,第184—187页。另外,张公制《直系军阀首脑吴佩孚》一文对此也有记载说:"吴佩孚说话很随便,想到就说,不假思索……""吴(佩孚)参加乡试时,蓬莱同乡陈纪云(即陈命官)一同赴试,吴未考取,而陈却中了举人。吴在洛阳时,迟程九(吴的一个师长)曾嘱陈见吴(以便谋个差事)。陈怕吴不理他,迟特为之介。见了吴氏,吴劈头一句就是:'你还觉着你的文章好吗?'陈纪云辞出之后,第二天就离开了洛阳。"

吴佩孚、陈干与近代中国的独立

在"吴佩孚国际学术研讨会"上,我局限探讨陈干与吴佩孚早年的交往,以了解他们为近代中国的独立,所表现的爱国行为、爱国情怀。

陈干,字明侯(1881—1927)生于国破家亡的危难时刻,少怀壮志,为了救国,1902年,从中国社会的最底层——山东昌邑白塔村走出来,投笔从戎,参加毅军。日俄战后,东渡日本,巧遇机缘,陈干受孙中山的感召,毅然加入了中国同盟会,成为一名坚定的、职业的革命党人。此后他奔走于东北、山东与日本之间。创办辽阳八旗学堂,青岛震旦公学,成立山东同乡会、山东移垦等,积极宣传革命,培植大量革命人才,组织秘密团体,从事反清运动。辛亥武昌起义打响之后,孙中山任命陈干为山东民军统领,组织淮泗讨虏军,带领千军万马,与蒲军粤军三路攻打徐州,迫使清廷退位。

民国成立,陈干被提升为39混成旅少校旅长,孙中山颁发军政勋章。为推翻中国两千年封建帝制,创建中华民国,做出重大贡献。十年间,陈干从普通一兵晋升为将军,与蒋卫平、商震,被党人称为"关东三杰"。与徐镜心、丁惟汾并誉为"北方革命健者"。吴敬恒更赞曰:"明侯先生,建国伟人,振古之奇人。能将十万雄师。"

民国成立,袁世凯篡取大总统之位,革命党人只能以在野党身份,监督帮助政府。陈干将军交出39旅兵权,1903年接任北京总统府陆军部谘议官。下定决心为国家守疆土,为取消帝国主义列强加给中国的不平等的条约而努力,他关注青岛、威海、旅顺、大连等外交事宜,尤其为山东看家,陈干足无宁日。

自"五四"运动后,国人对国事都提高了警觉,唯恐北京政府受日人的压迫而出卖国家利益,对山东悬案问题极为关注。

1922年3月3日,中国政府根据华盛顿会议签订了"解决山东悬案条约"。6月2日,中日正式换约后,北京政府又改派王正廷为鲁案中日联合委员会委员长督办善后事宜。后因何宗莲辞职,第一部委员空缺,吴佩孚立刻推荐陈干接任。1922年9月5日,黎元洪大总统任命陈干为鲁案中日联合委员会第一部委员,参与谈判,办理接收青岛事宜。这段时间是陈干与吴佩孚联系最为密切的时期。

陈干认为对一个负责任的外交官来说,无论做哪一件事,说哪一句话,都应该凭良心。他曾坦言道:"大丈夫生于世,须有一定主旨,主旨者何?即良心是也。"陈干说:"任天翻地覆,我有我在。潮流云乎哉?势力云乎哉?一概不懂!"他是这么说的,也是这么做的。陈干始终保持着一个外交家清醒的政治头脑,内审国势,外察舆情,特立独思,坚守爱国。在复杂多变的外交斗争中,争主权,护国格,无私无畏,精忠报国。陈干忠实地履行着自己的誓言:"我既生于中国,为中国人,幼受家庭之训,长承师友之教,敢不奋力以图!"使我们今天不能不深思,处在当年那个颓败的社会环境里,陈干先生能具有这种超尘的人格品质,若没有坚韧不拔的毅力、没有一颗咬定牙关做中国人的恒心,是守持不住的。

陈干在办理鲁案中,每当关系到国家权益与王正廷发生分歧时,总是与吴佩孚保持密切联系,函电交驰。面对重大问题,必须求得他的支持和帮助。在《鲁案》一书中,陈干致吴佩孚和郭梁丞的书信,就有14封之多。

郭绪栋(1871—1924)字梁丞,山东胶县人。少时家境贫寒,好学不倦,尤其阅读大量兵书,终日研究地理、军事、兵法,沉醉于文韬武略之中。时值山东巡抚张曜,礼贤下士,求才若渴。郭绪栋前往求见，愿效命军旅。张委以中营文案之职。至清末民初他的学识和才干，在军政界渐露头角。郭绪栋慧眼识珠，吴佩孚发迹，全赖以他的提携。

1921年8月，吴佩孚被任命为直鲁豫巡阅使，郭绪栋即被聘请为军师，吴帅知恩图报，情意谆谆，郭赶赴洛阳上任。从此，吴佩孚对他言听计从，如左膀右臂。至1924年去世，他帮助吴佩孚处理了大量的军政大事及日常性事务。

陈干专门赶赴洛阳，拜见郭梁丞和吴佩孚，商谈有关收回青岛交涉事宜。陈干将以往五个月交涉情况及其危害，向他们做了阐述，陈干与郭梁丞、吴佩孚统一了意见，如因收一青岛而去一山东，遂愚者不为。吴佩孚还特别向陈干指明"利可让而权不可让"。

致敦梁丞（八月十七日）

昨晚与王儒堂同赴济，路上所谈之话甚多，最要者：一、徐委员东藩，在青岛与日人擅行规定，关于土地改为"永远租借"，干以为不可。二、《胶澳商埠章程》内云：租期以五十年为限，干亦不敢赞同。因日人占领青岛后拓展范围，将青岛附近二百数十村落土地强逼以官价没收，由彼开放，租期均以十年为限。今已转瞬八年，为期将满，父老含痛茹辛所盼者即在此时，今更变本加厉为之延期五十年之久，是断乎不可。况中国收回青岛为一件事，开放青岛又一件事，二者不可相混。收回者，与日本交涉之谓也；开放者，我中国自主之谓也。收回之后，当然开放。开放之时，我国当然有一定规定。此时勿庸叙及。彼语塞，末言容再商酌。闻儒堂由青回，再赴洛阳，望将此函预呈玉帅一阅。倘能得其鼎力主持，定可打消。是否有当，乞鉴察。

陈干接任第一部委员后，即着手对全案做充分了解。因距离鲁案谈判结束仅有40天。陈干决议每日开会，后又改为每日开会两次，以求在规定之前完成。他们仔细研究华府会议中日签订的《解决山东悬案条约》各条款之内容，又调阅之前五个月所举行的

20次会议谈判记录。

陈干从第二十一次会议开始参加谈判[①]。

他在检查会议记录时,发现徐东藩与日人擅行订立草约,将日人在青岛占领的土地改为"永远租借",而王正廷委员长也已默认。陈干认为这是出卖国家主权的行径。德人以兵军强占时,租期不过99年,今华府条约规定归还,反而改为永远租借,这与收回性质大相抵触。又发现王正廷计划开辟胶澳为商埠。暗中规划沿胶济铁路之内地开放为日人居住。开放内地,完全是超出华府条约范围。不能为收回一青岛而丢失一山东,这是断乎不可以的。

陈干向王正廷提出质疑,"永远租借"作何解释?

王解释为:"租者不能永租,买者可以永租,德国租借99年,不过是空名词,切不要认真,实际上与割让给人家是一样。只要买就是人家的既得权,改为永租反较之好一些。"

陈干对王正廷的解释,感到非常诧异。于是站在国家民族的立场上写了《与王正廷论土地权》,他反驳说:"租者,租地之谓也,买者买地皮之谓也,无论租或买,均不得侵土地权,此是一定的道理。即以德人的强横,亦不过为之租借,日人无论如何奢望,亦不过继承德人之权利。德人犹不能有土地权,况日人耶?德人租借99年,你认为不要当真,应视为如割弃一样,此种条约解释,我实在不懂。当年人办事太糊涂,何不写'割弃'二字?只要买就是人家的,既得权改为'永租'反较之好些。"国家的首席谈判代表,何以这么懦弱?忽视国家主权到如此地步!陈干多次向王正廷谏言,王皆置若罔闻。

陈干致函郭绪栋,告知"山东交涉之危险",时间紧迫,与王正廷意见不一致,又不能沟通,陈干心急如焚,致函吴佩孚的秘书郭梁丞,希望当王正廷到达洛阳时,请玉帅务必和他当面谈谈,借吴

[①] 《鲁案中日联合委员会第一部第二十一次会议记录》,1922年10月30日。

帅的威望,能以规劝、纠正他的错误。他说:

一、分委员会主任徐东藩,在青岛擅与日人私行订立章约,将日人在青岛占领土地改为'永远租借'。此弟向王正廷力驳,言:德人以兵力强占,要求租借,不过九十九年。今既收回,为'永远租借',可谓荒唐之至!王默然,似有含糊意。二、日人占领青岛时将附近地开放,租期以十年为限,今该期将满,不过尚差二年,而王正廷竟私立埠章,订为五十年,无形中为其增加四十八年。三、鲁案善后者,善其华府会议未了之事也。王正廷责任亦止乎此。今彼将应为之事一切放弃,为日人谋种种开展,犹之青岛尚未收回,竟暗中规画开放内地是也。要知外交是一件事,地方是一件事,鲁案是一件事,内地开放与否又是一件事,此中大有界线,绝不能强相混合。

王儒堂抵洛有三事,务请玉帅主持。一、青岛土地权,当根据华府条约收回,不准延期或有永远租借字样。二、且不可出乎华府会议范围(犹之青岛尚未收回,竟密秘派人规画开放内地)。三、鲁案办法,应以收回为先着,开放为次着……

陈干于9月30日又致函郭梁丞,请郭将"鲁案内幕"汇报给吴佩孚,以期玉帅能从中主持,书云:

鲁案内幕　致郭梁丞

一、当局之人多借官营业(前借上海纱厂名义,已提现银二十万两),果人营业,弟绝不反对,惟不当事事牵引外人,语曰:"无欲则刚。"求其无刚正之气,而能折冲樽俎者,则古未之闻。二、华府会议规定两方交涉以六个月为期。弟愚以为应趁此时先将青岛行政权解决(仿辛丑李文忠接受天津之例)。再议及细目。不当先从琐碎处着手,尤不宜表示私人营业,求其经济援助。三、以弟观察恐细目价值未及妥协而交涉期将满,届时如含糊签字,则吃亏甚巨;如不签字,则彼必借口逾期未决,责在中国。四、弟对于此案最注重者二事:一青岛土地权,一内地开放。无论何件均可商量,惟此二者绝不敢不敢苟同。窃料日人必诸事让步,一定从此处着眼。"

吴佩孚看过此信后,即抄写一遍,寄给了王正廷,王正廷随即追问陈干,陈干说:"此事不必怨我,我曾向公密劝再三,但不见接纳,是迫不得已才转告玉帅,求其规劝我公,能悔过自新,以国家利益为重,做一个有良知的正人。并非有意形公之短,而显我之长。丈夫做事只要不负良知,有过则改,即可成为圣贤,愿公有以勉之。"

殷殷之情溢于言表,陈干以己之品律人之行,以己之德矫人之过。但王正廷对陈干的孤诣苦心并没有半点自惭,而是隐疾五内,依然故我。无奈,陈干便直书吴佩孚,陈述自己的主张。由于吴佩孚当时已成为北方实力最强的军阀,洛阳实际上成为了北方的政治、军事中心。陈干欲借吴的威望使王正廷受到震慑和约束,悬崖勒马,以保全国家权益。

敬陈数事 致吴子玉

一、弟之主张绝不敢有丝毫私意存乎其间,故弟曾问王儒堂,言国家事非一人之私,吾等不妨平心静气细为研究。总之以华府条约为根据,华府条约所损失者,公能挽回一分是一分,如不能挽回,干绝不敢强公所难;如未损失者,切不要增加,干庐墓所在,断不能拿外交呕气。徐东藩在青岛同日人擅定"永远租借"四字,望设法预为消灭,不然国际会议真叫我为难。如不服从于公体面有伤,兼起国际争执,稍有不慎,即因此误事;如服从,干何以对父老?何以对地方?况交涉之事与内政不同。内政错误尚可修改,外交一有失着,即不易挽救,公历练多矣,当能解此也。王默然颔首者再,言必能负责打消,开会时不再提出。

二、青岛开放商埠章程年限不宜过久者,因青岛虽属商埠,以地域而论,确为中部门户,含有军事性质。今早在美国使馆,同其参赞派克言之,彼亦谓青岛在东方极有关系,故德人以全力注此。

今虽作商埠开放,似有杜渐防微必要。

三、弟对于青岛交涉,窃以为应分三期。1. 应先根据华府条约第一节,先接收行政权。2. 再按照第二节磋商细目,若有不妥协,主权已在我手。语曰:"先争上游。"是也,否则反是,此中大有区别。3. 交涉解决后,即权归地方,或由长官兼理,或再另放督办,均无不可,绝不应在此交涉期间,先将商埠章程提出讨论,致动各国视听,盖有益于我国者,未必有益于外国。天下事决无两利,此一定之理。

再内地开放事,弟亦极为争辩。因内地多一商埠即多一土匪区域。欧战后,西洋金融紧急,远东投资者甚寡,结果为日人多开辟一居留地,于我国有何利益?

陈干收到郭梁丞来信后,复信:

尊扎敬悉。鲁案事,弟内秉良知服从玉帅主张,言"利可让而权不可让"。

暨老兄盼望。故所有家务一切抛开,不分昼夜,专研究此事,如公文中所有"土地"字样,而改称"租地",所有"地产"而改称"地皮"。"盖无论何事,只要情理站得住,持坚决态度,作和平谈话,未尝无挽回余地。最痛心者,凡中国外交官多为外人作辩护,否则为外人造作种种声势,借以叱诈"。

陈干就收回青岛交涉有关问题又致函郭梁丞,尤其对民众多属望郭出任胶澳督办的建议作了阐述,对郭梁丞济南道尹发表是否到任、抑暂在洛阳?非常关心。另外对于鲁案解决办法:争主权不争浮利;争土地不争房子;争永远不争暂时。宁受其强权一时压迫,绝不能由我辈认可半个字。对于王儒堂无他成见,只要不拿地方当买卖作即可。右函可否呈玉帅一阅,乞酌夺。

陈干为"王正廷作鲁案善后督办能洞悉机宜的评价"有不同的看法,提出来与玉帅探讨,千钧一发之时,请玉帅决断。

致吴子玉(十一月十三日)

各报载我兄致熊润丞虞电,言王儒堂督办鲁案善后洞悉机宜,胶澳商埠督办似以王儒堂继任为宜,读之殊有不解,想我兄别有深意存乎其间。谨按王之为人,其私行好歹姑且不论,关于王儒堂督办,鲁案善后"洞悉机宜"事,谨按王之为人,专就其鲁案善后督办而言,就任以来所办何事?"洞悉机宜",抑洞悉外交之事乎?抑洞悉买卖之事乎?如办理外交,则不当借督办之势,招摇营业(隋世卿等二十万两,刘子山三十万元);如作买卖,则奚必假督办头衔,当此外交重任,开会五个多月一事未决,除各方经营公司外,实未见其洞悉者何事。此时办法,若挽救鲁案交涉,不能不打消其实业计划;若打消其实业计划,不能不希望另派商埠督办,反此,则是承认其拍卖土地,以国家主权为交换品也。千钧一发在此数日内,望我兄乾断,不胜翘企之至……

鲁事管见　致吴子玉

关于鲁案问题为现在计,一、请会办实行职权。二、请中央速将胶澳商埠督办发表,以便筹备接收一切,因为期不满四十日,似不宜再迟。为将来计,1. 胶澳商埠督办由省长兼充,因商埠事无事不与地方有关联,如其事权两歧,不如事权画一。2. 青岛接收后,胶东全局又是一变,似不能老守往辙。弟愚以为应将胶东道尹,移住胶州,兼胶澳商埠会办,就民政言,较为适中;就外交言,亦比烟台冲繁,济南镇守使亦似应移住青岛或即墨,因济南系督长所在,无设立镇守使必要。右管见数事,是否可行,乞酌夺。惟济南镇守使移动后,名义或改称"青岛守备司令官"。或仍称"镇守使"字样。均请卓裁,非弟辈之所敢妄拟。

日本交还青岛精神之所在　致吴子玉

一、将青岛空名交还,而借以开放内地。二、将胶澳路空名交还,归两国合办,而借以发展高徐、顺济,是彼之野心,不仅占据青岛,实欲进吞山东,不仅假胶济路吞并山东,实欲由胶济路开拓高徐、顺济,借以窥取中原而割据江北全部。弟之观察,谓弟之脑筋过敏则可,谓之为将来不幸言中,而见诸事实亦可。故弟之意见能了则了,不能了,维持现状较为有益。

致吴子玉(十一月二十三日)

今早面致王儒堂函及致孔庸之函,即可见弟因作中国人,终日含着两眼苦泪。并昨寄海底电线案件,望一并查阅,要知此事关系极巨也。

吴佩孚对陈干非常信任,敢于委以重任,这与王正廷对陈干的态度截然两样,王以为自己的能力、条件都高于陈干,听不进他的谏言,更不把他放在眼里。在谈判中王正廷丧失原则,大耍两面派手腕。一面当议员、一面造宪法,一面办鲁案、一面还要派人招股作买卖。以一人之身而兼数事,所以他不惜牺牲民族利益,向日本让步。可是人生在世,知识大抵相等,谁也不能欺骗谁。陈干认为大丈夫做事在光天化日之下,勿以为天下人尽可欺也。

陈干受命办理鲁案接收事宜,为了卫护国家的权益,为了不辜负吴佩孚的知遇之恩和山东绅商的期望,陈干说:"弟不才,蒙玉帅推荐得滥竽其中,敢不谨慎自勉?惟咬定牙根,绝不敢苟同。"他抱着一丝不苟、完全负责的态度对待国事,与日本侵略者据理力争。陈干以四万万人民为坚强后盾,以"人民反对"为盾牌。他说:"民心可用。"

赵尔巽赞誉陈干为"鲁案砥柱",康有为先生亦振笔雄书"鲁案砥柱"四字横匾,赠予陈干,以志旌扬。陈干先生获此殊荣,得此荣誉,当之无愧。他是一位赤诚的爱国主义者。

威海卫商学联合会致中央电

北京 国务院、外交总长钧鉴：

此次陈绅明侯，便道来威，与地方父老一一接洽，所有威海情形，现俱明晰。闻正由济进京，望关于解决威海交涉，容纳该绅意见，无任盼切。专此电达，伏祈采纳。

威海商学联合会叩。歌。

1923年，陈干参加调查办理威海卫接收事宜，他的态度是早收回有三利，晚收回有三害。陈干苦口婆心地向各有关方面谏言，向不明真相的群众解释，但由于当时山东派系复杂，群情起哄者多，外交部又不敢承担责任，至使威海卫不能按期收回，陈干的爱国之心不被理解反而遭到诋毁。陈干悲痛地引用伍子胥被祸临刑时的话："愿抉吾目悬诸东门之上，以见越寇之入。"陈干最后将自己在调查威案时致有关人士的电函集结成书，名曰《威案》。其中也有陈干致吴佩孚的电文。

陈干认为威海条文能守定范围，只是一些用词含混，陈干亲自逐条修改，请外交部负责修正即可。陈干认为大体无伤，得了则了。

洛阳 吴巡帅钧鉴：

密。干因威海事急，扶病来京。今早九点至中英委员会，翻阅梁督办与英人所订条文。据干细察，威海条文与青岛协定颇有出入，好处在守定范围，不好处在措辞含混。今将干愚见所及逐条开出，由外部人员负责修正。总之，威海交涉，不甚支离，只要大体无伤，得了则了。国事啁啾，已露分崩之象。干叩。齐。

洛阳 吴巡帅钧鉴：

谨按：外交计划须有一定主张，绝不能随时变易；即有变更，亦不能遽离原则。原则者何？即我国立国之外交方针是也。自辛亥改革以迄今日，平心而论，对于外交厥有一定主张者，只合肥一人，余均随俗敷衍,以个人禄位为重,为国家负责之心太轻。往事姑不必提,即以最近田督勉职而言,临案早有办法,何至如是!威案本可修正解决,亦各方迁延,将来恐作青岛第二,徒供某国牺牲,于我国无一点好处。但顾长号称善者,其本领不过如此。环视海内,诚有乏人之叹,立国云乎哉?余未见其可。陈干。马。

致吴巡帅

一、干今午前十一点与英国办理威海事宜委员长傅夏礼晤面,据云:阁下苦心希望威案从速和平解决,敝国公使等均了然,刘公岛丁提督衙门系暂时借用,报纸所传各种多与事实不符,此案只要将不相干空气排除,并非无商量余地。

二、干昨致沈次长函,要求无论如何修改,断不可突破梁孟亭原定范围(威海租借地区域合华里一千六百九十二方里,开放者不及二十方里,因与英人无租卖关系者,概画作内地)。三十年免租一节,亦请共将理由叙明。

三、国会万恶,若再承认其延期,实不啻自找麻烦。干尝言:本是一窝枭鸟,说甚么代表民意,双十节满期消灭,真国家之福,盖通过延期之权在国会,公布之权在政府,不公布即不能发生效力。

致吴巡帅

昔卢象升有言:我不过有十分精神,四分精神应付台阁,三分精神周旋太监,三分精神办贼。今干对于威案,一分精神应付英国人,二分精神周旋外交部,七分精神疏解多数恶浊社会。我公统一之业或不如是乎?

结　语

笔者不知道陈干与吴佩孚相识是否始于1918年5月,当时陈干与徐树铮赴湖南衡阳访问吴佩孚。吴佩孚为第三师师长,驻防衡阳,称孚威将军。正是南北对峙、直皖两派对国事主张最为分歧的时节。

当时徐树铮曾为陈干赋诗,并题书扇面曰:

湘波一碧太无情,不洗人间战血腥;欲过长江吊贾谊,求贤谁复问苍生。

跋:自衡阳过长沙将返汉口,明侯仁兄出扇索书,仓卒赋此,即希两正。

当时他们是受段执政之命,去争取吴佩孚,结果是不如意,这才有1920年的直皖战争。可是,吴佩孚对陈干的印象却是很好,1921年当他把持了北京政府大权后,便委以陈干大任,他是从国家利益出发,选用忠臣良将。从1921年吴佩孚聘陈干为两湖巡阅使署顾问,1922年吴佩孚推荐陈干为鲁案第一部委员,办理接收青岛事宜上,都可以看出他的所作所为,是一个真正爱国者的行为。

他们之所以能互相赏识成为知己,是与他们具有相同的情操、共同的品德有关吧。虽然他们走的道路不完全一样,但他们要达到的目的应该是一致的。他们都是山东人、都出生于汉族贫民家庭,对长辈极尽孝道、对国家极尽忠诚,都具有勤奋好学砥砺磨练的高贵品质,都有扎实的传统文化铺垫,在国难之时都是投笔从戎,掌握熟练的军事技术。都是爱国爱乡爱民的典范,都是中华民族的热血男儿。这些共同的品德,铸就了他们之间深厚的友谊。他们是为国家利益而不是为个人利益而工作的。

佟立容　陈干外孙女

吴佩孚的"中国梦"

2013年,使用频率最大的一个词,非"梦"莫属,研究吴佩孚,在他140岁冥诞时,绕不开这个问题——他是不是也有"中国梦"?

答案是:不但有,而且十分具体。

登州有蓬莱阁,清季甲午中日之战,日军炮击不字之一画,遂成"海下扬波"。余誓补此一画,故以诸生从戎,廿年以来,徒事内争,未卜何年可偿此愿?

很明确,就是改变"中日甲午之战",日军可以炮击你名胜的状况。今年又是再一个甲午,120年前的甲午是大清帝国的奇耻大辱,一个自诩"天朝"的泱泱大国,竟然惨败给了蕞尔岛国。从此,国人中的志士仁人,莫不扼腕,上下求索救国之途,开始了追逐中华民族伟大复兴的中国梦。

这是一部中国近代史上最集中的话题,可说是杂彩纷呈、泥沙滚滚,无论是"实业救国",还是"教育救国""维新救国""宪政救国"等等,无不标志着有着五千年文明的中华民族的不甘沉沦、追求自强。即使是甲午之役,洋务运动标志成果的北洋水师全军覆没,也没有让"实业救国"销声匿迹,就烟台来说,依然出现了华夏酒魂张弼士、钟表翘楚李东山。吴佩孚当然是这个时代洪流中的佼佼者,毕其一生爱国,为实现他的"中国梦"奋斗不息。那么,他的梦有没有自己的特色呢?答案是:不仅有,而且实。联系今日的现实,撮其最有指导意义的当有两端:

其一是深厚的历史底蕴。作为"儒帅",吴佩孚多次讲中国的文化传统,以此作为民族精神的载体。呼吁的是对民族精神的高度自觉。

他说,试问世界上有何国如中国广大人民能继承五千年之历史者?由于圣教之光被八表及流传千古之一贯民族精神,故古来虽有许多易姓革命而经过不断之兴衰治乱,民族依然不至颓废,一丝不乱,且能维持社会之秩序焉。

这段话被演绎为"父老政治",其实是不正确的。细细品味就会发现,它是从"有序"这样的"核心现象"来阐发中华文明的独特伟力,也即"救国梦"的历史基础。因为植根于"传统体制",所以决不是民国知识分子(1933年他们中的84人,在同一期杂志上,同时讲"没有阶级""没有剥削""不要工资,却人人勤劳"之类)的乌托邦。

吴氏对中华民族的传统文化充满了高度自信。他的观点验之历史,实在是"言之有据",世界上的文明古国大都消失了,如古巴比伦、古埃及、古印度,唯有中华文明绵延不绝。奥秘何在?吴氏当然了解这个多灾多难的民族经历过的许多巨大的变迁,比方草原文化的马队曾经旋风般地席卷过大地;又比方,森林文化的铁蹄也曾践踏过华夏;甚至西方的坚船利炮也曾轰开过紧闭的国门。但是,在中华传统文化的伟力下,或者被消融,或者被同化,却不可能消灭它的人文传统。中华民族的精神灵魂是不死的、永存的。

最近,习近平总书记说,历史是干部的必修课,而且必须学好。这是卓有见地的。因为毫无疑义,这是对历史虚无主义的当头棒喝。毋庸讳言,如今"史盲"众多,已经不以为耻,不想思考"从哪里来"这样抽象而沉重的问题,根本不寻他的"根"。这些人也很可能赶赶时髦,把"中国梦"当成"流行歌曲"。那样,即使"照样当官",也会丧失了民族意识、社会责任感的基础。正如吴佩孚所批评的那样:"现在全球各国,争学中国道德,力求中国学问,唯恐或后。而我国民反将固有之道德仁义,弃之不讲。"龚自珍讲,"欲灭其国,必先灭其史",鲁迅也讲:"历史是国家的灵魂,关于国家的兴亡,民族的盛衰。"这告诉我们,没有深厚历史底蕴的"中国梦",不仅非常浅薄,而且可能永远只是个"梦"。

其二,坚持"耻道文化",反对"乐道文化"。

吴佩孚在1932年春一次讲演中说:"有两件要紧的事情,就是廉耻。廉是不要钱,耻是爱面子。哪一个要是不赚公家的钱,就是爱面子,不知廉耻的人,就是不要面子。"

东方文化的特质是"耻道文化",迄今在日本、在韩国、在台湾,甚至在香港,主流文化仍是"耻道文化"。按照吴佩孚所说,"不赚公家的钱"才算有廉耻,那么,不知廉耻的人就实在太多了,君不见在庭审时的贪官,哪个有羞愧之色?巨贪出狱,夹道欢迎,无限风光在"荣归"——整个社会都不要脸(面子)了。

吴佩孚"隐形无耻"的范围有些"泛化",他把"士子不能希贤希圣、农人不能勤俭浑朴、工匠不能择术学习、商贾不能见利思义"都列其中,高标准地与"利己主义"划了界限——事事只知有己,不知有人。按此标准,"无耻之徒"实在太多,太多!

曾几何时,"乐道文化"取代了"耻道文化"?"可乐文化"的"娱乐至上"成为新的"样版"、圭臬、信条。娱乐化暴风雨般刮散了严肃的思考和讨论,失德而健忘的狂欢比"愚人节"还发疯。"绯闻"遍地,当街晒裤,连民族的灾难都可用来博取浅薄的一笑,"快乐就是一切",娱乐成了唯一的心灵慰所。

这很可能是一种时代的"阵痛",人类文化学告诉我们,任何民族经历过巨大的灾难之后,都要有几十年的"浅薄",基本特征就是所谓"价值观念多样化"。二战无疑是欧洲人的大灾难,最近有著作的中译本记录了战时巴黎妇女大卖淫的情况;战后的日本,美国大兵肆意践踏了日本妇女的贞洁。中华民族也不例外,战争的创伤亟待恢复又遭际了"文化大革命",经济到了崩溃的边缘,政治上人权丧尽,人人自危,可说是丢失了思考的本能,人文素质急剧退化乃至兽性取代了人性,社会道德在急剧滑坡。灾难之后,整个名族大约有50年的"历史沉默期",这是"文化冷淡"泛滥成灾,处在历史的"阵痛"期中,让智者焦虑,众人却在浑浑噩噩之中。50年之后的法国,开始了民族精神的呼唤,他们倡导"非遗",要求尊重所有民族自己的文化,跟强霸世界的"可乐文化"公开叫板;日本在世纪末也开始了民族精神的甦醒,军国主义的死灰复燃,乃至在钓鱼岛制造事端,都是有"精神练兵"的意义。我国的"文化大革命"也过去了半个世纪,习近平总书记最近大讲"中国梦",也正是唤起弘扬民族精神的号角。长期以来,精神禁锢,全民失语,集体无意识,导致了"文化冷淡"的大泛滥,人们习惯了用"浅思维"来追求极其浅薄的快乐,为"乐道文化"的大行其道提供了广泛的土壤。面对周边反华势力的虎视眈眈,不能再"拒绝沉重",毫无"忧患意识"了,总书记高瞻远瞩,发出了"开启民智",激发"文化自觉"的最强音。

历史常常出现"惊人的重复",吴佩孚所说的"三纲不振,五伦不讲,八德不修",正被道德滑坡在重演。他曾无限忧虑过的:"甲午丧师,庚子喋血,迄于'九一八'事变,隐忍依违,专以不滋事为无上自全之策,敷衍因循,正如溃疡在身,终归一溃。"现在习近平同志呼吁"中国梦",正是针对时弊,克服"敷衍因循",不要庸俗而虚伪,同时又潜伏着巨大危险的"太平"。

深刻认识吴佩孚的"中国梦",实在具有"史鉴"的意义,因为在"民族振兴"这个基点上,他与习近平同志的追求是一脉相承的,反观最近一两年媒体上的大量的"梦",诸如什么"就业梦""升学梦""创业梦""财富梦"……甚至想对着心爱的异性唱首歌的"青春梦",不妨做点严肃的思考:比较一下,孰轻孰重?果真能拒绝沉重吗?

有一种"时髦"实在发人深醒,就是所谓的"上有政策,下有对策"。再好的"经文"都会被"歪嘴和尚"念得"名存实亡"。"一窝蜂"跟进,立即,甚至一点也不改变外观,但却在实质上偷运"私货",变成了某种"时尚","中国梦"也大有变成"流行歌曲"的危险,个人主义假"中国梦"的外衣招摇过市。

在物欲横流,追求"实惠"的背景下,追忆这段历史,也许不无意义。

吴佩孚出生前后,德国的"铁血首相"俾斯麦说过一段话:"日本到欧洲的人,讨论各种学术,讲究政治原理,谋回国做根本改造;而中国人到欧洲,只问某厂的船炮造得如何,价值如何。"当时,中日都去西方寻找"富国之道",差异却有"虚实之别"。务实的德国人却预言:未来的中日竞争,日本胜而中国败。

不幸而言中,20年后,果然"甲午丧师",成为吴佩孚心中的绝大块垒,以致他的"中国梦"总跟"国耻"连结在一起。今天,两个花甲过去了,新一代炎黄子孙又在大作"中国梦",其中不乏"实惠"色彩极浓的梦。据指导做梦的专家称,梦是多种多样的,是有不同档次的。很可惜,未闻世上还有《梦学》——很可能是达尔文·摩尔根留下的空白。不该多嘴,但不妨多问:哪种梦更切合习总书记的初衷?

安家正　烟台职业学院教授

为什么纪念吴佩孚

在吴佩孚先生诞辰140周年之际,"吴佩孚国际学术研讨会"在吴佩孚出生地召开,这是对吴佩孚先生最好的纪念。

1999年12月4日,第一届吴佩孚学术研讨会在蓬莱召开。15年来,这样的研讨会已开了五届。其中,第一届和第四届选择在当年的12月4日,即吴佩孚殉难60周年、70周年的日子召开,第二届和第五届选择在当年的2月22日,即吴佩孚诞辰130周年、140周年的日子召开。这样的选择,无疑表达了对吴佩孚先生的敬仰和纪念。

15年前的第一届吴佩孚学术研讨会,标志着当时中国第一个以吴佩孚为研究对象的学术会召开的同时,翻开了吴佩孚研究的新篇章。如今,吴佩孚研究走过了15年的艰辛历程,可以说,吴佩孚研究有了很大发展,其标志是:史料大量发掘、著作大量出版、论文大量发表、研究队伍不断扩大,评价更理性、更科学、更客观、更公正,曾经被"妖魔化"的吴佩孚以"一代人杰"[①]的正面形象站立在国人面前。这是历史的进步,是唯物史观的胜利。

长期以来,人们对历史知识的积累,一是停留在教科书时期,二是来自于现实主义的宣传。我们的教科书和激情大于真实的宣传,使公众对吴佩孚的认识受到三个方面误导:一是"反动军阀",二是"二七刽子手",三是"洋鬼子走狗"。可以说,长期以来,对吴

---

① 《悼吴佩孚将军》,《大公报》1939年12月6日。

佩孚,90%的中国人不知道历史真相,言之凿凿的"史实"并不真实。造成这种状况的原因,用著名史学家耿云志先生的话说是:"教条主义的束缚,历史人物研究有着极大的片面性……历史高度简单化,历史人物则高度脸谱化。这样写出的历史,与真实的历史往往相距甚远。"①说白了,是政治、阶级、意识形态形成的强势话语体系塑造了"异类"的吴佩孚。根子在于我国惯有的成王败寇的定律、历史由胜利者书写的传统、新政权妖魔化旧政权的旧习,使原汁原味真实记录历史、实事求是的研究历史成为难事。1999年,第一届吴佩孚学术研讨会,差点被封杀也证实了这一点。

现在,情况已经大变,吴佩孚已然享受到"人杰"应有的一项权利,那就是不断被重新解读,也因此获得越来越多的真知音。纪念吴佩孚,成了一种常态,成为一项正当而且有意义的雅事。那么,到底为什么纪念吴佩孚?这是一些朋友经常提及的话题,也是我们必须回答的问题。

纪念吴佩孚,就是还原吴佩孚的本来面目和历史真相。上世纪20年、30年代,一直到40年代末,吴佩孚身上的光环十分耀眼,其社会形象几乎是有口皆碑,如"革命将军""民族救星""民族楷模""民族英雄""一代完人""百世可师""万世师表""武圣"等等。国学大师章太炎评价:"吴公一生持躬廉政,光明正大。"《胡适日记》1922年6月10载:"守常(即李大钊)说,吴佩孚甚可敬,他的品格甚高。"《陈云文选》载:陈云"当时是相信吴佩孚的"。毛泽东等新民学会派代表赴衡阳请愿时称赞吴佩孚"自将军以战胜之师,首倡和议,次争外交,继斥安福之祸国。信义昭于中外,愿望洽于全湘。而今近则湘人,远则国人,其视线已尽将军一身"②。陈独秀指出吴佩孚"讨伐段祺瑞、安福系(直皖战争)、张作霖、交通系(第

---

① 《耿云志在第三届吴佩孚学术研讨会上的讲话》,北京图书馆出版社,2007年,第2页。
② 《新民学会资料》,人民出版社,1980年,第209页。

一次直奉战争),都是革命的行动"①。蔡和森也曾撰文称赞吴佩孚"反对日本帝国主义的侵略,攻击安福、新旧交通系的卖国,无论其动机如何,这些行动总像是一个未为国际帝国主义收买的军阀了"②。

1939年12月4日,吴佩孚被日本人杀害于北京什锦花园,消息传到重庆,蒋介石发唁电表彰其"忠许国""大义炳耀"③,行政院长孔祥熙、监察院长于右任、外交部长王宠惠、组织部长朱家骅、军政部长何应钦、中常委丁惟汾、国防委员会秘书长张群、海外部长吴铁城、教育部长陈立夫、立法部长孙科等国民党要员均发来唁电。国民党中央决定:"追赠一级上将""其生平事迹,存备宣付史馆。"④1940年1月22日在八年抗战最艰难之际,国民党中央在重庆为吴佩孚举行追悼会,国民党总裁蒋介石亲临致祭,祭文称吴佩孚"其气冲霄,其言正大,谓兹砥柱,中流攸赖"。抗战胜利之后,国民政府于1945年12月15日为吴佩孚举行公葬,蒋介石派北平市长何思源代他出席公葬并宣读祭文"蓬莱古郡,实生异人,裴声中外,良非无因","不为势屈,不为利诱,大节坚贞,洵堪不朽",同时赠"正气长存"匾额⑤。

著名史学家唐德刚曾有一语评说吴佩孚"狷介一生"。中国现代史学会会长郭德宏说:吴佩孚"一生追求目标,一是统一中国,二是抵抗日本,也是为了实现中国的独立、统一、繁荣和富强。他的个人品格,特别是晚年坚决拒绝日本人引诱的爱国行动,不要说在当时,就是在21世纪的今天,也是很多人做不到的"。上述这些评

---

① 陈独秀:《革命与反革命》,《六大以前一党的历史材料》,人民出版社,1980年,第48页。
② 《蔡和森文集》,人民出版社,1980年,第129页。
③ 《中央日报》1939年12月5日。
④ 《吴佩孚传记资料》,第195页。
⑤ 《第三届吴佩孚学术研讨会开幕词》,北京图书馆出版社,2007年版,第8页。

论,不论是共产党人还是国民党人,不是海内还是海外的专家学者,几乎众口一词肯定吴佩孚,这就是历史真实。

时间决定伟大。历史愈是久远愈是清晰。经过学术界多年的艰辛研究,关于吴佩孚的一些历史真相已经揭示给国人。比如关于"反动军阀",专家普遍认为是不严谨的称谓。"军阀"一词目前国内外学术界无科学定义,即使按目前国内学术界提出的所谓六条标准(军队、地盘、卖国、独裁、残民、割据)来衡量,吴佩孚也不是完全符合几条标准的军阀。事实上他一直是正统的"国军"领袖。民国史研究专家郭剑林将他定义为中华民国史上北洋政治军事集团统治时期的佼佼者,独特的旧式军人,爱国民族将领,民族英雄将领[1]。关于"二七刽子手",罗章龙在《回忆"二七"大罢工》中记载:"二七"罢工前,"吴佩孚电请工会派代表到洛阳谈话……他对代表说:你们工人的事,我没有不赞成的……你们不开会不行吗?……你们若是非开会不可,我也没有办法了……"态度颇为温和。"二月七日早上六点,曹锟的直属军队率先发难,在长辛店把罢工主要领导都逮捕了,然后向南方,郑州、信阳、江岸等十几个车站工人先后遭到屠杀。"[2]七日下午"汉口江岸车站亦发生萧耀南军队屠杀铁路工人群众的事"[3]。事实很清楚,长辛店、郑州和汉口三处镇压工人的事件,前两处是直系首领曹锟下令,后一处为湖北督军萧耀南所为,吴佩孚夹在中间担当了恶名。以历史观点看,镇压二七是在阻碍历史的进步,但把全部责任推到军人吴佩孚身上显失公平。关于"洋鬼子走狗"这一说法来自样板戏《红灯记》中的一句道白。事实上,吴佩孚一生都在奋力抗击侵华亡我之心不断升级的日本帝国主义,史实也证明他同时不为英美西方列强所利用,与英美等国的关系同样地坚持了爱国民族立场。

---

[1] 郭剑林:《吴佩孚传》,北京图书馆出版社,2006年,第1—6页。
[2] 《京汉铁路工人大罢工史科汇编》,第779页。
[3] 同上,第781页。

逝者已去矣,生者当自省!还原历史,还吴佩孚以本来面目,还吴佩孚以公平,这是中华民族的民族大义,是今天我们纪念吴佩孚的初衷和由来。

纪念吴佩孚,就是弘扬吴佩孚的爱国精神和高尚品格。当下,绝大多数人对吴佩孚的爱国者身份已无异议。因为大家知道,吴佩孚的一生,特别是五四时期和抗战时期,他的爱国表现,足以彪炳千古、昭垂百世。五四时期,吴佩孚支持学、工、商各界的"三罢"爱国行动,并整顿所部军队,誓以武力作外交后盾。他旗帜鲜明,通电主张南北停战议和,反对在巴黎和会上签字和鲁案直接交涉,主张召开国民大会和推倒安福系、交通系、皖系卖国党。他的言行是与"五四精神"相唱和并同日本帝国主义相对抗的,实有"助推"五四和收回山东主权之大功。这在中国共产党尚未登上政治历史舞台之前,是当时任何阶级、政党难以办到的。抗战时期,吴佩孚以民族大义为重,置生死于度外,坚决不做汉奸而死于日寇之手,真正做到了"留取丹心照汗青"。在第二届、第三届、第四届吴佩孚学术研讨会上,已有专家学者提出,对吴佩孚的评价应提高到"民族英雄""道德楷模"的高度,已引起一些专家学者的共鸣和认同。关于"民族英雄",《现代汉语词典》的定义是:捍卫本民族的独立、自由和利益,在抗击外来侵略的斗争中表现无比英勇的人。著名史学家邓广铭先生认为:"凡是站在正义一方又全心全意致力于维护本国家民族利益的言行,就是当时历史条件下的爱国主义","凡是站在正义战争一面,在反抗民族压迫和军事掠夺上做出重大贡献的人物,就都应是中华民族的英雄。"[①]参照词典的定义和邓广铭先生对民族英雄的诠释,对照吴佩孚可歌可泣的爱国事迹,许多人已认定吴佩孚是当之无愧的民族英雄。关于"道德楷模",道德楷模是道德上仿效的榜样,是某种道德理想的集中体现。有专家认

---

① 《邓广铭全集》第7卷,第20页。

为,吴佩孚是民国时代的道德楷模,今天仍有无穷的魅力,始终为人们所追忆和怀念。人们津津乐道的吴佩孚道德事迹,除了对国家民族利益的捍卫和无私献身外,经常被提及的就是他的个人品格和道德生活。国民党元老吴稚晖曾说:"子玉先生的品格,不论你政见怎样,是该表示钦佩的,尤其是他有大节,大节是什么,大节就是不得罪祖宗。"①共产党元老董必武说:"吴佩孚虽然也是一个军阀,但他有两点却和其他军阀截然不同。第一,他生平拜我国历史上的伟大人物关、岳,他在失败时以不出洋、不居租界自矢。吴的不出洋、不居租界的口号,表现了他不愿依靠外国人讨生活的性情,他在失势时还能自践前言,这是许多人都称道他的事实。第二,吴氏做官多年,统治过几省的地盘,带领过几十万的大兵,他没有积蓄,也没有置器产,有清廉名,比较他同时的些军阀大都腰缠千百万,总算难能可贵。"②综观吴佩孚一生,其道德品格突出的是"忠""孝""廉"。"忠"是对国家民族的忠,只要涉到国家民族,他必以国家民族为先,以致于为国家尽忠。"孝"是为民族尽孝,事母之孝,他可圈可点。"廉"是他为官特色:家无衣帛之婢,产无万金之资,食无珍馔之奉,居无大厦之堂,曾被称为"民国穷人",这与当下一些官们形成鲜明对照!1930 年,他客居四川,卧病时自作挽联:得意时清白乃心,不纳妾,不积金钱,饮酒赋诗,犹是书生本色。失败后倔强到底,不出洋,不走租界,园抢瓮,真个解甲归田。这确实是他的自画像。挽联里的"四不",前两不"不纳妾、不积金钱"指得意时,后两不"不出洋、不走租界"却是指失败后,因为得意时纳妾积财,失败后避居租界或直接出洋,是当时一般军阀政客的不二选择,吴佩孚不那么做,这就是当时及今日人们尊重和敬仰他的原因之一。

---

① 《中央日报》1940 年 1 月 22 日。
② 《群众》第 2 卷第 15 期。

近代以来,中华民族始终有一个梦想,就是实现中华民族的伟大复兴。可以说,吴佩孚一生都在为实现中华民族的伟大复兴而求索、而奋斗。他书写了历史,也改写了历史,是一个在中国近代史上做出突出贡献、对历史有深远影响的伟大爱国者,他的历史贡献和历史影响并没有因为他的逝去而结束,其爱国精神和高尚品格永放光芒,所产生的影响已延续至今,其"民族英雄""道德楷模"价值的永恒性将对实现中华民族伟大复兴的中国梦产生积极影响。这也是我们今天纪念吴佩孚的现实意义所在。

纪念吴佩孚,就是推动吴佩孚研究深入发展。吴佩孚研究到今日,虽然取得一些可喜成果,但离学术要求,现实要求尚有很大不足,离著名学者安家正教授提出的吴佩孚研究应当成为"显学"的目标,还有很大差距。主要问题是:1. 同民国时期一些著名人物研究相比,还未享受到"显学"礼遇,既不为一些学者看重,也未受到当政者的重视,至今仍以民间为主活动;2. 从事吴佩孚研究的学者队伍不够庞大,专业研究者少之又少;3. "对吴佩孚的评价虽比以前客观了许多,但对他做出科学的评价,还原一个真实的吴佩孚,还有很多工作要做。"①4. 受人力物力财力制约,《吴佩孚全集》《吴佩孚年谱长编》《吴佩孚生平研究》《吴佩孚档案资料》的编撰受到影响;5. 吴佩孚研究缺乏"蒋介石故居""张氏帅府博物馆"那样的实物载体和研究基地,"吴佩孚研究中心"有名无实,"吴佩孚生平研究""吴佩孚旧居陈列馆""吴佩孚资料中心"至今仍是纸上谈兵。上述问题都影响到吴佩孚研究的深入发展。而反观沈阳张氏帅府博物馆,作为全国重点文物保护单位、国家AAAA级旅游景点,已成为全国著名的人文景观和独具民国历史特色的文化品牌,正在逐步建成"彰显帅府文化底蕴、打造独有特色品牌"的民国历

---

① 郭德宏:《第四届吴佩孚学术研究会开幕词》,黄海数字出版社,2010年,第2页。

史文化园区和张学良研究中心、张学良资料中心，现已积累近现代文物12类2.5万多件。沈阳利用张氏父子的名人效应，已将张氏帅府打造成一座融文化、休闲、娱乐功能为一体的新型业态博物馆。沈阳的经验值得我们深思和仿效。我们认为，作为吴佩孚的出生地，应由官办或民办、或民办官助，建设一处集纪念、研究、收藏、展览、休闲、旅游为一体的"吴佩孚生平研究馆"，逐步成为吴佩孚研究基地、爱国主义教育基地、传统道德教育基地、民俗活动基地、中华传统礼仪活动基地并发挥其教育作用、认识作用和公证作用。河南省政府将吴佩孚驻节洛阳时的北洋第三师司令部及阅兵台分别公布为"河南省重点文物保护单位"，现已为"全国重点文物保护单位"，其保护、修缮、开发、开放工作，仍大有可为。

历史是民族的记忆。在国际形势复杂多变的今天，在实现中华民族伟大复兴的征程中，我们不能忘记历史，不能搞历史虚无主义。因此，吴佩孚研究还要搞下去。吴佩孚研究是个大课题，文化内涵丰富，学术价值高，现实意义重大，需引起有关方面的重视并投入人力物力财力给予扶持。这是纪念吴佩孚的题中应有之义。

唐锡彤　山东省文史馆馆员
吴德运　吴佩孚研究中心副主任

半生知己：白坚武与吴佩孚

吴佩孚与白坚武的关系似可用"半生知己"作比。

清末民初波诡云谲的政治竞技场上，显宦与幕僚，枭雄与政客，本是相伴相生、如影随形的。作为一种政治现象，民国时期的幕府与幕僚制度，既有中国古老传统政治的流风遗韵，又鲜明地呈现出新旧杂糅的时代印记，就其组织形态出现的某些变化而言，实为时代变迁而引发的传统政治向现代政治的转型使然。在民国政坛，白坚武作为声名显赫的"幕府人物"，是吴佩孚开府洛阳时期的重要幕僚，因其与吴氏的风云际会，使这个"配角"一度头角峥嵘，呼风唤雨，为各方政治力量所瞩目。若不是二次直奉战争中冯玉祥的临阵倒戈，给了吴佩孚致命一击，说不准白坚武就会鱼跃龙门，当上北京政府内阁的首揆。命运往往因毫厘之差而致霄壤之别，白坚武在身名俱裂中完成了人生落幕。白氏少负才名，素有抱负，兼之既有旧学根底，又有新学的熏染，生逢乱世，以一介书生从政，本应对国家有所贡献。然而他在日酋气焰正酣，民族危亡的多事之秋，自甘助纣为虐，为害国家，终致以"汉奸"罪被处死，只在身后留下一部颇有史学价值的《知白堂日记》，让后人去揣摩他一生复杂的心迹。

衡阳投契　洛阳来归

吴佩孚开府洛阳时，怀抱实现中华"大一统"宏愿，锐意练兵。

曾宣称:"中国先有辛亥之革命,汉族得以光复故土,虽标榜五族一家,然内乱频仍,尚未有开国之治绩,余愿继其后,以完成光大旧邦之伟业。"①因此,吴在"八方辐辏"之地洛阳,招贤纳士,兼收并蓄,白坚武就是在此情势下投归吴佩孚的。

早在1918年,吴佩孚率北洋劲旅、陆军第三师驻节衡阳,与湘军停战言和,并向北京政府提出撤防北归之请,与段祺瑞"武力统一"政策公开抗衡。当年8月7日,吴佩孚致电江苏督军李纯,表示同意他的南北和平倡议,声言反对内战,尊重民意,拥护法统。李纯是冯国璋最为倚重的股肱大将,他在皖系当政南北战争期间,始终以主和派中坚自居。吴佩孚在前线主张南北息争,同为直系的李纯、吴佩孚在政治上互有应援。9月下旬,白坚武负李纯之命,由南京水路出发先至汉口,经鄂入湘,以信使身份与吴佩孚往商国事,互通款曲。到达衡阳前一日,白坚武停栈衡山,舟中远望南岳,有感此行使命,慨然赋诗一首,以赠远戍湘南的吴佩孚。诗云:"竟到南风血已干,高峰勒马问雄关。将军有泪挥黄海,奇石不镶衡岳间。"②寓意赞同吴佩孚撤防北归主张。10月2日抵达衡阳,即谒见吴佩孚及旅长王承斌,此为吴白订交之始。白坚武的这次衡阳之行,盘桓约有月余,其间又去驻永州、祁阳一带的湘军营中往访。在衡阳军中,白坚武与吴佩孚和第三师将领的交往很是投契,直到11月13日才离开衡阳返宁复命。

白坚武乃是河北交河人,1886年出生,幼读私塾,18岁中秀才,废除科举后,于1907年考入天津北洋法政专门学校,与李大钊同窗并结为知己,李、白及张泽民同有"法政三杰"之誉。白坚武曾经称许李大钊"为人品洁学粹",为自己"进德修业之良友",又深受戊戌以来的新思想浸染,积极支持过君主立宪。近年发现他的一

---

① 《吴佩孚先生集》下编,第313页。
② 《白坚武日记》,江苏古籍出版社,1992年,第162页。

篇早期佚文,可见少时即受到西方思潮的影响。这篇题为《地方自治制度分为上下两级试研究其利弊论》短文,指陈时弊并开出济世良方,反映他在早年就有了宪政思想的萌芽。后来一度受到社会主义思想的吸引,又与实用主义哲学纠缠不清。其人早年,忽而投身仕途,任过直隶都署秘书、内务部佥事等职;忽而供事新闻媒体,用一支健笔论政。民国成立后,老同盟会员孙洪伊为之引见孙中山时,还获赠"博爱"手书。在政界摸爬滚打多年后,经孙洪伊荐举被李纯聘为江西都署顾问、江苏都署顾问兼书记处交际股主任,由此进入北洋"圈子"。在守旧沿袭成风的北洋系内部,白坚武颇显另类,难与人同。他常与各方新派人物过往,对国事也有着较为清醒的认识,身为江苏督署的顾问,才高志远的白坚武为李纯奔走南北各方,折冲樽俎之间。他不满足于做一个依附封疆大吏的门下客,故时常多有所主张,却在李纯幕中郁郁不能伸志。白坚武曾在日记中自述:"余自赣至苏参其军幕者4载,余之言渠无一听者。"①白坚武与吴佩孚相识后,惺惺相惜,二人颇有相见恨晚之意。挟全胜之师驱驰湘鄂的吴将军,在五四风潮中支持爱国学生,倡言:外争主权,内惩国贼。天下英雄见之,莫不击节赞叹,更让夙怀大志的白坚武一见倾心,油然而生择良木而栖之想。因而白坚武在李幕中渐萌去意,态度日渐消极。据《白坚武日记》记载:在1919年9月间,他决计再次赴湘,遂向督署告假两月,待李纯批复后,9月24日先至上海,再乘海轮绕行广东前往湖南。白坚武于10月16日晚到衡阳,下榻第三师司令部,连夜与吴佩孚叙谈。这次湘南之行距上次时隔一年,再度与第三师各将领见面,新朋已为故友,相处甚为融洽。白坚武与吴佩孚及王承斌、肖耀南、阎相文、张福来诸旅长宴饮交欢,并同吴佩孚赋诗唱和,盛赞吴是"蓬莱天下望,丹史待名贤"的人物。白坚武此次逗留湘南时间不长,其间两次致电李

---

① 《白坚武日记》,第278页。

纯,均未回电,似可推测他的第二次湘行已让李纯心存芥蒂。到 10 月 25 日,白坚武定下归期,吴佩孚挽留未果,特为白坚武画竹一幅相赠,饯行时邀来四位旅长陪宴,足见吴氏的借重之意。10 月 29 日,白坚武北返。

  两次湘行,吴对白有揽纳之心,白亦视吴为明主。1920 年 7 月末,白坚武终因与李纯政见不和坚辞其职,应吴的亲信孙丹林之邀,白坚武以"客卿"身份,往来吴佩孚军中参赞军务。1920 年 12 月上旬,离洛返沪,紧接着远赴广东与孙洪伊见面,并同孙一道于 12 月 25 日到军政府夜访孙中山,即回到上海。1921 年间,在吴佩孚及孙丹林数次敦请下,直到 12 月底,乃决心投入吴佩孚幕中。1922 年 2 月,正式聘为巡阅使署政务处副处长,10 月转为政务处处长①。

  白坚武自述说:"十一年,梁士诒挟关外力组阁(应为 1921 年 12 月 24 日组阁),物议沸腾,蓬莱电约莅洛咨询应付。"②梁士诒组阁前,白坚武多次婉拒洛方的盛邀,并不单单是待价而沽。他有多种政治考量与选择,白坚武在日记中曾袒露心迹:既不投北或也不附南才是明智的,故同时坚辞了吴佩孚的留用和广东军政府欲委任他总务厅长职务。他要观望一下时局,然后再定所归何处,这也是那时政客们的一般心理。更何况他对吴佩孚战胜皖系之后,所施行的一系列举措存有分歧,尤反对吴佩孚对湘用兵。但是,白坚武离开洛阳期间,吴佩孚对白则是念念不忘,借重之情显然要比南方恳切,加之白坚武在上海的政治活动日蹙,当梁阁问题发生,白坚武接到邀请,便不再犹豫,束装就道,欣然前往。

---

① 《白坚武日记》,第 384 页。
② 《白坚武日记》,第 491 页。

同创盛局　倚为干臣

吴佩孚于1920年6月撤防北归,返旆北指,吊民伐罪,是一生事业的亮点。7月底,吴佩孚在直皖大战获胜后,率部进驻洛阳;8月,吴佩孚出任直鲁豫巡阅副使(1921年8月特任吴为两湖巡阅使、1923年11月特任吴为直鲁豫巡阅使);9月初正式开府。自此虎踞中原,雄视天下凡四载,形成全国的军政重心。洛阳道上,政客名士、海外洋人竞相来访;孚威帐下,文臣武将相继来投。这一时期,吴佩孚一战胜皖、再战定鄂、三战克奉,遂有常胜将军之誉。直系于洛阳、保定之间驻有重兵,整军经武,大有四海复一之势。吴佩孚还提出:国民大会、恢复法统、保护劳工、主权独立四大政治主张,使他被舆论视为"较为开明的军人"。

吴佩孚的巡阅使署设秘书处、参谋处、政务处、军务处、军需处、军医处、军法处、副官处。各处置处长一人,由大总统简任,承巡阅使之命,掌管各该处事宜①。由白坚武主持的政务处,为巡阅使署八大处中最为紧要办事机构,处理军务行政事项,集内政外交为一体。1924年9月,白坚武曾应外国人编纂《中国名人传》约稿,自撰小传,其中说:"蓬莱果断刚明,主持国家大计,辄疆毅弗屈。公酌剂献替,悉处以中。蓬莱倚为左右手,俾总持政务。公亦周详勤恳,裁决当世之务于列掌无遗。"又说自己"性沉毅简远,弱冠慨然具澄清志,待人接物坦诚,易久而弥笃。平生无疾言遽色,遇大计勇于负责,不为非礼所动,尤爱奖掖士类"②。白坚武给自己写的"鉴定",虽有自我誉美之辞,略显自矜,但所言基本不差。从白坚武投归洛阳起,即竭尽全力为吴氏襄赞,筹划了一套恢复"大一统"

---

① 《民国政制史》,上海人民出版社,2008年,第424页。
② 《白坚武日记》,第492页。

的方略,在吴佩孚重大的军事政治活动中,起到了重要的谋士作用,深得吴的倚重。

白坚武助吴佩孚扳倒梁士诒内阁,是他正式加入吴幕后首次施展的妙手。白坚武在反对梁阁问题上始终主动,他一到洛阳,便出谋划策,积极联络孙洪伊以策动西南方面响应,又与黎元洪代表金永炎接谈,竭力扩大"倒梁"的统一战线。梁士诒在清末民初即享大名,又以实力雄厚的奉系为后援,起先并未把后生小子吴佩孚放在眼里,上台后便放了三把火:一为"贷款赎路",二为"大赦安福",三为"克扣吴军饷"。吴佩孚为之愤恨,便抓住梁阁"卖国媚外"小辫子不放,祭出"电报战"看家法宝,仿《讨武则天檄》、《驱鳄鱼文》,嬉笑怒骂,你来我往,成为民国政坛奇观。这些电稿多为白坚武所拟,亦能隐约寻见他此时的政治主张。"梁阁"虽被吴佩孚骂倒,直奉双方已是剑拔弩张。1922年4月28日,直奉终于大动干戈。

第一次直奉战争后,直系独揽中枢,从战胜奉系到被奉系战败,仅仅两年有余,其间为直系全盛之局。吴佩孚曾自诩为"余之洛阳时代",是他一生事业的巅峰。北洋直系控制或依附直系的地盘已占半壁江山,受曹锟、吴佩孚节制的嫡系军队就有25万之众,可谓天下之人莫敢与之争锋。直系势力如日中天,前来洛阳与之联络的各省军政要员、南北名人不绝于途。被吴佩孚倚为心腹的白坚武,代吴接见各路诸侯、各方代表,成为一些藉此谋实利、图幸进之人争相结交的对象。更有人称其主持的政务处为"小内阁",说白坚武是吴的"第一谋士",这固属夸大之词,不过,白坚武确为权倾一时的风云人物。

在南北统一问题上,虽有各种各样的主张,归结起来不外二种:一为武力统一,一为和平统一。北洋集团对南方的经年用武,已证明武力统一不可行,此时吴佩孚是有所觉悟的,并非死抱着"武力统一"不放,但他并未停止扩充武力。有文事者必有武备,这也是当时割据一方的首领人物的一般心理。"武力统一"政策虽遭当世和后世严厉批评,也是吴佩孚长期背着的一项罪名,但上世纪的中国,无论是蒋介石挥师北伐,荡平群雄;还是后来风扫残云般地被中共逐出大陆,有谁离开了使用武力?

1922年的时局,中国的政治力量正在重新组合,一切皆有可能。在南方,国民党人痛定思痛,酝酿改组,进步力量依旧属望孙中山;在北方,相当多的人则视吴佩孚为恢复"中华一统"的最佳人选。更有不少人寄望于孙、吴联手统一国家。

为实现"孙吴联盟"计划,国内军、政、学界的不少人士为之积极奔走。而在国际上,年轻的苏俄政权为打破西方列强封锁与干涉,急于与中国发展关系并寻求合作者,也热切地期望孙、吴携手合作。早在直皖战争后,吴佩孚即赞同与苏俄改善关系,这让苏俄开始对吴佩孚表示好感[①]。可是,1921年6月,苏俄照会北京政府出兵蒙古,于7月占据库伦后,苏俄与北京政府关系一度交恶,苏俄又开始批评吴佩孚的摇摆政策而转对孙中山示好。但是这种状况也未持久,随着直奉矛盾加剧又再度发生转变,苏俄出于自身的利益考量,始终敌视亲日的奉系,此时与奉系为敌的直系就又成了他们联合的对象。无论是联俄还是联孙,洛阳方面,白坚武扮演了极为重要的角色。其间,白坚武促成了吴佩孚与李大钊、与苏俄代表的多次会见,或许是"道不同不相与谋"的缘故,由于多种外力因素的交互作用,吴佩孚与苏俄、与孙中山的联合终致夭折,也因此影响了中国的政治走向。

尽管上述活动劳而无功,白坚武在直奉战后,为吴佩孚筹划"恢复法统",借以"驱徐迎黎",避免了直皖战后天津分赃会议的故伎重演。为尽可能实现和平统一,吴佩孚推倒了南方反对的总统徐世昌,提出召开由孙中山建立且在1917年被解散的旧国会,不

---

① 《民国日报》1920年8月11日。

能不说是一项眼光远大之举。南北统一的目标虽未实现,但恢复了符合民初政治体制的"法统",因而颇获社会舆论的称许。

在吴佩孚众多的幕僚中,白坚武勇于任事、办事干练,是吴手下不可多得的一位直谏之士。吴佩孚在如日中天之时,凸显出傲视群雄、夸夸其谈的性格弱点,身边之人多为乡愿,阿谀之言不绝于耳,批评规谏之语寥寥,使吴佩孚逐渐失去自我判断力。白坚武尚能保持较为清醒的认识,他认为:"吴使长于用兵,短于施政,地位颇高,谀言日至,往往拒谏饰非,前路茫茫,殊可虑也。"①如在1923年京汉路工人大罢工中,白数次向吴佩孚建言,反对使用武力。他的几则日记可见其态度:"闻五路工人在郑州开会,吴使制止。余函劝可准其开会;倘有逾范行动,再加以制裁。""郑州工人开会,闻已和平制止。余劝解吴使之效果,仅至此耳。天下事多为无识人所扰。""集会结社,本为法律所许,军警等官张大其辞,一禁迫便为多事,况匾额亦不准其张挂,遂致演京汉路罢工,殊暗故因势利导。"证明白不仅不是镇压工运的参与者,他是同情和支持工人的。事实上,中共派员到京汉铁路上开展工人运动,是白坚武和李大钊通力协作的结果。这一悲剧发生后,李大钊愤然中止了与白坚武的交往。但白并未忘情于他,直到李大钊死于奉系之手,已陷于穷困中的白坚武,依旧给李大钊家人帮助。及至"九一八"事变后,白与日本人扯上关系,搞华北自治,接受日本资助,把这些钱除分发部属同时,尚不忘汇50元接济李大钊的长女。白坚武的行事作风,大可窥见一斑。

后接任白继任政务处长的汪崇屏却说他对人常有芥蒂,平日官腔多,私话少。汪晚年回忆在吴幕中往事,曾说吴佩孚气度宽宏,能接纳别人的意见,还能忍受别人的气。某次,吴到政务处办公室,提到某件事应该怎样办,白坚武回头瞪眼说:"那怎么行!"吴

---

① 《白坚武日记》,第391页。

即改口:"我不过随便说说而已。"汪崇屏所忆,恰恰反证白敢于直谏的性格,如此有个性的白坚武,别人是不容易与之共事的。

吴佩孚开府洛阳,盛极一时。然而,物极必反,亢龙有悔。孙中山、段祺瑞、张作霖形成"三角联盟",反直势力蓄势待发;于内,直系保、津、洛三派分家,愈发形同水火,祸将起于萧墙。

第二次直奉战前,白坚武跟随吴佩孚进京,在四照堂点兵布阵,迎击奉军。据说,吴曾偕白坚武谒见大总统曹锟,吴亲口许诺,待平定东北,保荐白坚武组阁。直奉两军激战正酣之时,心怀异志的冯玉祥突然"倒戈",致使直军惨败,白坚武的组阁之梦随之化为泡影。

曹吴倾倒　劫运重重

吴佩孚与白坚武对于第二次直奉战争中的失败,后来都作过反思。吴借对部属讲解易经中的"亢龙有悔"说:"十三年之役,我们在军事上并未失败。只因曹大帅的一般势力政客要想攀龙附凤,希荣固宠,一定要拥护曹大帅做总统,于是贿买议员选举总统。到总统选举成功了,而贿选罪名也确定了。所以贿选就是亢,失败就是悔,这也叫亢龙有悔。"①吴用"亢龙有悔"的哲理来解释曹氏贿选总统,虽见解独到,未必中肯,对他本身的招败之处缺少应有的检讨,这也是1925年10月吴佩孚再起之后,依然失败的主因。吴虽对政治多有主张,但他并不熟谙政治,对外一味树敌,结果四面楚歌。在内部,他虽重名节崇信义,却盛气凌人,目无余子,酿成高级将领的离心离德。

而白坚武的反思则比吴氏深刻的多,他在离开吴佩孚后的1927年间,作过比较全面的分析:十三年对奉之役,除冯玉祥战场

---

① 秦德纯:《吴公讲易一段史实》,《吴佩孚传记资料》,第214页。

倒戈,为军事失败之主因,尚有其他原因。一是直系分裂,将帅失睦,内部纷争,目光短浅。他认为北洋将领心地卑隘,知有身而不知有国,知近利而不知远虑,其结果只能导致溃裂。二是不谙远交近攻方略,晋、鲁两省在战争中倒向奉系,杜绝援兵之路,遂至大局不救。三是用人治军不明新陈代谢之旨,旧者暮气沉沉,新人无所接纳,致骄逸朽腐之气充塞。又加之军事战略战术上失误,致使功败垂成。

1924年11月3日,吴佩孚乘华甲舰浮海南遁。途中召集文武幕僚,商讨今后步骤。吴最初提出勤王之议,以"拥护曹锟"为号召,而白坚武以为不可,力言曹锟因贿选声誉不佳,不足以资号召,乃议定成立"护宪军政府",代表中华民国,与冯玉祥摄政内阁相对抗,并由白坚武草拟护宪军政府组织大纲十条。待吴佩孚经上海、南京、九江抵达汉口,发表"组织护宪军政府"通电时,未料遭到直系各省督军的一致反对,此议落空。而白坚武深信北京虽陷落,直系各将领若能合力组成一个"名正言顺"的机构,天下事胜败未可知,他为此痛心疾首。须知,这也是他的一厢情愿,善于观风望气的直系各省督军都有自己的盘算,他们对第二次直奉战争中大败而归且已名声受损的吴佩孚,已经不再言听计从了。

11月18日,吴佩孚进入河南,19日抵郑州设立护宪军前敌司令部,整理残军三万余众,挽狂澜于即倒。此时洛阳故地,胜景不再,物是人非。一度归附直系、对吴言听计从的陕西督军刘镇华也拉下脸来,在胡景翼部攻入豫境之时,以援吴为名,派憨玉琨师东出潼关,进逼洛阳,争取地盘。憨玉琨发出通牒,限令吴佩孚24小时内让出洛阳,吴以无力与抗,于仓卒间离洛。曾经"八方风雨会中州"的吴玉帅,回念前尘,怅然若梦,真有隔世之感。吴佩孚先奔走鸡公山,再寄身黄州江渚,重新出山的段祺瑞还是不肯干休。前路茫茫的吴佩孚最后来到湘省,在赵恒惕控制的岳州暂避风头。白坚武一路跟随吴佩孚,度过了这段艰险的颠沛之旅。

憨玉琨叛吴逼宫，因事起突然，白坚武的家人未及随行，均陷落城中，几经接洽，方得以脱险到汉口安身。白则随吴佩孚飘萍于长江之上的决川舰中。白曾告假数日赴汉口省亲，来时匆匆，去时凄凄，未曾料想，老母幼子，别后竟成永诀。先是他的3岁的次子元启患白喉症不治，再是77岁的老母突发脑溢血遽逝。白坚武回汉口奔丧，家中又遭一难，不足周岁的小女也不幸夭折。前后未及两月，逝者三人，可谓人生至悲。

1925年10月21日，吴佩孚在旧部拥戴下，于汉口查家墩成立"十四省讨贼联军司令部"，自任总司令。吴氏再起之初，声势似犹胜于昔，拥吴势力远及长江、黄河流域。吴委蒋方震为总参谋长，张其锽为秘书长，章炳麟为总参议，白坚武亦再任政务处处长，皆为一时之俊。但白的此次回任，有名无实，非比洛阳当年。二次直奉战争失败后，很多人说白的种种不是，但吴为人坦荡，一生从来不说张三不好、李四怎样，所以始终未对白坚武表示不满。

白坚武似乎在吴的幕僚中被孤立起来，某次在查家墩总部开会议事，白因故离开会场，便有人在他出去后，将门关上并用椅背抵住，待白回来敲不开门，进不了会场。吴佩孚发表军政命令一向由政务处主笔，此次却由秘书长张其锽办理，白坚武极感不快。祸不单行，1926年初，白坚武左臂生疮，病势甚重，入汉口同仁医院，赖日医日野诚施以手术，历两月余痊愈出院，未及又遭丧父之痛。白曾在日记中感叹："连年家运之否已极，去岁丧母，今年丧父，自身亦患病几死，呜呼痛矣！"①家事如此，国事亦哀。吴佩孚所要讨的"贼"原本为直系大敌张作霖，却随着张作霖与冯玉祥交恶与国奉战争的爆发，"贼人"变成了对吴佩孚有"倒戈之仇"的冯玉祥，造成了"讨贼联军"的内部混乱及将帅失和。

1926年春发生的湘省问题，更是白坚武所痛心之事。湖南因

---

① 《白坚武日记》，第501页。

唐生智逼迫赵恒惕辞职引发内讧，吴佩孚在武汉得到湘变消息，认定唐生智的举动无异于冯玉祥的"倒戈"，因之愤懑难平。吴与赵有患难交情，吴在穷无所归时，是赵恒惕迎他入湘，如今赵弃湘而去，等同落难。吴佩孚派人邀赵恒惕来汉会商，意欲助赵回湘。但赵却为了避免同室操戈，悄然过汉，远赴沪上。此时，吴佩孚内部有两种意见：一派主张联唐，承认既成事实；一派则力主助赵驱唐，以报昔日之恩。联唐派有蒋方震、唐恩溥、白坚武等人，驱唐派则以葛豪、符定一为主。蒋方震与唐生智有师生之谊，且唐对蒋极礼敬，唐生智也派人与吴佩孚通好，称愿以家属作质，换取吴的谅解。从利害出发，本可以顺水推舟，先解决北方冯玉祥问题，再做计议。吴曾接受蒋方震建议，特派蒋方震、唐恩溥与唐生智面洽，但最终受符定一、葛豪、易敦白蛊惑，下讨伐令，造成多面树敌之局。白坚武曾评述说："吴帅再起，治本未遑，治标又误，其方略最为谬误者，对唐生智用兵也。自古用兵，无两方同时并进者。盖既根本不能容冯而出于用兵，则在冯未败之先，对唐不能不出于和缓。况唐逐赵后志在主持湘政，再次表示求盟，正应将计就计，缓唐对冯，何必自树多敌，迫之铤而走险，自招失败？乃误信葛豪、符定一之言成此大错，洵可痛也。"[①]不出所料，唐生智果然与北伐军结为一体，与吴几番恶战，遂使竖子成名。有意思的是，当唐生智派去求和的代表，回报说吴玉帅要讨伐他时，唐竟宣称：我本是无名之辈，宁愿以卵击石，与吴一战，无论胜败，便可声震群雄了。

　　对吴佩孚的改变原定战略与及后失败，白坚武认为身为秘书长的张其锽难辞其咎，并对张其锽的操守品节多有诟病。张其锽是否如白坚武所说：为求联奉而卖主求荣，受过奉方10万元之贿，是一个骄慢士大夫、馅结内宠，私行尤不足取的人呢？以笔者之见，若论吴氏的幕中群僚，谋事最忠当属其人，至于他随吴入川途

[①]《白坚武日记》，第501—502页。

中,不离不弃,身死郊野,可算是吴的生死知己了。而其人的志行亦为当时士人所推崇。张死后,他的至交谭延闿写下的挽诗尤为感人,诗中有"未必谋身拙,仍怜殉友忠。纵横湖海气,今日竟途穷"之句。

白坚武自知已不被吴佩孚所重,与其他幕僚也势同水火。1927年初,白奉吴佩孚之命以代表身份,去赴南京孙传芳处负责联络。无奈,孙传芳坐山观虎,自然叫白坚武不得要领。北伐军挥师北上,南京岌岌可危,白坚武北返天津,从此再未回到吴佩孚的幕中。

吴氏息影　分道扬镳

1927年6、7月间,吴佩孚由豫南经鄂西避入蜀境,往依杨森。吴虽通电声明:纯属入川游历,不闻理乱。但他赋《入蜀》诗,有"匈奴未灭家何在?望断秋风白帝城"句,仍流露卷土重来之念。事实上,吴佩孚入川之初,暂驻奉节,悬五色旗,领五千兵,设行辕,开牙帐,排场依旧不小。可见他不问政治是假,欲重返军界是真。吴稍稍立足后,即派人赴天津,密召白坚武来川襄助。在1927年下半年,或专使约请、或函信敦促,希望白束装就道,及早入川。白坚武的态度颇暧昧,他未置可否,心实犹豫,故迟迟未发。从白坚武日记可知,这期间,星散京津的吴佩孚旧部与他联络频繁,多有密谋,为吴通信息、筹款项。白坚武还多次写密函托人转呈吴佩孚,陈述对时局的意见。但是,随着国内形势愈发对吴佩孚不利,到1927年12月,南京政府发出了对吴的通缉令。白认为动不如静,遂不做入川之想。其后,吴佩孚辗转于万县、大竹、绥定等地,韬光养晦,以吟诗作画、弈棋诵经自娱。此后寓居天津的白坚武,遂筹集了一部分资金,在天津办起了一家经营干鲜的货栈,冀以缓解日常支出的拮据,但他所开办的货栈经营惨淡。

白坚武虽在津门"言商",可并未忘情于政治。作为失败出局的人物,他不曾灰心,雄心抱负依旧,始终密切关注着政坛的风云变幻。他奔走各方,大凡在朝政要、失意军人、商贾术士,乃至江湖草莽,无不在其延揽交游之列。他还在好友吴蔼辰的介绍下,与日本天津驻屯军少佐参谋三野友吉扯上了关系。中原大战时期,看到天下纷攘,他便耐不住寂寞,自掉身价,竟跑到了反复无常的石友三那里,为其决疑划策、游说四方。后来看清石终究是个目光如豆又器小量狭之辈,这才悻悻而回。

自1927年之后,白坚武对直系的失败,有过多方面的分析与批评。就外交而言,他认为直系只重依赖英美而交恶日本招致失败。他还做过一个比喻:英美是国际绅士派,日本是流氓,打起仗来需要帮助时,绅士们只会袖手旁观,而流氓却会拔刀相助。白坚武竭力联络日本军政人物,希望觅取援助,借助日本的支持,才有可能使吴佩孚重返政坛。

尽管白对吴佩孚当权时期的施政多有不满,但他自命是吴氏的孤忠之臣,对其道德人格是真心倾服的。在吴即将来北平寓居之前,他在日记中写道:"余闻吴蓬莱在曹仲珊部下当团长时,为同列及官长排挤侮辱无所不至,然彼惟俯首顺应忍耐,此人类所不能忍受环境,不为所摧残压迫以去,故其后遭逢时会,建伟业立大名,为历史上不朽人物。"①白坚武把自己的政治前途寄托于吴氏的出山,积极拥戴吴氏出山,除了他极端仇视南京国民政府之外,主要还是借吴佩孚的再起,实现政治理想,建立个人的功名事业。

白坚武是一个极为自许的人,政客气息与文士本色纠结,使他的观念与行为常常处在矛盾之中,思想转变频繁不定。他自视有王佐之才,天降大任于斯人,故眼高于顶。他翘首以待吴佩孚的到来,主持华北大局。吴到北平当日,白坚武到车站讶迎,他的"谋士

---

① 《白坚武日记》,第934页。

脾气"不改,但话不投机。白坚武当天日记载:"余询所以自处态度,蓬莱所答认为不妥者彻底陈述,互相诘难,最后勉强尽其辞。精神修养人固不可及,而思想智识仍无甚进步,颇以为憾也!余谈之大义:主张对张应客气消极;对蒋应赞许各半,以能是否取消一党专政为准;对国民党取不赞成态度;对日应言中日以同种同文关系,期达共存共荣目的。但现在日军横冲直撞,不啻向世界宣战,必步德国后尘,望日国民及政治家省悟,有以制裁军阀耳。"①次日,吴白两人又晤谈。2月4日,白坚武返回天津。

据白坚武日记所记,吴佩孚的旧部前去拜谒,谈话也大多不得要领。对此,白多有怨言。2月15日记:"刘铁珊来叙,言吴蓬莱故性未改,对出生入死之友毫无安慰,甚以为憾,并力诋吴太太把持罪恶……蓬莱最大短处即在不明世人情态,故往往有功不赏,有罪不罚,结局令人寒心。达者不言,躁者多语,良有由也。"②3月27日记:"昨苏少衡来函,陈报近况,并询何日往平?吾侪不肯苟就国民党,而关系深切如吴蓬莱者,思想才识又日入魔道,为现在政治所不需要,政治命运真可叹也!天下事无难者,患在无同志;有同志则六辔在握,确有把握,宇内滔滔更从何处觅同志?"③半生蹉跎又满怀厚望的白坚武已对吴佩孚失望至极,白要寻找新的同志。他似乎对那些热心皖、直重新联合的北洋旧人深怀戒心,若即若离,现在能够引为同道的恐怕就剩下亲日的人士了。

吴佩孚抵达北平之初,的确跃跃欲试了一阵子,想干一番事业。"九一八"事变时,吴正流寓在甘肃武都,闻听国变,一夕难寐。在蒋介石的"攘外必先安内"口号高唱如云时,吴佩孚在答《大公报》记者问时,提出"和内攘外"的主张,与蒋的态度相悖。吴在当权时,凡事涉国家主权问题,与外人交涉一向不假以辞色,动辄以

---

① 《白坚武日记》,第963页。
② 《白坚武日记》,第965页。
③ 《白坚武日记》,第977页。

"中国的事情中国人来办"来堵外国人的嘴,且屡试不爽。今来北平,以在野之身谴责列强尤其是日本政府的言论,更是口无遮拦,一时让邀他前来的张学良甚为尴尬。两手空空的大帅,秉性不改,敢为大言,宣称愿亲率东北健儿,为张学良收复失地,直让少帅哭不得笑不得,只好由着这位老世叔使性子,自己敬而远之。

形如乱麻的华北政局,并非一个"抗日"了得。国民革命军的北伐势如破竹般地"伐倒"了北洋政府,尚无力量驱走存虎狼之心的日本驻屯军。爱国并非只是喊几句让国人沸腾的口号,捍卫家邦靠的是实力。吴佩孚看看情形不对,也就不再多讲什么了。虽抗日志坚,也只有闭门谢客,诗酒为伴,论道谈佛,安心做他的寓公,静观时变了。堂上高悬他亲撰的对联,以示心迹:"得意时,清白乃心,不纳妾,不积金钱,饮酒赋诗,犹是书生本色;失败后,倔强到底,不出洋,不进租界,灌园抱瓮,真个解甲归田。"

华北面临的形势日趋严峻,危急存亡之际,白坚武欲再试身手。他正醉心于"华北国"的建设,而他的老长官则是这一计划的重要一环。白坚武要极力说动吴佩孚"联日",拥吴出来主持华北的大局,以期实现中日两国的"共荣""亲善"。吴所想要的"抗日"虽然不成,起码也要"制日",对白坚武的"宏图"不屑一顾。所谓"道不同不相与谋",吴白政治上交情几近"割席断义"了。

白坚武曾批评吴佩孚误入"魔道",殊不知正是自己走向"邪道"。他想利用日本人反被人所利用,口称救国却实为祸国;他懵懂不知却自以为得计,可悲地成了日本人手里的一个棋子。白坚武曾自辩与日本人的勾结:"余决心久矣,非忍痛打开一局,救国之局无从实现。晋文公、唐太宗皆曾借外兵定国,大丈夫视终局如何耳,一时浮议安足计耶!今日仅外卿耳,必要时请外兵亦所弗惜,然非所谋于小丈夫也。"接下来,白坚武干了几桩让人瞠目的"大事"。1933年春夏间,密谋刺杀深为日方所忌恨的河北省政府主席于学忠,在布置刺于的同时,又试图运动于学忠所部叛乱[①]。1935年6月,白坚武在北京策动了兵变,用铁甲车攻击永定门,逞匹夫之勇。这次阴谋行动令人匪夷所思,他与石友三组织了一支"华北正义自治军",自任总司令,一些日本浪人也参与其事。他们计划以北平的潘毓桂为内应,拿下北平后,拥戴吴佩孚出山,主持成立"华北国"。白坚武提前派几百人的土匪武装潜入北平,再亲率日本浪人及便衣匪徒,由天津东站出发,到丰台与被策反的段承泽铁甲队会合。此次阴谋作乱照样无功而返。段承泽被捕获后处决,日本浪人松井兼三一同落网,白坚武则遁往东北[②]。这两次以失败告终的行动,并未让走火入魔的白坚武就此收手,他不遗余力地为建立"华北国"走上不归之路。

1936年3月末,白坚武的两名"同道"告诉他:有几个精通命理的半仙升坛降乩以问吉凶休咎,皆称"定中国定北方者为白氏烈士"。又有一个叫张耀唐的人来说:神语有白大将军出奠江山。白坚武完全被这种虚幻所蒙蔽,他深为受用,不无自负地认为是"天命攸托"。白坚武的"华北国"之梦,随着1937年7月7日卢沟桥事变的爆发遂告破灭。当了汉奸,出任北平公安局局长的旧友潘毓桂邀请他去北平任职,白坚武却婉拒了。他在这年8月8日的日记中记下:"何庭流函潘燕生约余往平任要职。此何时也,余安可仕!复庭流代谢而已。"是时机尚未到待价而沽?还是华北沦陷的刺激让他再无法与日方合作?随着白坚武于同年9月在冀南肥乡县被冯玉祥部逮捕,旋以"汉奸首领"罪被处决,他给世人留下了一个众说纷纭的谜。

杨　潜　烟台日报传媒集团

吴龙强　烟台交通稽查大队

[①] 《文史资料选辑》第十四辑,中华书局,1961年,第169—170页。
[②] 《文史资料选辑》第三十七辑,文史资料出版社,1980年,第66—73页。

吴佩孚家世新证

吴佩孚作为中国近代史上的重要人物,其事迹世人皆知,自上世纪 20 年代起,即受到中外史学界的关注,目前为民国人物研究领域中的热点,但学术界对吴佩孚的家世、家族以及早期生活的研究仍嫌不足。如他的家庭出身、家族成员情况等,不仅考证未尽其详,且诸说并存,真伪难辨,使不少误说进入信史,以至于迄今未取得一致性结论。

近年,笔者得见《登州吴氏族谱(八修)》,编修于民国十二年(1923),共 8 卷 14 分册,详尽记录了登州吴氏上自洪武十七年(1384)下迄民国十二年,计 500 余年的家族历史。其中,有关吴佩孚家世、家族的信息也详记无遗。该谱牒所提供的第一手史料,为解决史学界长期以来存在的歧见误说,提供了重要实证。

一、吴佩孚早年身世与家庭

早在上世纪 60 年代初,台湾印行的《吴佩孚先生集》收有赵恒惕等编撰的吴佩孚年谱,年谱记:吴佩孚"1874 年阴历三月初七辰时诞生于山东蓬莱县城区县学后街之安香店,父可成业商,母张氏,兄道孚早故,弟文孚,先生行二,生时父梦明乡贤戚继光至其家,继光字佩玉,因以佩为其名,以玉字之"。又记:"1888 年纳聘王氏。1891年元聘王氏未婚病殁,归葬吴氏祖茔。"①该书问世后,年谱中所述的吴佩孚早年家庭情况,遂成了当时比较流行的一种说法。郭剑林在《吴佩孚传》中进一步考证了吴佩孚早年家世,说:"吴佩孚的曾祖吴恂伊,祖父吴陛宰,父亲吴若天。"对吴父之名,郭剑林认为"一般论著均误为吴大成或吴可成"。又说:"吴佩孚的童年,家境十分贫困。但其父母望子成龙。六岁时将其送入私塾,念四书五经。其兄观孚(一般论著误为道孚),字子瞻,因吸食鸦片而早夭。弟文孚年幼,佩孚行二,实成为长子。光绪十三年(1887),13岁的吴佩孚丧父。文孚只九岁……吴母张氏堪称克勤克俭的慈母,她颇能见到远处。'贤而慧','虽衣不充体,食不果腹','饥寒堪虞',仍以'纺绩所得','贴补家用',坚持让吴佩孚'攻书求学'。"②

上述两种观点,各有异同。却不难看出,郭著对以往史论中关于吴佩孚家世的诸种观点虽有所依凭,纠正了吴佩孚父亲和长兄的姓名之误。仍未提供详尽的家世家庭情况,吴母及元配的姓氏也沿用了旧说。那么,上述所涉人物,在《登州吴氏族谱》中是如何记载的呢?

吴佩孚的曾祖吴恂伊(为登州吴氏第十四世),族谱记:

恂伊公,字莘授。生乾隆四十六年辛丑六月二十九日子时,卒道光七年丁亥四月二十六日亥时,享年四十有九,葬秦家沟疃东南新茔,是为新茔始祖。妣李氏生乾隆四十九年甲辰三月初二日午时,卒同治四年乙丑十月十三日酉时,享年八十有二,葬同穴。子陛宰(武生)、陛先。③

吴佩孚的祖父吴陛宰(为登州吴氏第十五世),族谱记:

陛宰公,字殿柱,武生。庠名鹏搏,字振九。行一,生嘉庆十年

---

① 赵恒惕等:《吴佩孚先生集》,台北文海出版社,第201页。
② 郭剑林:《吴佩孚传》,北京图书馆出版社,2006年,第5—9页。
③ 《登州吴氏族谱·卷七·上》(八修),延陵堂版,1923年,第46页。

乙丑七月十七日卯时，卒同治六年丁卯十月初一戌时。享年五十有三，葬秦家沟，祖茔左侧第一陇。妣陶氏，庠生令公三女，生嘉庆八年癸亥九月二十四日子时，卒道光十年庚辰三月十八日戌时，得年二十有八。再刘氏，例授登仕郎金荣公女，生嘉庆十五年庚午三月二十日戌时，卒咸丰五年乙卯九月十二日戌时，得年四十有六，俱合葬。子若天（来绍）。①

吴佩孚的父亲吴若天（为登州吴氏第十六世），族谱记：

若天公，字焕然，行一。以子贵，例封光禄大夫。生道光十六年丙申十月初十日申时，卒光绪十五年己丑六月初三日戌时，享年五十有四，葬秦家沟祖茔左侧第二陇寅山申向。妣周氏例封一品夫人，生道光十八年戊戌十二月十二日未时，卒宣统三年辛亥十二月十九日丑时，享寿七十有五合葬。子官孚（原名观孚）、佩孚、文孚。②

吴佩孚个人情况，族谱记：

佩孚，字子玉，行二。邑庠生。武备学堂毕业，嵩武后军营务处优先都司补用游击，直隶陆军第三镇第一标第一营营长，直隶陆军第三镇第一旅旅长，第三师师长，陆军上将，勋一位，孚威将军，一等文虎章、一等嘉禾章、一等大绶宝光嘉禾章、七狮头军刀。直鲁豫巡阅副使，两湖巡阅使，生同治十三年甲戌三月初七日卯时。娶宋氏例封一等勋爵夫人（生卒年不详），葬五里桥秦家沟祖茔。再李氏孝先公次女，例封一等勋爵夫人，生光绪十一年乙丑七月十九日午时，卒民国十年辛酉十月初八日戌时，得年三十有七，葬同。侧室张氏生光绪十二年丙戌六月初五日申时。子道时（来绍）。③

吴佩孚之兄吴官孚，谱记：

官孚原名观，字子瞻，行一。生咸丰十一年辛酉十二月二十四

---

① 《登州吴氏族谱·卷七·上》（八修），第51页。
② 同上，第70页。
③ 同上，第111—112页。

日午时,辛光绪二十六年庚子八月二十日辰时,得年四十岁。葬秦家沟祖茔右第一陇。①

吴佩孚之弟吴文孚,谱记:

文孚,字子斌,行三。总统府咨议,陆军少将,步军统领署顾问。生光绪三年丁丑六月初三日丑时。娶陈氏生光绪十三年丁亥十一月二十二日卯时。子道时(出继),道成。②

从族谱记载中,不难发现如下问题:佩孚之父逝于光绪十五年(1889)六月,并非光绪十三年,是年,吴佩孚15岁;佩孚之母姓氏为周,并非张姓;佩孚元配姓氏为宋,并非王姓;佩孚之兄逝于光绪二十六年(1900)八月,并非为笼统所说的早夭,当在佩孚从军之后的两年,且年长佩孚13岁;佩孚出生之时辰与台版《吴佩孚先生集》"年谱说"稍有出入;该谱修成之日,佩孚的夫人张佩兰尚未扶正,故记为侧室。吴母的姓氏,另有吴佩孚之子在其父逝后所发的《吴道时祭孚威上将军吴公哀启》佐证,文中有"辛亥鼎迁移师井陉白石岭,克娘子关,适遭先王母周太夫人之丧"③语。

《登州吴氏族谱》的记载与以往的史著史论相较,孰为可靠呢?笔者的看法是肯定家谱而疑史论之说。理由有二:一是以往有关吴佩孚家世故事,均系自称知情者转述而来,缺乏真凭实据。吴本人虽有多种著作传世,但未留下自己早年家庭情况的叙述,他的家事内幕,也仅是来自乡人、同学及显达之后亲近幕僚的口述回忆。可信度似可成疑,这也是造成吴佩孚早年家庭情况诸说并存的一个原因。二是族谱是澄清吴佩孚身世的有力实证。第八修《登州吴氏族谱》的编纂,历时数年,几度审核,可信度高。另外,其经费赞助,主要由当时已声名显赫的吴佩孚担承。主持其事的吴亮孚为吴佩孚族兄,很难想象族谱对涉及吴佩孚家世的部分会草率从

---

① 《登州吴氏族谱·卷七·上》(八修),第111页。
② 同上,第112—113页。
③ 中国第二历史档案馆:《吴佩孚档案资料选编》,《民国档案》杂志社,第394页。

事。甚至可以推断,该谱所记吴佩孚及先人事迹,须得到吴本人或家人的审定与认可。

那么,原本世系清晰、脉络明了的吴佩孚家世,为何后来在史学家那里变得扑朔迷离、众说纷纭,乃至于以讹传讹;甚至上世纪20年代刊行《吴佩孚正传》,竟有吴佩孚自幼双亲俱亡,靠其兄嫂养育成人之说呢①?究其缘由,吴佩孚对其家世甚少谈及,讳莫如深,与其出身、早年境遇和个性特点有关。如郭剑林先生所说:"吴的自信介于自信与自卑之间……发迹后仍流露出自卑与其出身寒微有关。而出身寒微又受过封建等级教育和影响,自然不可能不产生自卑心理。这也正是他千方百计地考证其祖系高贵的由来。"②我们可以在吴的部属幕僚回忆与他本人的演讲辞中,找到他多次谈及其远祖先源的记载,他曾说:"吾宗为吴泰伯之后,始祖出自江苏延陵郡。""按吴氏原泰伯之后,泰伯乃太王之子。太王有三子:长即泰伯,次仲雍,次王季……及太王去世,国人无能为继者,长子次子久已去国。国人公议,推王季为君。泰伯、仲雍,闻父死丧回国。治丧毕,王季不肯擅君位,送印绶与泰伯,泰伯不肯受。二送仍不受,三送终却之。故《论语》曰:泰伯其可为至德已。"③但是,吴对其家庭及近世先人事迹却甚少提及,目前尚未发现有关这方面的记载。

再来细观吴佩孚之兄的族谱资料,比对史料,似可说明以上观点。吴官孚的卒年,是在吴佩孚从军之后,死时得年40,何言早夭?官孚作为长子,在恪守传统伦理观念的家庭内,竟无妻室子女,壮年而不娶,与"不孝有三,无后为大"相悖,实在不是一件合乎常理的事。郭剑林说官孚"因吸食鸦片而早夭",除"早夭说"似应商榷外,"吸食鸦片"之事似乎不伪。笔者综合有关史料记载与访问蓬

---

① 瀍江浊物:《吴佩孚正传》,中华书局,2007年,第138页。
② 郭剑林:《吴佩孚传》,第7页。
③ 赵恒惕等:《吴佩孚先生集》,第146页。

莱吴氏后裔,大抵可知官孚的,算不上一个光宗耀祖的人物,甚至为族人所不肖,乃至于族谱只好一笔带过。按吴氏族规和修撰族谱的通例,修谱时对族人记其善而不记其过,但有违宗法族规者,皆削其名或销其中字,只记吴某,使后人知其善恶褒贬,颇有"春秋笔法"的意味。官孚之事,或为尊者讳,或因过失不大,仍按族谱常例待之。但吴佩孚一生最恨鸦片,有人说是因为其兄毁身家性命于此,应属可信。

可作结论,从《登州吴氏族谱》中所载吴佩孚的家世情况,脉络清晰,详实有据,史料可信,足以订正以往史家之误。

二、吴佩孚的登州吴氏先人

从《登州吴氏族谱》中可知,吴氏先人自明初迁来登州,数百年来,薪火相传,创造了不可磨灭的家族荣光。《登州吴氏族谱》卷一《吴氏先源》载:"吾吴氏者,直隶扬州府泰州人也,始祖辛二公于我国定鼎三年,庚戌蒙左丞相张选充天策卫小旗,从征沙漠师旋。越二年,壬子调定远卫,乙卯调龙骧卫,皆以小旗役也。嗣后征进云南等洞,又征乌撒东川莽部,壬戌又听调于庐州及十有六年。癸亥仗国威灵,征进有功,缘是擢升总旗。越一年,调于登州遂家,是为吾吴氏世脉之始。"此篇序文,系登州吴氏第六世、明代进士、监察御史吴昶所撰。由这段记述可知,吴辛二以军功授总旗,于明洪武十七年(1384)调至登州隶籍,为登州吴氏始祖。

按明代兵制,全国要地设立卫所,军丁世代相继,给养仰赖屯田。卫设指挥使,辖5个千户所,计5600人;千户所设千户,辖10个百户所,计1120人,百户所设百户,辖2个总旗,计112人;总旗辖5个小旗,计50人;小旗10人。吴氏始祖的官职为下级军官,事功亦非显赫,然而自吴氏一族迁居登州以降,繁衍生息,逐渐成为登州望族,故八修族谱首篇序文中说:"吾邑僻在海澨,层峦叠嶂,盘踞西南,而其北则溟渤之所宅也。荡云沃日,藏宝怀珍,故其间气所钟,不乏簪缨巨阀崛起于其间,求其科名甲第,继继相承,绵瓜瓞于无穷,绍箕裘于弗坠,唯吴氏为尤著。"又说:登州吴氏"自始祖辛二公,以征进功,于前明洪武间调登遂隶籍,厥后由甲乙榜及明经辟举,登仕途者难更仆数。若晋庵公之历官侍御,济轩公之出守名封,尤其彰彰者。而灌先先生《易象图说》一书,更独阐羲文之秘,厕周劭之席,卓然为理学宗。呜呼,可谓盛矣。"①这篇序文是清乾隆进士、蓬莱人宁云鹏所撰,序中所记,并非虚誉,登州吴氏一族代有才人,声名最著者:明朝嘉靖甲辰科(1544)赐进士出身吴昶(六世)、明朝嘉靖丁未科(1547)赐进士第吴国相(七世)、明朝隆庆辛未(1571)赐进士出身吴之美(七世)②,《蓬莱县志》人物志载:"吴御史名昶,蓬莱人。明嘉靖甲辰进士,授河南推官,多所平反,擢御史,执法不避权贵,巡屯山西,荐贤斥墨,风纪肃然,军屯以清,以母老挂冠终养,前后十三征不起,朝野重之。著有《石洞主人稿》。子,之美进士,任礼科给事中,謇谔有父风。祭祀忠孝祠、乡贤祠。"吴国相则官授南京户部主事,亦有盛名。吴脉鬯即著《易象图说》的灌先先生,为吴之美曾孙。《蓬莱县志》人物志孝义篇说他:"幼孤家贫,事母笃孝,凡事秉命,敦励义行博学工文。崇祯丙子副贡,甲申南航,授参军,寻题武材推官,以亲老不就,旋里,放情诗酒,经史糜不殚究,尤精于理数。时谓其气节文章,得之家传。郡邑名士,多负笈受业焉。著有《四书拈笑》、《易经图说》,与修府志,祀忠孝祠。"明崇祯庚午举人吴缵姬,在《蓬莱县志》中也有记载:"倜傥有奇才,能文章,犹精临池。辛未冬,知郡将有变,携家南下,寓泰州。庚辰公车下第,遂隐居不仕。著述自娱,世服卓识焉。"到清一朝,吴氏清公一支,又有吴道生(榜名吴钺),考中道光

---

① 《登州吴氏族谱·卷一》(八修),第1—3页。
② 《蓬莱县志》,中国台湾青年进修出版社,1961年,第181—182页。

己丑科（1829）武进士钦点头名状元，授花翎侍卫山西北楼营参将①。登州吴氏一族的杰出人物之盛，由此概见。

《登州吴氏族谱》立谱，由六世吴昶（晋庵）于明正德十六年（1521）所创，为一修。族谱载"盖吾一世二世皆一人，三世二人，四世八人，五世十三人"。自五世分为十三支：清公支、淮公支、潇公支、深公支、濠公支、瀹公支、润公支、海公支、江公支、浩公支、河公支、汉公支、洪公支。后淮公支、润公支无传，故登州吴氏为十一支。吴佩孚为洪公一支，其世系是：吴辛二—吴通—吴□—吴桂—吴洪—吴锐—吴国选—吴应鹗—吴时隆—吴脉绣—吴一瑶—吴肇枚—吴黄暹—吴恂伊—吴陞宰—吴若天—吴佩孚。

吴佩孚为登州吴氏第十七世，在吴佩孚的直系先人中，亦不乏光耀门庭者：六世祖吴锐，族谱记："锐公，字进夫，号柳庵。寿官。"②寿官是明代养老制度中赐予老人冠带的头衔。明英宗天顺二年（1458）始创，由地方乡人推举，逢恩诏颁布，在整个明朝仅颁19次，获得者则荣耀乡里。七世祖吴国选，族谱记："国选公，行二，号高峰。附监生，任直隶行唐县主簿。"③八世祖吴应鹗，族谱记："应鹗公，号春腾，庠生。体丰性和，无疾言厉色，以鱼鸟花卉自娱。晚习养生导引之术。"④九世祖吴时隆，族谱记："时隆公，号企圣，行四。敦厚浑朴，勤俭立家，少年博览经史，晚来好善乐施，积德行仁。邑主高公，表其门曰善，擅一乡生。"⑤十一世祖吴一瑶，族谱记："一瑶公，行二，排九，字玉之，号介公。秉性朴直，持家勤俭，若关失怙，事孀母至孝，抚幼弟以友。析居后以所置沃田十余亩膳给之，颇有亿中才，以居极致饶裕焉……享寿八十有四，葬团山新茔，

---

① 《蓬莱县志》，第246页。
② 《登州吴氏族谱·卷七·上》（八修），第2页。
③ 同上，第3页。
④ 同上，第4页。
⑤ 同上，第13页。

亥山巳向,是为团山茔始祖。"①十二世祖吴肇枚,族谱记:"肇枚公,行三,字茂林。身虽经商,好录有益书以教子孙,演易数以定趋避,演说阴骘故事以勉人为善。"②

及至吴佩孚之父执家时,不仅未能光大祖风,反而生活愈艰,家道日衰。尽管如此,吴若天仍是望子成龙之心尤切,可惜天不假年,吴公生前竟未能亲睹其子的彪炳功业。我们认为,一个人的家世传统、早期家教与地缘文化,对他成长及其品格塑造有重大影响。观吴佩孚一生,其秉赋性格有明显的家族烙印,特别是民族气节和爱国情怀,一生恪守不移,与其家乡先贤交相辉映。他常以自己是"三让天下"而称"至德"的吴泰伯后裔而津津乐道,引以为荣,并以之作为一生的行动准则,其"四不"主张便是最好的注脚。就连他平生好谈易理,似乎也是有其家族渊源的。

三、吴佩孚与《登州吴氏族谱》

前文叙及《登州吴氏族谱》创立于明正德年间,那时登州吴氏支脉未繁,故修谱简单易行。至二修族谱,已时隔110年,生齿愈繁,迁徙愈众,故修谱之事已非易事。登州吴氏第十世脉邕先生为蓬莱名士、易学大家,长期居乡不仕,由他主持并在明崇祯四年(1631)完成了再修。三修则在20年之后的顺治八年(1651),明清鼎革,登州吴氏已是大清的子民。三修距二修20年,是八修之中相距年代最短的,笔者揣测个中原因不仅是吴氏宗族自身发展的需要,恐怕与改朝换代也有莫大关联。另外,在二修祖谱的次年,也就是崇祯五年(1632),登州发生了历史上灾难性的"登莱兵变",又称"壬申之乱"。明朝叛军攻陷登州,莱州被围,死三巡抚、一知

---

① 《登州吴氏族谱·卷七·上》(八修),第17页。
② 同上,第21页。

府,阵亡将士万余,生民涂炭。"兵变杀掠至数十万。当是时,城堙川谷,流血积骸。"①吴氏一族,举家罹难、离乡逃生者甚多。后清朝开国,天下初定,在此情形下,中国乡间社会的各个宗族修订族谱,亦是顺理成章的事。三修仍由吴脉邕主持其事,在三修中,吴脉邕与明崇祯庚午举人吴缵姬分别从江浙一带寻回了吴氏迁居登州之前的先世谱系,并对始祖迁登始末详加考据。以往吴氏族人,只知始祖源自泰州吴氏,如今又知泰州吴氏又源于浙江吴田吴氏,吴田宗族的第十四世祖吴潮,是从吴田迁往泰州(今江苏泰州市)的始祖。这样,登州吴氏又将直系的先源前溯了十余代。其后,《登州吴氏族谱》四修于康熙三十九年(1700)、五修于乾隆六年(1741)、六修于乾隆五十一年(1786)、七修于道光十六年(1836)。使这部族谱成为洋洋大观、体例完备的一部宗族谱牒。

《登州吴氏族谱》的八修由吴亮孚任总理,吴锦孚协理,直接参与其事者有52人,可想见工程之浩大,从1919年倡修到1923年完竣,历时四年有余。事竣后,吴亮孚作序文说:"吴氏族谱自清道光十六年七修后,迄今八十余年矣,生齿日繁,居处涣散,猝议修辑非易事也。光绪中叶,笃庵族叔率族侄道修,爰就城乡中按户采访,钞而录之。族侄道兴乃于登州属内暨辽东各处,亲为调查,私心窃冀以为详而采之,庶可编成巨帙,以上绍前烈,讵知事极繁巨,且绌于财力,均未克,偾事以殁。距今又二十年矣……吾族人以为难,故几无敢过而问者。"接着,他又叙述了八修族谱的缘起:民国八年,吴佩孚为族中堂婶李氏请旌节,由民国大总统徐世昌亲书"节励松筠"匾额一方,在悬额之日,族人前来称庆祝贺,十八世吴道诚重新提议修谱之事,虽然阖族赞成,但仍不胜财力。亮孚去找时任陆军第三师师长的吴佩孚商议此事,佩孚应允修谱费先由族中募集,欠绌部分由他承担。至此,修谱事才算定了下来,族中人公推

---

① 《登州府修学记》,施闰章:《施愚山先生全集》卷十一,首都图书馆藏康熙刻本。

吴亮孚为首事。谱成后,吴亮孚曾请族弟佩孚作序冠于谱首,但吴以军务繁忙推托了,由此也可见他的谦谦君子之风。

在此稍稍介绍一下吴亮孚。一般论者,说他为一生为商,此说不确。吴亮孚出身军人,字敬斋,生于同治八年,长吴佩孚五岁。族谱记载他:"五品衔赏蓝翎优先把总,直隶提标,三屯路属喜峰路松棚路经制,外委例授武德骑尉。"①吴佩孚早年离乡赴京,生活潦倒,衣食无着,时在京师警察局办差的吴亮孚多有资助,并由他荐举,这才投入军中。待吴佩孚发迹,吴亮孚约在1920年后退役,返回蓬莱故里养老并为吴佩孚料理家产。《登州吴氏族谱》(八修)卷尾还附有一份《吴氏八修族谱捐资花费数目》,吴氏宗族内各支各家捐资数额、族产所出以及各项花费均有详明记录。此次修谱共募集5640余吊,其中吴佩孚捐4000吊整,共花费5040余吊。这份史料对研究当时的社会经济状况很具有参考价值。

总之,这部存世极少且由吴氏后裔珍藏的谱牒,不仅为吴佩孚研究提供了真实可信的文献证据,也为研究胶东历史、文化、地理、社会、民俗等提供了重要参考。

杨潜　烟台日报传媒集团

---

① 《登州吴氏族谱·卷七·上》(八修),第108页。

吴佩孚的人生理念及在人生历程上的"退"与"守"

吴佩孚(1874—1939),有着"儒将""学者军阀"之誉,一生大起大落,身后毁誉不一,可谓曲折、复杂、多元,盖棺还难论定。我们不妨尽可能地抛开作为旁观者各自的视角、立场、情感等因素,回头看看这位走过了跌宕起伏的一生的"学者军阀",他内心中的人生信念、人生追求,尤其是看看他在遇到人生磨难情况下的坚持、坚守,看看他在人生低谷时"退"到什么境界与"守"住什么底线。俗话说,"岁寒知松柏,患难见真情",套用过来,后一句是检视其亲友,前一句是评估其本人,即"危难时方见英雄本色"。我们就通过吴佩孚在人生历程上的"退"与"守",来看他是否为"岁寒中的松柏"、危难时的英雄。

一

李泽厚认为,儒道互补是两千年来中国思想的一条基本线索。他指出:"老庄作为儒家的补充和对立面,相反相成地在塑造中国人的世界观、人生观、文化心理结构和艺术理想、审美兴趣上,与儒家一道,起了决定性的作用。""表面看来,儒、道是离异而对立的,一个入世,一个出世;一个乐观进取,一个消极退避;但实际上它们刚好相互补充而协调。不但'兼济天下'与'独善其身'经常是后世士大夫的互补人生路途,而且悲歌慷慨与愤世嫉俗,'身在江湖'而

'心存魏阙'……也成为中国历代知识分子的常规心理以及其艺术意念。"①

吴佩孚深受传统文化的影响，其人生理念与人格建构自然也打上了"儒道互补"这一文化结构的深深烙印，体现出"兼济天下"与"独善其身"的互补、调和与平衡。在吴佩孚的文化心理与人格建构中，除了儒道，还重视佛教。也就是说，他的人格两重性是"儒与道释的互补"。

吴佩孚对"道"的体验与诠释，就将儒家的"入世"与道家、佛家的"出世"统一起来，是三教合一之"道"。他讲"出世"时纳入了佛学，他在《明德讲义》中指出："教别三宗，而道无二致。溯厥源流，老教固为最古，而儒教最为切用……其出世之法，惟我世尊发明其始，而包罗万象，超出三界，说法不过指其津梁，说理则微茫深入，其济度则广博无边，真有不可思诚之处。"又说："穷则独善其身，达则兼济天下，此由所居之位而言之也；有道则现，无道则隐，此就所处之时而言之也。若论吾人，既受此天赋之形体，智慧杰出于万物之中，则不论有道无道，皆宜以一身为斯世斯民，谋其福利，不论在朝在野，皆应于国、于民，负其责任。"②

虽然，吴佩孚主张"三教合一"，主张"入世"与"出世"的相通，主张无论处何种处境、作何种文化选择都要求"道"重"德"。但由于人生起伏与环境变化，其人格建构中的文化取向必然会有所侧重。道德修养无关人生境遇，但治平天下却受制于机遇、环境。虽然吴佩孚主观上希望无论有道无道、在朝在野都担当为国为民的责任，但也基本没有偏离得意时处以儒家"入世"精神追求"兼济天下"、失落时以道释的"出世"态度持守"独善其身"的传统士人的人生模式。

---

① 李泽厚：《美的历程》，文物出版社，1981年，第53—54页。
② 唐锡彤：《吴佩孚文存》，吉林文史出版社，2004年，第84、88—89页。

吴佩孚为儒生出身,有过秀才功名,自幼饱读四书五经,对儒家入世精神的感悟颇准、颇深。儒家有所谓"格物,致知,诚意,正心,修身,齐家,治国,平天下"八条目之说,要求士人"修己而安人",即内求圣人之德,外求王道政治,通过建功立业把内在的道德修养外化为外在的治平天下。对此,吴佩孚心领神会。他指出:"格物致知,正心诚意,不外修身功夫;而齐家治国平天下,乃修身之效果。""格物、致知、诚意、正心,而以修身为其归宿;齐家、治国、平天下,而以修身为其起端。由修身而心正、意诚、致知、物格,亦即所谓内功。由修身而家齐、国治、天下平,所谓外功,亦即所谓外王之学。"①

吴佩孚希望把内圣转换为外王,希望把修身功夫落实为治国平天下的效果。其后人称:"'以天下为己任'是先祖父的一贯信条,也是他生活与行为的准则。"②他力求在外王事业,在建功立业上,有一番作为,成一番大业,虽几经起落,但人生一度顺风顺水,且曾取得过很大的成功。他于1898年投笔从戎,加入驻扎天津的淮军聂士成部,经过20余年,与曹锟一道接替1919年12月病死的冯国璋而成为直系军阀首领。在同年6月9日,他发表了同情、支持学生五四爱国运动的通电,他说:"大好河山,稍有人心,谁无义愤。彼莘莘学子,激于爱国热忱而奔走呼号,前仆后继,以草击钟,以卵投石,既非争权利势中,又非为结党要誉,其心可悯,其志可嘉,其情更可有原……如必以直言者为有罪,讲演者被逮捕,则是扬汤止沸,势必全国骚然。"③这一通电为他在全国赢得了"爱国将军"的盛名。凭借此前所继承的军事实力与所累积的巨大民望,吴佩孚等指挥直系在1920年7月的直皖战争中,打败了早已声名狼

---

① 《吴佩孚文存》,第80页。
② 吴运乾、吴运坤:《追忆晚年的先祖父吴佩孚》,《吴佩孚研究文集》,吉林文史出版社,2004年,第210页。
③ 《吴佩孚文存》,第248页。

藉的皖系;后又在1922年4月的第一次直奉战争中,打败了日本支持的奉系,使直系成为主导北洋政府的军事力量。此后,吴佩孚雄踞洛阳,拥兵数十万人,控制着直隶、陕西、山东、河南、湖北等省地盘,其实际掌控的实力与累积的声望超过了其上司、以"贿选"当上民国总统的曹锟。至此,吴佩孚登上了其个人权势与人生生涯的巅峰,他一度被外国观察家看成上世纪20年代最有希望统一中国的军事领袖,并在1924年9月8日以"中国最强者""中国最有权势的人物"成为首次亮相美国《时代》杂志周刊封面的中国人。不过,由于冯玉祥倒戈,吴佩孚很快在第二次直奉战争中惨败于奉系张作霖,走上了外王事业的下坡路。到1926年初,曾东山再起的吴佩孚被北伐军大败,退往四川且潦倒落魄,他在政治舞台上叱咤风云、纵横捭阖的身影基本已然抽身。吴佩孚的外王事功紧扣了近代历史对外反对列强以维护国权、对内反对割据以维护统一两大主题,他在五四运动中的表现及成为20年代前期最有希望统一中国的军阀足以说明问题。

儒学提出"自天子以至于庶人,壹是皆以修身为本",对于个人而言,就是无论地位高下、在朝在野、落魄发达,都要重德修身。吴佩孚在很大程度上做到了这一点。他固然在落魄之后做到"独善其身",就是在其人生上升发展、权势炙手可热之时,也注意躬身践行儒学的"忠""孝""信""义"等德目,注意在政治、军事实践中贯彻儒家主张的"王道""德治"等政治理念。在1918年的南北战争中,他于8月21日发出息争御侮通电,"望文官不贪污卖国,武官不争地盘,尝以今生不做督军,不住租界,不结外人,不借外债自律"[①]。他还一生信奉"不贪财,不好色,不纳妾,不嫖娼"。吴佩孚竭诚事上,"故其忠于曹锟,始终不渝"。又清廉自守,"虽会握军政大权,然从不积蓄私产,衣食之奉,均不改变昔日寒士本色,悉任其

---

① 赵恒惕等:《吴佩孚先生年谱》,《吴佩孚先生集》上册,第215页。

夫人张氏之安排,亦无好恶选择其间"①。上海《民生》杂志1939年创刊号曾描述过吴佩孚的生活:他虽身居要职,无奈赋性刚毅,廉洁自守,与其部属同甘共苦,所以说到他的衣服方面,当在职时除了数袭必备的军服外,西装和华服一件也没有的。他的衣料全系国产所制,绝无一袭非国货之物,即家中眷属亦然如是,至于西服则吴将军终生并未穿过。他权势虽然显赫,为了杜绝任人唯亲,曾写过一道手谕,蓬莱吴姓天、孚、道、云、龙五世之内不能叙用。

吴佩孚把"以德服人"的王道政治作为自己的政治理想,他在《明德讲义》中说:"今日之天下,尚力之天下,非尚德之天下也!然以力服人者,非心悦而诚服之也,力不足也。力不足者,则所以受其折服,不过暂时之忍受。苟有时其力稍足以与之相抗,未有不拔剑而起足惧而兴者也……今之天下,固尚力之天下,然公理自在人心。清议难逃众口,所以横逆之来,力不足以抗者,亦未有自修其德,而浩然之气,决然之心,固不可以稍有所妨碍,稍有所改变也……愿有志救国者,其惟德是务,又何畏彼哉。"②为施行王道政治,吴佩孚倡导"扶持礼教",强调"礼教是治国之本""修齐治平即是王道"。他在演讲中指出:"民国以来,提倡法制,兼及物质科学固善。如更能注意礼教,国际地位,岂不驾乎世界之上。现在全球各国,争学中国道德,力求中国学问,唯恐或后,而我国民反将国有之道德仁义,放弃不讲。假如外国得我国粹而更强大,我国岂不又要向外国学礼教么?希望国人对于孔孟书籍,多加注意才好。简言之,即此礼教两字。晰言之,就是三纲、五常、五伦、八德。"③吴佩孚在身居高位之时,尽可能地把礼教贯穿于治军、治国过程中,贯穿于自身的军事、政治实践中。

在建立了民国而新政治秩序仍没有稳固确立的转型时代,在

---

① 李满康:《传记》,《吴佩孚先生集》下编,第300页。
② 《吴佩孚文存》,第101—102页。
③ 同上,第118页。

新思想、新文化如潮水涌动的变革时代,在"尚力之天下,非尚德之天下"的动荡时代,吴佩孚倡导传统道德与王道政治,显得有些另类。这使他树立起了不同政见的人都不得不佩服、景仰的道德人格,但也限制了其外王事业上的进一步作为:其一,民国政治秩序尚未稳定,还是群雄争霸、乱世枭雄的年代,"取而代之"之事频频发生,吴佩孚却坚守着"忠诚"伦理固显卓尔不群,但他对曹锟的"愚忠",也限制了其据有"以天下为己任"更广阔的政治舞台;其二,政治少不了"后黑"学,军事也少不了权谋术,吴佩孚的君子做派固有别于等敌军列好阵后再出击的宋襄公,但他以礼教自持,在翻手为云覆手为雨的政敌面前多少显得局促无奈;其三,吴佩孚所坚守的传统道德,在新文化运动正方兴未艾之时,显然不如新思想、新意识形态更为趋时。由此看来,吴佩孚虽已极接近统一中国,但最终没有荡平天下,且由其政治生涯的顶峰急转直下,似乎也是一种宿命。儒家讲"立德、立功、立言"的"三不朽",吴佩孚在"通电"战中频频得分,也就是说,"立言"对其"立功"帮助不少。但其"立德"对其"立功"而言,却是双刃剑,可谓"成也萧何,败也萧何"。历史评价是"成王败寇",但道德上的成功者却不一定是外王事业的成功者,有时可能还是"小人得志",于是,历史评价与道德评价也总是难以一致。

二

1926年9至10月间,吴佩孚在武汉被北伐军击败,退回河南洛阳。1927年3月,奉军占领郑州、洛阳等地,吴佩孚退守巩县,后退往四川,7月13日到达川东巫山县的界岭。途经白帝城时曾通电表示"入川纯系游历,决不作政治活动"。此番退守之后,"长于用兵"的吴佩孚失去了"用武之地",政治上也从此没有东山再起。但"自强不息""愈挫愈勇"是中华民族的精神品格,也是吴佩孚的人生信念。此次"退",只是吴佩孚退出政治舞台,退出军事战场,并不是人生追求的停止、裹足不前。他不仅按照"穷则独善其身"的要求,在自身道德修养上做到"贫贱不能移""威武不能屈",而且,注意以著述、讲演等形式对国民进行道德教育,并转进到人生的其他领域。

吴佩孚晚年的"退",实为调适、转进,有以下几种形式:

1. "退"到书斋,从"立功"转向"立德""立言"。吴佩孚一生重视道德修养,且在民国军阀人物中以"秀才""学者"著称,他在通电等文告中显示的文才也时人所知。但相对而言,他人生前期更为人们所瞩目的是其"立功"上的建树,是其在军事、政治领域的所作所为。

吴佩孚在退守四川后,在政治上不能有所作为,军事上已无用武之地,乃将其人生抱负转向"立德""立言",转向立德传道、著书立说。他将"立德""立言"两者结合起来,晚年的著述、讲演往往围绕提倡修身养性,围绕传播道德教化。他认为"穷则独善其身"不够,"若为独善,即为自私",应当追求"兼善",通过同人切磋砥砺共同修道进德,通过传道感化拯救天下人心,"能多化一人,则多一人之功德,能多行善,即有一善之效验……人人能独善而进为兼善,则世界将由升平而入于太平"。又说:"达而在上,则发号施令,为福国利民而效力;穷而在下,则因材施教,以济当时,立说著书,以传后世,为世道人心之保障。"①既然到了"穷而在下"之时,虽仍心忧国家天下,但无力、无法实现政治抱负,故只能是为拯救天下人心"因材施教,以济当时"与"立说著书,以传后世",而讲演与著述则被其视为济当时、传后世的重要手段。

吴佩孚在讲演中,把提升学生、市民、将士等各界群众的道德素质,把提高整个社会的道德层次、道德水平,把激发各界群众的

---

① 《吴佩孚文存》,第89—90页。

道德精神道德勇气,作为一个基本目标。如他在面对将士演说时曾说:"要想恢复民国共和,须先恢复中国一贯相传之忠孝节义。此种道德,渊源甚大,可以说是与中华民族共生死、共存亡者也。""民国既尊崇关、岳为武圣,我等军人即当以关岳为法,须拿出几分忠义之气以解国难。在野学者亦当以孔孟为法,辟邪说,放淫词,以扶持纲常名教、五伦八德,作中流之砥柱。"①他在中学的演说中,强调教育的根本是"道德仁义礼",指出"诸君根本方法,千万要注重忠孝二字。因孝者是本忠者是用。人人全能尽忠尽孝,何患天下不平"②?他对军士演说时说:"应知有所守,有所戒",应守者有忠、孝、节、义,应戒者为酒、色、财、气、烟、赌③。他对各界群众演说时说:"总而言之,不分各界,无论何人,都要研究忠孝二字,军界人对亲能尽孝,对国必能尽忠。各界亦是如此。妇女对孝字外,贞节二字,更当注重。"④他在四川国学会讲演时说:"今世道愈非,人心益薄,首宜由礼教入手,以维持数千年之国粹,须讲三纲五常五伦八德。"⑤他在同乡会演说时指出:"礼教即为中国最长久之道,我们在座皆为山东人,各界均有,无论何界,都应遵守孔孟的礼教……礼教就是三纲、五常、五伦、八德,是人人应当遵守的。"⑥

讲演着眼于"济当时",而著述则着眼于"传后世"。吴佩孚的几种著述都成书于晚年,也都立足于道德救世、礼教救国。他于1927年写成《循分新书》,其写于四川达县的"书叙"中指出:"按新书之作,为救时而作也。今之时何时哉?三纲不振,五伦不讲,八德不修,乃越礼犯分之时也。拟从而挽救之。""其必以循分名者,

---

① 《吴佩孚文存》,第115—116页。
② 同上,第117、119页。
③ 同上,第130—132页。
④ 同上,第145页。
⑤ 《吴佩孚先生集》,第153页。
⑥ 同①,第163页。

盖欲人之书中所指示之事,皆吾身份内之事也。苟能遵循而力行之,或遵循而改悔之,不惟可以修身,可以齐家,并可由治国而平天下,以成化育之功,以跻圣贤之域,尚何越礼犯分之有哉?"①该书分述士、农、工、商等各界,父子、主从(君臣)、夫妇、兄弟、朋友等各伦所当各自遵循的名分、职分,倡导人人各守本分。他在"书跋"中结合军人的名分、职分谈到:"吾以军人为名,是军人者,吾之名分也;吾以保卫为职,是保民卫国者,吾之职分也。倘视民与国之艰危,而不拯救,则名分有忝,职分未尽,而不循分之咎即难辞。然吾欲救民救国,以全其名分,符其职分,而人或不听吾之救,吾又如之何哉?是书,盖欲人各循其名分,而无犯分之罪。各循其职分,而无歉分之怨也。捧读之下,不禁动吾拯救之心。军人果名分是循而不犯,职分是循而不歉,尚何内乱外患之有哉?""人有定分,定分不可移;人有本分,本分不可失;人有正分,正分不可歉。"②他于1937年刊行《正一道诠》与《明德讲义》,两书均融合儒释道三教讲论道气、性理、修身养性之道。他还于1931年辑录、刊行《大丈夫论》;于1935年出版《春秋左传浅解》,后更名《春秋正议证释》等。吴佩孚还以诗书画自课,《吴佩孚先生集》收录了其111首诗词,晚年作品居多,另有书画传世。

2. "退"到家庭,从国事转向家事,从事业转向家庭。家庭是每一个人的心灵港湾,尤其是当人们在外面遇到挫折,在事业上遇到痛苦,家庭更是人们心灵的一个温暖寄宿地。当吴佩孚落难时,也是有家人相伴、理解,才不觉寂寞无助,才有了情感的慰藉。他的《入蜀》一首写道:"曾统貔貅百万兵,身衰蜀道苦长征。疏狂竟误英雄业,患难偏增伉俪情。楚帐悲歌驻不逝,巫云凄咽雁孤鸣。匈奴未灭家何在,望断秋风白帝城。"③写到自己曾经统兵百万,如今

---

① 《吴佩孚先生集》,第3页。
② 同上,第60页。
③ 《吴佩孚文存》,第216页。

落难流亡,已是英雄末路,似乎到了"霸王别姬"的境地,好在伉俪情深,患难中的真情支持着他挺过艰困,支持着他保持"匈奴未灭家何在"的家国情怀。晚年诗作中还有其他涉及家庭家族情怀的诗句,如另有一首写道:"贫贱夫妻百事难,更将写韵了饥寒;不贪金屋贪茅屋,嫁个黔娄与世看。"①

由于经过磨难后对家庭的价值有了进一步的感悟,吴佩孚晚年关注道德、礼教时,对家庭伦理格外推重。如《循分新书》中不仅有士孝、农孝、工孝、商孝、敦弟、治家、教子、礼亲、睦邻、子必教顺、亲必慈爱、夫必淳良、妻必柔顺、兄弟必有爱、祖先必追祭等近半章节直接阐释家庭伦理,其他部分也往往间接涉及,如"效忠"一章批评"独以忠之义属乎臣",指出"事君之忠"仅为"忠之一端","由是兄弟相待以忠厚,邻里相待以忠直,乡党相待以忠信,宾主相待以忠敬,师弟相待以忠挚,奴仆相待以忠爱,夫妇相待以忠贞,长幼相待以忠实,贫富相待以忠义,贵贱相待以忠诚"②。《明德讲义》"忠恕"一节中也强调:"忠之狭义,仅对君而言;忠之广义,则无所不包。""孝行"一节强调"孝"是"人生第一事"③。这样,"忠"就主要不是指"忠君"了,它也成了家庭伦理的重要内容。

吴佩孚在晚年的讲演中时常把家庭伦理教育作为重要内容,如他指出:"家族制之关于国之盛衰甚重",要求做到奉祖先、孝双亲、睦宗族、和乡邻、爱兄弟、别夫妇,尤其是"孝为人之根本,能做到几分就可通神明,感天地。故云孝为百行之先。"④指出:"人能尽孝,必能尽忠,是孝为忠之根。"⑤指出:"子孙能在家尽孝,推而在社

---

① 《吴佩孚文存》,第226页。
② 同上,第7—8页。
③ 同上,第82—83页。
④ 同上,第123—124页。
⑤ 同上,第130页。

会、在国家必可尽忠。"①指出："今日之女子,即将来之妻与母,欲为贤妻贤母,则不能不遵守三从四德。"②

吴佩孚没有局限于享受天伦之乐,享受家庭亲情,而是放眼国家、社会,阐释、倡导家庭伦理,有些观念显得陈旧,如要求妇女"遵守三从四德";但有的观念跟上了时代进步的节拍,如对"忠"的理解。

3. "退"到佛道,从外王事业转向心性之学。退守四川后的吴佩孚已无从号令与兼济天下,对儒学的关注相应地由外向内即从"外王"层面调适到"内圣"层面,又适当地把目光从入世的儒学转向了出世的道家与佛学。据年谱记载,他在撤往四川前,"对国事灰心,行经嵩山,坚欲消发为僧,张夫人力劝,乃走南阳";流亡四川后,曾于1928年住绥定檀木场玉皇山,"日与乡民弈棋,从此戒酒,有时也参禅,又聘峨眉老僧讲授楞严经,时萌出家之念"。1929年初由檀木场移居绥定近郊河市坝之大兴寺,"日研梁山来知德先生易经,并与青城道士余道成虚己参参究,心境怡然"③。1932年初吴佩孚来到北平,皈依道佛,其书房中有其手不释卷的《吕洞宾文集》一部,还有一套《金刚经》,因其信奉佛教,是当时北京市佛教协会会长。

其实,还在吴佩孚人生春风得意之时,就对老学、佛学有所关注。1923年8月上旬,他在洛阳与来访的美国考古学者比萧浦谈到了老子、道教,批评了宋儒排斥佛老,称孔子曾屈节往访老子,"孔子所说者为仁义礼乐而已,老子则主无为而顺应自然,故欲矫正其平日处世之态度,而归摄于至纯至真之念也"。"老子以养极为宗旨,滔滔五千言,不外提倡清净无为以理国立身,老子去国而周室衰,其遗经传汉而汉室盛,后世称老子之至德者,皆引此为证焉。现在风靡中国思想者,似为正统之儒学,然而寖润一般人心者,反为孔子之教义。宋儒学说一出,儒佛老庄,各划鸿沟,儒者排

---

① 《吴佩孚文存》,第147页。
② 同上,第157页。
③ 《吴佩孚先生集》上册,第250、253页。

斥佛老而目为异端邪说,殊不知此囿于门户之见而已"①。吴佩孚与多名道士有或多或少的交往,如第62代天师张元旭曾应其邀住河南鸡公山达两年之久。1925年,吴佩孚曾东渡日本学佛,随持松法师学习《金刚经》。

吴佩孚晚年信奉佛道,主要不是取佛道出世之意。他依然关注民生国运,依然关心天下苍生,只是把"达而在上"时的"兼济天下",调适为"穷而在下"时的"兼善天下"。为拯救天下人心,他一反宋儒排斥佛老的门户之见,将佛道的心性思想与儒学的"内圣"之学融汇贯通,建构其儒释道三教合一的心性论。他在兰州佛教会的讲演中谈到:"世称三教儒释道。儒宗孔子,释宗如来,道宗老子,名义虽殊,实是同源……释氏乃老子化身,孔子既学礼于老子,释氏亦得道于老子。故曰三教同源,故曰太上东度仲尼,西度牟尼。""三教俱以讲性为主,儒教存心养性,释教明心见性,道教修身炼性。但所讲之性,乃先天之性,非后天之性;所明之心,乃先天之心,非后天之心。先天之心,乃虚灵之心;后天之心,乃知觉之心。先天之性,乃天命之性;后天之性,乃气质之性。故道家所炼的,儒家所养的,与夫佛家所见的,均指先天而言。现在讲性的,多落后于天,所以天下大乱。"②他认为三教同源于老子,而道之来源载在《易经》,因此,三教都要讲《易》,"《五经》《四书》莫非解《易》,即佛藏、道藏,亦莫非解《易》"③。为论证三教同源之说,其言论未免有些牵强附会。

吴佩孚根据三教同源、三教合一的思想,对其道德修养论所涉及的一些范畴进行了贯通。关于"德",他指出,儒释道三教都重"德","佛曰功德,老曰积德,儒曰修德,三教之言德,各有精微,而三教之重德,则为一致"。关于"道",他指出,"德之为言得也""得

---

① 《吴佩孚先生集》下编,第276—274页。
② 《吴佩孚文存》,第161、169页。
③ 同上,第143页。

者即所谓得道也""三教之言德,既异途而同归;三教之言道,亦大同而小异。不明德而能得道者,有之乎?无也。不修德而可求道者,有之乎?无也"①。关于修身,他指出,"道者路也,三教所言之道,皆三教示人以必由之路也……此道也,即修身之大道也,儒以正心诚意,为修身大道;佛以明心见性,为修身大道;我教则以三花结顶,五气朝元,为修身大道"②。关于性命,他指出:"三教教人,皆言性而不轻易言命,实以性之功全,性之真见,则命之立,可随之而定也。但论修身之大道,修性者固不可不兼修其命也。"③这些例子,足以说明吴佩孚贯通三教以建构心性论的努力。

晚年的吴佩孚既已失去军队与权力,再谈儒家外王之学,再谈治国平天下,已属放空清谈,因此,转向内圣之学实为自然而至。这个时候,就算谈政治,也是从道德的角度入手谈德治、王道,虽显得有些对牛弹琴,但还算谨守分寸。他转向佛道,不是没有流露过"我欲乘风归去"的退隐之意,但主要不是吸收其出世思想,而是将佛道的修养论与儒学内圣之学进行贯通,旨在引导整个社会向上,拯救社会人性。这种从"兼济天下"到"兼善天下"的调整,其境界要高于"穷则独善其身,达则兼济天下"的互补模式。

4. "退"到山林,从关注社会人生转向关注自然。回归自然,是中国文人厌倦官场后时常选择的归隐方式,是中国士人政治失意后时常选择的疗伤路径,陶渊明《归园田居》中的"久在樊笼里,复得返自然"就是这种心态的写照。"秀才"将军吴佩孚在失落、失意于官场与战场后,同样选择大自然作为慰藉心灵的场所。他晚年写了一些寄情山水、亲近自然、以物言志的诗文,展示了其心态从面向社会到回归自然的某种调整。

吴佩孚在外王事业鼎盛之际写过一首《五十自寿》:"欧亚风云

---

① 《吴佩孚文存》,第87—88页。
② 同上,第53页。
③ 同上,第56页。

千万变,英雄事业古今同。花开上苑春三月,人在蓬莱第一峰。"①他作为此时最接近统一中国目标的"大英雄",也不禁流露出"人在蓬莱第一峰"俯视山水、"一览众山小"的感觉,可说是豪气干云。但好景不长,吴佩孚在1924年9月爆发的第二次直奉战争中因冯玉祥"恩将仇报"而惨败,次年初他退到黄州时写的山水诗已是另外一种心境。"与君钓雪黄州岸,不管人间且自由"②,还是放下人间的是是非非吧,"钓雪"江边乐得逍遥自在;"近来省识闲中乐,自注清流洗水仙"③,金戈铁马的日子茫然消逝,浇水养花的闲适性情倒也快活;"眼前风物皆吾有,两岸楼台万顷田"④,寄情山水万物皆归于我,该有多么富足。英雄豪气退了,有感伤,但有山水作伴,心情还是可以的。

在一度东山再起后,吴佩孚在叱咤风云的社会政治舞台上彻底跌倒,山水自然又成了他的"心灵鸡汤"。1927年他黯然入川途经白帝城时写过"望月空余落花句"这样的凄凉诗句。但入川后,有诗书自娱,有道释自遣,有山水相依,他还是心满意足的。这在他的诗词里也能反映出来。如写道:"春到人间草木知,东风得意莫迟迟。过乔好鸟偏能语,拾翠佳人亦能诗。"⑤"春日遥看五色光,红红绿绿气芬芳。过乔好鸟枝头语,拾翠佳人野外忙。"⑥他把自己入川看成迁了乔木,其心情也没有辜负春光。他还书写过"林塘多秀色,山水有清音"的对联,寄托自己淡泊娴雅的心志。他还写过多首咏梅、咏竹的诗词,如《写竹述怀》《竹德赞》《题竹诗三十首》等,借以表达自己的志节。

吴佩孚不仅从感性层面关注自然,还在科学、哲理层面探求自

---

① 《吴佩孚文存》,第212页。
②③ 同上,第213页。
④ 同上,第214页。
⑤ 同上,第217页。
⑥ 同上,第218页。

然。他写过《日食参考说》，涉足了自然科学。他在晚年的《易经新解》《正一道诠》《明德讲义》等著作中，探求了天道观、天人关系、天道与人道的关系，将自然之道与人生之道贯通，使其对宇宙的认识达到了一定的思想深度、思想高度。他既把"道"看成修身养性的人生之道，也把"道"看成世界本源的物质之道，他指出："道之为物，何也？杳兮冥兮，其中有精；恍兮惚兮，其中有物……我敢质直而言之曰，气而已矣。"[1]他强调了人道与天道、社会与自然的相通，认为天地为一大太极，人身为一小太极。他指出："常人瞒昧而不知，视天地为一道，人为一道，万物为一道，格不相入，焉知天地人物为一道乎。""好生之德，出之于天，而成之于人；悔过之心，出之于人，而应之于天。天与人，本其同德，则人与天，应共此心。天听自我民听，天视自我民视。天之所行，本以民为转移，作善降之百祥，作不善降之百殃。天之所罚，亦由于人之感召。故天与人，虽巍巍乎其莫能及，默默焉如有所闻，而人与天，实息息可以相通，心心可以相印。"[2]他强调天道人道相通的目的是，借助天的权威引导社会向上，虽有"天人感应"的局限，但揭示天人本质相通与天道的物质性，反映了现代科学知识传播背景之下宇宙观的总体进步；强调天道人道相通的思想，也有利于建立人与自然的和谐关系。也正是又由于人与自然的和谐，自然山水才成了人们放飞心情、放宽心境的辽阔空间。

吴佩孚的自然思想既有感性的、诗意的，又有理性的、形而上的，其境界、深度似又高于纯粹的"采菊东篱下，悠然见南山"。

三

人可以在官场失落、失意，可以在战场失守、失败，但在人格操

---

[1] 《吴佩孚文存》，第54—55页。
[2] 同上，第78、58页。

守、在道德情怀上必须守住底线。在这个方面,吴佩孚为后人树立了榜样。他没有战死沙场,没有大爱义举,也不是私德白璧无瑕,也没有特别值得称颂的环保言行,而只是在极艰难的情况下顽强地坚守着不应放弃、不能放弃、不容放弃的底线,尤其是守住了民族大义,使其一生闪耀出了人性的光芒、人格的璀璨。

吴佩孚晚年的坚守,可以概括为以下四个方面:

1. 国家层面有爱国之心,守住了民族大义

吴佩孚晚年多次严词拒绝日人引诱,主张抗日救国,不媚日、不做汉奸,坚守民族大义,并为此付出生命的代价,这成为其一生最大的亮点。1927年,他被北伐军打败退往四川途中,日本第一遣外舰队司令荒城二郎少将派特务机关长佐藤秀夫与吴接触,表示日方可资助步枪十万支、机枪二千挺、大炮五百门、子弹若干,助款百万,"促先生再起,坚拒之,此后凡日人谈及政治,必严词拒绝"。1932年九一八事变发生当晚,"先生一夕不寐,翌晨,立电成都领事馆转日政府,严重抗议,与日军不自动撤退,将团结御侮,义无反顾"①。他曾当面质问张学良"不抵抗",还写了诗对其进行批评:"棋枰未定输全局,宇宙犹存待罪身。醇酒妇人终短气,千秋谁谅信陵君。"②1935年华北事变中,日本侵略者策动汉奸搞华北自治,拟"推吴为华北首领",被其"严词拒绝"③。1937年初,"前顾问日人冈野增次郎,被张清焗计诱,日方复加利用,乃称衔命来华,特向先生游说,在平津两地活动两月有余,三月九日始能入谒,先生绝口不谈政治,冈野无所用其技"。七七事变发生后,吴不及撤离,"日方请先生出任维持会长,严词拒之"④。1938年,日本加紧拉

---

① 《吴佩孚先生集》上册,第252、255页。
② 《吴佩孚文存》,第222页。
③ 唐锡彤、胡震亚:《吴佩孚档案资料选编》,《民国档案》杂志社,2008年,第389页。
④ 《吴佩孚先生集》上册,,第259—260页。

拢、引诱吴佩孚,日本特务土肥原亲自出马做工作,吴的左右也有人纵容其出任傀儡,吴对以"大帅若不出,恐将不利"相威胁的土肥原表示:"吾老矣,早迟都是要死的。"因此,土肥原无有办法,悻悻而退①。吴还对劝阻自己的朱家骅表示"我不作汉奸"。1939年,日方还是一再引诱,吴均予严词拒绝,并因此而遭不测。吴佩孚的民族气节受到了国共两党与社会各界的普遍好评。

2. 社会层面有爱民之情,守住了仁爱精神

吴佩孚晚年的一些诗作,流露出了其博爱苍生的情怀,如有诗云:"民国军人皆紫袍,为何不与民分劳?玉杯饮尽千家血,红烛烧残万姓膏。天泪落时人泪落,歌声高处哭声高。逢人都道民生苦,苦害生灵是尔曹?"②他在《循分新书》"仁民"一章中指出:"仁民之事,不必博施济众也,不必从井救人也。只有在与贫与贱之民遇,便有许多提携宽厚之心与事;与患难之民遇,便有许多救拨解释之心与事;与愚昧之民遇,便有许多开导训悔之心与事;与强暴之民遇,便有许多劝谕警惕之心与事;与鳏寡孤独之民遇,便有许多安顿保护之心与事;与分散疏离之民遇,便有许多周全安集之心与事;与劳瘁勤敏之民遇,便有许多安矜恤赏给之心与事。而又各量己力,各随己分,不避谤,不求名,是即仁民者也。"③吴佩孚晚年演讲的一个重要内容,就是宣传、倡导、推广慈善,希望"一人为善,推广十人;十人为善,推广百人;百人为善,推广千人;千人为善,推广万人;万人为善,普及无边矣"④。

3. 个体层面有慎独之德,守住了清廉人格

吴佩孚曾把自己坚持的"四不"内容写入一副长联,挂在客厅,以明心迹。该对联内容为:"得意时清白乃心,不纳妾,不积金钱,

---

① 《吴佩孚档案资料选编》,第408页。
② 《吴佩孚诗钞》,第28页。
③ 《吴佩孚文存》,第34页。
④ 同上,第134页。

饮酒赋诗,犹是书生本色;失败后倔犟到底,不出洋,不走租界,灌园怡性,真个解甲归田。"他在前期得意时清廉自守,不置产、不贪污、不索贿、不受贿,享有清誉;在晚年失意时慎独自重,不食嗟来之食,为人尊重。

4. 自然层面有畏天之意,守住了爱物情怀

吴佩孚在《循分新书》"爱物"一章中指出:"夫我之与物也,皆为天地所生,岂有我惜命,而物不惜命哉,抑何不仁如是也……吾今一一指出,凡物之有功者,切勿食而不禁。凡物之无功者,切勿杀而不节。更能启蛰不杀,方长不折,自见生气洋溢,生机畅遂,人与物各安其天,各若其性,而永为茂对时育之天下也,岂不伟而。"①可见其推人及物的爱物情怀。他在诗文中寄情山水、物我与共的心境,是这种爱物情怀的一种表现。人类敬天爱物,同时大自然也给人类带来福祉、带来愉悦,这是古人所追求的"天人合一"。对此,吴佩孚也心向往之。

吴佩孚一生的进与退、得意与失意、外王与内圣、家里与家外、生活与事业、金戈铁马与闲情逸致,都深受到传统思想、传统士人风习的影响。对传统风范、传统思维与情感方式的遵循,为他赢得了道德人格上的声名,但限制了其外王事功的作为。他前期因金戈铁马、治平天下而至人生鼎盛并有"花开上苑春三月,人在蓬莱第一峰"的春风得意,但为他赢得身后名的却是流落四川并有"楚帐悲歌驻不逝,巫云凄咽雁孤鸣"的英雄悲歌后,对道德底线尤其是民族大义的坚守。得与失、幸与不幸,可以这般转换,历史的辩证法就是如此。

    俞祖华 鲁东大学历史文化学院院长、教授
    赵慧峰 鲁东大学教授、《鲁东大学学报》总编

---

① 《吴佩孚文存》,第36页。

吴佩孚与《登州吴氏族谱》

登州吴氏一族,自始祖辛二公于明洪武十七年(1384)征战功调至登州隶籍,已历630年。家族团和,子孙繁盛,人才代出,渐成望族。旧时春节对联"延陵世胄,海岱名家"便是登州吴氏的标识。

有着近500年历史的《登州吴氏族谱》经历代先祖编承,于民国十二年(1923)完成八修。自始祖登州隶籍至始立谱历137年,立谱至再修间110年,再修至三修间20年,三修至四修间49年,四修至五修间41年,五修至六修间45年,六修至七修间50年,七修至八修间87年,八修至今已历91年,是历次修谱区间仅低于立谱至再修的110年。从历次修谱的间隔时间隐隐可以看出当时的社会因素与家族的兴旺状况。按旧俗,族谱60年大修,30年小修惯例,《登州吴氏族谱》九修已刻不容缓了。

笔者于2009年就开始奔走、联络、呼吁登州吴氏族人发起九修族谱。限于各种因素,终不得成。自2013年起联络到蓬莱及各地吴氏族人开始了九修《登州吴氏族谱》的准备工作,组成了九修族谱结构。倡议成立登州吴氏宗亲会,渐行编修事宜,并得到很多朋友及修谱专业人士的支持。

正在我们积极操持九修族谱的时候,蓬莱吴氏族人吴运能捐出民国九年(1920)八修族谱时《登州吴氏阖族公会》发出的《登州吴氏广告》,即八修族谱的通知,这一广告资料的出现,把八修族谱的内容详实的展现开来,清楚地反映当时修谱的内容情况及基本要求。族人拍额称奇,天可怜见,祖上显灵,真是恰逢其时,弥足珍贵。

《登州吴氏广告》一开纸木刻印刷，字迹清秀，印制精美，右上角一枚"八修族谱"印记，左下角一枚"登郡吴氏阖族公会"章。据八修谱记，该广告时印刷 1000 份，可见家族之旺，发量之大。

广告开宗明义，叙述了自清道光十六年（1836）七修而后 80 余年情况，概述了吴佩孚在推动八修族谱的作用。表现了八修族谱的各项要求，规矩，限制和方法。为九修族谱明确了各项事宜。

广告无不透出当时的文笔，语句，反映出八修族谱先辈的精妙文采和精心操持。

为了更好作好九修族谱事宜，将《登州吴氏广告》再现，以向参入修谱族人和谱志爱好者。

《登州吴氏广告》全文：

八修族谱印章：

登州吴氏家谱自前清道光十六年七修而后迄今八十余年未经修整，子孙蕃衍散处异乡者甚众。每欲续修而力不足，今有十七世孙吴佩孚字子玉者自束发受书以来，即以家国为己任。现充第三师师长。故虽身在军旅，犹复念切宗支，每以修谱之事召我族人，兹经合族人等议定规则布告四方。凡我我氏子孙自登迁出者，迅将生卒、葬所、茔图、居址开列清楚，定于本年阴历九月十六日一律来登同扫先茔，并修族谱水源木本，谅有同情，慎勿迟疑以遗后至之讥则幸甚，所议规则开列于左：

一、登州吴氏始祖先茔每年阴历二月十六日、九月十六日为祭扫之期。凡我子孙系出登州吴氏者务于本年九月十六日一律来登磋商修谱事宜，不来者听。

一、凡我先人有在七修族谱以后谱书未及登录者宜先注明系出某公支下，由某公迁于某处，现居某处，然后再将先人考妣生卒之年月日时、葬所、山向并现在子孙之生年月日时，按照七修谱书五世图列传款式开列清楚，并将坟地绘成茔图，来登时

527

就便带来,以便绘谱。

一、凡有事故不得脱身或家贫路遥资斧不足,无力来登者,可将谱系生卒开列成帙托同族之人就便带来亦可。

一、凡在穷乡僻壤之中既不能亲自来登,又无同族之人可托,则随邮局邮来亦可。但不如亲来可以研究者之为妥也。

一、凡通信地址注明:山东登州蓬莱县城里县学后文凤街,吴亮孚字敬斋代收转交吴氏延陵堂,信内须将回信地址注明,以便回答要要。

一、凡我族人力能来者,千万不要脱懒笔墨,所录必不周全或年代不符或中字不合或不知系出某公或与旧谱不相接连,有一不合即在摈弃之列,岂不可惜?若能亲来面述疑者,可以研究漏者,可以補述似劳,而实逸也,诸族人其免旃。

一、凡我族人宜守异姓,乱宗之戒,如有抱养异姓子暨招婿入赘,而冒吴姓氏者,一经查出,无论年代远近,立即斥革谱书,决不载录,是不觉而自绝也。吾吴氏族谱自一修以至七修不以异子乱宗为戒,垂训昭昭,毫不宽假,族人其凛诸。

吴氏族人:树孚、锦孚、亮孚、道诚同具
中华民国九年六月初一日　　　登郡吴氏阖族公会(章)

从广告可以看出,八修族谱自广告发出到修订时近四年。自1919年始,历时更多,就当时的通讯、交通、文化等各种情况,可见其浩繁、艰辛。

民国九年,吴佩孚时任第三师师长,"虽在军旅,犹复念切宗支,每以修谱之事召我族人"商议,可见吴佩孚非常重视族谱的编修,多次召吴锦孚,吴亮孚等族人促办,由此可见没有吴佩孚的念切督促,八修族谱很难着行,没有吴佩孚全力资助《登州吴氏族谱》八修难成。

读了《登州吴氏广告》，了解了当时修谱的时代概况，了解了家族的一些族情、族规。如堂号、地点、对联、祭扫时间和蓬莱一些文化浅点，获益匪浅，感触颇深。

笔者看到了蓬莱市新出版的洒洒300万字的蓬莱市志，感佩万千。九修《登州吴氏族谱》，正迎合了盛世修史、修志、修谱的说法和朝流。为丰富地域文化，挖掘历史渊源，丰满历史人物形象，光大民族精神，族人踊跃参入九修《登州吴氏族谱》的活动和工作，搜集捐献资料文献，各尽其材，合族努力，顺利完成九修族谱工作。

吴德运　烟台供电公司副总经理、吴氏后人

吴佩孚的"统一"情怀与实践

吴佩孚学术研讨会已经进行到了第五届,在此期间,史学界涌现出众多的优秀论著,这对我们进一步了解吴佩孚其人、更加真实地还原历史的真相有着极具重要的作用与意义。毕竟对于吴佩孚的研究,我们不能仅仅停留在以往的否定与偏见层面上,还原历史的本来面目,客观、公正的评价一个历史人物才是科学、严谨的治学态度。在此,十分感谢唐锡彤先生对吴佩孚学术讨论会的悉心操办,使我们能够跨越地区、学派与年龄的差异,相聚一起,互相交流,亲耳聆听学界前辈的高见,学习各家之所长,丰富己身。近年来,对吴佩孚的研究可谓是全面开花,无论是对其生平履历、学养修为,还是思想主张、文化取向,甚至政治立场,都有了深入的研究和一些新的见解。不过,笔者在梳理这些前期成果的过程中发现,对于吴佩孚曾倾力倡导的统一思想,前辈们关注度不够,略论较多,详论较少;将其视为结论的为多,对其进行具体梳理和分析的较少。为此,笔者查阅相关的史料,详参前辈之论著,特对吴佩孚的统一思想做一个全面的概述。不足之处,恳请诸位有学之士指教。

北望满洲,渤海中风浪大作!想当年吉江辽沈,人民安乐。长白山前设藩篱,黑龙江畔列城廓。而到今,倭寇任纵横,风云恶。

甲午役,土地削;甲辰役,主权弱。江山如故,夷族错落。何日奉命提锐旅,一战恢复旧山河!却归来,永作蓬山游,念弥陀。①

吴佩孚的这首《登蓬莱阁歌》是备受吴氏研究者关注的一首词,作于1918—1920年之间,也可以说是吴佩孚联想自己曾经饱受甲午战争创伤的故乡,忧愤当时尚无法统一的家国河山的一首心曲,体现了吴氏放眼全国,希冀统一的情怀和志向。吴佩孚的"统一思想"贯穿于他的一生,无论是其大权在握、名满全国时,还是后期兵败落难、壮志难酬时,吴氏都坚持主张泱泱大国,必以统一为前提。

一、吴佩孚的"统一"思想和主张

1. 吴佩孚的"和平统一"思想

吴佩孚主张统一的想法既有社会背景的促成,也有个人因素的考量。

20世纪初的中国,内忧外患,家国危亡,整个民族陷于水深火热之中,无数国人在救亡图存的责任驱使下将自己的人生和国家的命运连接在了一起。深受儒家理念教化的吴佩孚也投笔从戎,开始了自己的行伍生涯。1914年,因为入湘有功,他被擢升为旅长,这一任命使其正式成为了北洋系的一员举足轻重的大将。吴佩孚不仅自身能力出众,治军有法,而且深得曹锟的信任与提携。1918年,吴佩孚奉命二次入湘,对湘、粤、桂联军作战,吴佩孚志气高昂,曾在衡阳作诗明志,表达自己的气势和决心。诗曰:

元首余威加海内,偏师直捣大衡阳。
寄汝征南诸将士,此行关系国存亡。②

士气高昂的吴军果然出师奏捷,连战连胜,最终使联军彻底瓦

---

①② 唐锡彤、安家正、吴德运:《吴佩孚诗抄》,烟台市新闻出版局,2009年。

解。此时的吴军士气大振,并由此实力大增,吴佩孚也因此而获得了"常胜将军"的美名。但由于吴军的实力凸显,引起了段祺瑞对吴佩孚的提防之心,他唯恐吴所属的直系势力过大进而威胁到皖系,因而置吴佩孚的显著军功于不顾,任命其嫡系张敬尧为湖南督军。段祺瑞的这一布署引起了吴佩孚的警觉,但苦于当时自己实力不足,加之当时国内反日热潮高涨,号召"停止内战、一致对外"的爱国热情激增,促使吴佩孚决定罢战主和,并宣布"退出南北战争并与南军联手,尊重民意,拥护法统,主张共和,高唱爱国,倒皖反日"①。

应该说苦于军阀的兵连祸结,社会情绪对"和平"是十分期望的。吴佩孚"罢战求和"的主张立即得到了一些社会名贤、政界领袖、军界将领的回应,吴佩孚先是致电早在1917年11月就通电主和的苏督李纯等人,希望尊其"南北议和"的主张,之后陆荣廷、赵恒惕等将领纷纷通电赞同,包括张宗昌、冯玉祥等旅长在内致电总统冯国璋,表示应"息争御侮"。"十二月八日,全国和平联合会在北京开会,先生力电促成之"②。吴的议和主张一时名声大噪,使吴佩孚感到议和有望,曾作诗一首,表达自己议和的决心,诗曰:

> 何事连年苦争斗,夏来春尽倍怆神,
> 龙蛇起路河山裂,虮虱丛生甲胄腥。
> 劫火四封中外困,杀声一震地天惊。
> 谋和幸有名贤者,代表人间第一声。③

吴"南北议和"的主张打乱了段祺瑞"武力统一"的步伐,遭到了段的极力反对,段曾复电吴佩孚,斥其抗上:"该师长军人也,当恪遵军人应尽服从之天职,不然尔将何以驭下……尔从吾有年,教

---

① 郭剑林:《吴佩孚传》,北京图书馆出版社,2006年。
② 赵恒惕等:《吴佩孚先生年谱》,《吴佩孚诗抄》,烟台市新闻出版局,2009年。
③ 《吴佩孚诗抄》,第6页。

育或有未周。余当自责,嗣后勿再妄谈政治也。"①吴则不为所惧,回敬道:"彼时共和破坏,统一破裂,谁被恶名?按照春秋书法,罪在责任内阁也。"②此时直皖两系已经矛盾重重,曹吴等人已有倒皖之意,直皖的分裂,使徐世昌坐收渔翁之利,在是年9月召开的大总统选举会议上,"徐世昌以425票的绝对压倒多数当选"③,徐氏的政治举措为"稳定、和平、发展"六字方针,所以他积极支持吴佩孚的"罢战主和",先后派遣"梁世诒、林绍斐、关冕钧为代表分赴广西、广东、香港,疏通西南护法各省军、民长官,进行议和、息争努力。"④从而推动了南北议和的进程。因此,当时的南北政局,虽南有孙岑之争,北有直皖之隙,但在全国和平呼声高涨以及徐、吴的大力促成下,南北两政府均表示愿意"尊重和平""停止内战",接受吴佩孚关于南北议和的倡议。南北和会的召开迫在眉睫。

吴佩孚的大力倡导终于促使了南北议和会议的召开,南北议和会议于1919年2月在上海德租界开会,但南北实质上均无真正的议和之意,和会的召开,只是各方博弈的暂时结果。"议和代表一开始即就枝节问题争吵不休,诸如议和地点,南主上海而北主南京;会议名称,南主和平会议而北主善后会议等等。"⑤当时《每周评论》曾刊文这样评价这次会议:"此次会议,处处标题曰南北,果属南方之民意,与北方之民意,缔结和好之会议耶?亦不过特殊势力之少数武人,明明分权而已。就武人而论,南与北如一丘之貉。"可见南北议和会议的真正目的并不在于"和平统一",只是一场互相夺权的"分赃"会议。

一度中断的南北议和会议在五四运动爆发后又重新召开,虽

---

① 《时事》,《湘实纪略》1918年8月24日。
② 同上,1918年8月26日。
③ 《参议院公报》第1期,第118—119页。
④ 《徐世昌年谱·下卷》,《代近史资料》总第70号,第33页。
⑤ 章君穀:《吴佩孚传》,团结出版社,2007年。

然南北双方发表的通电、谈话中,都表现了"共同对外"的"爱国"立场,但在一些重大问题上,例如:国会自由行使职权问题、军民分治问题、废督裁兵、善后借款等却一直找不到共同点。使得议和停滞不前。25日,吴联络谭延闿、谭浩明等西南军人发表通电,敦促南北尽快议和:"双方极力让步勿过吹求……联络一气,做外交后盾。"①

6月16日吴佩孚联合西南将领谭延闿、赵恒惕等61人,发表著名"删电"。他们说:"某等眷怀祖国,义愤填膺,痛禹甸之沉沦,悯华胄之奴隶。圣贤桑梓,染成异族腥膻,齐鲁封疆,遍来淫娃木屐……与其一日纵敌,不若铤而走险;与其强制签字,贻羞万国,毋宁悉索敝赋,背城借一。"②8月25日,吴佩孚联合谭浩明等再次发表通电,指出:外侮在即,应早日签订南北议和协定,共同对外。

1920年初,吴佩孚与西南各方进一步落实了签约的内容:"第一步,由谭湘叔主稿,联衔致靳,业于上月盐日发电;第二步,军府于皓日发电;第三步,吴致电靳云鹏,促重开南北和议;第四步,应遵守原议,密饬各前线为相当之准备;第五步,吴氏率部撤防北归,倒皖反日。"③吴氏似乎为统一做好了一切准备,但现实却不容乐观,"和平统一"道路困难重重。

2. 由"和平统一"转向"武力统一"

在议和的过程中,北洋政府任命安福首魁王揖唐为北方议和代表,这遭到了南方的一直反对,吴佩孚指出,王揖唐担任北方代表,"不惟不能促进和局,反而阻碍和局"④。但南方撤换王揖唐的梦想并未实现,加之南方军政府此时也趋于瓦解,使吴佩孚认识到

---

① 《湘省南北军促和电》,《民国日报》1919年5月31日。
② 《吴佩孚反对签字要电》,《大公报》1919年7月2日。
③ 郭剑林:《吴佩孚传》,第209页。
④ 《吴佩孚劝告王揖唐电》,《民国日报》1919年9月3日。

和平统一基本无望,"唯有敷衍一时,而克保永久和平者"①。和会的名存实亡,促使吴佩孚的和平建国的幻想彻底破灭,使其认识到唯有兵戎相见,实行武力统一,推翻皖系,才能实现真正的统一。这不仅使吴佩孚的统一思想实现了从和平统一向武力统一的巨大转变,也是促使直皖战争爆发的直接导火线。1920年吴佩孚开始北撤,在北撤的途中吴曾写过一首著名的五言律诗《回访途次》,来表达自己兼济天下,为国效力的爱国情怀,诗云:

行行重行行,日归复日归。江南草木长,众鸟亦飞飞。
忆昔赴戎机,长途雨雪霏。整旅来湘浦,万里振天威。
孰意辇毂下,妖孽乱京畿。虺蛇思吞象,投鞭欲断淝。
我今定归期,天下一戎衣。舳舻连千里,旌旗蔽四周。
春满潇湘路,杨柳正依依。和风送归鸟,绿草映晴晖。
少年惜春华,胜日斗芳菲。来路作归程,风景仍依稀。
周公徂山东,忧谗亦畏讥。军中名将老,江上昔人非。
建树须及时,动静宜见几。何日摧狂虏,发扬见国威。
不问个人瘦,惟期天下肥。丈夫贵兼济,公德乃巍巍。
江上送归舟,风急不停挥。得遂击楫志,青史有光辉。
春日雁北向,万里动芳徽。鸿渐磐石愿,衎衎不啼饥。
只戈以为武,烽烟思郊圻。同仇复同仇,归愿莫相违。

在此诗中,吴佩孚主要论述了自己北归的目的,即抵抗外侮("摧狂虏"),发扬国威,坚定了"不问个人瘦,惟期天下肥"的决心,要"兼济"天下,建功立德,为国效力。北撤是吴一生重要的转折点,这也成为了直皖战争的前奏。

直皖的巨大矛盾,以及吴佩孚统一思想的转变,迫使了直皖战争不可避免的爆发。直系取得胜利后,吴佩孚虽也继续倡导过南

---

① 荣孟源、章伯锋:《近代稗海》,四川人民出版社,1985年。

北议和,实现统一,并希望召开国民大会,"以民治国",来实现真正和平之解决。吴曾于1921年授意其亲家张绍曾以个人名义发出召开庐山国是会议的通电,其主要目的还是希望能通过召开国是会议,建立联合政府,和平统一全国,"解以往之纷争,消目前之战乱,开建设之程序"。但此时的国内环境纷繁复杂,吴也陷入国内战争不可自拔,要想实现和平统一基本上是不可能的,西南军阀爆发粤桂战争,使西南和平统一陷入困境,北方奉系欲联合皖系对直争夺中央权利,和平统一已成为奢谈。吴佩孚彻底改变了其和平统一的思想,决定武力统一中国。直皖战后,吴加紧在洛阳练兵,为武力统一做准备。康有为在吴佩孚50大寿时曾写了一副贺联,道出了吴佩孚称霸的野心"牧野鹰扬,百世功名才一半;洛阳虎视,八方风雨会中州"。在第二次直奉战争时,吴也曾名诗言其武力统一中国的志向"龙泉剑斩血汪洋,千里直趋黄海黄,大禹神功何其伟,洛阳一气贯扶桑"。当时国内环境的影响以及吴佩孚本身权力欲的膨胀使得其将统一的路径最终倒向了"武力统一"。

但情势发展完全出乎吴佩孚的想象,武力,不仅没有实现国家的安宁合统一,也没有为他自己带来势力上的壮大,及至后来吴佩孚在军事上失势以后其才真正认识到,"武力统一"的不足凭借。日本侵略者武力霸占中国后,吴佩孚曾劝告日本侵略者:"希特勒、墨索里尼之霸业,余之洛阳时代曾经试之,以后内省涵养之结果,今则不思武力工作,而对于今后彼等武力万能主义之前途如何,略具威惧之念。"①其晚年一直敬告军人要"尚德不尚力","谨言慎行,以施教化",奉行"春秋之学"。

以上可见,从最初的罢战言和,到南北议和会议的召开,再到对议和过程的尽力敦促,吴佩孚对和平统一是竭尽心力的。在和平统一的设想破灭以后,其对武力的尊崇,也依然没有偏离"统一"

---

① 郭剑林:《吴佩孚传》,2006年。

的初衷,可以说统一思想始终是吴佩孚一贯的情怀。

二、吴佩孚"统一思想"的根源分析

深受儒家文化思想教化的吴佩孚,自然也深受着儒家大一统思想的影响。大一统思想作为儒家一以贯之的思想,是根植于中国这片土地之上的,它顺应了时代与社会发展的潮流,历经千年数朝而未曾有所变更。大一统这一思想的提出最早可追溯到春秋时期的孔子时代,孟子曾说孔子作《春秋》的目的是为了大一统,《滕文公下》说:春秋之世,"世道衰微,邪说暴行有作,臣弑其君者有之,子弑其父者有之。孔子惧,作《春秋》。《春秋》,天子之事也;是故孔子曰:'知我者其惟《春秋》乎!罪我者其惟《春秋》乎!'""孔子成《春秋》,而乱臣贼子惧。"可以看出孔子作《春秋》是为了平天下,使社会安定,渗透出了关于大一统的思想。这可能是儒家提出大一统思想的最早学说。继孔子后,孟子也提倡大一统思想,如他在回答以为诸侯"天下恶乎定"的提问时,便曰"定于一"。另一位儒家的代表人物荀子也曾提出过"四海之内若一家""一天下,财万物,长养人民,兼利天下,通达之属,莫不从服"。西汉时期,对儒家思想有进一步发展的大家董仲舒提出"春秋大一统者,天地之长经,古今之通谊也。今师易道,人异论,百家殊方,指意不同,是以上亡以持统一,法制数变,下不知所守",从这些儒家代表人物的言论思想中,我们不难看出,大一统思想是一直贯穿于儒家思想的始终的,是儒家所强调的主要思想之一。吴佩孚成长的早期接受的仍是传统教育,从小在私塾学习四书五经,且成绩非常优异,其家乡蓬莱有名的儒学大师李丕森都称赞吴佩孚将大有可为。22岁时还曾考中秀才。虽然由于时代的变革和科举制的废止,吴佩孚并未沿着考科举的道路走到最后,但其自小所接受的教育已经足以在他的人生中留下烙印。儒家的思维和儒家思想的某些基本观念早已深入吴佩孚的内心,这些在其以后的人生中都有着明显的表现:无论是在其军事生涯中,还是在其为人处事方面,吴始终尊崇的是儒家的"忠、义、孝、悌"理念。他严于律己、孝顺父母、爱护国家统一强大,这些无一不是儒家思想的体现,他以实现"修身、齐家、治国、平天下"为奋斗目标,身体力行,为这一目标鞠躬尽瘁,死而后已。其统一思想也是根植于儒家思想文化之上的。

吴佩孚出生在山东蓬莱,凭海临风的蓬莱不仅是中国海防的前沿,更是一个英雄辈出的地方。其中,最著名的当属抗倭名将戚继光。传吴佩孚诞生的那一天,其父梦见了戚继光来到了自己家中,蓬荜生辉,于是就将自己的儿子取名佩孚(戚继光号佩玉)。吴佩孚从小就是从"保家爱国""光宗耀祖"的耳濡目染下成长起来的,他一生敬仰"精忠报国"之岳飞和誓死抗倭之民族英雄戚继光,推崇他们对国家、民族的责任。中国传统价值判断中尊崇独立、追求统一的情结,以及地域文化中这些民族标本合榜样的力量对吴佩孚大一统思想的影响都是不言而喻的。

吴佩孚"统一思想"的形成还与当时中国内忧外患的现实有着密切的联系。20世纪初的中国处在军阀割据的兵荒马乱之中,兵连祸结,生灵涂炭,而吴氏突然提出"和平统一"引起了当时的舆论哗然,人们纷纷猜测吴佩孚突然主张议和的原因,《申报》就曾列举过吴"罢战主和"的六点原因:"(1)吴军军饷过久,士卒人人怨望,一旦酿出意外,则堕军纪而丧令誉,殊为不值;(2)军械子弹有消耗而无增益,用武无地,士气亦日趋消沉,若再稽迟年月,势必举全军锐气荡然无存;(3)湘军驱张念切,徒以吴师实力与情谊之关系,遂隐忍不肯轻发。乃张敬尧不以为德,反处处防闲猜忌,恩将仇报,尤令吴灰心;(4)湘军驱张运动以届准备成熟之时,一旦爆发,则吴氏置身其实,殊难取适宜之态度;(5)湘军急于驱张,自希望吴师之速退。吴师与此撤去,一方面博得南军之好感,一方面借释对张之宿怨;且该军去而南军发动,尤可证明其军事保障衡岳,维持和平之功;(6)湘军此次发难,虽欲直接间接借重于吴师,然固始终抱定一自决主旨。此后绝不肯再将军民政权交付外省人之手。吴氏勘破此点,故于湘省尤无留恋之必要。"《申报》所陈述的原因,主要是从当时的对战形式,以及吴佩孚作为一名军阀的个人利益等方面谈的,这其中忽视了吴佩孚的特殊经历和爱国、爱民的情感。吴佩孚曾对童锡梁说:"民国肇建八年,如今竟闹得人人都在争夺地盘,位置私人,把当年革命的目的,全部忘掉。长此以往,必将亡国!有人说我是因为争不到地盘方始主战和平,其实呢,纵使政府发表了我当湖南督军,我也不会干。我认为我们军人现在惟有埋头整军,以准备将来抗御外侮,这才是正经事,再要南北对峙,唯有同归于尽。"①他认为"欧战后,中国的当务之急,是反对日本侵华亡我之心的不断升级。皖系、安福系热衷于内战而不整顿国家和地方军队,这种举动,绝不能御外侮、保主权、安国本"②。再加之吴佩孚作为一名儒将,忠君爱国、统一至上思想的影响,于是,一介书生的爱国情怀,在民族危亡之际得以迸发舒张,提出罢战主和,和平统一的主张也就不足为奇了。吴佩孚因此而获得的"爱国将军"美名,也不是毫无根据的。

三、对吴佩孚"统一思想"的评价

"统一中国"的信念一直贯穿于吴氏的一生,在民国二十八年(1939)元月,吴佩孚曾发表了他一生中最重要的一次讲话:"本人过去的行动,足以证明本人向以维护和平统一为职志,例如民国八年本人和联军总司令谭浩明、湘军总司令谭延闿、赵恒惕等联名通电,鉴以外侮日亟,吁请南北双方早定和议,合理国防。民国十年

---

① 章君毅:《吴佩孚传》,第247页。
② 同上,第108页。

本人表示赞成并支持召开庐山国是会议,解决时局。民国十九年中原之战本人通电各方,愿予亲任调节。本人三次行动的动机,可以说都是为和平统一而发。"①20世纪20年代的中国,除了军阀的纷争,除了像吴佩孚等人打出的统一旗帜,还有一些其他的思潮和主张充斥着当时的中国社会,如地方自制以及回避国家形式而奢谈的宪政立国等等,尤其是1920—1924年间,声势浩大的"联省自治"运动更是影响一时。对于"联省自治",吴佩孚最早也是赞成的。第一次直皖战争之前,吴佩孚为了结好西南,曾支持过他们的"联省自治",但随着直系的胜利,以及吴氏权利的激增,政治军事权利集于一身的想法愈加强烈,直皖战后,吴氏一改其态度,开始大张旗鼓的反对"联省自治",依然提倡"统一思想"。吴氏曾发表电文说:"我国本属单一国家,数千年来因袭已久……果由合而强趋于分之势,恐遂陷邦家与割据,酌情度势,要在扩充自治之精神,不宜采取邦联之形式。尊电所谓省区,究为国之固有版图,若强拟于邦州之列,亦不免有削足适履之嫌。"②吴佩孚的"先国后省"论得到了广大舆论的一致好评,甚至有人认为"吴佩孚有做华盛顿的希望"③,提出吴佩孚是中国的"大救星",只有吴氏才能带领中国走向统一。所以轰轰烈烈的"联省自治"运动在一次直皖战后一落千丈,联省自治派也纷纷瓦解,"统一思想"依然占据主流,这是符合当时中国的基本要求和实际情况的。而这其中,吴佩孚的努力也是不容忽视的。

尽管受各种条件的制约,面对当时中国的复杂社会现实,吴氏的思想也出现过波动和反复,但其总体主调是主张统一的,他经常斥责力主"分立论"的人士,说他们是"只知二五而不知十一,像这种人简直不可与谈中国的国民性"!尽管他的统一思想有过从"和

---

① 章君毅:《吴佩孚传》。
② 《顺天时报》1922年7月17日。
③ 《晨报》1921年12月1日。

平统一"到"武力统一"的巨大转变,但他对统一的坚持,表现了其忠邦爱国、抵抗外侮、反对分裂、实现祖国统一的宏伟壮志。吴佩孚主张的"和平统一"思想,推动了国内爱国民主运动的进一步发展,符合国内人民的根本利益和共同愿望。在吴佩孚提倡议和的一年中,国内局势动荡,不仅直皖矛盾日趋激烈,而且还爆发了轰轰烈烈的五四爱国运动,吴作为一名爱国将领,坚决支持学生运动,反对在巴黎合约上签字,吴多次发表通电,抨击日本,抨击安福系,并指出山东问题是中国存亡的关键,支持学生们的"外争国权,内惩国贼",而且他认为要想御外侮,必先统一,才能一致对外。这样强烈的爱国的民族情感得到了南北各界和全国群众的一致好评与支持。

当然也应该看到,吴氏作为旧军人,其思想与动机也不会完全没有个人因素的考虑,譬如其在军阀群争中的利益与地位考虑,他在彼时彼地的处境与实力等等,作为一名军阀,吴佩孚不能完全摆脱对权与利的角逐,在他的心里,掌握军队,夺取政权,秉承长官意志,镇压工人运动都是理所应当的事情,民主革命是为了推翻北洋军阀的统治,这威胁到了直系的地位,故这是吴氏所不能容忍的。无法摆脱这种观念的制约,也就注定了吴氏只能是一个失败的英雄。

但无论如何,吴佩孚是有别于其他军阀的,其统一的信念和主张中更多的还是从民族国家的利益考量出发的,其力主统一,抵御外侮的爱国气节是值得我们尊敬的。

张薪一 鲁东大学历史文化学院
金仁淑 韩国留学生

试论历史教学拓展吴佩孚爱国思想教育的必要性

在初中历史课本①《中国历史》中,吴佩孚是一个反面人物。凡是读过中学、学习过《中国历史》的学生,即使学习十分糟糕,历史知识记得不多,但吴佩孚是坏蛋这个定义,恐怕十有八九的人都有印记。《中国历史》虽然比较简略,但是吴佩孚还是榜上有名的。课本上说他是"中国共产党推动的、国民革命军北伐的三派主要敌人之一,而这个敌人又是得到帝国主义支持的军阀"。事实上,历史中的吴佩孚是一个具有多重性格的人,除了他的"反动性"外,他还是一个不折不扣的爱国者,并因此惨遭日本杀害。如何将一个真实的吴佩孚呈现在历史教学中,让我们的后代了解一个真实的吴佩孚,在对当今青少年的爱国思想教育中有着重大意义。笔者认为,有必要在《中国历史》教学中对青少年学生拓展吴佩孚的爱国主义思想教育。

青岛出版社在2002年6月出版的九年义务教育《中国历史》书中,对北伐战争中与吴佩孚有关的历史是这样描述的:

广东革命政权巩固后,在中国共产党的推动下,广东革命政府决定进行北伐战争。

北伐战争的主要敌人是得到帝国主义支持的吴佩孚、张作霖、孙传芳三派军阀。当时,吴佩孚有军队约20万人,控制着河南、湖

---

① 本文以山东义务教育课程标准实验教科书和山东初级中学教科书为例。

北、湖南和直隶南部……

1926年,中国共产党直接领导的以共产党员为骨干的国民革命军第四军叶挺独立团,奉命担任北伐先遣队,开赴湖南前线……

湖南、湖北是北伐的主要战场。吴佩孚在那里部署了10万军队……北伐军连克湖南各城,接着,前锋攻入湖北,占领粤汉铁路上的军事要隘汀泗桥。

……吴佩孚军队全线溃逃。

北伐军乘胜追击,又取通往武昌的另一军事要地贺胜桥……北伐军很快攻占敌军阵地……吴佩孚率领残部仓皇逃往武昌。

9月初……在攻打武昌的战斗中,独立团冲锋在前……胜利地占领了武昌城。吴佩孚的主力基本上被消灭了。叶挺独立团所在的第四军,由于英勇善战、屡建战功,被人们誉为"铁军"。

山东教育出版社在2010年7月出版的教科书《中国历史》中,又增加了两方面的内容:一方面增加了中国共产党第二次全国代表大会的钢领,强调了现阶段党的任务是打倒军阀:"1922年,中国共产党召开第二次全国代表大会,制定革命纲领。大会确定:中国共产党奋斗的最终目标是实现共产主义;现阶段是民主革命,党的任务是打倒军阀,推翻帝国主义的压迫,建立民主共和国。"

一方面还增添了叶挺独立团与吴佩孚在武昌战役中交火的残酷性:"叶挺独立团一营接受攻打武昌的任务后,全营官兵都很高兴。一位共产党员班长拿着一封信、一包衣服和几元钱,到营部向营长曹渊报告:'我们明天攻城……如果我死了,请把这封信、衣服和钱寄给我母亲。'曹渊说:'我同你一样的不怕死,你的东西和家信不要交给我,可以交给周廷恩书记保管。'周廷恩说:'我要同你一起去攻城!'第一营大部分官兵都和这个班长一样,自动给家里写信,留下自己的物品。第一营官兵在攻城时个个奋勇杀敌,几乎全部壮烈牺牲。"

任何一种版本的教科书因教学时间的限制,教学内容都是有所侧重的,不可能面面俱到,山东现行的《中国历史》教科书也是这样,但对于有的历史事件、历史人物,有限的教学内容就显得有些力不从心、有失全面了,比如对吴佩孚这位具有多重性格的历史人物。

学了这样的历史教程后,吴佩孚在学生心中的形象就是一个十恶不赦、地地道道的反动军阀了,在今后的人生道路中,学生们如果没有机会再接触有关吴佩孚的另一面的历史资料,学生们就很难了解一个全面的吴佩孚了,对一个有着截然不同的多重性格的、由于坚决拒绝日本人引诱、残死于日本军人之手的爱国将领吴佩孚来说,就不公平了,并且这也不是辩证地看问题的态度,不符合共产党人实事求是的思想路线和实事求是的历史研究方法。

所以,在《中国历史》教学中,有必要对现行的有关吴佩孚的教学内容做一个教学拓展:在完成教科书规定的教学内容后,再在单元的拓展课上,安排一定的教学时间对吴佩孚做一个真实的介绍。

这样做的必要性和可行性有以下几点:

1. 吴佩孚的研究已取得一定的成果

多年来,学者们对吴佩孚的研究有了新的成果,尤其是近十几年来,我们山东的学者在对吴佩孚的研究中取得了可喜的突破,为中学《中国历史》教学中有关吴佩孚史实的教学和拓展,提供了坚实的理论支持和翔实珍贵的历史资料。

在《吴佩孚研究的新突破》,山东省社会科学规划研究项目《吴佩孚生平研究》述要,在这部著作中,作者指出:"由于较长时间地把吴佩孚作为大批判的对象,许多历史材料被淹没甚至被人为地毁灭。'文革'时期,吴佩孚后人珍藏的一大批吴佩孚史料被抄家,至今下落不明。"所以"至今,吴佩孚头上仍戴着三顶黑帽子:'反动军阀''洋鬼子的走狗''镇压二七罢工的刽子手'。"

有据可查的是,《陈云文选》载,陈云"当时是相信吴佩孚的……他的个人品格,特别是晚年坚决拒绝日本人引诱的爱国行动,不要说在当时,就是在21世纪的今天,也是很多人做不到的"。

另外,1939年2月20日,中国共产党人董必武也撰文肯定了吴佩孚关于抗日的言行:"尚能维系全国人民之望","发扬其固有精神,顽强不屈""吴佩孚虽然也是一个军阀,却和其他军阀截然不同。第一,他生平崇拜我国历史上伟大的人物关、岳。他在失败时,以不出洋,不居租界自矢……表现了他不愿依靠外国人讨生活的性情,他在失势时还能自践前言,这是许多人都称道他的事实。第二,吴氏做官多年,统治过几省的地盘,带领过几十万的大军,他没有积蓄,也没有置器产。有清廉名,比较他同时代的那些军阀大都腰缠千百万,总算难能可贵。"

作者认为:"应当弘扬吴佩孚爱国精神。吴佩孚一生抱定'爱国、建国,富国'的宗旨,并为之奋斗一生直至死于日寇之手……"

《联合日报》2013年3月6日第2版文章,这样评价吴佩孚研究领域所取得的巨大成就:

1999年12月4日(吴佩孚殉难60周年),首届吴佩孚生平与思想学术研讨会在蓬莱举办,30多位专家和学者在会上肯定了吴胴的晚节和爱国精神。这是建国后国内第一次吴佩孚研讨会……研讨会在全国引起反响……

山东及全国许多专家学者在吴佩孚研究中所做出的巨大贡献,使中学《中国历史》教学中,还原一个真实的吴佩孚的教学和拓展的实现,具有了可能性和必要性。

2. 对学生进行爱国主义教育,有利于弘扬爱国主义精神

吴佩孚作为时代的产儿,尽管身上同时兼有进步与反动,爱国与杀人的矛盾特征,但其基本的性格是爱国主义。吴佩孚的一生都在奋力抗击"侵华亡我之心不死不断升级"的日本帝国主义,但他同时也不为英、美等西方列强所利用。特别是以他在"五四"时期和抗战时期的爱国主义表现,以他这个时期对中华民族做出的贡献和牺牲,有资格彪炳千秋,万世流芳。

"五四"运动爆发后,他大声疾呼:"此次外交失败,学生开会力争,全国一致,不约而同……""大好河山任人宰割,稍有人心,谁无义愤?""天下兴亡,匹夫有责,况学生乎?"1919年6月16日,吴佩孚联合西南将领发表著名的"删电",痛斥巴黎和会的荒谬决定,反对在和约上签字,主张以武力为后盾,移师对外。

1937年7月,日本帝国主义者发动了举世震惊的"七七"事变。吴佩孚身陷虎穴,他决心抗日到底,不惜以身殉国。

1938年,日本加紧建立一个便于利用的"巩固新生政权"……使反蒋、反共、反战……吴佩孚由此成为日本特务拉拢、引诱的"第一流人物"。日本特务土肥原的工作机关因此改称"吴佩孚工作机关"……土肥原对吴佩孚开展了大规模的政治诱降活动。第一次,土肥原说:"请玉帅出来,救救我们日本。"吴佩孚答:"自身不能救,焉能救人?"第二次,土肥原说:"请玉帅出来调停和平。"吴佩孚答:"请贵国天皇及中央介公双方来电,请我出任调停,当然可以。"第三次,土肥原说:"请玉帅出山担任原职,维护中日民族问题。"吴佩孚答:"根本谈不上出山,如要出山,请贵国人等一概退出,连东北也在内。"

土肥原连碰钉子,并不死心,而吴佩孚根本不为所动,吴佩孚将自己的寿棺摆在庭院,以表示不出山不当汉奸的决心,史称"陈棺言志"。

以上历史史实,如实向学生介绍,一定会激发他们的爱国热忱。

3. 培养学生用历史的、辩证唯物主义的眼看问题的方法

人都有局限性,也有两面性,何况乱世中的吴佩孚。可是现实就是这样,评价一个人,总是太片面,比如对做过错事的人,往往简单地对他们冠以"反动"的头衔,一概否定。认定他是坏的就不说他的好,反之也是如此,说他是好的避免提他的坏,尤其是对吴佩孚这样两面性反差太大的历史人物,一概否定,就不再去谈辩证法

了。

例如,中国共产党成立90周年纪念,《北京日报》2012年2月底至3月初接连发表了几篇报道,其中关于吴佩孚是这样说的:"军阀吴佩孚悍然出兵干涉罢工,造成'二七惨案'。这使中国共产党几年来辛苦建立的基础几乎被摧毁殆尽。"

长期以来,人们对吴佩孚的认识,更多是停留在历史教科书时期,受到两个方面误导:一是反动军阀,二是"二七"刽子手,因此,吴佩孚历来被人们所痛恨和唾骂。

但事实上,言之凿凿"史实",并不真实。比如镇压"二七"大罢工,"史学研究表明,长辛店、郑州和汉口三处枪杀工人的事件,前两处是直系首领曹锟下令,后一处为湖北督军萧耀南所指挥。二七大罢工被血腥镇压,无数劳工的鲜血,使吴佩孚担当了屠杀劳工刽子手的恶名"。

其实有很多人物具有多面性,需要重新审视,比如吴佩孚。他确实有不可抹灭的历史污点,但其他方面吴佩孚与同时代的军阀有着巨大的不同,需要用历史的、辩证唯物主义的眼光看待和评价。

1919年五四运动爆发,吴佩孚曾多次通电反对在巴黎和会上签字,支持学生运动,受到舆论的好评。

1917年7月,任讨逆军西路先锋,参加讨伐张勋复辟。同年与孙中山组成护法军政府。

20世纪20年代,宣武门内象房桥国会厅参议员和众议员们要拆除紫禁城里的三大殿,另建议会大厦。身居洛阳的吴佩孚发电报拍给大总统、总理、内务总长、财政总长:"何忍以数百年之故宫供数人中饱之资乎?务希毅力惟一保存此大地百国之瑰宝……"各报刊登载了吴佩孚的通电后,故宫的三大殿方幸免一劫。

吴佩孚廉洁爱国,深明大义。做官数十年,统治过几省的地盘,带领过几十万大兵,但他没有私蓄,也没置田产,有清廉名,比较他同时代的那些腰缠千百万的军阀,总算难能可贵。他还对自己提出四戒:不做督军,不住租界,不结交外国人,不举外债。

1937年,卢沟桥事变后,日本人诱降吴佩孚,吴佩孚不畏强权,拒绝做卖国贼,1939年12月4日,65岁的吴佩孚被日本人害死。

吴佩孚一生清廉,坚决支持抗日,有强烈的民族气节。历史愈是久远,愈是清晰。吴佩孚已经离世七十多年,现在,应当将已经被证实的历史真相告诉我们的青少年学生,培养他们学会用历史的、辩证唯物主义的眼光和方法看待历史问题和历史人物。

4. 吴佩孚是山东蓬莱人,山东的学生,尤其是烟台学生更应该全面地认识他、了解他、从而正确地评价他

吴佩孚(1874—1939)是山东蓬莱人,生于一个小商人家庭,从小读书,吴佩孚的爱国主义思想来源于中华民族的优秀文化传统。他22岁考上秀才,就是一介书生,他会写诗、绘画,字也写得好,就是因为一场突如其来的变故,将他逼上梁山,中秀才的第二年,得罪家乡的官吏豪绅,革除功名还被通缉,逃到北京,后来从军。

1924年9月,第二次直奉战争爆发后,冯玉祥发动"北京政变",囚禁曹锟,推翻直系中央政权,这背后一刀,大伤吴佩孚元气,直系在第二次直奉战争中惨败,吴佩孚遭重创。

1926年7月,南方国民革命军以蒋介石为总司令誓师北伐。吴佩孚地处两湖,成为了北伐军的头号目标。由中国共产党直接领导的叶挺独立团担任了北伐先锋,先后在汀泗桥、贺胜桥、武昌血战,大败吴佩孚,结束了吴佩孚政治生命。

吴佩孚不得已流亡入川,四年后应张学良以子侄身份的邀请定居北平,住在张学良赠送的东四什锦花园胡同的大宅院,每月接受张学良馈赠的4000元维持生活。

"九一八"事变后,吴佩孚虽有东山再起之意,但在日本的威逼利诱面前,他没有放弃民族气节甘做日本的傀儡,保持了晚节,这是家乡人为之称道的地方。而汪精卫在日本扶持下,于1940年3

月30日在南京组建伪"中华民国国民政府"傀儡政权,叛国投敌,成为中华民族的千古罪人。

综上所述,吴佩孚是一位具有多重性格的历史人物,吴佩孚的教学与研究如果能还吴佩孚的历史真面目,如果在《中国历史》的讲台上,尤其是面对家乡的学生,能公正地研究吴佩孚,认定他不光犯有不可饶恕的过错,他还深明民族大义,是一位戚继光式的了不起的民族英雄,吴佩孚正是因为不受日军所降而惨死于日本人之手的,具有真正的、不可抹杀的民族气节,他是爱国的,这比一味地把他唾骂成一个十恶不赦的反动军阀或是汪精卫那样的反面人物对青年学生们教育意义要大得多,振奋人心的多。

所以,在《中国历史》教学中对青少年学生拓展吴佩孚的爱国主义思想教育,还原一个真实的吴佩孚是十分必要的。

参考资料:

九年义务教育四年制初级中学教科书《中国历史》,青岛出版社,2002年。
义务教育课程标准教科书《中国历史》,山东教育出版社,2010年。
《品读吴佩孚》,黄海数字出版社,2010年。
《执著行走在吴佩孚研究的路上》,《联合日报》2013年3月6日。
《吴佩孚研究文集》,吉林文史出版社,2004年。
《吴佩孚画传》,吉林摄影出版社,2005年。

程笛声 招远竞技体育学校

枝如戈戟叶如刀

——吴佩孚题竹诗赏析

梅、兰、竹、菊,是中国文人眼中的"四君子";松、竹、梅,被中国文人称为"岁寒三友"。在中国诗歌的海洋里,咏竹、诵竹的诗不胜枚举。竹,在中国文人心目中,具有不可替代的地位。然而,在众多咏竹、诵竹的诗中,有一个军人的咏竹诗句颇具特色,他就是北洋时期直系将领吴佩孚的题竹诗。

吴佩孚秀才出身,后投笔从戎,具有深厚的文化底蕴,故有"儒帅"之称。吴佩孚曾自称自己为"老诗人",他一生到底写了多少诗,已无法准确统计,山东省历史学会胶东人物研究专业委员会编辑的《吴佩孚诗抄》,收录吴佩孚的诗词111首,其中与竹子有关的诗达37首,占三分之一,为吴佩孚诗作中同类题材中数量最多的,可见这位"儒帅"对竹的喜爱。

愤怒出诗人——题竹诗的时代背景

"诗言志"也好,"愤怒出诗人"也罢,诸如此类的说法,出处不一,但其意思大致相同。人在愤怒或不得志的情况下,是容易写出好诗的。这已经为中国乃至世界的历史所证实。南宋诗论家、诗人,《沧浪诗话》作者严羽在仔细研究过唐诗后,得出结论说:"唐人好诗,多是征戍、迁谪、行旅、离别之作,往往能感动激发人意。""感时花溅泪,恨别鸟惊心",说的就是这个道理。人在征戍、迁谪、行旅、离别中,通常会觉得极其悲愁、烦恼、郁闷,会变得十分多愁善感,会感到有太多的话要说,因而也容易形成并积聚"诗思"。再者,就是当人处于欣喜、愉悦、欢快之中时,亦是如此。诗与人的情绪密切相关。尤其好诗,一定是情绪爆发时的杰作。

吴佩孚写于1918年的《写竹述怀》,可以看作"诗言志"的代表作。诗中写道:"我从去年离帝京,罢战谪居在湘滨。潇湘多竹甲天下,风晴雨雪各具形。我今感时学写竹,叹息时局多棘荆。尽日写竹消块垒,酒后搦管任纵横。写尽胸中不平事,写出胸中磊落之光明!胸有成竹腕底运,下笔春蚕食叶声。斯须千竿万竿出,一洗尘嚣满座清!关岳夙秉春秋节,韩范胸罗百万兵。符节运筹严号令,丹青竹帛独立名。百炼此身成铁汉,南天砥柱一身擎。燕雀安知鸿鹄志,冲破秋空一点晴。恨不渴饮东瀛水,策马昆仑顶上行。昂头天外飞巨眼,左倾太乙各长庚。人生富贵竹头露,成败兴亡棋一秤。"这是吴佩孚写竹诗中篇幅最长的一首。

1918年,吴佩孚奉命赴湖南作战,攻岳阳,陷长沙,占衡阳,一路过关斩将,凯歌高奏。曹锟"允以广东督军为酬",命其继续进攻。就在这时,吴佩孚以"将在外,君命有所不受"的气度,突然决定主动罢战,力主南北议和,并且单独与南军协议撤兵北上。这是直系吴佩孚与皖系段祺瑞公开决裂的信号,也是吴佩孚人生旅途的转折点。从此,吴佩孚作为独立的政治力量,开始活跃在中国的政治舞台上,且影响越来越大。这首诗就是在这样的背景下写成的。这首诗明是写竹,实则是在书写自己的政治抱负。在诗中,吴佩孚自比"关岳""韩范","符节运筹严号令,丹青竹帛独立名。百炼此身成铁汉,南天砥柱一身擎""恨不渴饮东瀛水,策马昆仑顶上行"。一代枭雄的雄心壮志,跃然纸上。诗的结尾处也表达了他对"人生富贵"和"成败兴亡"的豁达态度,就像"竹头露",犹如"棋一秤"。

民国八年（1919）冬天，吴佩孚在衡阳写了一首《为刘叟痴题画竹》，诗中写道："潇湘万竹动高秋，叶战西风气自遒。大陆何分南北界，惊涛长咽古今愁。同根岂效萁煎豆，交干不妨箸借筹。只要立身坚有节，任他霜雪压枝头。"这首诗看似为画题诗，其实是表达了他对当时最大的政治——南北交战的观点，是他对这场战争的形象化表达。在他看来，这是一场豆萁相煎的内争。

以写竹来表达作者的胸怀抱负，表达对时局的观点意见，"吴大帅""诗"出有名，身手不凡。

除上述几首外，吴佩孚的题竹诗主要集中在《题竹诗三十首》中，这是吴氏诗作中同类题材的汇编。这些诗篇幅长短不一，多为七言绝句，前十三首没有标题，也未注明写作时间，后十七首注有标题。从诗句和有关注释中得知，《题竹诗三十首》创作于1927年至1939年这十余年间。1927年，吴佩孚兵败下野，率卫队逃往四川，随后流寓于四川的奉节、大足、达县等地，这是他人生最不得志，最为郁闷之时。1932年至1939年，他应张学良之邀，离开四川，赋闲于北京的什锦花园，直到1939年12月被日本特务杀害。

赏阅这30首题竹诗，可见并非写于一时一地，但却有一个共同的大背景，那就是时值吴氏人生低谷，烈士暮年，这些诗作多为愤懑、郁闷之时所作，是情感的真实流露，是"愤怒"时情感的"喷发"，其中不乏精彩之作，多有佳句名言。这些题竹诗也是最能体现他军人笔下竹的精彩所在。

军人笔下竹——题竹诗的独到之处

中国文人对竹似乎有一种偏爱，也不乏名言、佳句。文人写竹，多讴歌竹子的品格。唐代杜甫的"玉碎不改白，竹焚不毁节"，"未出土时先有节，至凌云处总虚心"；宋代苏东坡的"宁可食无肉，不可居无竹；无肉令人瘦，无竹令人俗"；清代郑板桥的"咬定青山不放松,立根原在破岩中。千磨万击还坚劲,任尔东西南北风"等等,这些现代人耳熟能详的诗句,无不热情讴歌了竹子清白高洁的品格。

而军人的笔下竹是何等模样?且看军人吴佩孚笔下的题竹诗。

吴佩孚的题竹诗题材广泛,堪与历朝历代的文人媲美。在他笔下,雨竹、春竹、露竹、风竹、雪竹、大竹、四季竹、潇湘竹、观音竹等等,品种不下十余种,看得出,这位"儒帅"研究竹子只是研究到了家。在描绘这些多姿多彩的竹子的同时,吴佩孚满怀激情地讴歌了竹势、竹德、竹韵、竹怀、竹风。

人们所熟知的郑板桥,是画竹、写竹的高手,他的写竹诗也颇有气势,如"我有胸中十万竿,一时飞作淋漓墨,为凤为龙上九天,染遍云霞看新绿"。只可惜,他的"胸中十万竿",只能"一时飞作淋漓墨",而军人吴佩孚笔下的竹,则化作气势磅礴的军阵,化作千军万马的厮杀。

"八月秋高风怒号,潇湘千倾涌波涛,声嘶战马山河动,响聒栖鸾星斗摇";在这里,"潇湘千倾"涌起了波涛,"声嘶战马"让山河震动,这是何等气势。在《题竹诗·其七》中,吴佩孚写道:"天下谁人识此君,亭亭直上势凌云。传神曾借东坡笔,撼阵犹如武穆军;老干纵横瞻气象,迎风摇曳动星文。岁寒百卉都凋落,始信此君迥不群。"好一个"迥不群",文人笔下亭亭玉立的"竹子",竟成了可以"撼阵"的"武穆军"了。也许只有这位"儒帅"笔下,才能写出如此气势的诗句。

在吴佩孚的《题竹诗三十首》中,有多首是写"雨竹"的。"天街小雨润如酥,绿竹漪漪滚露珠。叶密犹巢金翡翠,枝交宛若碧珊瑚。""滂沱霖雨似盆倾,万竹喧豗万壑鸣。掉尾奋除原上草,低头岂为世间名。""天街小雨","绿竹漪漪",这是何等意境?而"滂沱霖雨","万竹喧豗"这又是何等气势!这些"雨中竹"的情致与气势也是一般文人笔下所没有的。

在军人吴佩孚的笔下,竹枝、竹叶竟成了军人手中的兵器,这恐怕也只能出自这位"儒帅"笔下。

"老干亭亭插碧霄,枝如戈戟叶如刀。""老干凌霄百尺高,枝如戈戟叶如刀。"在《题竹诗三十首》中,竟有两处提到"枝如戈戟叶如刀"。好一个"枝如戈戟叶如刀",将竹子的枝干比作"戈戟",将竹叶比作"刀"的,恐怕非"吴大帅"莫属。笔者断言,也只有久经沙场的军人,才能有此精彩比喻。那些整天辗转于书斋、府衙的文人,是断然写不出如此铿锵有声的佳句的。

"衙斋卧听萧萧竹,疑是民间疾苦声。些小吾曹州县吏,一枝一叶总关。"郑板桥的这首诗,曾被许多人推崇。它反映的是这位"县官"的爱民情结。而在军人吴佩孚的眼中,"萧萧竹"则化作金戈铁马,化作战鼓齐鸣。

"宁教松柏分青翠,直上星河洗甲兵。君本中空无一物,稽天巨浸不须惊。"这里,万竿翠竹竟成了吴大帅眼中的"甲兵"。

"新篁拔地嘘云气,老干谁人剖虎符,报到平安当此日,江南黎庶几时苏。"在这里,竹子的"老干"竟成了调兵遣将的"虎符"。

"淋漓洗透珊瑚节,造化详参天地根。牧竖樵夫休剪伐,固吾疆圉作屏籓。"这里,竹子又成了"固吾疆圉"的"屏籓"。

"声嘶战马山河动,响眰栖鸾星斗摇。一纵一擒凭老干,时颠时起有孤标。诘朝风定平安报,谁与此君解战袍。"这里,竹子又与"战马"和"战袍"联系在了一起。

"珠联漫卷三千里,青铠分披亿万竿。"在这里,绿竹分明又成了将士身上的凛凛"青铠"。

"凤尾龙须色色新,数茎垂海吐丝纶……陡起怒涛惊恶梦,养成铁帚扫烟尘。"在"吴大帅"的笔下,竹子与军队、军阵的瓜联似乎无处不在。这里,竹子又成了横"扫烟尘"的"铁帚",你不得不佩服这位"儒帅"的想象力。

从"枝如戈戟叶如刀",到"甲兵""虎符",从"固吾疆圉"的"屏藩"到"战马""战袍",从凛凛"青铠"到横扫烟尘的"铁帚",军人吴佩孚笔下的竹,与军人、军队、战阵是这样的密切相关,这境界,这想象,这诗句,也许只能出自"吴大帅"之手。

秀才与大帅,军人与诗人,在别人眼里,相距甚远,而在吴佩孚身上,则是难解难分的糅合在一起。赏析文人笔下竹,感受的是竹的翩翩风度、高尚气节;赏析军人吴佩孚的笔下竹,感受的是别样的竹韵,别样的情怀。

孙为刚　烟台日报社高级记者、《烟台日报传媒集团年鉴》主编

试论吴佩孚的道德思想及其实践

吴佩孚(1874—1939),字子玉,汉族,山东蓬莱北沟吴家村人。1896年,吴佩孚在登州考中秀才,1897年离开家乡前往北京,投笔从戎,开始闯荡天下。后来又曾先后进入开平武备学堂、保定陆军速成学堂深造,逐渐从一个普通士兵成长为督队官、官带、团长、旅长、师长、巡阅使。1924年9月8日他被冠以"中国最强者"之名亮相于美国《时代》杂志的封面时,威名正处于巅峰。他所控制的直系势力,北至山海关,南到上海,影响着大半个中国。作为民国时期著名的直系军事将领,吴佩孚与大多数出身行伍的军阀不同,他出身秀才,深受儒家文化熏染,素有"儒帅""儒将""秀才军阀""草莽间的儒生""学者军阀"之称[①]。综观吴佩孚一生的著作、言论与行动、思想及表现,他始终把中华传统道德作为自己人生的要谛,造次必于是,颠沛必于是。他对中华传统道德的实践与传播,在北洋群阀中可谓凤毛麟角,寥若晨星。研究吴佩孚的道德思想及其实践,对于当下国人从传统美德中汲取实现中国梦的精神力量必将大有裨益。

---

① 苏有全、任同芹:《对吴佩孚研究的回顾与思考》,《大连大学学报》2010年第5期。

一、忠孝为本 爱国仁民

吴佩孚的童年,家境寒微,但其父母望子成龙,六岁时即送入私塾,学习四书五经,接受儒家启蒙教育。因此吴佩孚从小就沐浴在传统文化的氛围中,深受孔孟儒家文化的熏陶,"忠、义、孝、悌"思想根深蒂固。吴佩孚的"忠孝观"集中体现在其遗著《循分新书》《明德讲义》和众多《演讲词》之中。

"忠"是儒家思想中一个很重要的政治伦理范畴。在封建社会,忠主要针对君主而言,即臣对君要绝对忠诚。吴佩孚对忠的理解则不只是强调对君的忠诚,而是把忠看成是待人接物的基本处世态度,是做人的基本道德,相当于我们今天所讲的诚信。吴佩孚认为一是"大忠",一是"中心为忠"。"砥柱中流,挽回乾坤,方算大忠"①。如关圣帝不降东吴,岳武穆不附秦桧,均是"大忠大义"的表现。在"君权时代,忠字专属于君。但忠于职守亦谓之君。故忠者,不能专君臣范围"。"为人谋而不忠,此之忠不属于君也,言忠信,行笃敬,此之忠又不属于君也。故忠之狭义,仅对君而言,忠之广义,则无所不包"。他说:"吾人处事,凡我中心之奉为主宰者,皆应以中心为诚恪对待之。中心之认为天理人情所当奉仰者,亦应以中心之诚实赴之。推而至于忠其职,忠其事,忠其心,无一而不出于忠之一字。"在吴佩孚看来,"立身处世,舍忠莫能行,待人接物,离忠莫能举。尽忠者,即吾人心中最初之一点天良也,亦即中心由静而动之一点始基也。扩而充之,推而广之,忠于人,则人服且悦;忠于事,则事无不举;忠于物,则物无不格。故忠者,包万事万物,而为中心表现实行之道也"。"由是而兄弟相待以忠厚,邻里

---

① 唐锡彤:《吴佩孚文存》,吉林文史出版社,2004年。以下引文如未注明,均出自此书。

相待以忠直,乡党相待以忠信,朋友相待以忠正,宾主相待以忠敬,师弟相待以忠挚,奴仆相待以忠爱,夫妇相待以忠贞,长幼相待以忠实,贫富相待以忠义,贵贱相待以忠诚"。吴佩孚对忠的理解显然超越了传统的政治伦理范畴,将忠的主体拓展到对亲人、对朋友、对邻里的忠诚。吴佩孚还特别强调,无论何人,不可不具忠字的品格。譬如教师,以品节详明,作育人才为忠;农者能尽力耕作,依限完粮为忠;工者能尽力工作为忠;商者能货真价实为忠;军人能遇为国为民之长官,能忠于长官,即是忠于国家。在这里,他把忠看成是个人的最基本品格。

"孝"是中华民族最重要的传统美德之一,是儒家伦理思想中基本的行为规范和重要的道德范畴。儒家文化极为崇尚孝道,把孝看成为"德之本""仁之本""人伦之始""众善之首"等等。吴佩孚在不同场合曾多次提及孝,甚至认为解决中国问题的主要途径就是孝。特别是在各级学校的演讲中更是详尽阐释了孝的重要作用。"如求国家之治,天下之平,须从孝字做起"。因为"忠出于孝,如能孝父母,扩而充之,则对师长对朋友,对地方,对国家即无不进思尽忠矣"。他认为:"读书人明白事理,事亲尽孝,如晨昏定省,出告反面,冬温夏清,父母在不远游,游必有方云云,皆士之孝也。农者勤于耕作,使父母衣食得以无缺,无好货财私妻子等事,此农之孝也。工人勤工慎事,所得既丰,以养父母,无好勇斗狠,以危父母等事,此工之孝也。商人持躬维正,摒绝烟赌淫嫖,保持精神,使事业不致失败,足以奉养父母,此商人之孝也。"在他看来,无论哪一阶层首先要在物质上悉心赡养父母,早晚探视,冬温夏凉,使父母能够安享晚年。不仅如此,他将孝提升至精神生活层面,使父母精神愉悦。

中国传统的政治架构是"家国一体",所以忠孝是不可分割的一体,是一种责任,对国家、对父母的责任。吴佩孚是这样论述忠孝之间关系的:"孝为忠之本,忠为孝之用也。""人能尽孝,必能尽忠,是孝实为忠之根","诚能忠由孝出,才算真正爱国"。吴佩孚认为忠孝必须从平时一言一行出发,脚踏实地,从小事做起。"凡事能本忠孝做去,则可造成完人"。也就是说,只要从忠孝出发,就能成长为一个对于社会有用的人,一个完美的人。更为难能可贵的是,在各种演讲、集会中,吴佩孚多次把忠孝与爱国相联系,对忠孝与爱国的关系进行了阐释。1931年,在四川广安县中学校欢迎会上,吴佩孚提出:"忠由孝出,才算真正爱国,倘以为有利于国,有益于民,不可顺应潮流,与人同污,必须砥柱中流,挽回乾坤,方算大忠。"大忠就是忠于国家,忠于民族。在吴佩孚看来,忠于国家比忠于君主、忠于个人更为重要。在当时的社会背景下,这种以忠孝为本的爱国主义思想,难免存在维护传统礼教,宣扬旧道德、旧文化的缺陷。但其正能力则表现为有助于中华民族的优良品质——民族自尊精神,以及社会的安定、民族凝聚力的形成与发展;有助于抵御帝国主义列强侵略,振兴中华,实现国家统一。即使在今天,对于我们树立爱国主义理想,实现中华民族伟大复兴的中国梦,同样有着积极的意义。

如果说吴佩孚对国家最忠,有爱国仁民的情怀,这是毫不夸张的。事实表明,在国家民族利益受到损害的时候,在民生受到威胁的时候,吴佩孚不为利诱,不畏威逼,用自己的实际行动诠释了忠孝为本、爱国仁民的真谛。

1919年1月18日,巴黎和会召开,会议竟答应了日本代表提出的胶州租借地、铁路及其他德国人在山东所享有的各种权利转让给日本的无理要求。北洋政府的代表居然准备在这样的和约上签字。这一消息使全国舆论大哗,各界纷纷宣誓拒绝在和约上签字。以学生斗争为先导的"五四"爱国运动就如同火山爆发一般地开始了。面对爱国学生的游行示威,段祺瑞的北洋政府出动大批军警进行了镇压,有32名学生被捕。此时远在南岳衡山之下的吴佩孚作出了与北洋政府截然不同的反应。6月9日,吴佩孚以第三师全体官兵的名义,向北洋政府和全国各界发出了支持学生运动的函电,他说:"当此外交失败之秋,顾忌者慑于威而不敢言,偏私者阿其好而不肯言。铜驼荆棘,坐视沦胥,大好河山,任人宰割,稍有人心,谁无义愤。彼莘莘学子,激于爱国热忱,而奔走呼号,前仆后继,以草击钟,以卵投石,既非争权利热中,又非为结党要誉,其心可悯,其志可嘉,其情更有可原。"要求政府当局"释放学生,以培养士气"①,并且公开指责中央政府镇压学生运动是"扬汤止沸,势必全国骚然","大狱之兴,必招大乱,其祸不止于罢学、罢市已也"②。明确指出在外交失败的关头,镇压学生运动是向民意宣战。27日,他再次致电中央政府要求释放爱国学生:"学生又何苦越职干政,自取咎决?如必谓民气可抑,众口可缄,窃恐众怒难犯,专欲难成。"吴佩孚在五四运动中支持"三罢"的言行得到当时社会各界的广泛称颂。

在中国近代历史上,反对帝国主义的民族剥削、压迫、奴役和侵略,保卫祖国,维护民族利益,就是赤心的爱国者,反之就是可耻的卖国者。吴佩孚当时作为区区师长,"言人所皆欲言,谏人所不敢谏"的勇气,正是来自他爱国仁民的情怀。他在"五四"运动中的"左一个通电,右一个通电",其内容与全国人民"外争主权、内惩国贼"的两大奋斗目标完全一致,甚至有过之而无不及。正如早期共产主义理论家蔡和森所说的,吴佩孚在"五四"时期的表现,"反对日本帝国主义的侵略,攻击安福系、新旧交通系的卖国,无论其动机如何,这些行为总像是一个未为国际帝国主义所收买的军阀了"③。

---

① 彭明:《中国现代史资料》,中国人民大学出版社,1987年,第1987页。
② 中国第二历史档案馆编:《五四运动档案资料》,中国社会科学出版社,1980年,第351—352页。
③ 蔡和森:《蔡和森文集》,人民出版社,1980年,第129页。

二、义以为上 浩然正气

"义"在中国传统道德体系中,是一个重要的德目。无论是在儒家的"五常"(仁义礼智信)还是管子的"四维"(礼义廉耻)中,"义"都排在第二位,足见其地位之重要。"义以为上",把精神生命放在第一位,这是儒家的核心价值①。"义以为上"的道德修养分为三个层次:第一个层次是"见义勇为";第二个层次是"见利思义";第三个层次是"舍生取义"。从道德人格和行为规范上,儒家要求人在处理个人同社会关系时其行为都要符合"义"。但是,这并不意味着儒家完全否定"利",汉代大儒董仲舒曾说过:"天之生人也,使之生义与利。利以养其体,义以养其心。心不得义不能乐,体不得利不能安。"儒家鼓励人们在义的范围内追求利,当义与利不可兼得时,人们要放弃利,"义以为上"。孔子所推崇的君子人格正是讲究以义为先。他所提出的"君子喻于义,小人喻于利"的命题表明,作为理想人格的君子通晓并推崇作为当然之则的"义",相反,小人则只知道追求某种功利。深受中国传统思想特别是儒家思想教育和熏陶的吴佩孚,特别推崇儒家思想中的"仁、义、礼、智、信、忠、孝、悌、廉、耻"等道德观,并将儒家的人生哲学和社会理想作为自己思考问题、为人处事、修身养性的根本。正是根据儒家的思想观念,才坚定了吴佩孚以天下为己任这一最为合理、最为崇高的人生观、价值观。

吴佩孚在《明德讲义》中专门论述过"义利辨"。他说:"大道之在天下,独水之在地中,水虽有千支万派,正流惟有一条。""故顺乎道者,曰公,曰善,而能有制裁,则统曰义,背乎道者,即私也,恶也,欲也。所谓利也,背公谓之私,不善谓之恶,悖理谓之欲,而舍

---

① 《中华传统美德之信用》,人民出版社,2013年,第198页。

义皆谓利。"吴佩孚还以舜与跖来区分君子与小人,"君子喻于义,小人喻于利。鸡鸣而起,孳孳为善者,舜之徒。鸡鸣而起,孳孳为利者,跖之徒"。他进一步强调:"王道坦坦,王道荡荡,皆言其平也,惟平乃谓之道。惟道乃得其平。平则遇事皆可处以公、中乎理、止至善、而合于义也。惟图我之自便者,纵欲徇私而不顾,能谓之平乎?不平则恶,即利也,而非道矣。"吴佩孚对义与利及其标准、关系的具体论述,充分表明了他带有独创性的义利观。他认为,"义者宜也。凡事合乎情理者谓之义,不合情理者则为不义","义者宜也,宜于赏则赏,宜于罚则罚,赏罚分明,即谓之义"。吴佩孚强烈谴责"民国之当道,以及巨绅富贵,对于屡被天灾人祸,流离失所的灾民,从不肯轻出一文钱,去救死恤贫,而于宿娼赌博,动耗巨万"的不义之举。吴佩孚认为"利者,即欲之见端也,有欲即有私,有私即有恶,循环相生,实有必然之势"。在他看来,民国时期长期的内讧,其中一个主要的原因就是"重权利,不重仁义","在上者剥削在下者应享受之权利以自肥,在下者,又不服从在上者之剥削自己应享受之权利以自利,于是互相削夺,以酿犯上作乱之书面"。

正是这种思想基础,使吴佩孚在义利之间,始终舍利取义,用其一生实践了儒家的义、利原则。特别是在抗战时期有关"青史留名"的大节上,表现出他超然的价值观和舍生取义的自我牺牲精神。

1931年秋,日本帝国主义悍然发动"九一八"事变,武装侵占了我国东北。半年后的1932年3月1日,成立了伪"满洲国"。9日,傀儡溥仪正式登场做儿皇帝。吴佩孚志在抗日,即由川经甘、宁、绥、晋、冀于1932年1月31日入京。抵京后,不但严厉质问当时代理北平军分会委员长张学良沈阳事变为什么不抵抗,而且特请"国学大师"章太炎代书申讨伪满的通电,于同年3月10日发表。电文义正词严:"故清废帝溥仪,受日人唆使,于长春就伪满洲国执政之职,警报传来,不胜发指!查东三省自汉魏已隶中国版图,近于约法载明,为中华民国之行省,其地户口三千万,满洲人未及百分之一,此中外所知也……伪称满洲独立国,实即为日本附庸,阳辞占领之名,阴行掠夺之实,为术狡险,路人皆知……亟及同仇敌忾,大张挞伐,对日本则为御侮之师,对窃据独立者,则申讨逆之义,庶见封土获全,邪谋消沮……方今四海横流,国亡无日,佩孚以退处之身,不能默尔。"历史正如吴氏通电申讨的那样,同年9月15日签订的《日满议定书》及日伪密约,伪"满洲国"承认日本对我国东北有实行殖民统治的宗主权①。

1935年,中国共产党组织了东北抗日联军,展开了广泛的反伪满抗日民族战争。此时日本也开展所谓"华北工作",煽动华北失势军人搞什么"华北自治运动"。其目的在使整个华北"满洲化",进而灭亡中国。日本特务机关头子土肥原,于11月要宋哲元组织华北"自治政府",多次拉吴佩孚"出山",组织伪政权。吴佩孚一针见血地指出"自治者,实自乱也"②,予以拒绝。

如果没有日本人的入侵,吴佩孚原本是要在北京城里颐养天年的。可是,卢沟桥事变的枪声打断了他的残梦。1937年初夏,日本人通过卢沟桥事变快速侵占了北平,一直不肯去南方做蒋的清客的吴佩孚,成了敌寇辖下的高级寓公。和吴佩孚一样留在北平的一些有身份的人士怕死也怕失去悠闲的日子,便摧眉折腰事倭寇,其出任伪职的经历成了终身难以洗净的污点,这其中不光有吴佩孚的一些北洋同僚与旧部,也有北大名教授周作人这样的名士。像所有的异族统治者一样,敌寇急于在占领区建立从属于自己的傀儡政权。日本特务重施故技,诱迫吴氏"出山"。大汉奸王克敏、齐燮元、江朝宗等亦为日人游说吴氏。吴佩孚当面斥责说:"吾衡

---

① 《日本外交文书》,《满洲事变》卷2,第622页。
② 郭剑林:《吴佩孚传》,第2020页。

阳班师,榆关战役,皆所以制倭也。"①1938年6月,日本人为了占领整个中国,打算将"华北临时政府"和"南京维新政府"合并,成立一个汉奸政府,他们又想拉吴佩孚出山。日本大特务头子土肥原亲自抓"吴佩孚工作"。力"劝"吴担当重任,"完成中日和议"。吴佩孚则提出自己的要求:日本"首须急速撤兵,次则将所占地方之军政财政,及一切行政交还,顾问指导官并须取消,经济统制亦应立刻解除,我为主,日为客,我发命令,日本人亦当极端服从;能如是,自可建议政府,恢复和平"②。这无疑是出了个难题,土肥原无以应对。

后来,川本、坂西、冈野等日本特务又相继力劝吴与汪合作,出任伪军事长官,统治华北地区。吴佩孚说:日本既需要和平,何不无条件撤兵,保持中华民国领土和主权完整,向国民政府全面议和?坂西说:"现在尚办不到。"吴答:"既办不到,何必找我?!"③据吴氏的亲信幕僚杨云史谈,吴曾对他说:"我不能禁止人威迫利诱我,但我决不受人威迫利诱。"④有一次,日本人以死威逼,不想一到吴的家里,吴佩孚就请他们看一样东西,原来是一具黑漆棺材,吴佩孚已经在上面刻上了自己的名字,只空了年月日。日本人利诱威逼均告失败。在日本帝国主义大规模发动侵华战争和民族存亡的紧要历史关头,吴佩孚确实做到不受土肥原等日本特务的威迫利诱,不为高官厚禄所动,表现了一个旧军人大义凛然的浩然正气。抗战胜利后,国民政府为表彰其晚节,而追赠吴佩孚为陆军一级上将。中华民族是一个重视气节的民族,只有保持和维护民族的尊严,才能赢得后人的敬仰。这是历史的启示,也是今人必须信守的准则。

---

① 《吴佩孚先生集》下编,第467页。
② 陈廷杰:《吴上将军殉国记》,第3—4页。
③ 重庆《中央日报》1939年12月2日。
④ 重庆《大公报》1939年12月7日。

三、尚廉知耻 清白乃心

廉与耻,早在春秋时期就被管仲提了出来。《管子·牧民》说国有"四维":礼、义、廉、耻。管仲认为这四个道德要素是支撑国家的四根大柱子。到了宋朝,廉与耻又被纳入儒家"八德",即孝、悌、忠、信、礼、义、廉、耻。儒家所说的"廉"就是廉洁。有廉德的人,无论见到什么,都不起贪求之心,不想占便宜。"耻"就是羞愧,羞辱。有知耻之心,是人的可贵之处。如果做了坏事还满不在乎,一点儿也不感到羞耻,那就是"恬不知耻"。足见,廉与耻在中华传统美德中是必不可少的德目,是中华美德中人生在世的基本价值准则。吴佩孚在他的论著中,也有对廉与耻有许多具体的论述和标准,表现出强烈的尚廉知耻的鲜明立场。

在吴佩孚的遗著《循分新书》中,有"尚廉章"和"知耻章"是专门论述廉与耻的。吴佩孚在"尚廉章第十二"中开宗明义的指出:"贪之一字,最足坏事。故人之一生,莫如尚廉。"他说:"廉者不贪也。分所应得,万金不辞;分不当得,一分不取。"吴佩孚认为,尚廉不只限于不贪财,也适用于其他方方面面。"凡百玩好,不知尚廉以清其源,则贪色者,必死于色;贪酒者,必死于酒;贪气者,必死于气。又岂有贪财者不死于财者哉?"吴佩孚进一步强调:"然则贪财固非廉,或贪酒、贪色、贪气,以及贪声名、贪逸乐,而无忧勤惕励之心者,亦仍非廉。"在吴佩孚看来,"廉则心术正大,而人品是君子;贪则心术邪恶,而人品是小人"。一个人虽然做出了惊天动地的事业,但因其"心有所贪,然后为之,皆于本分有愧也,终不得为廉洁"。想反,一个人虽然并没有做出什么了不起的大事业,但因其"心无所贪,恬淡处之,皆于本分无愧也,终足推为廉洁"。

关于知耻,吴佩孚讲得比较多。正如他在"知耻章第十三"开篇所说的:"耻之于人大矣哉!""故自古圣贤,殷勤教人,莫不以行己有耻为重。""今有人焉,谓尔不孝,或不忠,自己必忿然做色,表示不满,即为知耻。"吴佩孚认为,"有耻者,方能事事守耻。不然,则事之可耻者,亦恬然而不耻;理之可耻者,亦贸然而不耻。故古圣先贤,教人以有耻,而又恒谆谆以无耻为戒"。在此,他还列举了士农工商的各色无耻之事理:"士子不能希圣希贤,无耻也,岂但沽名钓誉,把持武断,始为无耻;农人不能勤俭浑朴,无耻也,岂但伦常乖忤,邻里嫌隙,始为无耻;工匠不能择术学习,无耻也,岂但欺诈奸顽,造作粉饰,始为无耻;商贾不能见利思义,无耻也,岂但奢华骄侈,淫荡匪僻,始为无耻。"在吴佩孚看来,"夫人果以不为圣贤为耻,则必有志于圣贤;果以或为愈壬为耻,则心不入于愈壬"。因此,"庶乎穷而在下,则为有耻之士民;达而在上,则为有耻之官吏"。1932年春,吴佩孚在北京山东同乡会的讲演讲说:"耻,居八德之末,一般社会,骂人动云忘八,忘八者,即骂人一切言行,忘却八德中第八字之耻字也。今国难当头,人人犹酣歌妙舞,游嬉自娱,是谓鲜耻。"

吴佩孚一生尚廉知耻,不烟不色,不积私产,言必行,信必果。他曾用自撰的联语挂在客厅自律:"得意时清白乃心,不纳妾、不积金钱、饮酒赋诗,犹是书生本色;失败后倔犟到底,不出洋、不走租界、灌园抱瓮,真个解甲归田。"①事实上,吴佩孚也确实是言行一致,做到了一生清白自守。

吴佩孚为人的信条是:"不贪财,不好色,不纳妾,不嫖娼。"以女色为例,当时似他一样的权贵人物,袁世凯也好,曹锟也好,张作霖也好,个个都是三妻四妾,美女尽收床前仍嫌不足。而吴佩孚,却从始至终,只有老妻张佩兰相伴,从不拈花惹草。吴佩孚辉煌后,始终不肯抛弃糟糠之妻。更难能可贵的是,两人无子女,其妻劝吴纳一小妾,不要断了吴家香火,吴不从。1922年,一个德国贵

---

① 知辛:《吴佩孚的一生》,见武德报社编:《吴佩孚》,第6页。

族女子,迷上了吴佩孚,不远千里跑到洛阳,向他当面求爱,被断然拒绝,该女子还不死心,回到上海,不断给吴佩孚写情书,几个月后,所有的情书都没开封的退了回来,最上面的一个封面上写着"老妻尚在"四个大字。像他这样的人物,在当时的社会背景下,能够做到这些,应当说是难能可贵的。

吴佩孚在用人方面,唯才是用,决不惟亲是举。他曾经下过一道手谕:凡吴姓之"天、孚、道、运、隆五世永不叙用"。他不仅把自己亲戚的攀附之路给堵死了,而且对朋友的举荐也从不轻易买账。这从吴佩孚批示过的两件公文中就可见一斑。一是某先生曾在别处为官,名声不好,得知吴佩孚主政直鲁豫,便托关系欲到河南谋个官职。报告呈上,吴佩孚批曰:"豫民何辜?"意思是俺河南老百姓有什么过错,竟要这样的人来当官,承受因他当官而带来的祸害——因为为官一任,可造福一方,也可祸害一方。吴佩孚不买推荐者的账,也不用官话套话挡驾,仅以老百姓的利益为由凛然拒绝,义正辞严。二是某"下岗"军佐,获悉吴佩孚帐下有一旅长空缺,经政要介绍拟了自荐书,里面大谈理想抱负志向然后言归正传,最后是"愿为前驱功成解甲退居故里植树造林福泽桑梓"云云。吴佩孚批示:"且先种树。"对这等志大才疏、夸夸其谈的跑官者,吴佩孚的批示很有针对性——既然你有这种为人民服务的精神,先回乡种种树再说。吴佩孚的这种用人之道,在北洋军阀中还是较为罕见的。

吴佩孚还对自己提出过"三不主义":"不住租界,不积私财,不举外债。"虽然有人指责他哗众取宠,但在某种程度上,吴佩孚的确实践了他的信条。现在的教科书上说直系获得了英美的支持。其实吴佩孚一生都没有向外国人借过一分钱。真正获得过英美支持的是直系中的冯国璋和孙传芳,吴佩孚是军阀中的例外。至于"不入租界",吴佩孚更是说到做到。他在第二次直奉大战中失败以后,吴佩孚退守天津,日本领事吉田茂建议吴佩孚暂避日本租界,吴佩孚却严正表示："谁要我进租界,我要谁的脑袋。"①吴佩孚做官多年,统治过几省地盘,带领过几十万大兵,却没有私蓄,也没有置器产。他不仅严于律己,而且对自己部属也要求甚严。据杨森回忆,吴佩孚的部属生活"皆极端困苦"②。在北洋军阀"到处奸淫掳掠,焚烧杀戮,以及强买强卖"的那个年代,吴佩孚亦能做到:不以国家或地方公款来饱个人私囊,更鄙视那种"花天酒地""利欲熏心"的许多在位者把侵吞之公款"存放外国银行",拥资数千万。在那炙手可热的时代,吴佩孚故乡蓬莱"仅有田二十亩"。平时既得政府饷银,即交师部会计,令分给士兵,自己不留分文。做到了"生平不私一钱,终身不事家产"。以廉为荣,以贪为耻。与他同时代那些腰缠千百万的军阀相比较,实属难能可贵。

总而言之,吴佩孚用他的道德思想及其实践,真正践行了"居天下之方居,立天下之正位,行天下之大道,得志与民由之,不得志独行其道。富贵不能淫,贫贱不能移,威武不能屈,此之谓大丈夫"。他一生自始至终恪守"常则洁己奉公,变则致身报国"③"务以圣贤为归""在位应为国家营业,谋取国人公共的福利为是"④"军人为国家柱石,责在卫国保民"等人生准则,"不敢暇逸,以成磊磊落落之大夫,皎皎洁洁之真君子"。实现了毕生的宏愿:"正气常留宇宙春。"⑤吴佩孚知行合一的道德思想及其豪迈人生是留给后人的一份宝贵财富,永远给人们以激励,给人们以启迪。

　　　　　　　　　　刘　青　中共烟台市委党校教授

---

① 朱传誉:《吴佩孚传记资料》,天一出版社,1981年,第30页。
② 同上,第23页。
③ 《吴佩孚先生集》,第13页。
④ 同上,第149页。
⑤ 同上,第195页。

浅谈吴佩孚官德

北洋政府时期,各地的大小军阀官僚纷纷抢占地盘,中饱私囊。但吴佩孚官至直鲁豫巡阅使,中共元老董必武却评价他有两点和其他的军阀截然不同,第一,他平生崇拜我国历史上的伟大人物是关、岳,他在失败时,也不出洋,不居租界自矢。第二,吴氏做官数十年,统治过几省的地盘,带领过几十万大兵,他没有私蓄,也没置田产,有清廉名,比较他同时的那些军阀腰缠千百万,总算难能可贵。足见吴佩孚有着令人称道的官德。

一、坚守国格,爱国有担当

民国以来,大小官僚军阀为了各自利益,攻城掠地,兵戎相见。他们大多借助洋人势力,扩展势力范围。而当国家和民族利益遭受外敌入侵时,往往屈膝以降,卖国求荣。但吴佩孚却从没有忘怀国家利益,而是常怀爱国之心,不卖国,不入租界,赢得"爱国将军"的美誉。

1919年5月4日,北京的大学生们走上街头,要求政府拒签出让青岛的《巴黎和约》。游行学生捣毁并焚烧了卖国官员的私宅,遭军警逮捕,激起全国的抗议浪潮。几天后,远在南岳衡山的吴佩孚得知消息,直接向大总统徐世昌发出对处理学生爱国运动态度电:"大好河山,任人宰割,稍有人心,谁无义愤?彼莘莘学子,激于爱国热忱而奔走呼号,前仆后继,以草击钟,以卵投石,既非争权利热中,又非为结党要誉,其心可悯,其志可嘉,其情更有可原。"①数日后,又致电南北双方将领,联名通电反对政府签约。为爱国学生提供最有力的支持,最终迫使北洋政府做出让步。洛阳练兵时,他的《登蓬莱阁歌》成为北洋三师军歌在军中传唱:"北望满洲,渤海中风浪大作!想当年吉江辽,人民安乐。长白山前设藩篱,黑龙江畔列城郭。到而今倭寇任纵横,风云恶。甲午役,土地削;甲辰役,主权弱。江山如故,夷族错落。何日奉命提锐旅,一战恢复旧山河!却归来,永作蓬山游,念弥陀。"②这气势豪迈的诗词流露他浓浓的爱国情。

吴佩孚一生不入租界,对国格的坚守至死不渝。袁世凯死后,黎元继任总统,1917年张勋复辟,黎元洪进入外国使馆。张勋复辟失败后逃住荷兰使馆。段祺瑞兵败之后,把家搬到天津日租界寿街。曹锟失败后到天津英租界做了寓公。孙传芳"九一八"事变后到天津英租界。而吴佩孚1924年败军后,有人建议吴佩孚逃入天津租界,他厉声斥之:"堂堂军官,托庇外人,有伤国体,乌可为者!"到了汉口,日本人探询他是否愿游日本,吴佩孚回答:"我连租界都不住,谈何去日本!"③1939年底,吴佩孚吃饺子时一根骨渣插进了牙缝,疼痛异常,几天后肿得越来越重,危及生命。家人请德国医生诊断,认为必须住院手术,并让其家人赶快送往东交民巷德国医院。但吴佩孚素有"不入租界"的誓言,家人着急,吴佩孚却对夫人说:"你我夫妻一场,我的心意你不能说不了解,倘若你趁我昏迷不醒之际,把我送到东交民巷,那我们就不是夫妻了!"④后来终因日本医生来家治疗,手术后气绝而亡,以死坚守了国格。

吴佩孚的爱国和担当还体现在他对故宫的保护上。1923年,

---

① 唐锡彤:《吴佩孚文存》,吉林文史出版社,2004年,第10—11页。
② 同上,第210页。
③ 李兴濂:《吴佩孚的另一面》,《共产党员》2007年第23期。
④ 刘明钢:《吴佩孚的为人处世》,《文史精华》2008年第7期。

北京政府为解决国会会场狭小问题,决定拆掉紫禁城三大殿,改建为西式议院。吴佩孚得知后,立即给大总统、总理、内务总长、财政总长发去电报:"查三殿规模闳丽,建明永乐世,垂今五百年矣。光绪十五年,太和门灾被修之费每柱糜国币至五万元。尝闻之欧西游历归者,据云百国宫殿,精美则有之,无有能比我国三殿之雄壮者,此不止中国之奇迹,实大地百国之瑰宝……若果拆毁,则中国永丧此巨工古物,重为万国所笑,即亦不计,亦何忍以数百年故宫,供数人中饱之资乎?务希毅力维一大地百国之瑰宝,无任欣辛,盼祷之至。"①各报刊争相登载吴佩孚通电,举国上下坚决拥护,从而阻止了国会改建三大殿,保护了故宫三大殿。在祖国的历史文化遗产受到危害的关键时刻,吴佩孚挺身而出,起到了他人无法起到的作用,这一事件足见吴佩孚的爱国之心和社会担当。

二、常守清廉之德,不敛财,不置田产

清正廉洁历来是官德之要。吴佩孚《循分新书(上卷)》专作"尚廉"章指出,"贪之一字,最足坏事。故人之一生,莫如尚廉。使舍廉而不尚,事事有一贪字在,其弊即有不可胜言者","财为养命之本,无财则命何以养?自我言之,财之可贪不可贪,亦当有所分别。分所当取,即千驷万钟不为贪;分不当取,即箪食豆羹亦非廉","廉则心术正大,而人品是君子;贪则心术邪恶,而人品是小人"②。1932年春,吴佩孚在北京四川同乡欢迎会讲演中指出"贪财过甚,即使不遭兵匪工产之祸,亦足长子孙骄奢之风,丧德败家。今之军政各界多贪不义之财,适增象齿焚身之累,即是财多不能自

---

① 中国第二历史档案馆编:《中华民国史档案资料丛刊——吴佩孚档案资料选编》,《民国档案》杂志社,2009年,第143—144页。
② 《吴佩孚文存》,第10—11页。

由,何不以有余之财,用之有用之地"①。《循分新书(上卷)》节用章"人孰无用,而其用也,则要不可以不节""人知所用宜节,而不知所取,尤宜有节""为官吏而得禄俸,不外索分毫,此节取也。而于地方得弊,当兴当除者,虽捐俸廉而不惜,此亦为节用"②。

吴佩孚一生饮食起居简单,吃面食、米饭,每餐只喝少许山东黄酒和绍兴酒。上海《民生》杂志曾在1939年创刊号上专门描述过吴佩孚的日常生活:他虽身居要职,无奈赋性刚毅,廉洁自守,与其部属同甘共苦,所以说到他的衣服方面,当在职时除了数袭必备的军服外,西装和华服一件也没有的……他的衣料全系国产所制,绝无一袭非国货之物,即家中眷属亦然如是,至于西服则吴将军终生并未穿过。关于他的食物嗜好,倒可把"节食淡饭"来形容他③。

吴佩孚在驻节洛阳巅峰之时,中外访客络绎不绝,吴佩孚在接待各方访客时也杜绝奢侈的吃喝。洛阳巡阅使署当时招待各方宾客方式有两种。"一为普通之宾,不论中外人士,只招待于食堂,一日食以二餐;二为外国使节或大官,如有其本国之公式照会或中国国务总理、总长、各省督军、省长、司令官之来访,特开大餐房以宴之,盖贵贱有序,公私有别,宴食之礼,不能逾越分际也"④。钱昌照曾回忆1924年从英国留学归国到洛阳拜见吴佩孚,"吴招待我吃烤白薯,身穿棉袍,白薯屑落了一身"⑤。从中可以看出吴佩孚生活的俭朴。

1922年4月华盛顿会议上,中日签署《解决山东问题悬案条约》及《附约》,中国收回胶济铁路及沿线矿山收回,准备设立公司,合资承办。公司的组织者赵尔巽、吕海寰等准备列吴佩孚为公司

---

① 《吴佩孚文存》,第165—166页。
② 同上,第21页。
③ 范国平:《三不将军吴佩孚》,《看历史》2010年第11期。
④ 赵恒惕等编:《吴佩孚先生集》,中国台湾文海出版公司,1959年,第313页。
⑤ 钱昌照著:《钱昌照回忆录》,中国文史出版社,1998年,第18页。

发起人之一。但吴佩孚却致书谢绝。"盖鲁案自凡尔赛拒签以来于今三年。全国奔走呼号,始得有收回之一日。当时力争者,既以民力为多。则今日承办者似应以民力为宜。所谓种瓜得瓜,种豆得豆。因民之所利而利之也。鄙人忝列戎行亦何敢贪天之功滥竽发起人之列。而冒与民争利之嫌乎。"在当时以官为商,军政两界垄断全国半数银行和实业公司的背景下,吴佩孚此举足见其清廉之德①。

吴佩孚不仅在手握军政大权时不敛财,不置田产。而且在兵败颠沛流离穷困之际也能守住清廉。在第二次直奉战争失败之后,有江宁人愿资助吴佩孚100万元以东山再起,任新加坡华威银行总经理的广东人刘骥也愿赠银50万元作为政治活动经费,英国也表示愿贷款2000万镑给吴佩孚,都被吴佩孚拒绝②。

吴佩孚本人自守清廉,不敛财,并且不允许部下敛财。如若部属被吴佩孚发觉私拿了不义之财,即便是一文钱,也可能会有性命之忧。这在中国北洋军阀是尤其少见。抗战胜利后,杨森到北平时,吴佩孚的旧部将、和刘玉春同守武昌的师长陈嘉谟,生活极端困苦,求见杨森。杨森以其衣衫褴褛,以为冒名求助而非陈氏本人,及问其家境时,陈氏说:"我有三子,长子当兵,次子做工,三子尚幼,皆极端困苦!"杨森说:"吴公旧部甚多,何不相助。"陈氏答曰:"吴公部属皆穷,爱莫能助。"于是杨森始确知访客为陈嘉谟本人。一天吴公馆邀宴,前武汉镇守使杜锡钧在座,杨森问及吴佩孚旧部生活情形,亦答云均极穷困,再细问其故,知吴佩孚在世之时,督率部下甚严,有钱皆以养兵,然后知所谓北洋军阀,实不能一概而论矣。又一日杨森偕先生旧部往谒先生墓,初以为必是极大建筑,飨堂碑亭,应有尽有,殊不知亲眼看到之物,仅为一座土堆,问

---

① 中央新闻社:《吴佩孚政书》,上海世界书局,1922年,第19页。
② 《吴佩孚先生集》,第301页。

其故,则云:"仅赖吾辈所助金钱修墓,其数已属有限,加以法币贬值,无法完成略具规模之坟墓云。"①

在当时贪腐成风社会环境之中,吴佩孚身居要职,掌握军政大权,却能言行一致,做到不置产、不贪污、不索贿、不受贿,没有商行店铺,没有公司股票,经济方面仅靠国民政府资助及出售书法、做佛事善事和旧友故交的援助维持生计,过得并不宽裕,清廉一生,着实令人敬佩。

三、常怀仁民之心,不扰民

吴佩孚出身平民,父亲只是个小商人,14岁时父亲病故,家境贫寒。吴佩孚一生坎坷,也深知普通百姓疾苦,所以常怀仁民之心。他在《循分新书》仁民章写道:"盖仁民者,存心慈祥,做事恺恻,但见急也,而不忍民之急;患也,而不忍民之患;忧也,而不忍民之忧;苦也,而不忍民之苦。故虽损己财物而不吝,劳己手足而不辞,其心心念念,无时无事,不以人民俱安为隐微也。"②

吴佩孚治军严明,军队所到,秋毫无犯,尽现其仁民之心。规定,"所到之地,凌侮其民,逼其妇女,此为奸军。如是者斩之;穷人财货,以为己利,夺人首级,以为己功,此为盗军。如是者斩之;主掌财帛,给赏之际,阿视所亲,使吏士结怨,此谓党军。如是者斩之;营垒之间。既非犒设,无故饮酒,此谓狂军。如是者斩之"③。吴佩孚攻克岳阳后,下令颁发安民告示,动员难民返乡生产,又令一部分士兵帮助民众熄灭城中余火,修整民房,筹集救济,并严禁各部人等行抢商民、奸淫民女,凡发现有违犯者就地枪决! 进占长沙后仍效仿岳阳办法,出榜安民,救济难民,严肃军纪,恢复生业,

---

① 《吴佩孚先生集》,第301页。
② 《吴佩孚文存》,第126页。
③ 《吴佩孚政书》,第5页。

很快博得省城舆论界和民众的一片赞誉。吴佩孚驻守湘南衡阳时,亲自制定了八条军令,诸如,"不得向商民赊、欠、挪、借";"不得扰民间一草一木";"竭力保护防区内外民众"等等。布告全军上下,违犯者严惩不赦。吴佩孚所带部队军纪严明,不扰民,明显地区别于各系军阀,博得衡阳民众好感,在当时的军阀混战中是实属难得。他在洛阳练兵时,建设电厂,供火车站,政府机关及部分商店照明用电,街道安装路灯。开通洛阳到西安和郑州的民用航空业务。在洛阳推行教育改革,成立一批新式学校。修缮邵雍祠、古唐寺等文物古迹。这一切都大大改善洛阳居民的生产生活条件。

1927年4月28日吴佩孚在腹背受敌,心灰意冷之际作《五十四生日述怀》:"民国军人皆紫袍,为何不与民分劳。玉杯饮尽千家血,红烛烧残万姓膏。无泪落时人落泪,歌声高处哭声高。逢人都道民生苦,苦害生灵是尔曹。"①不难看出吴佩孚对人民深受军阀混战之苦的关切,忧国忧民之情跃然纸上。1927年5月27日,兵败的吴佩孚率卫队逃亡四川,经过河南邓县构林关时,受到当地头面人物的热情款待。面对满桌酒肉,他却难以下咽,说:"免了吧,战火连绵,百姓不得温饱,我们还要这么多菜干什么。"只留下四个小菜,其余的全部叫人撤了下去。1937年,听到南京大屠杀的消息后,他绝食一天,以示抗仪。尽管他作为军阀为直系利益曾兵戈不休,涂炭生灵,但也不能否认其悲天悯人的仁民情怀。

四、忠于上司,信义为本

吴佩孚从小深受中国儒家文化的熏陶,一生崇拜关、岳,忠孝义耻深刻于心,忠于上司,信义为本。吴佩孚作《循分新书》:"立言虽甚浅近,履行实尽精微,其必以循分名者,盖欲人知书中所指示

---

① 唐锡彤等:《吴佩孚诗抄》,烟台市新闻出版局,2009年,第28页。

之事,皆吾身份内之事也。苟能遵循而力行之,或遵循而改悔之,不惟可以修身,可以齐家,并可由治国而平天下,以成化育之功,以跻圣贤之域,尚何越礼犯分之有哉?"①效忠章第八写道:"中心为忠。盖由心之诚实无伪,自中以发外,而外亦如其中也","臣之忠君。常则洁己奉公,变则致身报国。"在守信章第九则指出:"信者,实也。信人所言之理,而不以己见参焉,谓之信。信固是一定其言,久要不忘。然必为言之近义者,始可信也。"②

历史上有许多应时善变者,随时寻找投机的机会,不断更换靠山的门庭。民国年间的军阀石友三,初入吴佩孚部,后投冯玉祥部,再投阎锡山,后冯玉祥表示可以既往不咎,又回到冯部。1929年,被蒋介石收买,随即又与唐生智通电反蒋,兵败,又赶紧易帜到阎锡山旗下,躲过蒋介石的追究。1930年中原大战中,又投靠张学良,1931年,又受汪精卫拉拢,通电讨张。这一次,遭到蒋介石和张学良的南北夹击,石友三全军覆灭,成了光杆司令。两年后,他又勾结日本人,中间还一度编在宋哲元部下,最终,这位毫无诚信可言的军阀,在其准备正式投降日寇前,被人设计活埋于黄河岸边。

但吴佩孚却是忠于上司,信义为本。他投身北洋军后,不断展现出的聪明才智和军事才能很快受到上司的青睐。他曾两次救过曹锟的性命,深得曹锟的信赖与感激,誓与吴佩孚共进同退、不离不弃。随着曹锟势力的壮大,吴佩孚的官位也亦步亦趋地不断攀升。得到曹锟的器重的吴佩孚则深怀感激,誓死追随曹锟一生,即使后来其声望远远超过自己的老上司曹锟,成为北洋军阀的中心人物,也从未有取而代之之心。曹锟最后不听他劝阻,通过贿选登上总统宝座,吴佩孚顿足叹息,只是痛骂津保派误国误曹。但面对不受全国人民爱戴的曹锟,却宁肯到洛阳专心练兵,也不愿犯上作

---

① 《吴佩孚先生集》,第3页。
② 同上,第13—14页。

乱,取而代之。吴佩孚兵败之后,日本领事吉田劝吴佩孚与段祺瑞再结旧缘,但吴佩孚说,如果从吉田的建议,"为一时之权宜计,结段以背曹,大义名分之谓何","关于个人一时之成败,本不在念中,此为我不能擅背曹而结段之原因,故宁为玉碎不为瓦全也"①。

五、跨越人情关,杜绝任人唯亲,生活作风严谨

在中国封建政治中有一个突出的现象就是一人得道,鸡犬升天,即使在当今社会也有少数领导干部过不了这一关,犯下任人唯亲的错误。但吴佩孚在这方面却能跨越人情关,令人敬佩。

吴佩孚当权后,前来跑官要官买官的亲朋好友络绎不绝。他亲下手谕:"天、孚、道、云、龙五世永不叙用",这5个字都是蓬莱吴姓一系,一道手谕将自家亲戚攀附之路全堵死。就连他的嗣子吴道时也只是侍奉吴佩孚左右,不曾担任军政职务。

吴佩孚的有一老同学前来依附,得委上校副官。此人颇想过"知县"瘾,上了个条陈自称:"文武兼资尤富于政治常识",要求到河南当县长。吴亲批"豫民何辜"四个字,原件发还。此人不明本意,欣然前往,结果"百里侯"始终轮不到他,他才把原批请教朋友,一经说破,颓然若失。但是,此公不识时务,居然又梦想当旅长,"愿提一旅之众讨平两广,将来班师回洛后,释甲归田,以种树自娱"。吴佩孚大笔一挥:"且去种树。"他的另一个老同学毛遂自荐愿当他的后勤部所长的职务,吴大帅批示:"所长必有所长(chang),兄之所长何在?"以此拒绝了老同学的自荐。

吴佩孚虽曾经呼风唤雨,叱咤风云,但生活作风却严谨有节。当时的权贵人物,袁世凯、曹锟、张作霖个个三妻四妾。吴佩孚却恪守传统,谢绝纵欲,从不拈花惹草。他年轻时就写过:"率性而节

---

① 邓文初:《对手相看两了然》,《博览群书》,2004年第8期。

欲,可庶几于圣贤;纵欲而灭性,则近于禽兽。"他30余岁才娶结发妻子李氏,因李氏不生育,后因母亲坚持纳妾张佩兰,但对两位夫人排得很正。李氏病故后,吴佩孚再未纳妾。据说,1921年来自德国驻华公使的年轻貌美的千金露娜小姐,在洛阳见到了吴大帅,一见钟情,万分崇拜,写信向吴大帅求婚。吴不识德文,吩咐秘书译出呈上。于是,那封求婚情书便成了往来公函。吴佩孚依例挥毫批示:"老妻尚在!"加以回绝。吴佩孚自禁女色,对下属也要求戒色。凡有不正当男女关系的军官,一经查证,立即撤职。

综观吴佩孚一生,政治上他迂腐于旧的封建礼教,思想保守,无远大的政治视野,看不清历史发展的主流和趋势,仇视共产主义,酿成"二七惨案",最终注定了他政治上的失败。但比较同时期的军阀官僚,吴佩孚对国家和民族的兴衰有担当,能一生守住"不入租界,不积私财,不举外债"誓言实属不易,其官德不论在当时还是现在都是值得肯定的。

曹桂华　中共烟台市委党校教授

略论吴佩孚的国家观

鸦片战争以来,不断加深的民族灾难唤起了人们救亡图存的神圣使命。出生于1874年吴佩孚,经历了甲午战争的丧权辱国的切肤之痛,有着近代主权意识和强烈的国家观念。综观吴佩孚的一生,尽管他反对共产主义,但不管是作为区区北洋陆军第三师师长,还是作为官至直鲁豫巡阅使,手握重兵虎踞洛阳的"中国最强者",还是最后一败再败,无处容身,流亡入川,最终蛰居北平,一直没有忘怀捍卫国家主权独立和领土完整,体现出强烈的国家观。

一、国家统一观

1916年6月袁世凯死后,北洋军阀分裂是以冯国璋为首的直系、以段祺瑞为首的皖系和以张作霖为首的奉系等主要派系。与此同时,原先依附于北洋军阀的各地军阀也纷纷裂土称雄,分别把持着或大或小的地方。这些不同派系的军阀之间,为了争夺对北京中央政府的控制权,保持与扩大自己占据的地盘,进行着连年不断的纷争,并不时引发战争,全国人民渴望和平统一。吴佩孚一贯秉持国家统一观,发表统一中国意见:

征诸各国之历史,凡民族之发达,皆由个别分立而渐进于集团统治,未有反其道以行,由集团统治而趋于分立割据者也。主张中国分属南北两个政府或分割中国而唱联省自治,可称迂阔之极。我中国建立五千年,虽然时有盛衰,世有隆污,但名义上仍无疑其统一之局面,虽甲起乙仆,祸乱相争,然未伤中国人之自尊心,虽有时受塞外民族之征服,然中华之位置,未尝受到根本之破坏。溯及古代历史之变迁,可称由一村一乡一城而至一国,均经合并膨胀之过程,而非一朝一夕成其大,势之所趋,本能建设此疆域广大之中国,今若将此大国而分为若干小邦,岂非背理乎?然则今后统一中国之道如何?曰:此为简明而单纯之举,即有尊崇民意之大人物以正其位,则中国统一可期矣,现在中国军阀出色之人物,甲乙丙丁,其实力在伯仲之间,未见有崭露头角之人,于是互相搏噬以攘夺权势,由于人物力量之均衡,偶有甲稍抬头,则乙丙相联以倒之,乙若微现锋芒,丙则结丁以灭之。互相争战,循环而无所底止,若此时如有甲乙丙丁互相联合而不被打倒之物出现,则国事不须悲观,万流朝宗而成滔滔之江河,终见中国全局之统一,又何苦提倡区域分治也。①

　　吴佩孚作为北洋直系的首领,极盛时拥兵20万,雄视天下,他所控制的直系势力,北至山海关,南到上海,统治着大半个中国,一度被国内外一致看好,认为他是"比其他人更有可能统一中国"的强人。吴佩孚的肖像也出现在1924年9月8日美国《时代》杂志的封面上,照片下面有两行说明:"GENERAL WU"(吴将军),"Biggest man in China"(中国最强者)。吴佩孚成为登上《时代》杂志的封面中国第一人。而此时的吴佩孚也雄心勃勃,追求着国家的统一。尽管他的政治军事活动不排除个人利益和派系利益,但主要的还是把着眼点放在了国家利益,首要目标是实现国家的统一。可惜的是,直皖战争后,他过分迷信武力,变成了好战的军人,主张武力统一,其完成统一中国之宏志也随第二次直奉大战的失败而告终。

---

① 赵恒惕等编:《吴佩孚先生集》,文海出版公司,1959年,第284页。

二、国家主权独立观

"国家主权具有两方面的特性：即在国内是最高的；对国外是独立的"①。晚清的中国外战不断，丧师失地，民族危机不断加深，西方列强在中国大分势力范围。吴佩孚生活在民族危机不断加深的时代，面对西方列强对中国主权的干涉与侵略，吴佩孚产生了强烈的主权独立意识，在国家危难之时总是勇敢地站出来，抵制外来意志的干涉，为维护国家主权独立而奋争。

反驳国际共管中国论。驻守洛阳时期，对华有利害关系的列强，以中国连年纷乱，庶民莫安其堵，列国所享有之权益，亦受侵害，政府已无维持社会治安及保护中外人民之能力，自缺乏建设独立国家之条件，一部外人政客如鲍斯博士、阿巴拉治博士、杨格氏、威尔氏等，盛唱国际共管中国之论。吴佩孚进行有力反驳："方今世界列强，关于中国问题发出忠告之言，如近年华盛顿会议所订之九国条约，声明共同不干涉中国，但一考其条约之骨干，实由于采纳某法学博士（暗指阿巴拉治博士）所主张之中国共管说，其他外人亦有向余提及此问题者，然无一能中肯綮。盖中国有五千年之历史，约五百万平方里之疆土及四亿之民众，具此三种因素，已在国际社会中，立于有发言权之地位，今日欲管理此泱泱大国，以期收功于旦夕，本非容易之事，即任何世界的经世家，而欲以人为取巧之方法以断生改革，亦属徒劳无功。"②1923年8月，吴佩孚托来华的美国学者比萧浦博士转赠美国总统哈定白玉一块，吴佩孚说："此白玉据中国金石家之鉴定，大约为三千八百年前之旧物，中国文化之渊源，亦如此白玉同其悠久，侧闻哈定总统为赞同国际共管

---

① 周鲠生：《国际法》上册，商务印书馆，1976年，第75页。
② 《吴佩孚先生集》，第293页。

中国论者之一人,若哈定总统果信此事可行,请勿踌躇而好自为之,事若有成,乞将今日所赠之白玉,再还原主为幸。"①以此向哈定传达他反对国际共管中国的坚定立场和信心。

1923年初,中国人民掀起废除二十一条,收回旅顺、大连的爱国反日运动。4月5日,湖南工团联合会等发起组织"湖南外交后援会",展开对日经济绝交活动。1923年6月1日,日本武陵丸号轮船运载日货抵达长沙大金码头。中国外交后援会调查员例行前往检查,遭到日本水兵无理殴打。为此千余群众会集码头,与日本水兵对峙。这时,停泊在湘江中的一艘日本军舰上的水兵,竟上岸开枪行凶。当场打死2人,重伤9人,轻伤数十人,酿成"六一惨案"。消息传出,长沙人民义愤填膺。6月10日,吴佩孚发表"为驻湘日舰暴行请政府交涉通电":

北京。大总统、国务院、外交部、参众两院、王巡阅使、冯桂阅使、保定曹巡阅使、各省督军、督理、省长、都统均鉴:湖南赵省长东电计达。驻商(湘)日舰蔑视公法,毙残市民,似此暴行,实堪愤慨,应请政府严重交涉,各省合力抗争,用卫国权,以重民命。临电彻切,统维察照。吴佩孚。蒸。印。②

驳斥英人干涉西藏,强调中国的独立自主权。1924年6月,英国文学博士兰顿氏到洛阳访问吴佩孚,谈话中兰顿氏谈及西藏问题说:"今日牵涉西藏之中英关系,颇在顺境之中,期年则完成由英领缅甸经大吉领而达内藏首都拉萨之铁路,此时中国将川汉铁路延至拉萨,则英国铁路可由印度缅甸而直达长江上游,中英之间交通,自得莫大便利,今日如得统制中国之吴将军出而提倡建设,实为两为将来之福。"吴佩孚一听立即打断兰顿氏谈话,"西藏为中国之土地,未尝割让于贵国,贵国如擅由大吉领建筑铁路至拉萨,

---

① 《吴佩孚先生集》,第294页。
② 中国第二历史档案馆编:《中华民国史档案资料丛刊——吴佩孚档案资料选编》,《民国档案》杂志社,2009年,第145页。

中国实不能予以承认。侧闻贵国与达赖喇嘛之间订有建筑铁路之约,且据此铁路延至长江上游,闻于此事之进行,中国有自主权利,而不能唯贵国之命是从"①。

三、国家领土完整观

吴佩孚毕生尊奉历史上的关羽、岳飞为楷模,凡涉国家存亡、民族大义之事,凡有外敌入侵之时,则从不含混。早在驻节洛阳练兵时就写下了脍炙人口的《满江红·登蓬莱阁歌》作为其麾下北洋军第三师的军歌,歌词曰:

北望满洲,渤海中风浪大作!想当年吉江辽,人民安乐。长白山前设藩篱,黑龙江畔列城郭。到而今倭寇任纵横,风云恶。甲午役,土地削;甲辰役,主权弱。江山如故,夷族错落。何日奉命提锐旅,一战恢复旧山河!却归来,永作蓬山游,念弥陀。

表明吴佩孚誓雪甲午之耻,收复中国领土的决心。

第一次世界大战后,中国作为战胜国在巴黎和会上被列强肆意践踏主权,把德国在山东的权益转让给日本,爱国学生上街游行表达不满。要求政府"外抗强权,内除国贼"。北洋政府在段祺瑞指使下大肆逮捕爱国学生。正在湖南前线的吴佩孚,了解到北平发生的情况后,立即率全体官兵从衡阳前线连续向大总统徐世昌和全国各界发出数封电报,鲜明地站在爱国学生一边。吴佩孚通电说:"大好河山,任人宰割,稍有人心,谁无义愤。彼莘莘学子,激于爱国热忱而奔走呼号,前赴后继,以草击钟,以卵击石……其心可悯,其志可嘉,其情更有可原。"②要求释放被捕学生,收回青岛。联络谭延闿、赵恒惕、冯玉祥等61名南北将领公开表示反对签约。

---

① 《吴佩孚先生集》,第294页。
② 唐锡彤:《吴佩孚文存》,吉林文史出版社,2004年,第248页。

要求"将拒绝签字情形宣布全国,以平民气,此后如再有勾串外人仍请签字割地者,以卖国论"。并表示"急难有用,敢效前驱"①的卫国决心。五四运动最后迫使当局拒绝签字,收回山东,吴佩孚功不可没。

在对外蒙问题上,吴佩孚也是寸土不让。1921年苏俄以白匪谢米诺夫进犯我库伦为口实,并不经主权国家北洋政府所允许,直接出兵侵略外蒙,干涉中国内政,侵犯我领土主权,吴佩孚提出强烈抗议,并请顾维钧以外交部名义完全拒绝苏俄明目张胆的殖民主义侵华的无理行动。1921年7月10日,蒙古上层王公与蒙古人民党共同组建了"蒙古人民革命政府"。外蒙古宣布"独立"和建立"蒙古国"消息传到内地,一时间舆论大哗,国内各民间团体、民主党派纷纷发表宣言,反对蒙古王公贵族分裂祖国的倒行逆施,谴责苏俄对中国外蒙古的武装占领。吴佩孚通电指出:"蒙古素为我国领土,扞蔽三区,屏藩畿辅,与中国政治、经济息息相关。劳农以侵略之野心,计诱外蒙古组织公司,专任俄国总理,适用俄国法律,一切铁路矿产、电气等事业悉罗而置之公司独占权范围。"并令"邮电部门检阅越飞函电,必得其绪"②。严重抗议苏俄侵犯中国主权。

1932年3月,"伪满洲国"成立,吴佩孚发表申讨"伪满洲国"蒸电,进行严厉谴责,表示"方今四海横流,国亡无日,佩孚以退处之身,不能默尔,特申愚悃,惟望鉴裁"③! 1932年4月,国际联盟调查团成立,中国代表顾维钧陪调查团拜见吴佩孚,吴佩孚向调查团递交了《致国际调查团书》,指出日本侵略中国之野心,严正要求国联尊重中国主权,确保领土完整。"且本人尤郑重声明者,我中国人民虽酷爱和平,但亦酷爱国土,如至万不获已时,亦唯有武力

---

① 《吴佩孚文存》,第250页。
② 郭剑林:《吴佩孚传》,北京图书馆出版社,2006年,第588—589页。
③ 同①,第269页。

自卫耳"①。表明保卫国土完整之决心。

1937年"七七事变"后北平沦陷,吴佩孚坚决不入外国租界,仍然住在什锦花园23号,日本人为利用吴佩孚,千方百计策动他降日,都被他断然拒绝。土肥原又于1939年1月31日举行了一个中外记者招待会,请吴佩孚发表与日本议和的声明。吴佩孚面对包括英、美两国记者在内的130多位中外记者明确指出,今天要讲中日和平,惟有三个先决条件:一、日本无条件的全面撤兵;二、中华民国应保持领土和主权的完整;三、日本应以在重庆的国民政府为全面议和的交涉对象。吴佩孚敢于在日本占领下的北平公开表明他的立场,挫败日本人的威胁利诱,足见其强烈的国家观。

四、国家主权在民观

在辛亥革命之前,中国一直是处于家天下的格局中。虽然国家总体保持统一,但传统的国家观念根深蒂固的支配着朝野,深植于民心的是"朕即国家"。辛亥革命之后的北洋政府时期,中国正经历着中传统国家观向近代国家观念转变。吴佩孚虽然深受封建传统教育,有着强烈的忠君思想,但同是也有着民为邦本的民本思想。随着清政府封建帝制的灭亡和民主共和浪潮的兴起,吴佩孚也由原来传统"民为邦本"提升到"主权在民"的近代国家观。其主权在民的国家观在各类电文有着充分的体现。

1918年4月,吴佩孚在为谭浩明等联名劝告徐世昌缓就总统职先作南北调人通电中就提出"国之主权在民,民感之所托在国会"。劝徐世昌"以真正民意为依归,其勿轻于就职,尤望先作调人,俾大局易于解决"②。在直皖电报战中,吴佩孚痛斥安福系,提

---

① 《中华民国史档案资料丛刊——吴佩孚档案资料选编》,第167页。
② 同上,第36页。

出"共和国家,以人民为主体","凡我军人动作,均应以对外为主旨,以民意为依归"①。

1920年6月13日,吴佩孚通电全国,主张召开"国民大会",解决时局纠纷。提出国民大会大纲。(一)名称:国民大会。(二)性质:由国民自行召集,不得官署监督,以免官僚、政客操纵把持。(三)宗旨:取国民自决主义,凡统一善后及制定宪法与修正选举法一切重大问题,均由国民公决,他方不得借口破坏。(四)会员:由全国各县家工商学各会选一人为初选,所举之人不必以本会为限;如无工商等会,宁缺毋滥。然后再由全省复选五分之一,齐集上海或天津开成立会。(五)监督:由省县农工商学各会长互相监督,官府不得干涉。(六)事务所:先由各省农工商学各会共同组织,这该省事务所。并由总事务所电知各县农工商学各会,克日成立各县事务所,办事细则由该县自订。(七)经费:由各省县自治经费项下开支。(八)期限:以三个月成立开会,限六个月将第三条所列各项议决公布,即行闭会②。这一大纲充分体现出其主权在民的国家观。

吴佩孚对时局意见与建议清摺中指出:"中日交涉,严禁秘密借款及私自协定条件等事。查抵押借债,应先由国会通过,宣告全国,以国民对于外债有担负之责也,若以秘密行为,此中抵押及用途定有不堪告人者,至与外国协定条件,对于第三国有时秘密,未闻对本国亦守秘密者,公共国家竟三五人之私产,国民虽愚,安可久欺,是大不可者也。"③

1922年6月,吴佩孚关于拥护旧国会及黎元洪复任总统并邀请南方领袖北上共商国是通电表示,"窃以国是基于舆论,大政必

---

① 《吴佩孚传》,第183页。
② 同上,第293—294页。
③ 《中华民国史档案资料丛刊——吴佩孚档案资料选编》,第63页。

由公决"①。"国家者,人民之公有,非一党一系所得私"②。1923年5月,吴佩孚得知孙中山以广东全省采矿抵借英债500万一案,发出反对密电,指出"卖省自残,陷于万劫不复之地,国民何辜遭此斫丧,匪仅粤省痛抱切身已也。夫有土有民,古训具在,国产卖尽,民生安托,穷信途日暮,而自绝国民休养生息之途"③。1923年10月,曹锟通过贿选当上大总统,吴佩孚并不赞成但无可奈何,10月6日,其发表"恭贺曹锟当选大总统电",10月9日即发表"关于请曹锟应以国家人民为重电"。

从以上电文中不难看出吴佩孚深怀民本思想,有着主权在民的国家观,尽管这一国家观也有其局限性,但对于深受传统封建文化熏陶的吴佩孚来说仍是值得肯定的。

五、国家民族主义观

吴佩孚是典型的民族主义者,一生信守民族主义国家观。他痛恨帝国主义对中国的侵凌,不管形势多么严峻,不愿依靠外国人,一生信守不出洋、不入租界诺言。

有的教科书上说直系获得了英美的支持,其实吴佩孚一生都没有向外国人借过一分钱。真正获得过英美支持的是直系中的冯国璋和孙传芳,吴佩孚是军阀中的例外。在他战胜皖奉以后,欧美各国都看好他,并愿意给予经济援助,但吴佩孚认为接收了援助,必然为外国势力挟持而损害国家民族利益,所以一并谢绝。在第二次直奉战争兵败之后,英国也曾提出要援助他,也被他拒绝。此时,素怀觊觎中国之心的日本,为了抗衡亲英美的蒋介石政权,积极准备扶植吴佩孚"出山"。当时,日本第一派遣军司令荒城二郎

---

① 《中华民国史档案资料丛刊——吴佩孚档案资料选编》,第118页。
② 同上,第122页。
③ 同上,第142页。

与海军驻沪特务机关长佐藤秀夫携16名将校专程访吴。他们声称愿意协助吴氏东山再起,并开出承诺:贷予其借款100万元、步枪10万支、山炮500门、机枪2000挺,并连同装载弹药的小型船只分批运入四川,以帮助他恢复"霸业"。但是,吴氏竟婉言相拒,称我"过去有枪何止十万,有钱何止百万?尚且一败涂地,可见,成败与机械无关。如余要借外债,引外援,何须今日?中国事中国人自己了,盛意所不敢承"①。作为一个民族主义者,吴佩孚有着浓厚的民族意识,他不会因为自己的私利而损害国家利益。

1927年秋在四川奉节县第八师讲武学校毕业训词中讲到:"孔子作《春秋》,首重攘夷。所谓攘夷者,即民族主义也。故宣王北征猃狁,鲁侯南征淮夷,齐桓伐山戎,晋文伐白狄,秦始皇虽是残暴之主,尚知筑长城以御胡。汉武帝用兵于匈奴单于,东晋抑制五胡乱华,唐太宗东征高丽、西伐突厥以及宋之对辽、对金、对元无一非民族主义……鄙人口中向不谈民族主义,而所实行者,如收回青岛,赎回胶济铁路与不借外债,不假外力,虽致失败,犹不肯逃奔外国,入住租界,这不是民族主义么?"②1937年,日本占领北京,有人劝他搬进天津租界,他不去。1938年,曹锟病死在天津法租界,他不愿自毁誓言,只在北京设灵堂祭奠。1939年吴佩孚患牙病高烧不退,至死不入德租界手术,被日本人害死家中,以死捍卫了其民族气节。

在民族大义面前,吴佩孚从不计较个人恩怨,国家至上。在北伐战争中,吴佩孚一败涂地,武力统一中国的梦想随之破灭,此事虽是大势所趋,但毕竟与蒋介石推动的国民革命关系巨大。吴佩孚入川期间,国民政府曾下发缉拿吴佩孚令。这自然使他与蒋介石结下了"不共戴天"的私仇。但是,在民族危亡之际,吴佩孚却抛

---

① 朱德军、吴亮:《觉醒与抗争:北洋军阀吴佩孚民族意识述评》,《唐都学刊》2012年第9期。
② 《吴佩孚文存》,第112—113页。

弃个人的宿怨,坚决拥蒋抗日。1938年12月,曾要求与旧属刘泗英寄语西南袍泽,拥护抗日,强调"余与蒋公虽属两人,而对国家责任,原无二致,假令当年余能统一中国,则对日抗战,即由我负责,今日责由蒋公负责,其实一也;余当竭其力之所能至,以助蒋公成功,西南袍泽亦犹助余之成功,其义一也"①。国民革命军第十九路军前身是粤军第一师第四团。1926年粤军第一师改为国民革命军第四军,李济深为军长,陈铭枢为第十师师长,蒋光鼐为副师长,蔡廷锴为属下团长。北伐战争中,第四军可以说是吴佩孚的政治掘墓人。但当1933年为纪念国民革命军第十九路军在1932年"一二八"淞沪抗日战役中阵亡的将士,由华侨捐资建成的广州十九路军阵亡将士陵园,吴佩孚捐弃前嫌,撇开昔时的汀泗桥夙怨,为十九路军书以"正气堂"题匾相赠,充分体现了他对十九路军抗击日本的敬慕之情,更显示出他的民族主义爱国情怀。

吴佩孚也以其民族主义情怀赢得了昔日政敌的敬重。吴佩孚去世后,蒋介石电唁吴佩孚家属,称赞吴佩孚"托志春秋,精忠许国","大义炳然,海宇钦崇"②。国民政府特发对吴佩孚褒扬令,赞扬他"曩年整军经武,卓著声称。而其嫉恶黜邪,扶正不阿,尤有裨于世道人心。沈阳变起,攖怀国难,恒以精忠自励。燕京被陷,处境益艰,敌酋肆其逼迫,奸逆逞其簧鼓,威胁利诱,层出不穷,犹能勉无所守,始终弗逾。凛然为国家民族增重,英风亮节,中外同钦"③。

作为北洋军阀的中心人物,吴佩孚与其他军阀一样,为了抢夺地盘、扩张势力而穷兵黩武,镇压革命,难免存在着那个特定时代、特殊阶段的反动烙印。但做为一个炎黄子孙,他一生不能容忍外族的侵辱,在国家民族危亡之际总是挺身而出,维护民族大义,顶

---

① 《觉醒与抗争:北洋军阀吴佩孚民族意识述评》,《唐都学刊》2012年第9期。
② 《中华民国史档案资料丛刊——吴佩孚档案资料选编》,第438页。
③ 同上,第441页。

住金钱诱惑和强权威胁,保持晚节,也可算是一位坚守国家观念的爱国者。

  李 萍 中共烟台市委党校图书馆副研究馆员

洛阳练兵与中国军事近代化

吴佩孚(1874—1939),字子玉,山东蓬莱人,是近代中国继曾国藩、袁世凯后军界之"大人物",乃北洋军阀集团直系实际首领。他一生多在军界,由勤务兵升至陆军上将,曾握雄兵百万,统治几省地盘,威震长江,遥控中央,身经百战,叱咤风云,开府洛阳,虎踞中州,有"常胜将军"之美誉。吴佩孚的军事才能,为时论所赞许。胡适曾写道,"吴佩孚用兵确实有天才"。《向导》周报评论说:"吴在军事上是一个出色的军事家,这不仅是他在几次大的战争中表现出惊人的指挥才能,而且在训练、教育军队上也表现了卓越的组织才能。"

作为军事家,吴佩孚一心想学习和仿照能征善战的成吉思汗,练就一支无敌于天下的"少而精"的劲旅。吴氏令人涉猎群籍,以解开成吉思汗武力威震欧亚大陆的要诀。经过一番考证得知:中国自古以来,一旦有授命于天符之英雄起而执鞭征伐天下之果敢行为,马首所向,沿途望而降。旌旗军卒所到之处,百姓箪食壶浆而迎之,其粮食常取之于敌境。成吉思汗不仅借粮于敌,而且实假字华征兵。他之所以断然实行这一反常态举动,其要诀在于养成了拥护自己的亲卫,即称之为"怯薛"的一万八千骑基本队伍,操纵着这坚强无比之中心势力。该军担负御膳、饮食、服侍、侦查、兵站、交通、大战等一切战务。成吉思汗使用之如动五指。为使自己也能练就出这样一支劲旅,吴佩孚边带兵边探索。直皖战争后,吴佩孚在洛阳开展了一场长达四年之久的大规模扩军练兵活动。洛阳练兵是吴佩孚一生中的重要军事活动,集中体现了他的军事思想。通过练兵,吴佩孚摸索出了一套行之有效的带兵之道,并成就了其个人军政生涯的辉煌顶点。

一、洛阳练兵缘起

(一)洛阳军事战略地位重要

吴佩孚之所以选择洛阳练兵,与洛阳的军事战略地位密切相关。洛阳地处中原,交通发达,以重兵驻洛阳,既便于御外,又宜于武力统一全国。不仅如此,巩县兵工厂近在身旁,武汉、南京两大兵工厂也有京汉、津浦、陇海铁路之便,可以朝发夕至,能为练兵提供充足的武器。此外,还可以洛阳为根据地,通过京汉铁路北接保定与曹锟密切联络,遥相呼应,将直系势力扩向四面八方。

(二)洛阳具有练兵的物质基础

洛阳本有现成的练兵场地,1916年袁世凯曾把这里作为"新朝皇帝最后退守之所",在北邙山南麓,伊水东岸,耗费上等白银170万两,建造了一处练兵场,初建时占地4000亩,附设几座军营、教室、住房等共计5000间。这些场所稍加修补扩建便可使用,为洛阳练兵提供了重要的物质基础。

(三)实现"武力统一"方针的现实需要

直皖战争前,吴佩孚并非"武力统一"论者。他甚至认为"舍谋和统一,无以为救国之方"。直皖战争后,首倡召开国民会议,"以解决国是纠纷",但吴的主张遭到张作霖与曹锟等实力派的一致反对。"故在驻洛阳时期,始埋首练兵,改定武力统一之计"。武力统一国家,就需要依靠一支强大的军队,而不能继续依靠与别的军阀合作。张作霖以及其他人,只能是暂时的同盟军,将来可能会成为敌人。吴认识到"现在中国军阀出色之人物,甲乙丙丁,其势力在伯仲之间，未见有崭然露头角之人，于是互相搏噬以攘夺权势，由于人物力量之均衡，偶尔甲稍抬头，则乙丙相联以倒之，乙若微现锋芒，丙则结丁以灭之。互相争战，循环而无所底止，若此时如有甲乙丙丁互相联合而不被打倒之人物出现，则国事不需悲观"。吴佩孚素怀"澄清天下之志"，洛阳练兵即是要使自己担当起统一中国的重任。1921年，湖北出现了"驱王（王占元）运动"，要求以鄂人治鄂，并得到湘军和川军的支持。吴佩孚表示坚决反对："要是各省军政都归各省自己办，那么中国不成了五胡十六国？"他发兵援鄂。以部下萧耀南取代王占元任湖北督军。这次战争的胜利，使吴佩孚更加坚定地认为中国非用武力不能达到统一。因此，当1924年，前国务总理张绍曾到洛阳责问吴佩孚"标榜武力统一，殊非所以收天下人心之道"时，吴慨然应曰："旷观今日中国大势。未能推翻武力统一之论据"，"空谈佛家之清静道理，而不能挺身以救目前民众之疾苦，避难就易。非大丈夫之所有事也。"并口占一诗以言志："龙泉剑斩血汪洋，千里直趋黄河黄，大禹神功何其大，洛阳一气贯扶桑。"

（四）民族主义情感的切实反映

吴佩孚少时受儒家传统爱国主义教育，一生推崇岳飞、戚继光等民族英雄。甲午战争时，吴佩孚目睹日舰炮击家乡的蓬莱阁，"即萌湔雪国耻之念，故投笔从戎，誓以身许国"。他常说，我要把军队练好，以"与外国人一战，收回主权，恢复失地，尽雪国耻。将中国治成一个强国"。他自撰《满江红·登蓬莱阁》作为洛阳练兵时的军歌。歌词为："北望满洲，渤海中风潮大作，想当年吉江辽沈人民安乐，长白山前设藩篱，黑龙江畔列城郭。到而今，倭寇任纵横，风云恶。甲午役，土地削，甲辰役，主权弱，江山如故，夷族错落，何日奉命提锐旅，一战恢复旧山河。却归来，永作蓬山游，念弥陀。"从歌词中可以清楚地看到练兵的目的及吴佩孚的民族主义思想。

二、洛阳练兵概况

吴佩孚成立教育处,由教育长李成霖负责,专门主管军事训练。长达四年之久的洛阳练兵,具体内容主要包括:

(一)扩充兵力

扩军是洛阳练兵的第一步。吴佩孚自第三师着手,裁汰老弱,募兵补缺。由于吴素有不爱财、不怕死及与士兵同甘共苦的表现和"常胜将军""爱国将军"的美誉,在民间深有影响,一时间赴洛投效吴军的人不在少数。其中包括不少学生,一度曾造成地方学校的"办学危机"。《晨报》曾报道说"一时开封各校学生,纷纷投效","武昌大学生投笔来洛者亦不少"。一时间投效者之多竟使吴军有限编制难以容纳,于是,吴佩孚下令将其属下师长以下的各级军官职务均提升一级。这样,原旅长都升为师长,旅扩编为师,编制扩大,兵力大大扩充。此时,吴不仅统率着第三师,也统率着王承斌的第二十三师,萧耀南的第二十五师,张福来的第二十四师等。

(二)借古鉴今

洛阳练兵,在指导思想上注重借鉴中华传统军事文化。吴佩孚少时即好"七子兵法",私淑周公、卜式、成吉思汗、关羽、岳飞、戚继光、曾国藩等古今英雄人物。洛阳练兵的指导思想大多来源于成吉思汗的怯薛军、戚家军和岳家军的练兵方略。例如,吴佩孚模仿成吉思汗"怯薛军"的编制,参照戚继光的练兵法,以及岳家军的严明纪律和灵活战术,先从第三师十二团入手,充实其装备、给养,改定其营制和章程,继而扩展到第三师,以12人为最小单位,全师步、骑、炮、辎重、电信、铁道、航空诸队最满定员为1.2万人,加上幼年兵团一旅6000人,恰好是成吉思汗"怯薛军"的人数。胡适曾说,"吴佩孚用兵确实有天才,全是从《三国志》《列国志》《说岳》《水浒》等书得来"。

在对官兵的思想教育中,吴佩孚将儒家伦理与军营纪律揉合在一起,教化士兵,尤其注重对官兵进行"忠"和"孝"的思想教育。强调"军人以忠孝为体,明顺逆为用"。吴佩孚认为这是"基本教育",是其他一切军事教育的基础,如"基本教育"实施不好,则练兵结果断难良好。他把传统的"忠"和"孝"作了改造。所谓"忠",即"保国卫民""爱国御侮""同仇敌忾""义无反顾"。能"忠于为国为民之长官"且"奉命唯谨",即是忠于国家。但对于长官又不能盲从,这样"反陷长上于不义,即为不忠,能挽回方为忠也。即或无力挽回,亦应力图所以处之之道,不可有激烈举动,酿成大逆。"所谓"孝",即军纪严明。"经过地方,秋毫不犯,舆情欢洽,父母闻之,衷心愉悦"为孝。反之,"若纵兵殃民,众怨沸腾,辱及父母,即为不孝,且为不忠"。吴后来还曾把"孝"与爱国主义联系起来,"敌来应努力抵挡,须知祖宗遗留之山河,即先人之产业,亦即民族存亡之国土,不可丝毫与人,否则即为不孝"。吴佩孚发挥了传统"忠""孝"伦理道德的积极作用,并注入了一些新的内容。

(三)重视练将

吴佩孚认为,治军要略首在选将。在他看来,"盖得一良将,即可得无数精兵也"[1]。吴氏之所以如此看重选将,是深受其偶像戚继光的影响。戚继光说过:"练兵之要,在先选将。"他的《练兵纪实》把选将放在十分突出的地位进行论述。戚氏首重"将德",他说:"将德靡而世用其才,此世之所以有骄将,有逆臣。"[2]吴佩孚规定将的标准和要旨是:"凡为将之道,与士卒最下者同衣、食;坐不设席,行不乘骑,冬不披裘,夏不衣葛,暑不挥扇,寒不围炉,必与士

---

[1] 《蓬莱吴公讲话录》,第22页。
[2] 《储连通论》,见《练兵纪实杂集》(第一卷)。

卒同甘苦,共患难,分劳苦,方足以得士心。"①他还强调为将者须知:"我有苟且之行,即不足以责人,且责人人亦无畏。而讽刺控告之端,因是以起","三军举动,惟号令……为将者号令不发之先,必虚衷博访,酌理准情,计时之所宜与人之所能者,毅然出之。既出之后,期在必行,用命者赏,不用命者罚"②。吴佩孚对部将的要求极为严苛,特别是不许他们敛财。若让他得知部将有贪污的,即使是有一文落入了个人腰包,也可能会有性命之忧。部属陈嘉谟说:"吴公部属皆穷。"③吴氏部将极少克扣、贪污军饷,原因是吴佩孚发军饷都是令饷向按各册分仓数千份,平色必准,届时派专人前往各营监视,直接发给兵丁。吴氏不仅要求部属廉洁自律,自己亦能做到。他不以国家或地方公款中饱私囊,更鄙视那种"花天酒地""利欲熏心"的许多在位者"把侵吞之公款存放外国银行",拥资数千万。吴氏在其炙手可热的时代,其故乡蓬莱"仅有田二十亩"。平时既得政府饷银,即要交该师会计④。故董必武董老指出,"吴氏做官多年,统治过几省地盘,带领过几十万大兵,他没有私蓄,也没有置器产,有清廉名,比较他同时代的那些军阀大多腰缠千百万,总算难能可贵"⑤。

为了培养出优秀且忠于自己的军官,洛阳练兵时,吴佩孚特责成刘跃宗负责成立第三师军官教导团,以三个月为一期,轮训每连的五个军官。训练期满后要进行考核,成绩优秀者升级,不及格的撤职。同时责成周炳昌成立军事训导营,训练全师的正副目兵,学习期限和内容基本与军官教导团相同。

---

① (日)关中季子:《吴佩孚的生平及今后之期望》,武德报社编:《吴佩孚》,第8页。
② 《待兵训兵教兵及服从诸规则》。
③ 《吴佩孚先生集》(下册),第332页。
④ 同上,第337页。
⑤ 董必武:《日本企图搬演新傀儡》,《群众周刊》第2卷第15期。

（四）培育后备军

吴佩孚从河南各县招收 12—16 岁的学生及第三师军官子弟成立了"幼年兵团"，由石金堂任团长。后又成立了 2 个"幼学兵团"，分别由张绪森、张凤鸣任团长。这些孩子从少年起就接受严格的军事训练，学习军事基本知识。吴佩孚十分关心和爱护这些后备力量，他曾自豪地说："我要在这群孩子中培养出一千名师长！统一全国、收复被外国人侵占的失地，就要靠这些孩子。"幼学兵团的确培养了一批著名的军事将领。如后来成为中国人民解放区冀东军区司令员的孙毅和抗战期在金门殉国的赵家骧将军等人，都曾受教于幼学兵团。

经过长达四年之久的大规模练兵，吴佩孚所掌握的军队，同其他军阀的军队相比，无论是数量还是素质，都要略高一筹。吴军严明的纪律更是其他军队所不能及。一次吴佩孚派出学兵团去郑州车站欢迎两湖巡阅使王占元，时逢大雨，学兵团士兵直立于雨中，阵式整齐不乱。王占元看后大发感慨："说起来真惭愧，人家是什么军队，咱们是什么军队。"甚至连其政敌段祺瑞也承认，无论是什么兵，只要到了他的手上，就能打仗。

洛阳练兵对于扩大吴佩孚本人的影响更为重要。练兵培育了他雄厚的实力，并使他的声望大大提高。吴佩孚在洛阳招贤纳士，不惜屈节下交，一时洛阳幕府人物荟萃，极迅速的便能与保定曹锟分庭抗礼，是为洛派政治集团形成之由来。1923 年夏，上海大陆电影公司派人到洛阳拍摄了 8 部练兵的新闻纪录片。总名为《吴佩孚洛阳练兵实况》，在国内和欧美各国播放，一时轰动海内外。1924 年 9 月 8 日，吴佩孚登上了美国《时代》杂志的封面，被誉为"中国最强者"，从而成为第一个登上《时代》周刊的中国人。

三、洛阳练兵在中国军事近代化进程中的地位与作用

中国的军事近代化肇端于鸦片战争的惨败。外来侵略的强烈冲击迫使清政府从天朝上国的美梦中惊醒,为应对外来侵略,中国逐步走上了追踪西方先进军事教育理论、按照西方标准改革军事、实现军事现代化的道路。洛阳练兵,在成就吴佩孚个人的同时,也有力地推动了中国的军事近代化进程。这种推动作用,主要表现在:

(一)采用近代军事教育模式

伴随着西方近代武器的广泛应用,近代军事战术的成形,科技知识和新式人才在近代军事中的作用骤然增加。然而,自清以来,中国传统的军事教育思想是以"骑射为满洲根本",同时,中国传统军事教育形式抵制、排斥近代知识。因此,中国的军事教育亟需另起炉灶,引进外国军事技术人员,建立新式学堂以培养新式人才。吴佩孚认清并顺应了这一大势,并身体力行,有力地推动了中国的军事教育改革和中国军事的近代化进程。例如,在洛阳练兵时,吴佩孚采取了把军队与学校相结合的办法。他在洛阳开办了军事学校。士兵的学习课程除军事学科外,算学、经济学、地理学、法学也是必修课。士兵在接受技术训练的同时,文化素质也得到了提高。

(二)引入西方近代军事知识

洛阳练兵期间,吴佩孚还将西方近代的军事专业知识和技能引入军事教学。例如,军官的学习课程包括:基本战术、步兵教程、简易测绘、射击、教范、兵器学、内务条例等。洛阳练兵得以借鉴西方近代军事研究成果,得益于吴佩孚早年的学习经历。吴佩孚早年曾入保定军事学堂,学得了兵法、测绘、侦探、战略战术、阵地攻坚及野外要务等多种近代军事专业知识和技能,并于 1904 年初

"以第一名毕业"。因为接触过近代西方军事科学知识,所以他也注意观察、总结西方国家战争的实践经验。日俄战争时,吴佩孚"常观察日军之作战方略,将战争经过,详记于手册之中,与昔时保定军官学堂修得之战术,加以比较研究"。他还擅于将这些研究之所得运用到练兵之中。他研究过第一次世界大战的经验,得出"最后之胜败,仍决于白兵(刃)战"的结论,因而,洛阳练兵时,他起用洛阳附近偏僻山中的拳师,"授以上尉至少校之官职,委以教育幼年兵团之任"。

(三)提高近代军事作战能力

一是引进现代化武器。当时吴佩孚部队中使用的主要武器是毛瑟枪。武器装备较好的部队中,1000名士兵里大概配有800支步枪、5挺机关枪,虽然也配备有一些重武器,如山炮之类的,但是数量极少。直皖战争中,重武器的作用,给吴佩孚留下了深刻的印象。他认为把山炮放在最前线,可以起到大面积杀伤和打乱敌人阵脚的作用。所以,在补充装备时,为弥补重武器的不足,吴佩孚不但给部队添置了不少山炮,还在军中专门设置铁甲车队和炸弹队。再有,就是德制"伯格曼"冲锋枪。吴佩孚在直系较早引进伯格曼并使之迅速在所辖部队普及。吴佩孚一直到兵败流亡到四川,身边都始终跟随着大队装备着伯格曼的卫兵。

二是谋求兵种的现代化。比如,成立了航空大队并拟将空军列入新兵种。1924年,吴佩孚从法国购入4架战斗机,组建航空大队,任命李玉珂为空军大队长,每日在洛阳机场上空训练。并在西宫军营北开辟了一个面积为200万平方米的机场。他还计划将来成立驱逐、轰炸、侦查三个航空大队,购买一百架战机。除成立航空大队,民国十二年(1923),吴佩孚耗资15万两白银,在部队配置了拥有八部电台的无线电话队,完善通讯、号令四方。他对这些新设部门,都进行了专门的人才培训。

谭欣欣　中共烟台市委党校讲师

吴佩孚教育思想述论

吴佩孚是我国历史上著名军阀,他在鼎盛时期权倾一方,是中国历史上第一位登上美国《时代》杂志的人,吴佩孚自幼饱读诗书,中过秀才,除"孚威上将军"的称号外,当时的军政界还称他为"玉帅",美国史学家费正清也称吴佩孚为"学者军阀"。吴佩孚文化水平较高,心中自有一股书生意气,使得他在为人处世乃至领军作战等方面都表现的与一般的军阀截然不同,这一点从他多次发表讲话支持教育事业,并在治学之道上提出自己的新观点上就可以鲜明地看出来。本文试图从吴佩孚教育思想的形成,教育思想的介绍以及他对学生运动的支持三个方面作为出发点,综合论述吴佩孚的教育理念与思想。

一

吴佩孚,字子玉,山东登州府蓬莱县城人。1847 年 4 月 22 日(清同治十三年三月初七日)生于一个小商人家庭。父吴若天,母张氏。山东自古是孔孟之乡,历来崇学尚道,文化气息浓郁,吴佩孚从小耳濡目染在这样的历史大环境下,对他后来教育思想的形成起着重要作用。在他六岁时(1880 年)被父亲送到私塾就读,他聪明好学、勤奋刻苦,颇受先生器重。1890 年父亲因病去世,吴佩孚不得不与母亲相依为命,家境渐渐衰落,吴佩孚开始到蓬莱水师营当学兵,1891 年春在登州府师从李丕森学习,并于 1896 年高中登州府内丙申科第三名秀才。但时局动荡,他虽考中秀才却没能改善家里的生活。遂不得不于1897年冬到北京,以写春联、卜卦为生,过着穷困潦倒的日子。1898年春投奔天津武卫左军聂士城部,受知于文案郭绪栋,并在郭绪栋的极力保荐下,于1902年9月进入保定陆军速成学堂测量科学习。一年后,以优等成绩毕业,任北洋督练公所参谋处中尉,正式成为北洋系的一员。自此开始一步步在中国政坛、军界成为举足轻重的人物。

山东历来人杰地灵,传统文化氛围浓郁。吴佩孚从小就沐浴其中,深受孔孟儒家文化影响。因此,儒家的忠君爱国与忠孝理念根深蒂固地根植在他的脑海中。再加上父亲去世后,一家人的生计全靠母亲一人来维系,生活的艰辛自不必说。母亲独自含辛茹苦养育吴佩孚,这在吴佩孚的心里一定也留下了不可磨灭的烙印,使他对忠孝之道感触更深。吴佩孚从6岁开始即入私塾读书,直至22岁考中秀才,这期间他饱读诗书,充分汲取我国传统文化精髓。而我国传统文化中又一向以教书育人作为君子立世的大事,"尊师重教""十年树木百年树人""得英才而教之"等思想,也对吴佩孚产生了重要影响。因此,当他有能力后,对教育事业进行大力支持,并逐渐形成了其独特的教育理念。

还应注意的是,自鸦片战争后,西方帝国主义列强强迫性地打开了中国的市场,随之涌入中国的是大批的资本主义势力以及西方资本主义民主思想。社会上的大批有识之士认识到了西方思潮的先进性,从而在社会上大力宣传新思想与新思潮。这样,中国传统的儒家伦理思想受到猛烈冲击。在教育领域中,向西方学习文化的教育思潮随之兴起,中国的传统教育开始出现变革。这些也是后来吴佩孚教育思想形成的又一历史大背景。

此外,1894年甲午战争爆发,至1895年中国惨败,签订丧权辱国的《马关条约》,人民深受战争之苦,生活在水深火热之中,民不聊生的惨状是吴佩孚所亲眼目睹的。中国的贫穷落后与国人的愚昧无知深深地刺激了吴佩孚,使他在后来形成的独特的教育思想中不仅重视中国传统的思想与文化,还重视向西方的先进文化、先进思想学习,提倡"以中学为体,西学为用"的教育方针,并且他还注重当时的女子教育,主张教育事业男女并重,在当时社会引起强烈反响。他的这份远见不仅对当时社会有极大的积极促进作用,即使在今天也仍然意义深远。

二

吴佩孚的教育思想在《吴佩孚教育思想略论》一文中被朱华先生概括为三大方面:

第一,强调忠孝为本的爱国主义教育理念。吴佩孚对传统的儒家思想的忠孝理念提出了新的解释。他"视忠孝为人才的基本品格,是爱国主义思想形成的关键",认为"忠是待人接物的基本处事态度,亦即我们今天所讲的诚信,是做人的基本道德"①。同样的,他也极其注重孝的作用,他曾经说过"教之道,首重在孝双亲""孝为忠之本,忠为孝之用"②,即教育的根本在于忠孝,无论是学校教育还是社会教育,忠孝都是最基本的,最重要的。在《吴佩孚文存》中,吴佩孚多次对忠孝进行了详尽的解释,如他说忠是"吾人心中最初之一点天良也,即中心由静而动之一点始基也。扩而充之,推而广之。忠于人,则人服且悦。忠于事,则事无不成。忠于物,则物无不格。故忠者,包万事万物,而为中心表现实行之道也","千万要注重忠孝二字。因孝者是本忠者是用。从全能尽忠尽孝,何患天下不平"?他还鼓励学生:"凡事能本忠孝做去,则可造成完人。诸君散学回家之时,须学习出告反面,冬温夏清,侍膳问安,晨

---

① 朱华:《吴佩孚教育思想略论》,《天水师范学院学报》第2010年第6期。
② 唐锡彤:《吴佩孚文存》,吉林文史出版社,2004年。下文所引均出自此书。

昏定省之礼,尤应行之有恒。能本乎此,则足以言家庭天伦之乐矣。此乃孝之初步。盼诸君身体力行,以臻与大孝至孝之境。修齐治平先重亲亲。成圣成贤,概基于是。"并且他还认为,只有做到忠孝二字才算是真正爱国。"忠由孝出,才算真正爱国,倘以为有利于国,有益于民,不可顺应潮流,与人同污,必须砥柱中流,挽回乾坤,方算大忠","如求国家之治,天下之平,须从孝字做起"。这些话都足以说明吴佩孚对忠孝的重视。吴佩孚的忠君爱国思想,在当时的社会有助于唤起国人的觉醒,增加民族自尊心与自信心;有助于全体国民统一起来共同抵御外侮,是有着极为积极的进步作用的。

第二,他的"中体西用"的教育理念。吴佩孚在学校教育中主张首先必须以中国传统文化为基础,即"中学为体"。但同时,也应学习西方的先进技术,即"西学为用"。他认为"中国学说,向来注重根本,西方学说则以应用为主",而"学生之好坏,全视国家对于教育所定之方针如何。余向来主张教育方针,以中学为体,西学为用。前清教育方针尚属不错,但读书者偏重文章,不重实用。及至民国,又空谈技艺,不重根本。若能以《四书》《五经》为本,以各种科学为用就好了"。需要指出的是,虽然吴佩孚提倡"中学为体,西学为用",但由于受时代的局限以及他个人受传统文化影响太深,思想难免受传统礼教束缚,因此在他的主张里,对于西学的认识与倡导都是以中国传统文化儒家思想为中心的,对于西学的认识还是有着很深的片面性与局限性。尽管如此,他的"中体西用"的教育理念,对于宣传西方先进知识,打破中西文化对立,推进中西文化融合,促进国人接受西方先进文化还是有着极为重大的意义。

第三,吴佩孚特别强调女子教育,提倡男女并重的教育思想。吴佩孚尤为强调女子教育的重要性,认为女子教育为家庭教育的根本,甚至关系到国家兴亡,不容忽视。他说:"大凡教育事业,向来男女并重。且国家之治乱安危,关系女子之事迹甚多,不胜枚举。""家有好主妇,家庭即兴;如无好主妇,家庭必日就衰败。如居高位者,有好主妇,国家即可兴盛,否则国家必至灭亡。女子之贤否,关系国家之兴亡。""女学生对于国家,尤为重要","女子为家庭教育之本,相夫教子,责任重大。如文王之后妃,幼时为好女学生,故后能母仪天下,佐兴周室。"……这些言论在当时的中国,反响极为强烈。吴佩孚以一军阀之身,在政局动荡之际,并不醉心于权力争夺与地盘扩大,心里仍有这种远见卓识,且勇于大声呼吁,其魄力可见一斑。虽然这种男女并重,提倡女子教育的教育思想里,对女子的教育还是以能成为"贤妻良母"为目标,并不是真正意义上的男女平等。但他重视女性在社会生产发展中的作用,正视女性在家庭、社会中的地位,对当时社会的女性教育乃至对当今女性教育仍有着极为深远的影响。

以上三点在朱华先生《吴佩孚教育思想略述》一文中有极为详细、精确的阐述,这里仅作简要介绍。

除此以外,吴佩孚对自己家里晚辈的教育也极为重视。他不仅严格要求子孙,而且坚持以身作则。即使到了晚年,他赋闲在家时,过得也不是"寓公式"生活,他"衣无华贵,食无珍馐;中外银行无存款,家无金银、珠宝、古玩;既无三妻四妾,又无成群奴仆;没有商行店铺,没有公司股票,除住宅外也没有其他的房地产"。而且他念念不忘的仍是"治国、安邦、平天下",认为自己对国家和民族的兴衰负有责任,尤其不能容忍外族的侵辱。他一生自诩为关羽、岳飞和戚继光,当时社会上就有"关岳吴"的赞许。这些言传身教都感染着家里的孩子们,使他们立志做正直的人、忠诚爱国的人。

三

吴佩孚一生极为重视教育,他说:"立国要素端在教育,教育良否,关乎国家兴衰治乱。教育良则国治而兴,教育不良则国乱而衰。"除了他的独具特色的教育理念外,他还积极关注教育事业,大力支持学校建设,维护学生权益,保护学生运动,甚至不惜与张敬尧之流作对。

五四运动时,统治集团内部怕危及与西方列强的关系,大都主张接受《巴黎和约》。关键之时,远在南岳衡山之下的吴佩孚发言,他直接向大总统徐世昌发出通电,"大好河山,任人宰割,稍有人心,谁无义愤?彼莘莘学子,激于爱国热忱而奔走呼号,前仆后继,民草击钟,经卵投石……其心可悯,其志可嘉,其情更可有原"!其言掷地有声,一片赤诚之心昭然可见。又如张敬尧督湘时,轻视教育,以学生为奴隶,摧残学校建设,极力镇压学生爱国运动,搜捕学生,迫令湖南省垣学生联合会解散,南路学生遂向吴佩孚申诉,而吴佩孚听说此事后,及时地安抚了学生们,并通电各省,致电张敬尧,劝其保护学生,言辞恳切。他爱护学生的举动,也使得湘人无不同生感戴。此外,还有安福卖国时,各省学生联合起来,组织全国学生联合会,一致罢课,要求罢免曹、陆、章,惩办祸国罪魁。而此时的政府不但置之不理,还采取强暴手段,压制学生,搜捕代表,于是全国商界为学生后盾,酿成罢市风潮。政府仍不闻不问,全国工人,亦继商学两界而起,举行罢工。此时又是吴佩孚挺身而出,首先通电,请罢免曹、陆、章,惩办国贼。

对于吴佩孚爱护学生,保护学生运动的举措,显然应作理性分析。他这样做除了他有一腔热忱,怜惜学子之意外,还有为了赢得舆论支持,巩固自身利益的一方面。但尽管如此,他的这些举措还是保护了很多学生免受蹂躏,保护了学校教育事业的发展,并在社会上唤起了国民的自尊心、自信心与救国热情。并且,在同时代的军阀中,各派系之间只顾争权夺利,互不相让,只有吴佩孚看到了教育事业的重要性,想到了对学生的维护,这一点在当时是极其难能可贵的。

四

吴佩孚于1924年9月8日成为首次亮相美国《时代》杂志周刊封面的中国人。是时,吴佩孚掌握着直系最多的兵力,拥兵数十万,虎踞洛阳,其势力影响着大半个中国。上海英文杂志《密勒氏评论报》的主编、美国人约翰·鲍威尔甚至认为他"比其他任何人更有可能统一中国"。就是这样一个军阀,他的教育思想在当时独树一帜,这其中固然也有很多僵化的、封建的思想,但我们更应看到的是他在教育问题上的独具慧眼,如男女并重、重视女子教育等。也应注意到的他对教育的重视与支持,这也是客观评价吴佩孚的一个极为重要的不可或缺的方面。

耿　旭　鲁东大学历史文化学院研究生
大　伟　鲁东大学历史文化学院留学生

吴佩孚与李大钊

纵观吴佩孚一生的思想,从小深受儒家传统思想的影响,性好学,喜诗文,优秀的传统道德文化在他的身上留下了深刻的烙印。他深信忠孝礼义,践行修身齐家治国平天下的宗旨,以儒家伦理道德为指导思想。他所处的时代,又使他接触了西方的一些思想,形成了他自己的思想观。李大钊,作为新文化运动的主将,他信仰民主科学,抨击旧礼教、旧道德,俄国十月革命之后,接受了马克思主义,并以宣传马列主义为己任。按理说,一个是旧文化的代表,一个是新思想的代表,两人应该是不相容的,但翻看从1918年到1930年这段历史,不难发现吴佩孚与李大钊二人有较为深切的一段交往。

一

吴佩孚认为"孔子说易所追求的理想,厥在实现大同统一之世界,各划分壤地而自号其领域,则与圣人思想不相容。若不达到车同轨书同文行同伦之域,未可语及行孔子之道"①。由此可得知,吴佩孚追求的是一个"大同统一世界"。早在1918年,吴佩孚就有了召开国民大会的主张。在1920年6月13日,他通电全国,主张召开国民大会。电文内容:"三年政若丝棼,局同釜破,舍谋统一,无

---

① 赵恒惕:《吴佩孚先生集》,文海出版社,1970年。

以为救国之方","鄙意惟有出于召集国民大会,以真正民意公决,庶可无偏无党,永绝后患。"①8月1日,发表召开国民大会计划大纲。电文内容:"九年民国,变乱相寻,追源祸始,军阀与政客阶之厉也。军阀以政客为灵魂,政客以军阀为武器,伪造民意之术日精,而国民愈无所控诉。迭次政变,委曲迁就,敷衍一时,祸不旋踵,而天下之乱亟矣。比年来安福逆党,碰壁军阀,以武力造法律,以外债成国会,遂至二、三竖子,颠倒众生……可谓痛恨。幸涿州一役,夭诱其衷,群丑溃亡,元凶束手,正为拨乱反治之机。"②吴佩孚认识到想要解决目前的问题要做的事拨乱反正,诉求民意,发扬民主,而办法就是召开国民大会,制定宪法,达到一个"大同统一世界"。看一下吴佩孚提出的国民大会大纲的八条内容:

（一）定名:为国民大会。

（二）性质:由国民自行招集,不得用官署监督,以免官僚政客操纵把持。

（三）宗旨:取国民自决主义,凡统一善后,及制定宪法,与修正选举方法及一切重大问题,均由国民解决,地方不得借口破坏。

（四）会员:由全国各县农工商会各会各举一人,为初选所举之人,不必以各本会为限。如无工商会,宁缺毋滥。再出全省合选五分之一,为复选。俟各省复选完竣,齐集天津或上海,成立开会。

（五）监督:由省县农工商学各会长,互相监督,官府不得干涉。

（六）事务所:先由各省农工商学总会公同组织,为该省总事务所,再由总事务所电知各县农工商学各会,克日成立各县事务所。办事细则,由该所自订。

（七）经费:由各省县自由经费项下开支。

（八）期限:以三个月内成立,开会限六个月,将第三条所列诸

---

① 吴佩孚:《吴佩孚书牍全编》,上海竟智图书馆,1922年。
② 《民国时报》1922年8月5日。

项,议决公布,即行闭会。并主张将南北新旧国会,一律取消,南北议和代表,一律裁撤。所有历年一切纠纷,均由国民公决①。

这八条大纲提出的是所有国事,悉由国民大会定夺,国民大会的代表由农、工、商、学四界组成,自下而上推选,由省至中央,这便是国家最高权力机构。吴佩孚的"国民大会说"在当时具有很大的号召力,受到了人民群众、商界、共产党人等等的欢迎。从黎元洪到孙中山,都多次公开表示拥护"国民大会"的召开,这为吴佩孚博得了政治声誉与政治资本。

而此时的李大钊已经接受了俄国十月革命后传来的马克思主义,提倡的是走俄国人的路。李大钊明确提出了要实现社会主义的民主主义,也就是"工人政治"的理想。他参照刚刚诞生的俄国布尔什维克国家形式,作出了一番设想:布尔什维克"主张一切男女都应该工作,工作的男女都应该组入一个联合,每个联合都应该有的中央统治会议,这等会议,应该组织世界所有的政府,没有康格雷,没有巴力门,没有大总统,没有总理,没有内阁,没有立法部,没有统治者,但有劳工联合的会议,什么事都归他们决定……这是二十世纪世界革命的新信条"②。

在他得知吴佩孚提出了国民大会大纲之后,立刻在 8 月 17 日发表了《要自由集合的国民大会》:"吴子玉将军提倡的国民大会,不过是秉承我们民众的意思,不许这些在政治机关上的人干涉我们集会。我们应该赶快随时随处自由集合国民大会。这种国民大会,不拘一定形式,不待政府召集,全国公民要自动的愤起,竖起民众万能的大旗,把目前解决时局的办法,简单而且重要的标出几条,交给南北政府去办,他们如不按民意去办,我们可以给他们一种制裁……我们全国的市民,要随时到处自由会合,取应有尽有的

---

① 《申报》1920 年 7 月 31 日。
② 李大钊:《李大钊文集》,人民出版社,1984 年。

手段,作我们的运动,非达到目的不止。我想只有这种自由集合的国民大会,才是真实的国民大会。只要真实的国民大会,自动起来,那就依一种改造的选举法召集一种国民大会也好,依旧存的选举法召集二届国会也好,他们都要受这真实的国民大会表示的意思所支配。"①

从这里我们可以看出李大钊希望通过吴佩孚提出的国民大会大纲使全体公民成为国家的主人的愿望。21日李大钊与蔡元培等人在北京大学日刊上发表了重要启事,要求召集临时国民大会,拟定了七条办法:

(一)解散非法国会,并不承认非常国会继续存在。

(二)肃清祸国党孽,禁止启用复辟帝制犯。

(三)裁减军队,废除督军与督军同等制。

(四)凡国民应享之一切自由权利禁止侵犯。

(五)实行地方自治并得由各地方自行编练民团。

(六)公布国家会计,禁止秘密借款。

(七)根据民意决定外交方针,并取消一切卖国密约。②

把这个提案与吴佩孚的大纲做对比不难发现除了第五条地方自治吴佩孚没有提出外,其他二人可谓是所见略同,把主动权放于国民之手。他们的政治主张是有共通性的。这种共通性使李大钊对吴佩孚有了一定的政治期待。据当时的形势变化,在此后的一段时间里,李大钊与白坚武的往来增多。这里不得不提一下白坚武这个人。

白坚武,李大钊在天津北洋法政专门学校的同学,关系很密切。1917年以后在吴佩孚初做顾问。翻看白坚武的早年日记,发现其与李大钊的思想是接近的,也就是说早期的白坚武是接受马

---

① 《晨报》1920年8月17日。
② 《北大日刊》8月21日。

克思主义和社会主义的。例如,1920年2月28日的日记中,他写道:"余现觉宇宙间所有动止,俱由环境构成,物由心造,诚有此象。然展转以细索其因果,仍不出唯物关系。突然而有此内识,突然而有此外效,为世界所无之事。攻马克思唯物论者众矣,余不论其有充分理由。若以马克思所论演证据不充足则有之,强余绝对信仰唯心论现未能也。"对唯物论的偏爱与对唯心论的怀疑,并由此而引发的为马克思学说的辩护。又如1920年1月2日,当他读张东荪发表在《解放与改造》第7号上的一篇谈社会主义的文章时,发现作者所说的"如有建设必定依著社会主义的原则",于是在日记中写道:"是言实为我所欲言者。"这些资料能充分说明此时的白坚武是看好马克思主义和社会主义的,他与李大钊在此时是有着共同的思想背景。

也是从1920年起白坚武与李大钊信使往来,互相走访频繁,共同"畅叙吴子玉处近日内情"。比如8月4日白坚武寄来快函一件并附介绍吴子玉(佩孚)一函。同月13日寄白坚武一信。18日张则民自北京后闸三十五号李大钊寓所寄给白坚武信一封,介绍北京情况。9月16日同日 白坚武到京,寓李大钊处至10月初。这期间他们与吴佩孚的另一幕僚孙汉忱曾多次在一起交谈①。虽然此时的李大钊与吴佩孚的幕僚交往频繁,但是他还未能与吴佩孚有正式的会见。

二

又是怎样的机缘下,吴佩孚与李大钊有了实际的交流与交往呢?首先来谈一下当时的背景。第一,吴佩孚提出的国民大会主张一经提出便遭到了旧势力和掌权者的反对,不经两月计划流产

---

① 杜春和、耿来金:《白坚武日记》,江苏古籍出版社,1992年。

了。奉系张作霖与曹锟提到"如三哥任其所为,则我将单独通电反对"①。而曹锟为自己的权势考虑也不再支持吴佩孚,发表通电"第三师师长吴佩孚通电召集国民大会,经略使已认为无效"②。各省督军、省长、西南联合派也持有反对态度,他们认为吴佩孚是假公济私为了自己的目的。政府派的徐世昌和靳云鹏害怕国民大会约束他们的权利,动摇他们的统治地位也不赞成。虽然在这些人的反对下,计划流产,但是它为吴佩孚赢得了良好的声誉,在舆论界有了一定的号召力。

第二,苏俄政府为了延续沙俄时期在中国取得的利益,需要在中国找一个拥有真正实力并能够左右北洋政府决策的武装力量。吴佩孚在五四运动暴发后积极反日,支持学生运动,提出过"国民大会"主张,为他赢得良好的声誉和政治资本。共产国际找过陈独秀、李大钊、吴佩孚和孙中山。想通过"孙吴联合"建立一个亲俄政府。

1920年春天,共产国际远东局的代表威金斯基到中国,找李大钊、陈独秀联系组建中国革命组织问题时,就带来了"联合吴佩孚"的任务。李大钊也认同这种做法。他曾在文章中说:"……在中央必须备有强大的兵力,然后依靠这种力量削弱各省督军的武装……"他认为,吴佩孚在军事上的优势可以让中共借力。而吴佩孚也试图采取"联赤"的政策以取得满蒙和新疆的安定,集中力量对抗日本和张作霖,所以双方一拍即合。共产国际代表魏金斯基赴洛阳访问吴佩孚,与白坚武讨论了中国的政局,介绍了苏俄的情况③。1921年4月共产国际的代表马林到中国帮助陈独秀、李大钊等人筹建中国共产党时,就主持制定了"与吴佩孚接近的政策"。马林回忆到:"俄国人坚信,为开展中国的民族主义运动,可以合作

---

① 《申报》1920年8月13日。
② 《申报》1920年8月4日。
③ 《维金斯基在中国的有关资料》,中国社会科学出版社,1984年。

的人是吴佩孚。"李大钊又通过白坚武与吴佩孚进行接触。

第一次直奉战争中,直系军阀获胜,吴佩孚成了北洋军阀政府的核心人物,依靠奉系军阀上台的总统徐世昌被迫下野,吴佩孚力主黎元洪复职,主张建立一个"好人政府",实现中国统一。这个新的政治格局促使苏俄、共产国际、中共加紧联合吴佩孚的工作。1922年5月,在国际共产的支持下,李大钊向吴佩孚提出了"保护劳工"的建议,吴佩孚采纳成为四大政治主张之一(其他三项是国民大会、恢复法统、主权独立)。尽管吴佩孚的"保护劳工"的主张,是怀有自己的政治目的,但也在一定程度上维护了工人阶级的权益,李大钊介绍霍德洛夫与吴佩孚、白坚武"作主义上深谈"。吴佩孚与霍德洛夫所谈分为三段"一、新主义之结合;二、新政治之趋势;三、远东问题"。6月6日,李大钊去保定会见吴佩孚"接洽两日,为吴公赞助"①,李大钊表示支持建立一个社会公认的"好人政府",还与吴佩孚商谈了新内阁与苏俄建立关系的问题和工人运动的开展问题。19日,李大钊约胡适等人会见吴佩孚的另一位高级幕僚孙丹林②。7月14日,吴佩孚托李大钊、胡适为他起草地方政治制度实行方案,与孙中山的主张大体相同,均主张实行"地方自治",但吴佩孚主张实行"武力统一",此时就是"水火不能相容"。

1922年秋天,李大钊又两次到洛阳与吴佩孚会晤。这主要是为执行党内制定的"孙吴联合"主张,继续做吴佩孚的工作,以实现南北统一的革命局面。9月,李大钊根据共产国际远东局的指示和中共中央西湖会议的精神,在上海与孙中山会谈,实现国共合作问题。李大钊到洛阳会见吴佩孚,通报了与孙中山会谈的情况,以便争取吴佩孚,实现"孙吴联合"。孙吴双方都做出了妥协,但是张作霖的问题仍是孙中山和吴佩孚合作的最大障碍。吴佩孚认为他对

---

① 《白坚武日记》,1992年。
② 胡适:《胡适日记》,山西教育出版社,1997年。

孙中山可以妥协,但对张作霖则必须持强硬态度。他要求北京政府给孙中山一定的礼遇,但反对由北京政府派员到东北同张作霖联络,并两次致电北京政府,坚持反对恢复张作霖的官职、官衔。而孙中山也拒绝与张作霖"分手",他说:"至于吴佩孚,我很想与他合作。但是,以我同那些仍然忠于我的统一国家计划的老朋友的决裂为条件的合作,我是不能同意的。吴佩孚想让我抛弃张作霖作为对与他合作的一种酬谢,这样的行动方针我是不能接受的。"孙中山表示,他会劝说张作霖改变对苏俄的态度但不会同张作霖决裂。这样看来,"孙吴合作"是有大矛盾的。

  于是,1922年10月,李大钊与孙中山的代表张继再次来到洛阳,作为孙中山的代表做最后争取吴佩孚的努力。这次洛阳之行,李大钊与吴佩孚谈了什么,史料只有寥寥数字:"连晚与守常谈京况。"吴佩孚当时表示支持孙中山,吴佩孚还让张继给孙中山带话:"以共同忠于民国相勉,勿与卖国党、匪党邻近。"这次见面,表面是一团和气的,但是因为孙、吴双方在根本问题上互不让步,也无法让步,谈判没有任何实质性进展。至此,"孙吴合作"已经没有可能了。对"孙吴合作"有着深切期望的李大钊非常失望,但是双方还并未闹翻。

三

  1922年香港海员罢工时吴佩孚默认了京汉铁路行驶的火车头上竖起的"援助海员"的旗帜。这年秋,京汉、粤汉两铁路罢工,吴佩孚也没有出兵镇压。所以1923年1月初决定的在郑州举行总工会成立大会时,李大钊信心满满地说:"这次郑州会议,洛阳西宫(吴佩孚开府洛阳西宫)想无意外。"①由此可见,此时的吴佩孚并

---

  ① 郭剑林:《吴佩孚传》,北京图书出版社,2006年。

没有反对成立工会组织。李大钊与吴佩孚的合作也是对工人阶级有利的。李大钊还通过主管交通的孙洪伊与吴佩孚协商确定了京汉等六条铁路上的共产党密查员致力于革命工作,并且报告给吴佩孚。吴佩孚希望他们能够帮助铲除别派交通上的势利,接管铁路财务,为其谋得军饷。这个时间段双方应该是相互利用的关系。

但是1923年初苏俄与孙中山形成联合,发表了"孙越联合宣言",苏俄支持国共合作以打倒吴佩孚。苏俄立场的转变使吴佩孚大为恼火,共产主义运动影响到了吴佩孚的统治。他对苏俄、共产国际产生了极大的仇视。临开会前几天,吴佩孚得到的消息是,共产党借这次工会组织成立之机要配合"孙越"制造的全国铁路总工会第一次罢工高潮,这些消息使吴佩孚感到恐慌和危机,而此时曹锟也发出指示要镇压工会的活动,吴佩孚与工会协商未果,于是酿成"二七"惨案。

得知这一凶讯,李大钊心如刀割,悲愤交加,心情悲伤到了极点。他立刻写信给白坚武,断绝他与白坚武多年的友谊,把这个为吴佩孚出谋划策、残害工人的吴佩孚的主要帮凶视为路人,不再有任何来往。对吴佩孚,他更是深恶痛绝,将其视为整个革命事业和人民的仇敌。他当即对吴佩孚的罪行进行了声讨,以示和吴佩孚的彻底决裂。后来他写到:"英、美主义所扶持的军阀吴佩孚,当那京汉路工运动初起的时候,似是很想用他曾用过的以国民大会的口号诈骗民众的伎俩来欺骗工人群众和全国民众。后来渐渐看清工人群众的结合,能够在国民革命运动中形成一种纪律禁严、勇力雄厚的中坚势力,他便骤然揭破那副假面,拿出凶残的手段来压迫工人的集会。"[①]

1927年,李大钊被捕时,有人想让他投降为张作霖、吴佩孚效力。李大钊的回答是:"张作霖是狰狞之子,吴佩孚是狼狈之儿,我

---

① 李大钊:《李大钊文集》,人民出版社,1984年。

岂能为他们效劳？"二人纠葛到此结束。

参考资料：

唐锡彤：《吴佩孚文存》，吉林文史出版社，2004年。
赵恒惕：《吴佩孚先生集》，文海出版社，1970年。
吴佩孚：《吴佩孚书牍全编》，上海竟智图书馆，1922年。
上海《民国时报》1922年8月5日。
李大钊：《李大钊文集》，人民出版社，1984年。
北京《晨报》1920年8月17日。
杜春和、耿来金：《白坚武日记》，江苏古籍出版社，1992年。
上海《申报》1920年。
《维金斯基在中国的有关资料》，中国社会科学出版社，1984年。
胡适：《胡适日记》，山西教育出版社，1997年。
郭剑林：《吴佩孚传》，北京图书出版社，2006年。
张绛：《试论李大钊的洛阳之行》，《史学月刊》1992年第5期。
董宝瑞：《李大钊与吴佩孚的保定会谈》，《党史博采》1999年第3期。

      黄旭初 鲁东大学历史文化学院研究生
      亚 娜 鲁东大学历史文化学院留学生

从地域文化角度品评吴佩孚

吴佩孚(1874—1939),字子玉,山东登州府蓬莱县(今蓬莱市)[①]人,乡邻多以吴老二、吴家老二、"吴小鬼"称他,而世人的称呼从吴蓬莱、蓬莱将军(或蓬莱秀才、蓬莱吴子玉)到孚威上将军,再到玉帅,反映了中国不同历史时期的习俗变化及世人对其情感态度的变化。吴佩孚作为北洋时期的唯一儒将,官至两湖巡阅使、直鲁豫巡阅使等要职,是直系的灵魂人物,在中国近代史上留下了浓墨重彩的一笔,对山东的贡献自不会少。

吴佩孚的故乡——山东蓬莱地处胶东半岛的最北端、黄渤海的交界处,固商业兴盛,经商者约有半数;然"(蓬莱)土地硗薄,每年又多苦旱,虽年可二获,但年产不丰"[②],而民又向以农业为主,商业次之,其中却又以自耕农居多,故民性多"刚强豪爽,天生聪资,注重礼教,多富保守性",特别注重乡土情结,固积习旧俗不易更改,社会进化迟缓;辖区内有戚公祠[③]、蓬莱阁等胜迹,都与吴家安香店仅几里之遥,是吴佩孚少年时每日必去玩耍之处,同时这两处胜景也使吴佩孚有了或多或少的传奇色彩并对其一生产生了不可

---

① 章君穀的《吴佩孚传》中说:"吴生于城区县后学街的一处规模甚小的杂货店,字号'安香'。"民国第四次重修《蓬莱县志》中记载:"吴佩孚,山东蓬莱城区人,祖居城东安香店。"

② 王明长:民国第四次重修《蓬莱县志》,青年进修出版社,1961年,第131页。

③ 戚公祠:亦称表功祠,在府门前街,戚宅内院,祀民代英雄戚继光少保,明崇祯八年(1635)建。

磨灭的影响。相传吴父(若天)①在吴佩孚出生时梦到了同乡的民族英雄戚继光来到了自己家,认为是祥瑞之兆,大喜之余便根据戚公的字(佩玉)确定了其子的名(佩孚)和字(子玉),这不失为吴佩孚以后的飞黄腾达增加了点传奇,吴氏自身也引以为豪,有其诗《寿竹阳》为证:大会蟠桃三月三,我生巳日假天缘。同斟杯满葡萄酒,共庆春开锦绣筵。箸借席前诸将帅,乐闻空际众神仙。竹阳从此留佳话,事记共和十七年。诗中打头两句"大会蟠桃三月三,我生巳日假天缘"即指其降生时假借天缘的神秘情形。可见,吴佩孚对自己出生时的祥瑞也津津乐道、沾沾自喜;而蓬莱阁对吴氏的影响却是挥之不去的,伴随一生的。1894年的甲午中日海战,日本军舰很精确地击中了蓬莱阁正中的匾额——"海不扬波",变成了"海扬波"。这一幕日本在中国海面的公然挑衅,作为亲历者,吴佩孚狠狠地在心中种下了一个愿望:与日决战,收复河山,其晚年始终不与日合作肯定与这也有些许联系。在《满江红·登蓬莱阁》中我们能看到他当时的感受和心情:"北望满洲,渤海中,风浪大作。想当年,吉黑辽沈,人民安乐。长白山前设藩篱,黑龙江畔列城郭。到如今,倭寇任纵横,风云恶!甲午役,土地削;甲辰役,主权堕!叹江山如故,夷族错落。何日奉命提锐旅,一战恢复旧山河,却归来,永作蓬山游,念弥陀!"吴佩孚把这首词作为他在洛阳练兵时的军歌,通过以日本为假想敌,誓言要雪甲午之耻辱,由此可推测他当时对日咬牙切齿之态、怒火中烧之情,民族感情和爱国之心非同一般。可以说,这种特殊的自然地理环境对吴佩孚的性格产生了一个基本的轮廓式的影响,而这些人文胜景明确并确立了吴佩孚一生的方向和事业,自然地理环境和人文环境两者相结合便可大体窥测出吴一生波澜壮阔的人生轨迹和百态人生。总之,山东蓬莱对吴佩孚的影响是泯灭不掉、始终存在的,而吴佩孚作为一个从

---

① 郭剑林:《吴佩孚传》,北京图书馆出版社,2006年,第5页。

小受孔孟四书五经教育的传统志士,在立言、立功、立德很多方面都体现着对家乡的感情,一直延续到生命的终点。

在其传世的《蓬莱诗草》中,我们可以找寻到好多有关"蓬莱"的字眼和山东(或蓬莱)的人、景、情等等。《登蓬莱阙歌》中有提到"蓬山","蓬山"即蓬莱山,相传为仙人所居;吴氏在民国十一年(1922)3月的《五十自寿》中写到:"欧亚风云千万变,英雄事业古今同;花开上苑春三月,人在蓬莱第一峰。"此诗背景为吴氏在第一次直奉战争中获胜,又恰遇自己50寿辰时,通过家乡的山表现了其在人生鼎盛时期的个人英雄主义;在民国十九年的《宣汉文山登高口占》中:"文凤山高古木森,万方多难此登临,西通边藏称天险,南接潇湘近海门。隔岸枫林零露冷,故乡菊圃战云深,遥知京洛登高处,落帽随风少故人。"此处的"故乡"也指山东蓬莱;在民国二十八年冬的《写竹述怀》中:"恨不渴饮东瀛水,策马昆嵛顶上行。昂头天外飞巨眼,左倾太乙各长庚。人生富贵竹头露,成败兴亡棋一枰。"吴氏以竹自诩,诗中的"昆嵛"指烟台地区的名山——昆嵛山。尽管这些诗中有关家乡的内容并不是诗词本身要着重表达的核心,但是我们还是能够窥探出家乡在吴氏的心中是占有相当重的分量的!第一次直奉战争胜利后,吴佩孚在寓所修建了接待来往宾客的西式砖瓦楼房,为新楼题写了一副对联:"得志当为天下雨,论交须有古人风",并将其命名为"继光楼"。"继光"二字的来历,吴佩孚对部下的一种解释就是称"吾乡蓬莱有先贤抗倭英雄戚继光,余景慕其人而欲继其余光",故曰"继光楼"。一个大半生漂泊在外的人,如果不留恋故乡,就不会在他的作品和生活中让我们找寻到如此多家乡痕迹!可见他的乡土情怀是多么的重!

不论是家乡优美的自然地理环境还是人文胜景,吴佩孚自始至终都是念念不忘的,从重修戚公祠可以看出来,那是民国十年的事,距离上一次重修戚公祠的光绪六年(1880)已经过去了40余年。经历风雨的洗涮再加之饱受战争的摧残,戚公祠显得像一个垂暮的老人,早已破败不堪。1921年,直鲁豫巡阅使吴佩孚重修了家乡的戚公祠,亲自题写"吾将私淑"匾额,并书写对联——"雪国沁在四百年前,公不愧曰武;继兵法十三篇后,吾曾读其书"——悬挂于门内厅房。对联简单记述了他对戚继光的敬仰及戚氏对其的影响,当然也包括了对自己的夸赞,这些都与吴佩孚小时候经常徘徊玩耍于戚公祠及在家乡水师营学兵期间读戚继光所著的《练兵实记》《纪效新书》《在戎要略》《武备新书》等书是分不开的。1920年,在吴佩孚干预之下,交通部本打算修建的从潍坊经莱阳到烟台的直线公路,结果沿着海边绕了一个大弯,变成了从潍坊经蓬莱到烟台,公路总长为295千米,1922年竣工时建成了烟台第一个汽车站。期间吴佩孚还支持刘子山(掖县人)创办烟潍汽车运输公司,经营客货运输,使得这条公路建成后就开始了汽车运输,这在山东公路中是第一个;同时烟潍公路是胶东半岛的第一条近代公路,在胶东半岛近代化的过程中发挥了重要的作用,特别是对于蓬莱、黄县(今龙口)、掖县(今莱州)三县经济发展起了巨大的促进作用;这条公路也是当时全省最好、最长的公路;另外,吴佩孚还重修了蓬莱阁和晚清名将宋庆家乡的路桥等等。可见吴对家乡的一事一景都是挂念于心、了然于胸的,特别是对影响过他和给他留下深刻影响的事物更是如此。1924年5月,同为蓬莱老乡又是吴以前的部下——高恩洪在就任青岛胶澳商埠通办的时候,热心于教育事业,准备筹建私立青岛大学,学校校址选在了德租青岛时期修建的俾斯麦兵营,而青岛驻军阻止、反对将校址选在此,从而双方发生了争执,官司一直打到了吴佩孚处,吴氏听闻后,当即决定将兵营作为学校之用。8月,青岛大学得以顺利地正式挂牌成立,吴佩孚在此起了相当大的作用。私立青岛大学作为第一个由中国人自己创办的高等学校,也是继外国教会创办的齐鲁大学之外的成立比较早的大学之一,具有跨时代的巨大意义,对山东乃至全国的高等教育影响不容小觑!可见吴氏注重乡情乡谊,对家乡的交通和文化事业做出了很大的贡献。

　　时刻惦念着家乡和家乡人民,最直接、最迫切得莫过于付诸回乡省亲这样的实际行动了。与其他高官招摇过市、唯恐天下人不知的轰轰烈烈的场面截然不同,吴佩孚微服返乡,只停留了一夜,谁也没有惊动。这是遭受北伐跌入谷底以来的一次返乡,也是最后一次回乡,想必吴佩孚自己是很清楚的,回乡便伴随了一丝凄凉与阵痛。这一夜必是先祭扫了父母的墓穴,倾诉了多年的哀愁与眷恋,诉说了一个游离在外孝子的惭愧与不安;短暂的一夜,多年来的牵肠挂肚就在眼前,必是匆忙而又留恋地造访了戚公祠、蓬莱阁……触景生情、痛哭流涕自不用提;内心思绪翻滚、肝肠寸断,必定一夜未眠;天将亮时又急匆匆地踏上归京的路途,临走时的一顾三盼和两行老泪写满了凄凉,迷迷糊糊中全然不在意途中的美景,家乡的一情一景始终占据着他的脑海,占据一个游子的心。短暂的回乡省亲算是了了吴佩孚的一桩心愿,并未了却他为家乡做事的心。

　　当然吴氏对于家乡的贡献远远不仅限于此,一直在持续着。1918年,巴黎和会无视中国主权,竟擅自将德国在山东的一切利益转予日本,吴佩孚作为山东人,忧心忡忡,立即向当时的总统徐世昌致电:"青岛得失,为吾国存亡关头。如果签字,直不啻作茧自缚,饮鸩自杀也。"吴氏把青岛的得失问题看成为国家生死存亡的关键,认为断不可签字来承认日本在山东的一切权益;并坚决反对段祺瑞的亲日卖国行为,主张取消段系的中日密约,恢复山东的利益和主权。之后五四运动爆发,吴佩孚对全国学生采取同情的态度,并再次致电:"日人此次争执青岛,其意不止青岛,其将来有希望大于青岛数万者也……山东青岛,系中国公共之领土,非少数人之私产也。况其地当冲要,为我国沿海第一门户,决不能断送于外人。故全国人民,同心协力,誓死相争,拒绝签字,非达交还目的不止。"吴氏言辞坚定,认为日本不仅仅是占领青岛那么简单,而是要把青岛当成侵略中国的门户,绝不能在对德合约上签字,应据理力争,直至交还。在7月13日又致电:"大总统处此一发千钧之际,临大疑,决大计,当机立断,不俟终日,勿为众议所惑,勿为威力所屈,保我主权,还我故土,天下后世,咸被鸿庥……"①按照吴佩孚的要求,中国政府最终拒绝在巴黎和会上签字,开创了在国际舞台上敢于抗争的先例。当日本贼心不死继续向北洋政府施压订约时,吴佩孚主张南北议和、共同对外,总统徐世昌当时迫于段系的压力,将安福系的王揖唐作为南北议和的总代表时,吴坚决反对任用此人,通电说:"夫安福系戚国祸民,腥闻于天,通电要求惩办者日数十起……公谓王公才识过人……其运动钻营之才识诚过人矣。公以为才识过人,无一不弄巧成拙……总之,既为一国之政府,自应开诚布公,推心置腹,以谋永久之和平,断不可搀杂私党见而自欺以欺天下也。"②吴氏大加批评安福系刁钻跑路、祸国殃民的种种罪行,认为国家和平绝不能用此等"贤才"。一系列的通电,无非是为了要恢复中国政府在山东的主权;1922年华盛顿会议期间,梁士诒办理鲁案丧失主权,为了解决内阁财政危机,不惜借日款赎回胶济铁路,并将铁路运营权交由日方管理。吴佩孚1月5日对此通电训斥:"当此一发千钧之际,梁士诒不问利害,不顾舆情,不经外部,迳自面复,竟允日使要求,借日款赎路,并训令驻美各代表遵照,是该路仍归日人经营,更益之以数千万债权。举历任内阁所不忍为不敢为者,今梁士诒乃悍然为之,举曩昔经年累月人民所呼号、代表之所争持者,咸视为儿戏,牺牲国脉,断送路权,何厚于外人,何仇于祖国。纵梁士诒勾援结党,卖国媚外……我全国父老兄弟,亦断不忍坐视宗邦沦入异族。"③之后又六次通电指责,最终迫于压力,政府未敢就山东问题与日本直接交涉。从上述两个反对王梁

---

①③ 唐锡彤、胡震亚:《吴佩孚档案资料选编》,《民国档案》杂志社,2009年,第46—47页。
② 同上,第48—50页。

的事件来看,当然这里面不能排除吴代表的直系与段系的争斗,但乡土情占主角!国家主权大于天!1919—1923年,田中玉就任山东督军,经济上极力把持全省财政大权,搜刮剥削百姓中饱私囊,民不聊生;政治上任人唯亲、排斥打击异己,引发民众的强烈不满,吴佩孚借当时全国轰动一时的"临城大劫案"迫使政府撤了田中玉的督军之职,也算为家乡做了好事;在1935年《何梅协定》签订之后,为发动全面侵华战争,野心越来越大的日本进一步企图策划华北五省—冀、察、晋、绥、鲁自治,准备成立第二个"满洲国",并想请吴佩孚出山做"华北王"。吴佩孚愤然拒绝说:"自治者,自乱也!中国已经乱了几十年,老百姓吃够动乱之苦。如再有人制造动乱,分裂国家,老百姓所不容也!天地良心所不容也。我吴佩孚绝不做对不起祖宗后代的事!"妄想把自己的家乡变为一个日伪殖民地,便断然拒绝日本人这一无理荒唐请求,体现了中国人的骨气。

1939年12月4日,吴佩孚逝世,人死盖棺定论时我们可以用他在1932年1月31日书写的自挽长联——"得意时清白乃心,不怕死,不积金钱,饮酒赋诗,犹是书生本色;失败后倔强到底,不出洋,不入租界,灌园抱瓮,真个解甲归田"——来体会他的一生:一个"书生将军"身份的巨变,犹不变的是秀才本色;骨子里往往多了一份清高、执拗与绝强,比谁认识得都清楚,改变得却很少。噩耗传来,举国哀悼。山东同乡也以各种方式进行了吊唁和慰问,对这位伟大的同乡做了评价。如山东同乡会的祭文:"何来厄运,如沸如羹,虫沙化幻,风鹤时惊,东山在望,如雾雨零。胡天不吊,劫数相仍。摧我柱石,坏我长城。云霄惨淡,忽陨将星。况乎梓谊,悼痛何胜,所堪共信,正气充盈。精神不死,虽死犹生……"《蓬莱县志》中写道:"倜傥不羁,负奇气""不怕死,不爱钱,不亲日,不投降,不附逆,不为傀儡,不驻租界,不屈不挠,气节可风,人格伟大,为北洋军人中不可多得之人物""盖棺定论,亦一世之伟人也。"王明长[1]在《吴佩孚将军传》中也记述:"综观将军一生,嫉恶黜邪,持正不恶,有裨世道人心,北平陷地,处境险恶,敌酋肆其逼迫,奸逆逞其簧鼓。威胁利诱,层出不穷,犹能勉全所守,英风亮节,中外同钦,所谓贫贱不能移,富贵不能淫,威武不能屈,将军可谓以当之而无愧,国民政府闻将军逝世,即表哀悼!特明令褒扬,追赠陆军一级上将,并开会追悼,各报显著赞扬,各界公葬将军遗体于平郊玉泉山。"这些记载都给予了吴佩孚很高的评价,在对日气节方面可谓是恰如其分。作为吴氏的小老乡,我认为他注定是那种特殊时代下一个失败的儒将,是一个敢于用生命谱写赞歌的人,不愧是"中国最强者"[2]。

李成锋　鲁东大学历史文化学院研究生
朴炳仙　鲁东大学历史文化学院留学生

---

[1] 王明长(1906—1962),蓬莱县王格庄人,1942年曾任蓬莱县县长。
[2] 1924年吴佩孚以"中国最强者"成为首次亮相美国《时代》杂志周刊封面的中国人。

吴佩孚的多面人生

吴佩孚作为直系军阀的代表人物,曾被认为是一个"比其他任何人更有可能统一中国"的军阀,其传奇人生可谓毁誉参半充满争议。一方面他受到传统文化和儒家思想的浸淫和教育,具有中国传统文人的一些行为方式和价值取向;另一方面,作为身处乱世的一个封建军阀,他又具有穷兵黩武,镇压革命的特质。本文拟就吴佩孚的多面人生进行全方位的解构,以期更为全面和客观的评价这一历史人物。

一、爱国将领,忠于国家

吴佩孚作为封建军阀,其人生最为浓墨重彩值得大书特书的是他的爱国情怀。1918 年,吴佩孚以代理第三师师长的身份任前敌总指挥,率部与南方军阀激战正酣,连克长沙、岳州和衡阳等重镇,被称为常胜将军,就在这种捷报频传颇有胜算的情况下,吴佩孚顿兵衡阳,称:"阋墙煮豆,何敢言功?""并非寇仇外患,何须重兵防守?对外不能争主权,对内宁忍设防线?"呼吁中央颁布通国一体罢战命令,一体罢战,反对分裂,实现和平统一。这种"能够在众望所归之际战胜自己的权力欲,舍名利而不取,实在不易"。

1919 年,五四运动爆发,面对民族危亡,吴佩孚通电大总统徐世昌:"青岛得失,为吾国存亡关头。如果签字,直不啻作茧自缚,饮鸩自杀也。"痛斥巴黎和会的荒谬决议,同时表明"大好河山,任人宰割,稍有人心,谁无义愤?彼莘莘学子,激于爱国热忱而奔走呼号,前仆后继,民草击钟,经卵投石其心可悯,其志可嘉,其情更可有原!"他还联合山东籍湖北督军王占元、浙江督军卢永祥等,通电"内惩国贼,外争主权"。并表示"卫国是军人天职,与其签字贻羞万国,毋宁背城借一。如国家急难有用,愿率部作政府后盾,备效前驱"。并致电南北双方将领联名通电,反对在《巴黎和约》上签字,主张取消中日密约。

1924年,英国学者兰顿氏提出修筑缅藏铁路,吴佩孚断然驳斥了其窥伺之妄想:"西藏为中国之土地。未尝割让与贵国,贵国如擅由大吉岭筑铁路至拉萨,中国实不能予以承认……中国有自主权利,而决不能唯贵国之从。"

1926年10月,武汉之战失败之后,吴部主力被歼,吴佩孚率残部去四川依靠军阀杨森、刘存厚。当时,日本曾派驻上海舰队司令海军少将荒城二郎、海军驻上海特务机关长秀藤大佐专程前访,表示愿意帮助吴东山再起,先贷予私人借款100万元,奉送步枪10万枝、山炮500门、机关枪2000挺,连同弹药,运入四川。但吴佩孚慨然婉拒:"天下事的成败利钝,并不在于若干枝枪,多少金钱。中国人的事,应由中国人自己了断,外人盛意,敬谢不敏。"

抗日战争爆发后,日本采取以华制华的政策,拉拢一批失意军事领袖和党政要人。吴佩孚当时失意落魄,寓居北京,成为日本人拉拢收买的重点对象。1935年,日本侵略者为了分裂中国而搞"华北自治",请他上台当傀儡,他坚决拒绝。1938年日本侵略者决定把华北伪政府和南京伪政府合并为一个汉奸政权,日本大特务土肥原贤二拉吴佩孚做"中国王",吴佩孚说:"叫我出来也行,你们日本兵必须全部撤出中国去。"日本人越俎代庖地在什锦花园为他安排过一次记者招待会,他尚未开口,中外记者们已经读到了打印好的"吴氏对时局的意见"。吴佩孚却声明:"惟'平'乃能'和','和'必基于'平'。本人认为,中日和平,惟有三个先决条件:、日本无条件自华北撤兵;二、中华民国应保持领土和主权之完整;三、日本应以重庆(国民政府)为全面议和交涉对手。"

1939年1月,日本人假借吴佩孚的名义成立"全国和平救国会",在北京导演了一场"和平息战运动"。对此,吴佩孚明确向新闻界表示:"余自卢沟桥事变后即坚持行动三原则:一,不派亲信去东京;二,余拥护主持全国抗战之国民政府;三,余没有发表过任何求和之通电。"揭穿了日本人的阴谋,使"和平息战运动"宣告破产。

总之,在对待日本侵略者的态度上,吴佩孚一贯义正词严,不为日本人的威逼利诱所动,直到最后惨死在日本人手中。

吴佩孚的爱国思想和行为的形成有其多方面的原因,首先,吴佩孚受到传统儒家思想的长期浸淫,儒家文化宣扬的爱国忠君思想是吴佩孚爱国壮举的深层次的根源;其次,吴佩孚出生于明朝抗倭名将戚继光故乡山东蓬莱,戚继光的抵御外侮,奋勇杀敌的抗倭壮举,对吴佩孚的成长造成深远的影响。最后,吴佩孚本人个性中的耿直忠诚,嫉恶如仇的特性也使得其能保持强烈的爱国情怀,恪守信仰,不畏威逼,不为利诱,时刻以国家利益为重。

二、儒将风范,才能卓越

吴佩孚作为民国时期的重要将领,一生戎马倥偬,其军事才能是有目共睹的。1898年,驻扎在天津的淮军聂士成部,因在四年前的中日甲午战争中伤亡惨重,奉命招兵,扩充队伍。曾经在家乡当过水师营学兵的吴佩孚,决定投笔从戎,到天津应征入伍,从此踏上军旅生涯。在军队他被曹锟赏识,两年后当上管带。1902年9月吴佩孚进入保定陆军速成学堂测量科学习。一年后,以优等成绩毕业,任北洋督练公所参谋处中尉,正式成为北洋系的一员。后来逐步晋升为团、旅、师长,直至拥兵数十万,被封为"孚威上将军",从此出生入死投入军阀混战,并大有斩获。成为群雄逐鹿的民国时期的实力最强的军阀之一。

在其军事生涯中,吴佩孚有常胜将军之称。1917年,张勋复辟,吴佩孚和冯玉祥带兵杀进紫禁城,从此出现在历史的舞台上。1918年,第二次南征时期,曹锟任命吴佩孚以代理第三师师长身份任前敌总指挥,吴佩孚带领陆军第三师势如破竹,连克岳州、长沙、衡阳等重镇,几战就把革命党人逐出长沙城。被时人称为"常胜将军"。1920年的第一次直皖战争,战役只打了四天。在这次战争中,吴佩孚指挥军队又是埋伏,又是齐射,又是飞射,又是烧粮,出尽了风头。这次战役徐树铮大败,皖系从此退出历史舞台。1922年4月,第一次直奉战争爆发,曹锟授予吴佩孚军事指挥全权,代表直系迎战张作霖。奉军入关兵力12余万人,大炮150门,机关枪近200挺,大有"投鞭断长江之流,走马观洛阳之花"之势。吴佩孚直接参战的军队只有张作霖的一半,在兵力、装备悬殊的情况下,作战一个多月,奉军损失军费超过3千万元,被打死、打伤、投降及逃亡人数高达10万人,仅余2万多人逃出山海关。此次战役直系大获全胜。第一次直奉战争使吴佩孚达到了其军事生涯中的顶峰。总之,在吴佩孚的军事生涯中,他曾一战安湘、再战败皖、三战定鄂、四战克奉,即使1924年败于第二次直奉战争,时人也多谓非战之罪。其过人的军事指挥才能,不言而喻。

三、生活严谨,廉洁自守

吴佩孚为人严谨,注重修身,廉洁自守,他曾经撰写过一幅对联,内容为:"得意时清白乃心,不纳妾,不积金钱,饮酒赋诗,犹是书生本色;失败后倔犟到底,不出洋,不走租界,灌园抱瓮,真个解甲归田。"这"四不"是其人生准则的真实写照。董必武曾经说过:"吴氏做官数十年,统治过几省的地盘,带领过几十万的大兵,他没有私蓄,也没置田产,有清廉名,比较他同时的那些军阀腰缠千百万,总算难能可贵。"作为一名显赫一时的封建军阀,吴佩孚为人清廉,一生不置产、不贪污、不索贿,这在当年的封建军阀中是极为罕见的。他在乱世中洁身自好,清廉自律,声名显赫时亦无私产,未置地,衣食简朴。以至下台后,寓居北京,生活清苦,长期靠张学良接济。西安事变后,张学良被囚禁,吴的旧部北平的伪京津卫戍司令齐燮元继续接济吴府,才使吴佩孚一家才得以度日。这和其他军阀大佬下台以后,腰缠万贯,逃往海外或租界逍遥自在是形成鲜明对比的。吴死后,国民党政府为其举行了国葬,遵循了吴佩孚的遗愿,随其殉殓之物仅为一些勋章、纪念章及包金制钱数枚等物,无任何值钱的珍宝古玩。

在个人操守方面,吴佩孚也是一生严谨,他为官厌倦裙带关系。吴氏权势炙手可热的时候,前来求官的亲朋好友络绎不绝,他曾亲写手谕"天、孚、道、云、龙五世永不叙用"。这5个字都是蓬莱吴姓一系,一道手谕就将自家亲戚攀附之路全堵死了。吴发迹后,仍与其糟糠之妻张氏相敬如宾,即使张氏终身未有子嗣也未曾将其下堂。曾有德国公使的千金对吴佩孚仰慕已久,写信求婚,吴答曰:"老妻尚在。"委婉拒绝。

四、穷兵黩武,镇压革命

吴佩孚作为一个封建军阀,也有其历史局限性,为了实现自己的个人野心,在对待普罗大众上,可谓心狠手辣,残酷镇压。在其军事生涯中,他排斥异己,到处调兵遣将,挑起军阀混战,敌视南方革命政权,叫嚣"先扑灭北方之赤化,然后扑灭广东之赤化",企图以武力统一中国。1923年2月1日,京汉铁路工人代表在郑州举行京汉铁路总工会成立大会,会议遭到吴佩孚的武力阻挠。后总工会由郑州迁往汉口江岸办公。为反抗军阀暴行,2月4日京汉铁路工人全线罢工,客、货、军车一律停驶,长达1000余公里的京汉铁路陷于瘫痪。随后,武汉各工人团代表和江岸工人1万余人举行游行示威。罢工开始后,帝国主义和北洋军阀即密谋镇压。此时的吴佩孚已经掌握了北京政权,成为直系军阀的领军人物,其势力扩展到中国北部的大部分地区,开始了武力统一中国的行动,而京汉铁路的收入是吴佩孚军费的重要来源之一,因而京汉铁路工人的斗争直接威胁着他的利益。同时,京汉铁路又是帝国主义国家对中国进行经济掠夺的动脉,京汉铁路工人运动的高涨,必然影响他们共同的经济利益和政治利益,所以,他们也操纵军阀代表吴佩孚开始向工人进攻。1923年2月7日,从南到北的京汉铁路线上,枪弹呼啸,鲜血飞溅,3万多名京汉铁路工人,为了争人权、争自由,同帝国主义、封建军阀进行着不屈不挠的斗争。吴佩孚命令其部下萧耀南等派军队包围总工会,残酷镇压,血腥屠杀罢工工人,制造了历史上震惊中外的"二七"惨案,为自己的历史写下了最黑的一页。

总之,作为民国时期的一个著名人物,吴佩孚一生毁誉参半,褒贬分明,斯人已逝,千秋功过,需要我们后人仔细的审视和分析。

参考资料:

朱传誉:《吴佩孚传记资料》,天一出版社,1982年。
唐锡彤:《吴佩孚文存》,吉林文史出版社,2004年。
丁中江:《北洋军阀史话》,中国友谊出版公司,1996年。
章君榖:《吴佩孚传》,团结出版社,2007年。
陈杰:《吴佩孚传》,吉林大学出版社,2010年。
田建群:《细说北洋——吴佩孚》,内蒙古人民出版社,2009年。

姜睿雅　中共烟台市委党校副教授

论吴佩孚的爱国主义思想

吴佩孚(1874—1939),字子玉,山东蓬莱人,出生那天,其父梦见明朝戚继光至其家中,戚字佩玉,因以佩为名,玉为字,此吴佩孚字子玉的由来。吴佩孚的一生极其复杂,对其评价也是褒贬不一。通过对其一生事迹的考察,可以用四个字来概括:大毁大誉。1923年,吴佩孚残酷镇压京汉铁路工人运动,是"二七"惨案的罪魁祸首,被人们所唾弃;但是他在五四和抗战时期的表现和行为,充分体现了他爱国主义的思想,为了维护中华民族的尊严和和大局,宁肯牺牲个人利益,视个人安危于不顾,从而受到人们的颂扬。

一、五四时期——牺牲自身利益,坚决反帝,维护祖国统一

五四时期,吴佩孚公开、坚决地站在了爱国群众一边,联合南北反皖、反安福、反日派势力,组成南北两大同盟集团,直击段氏北洋政府逮捕学生行为,首先通电请大总统徐世昌"罢免曹、陆、章、承办国贼",主张召开南北和会和国民大会,坚决反对"中日密约"和"二十一条",必须收回山东主权,并以武力为外交后盾,请大总统对日宣战,其本人愿为国家整顿中国的海、陆、空军,敢效前驱,必操胜券。掌握强大精锐武装部队的吴佩孚严重警告段氏北洋政府,必须明白宣誓全国,不要与日本直接交涉,如敢"暗中断送国

权",誓以武力对之,"防民之口,甚于防川,川壅而溃,其伤必多"①。吴氏实际上肩负了学生、商人、工人发动五四运动取得胜利坚强后盾的历史重任。他发誓:"军人为国,责无旁贷,谨励戎行,敬待后命,急难有用,敢效前驱。"②

对吴"玉帅"的这番举动,有人认为是他假惺惺地高唱卫国御辱,以树立良好的政治形象。这是不足取的。吴佩孚作为北洋直系灵魂人物在五四风潮中的进步表现,似不大可能完全摆脱"派系私图",或者说摆脱"卑鄙的利益驱使"。作为军阀,吴佩孚在五四时期的诸多活动中难免含有私心杂念。但是,究其主要动机,应该归结为爱国。通过在这一时期吴佩孚的所作所为,我们不难发现,他的主观动机既有企盼国家稳定发展、长治久安;又有保家卫国,抗击日寇侵华,维护主权独立的爱国民族大义,因此更有资格"充当了历史的不自觉的工具"。

五四运动前后,吴佩孚正代表北京政府攻打南方军阀,屡战屡胜,大有一举荡平西南之势。此时他壮大自己势力最有利之举是乘胜追击,在军阀混战中扩张地盘,而不是按兵湖南,要求中央"颁布通国一体罢战明令,俾南北双方军队留有余地,以备将来一致对外"。须知当时中国的军事实力,比起日本仍有明显差距。这些吴佩孚自然是清楚的。况且还冒着"诋毁元首""公然造反""通敌有据""罪恶确凿""诚属死有余辜"③等"罪名",处于被重兵包围和"声讨"的危险境地。北洋政府对其进行了处分:"吴佩孚措置乖方,殊难辞咎,著即开去第三师师长署职,并被夺陆军中将原官,既所得勋位、勋章,交陆军部惩办。"④他之所以要求作抗日先锋,实在是有感于"吾国数百万军人,数百万将领,岂尽皆勇于私斗,而怯于

---

① 《北洋政府内务部档案》,中国第二历史档案馆藏。
② 《民国日报》1919年9月24日。
③ 《近代稗海》第4辑,第85页。
④ 《政府公报》1920年7月10日,第1581号。

出敌,优于对内,而绌于对外耶"。这也体现了他那"天下兴亡,匹夫俱与有责,而失地亡国,尤属军人之辜"的一贯思想。早在1894年,当吴佩孚还只是登州水师营学兵时,他就"亲见甲午大替师,誓雪国耻"。在抗击八国联军侵华时,已任后路炮队队官的他仍旧奋不顾身,英勇奋战。那时,仇恨列强侵略,渴望报国的志向早已在青年吴佩孚的身上显露端倪。由此看来,在"五四"那种"好河山,任人宰割,稍有人心,谁无义愤"的氛围下,吴佩孚表现出较为明显的爱国心当是合情合理的。更何况,在巴黎和约上签字就意味着青岛、山东的丧失。这对于鲁籍的吴佩孚有着切肤之痛,爱乡心切的他,特意联络同乡官绅、军官致电政府声明:"日人此次争执青岛,其本意不止在青岛,其将来希望有大于青岛数万倍者——灭亡中国。"为此,政府必须做好"以民意为从违,以军心为依据,释放学生,惩办国贼""坚持到底,万勿签字"①。由此可见,吴佩孚的思想与当时人民群众"外争主权,内惩国贼"两大斗争锋芒是一致的。如果只是为了唱唱爱国高调,"欺骗人民",吴佩孚绝不可能再三逼着北洋政府把自己的队伍拉去作抗日前驱!

今人在论及五四时期的吴佩孚时,还指责他曾"勾结帝国主义"。当然,作为一名高级将领,吴佩孚与英、美等国确实打了不少交道。在五四时期,他也曾要求政府"汇集各种理由,陈请列强为公道之主张,更联络美国总统,恳其为公道之援助,以期必达目的"。这看来确乎有傍依美国之意。可是我们又不能不看到,在"五四"前后,中国人中有不少都抱着和吴佩孚类似的想法。五四运动爆发的当天,北京各校学生不是也跑到东交民巷向英、美等国公使馆投递说帖,"请他们支持我们的正义要求"吗?就连《每周评论》也说过"希望各友邦用好意来干涉"。可见对当时中国人而言,由于英、美等国的侵华嘴脸没有像日本表现得那么狰狞,美国总统

---

① 《北洋政府内务部档案》,中国第二历史档案馆藏。

威尔逊鼓吹的十四条和平纲领乍听起来又实在动人,因此一度相信所谓公理可以战胜强权。五四运动的先驱者陈独秀后来也承认"当时对英美,特别是对美国还有一种幻想"。从上当受骗到清醒认识是需要一个过程的。既然连陈独秀等先进分子都难以超脱,为什么我们要苛求吴佩孚就该与众不同地跳出时代的局限?话又说回来,虽然吴佩孚对英、美等国寄托了希望,但却并没有天真到丧失起码防范之心的地步。他也发出过"他国加入协约,皆获利益;我国加入协约,反受损失,揆诸公理,岂得为平"的不平则鸣之声;甚至建议中央政府不惜放弃加入国际联盟而决不签约因为他认为"加入国际联盟,原所以保障主权,巩固独立,求本国有利益,未闻有尚未取得将来之利益,而先牺牲固有之土地,放弃绝大之权利者"。而当安福系主张签约,以免失去英、美诸国之感情时,又是吴佩孚站出来严厉反驳:"未闻有牺牲本国绝大之权利,而博友邦一时之欢心者。"可见吴佩孚没有"勾结英美等帝国主义",而完全出于爱国之心。

二、抗战时期——不顾个人安危,誓死抗日,凸显民族大义

1931年,日本帝国主义悍然发动了震惊中外的"九一八"事变,武装侵犯我国东北,而以蒋介石、张学良为首的国民党军队实行不抵抗政策,以致日军侵华气焰迅速高涨,民族危机日趋严峻。全国人民无不义愤填膺,坚决要求中国军队奋起抵抗,驱逐日寇。在这种全国性的抗日民主运动高涨的形势下,吴佩孚面对日敌各种威逼利诱,始终保持操守,没有成为日本帝国主义侵华的帮凶和民族的敌人,表现了其爱国的一面。

"九一八"事变发生后,吴佩孚立即发电报给驻成都的日本领事馆,抗议日本"前既据我东鲁,今又窃取我沈阳,人谋虽巧,公理

难容",要日本"早日撤军,免贻战祸",表明了他的抗战立场。天津《大公报》记者问他对时局的意见,他振笔直书:"和内攘外。"这与蒋介石的态度——积极主张"攘外必先安内"的不抵抗政策尖锐对立。蒋介石对此深感不安,1931年12月,蒋介石命令杨虎城派遣部队进入甘肃"驱吴",吴佩孚的卫队和残部不堪一击,迅速溃败,其重掌军权、领兵抗日的宏愿也随之破灭。1932年初,吴佩孚从西北逃到北平,他本想借"九一八"事变后举国抗日情绪高涨的形势,凭借张学良的武力进行抗日。不料张学良此时已一心一意归附了蒋介石,而蒋介石此时正在鼓吹"攘外必先安内",专心一致对付日渐壮大的中国共产党,根本不想抗日。张学良对吴佩孚的态度也唯蒋介石的马首是瞻,表面上对吴佩孚毕恭毕敬地保持着"子侄之礼",而对国家大事则绝口不谈。张学良的这种"敬鬼神而远之"的做法,使吴佩孚大失所望,说张学良没有出息,忘记了自己的国仇家恨,真是不忠不孝。

1937年7月7日,日本帝国主义发动了大规模的全面侵华战争,民族矛盾日趋尖锐,全民族的抗日浪潮风起云涌。日本帝国主义对此惶恐不安。于是每攻占一个地区后,就搜罗大小汉奸建立伪政权,实行奴化统治,并试图找到既有声望又有一定势力的头面人物出来充当这个政府的首领。吴佩孚作为原直系军阀的首领,虽兵败下野,却仍享有一定的威望,特别是在华北及两湖一带仍有一定的号召力,加之对国共两党均持反对态度,日本侵略者于是把他作为建立傀儡政权的人选之一,要他出任华北伪"政府"首脑,他说:"我诚不能与国民党合作,但也不能在日本保护下治国。如必须要我出山,则得日本退兵,由我来恢复法统。"表明了他坚决抵制外来侵略的思想。日本侵略者不肯就此罢休,成立了由特务头子土肥原贤二控制的"对华特别委员会"来负责这一工作,开始对吴佩孚的诱降工作:

首先,在日本国内大造舆论,并由日本人写了一部书叫《吴佩孚》，极力宣传吴佩孚"在中国人方面的威望和潜在力量"，以便引起本国舆论的重视、了解和支持。此外，又派吴佩孚"洛阳时代"的日籍顾问冈野增次郎来北平，以师徒、旧友关系，日夜向吴游说，请其出山。

其次，指使汉奸，组织汉奸社团，假借民意，向吴发出劝进函电。

其三，利用宣传媒介诸如报刊、广播等大造吴佩孚出山的舆论，造成既成事实，以迫其就范。《朝日新闻》《读卖新闻》等连篇累牍地登载以下消息，"吴近日将赴开封，组织军队，讨伐蒋"。

为此，土肥原亲自布署了"吴佩孚工作"计划的步骤：

（1）发表通电，邀请民间"有志之士"吴佩孚及其他元老出马。

（2）由"临时""维新"两政府若干要人及在野元老共同组织"和平救国会"。

（3）由两政府参加上项"救国会"之要人各一名，恳请吴佩孚出马，任绥靖委员长。

（4）发表《和平救国宣言》。

（5）吴佩孚发表通电，响应近卫首相声明，接受前项推戴，对全国军队发表通电，劝告停战和平。

（6）绥靖委员长事务所先设于开封，主要实施绥靖工作，以两政府管辖外之军队实施之。

在土肥原的安排下，由陈宧、袁乃宽、陆宗舆、冯恕等42人组成"和平救国会"，并于1939年1月30日发表"宣言"，敦请吴佩孚出任绥靖委员长。1939年1月31日，按照土肥原的布置，在吴佩孚的住宅举行中外记者招待会，以迫使吴宣布出马。招待会未开始前，军警就散发了由土肥原机关事先拟好的吴佩孚的书面"讲话稿"。时间一到，吴佩孚出临大厅，进行演讲，但他并没有拿起日方拟好的讲话稿，而是出其不意地发表了即席讲话。他说："余受'和平救国会'之推荐，组织绥靖委员会，着手准备建立政府机关，以实现和平。第一阶段当先编成作为其骨干之军队。为此,余打算首先使华北游击队归顺。若在华北巩固了地盘,则可在日华之间实行武力调停,解决事变。因为武力调停余在国内战争中已有数次经验,所以对此是有自信的。"而且,吴佩孚提出,必须满足以下三个条件,他才能出山,即:一、要有实地,以便训练人马;二、要有实权,以便指使裕如;三、要有实力,以便推施政策。他说:"实权这个问题是最要紧的,也可以说是先决条件。日本一日不肯让出主权,则余一日不能出山。把握住主权之日,即余出山之日。"①反映了吴佩孚不做日本傀儡,不当卖国汉奸的态度。就此,中国共产党人董必武在《群众》周刊上撰文《日寇企图搬演新傀儡》,肯定吴佩孚的言行"尚能维系全国人民之望",并鼓励吴"发扬其固有的精神,顽强不屈,弃所谓'绥靖委员长'的伪职,应自全晚节,不要被日寇所利用,不做日寇傀儡"。对吴佩孚的言行给予肯定和鼓励。

  日军对吴佩孚的诱降工作没有取得任何进展,但是由日本军方影佐祯昭主持的另一个特务组织"梅机关",对国民党内第二号人物汪精卫所进行的策反工作却取得了突破性进展。1938年底,汪精卫公开叛国,投入日本怀抱。于是日方的兴趣与注意力一下子转向了汪精卫。1939年5月间,日本内阁做出决议,将争取吴佩孚的工作改为促成"汪吴合作",准备以此二人联合组成未来的伪"中央政府"。汪精卫在其主子指使下,连续向吴发函,积极拉拢吴佩孚下水,甚至提出"汪主政,吴主军,平分秋色"的方案。吴佩孚对汪精卫离重庆深感惋惜说:"汪先生应再回重庆,与政府协议,或战或和来电与我磋商。在日本挟持之下,即言救国,实亡国也,我决不与之同恶相济。""公离重庆,失所凭依,如虎出山入柙,无谋和之价值。果能再回重庆,通电往来可也。"吴佩孚还公开表示:汪精卫已在日军之监督下组织御用政府之形式,到底不如老蒋在支

---

① 《吴佩孚之死》,北平新报社,1946年。

那大众特别是中青年层中得人心。吴佩孚这种决不与汉奸同流的态度,使日本当局对他逐渐失去了兴趣和热情。然而,吴佩孚的"学生"川本,仍不愿罢休,他怂恿日本侵华派遣军总参谋长板坦征四郎出面拜会了吴佩孚,再一次劝诱"汪吴合作",共筹"新生之政权",使"中日战争和平解决"。但是吴佩孚却强硬地回答:"日本既需要和平,何不先行撤兵,向国民政府请和?若办不到,何必找我!"并说:"汪既提出和平,今竟欲自建伪南京政府,可称捣乱分子,我岂能与之合作。"再一次给日方浇了冷水。吴佩孚如此强硬的态度决定了他最后的结局。1939年11月24日,吴佩孚吃饭时一石子嵌入牙缝里,疼痛难忍,家人遂延请日医伊东诊治,拔去了这颗病牙,但未见好转,却引起高烧,精神恍惚。在此情况下,吴佩孚仍坚持其不入租界的主张,拒绝德国医师请其到位于东交民巷的德国医院进行手术治疗的建议。此后几天,虽遍请名医前来诊治,却仍无效。12月4日下午,日本特务川本芳太郎、寺田(军医)及齐燮元等人抵吴宅,由寺田"强为先生施手术,家人及部属坚阻无效""血流如注""一叫而绝"。关于吴佩孚之死,当时众说纷纭。重庆国民党政府方面传称:吴佩孚将军之死,据各方调查,得悉吴并非因病致死,确系敌威胁利诱,迫其发表拥护新政权宣言,被吴拒绝,乘吴牙疾就医致死。日本当局则说:重庆政府害怕吴佩孚出山,吴系重庆方面收买天津某要人设谋毒杀而死,据云当时的诊断书与其病情大有出入。但是,不管事实怎样,日本当局诱降吴佩孚的如意算盘没有得逞。

在动荡的年代里,吴佩孚这个秀才出身的北洋军阀直系将领,作为北洋军阀中继袁世凯、段祺瑞之后的中心人物,吴佩孚与其他军阀一样,为了抢夺地盘、扩张势力而穷兵黩武,镇压革命,难免存在着那个特定时代、特殊阶段的烙印,具有明显的时代和阶级的局限性。但作为一个炎黄子孙,其在对待外来侵略时所表现出的民族精神却又体现了他爱国的一面,在他身上体现出了中华民族最优良的品质———爱国主义。正是这种爱国主义思想,才是坚定国人抗战必胜信念,激励国人不屈不挠斗志,树立国人自立自强信心,维护国家独立自主尊严,和最终实现中华民族伟大复兴的强大动力。正如董必武同志所说:"吴佩孚虽也是一个军阀,他有两点却和其他军阀截然不同,第一,他生平崇拜我国历史上伟大的人物是关、岳,他在失败时也不出洋,不居租界自矢。吴的不出洋,不居租界的口号,表现了他不愿意依靠外国人讨生活的性情,他在失势时还能自践前言,这是许多人都称道他的事实。第二,吴氏做官数十年,统治过几省的地盘,带领过几十万的大兵,他没有私蓄,也没置田产,有清廉名,比较他同当时的那些军阀腰缠千百万,总算是难能可贵。"

吴佩孚逝世后,蒋介石发唁电吊丧,表彰其"精忠许国""正气长存""大义炳耀"。最高国防委员会追赠吴佩孚为"一级上将"。重庆的报纸上,赞誉吴佩孚为"中国军人的典范"。国民党要人孔祥熙在对吴的悼词中称:"他是一个爱国者,无论环境如何恶劣,他始终奋斗,不改初衷。"吴稚辉则评价:"子玉先生的品格,不论你政见怎样,是该表示钦佩的,尤其是他有大节。"最难得的是,治丧期间,自发到吴佩孚寓所吊祭的人竟多达数千之众;出殡之时更是万人空巷,哭声震天。人们用这种特殊的方式,表达了对吴佩孚这位中国近代史上最爱国的军阀的祭奠和怀念。纵观吴佩孚一生,特别是他在五四时期、抗战时期的表现,可以看出,吴佩孚虽曾经是军阀,却有着浓厚的民族思想,在国家危亡的关键时刻,在险恶的生存环境中,能够抵制住日敌的各种威逼利诱,始终坚持原则,以国家利益为重,拒当汉奸傀儡,这种气节是值得称颂的。

隋海燕 中共烟台市委党校副教授

吴佩孚的爱国思想及其与苏俄关系的演变

吴佩孚是北洋军阀直系的后起之秀,也是冯国璋病逝后直系的核心人物,曾以"爱国将军""革命将军"和"资产阶级民主主义者"等诸多称谓活跃于当时的政治舞台。1920年的直皖战争结束后,苏联一度将吴佩孚视为中国各政治势力中的最佳合作者,吴佩孚也因为"第一次对华宣言"曾对苏俄政府产生好感,双方有过密切接触。但是,由于在"蒙古独立"问题和"中东铁路"上双方存在严重分歧,吴佩孚与苏俄政府没能实现真正的战略合作,并最终分道扬镳。从密切交往到不欢而散,吴佩孚对苏俄政府的态度始终受到一个重要因素的影响:其朴素的爱国情怀。

一、吴佩孚的爱国情怀

吴佩孚"爱国将军"的称谓为学界所共知,不得不说吴佩孚一系列爱国举动,特别是其爱国通电行为的背后有着复杂的政治利益的驱动,譬如对皖系、交通系和奉系等直系几大政治对手的打击,但透过政治棱镜的折射,也能够在这些行动中窥见吴佩孚朴素的、理想主义的爱国情怀。早在"护法战争"中,吴佩孚就表达过其武力促和平、保国家统一之意,1918年8月7日致电江苏督军李纯表示"此次奉命南来,明知阋墙之争非国之福,然为维持中央威信起见,势不得不借武力促进和平"①。又于21日联合直军将领致电代总统冯国璋"恳请我大总统,仍根据约法之精神,实行悲悯之宏愿,颁布通国一体罢战值明令,俾南北双方军队,留有余力,以备将来一致对外"②。作为北洋军主力和直系骨干,吴佩孚的态度直接改变了北洋系内主和派与主战派的力量对比,促成南北议和的最终实现。

1919年"五四运动"时期,皖系控制的徐世昌政府色厉内荏,不敢与巴黎和会五大国据理力争,弹压学生运动却不遗余力,5月6日,徐即颁布大总统令"倘再有借名纠众,扰乱秩序,不服弹压者,著即依法逮捕惩办,勿稍疏弛"③。电令既出,中央到地方众多实力派人物或缄口不言,或含糊其辞,吴佩孚却鲜明表达了其支持爱国学生运动的立场。9日,在湖南前线的吴佩孚即通电总统徐世昌"彼莘莘学子,激于爱国热忱而奔走呼号,前仆后继,以草击钟,以卵投石,既非争权利势中,又非为结党要誉;其心可悯,其志可嘉,其情更有可原"④。要求保护和支持爱国学生的运动与主张。24日,当获悉政府准备在合约上签字时,吴又联合冯玉祥等人联合通电,提请政府罢免曹汝霖、章宗祥、陆宗舆等人,反对签字,称此举"直不啻作茧自缚,饮鸩止渴"。6月9日,再次致电总统徐世昌"此次外交失败,学生开会力争,全国一致,不约而同。民心民气,概同想见……如必谓民气可抑,众口可缄,窃恐众怒难犯,专欲难成"⑤。16日,联合西南诸将领发表著名的"删电",坚决反对签字,主张全国联合一致,武力对外。"五四运动"时期,吴佩孚的通电句句热忱,字字慷慨,当时报端几乎"无日不有吴氏之通电",这些通电确为其直抒爱国情怀之见证,同时也对北洋政府产生极大压力,使其不敢在签字一事上草率行事,最终拒绝

---

①② 汪朝光:《中国近代通史》第六卷,江苏人民出版社,2007年,第231页。
③④ 中国社会科学院近代史研究所,中国第二历史档案馆史料编辑部:《五四爱国运动档案资料》,中古社会科学出版社,1980年,第184页。
⑤ 同上,第351—352页。

签字,维护了中国的主权和尊严。而在巴黎和会结束之后,日本继续纠缠山东一事,欲与北洋政府直接交涉,吴佩孚闻悉此事后又一次联合乡党通电,指出"大抵强国与弱国交涉,利在单独,不利于共同,利在秘密,不利于公开。至弱国外交,则适得其反……直接交涉,结果必于我不利"①。

1920 年 7 月直皖战争期间,吴佩孚再次通过电报表达其反日爱国立场,声讨段祺瑞之皖系"自古中国严中外之防,罪莫大于卖国,丑莫重于媚外。穷凶极恶,汉奸为极。段祺瑞再秉国钧,认贼作父……实敌国之忠臣,民国之汉奸也"②。吴佩孚超越派系争斗而关注国家民族命运的"登高而呼"助其大聚民心,成为众望所归的"意见领袖",1920 年的直皖大战,直系能迅速击溃皖系之势力,除奉系的应援和吴佩孚等"知兵善战"的因素外,其通过爱国通电这一舆论利器积累的名望与民心也功不可没。战事结束后,吴佩孚再次通电全国声讨段祺瑞卖国专权,7 月 29 日,在中外记者招待会上提出《召开国民大会、解决国事的具体意见书》,主张召开国民大会,恢复民国之法统,实现国家统一,并于 8 月 1 日通电全国。此举再将吴佩孚的国内国际声望推至新的高位,诸多记者称其为"中国军人中之唯一爱国者",英国《泰晤士报》通讯员也称其"集中了国家的全部希望"。

五四运动与直皖战争时期,吴佩孚表现出不同于其他军阀的独特个性与爱国热情,一重国家,二重民心,三重法统,为国内各界所赞扬,由此而得"爱国将军""革命将军"之美名,张国焘称其为"时代的宠儿"。虽说吴佩孚爱国行为中的派系斗争因素不可否认,但自命承抗倭名将戚继光之衣钵,少时目睹日人于家乡恣意暴行的他强烈的爱国思想是根深蒂固的,也确是其上述爱国行为的

---

① 《吴佩孚答和平联合会》,《民国日报(上海)》1919 年 7 月 29 日。
② 陶菊隐:《北洋军阀统治时期史话》,生活·读书·新知三联书店,1983 年,第 986 页。

根源。其"热血男儿拼一死,不许强寇成霸业"的报国之志并非空谈①。吴佩孚得势时以爱国为先,失势后仍不失民族气节,"九一八"事变爆发后,提出"和内攘外",数度拒绝日方劝诱与胁迫,终就医于日牙医后殒命。终其一生,爱国反日思想未有稍改。

二、苏俄"第一次对华宣言"与双方的密切联系

吴佩孚因其爱国思想和行动积聚的实力与名望让他成为欧美各国势力争相拉拢的宠儿,这其中受西方国家孤立与敌视的苏俄尤为主动,他们希望直皖战争后由直系吴佩孚等控制的北京政府能够改变过去亲日的皖系政权对苏联的敌对立场,改善其恶劣的地缘政治环境,进而改变苏日在东北亚,特别是在中国东北地区的力量对比。苏俄和共产国际认为吴佩孚在五四运动和直皖战争前后的表现证明他是"资产阶级民主主义者",与其合作符合他们的"东方战略",并认为如果中国能在吴佩孚的领导之下"肯定会采取倾向苏俄的政策"②。不过,苏俄对吴佩孚的判断并非二者进行合作的基础,真正让吴佩孚对苏俄采取友好态度的决定因素是后者于1919年7月25日发表的《俄罗斯苏维埃联邦社会主义共和国对中国人民和中国南北政府的宣言》,即著名的"第一次对华宣言",这一维护中国权益的宣言击中了吴佩孚的爱国情愫与民族主义情绪,让其对苏俄政府产生好感与希望,为双方的密切联系奠定了基础。

实际上,中俄两国学界对于这份《宣言》的内容尚存在争议,特别是关于退还中国"中东铁路"等权益的问题,苏俄政府实际上在之后的外交活动中予以坚决否认,并称含有上述内容的《宣言》仅仅是草稿而非正式文件。但是,无论如何,在1920年3月之后,中

---

① 章君毅:《吴佩孚传》,新华出版社,1987年,第13页。
② 中国革命历史博物馆党史研究室:《党史研究资料》第3集,四川人民出版社,1982年,第77页。

国政府先后收到4份《宣言》，其中三份来自苏俄外交人民委员会，一份来自俄共(布)中央，都是通过正式外交渠道传入的，这四份《宣言》内容基本一致:"凡从前俄帝国政府时代在中国满洲及他处以侵略手段而取得之土地，一律放弃……劳农政府将中东铁路、矿产、林业权利及其他由俄帝国政府……所取得之特权，皆退还中国……"①无论苏俄出于何种目的，无论后来两国对《宣言》内容存在何种争论，当时在中国传播开来的这个版本受到中国各界的热烈欢饮，具有强烈爱国思想的吴佩孚自然更是对苏俄政府产生好感，虽然也受到英美等国的支持，但他同时认为苏俄"能理解中国时局的困难，这是英美各国代表所没有领会到的"②。吴佩孚认为，苏俄政府同情中国的革命与统一事业，特别是在反日方面是可以联合的同盟者。

在爱国反日宗旨的指引下，吴佩孚采取了一系列向苏俄政府表示友好与合作态度的行动。1920年4月，苏俄政府派出以优林为首的师团前往中国，试图改善双方关系，但是亲日的段祺瑞政权不允许优林使团进入北京，使其受阻于中苏边境的恰克图。直皖战争结束后，吴佩孚掌控下的北京政府改变了对苏俄的政策，允许优林使团以商务代表团的身份进入北京，8月26日，优林使团开赴北京，给予吴佩孚充分肯定。同样是在1920年8月，北京政府宣布废除与日本于1918年5月签订的《中日共同防御协定》，9月23日又下令取消对旧俄的承认，断绝与旧俄的来往，实际上是承认了新生的苏俄政权。这一系列行为均源于吴佩孚将苏俄视为中国实现统一梦想可以依仗的支持者，他认为"俄中反日同盟是需要的。俄国应在朝鲜准备革命，届时同中国一起从日本手中夺走朝鲜"③。

---

① 《民国日报》1920年4月5日。
② 赵佳楹:《中国现代外交史》，世界知识出版社，2005年，第154页。
③ 中共中央党史研究室第一研究部:《联共(布)、共产国际与中国国民革命运动(1920—1925)》，北京图书馆出版社，1997年，第107—108页。

需要再次说明的是，苏俄积极寻求吴佩孚的合作更多的是出于国家利益的考虑而非"革命友谊"，吴佩孚与苏俄的合作也是其实现扩大地盘、统一中国目标的手段，在先后击败皖系、交通系和奉系等政治对手后，吴佩孚认为南方的孙中山是其统一的最大障碍，而孙中山与苏俄的关系十分微妙，苏俄政府曾提出"孙吴联合"组建政府的构想，吴佩孚认为解决与孙中山的矛盾需要苏俄的帮助。但是，根本上促成吴佩孚与苏俄合作的还是"第一次宣言"的内容与吴佩孚爱国思想相契合。这一点，从日后双方的分道扬镳可得进一步的证明，由于苏俄出尔反尔，不承认"第一次对华宣言"关于外蒙和中东铁路的问题，并在"第二次对华宣言"中改变其立场，其地位在吴佩孚心中大打折扣，最终，也是因为在外蒙和中东铁路问题上存在不可调和的矛盾，双方不欢而散。苏联改为支持孙中山与国共合作，吴佩孚则再次转向英美，并于1923年的"二七"惨案后与中共和共产国际决裂，并于北伐战争后一蹶不振，逐渐淡出了中国近代政治角逐的舞台。

三、苏俄"第二次对华宣言"与双方的分道扬镳

事实证明，苏俄政府的外交行为均以其国家利益为先，北京政府也好，吴佩孚也罢，终不过是其战略棋子而已，吴佩孚在中东铁路和外蒙问题上维护国家主权的原则性与坚决性注定双方的密切合作只能是昙花一现，不可能长久。

事实上，双方的"蜜月期"维持了仅维持了不到半年，就在北京政府断绝与旧俄关系几天后，1920年9月27日，苏俄外交人民委员会交给访问莫斯科的张斯麐一份外交照会，即"苏俄第二次对华宣言"。这份宣言再次宣布"俄国历届政府同中国订立的一切条约全部无效……沙皇政府和俄国资产阶级从中国夺得的一切，都无

偿地永久归还中国"①。这一表述与"第一次宣言"大同小异,但是,在中东铁路问题上,苏俄的态度发生根本转变,提出另行签订专门条约,而不再是无偿归还中国。中东铁路横贯中俄边界,是西伯利亚到远东的交通动脉,具有重要的战略意义。苏俄政府的出尔反尔令吴佩孚十分不满。一波未平,一波又起,1921年,苏俄以剿灭谢米诺夫反政府武装的部将恩琴势力为借口,在未征得中国政府许可的前提下直接出兵外蒙,声称协助中国剿匪,成功之后即退兵。但是,恩琴被处决后,苏俄政府并未撤兵,11月5日,外蒙与苏俄签订《俄蒙友好条约》,25日,外蒙建立"人民革命政权"。在苏俄的支持下,外蒙处于事实上的独立,中国国家主权受到严重分裂。吴佩孚对此气愤至极,通电谴责苏俄之背信弃义与侵略野心。

但是,吴佩孚此时并未放弃与苏联之合作,1922年4月爆发的直奉战争一度让双方关系出现转机。亲日的奉系败退关外后,直系控制北京政府,苏俄更视吴佩孚为最佳合作对象,吴佩孚也仍视苏俄为反日卫国的同盟,并对苏俄最终在外蒙和中东铁路问题上让步心存希望。1922年6月27日,俄共(布)远东局海参崴支部的维连斯基·西比利亚可夫应吴佩孚邀请到洛阳与其会谈,会谈后,维连斯基在给托洛斯基的电报中提到吴佩孚认为俄中在远东具有一致的任务,而这是双方合作的出发点②。7月,苏俄政府特命全权大使越飞来到中国,寻求与吴佩孚的合作,8月19日,越飞致信吴佩孚称苏俄在蒙古不存在任何帝国主义目的,如果军队从蒙古撤出,其他势力就会发动新的攻势,而这"既不符合我们的利益也不符合中国的利益"③。作为回应以及维持双方合作关系的表现,吴佩孚给予越飞派来的军事顾问格克尔以规格极高的接待,表示同

---

① 薛衔天等:《中苏国家关系史资料汇编》,中国社会科学出版社,1993年,第87页。
② 《联共(布)、共产国际与中国国民革命运动(1920—1925)》,第97页。
③ 同上,第101—102页。

意越飞的观点,蒙古问题可以通过谈判的方式解决,中东铁路则在中国有能力接收的时候再由俄国归还,同时保障俄国的有关权益。可以看出,此时吴佩孚没有放弃同苏俄合作的关键在于他认为在外蒙和中东铁路问题上双方最终能够圆满解决。直到1922年10月12日,吴佩孚在给越飞的信中仍然表示"尽管有许多障碍,但我没有丧失信心,消除障碍的一天总是会到来的。我相信,只要双方努力履行各自的义务,就能实现他们所追求的目标"①。可惜的是,吴佩孚并没能认识到中国与苏俄之间的不对等关系和苏俄的沙文主义倾向,11月20日,他再次致信越飞重申其对格克尔表达过的态度,越飞对此非常不满,对来信不予回复,并转而同张绍曾内阁接触冷淡吴佩孚。越飞的举动招致吴佩孚的强烈不满,也让他最终认识到,双方在中东铁路和外蒙问题上存在巨大分歧,他不可能在苏俄政府那里得到其想要的结果,这个事实对于爱国思想强烈的吴佩孚来说是残酷而不可接受的,于是开始疏远苏俄,最终拒绝与其再次合作。苏联则转而寻求与其他的政治势力,譬如陈炯明、孙中山甚至张作霖的合作。

总之,因为吴佩孚对其爱国思想和传统政治伦理的坚守,他与苏俄在涉及中国主权和国家核心利益问题上的分歧导致双方最终分道扬镳。也许,吴佩孚若以国家利益作筹码换得苏俄抑或日本的支持,他就不会在第二次直奉战争和北伐战争中一败涂地,更不会就医殒命。但是,这更从侧面引证了吴佩孚所具有的朴素的、坚定的爱国思想是其行为方略的重要准绳,为国家之统一虽死不辞。吴佩孚身为北洋军阀一员,虽逃不出历史局限,却也无愧于"爱国将军"之名。

栾冰冰　中共烟台市委党校讲师

---

① 《联共(布)、共产国际与中国国民革命运动(1920—1925)》,第139页。

吴佩孚的精神财富简述

吴佩孚(1874—1939),字子玉,山东蓬莱人。以清末秀才的身份,弃笔从戎,在民国各路军阀崛起、各自占山为营的混战中崭露头角,成为民国军阀史上豪强征战中第一位被美国《时代》杂志所欣赏,刊登在其杂志封面的中国人。《时代》杂志惯于以独特的视角记录历史的发展脚步,而其封面恰是通过对历史进程的敏锐把握来解读当时正处于巨变中的东方古国的政治面孔,它以"中国最强者"的文字配图说明,将吴佩孚推向个人军事生涯的顶峰,将儒将玉帅以强者的身份推向世界的视野与舞台。但是因为二七惨案的政治污点,以及民国军阀混战剪不断理还乱的是是非非,曾经让对评判吴佩孚的个人生平总是自热而然地套上刽子手的枷锁与藩篱。本文拟抛开利益集团的纷争与政治角逐的圈囿,仅从其个人历程与公文诗作中,披沙拣金分析他作为民国军阀中少有饱学之将所展露的精神财富,以探寻"秀才军阀"的文化底质与内涵。

一、脚踏实地成伟业

清同治十三年(1874)三月初七日,吴佩孚生于蓬莱县城里的小商人家庭,6岁入当地私塾,23岁考中秀才,25岁为避祸投效天津淮军聂士成部队,入北洋武备学堂开平班学习步兵科。29岁入保定陆军速成学堂学习测绘科。日俄战争爆发后,得曹锟赏识,于33岁任北洋陆军第三镇曹锟部炮兵第三标第一营管带。43岁随曹锟入川与西南护国军作战,升任旅长。44岁任讨逆军西路先锋,参加讨伐张勋复辟。45岁护法战争时,任北军第三师师长,随曹锟入湖南作战。47岁随曹锟参加直皖战争,与奉系合作,击败皖系势力,共同参与控制北京政府。同年,率第三师进驻洛阳,任直鲁豫巡阅副使。48岁被北京政府任命为两湖巡阅使,允许共产主义人士在其控制范围内京汉铁路、陇海铁路等铁路沿线组织工会。49岁在第一次直奉战争中,将奉系军阀击退在山海关关外,跃升为北洋军阀重要人物,军事力量最强,倡导南北议和统一。同年,因为在外蒙古独立问题上,不肯对苏联让步而拒绝与苏俄合作。50岁在洛阳举行大寿,获各方贺电与贺寿联,其中广为传颂的是维新派康有为贺联:"牧野鹰扬,百岁功名才半世;洛阳虎踞,八方风雨会中州。"一时,英名盛极一时。51岁第二次直奉战争爆发,被曹锟任命为讨逆总司令。恰在此时的九月八日,美国时代杂志敏锐地捕捉了中国军阀间的势力牵掣,果断断言"the biggest man in China"。

纵观吴佩孚弃文就武的军旅历程,在群雄逐鹿的将帅之士中,属于起步尚晚的将才,刚刚投身淮军之际,同时代的段祺瑞已是北洋三杰之一。但是,吴佩孚脚踏实地,厚积薄发,用前十几年的军旅奔波铺垫了后十年的人生巅峰,并被美国《时代》杂志,称为"中国最强者",作为曾经被认为最有可能统一中国、结束民国战乱的人,以一种强势中透着浓郁儒家气息的军阀身份走向世界读者的视野。

二、民族大义铸忠魂

吴佩孚一生不入租借,从未向外国人借过一分钱,相比较于得到过英美支持的直系中的冯国璋和孙传芳,吴佩孚属于军阀中的例外。《吴佩孚先生集》编辑委员会成员、原吴佩孚的政务处长刘泗英在文集中特别说明："谨按讲话录,自川返平,无虑数十万言,皆张伯伦君笔记,呈蓬莱阁正定稿,惟返平以后,各大学争请讲演,类皆抗日言论,出版后为日人冈野增次郎所删去,今仅得日文影印本,特志遗憾。"其中,收录吴佩孚讲话录仅九篇,而由唐锡彤主编的《吴佩孚文存》中收入讲话录40篇,其中很多篇幅是讲到民族自尊、自强、爱国抗日等问题,洋溢着强烈而浓郁的爱国民族大义。

1927年秋,在四川奉节县第八师讲武学校毕业训词中讲到:"孔子作《春秋》,首重攘夷。所谓攘夷者,即民族主义也。故宣王北征猃狁,鲁侯南征淮夷。齐桓伐山戎,晋文伐白狄,秦始皇虽是残暴之王,尚知筑长城以御胡。汉武帝用兵于匈奴单于,东晋抑制五胡乱华,唐太宗东征高丽、西伐突厥以及宋之对辽、对金、对元无一非民族主义……鄙人口中向不谈民族主义,而所实行者,如收回青岛,赎回胶济铁路与不借外债,不假外力,虽致失败,犹不肯逃奔外国,入住租界,这不是民族主义么?"1932年春天,吴佩孚在北京检阅师大附中学生军训时讲话说:"现在国难当头,吾人不应再做萧墙之争,应捐除权力之私见,共赴国难……诸君倘能效法关岳,永远遵守四守四戒,联合全国各学校义勇军,人数岂止五百?一致对外,则东北南之日军,不过十余万人,其势虽强,亦不足惧。愿与诸君共勉之。"

虽然因为"二七惨案"以及军阀混战,吴佩孚口中的民族主义,其实过去与现在并不为很多学者所完全认可,但是不可否认的是1937年抗日战争全面爆发,日本帝国主义为摆脱侵华困境,策动在中国成立汉奸政府,他拒绝日本政府的合作邀请,甚至于土肥原贤二亲自出马,前来拜会,请求吴佩孚出山,都被吴以"日本从东北撤军、中国保持领土和主权完整"为条件,断然拒绝与日本人的合作。1939年,吴佩孚因为吃饺子,被羊骨伤了牙齿,久伤不愈,后经日本牙医芳川太郎诊治后,离奇身亡。

坊间对于吴佩孚的死因,猜测颇多,不论吴佩孚是否是被日本人暗害,但终归是因为吴佩孚对日本人的不合作,才引发了如此揣摩与猜测。吴佩孚死后,他的民族气节与浩然正气,却得到各方的认可。重庆中央政府对吴佩孚给予了极高的评价,蒋介石摒弃历史恩怨,亲自发送吊丧唁电。时任国民政府主席的林森,追认其为"国民党陆军一级上将",并明令褒扬之。

三、正气长留宇宙春

吴佩孚在自己的著述、演讲、诗作中处处体现了儒家风范与浩然正气。他为自己立下的人生准则是"常则洁己奉公,变则致身报国""在位应为国家营业,谋取国人公共的福利为是""军人为国家柱石,责在为国保民",其毕生之所愿是"正气长留宇宙春"。而他的一生,恰恰可以说是自始至终"不敢暇逸,以成磊磊落落之大丈夫,皎洁之真君子"。

1919年全国爆发了反对"巴黎和约"的五四爱国运动。面对民族危亡,皖系力主签约,直系坚决反对,奉系则乐得坐山观虎斗。吴佩孚直接通电大总统徐世昌:"青岛得失,为吾国存亡关头。如果签字,直不啻作茧自缚,饮鸩自杀也。"并表示"卫国是军人天职,与其签字贻羞万国,毋宁背城借一。如国家急难有用,愿率部作政府后盾,备效前驱"。当北洋政府对爱国学生进行大肆逮捕时,他认为"大好河山,任人宰割。稍有人心,谁无义愤。彼莘莘学子,激于爱国热忱,而奔走呼号,前仆后继,以草击钟,以卵击石,既非争权力热衷,又非为结党要誉。其心可悯,其志可嘉,其情更有可原"。让大总统释放学生,否则众怒难犯。吴佩孚在五四运动中的行为深得国人的赞许,认为他是一个富有胆略充满正气的爱国军人。此后,吴佩孚及直系声望剧增,而皖系却因对帝国主义的妥协退让,对爱国学生的镇压以及一些将领危害一方等行径而弄得声名狼藉,"段氏令名,至是扫地无余"。

战后美国陆军助理武官费禄纳少校曾到保定访问曹锟、吴佩孚二人,然而从费禄纳给美国国务院的报告可以看出,在他眼中吴佩孚才是一个真正意义上的领袖,"直系首脑中最杰出的是吴佩孚……他是为国家利益而不是为个人利益而工作的……他显然极为民主,他的士兵对他既非常尊敬,又十分爱戴"。

吴佩孚还作词《满江红·登蓬莱阁》,并把它作为自己所率的第三师的军歌:"北望满洲,渤海中,风浪大作。想当年,吉黑辽沈,人民安乐。长白山前设藩篱,黑龙江畔列城郭。到如今,倭寇任纵横,风云恶!甲午役,土地削;甲辰役,主权堕!叹江山如故,夷族错落。何日奉命提锐旅,一战恢复旧山河,却归来,永作蓬山游,念弥陀!"

1924年北京政变,吴佩孚兵败后,有人建议他逃入天津租界,他说:"堂堂军官,托庇外人,有伤国体,乌可为者。"

1927年,吴佩孚兵败走四川经河南邓县构林关,在赠给乡绅杨星如的诗中,有"天落泪时人落泪,哭声高处歌声高。世人漫道民生苦,苦害生民是尔曹"之句,流露出了与道光皇帝有异曲同工的悲天悯人情怀,以自身的清正节俭谴责了地主豪绅的罪恶。

1931年,"九一八"事变后,吴佩孚作诗云:"国耻传来空有恨,百战愧无国际功。"1931年秋,吴应张学良以子侄身份的邀请,定居北平,住在张学良赠送的东四什锦花园胡同的大宅院。期间,吴佩孚书写对联:"得意时清白乃心,不纳妾,不积金钱。饮酒赋诗,犹是书生本色;失败后倔强到底,不出洋,不走租界。灌园怡性,真个解甲归田。"

吴佩孚的一生真正践行了孟子所提倡的"居天下之广居,立天下之正位,行天下之大道,得志,与民由之,不得志,独行其道。富贵不能淫,贫贱不能移,威武不能屈,此之谓大夫"。

四、守德崇儒获赞歌

吴佩孚的守德崇儒思想,主要集中在《循分新书》中。其在《循分新书》叙中言:"按新书之作,为救时事也。今之何时哉?三纲不振,无论不讲,八德不修,乃越礼之时也。拟从而挽救之。故列为上卷三十二章,下卷一十二章。立言虽甚浅显,履行实尽精微,其必以循分名者,盖欲人知书达理,指示之事,皆吾身份内之事也。苟能遵循而力行之,或遵循而行之,不惟可以修身,可以齐家,并可由治国而平天下,以成化育,以跻圣贤之域,尚何越礼犯分之有哉?"在其书后,吴佩孚又作跋曰:"吾以军人为名,是军人者,吾之职也,吾以保卫为职,是保民卫国者,吾之职分也。倘视民与国危而不拯救,则名分有忝,职分未尽,而不循分之咎则难辞。欲救国救民,以全其名分,符其职分,而人或不听吾之救,吾又为何哉?是书,盖欲人各循其名分,而无犯分之罪。各循其职而无歉分之愆也。捧读之下,不禁动吾拯救之心。军人果名分而不犯,职分是循而不歉,尚何内乱外患之有哉?"

吴佩孚在四川国学会讲演时说:"今世道人心益薄,首益由礼教入手,以维持数千年之国粹,须讲三纲五常五伦八德。"由此,可以看出其道德观可用"三纲五常五伦八德"来概括。其在北平山东同乡会讲话时说:"忘八者,即骂人一切言行忘却八德中第八字之耻也。今国难当头人人犹酣歌妙舞,游嬉自娱,是谓鲜耻……如能守住八德,利己利人,达己达人,即为顶天立地之大丈夫……若能守住八德,不仅可以兴中国,即统一全球,亦不是难事。"

而吴佩孚更有朗朗上口、通俗易懂的《治家格言》传世,所言为:"创业难,创业难,创立家业如登山。五更起半夜眠,冲风冒雨为家园。添买房产置庄田,惟恐儿孙后来难。直到老不肯闲,心力使碎无怨言。居家和睦随时过,纵死黄泉也心甘。持家之子常保守,败家之子徒枉然。不读书不种田,不学艺业只好闲。无义之朋朝朝乐,茶房酒肆乱杯盘。说瞎话讨人嫌,酩酊醉后说狂言。纵酒乱性惹祸端,好吃懒做嘴又馋。嫌布衣喜绸缎,奢华太盛日日繁。有妻室反憎嫌,寻花问柳不惜钱。弄鹰犬来闹丝弦,博异场中爱赌玩。先当当来后借钱,遍地窟窿还不完。先典房后卖田,一切家业尽消然。无其奈来串房檐,驮欠房钱月支年。冬无衣夏无单,衣褴褛袜底穿,灯笼裤子透风寒。投亲访友不见面,做生意无本钱,一切技艺全不晓,焉能用得世间钱。早知今日受贫苦,后悔当年心不安。为人到此方醒悟,守业哪晓创业难。君不见长江一去无回浪,人老何曾再少年。大道劝人三件事,戒酒除花莫赌钱。"

吴佩孚在个人论著中,对孝悌忠信礼义廉耻等有许多具体论述和标准,提出了带有个人鲜明观点的忠孝观、义利观、财富观、婚姻观等等,至今,依然有非常积极的思想意义与指导价值,他所倡导的八德与当下的八荣八耻道德观,在理论上也是完全契合的。

五、礼教治国仁义存

吴佩孚为清末秀才,会写诗绘画,字也写得刚劲有力,因此在同时代的军阀中有"儒将"之誉。其也以"儒将"为自豪,上马吟诗、下马读书写字作画,熟读《易经》《春秋》,在军阀中很特别。而其政治观就是实行"王道政治",就是从扶持礼教入手,"尚德不尚力",这也是其多次有东山再起完成大一统的机会,却多次放弃与失败的思想层面的原因。他说"礼教是治国之本""修齐治平即是王道"。他在四川广安县中学讲演时说:"民国以来,提倡法制与物质科学固善,能注重礼教,国际地位岂不驾于世界之上?现在全球各国争学中国道德,力求中国学问,唯恐或后。而我国民反将固有之道德仁义放弃不讲。假如外国得我国粹而更强大,我国岂不又要向外国学礼教么?希望国人对于孔孟书籍,多家注意才好。"吴佩孚 80 多年前的这番讲话,至今读来令人感慨不已。在四川奉节县第八师讲武学校毕业训词中,吴佩孚曾明确讲到自己的政治主张:"余愿谋恢复法统,而有一般人偏破坏法统;余本保护民国五色国旗,而有一般人偏打倒五色国旗;余谋统一而有一般人专事割掠;余愿保持数千年相传之礼教,而竟有一般人偏打倒礼教。种种邪说,促成连年战争,陷国民于不可收拾地位,殊为可惜。"又在四川绥定河市坝对川陕边防军官佐及本部随员训词中曰:"要想恢复民国共和,须先恢复中国一贯相传之忠孝节义。此种道德,渊源甚大,可以说是与中华民族共生死、共存亡也。"

应该说,吴佩孚的政治观点中,对礼教治国对仁义道德的提倡是无法厚非的,也是在宣扬华夏优秀传统文化,但是遗憾的是其既反对孙中山的三民主义,又反对共产主义,其政治观与时代先进性严重脱轨,没有把握住时代的脉搏,用优良传统来支撑构架先进的政治理念,这也是造成其失败的一个重要原因。

六、结语

世人对吴佩孚的尊重与认可,不是因为其坐拥几十万大军,或是处于可以被各方拉拢与利用的巅峰,更多的是因为他个人的精神财富,饱含中华民族优秀传统的质的灵魂,令人佩服与敬仰,能够引起民族认知的共鸣与感动。蒋介石挽联:"落日睹孤城,百折不回完壮志;大风思猛士,万方多难惜斯人。"当我们再次回想这位民国混战中的儒帅,剔除历史进程中在其位不得已而为之的功过是非,他个人的精神财富厚重而坚乎内,还是非常值得我们进一步深度探讨与研究的。

张爱敏　蓬莱市登州博物馆馆员

吴佩孚的籍地考

今年是北洋爱国将领吴佩孚诞生140周年,随着吴佩孚研究的深入,对他的评价也就更全面和公允了。但在叙述吴佩孚的籍地时,则存在一些误传和不确切,为此我们作了一些调查。

目前,我们见到的几本讲述吴佩孚的传著或文章中有以下几种说法:

1. 南开大学郭剑林教授在他的《吴佩孚真传》中说,吴佩孚的家在"蓬莱县城学后乱岗石街,其父依靠祖上传下来的'安香'小杂店做点小生意维持生计"①。

2. 台湾学者章君穀先生的《吴佩孚传》中说:"山东蓬莱吴家,在城区县学后街开了一规模甚小的杂货店,字号'安香店'。"②

3. 台湾出版的《吴佩孚先生集》上集《年谱》中说,吴佩孚"诞生于山东蓬莱县城区县学后街之安香店,父可成业商"。下集《传记》第一章《家世》中也记载"先生为山东省蓬莱县人,世居城区县学后街之安香店"③。

4. 烟台教育学院安家正教授在他的《吴佩孚》中说,"他生在蓬莱城里安香杂货店主人吴可成家里"④。

5. 烟台日报传媒集团副总编杨潜先生在他的《吴佩孚先生家

---

① 郭剑林:《吴佩孚真传》,辽宁古籍出版社,1997年,第11页。
② 章君穀:《吴佩孚传》上,第2页。
③ 李满康:《吴佩孚先生集》,上集第201页、下集第267页。
④ 安家正:《吴佩孚》,安徽文艺出版社,1995年,第1页。

世新证》和《民国猛士——品读吴佩孚》两文中也两次提到吴佩孚"诞生于山东蓬莱县城区县学后街之安香店""安香杂货店中"[①]。

以上的几种说法大同小异,但提供了三个信息,一是吴佩孚家住的街道名称,二是吴佩孚家经营的杂货店名称,三是吴佩孚诞生在哪里。我们没有查到这几种说法的原始出处。

先说街道名称——县学后街。旧时蓬莱县城也是登州府署所在地,在县城的东大街(今称钟楼东街)坐北面南有一蓬莱县署,在西大街(今称钟楼西街)坐北面南又建一处登州府署。在两署的北面,各有一条较窄的街道,府署的后面称府后街(意是府衙门后面的街),县署的后面称县后街(意是县署后面的街)。早年在县后街的西北有一处县学,但县学后边没有街道,是一片荒地,旧称北大地。这样看来县学后街是县后街的误传了在县后街的东端,有一条向南的小弄,弄头有一处约100多平米的高台,堆砌着破砖乱石,俗名"乱岔石",成为当地的地标,这一带的小巷,都不规范,路宽不足两米,路面由不规则的乱石铺就,路两侧的民居低矮破旧,院墙也是由不规则的乱石堆砌起来,一眼望去就知道这是一处贫民窟,顾名思义,这个"乱岔石"的不雅名称,就成为这一带贫民窟的代名词了。

"乱岔石"不是街道的名字,吴佩孚的家也不在这一带,根据我们的调查,在"乱岔石"向西约50米处,有一条向西的死胡同,内有一坐南面北的前后两栋八间平房,约50平米的小院,解放后收为公房,后多次修缮,改为大瓦水泥院。这就是吴佩孚家的故居,是吴佩孚少年时代居住的地方[②]。随着城市的改造建设,这处住宅和这条小弄已不存在了。俗称的"吴家大楼"是1925年吴佩孚托其

[①] 杨潜:《吴佩孚先生家世新证》,《蓬莱历史文化研究》2010年第3期;《民国猛士——品读吴佩孚》,《蓬莱历史文化研究》2012年第3期。

[②] 1999年"第一届吴佩孚学术研讨会"期间,吴佩孚的孙子吴运乾和曾孙吴晞要求秦树权先生带他俩到此瞻仰并留影。

族兄吴亮孚主持修建的大宅,不是吴佩孚的旧居,它建在宋庆祠堂的北邻,钟楼北路路东,解放后改为驻军招待所,旧建筑亦都拆除。

说吴佩孚"诞生于山东蓬莱县城区县学后街之安香店",这是不对的,而是县城东20里的安香店村。早在上个世纪五、六十年代前期,安香店村的别姓(非吴姓)老人多讲吴佩孚是他村人,即是出生在安香店村。

1. 刘鸣霞(78岁,指2013年,以下同)安香店村人,她1953年在蓬莱一中上学就对同学说,吴佩孚是她村人。2013年夏,由青岛回蓬莱参加老同学聚会,秦树权访问了她,她再次肯定了吴佩孚是她村人,并说她的祖父刘子和与吴佩孚是同龄人,幼时为好朋友,她祖父卧室挂着吴佩孚赠送的亲题字画,至今还保存在叔父家。还说她童年时还在吴佩孚家的旧宅玩过。

2. 杨翠莲(95岁)安香店村人。她的儿子陆勇是蓬莱市武装部原科长,对笔者说他母亲常对他说吴佩孚是他村人。

3. 刘淑华(93岁)安香店村人。她的女婿陆世德是原市酿造厂退休职工,秦树权访问他时他说吴佩孚是安香店村人。

4. 王宝禄(80岁)安香店村人。他是蓬莱市邮政局退休职工,他说从记事起他祖母常对他说吴佩孚是他村人,家住安香店中街,并说吴佩孚童年全家由安香店搬到北旺村住了一段,后搬到城里。

5. 秦天铭(1872年生,比吴佩孚长2岁)是秦权树的族祖父,乌沟秦家村人,秦家村与安香店相距10里,秦树权(今78岁)童年时秦天铭常对他说,吴佩孚是安香店村人。

6. 秦树奈(79岁),其母在世时曾对他说,她的继外婆吴氏安香店村人,与吴佩孚是本家。秦母的娘家是安香于家村,距安香店村3里。

另有两位吴姓族人,也先后认为吴佩孚是安香店村人。

1. 吴运香(78岁)安香店村人。1952年在蓬莱一中读书时,就对秦树权说过吴佩孚是她村人。

2. 吴高兰(61岁)安香店村人,过继给伯父,他伯父在世时多次说过,吴佩孚是他村人,他的祖父吴运文是晚清秀才,家中保存"吴氏族谱","族谱"传承给他,可是他一直不敢承认与吴佩孚的关系,"族谱"更不敢示人,"文革"后他怕再有什么运动,"族谱"放在家里遭什么祸端,多方打探得知吴佩孚的孙子吴运乾在天津,于是带上"族谱"去天津,希望把"族谱"交给他更安全,结果是吴运乾已经病故,没能见着,可惜后来被人收购,他才放心。

以上引证的多是外姓老人,这些老人是安香店村人,也有邻近村的老人,其本村吴姓只有两例,为什么会有这种情况呢?下面的两件事或许可以说明一些原因。其一是我们访问的吴运丰兄弟两人(72岁、74岁),他的父亲吴道乐曾做过安香店村的村长,文化大革命中被批斗,说他是吴佩孚的孝子贤孙,当时的形势谁还敢与吴佩孚沾点边。"文革"后,吴运丰兄弟又逢人就说他们是吴佩孚的本家,吴佩孚就是他村人,有人就讽刺他俩,说吴佩孚已死多年,现在承认了还能捞到什么好处吗? 其二是吴佩孚的孙子吴运乾,是天津某大学的教师,"文化大革命"时更逃不了被批斗,学校两派多次派人到安香店搞外调(这件事可以佐证学校两派都掌握吴运乾的籍地是安香店),企图查找吴运乾的社会关系有无反动言行,遭到村里吴姓族人和别姓群众的否定,不承认吴佩孚是安香店村人。后来又要遣返吴运乾回原籍,天津学校再次派人到安香店村联系,村干部坚决拒绝接收,否定吴佩孚是该村人。这两件事就说明了在极左路线横行的年代,吴佩孚的一生作为还没有被人们公允和全面认识时,唯恐躲避不及,不敢沾边。

上述所调查的材料可以说明,吴佩孚就是安香店村人,诞生于安香店村吴家偫旧宅内,童年随家人迁居城里,至于具体年月则不可考了。

吴佩孚家的杂货店不能称"安香店",可以称"安香杂货店"。这个杂货店最初是开设在城东20里处的安香店村,后迁到城里。

第二次鸦片战争之后,登州府蓬莱县在胶东地区的政治、经济、文化的地位,逐渐被烟台取代,蓬莱至烟台的交通也渐繁荣起来。旧时交通工具不发达,大宗商旅骡驮马载大车装,小宗跑单邦的则雇上一两毛驴,客商骑驴,东西(行李、货物)另雇一驴驮载,驴的主人称赶驴脚。"驴的续行力不远,所以在大道上每隔20里就有一个赶驴脚的集聚地,很像如今的公交站点,坐一程20里"①。

安香店村是一个较大的自然村,恰好处在城东20里的官道上,自然路边村头骡马店、旅店、饭店、日用百货店、杂货店应运而生,也渐次繁荣,再加上村东近邻之安香寺是一处香火旺盛的大佛寺。日本僧人圆仁来华,过登州时就曾在该寺宅斋。

查阅《登州吴氏族谱》可知吴佩孚的直系先祖,从12世至17世吴佩孚的嗣承顺序是:吴肇枚—吴黄暹—吴恂伊—吴陞宰—吴若天—吴佩孚。这一支脉在族谱中反映了两个情况,一是人丁不旺,二是经商传继。吴肇枚有五子,第三子黄暹无嗣,过继五弟黄哎之次子恂伊来绍,恂伊有两子,长子陞宰又无嗣,其弟陞先之子若天来绍,吴佩孚又无嗣,过继其弟文孚之子道时。族谱上记载十二世祖吴肇枚经商好录,其第五子黄哎继承父业经商贸易,黄哎次子恂伊又带产来绍,这里的"经商""继承父业""带产来绍",传至吴佩孚的父亲"继承祖业"经营杂货店。这个杂货店叫何名,已无可考,但在安香店村开杂货店是不应再叫"安香店"了,称个"安香杂货店"到是可行的。当地人都愿借助安香寺的佛光称"安香",安香店村就由弹子刘家村改称的,村民都说先有"安香寺后有安香店"。安香寺的四周现在仍有安香曲家、安香于家、安香刘家等九个"安香"冠名的村庄。吴佩孚的父亲后来为何将杂货店迁到城里,何时搬迁,迁城后杂货店设在哪条街上也无可考证,杂货店的

---

① 安家正:《村志上的"驴脚"传奇》,《齐鲁晚报·今日烟台》2013年12月25日B19版。

名称为纪念祖上在安香店经商多年称安香杂货店则合情合理。

吴佩孚家的杂货店是其父吴若天"继承祖业"经营的,可是到了1889年吴父突然病故,此时,长子官孚27岁,次子佩孚15岁,三子文孚13岁,继承父业的必须是长子了,从父殁至吴官孚40岁(1900年)早逝,这中间是13年,如果能兢兢业业,克勤克俭,一个小杂货店不能大发展,也足以维系全家人的温饱吧,可是不少资料都说吴官孚"吸食鸦片",这就把一个好端端的由祖辈传下来的小店挥霍待尽,他自己也早丧九泉,难怪吴佩孚在父死后,"说服母亲,虚报年龄,赴登州水师营当学兵,每月饷银二两四钱,尽数奉母养家"。可以说随着吴父的去世,杂货店的渐次没落,吴佩孚在逆境中的奋发苦读,到23岁中秀才,24岁离家出奔北京,25岁从军,33岁时随清北洋军第三镇驻军吉林省,此时他已是少校管带(营长)了,于是(1907年)将母亲周氏,妻李氏,弟文孚接到东北长春居住。从此,一步步走向他一生军旅生活的巅峰,正是有了这样的光环他才不愿再提及家业被其兄不光彩的败落,不愿提及少年时期的贫困和艰辛,为此吴亮孚在主持修族谱时,对前世经商及继祖业多有记述,唯独对此只字不提,是有对尊者讳之意了。

综上所述,我们认为吴佩孚诞生在蓬莱县城东20里的安香店村,这是因为其父继承祖业,在安香店村经营一处杂货店,全家就住在安香店村的吴家衚。后来,在吴佩孚童年时全家搬迁到蓬莱县城里,住在县后的乱岔石衚(或称县后街的乱岔石衚)。吴父在城里继续经营杂货店,称安香杂货店。吴父病故后杂货店被其兄官孚挥霍一空,造成家境贫困。

我们到安香店村采访时,也访问了几位40至50岁的中年村民,问起吴佩孚,他们听了嘿嘿一笑,说"大军阀吗,镇压工人运动,屠杀共产党员",再问其他,则显茫然无知,让人无奈。国人至今在中小学的历史书中,在影视作品和戏曲("风暴""红灯记"等)中,认知的吴佩孚就是镇压"二七"大罢工,杀害共产党员施洋和林祥谦,所以现在对吴佩孚的全面认识,还只停留在学术研讨层面上,是远远不够的,能让人们公正、全面的认识他,尚需一定时日,也需更广泛的宣传,更需权威者一句公允的话语。

       李濂恩 蓬莱第一中学
       秦树权 蓬莱第一中学
       方 勤 中共蓬莱市委党校

吴佩孚置有房地产业

吴佩孚在军阀中享有清廉名声，人们评论他没有私蓄，也不置田产。他的家景原系清贫，发迹后，在故乡蓬莱却盖有楼房，置有庄园、土地、山岚草场等产业。虽然比起其他军阀来不算很多，但在蓬莱境内也算数得着的大地主了。

那么，吴氏田产是怎样置起来的呢？

吴佩孚有个堂兄吴亮孚（吴敬斋），二人关系历来很好，亲似手足。吴佩孚不得志时，吴亮孚曾对其有所资助。吴佩孚发迹后，为了感恩，家中之事，常由吴亮孚做主决定。

20世纪20年代的一段时期，吴佩孚官居冀、鲁、豫巡阅使，在北洋军阀混战中，击败皖系段祺瑞，直奉第一次大战中，击败了奉系，把张作霖赶出关外，并控制了北京政府。直系军政大权都控制在吴佩孚手中，这是吴佩孚一生的兴盛时期。吴亮孚见吴佩孚官位已高，权势已大，就策划要给吴佩孚建造宅院。他知吴佩孚不管家事，就找吴佩孚之妻张佩兰。张氏和蓬莱老乡军政要员商定，1922年以"屯兵"之名，在蓬莱城原旧宅外扩建占地20亩的大楼和庭院，俗称吴家大楼（现改建为登州宾馆）。

当时蓬莱县知事（县长）石山倜（湖北人），为讨好吴佩孚以作为靠山，主动拜访结识吴佩孚的堂兄吴亮孚。吴亮孚成了县知事的高朋贵宾。吴亮孚提出县公有田产归吴氏的要求，县知事毫不吝啬又不痛心，将登州府旧有公有田产南官山、北官山（1944年改为南民山、北民山），以及登州府衙（俗称大衙门）、镇台衙门等旧址,紫荆山下、东北教场、魁星楼下、南北王绪部分土地、大小龙夼等地的土地,约计2000亩,山岚草场约万亩,奉送给吴佩孚名下(实际上归了吴亮孚)。

官山,顾名思义是官府的山。据南官山84岁老学者孙广海等提供资料,这里相传是隋朝杨林镇守登州时期建立的放马场。老洼村南人称"蛤蟆咀"地方,曾有块刻有"放马场界石"五字半仰地面的巨石。

1925年,吴亮孚骑着大马,腰挎盒子枪,带着官兵来到南官庄村,找着庄长孙广义,声称县府出卖官山,无人买得起,宣布官山归吴家所有,今后要给吴佩孚交租。就这样,两处官山成了吴家庄园,成了吴家的佃户村。

那时,蓬莱沿海时有倭寇骚扰,海盗猖狂,不断发生杀人越货事件。吴亮孚和县知事商议,要求吴佩孚派来了武装力量:汽艇一艘,官兵30余人,携带各种武器、弹药。一部分官兵驾驶汽艇,维护海上秩序,一部分驻守吴家大楼看家护院。家大业大,有田产,有佃户,又有武装保卫,还组织了一套管理机构。由本族人吴开业担任账房先生。吴亮孚威震乡里,人称吴二大人。

1926年,吴佩孚与国民革命军大战汀泗桥失败后,辗转逃到四川杨森处避难。吴氏蓬莱家乡家业逐渐败落,吴亮孚乘汽艇离开锚地,开到外地去了。老兵逐渐远去,剩下寥寥几人看家护院,把武器弹药收拾起来,暗藏在吴家大楼地下室和顶棚上。

抗日战争爆发,蓬莱人民抗日武装起义部队三军二路于1938年3月19日第二次攻克县城。吴家大楼机枪射手胡建盛向起义部队三军二路献出了武器弹药。计:重机枪一挺,六五迫击炮一门,手提式(微型冲锋枪)6支,大肚匣枪(20响)10支,俄制套筒长枪20余支,各种枪弹万余发。胡建盛随机枪参加我军,享有营级干部待遇。

这挺重机枪,是德国制造马克沁水压重机枪,机枪外壳涂有黄漆护身,射击起来像狂飙怒吼,威力无比。这挺重机枪当时成为我军胶东唯一的一挺重机枪。它随我军转战胶东、鲁南各战场,屡立战功,被指战员称为"老黄牛"。新中国建国后,"老黄牛"退役,被陈列于国家军事博物馆。

    于希鉴 蓬莱检察院原检察长
    于秋中 蓬莱侨务办公室原主任
    于海群 蓬莱电视台总编室主任

近年来吴佩孚研究成果综述

在上世纪90年代之前,学界对吴佩孚几乎还谈不上学术研究,对其往往只是简单地加以"北洋军阀""洋鬼子的走狗""二七刽子手"等标签式的概括,十多年来国内学界尤其是山东学界对吴佩孚的研究已经有了突飞猛进的发展,从1999年至今关于吴佩孚的学术讨论会已经召开了五届,不仅论著与日俱增,研究的领域逐步拓宽,而且在许多重大问题上有了重大突破,例如:对吴佩孚的生平履历、学养修为、思想主张、军事思想、文化取向以及政治立场等都有了新的研究成果,还有一些值得关注的立题,比如吴佩孚的妇女观、教育观,吴氏和近代中国历史上一些其他重要人物,如:张学良、李大钊、白坚武、谢觉哉的关系,以及吴佩孚与洛阳牡丹、吴佩孚置有房地产业等。虽然其主题、切入角度、呈现方式、具体结论各不相同,但专家学者们却在关于吴佩孚的研究中展现出了不同的理论视野和各具特色的分析方法。学者们对吴佩孚的评价也更加理性、更加客观、更加公正、更加真实。

本文以近几年最新的关于吴佩孚的研究成果为对象,分析其研究的方向、视角与着眼点,认为可以大致分为以下四个方面:

一、关于吴佩孚研究新史料的挖掘

如河南师范大学图书馆馆长、历史文化学院苏全有教授的5篇论文《从人民日报看建国后吴佩孚负面形象的生成》《方志所载与吴佩孚相关记述》《民国期刊所载与吴佩孚相关之文论》《〈人民日报〉有关吴佩孚负面形象的记述》《〈申报〉中所刊登的与吴佩孚相关文论》都是关于新史料的挖掘与运用,苏教授分别从《人民日报》《申报》,方志以及民国期刊中介绍了研究吴佩孚的新史料,为研究吴佩孚提供了新视角与新思路。苏教授指出,下一步对于吴佩孚的研究应该以资料的挖掘为突破点,目前有些资料被一而再再而三的利用,不仅没有新意,也提不出新的观点,而且很多的原始资料还没有被利用到,苏教授鼓励大家挖掘新资料,开阔视野才能在今后的研究中更深入。苏教授还在文章中介绍了一些利用价值比较高的数据库,如:晚晴民国数据库、《申报》全文数据库、《方志》数据库、《人民日报》数据库等,苏教授为吴佩孚的研究提供了新方向。

二、对吴佩孚立体多元的评价视阈

除却政治是非、道德评判,多位学者力图突破既有的评价体系,将吴佩孚作为一个纯粹的历史人物置于当时的时空和帷幕下进行审视和言说。天津师范大学历史文化学院阎书钦教授的文章《武人与政治:吴佩孚驻湘期间的社会映像》,从"倡导和平与联络南北""维护法律与反对安福国会""附和民众运动与反抗日本"三个角度阐述了吴佩孚对当时社会政治问题的高度关注和所秉持的政治主张,指出:在南北军事对峙及外患日甚形势下的中国,维护国家主权、实现南北和平、维护临时约法所规定的民主制度是时人所关注的三大政治论题,吴佩孚紧紧抓住此三大问题,并超然于其他多数军阀、政客之上,敢于伸张具有正义色彩的政治主张,从而迅速扩张其社会影响力。探讨其由此所形成的社会政治映像,无疑可以丰满吴佩孚的形象。

鲁东大学历史文化学院俞祖华教授的文章《吴佩孚的人生理

念及在人生历程上的"退"与"守"》,尽可能抛开作为旁观者各自的视角、立场、情感等因素,对吴佩孚这一历史形象做了尽可能客观的理解。指出:吴佩孚深受传统文化的影响,其人生理念与人格建构自然打上了"儒道互补"这一文化结构的深深烙印,体现出"兼济天下"与"独善其身"的互补、调和与平衡。吴氏希望把内圣转换为外王,希望把修身功夫落实为治国平天下的效果,并把"以德服人"的王道政治作为自己的政治理想。俞教授以其独特的视角阐述了吴佩孚的"四退"与"四守"。"四退"即"退"到书斋,从"立功"转向"立德""立言";"退"到家庭,从国事转向家事,从事业转向家庭;"退"到佛道,从外王事业转向心性之学;"退"到山林,从关注社会人生转向关注自然。吴氏不仅从感性层面关注自然,还在科学、哲理层面探求自然。"四守"即在国家层面有爱国之心,守住了民族大义;在社会层面有爱民之情,守住了仁爱精神;在个体层面有慎独之德,守住了清廉人格;在自然层面有畏天之意,守住了爱物情怀。同时,俞教授也指出,吴佩孚一生对传统风范、传统思维与情感方式的遵循,既为他赢得了道德人格上的声名,但同时也限制了其外王事功的作为,并对这位悲剧英雄由始至终坚守着道德底线尤其是民族大义的修为表示钦佩。

三、关于吴佩孚研究的新立题

还有一些特别值得关注的立题,比如吴佩孚的妇女观、教育观;吴氏和近代中国历史上一些重要人物,如:张学良、李大钊、白坚武、谢觉哉的关系;吴佩孚在履职地具体情况,如吴佩孚与洛阳牡丹、吴佩孚的房产购置等,呈现出的是对吴佩孚研究视野的扩大和领域的拓展。

来自河南洛阳文史所的郑贞富研究员的文章《将军亦是识花人——吴佩孚与洛阳牡丹》从吴佩孚与洛阳牡丹的角度,探讨了吴佩孚在驻守洛阳期间进行的大规模的城区建设,如建起了有"花窟"之美誉的西工新区,修建了天津桥,指出:吴佩孚在当时所大力倡导的绿化事业,使洛阳的市容和环境有了明显的提升,在当时引起了国内外人士的普遍关注。这一立题不仅丰富了吴佩孚研究的内容,而且对目前我国正在推进的城市化和生态文明建设等也具有重要的借鉴意义。

辽宁省葫芦岛市政协文史办副主任张恺新的文章《两次直奉战争中吴佩孚与张学良的较量》,从吴氏与其他中国近现代史上重要历史人物关系的角度进行探讨与研究。张恺新指出,吴佩孚与张学良同为中国近代史上有影响力的军政人物,虽然两人军政生涯的鼎盛时期并没有交集,且吴佩孚论辈份是张学良的长辈,但两人在两次直奉战争中是战场上的对手。两次直奉战争吴与张正面交战,两人都到第一线指挥作战,但结局却是胜负易位。以前这些问题都鲜有学者专文研究。张恺新在文章中还指出了对于吴佩孚研究的新方向,认为各地文史机构和学者要加强合作,共同开展相关研究,例如,可以举办吴佩孚与张学良或是张作霖关系的学术研讨会,对有关问题进行深入探讨。中共中央党校王彦民教授的文章《吴佩孚与谢觉哉》探讨了从未有人涉及过的吴佩孚与谢觉哉的关系,立意新颖。

还有的学者从社会主义新农村建设的角度提出了对吴氏故居和研究基地建设的新思路,使大家既看到了吴氏研究推进的希望,同时也为历史学研究和当代社会热点问题相连接的契机和切入点提供了思路。

四、不同观点之间的激烈交锋

在近年来关于吴佩孚的研究中,学者们各抒己见,展开了热烈的讨论。如:江汉大学政法学院刘明刚教授的文章《吴佩孚:一个不值得赞美的主和派》提出吴佩孚是一个不折不扣的主和派,并在"九一八"事变之后进行过对日媾和活动,不宜评价过高。刘教授主要以吴佩孚对汪精卫的一封复函的内容以及其在日本人的压力下,在召开的记者招待会上的一席讲话中得出的这一观点。此观点一出,立刻引起了学者们的激烈讨论,有些学者严肃地批评了这个观点,指出吴佩孚的爱国思想是不容否定的,仅从一些只言片语的讲话或一封复函中就得出吴氏为主和甚至有当汉奸的嫌疑的结论是有失偏颇的,并且指出了笔者对复函内容的理解有误,吴氏对汪精卫的复函不但没有体现其主和观点,反而印证了其维护主权,不当汉奸的决心。中国第二历史档案馆的胡震亚老师还公开了档案史料佐证了吴佩孚爱国、不屈服于日本的事实。

五、关于吴佩孚研究亟需解决的问题

结合以上研究中的一些视角与观点,笔者认为,在今后研究中我们应关注以下方面:如:"吴佩孚国际学术研讨会"虽然已经进行了五届,但吴佩孚研究缺乏像"张氏帅府博物馆""蒋介石故居"那样的实物载体和研究基地。而据了解,沈阳的张氏帅府博物馆作为全国重点文物保护单位,国家AAAA级旅游景点,已成为全国著名的人文景观和独具民国历史特色的文化品牌,已积累近现代文物12类2.5万多件。因而对于吴佩孚的研究还需要广大专家学者更多的努力,提出新课题,扩大影响力,使对于吴氏的研究取得更大的进展。

张薪一　鲁东大学历史文化学院2013级中国史研究生

附：

先祖父吴佩孚的生前身后事

在我们开始记事的时候,亦即20世纪30年代中期前后,先祖父吴佩孚已经赋闲若干年了,其时居住在北京(时称北平)东城什锦花园胡同11号。我们的追忆仅限于幼时至1939年先祖父被害前后的所见所闻。

先祖父的晚年生活

在我们的印象中,先祖父中等身材,不胖不瘦,光头,唇上的中式胡须略见花白。最令人难忘的是他那双眼睛,炯炯有神,充满自信与威严,祥和中带有坚定与刚毅,是那种指挥若定、意志顽强的军人目光。

先祖父晚年闲居,但过的并不是"寓公"式的生活:衣无华贵,食无珍馐;中外银行无存款,家无金银、珠宝、古玩;既无三妻四妾,又无成群奴仆;没有商行店铺,没有公司股票,除住宅外也没有其他的房地产。

先祖父平时不大步出庭院,也很少与家人亲眷一堂同聚。每天的正餐,总是与旧部及幕僚们共进,或接待来访的宾客。仅在一年一度的除夕,才和家人一起吃一顿团圆夜饭,继而领导阖家进行祭祖、辞岁、拜年等例行的一套传统的节日礼仪。全家人依次行过拜礼之后,再与家人一起观看一会儿庭院中燃放的烟花爆竹。子时之后,远近亲族、宾朋、幕僚、部下等即络绎而至前来拜年,此时先祖父便被奉劝安歇去了。于是这短暂的家庭团聚即告结束。

回想先祖父的晚年生活,其主要活动内容大致有以下几项:

一、听取专人汇报由各国电台播发的世界新闻,阅读秘书从中外报刊、电台中选编的有关重大政治、经济、军事内容的"摘要记录"。

二、与幕僚和部下(主要是正副参谋长、八大处长)谈话。

三、会客。

四、书画。先祖父擅长楷书与草书,绘画以墨竹、梅花为主。记得我家客厅就悬挂着他亲笔绘出的大幅墨竹与梅花,笔力遒劲,气势磅礴。他还曾给我们兄弟各自画了一幅梅花中堂和一把檀香木折扇,扇子一面是墨竹,一面是楷字写的"孝悌忠信礼义廉耻是谓八德",上面的题款分别是"孙儿运乾"和"孙儿运坤"。

提起我们兄弟的名字,也是先祖父依据《易经》所起的,寄托了他"运转乾坤"的志向和期望。

五、著述。对于著述的内容,我们年幼,难知其详。恍惚记得,先祖父去世时,父母曾惋惜地说过:所著《春秋》未能完稿!现在想来,父母所说的《春秋》,可能就是他晚年的未竟稿《春秋正义注释》。

六、社会活动。平日他的社会活动不多,偶尔参与活动的团体主要有:民间团体,如山东同乡会的赈灾活动;宗教组织,如正一堂的佛事祈祷;慈善团体,如红十字会的救济活动,等等。在社会交往方面,我们只见他经常在宅中接待来访的宾客,不见他外出去拜客。就我们所知,他从来没有外出旅游或避暑之类的活动。一有闲暇,便喜爱信步庭院赏鱼。说来有趣,院中鱼池里养有数十尾红鲤鱼,只要有人站在池边鼓掌,池中所有鲤鱼立即排列成整齐的队伍,像接受检阅一样沿着池边环游,投食之后方逐渐散去。

总之,先祖父的晚年生活绝不同于其他失败下野的军阀政客。他念念不忘的仍是"治国、安邦、平天下",认为自己对国家和民族的兴衰负有责任,尤其不能容忍外族的侵侮。他一生自诩为关羽、岳飞和戚继光,当时社会上有"关岳吴"的赞许,我家的大门洞还悬有谢觉哉书写的大幅金匾"元敬再生"(元敬是戚继光的号)。以先祖父这样的为人和心志,后来却身陷日寇侵占下的北平,其心境和遭遇就可想而知了。

拒当日本侵略者傀儡遭谋杀

日本侵略者想利用先祖父与蒋介石政权的历史宿怨和在社会上的威望,企图敦劝他出山当傀儡。一时间,每日宅前车水马龙,军警林立,日特首领及形形色色的汉奸说客络绎不绝,门前经常水泄不通。在这种"外有强敌施压,内有群奸游说"的困难境遇下,先祖父始终不肯在强敌面前屈膝就范。他痛骂上门游说的大汉奸江朝宗"老而不死",齐燮元"死无葬身之地",还斥责汪精卫是"著名汉奸","无耻下贱"。面对日寇的威逼利诱,他多次对日特头子拍桌子、掷茶碗,盛气凌人。他提出了日寇不可能接受的"出山条件":日军必须全部撤出中国,包括东北三省,确保自己的实力、实权和实地。先祖父自知身处险境,谆谆教诲我父亲:不准当汉奸!

日寇意识到敦促先祖父充当傀儡的计划已告失败,于是密谋杀害先祖父,以绝后患。当时,先祖父患牙疾,延请德国医生到家中诊看,诊断需住院拔牙。因系"德国医院",被毕生不入租界的先祖父拒绝。日本当局得知后,强行指派日医到家中拔牙,结果导致严重感染,腮部肿胀,继而高烧昏迷。试想,德国医生认为家中不具备拔牙的卫生条件,才要求住院手术,这点难道日医不懂吗?可见这是谋杀计划的一部分。

1939年12月4日,北平大雪。日特头子川本会同大汉奸齐燮元携日本军医前来强行"治疗"。家属欲阻拦而不得,齐燮元说:"大帅是国家的人,一切由国家主持安排,家属无权过问。"我们后来得知,当时是由我父亲扶护头部,母亲也在侧,川本、齐燮元现场监督。日医用手术刀在浮肿的右腮下气管与静脉的部位一刀割下,血流如注,先祖父顿时气绝。当时有人喊了一声:快打强心针!日医在医药包里寻找一番,表示没带强心针,旋即跳到床上"抢救",进行"人工呼吸",强压胸腔及心脏。事后想来,这番"抢救"动作,无非是再施手脚,加速死亡。母亲从屋中出来时,痛哭失声,告诉我们:"天塌了!"

噩耗一经传出,楼上下、院内外一片大乱,哭声震天。祖母当场昏厥。亲随张劭溥拔出手枪要打死日医,日医在众多警特掩护下鼠窜而逃。当时的情景,给我们的印象十分深刻,直到如今,还历历在目。

去世后举国哀悼

先祖父骤然辞世,举世震惊,一时其死因成了街谈巷议之"迷"。日寇利用控制北平媒体的条件,多方散布谣言,企图掩盖事实。但时隔不久,合众社、路透社、中央社等就作出了相关报道,使真相大白于天下。如中央社香港12月17日电指出:

吴佩孚将军之死,经各方面调查,得悉吴非因病致死,确系经威胁利诱,迫其发表新政权宣言,经吴拒绝,乘吴牙疾就医致死。

重庆中央政府对先祖父给予了极高的评价。蒋介石摒弃历史恩怨,亲发吊丧唁电,情见乎词:

北平吴子玉先生家属礼鉴:顷闻子玉先生因患牙疾,竟致不起,噩耗传来,殊深怆悼。溯自寇患凭陵,于兹八载。先生托志春秋,精忠许国。比岁以还,处境弥艰,劲节弥厉。虽暴敌肆其诱胁,群奸竭其簧鼓,迄后屹立如山,不移不屈,大义炳耀,海宇崇钦。先生之身虽逝,而其坚贞之气实足以作励兆民,流芳万古。除请政府优颁饰终令典,以彰明德外,务希善体遗志,节哀顺变,藉襄大事。是所企盼。中正鱼。

身在北平的亲属得悉唁电后,设法通过路透社,于12月14日从上海发出专电。

几天后,国民政府和国防委员会追赠先祖父为"一级上将","生平事迹,存备宣付史馆"。

1940年1月24日,即在北平为先祖父移灵举殡之时,陪都重庆也召开追悼大会和各种纪念活动。国民政府行政院院长孔祥熙在演讲中宣称:"吴将军是一个爱国者,无论环境怎样恶劣,他始终奋斗,不改初衷。"国民党元老吴稚晖也说:"子玉先生的品格,不论你的政见怎样,是该表钦佩的,尤其是他有大节。"国民党中央执行监察委员会公祭的文辞极富感染力,祭文的最后几句是:"不弔昊天,盍先朝露,良图永息,道路所悲,惟兹正气,百世可师,侵地待复,魂魄焉依!"

中国共产党对其一生反对外来侵略并保持晚节作出了高度评价。董必武当时这样评价先祖父:

吴佩孚虽然也是一个军阀,他有两点却和其他的军阀截然不同。第一,他生平崇拜我国历史上伟大的人物是关、岳,他在失败时也不出洋,不居租界自失。第二,吴氏做官数十年,统治过几省的地盘,带领过几十万大兵,他没有私蓄,有清廉名,比较他同时的那些军阀腰缠千百万,总算难能可贵。

民国以来北平罕见的丧事

由于身在沦陷的北平,以上的种种哀荣,我们大多是事后才逐渐知晓的。然而当时北平的大规模治丧活动,我们却是耳闻目睹、亲临其盛,很多情节至今记忆犹新。

鉴于先祖父之死在朝野引起的强烈反应,日伪当局也不得不按中国的传统习俗大办丧事,以开脱罪行,遮人耳目,蛊惑民心。而久处日寇压迫下的北平各界人士和普通百姓,则以各种形式吊唁发丧,直至出殡时万人空巷,表达了他们的哀恸和愤慨。

治丧处由敌伪当权者、生前部下、前朝遗老、朝野名流及亲朋好友等 180 余人组成。为首的是齐燮元，另有蒋雁行、潘灵皋、张燕卿、劳逊五、付定一、张馥卿、陈幼挚、寇英杰、邹泉荪、冷家骥、池宗墨、王揖唐、张瑞峰、张劭溥、王实坪等。

丧事是按照传统方式举办的。先祖父身披道氅，足登云履，以全道装为寿衣(有一幅身着此装的写真油画)，用一口尺码宽大的金丝楠棺木。这口棺木是在万益祥木厂找到的，号称北方第一棺，要价1.1万元。老板听说是"吴大帅"用的，仅收了木料原价7500元。

大殓时，由孝子(即先父吴道时)，甥婿王实坪及属下张劭溥、洪晋彭等人协助入殓。楼下大厅被家眷、亲属、部员等数百人挤得满满的。殉葬品在殓入棺内之前，由王实坪件件大声报出名称并高高举起，向众人展示后，交孝子殓入棺内。

入殓品中，有一函《春秋正义注释》，乃先祖父历经七八年，每日不停笔写的未竟手稿，也殉殓棺内。记得书稿系手工线装，约有一尺来厚，十册左右。这是研究其思想最为宝贵、最有价值的第一手材料，本应视为"立言"传给后世，不知当时是何人主张，竟当成殉葬品进棺。

12月6日是传统"接三"的日子。是日，伪南京中央政府通令各省一律下半旗致哀。伪议政委员会委员长汤尔和代表伪汪政府亲去什锦花园宅邸致祭，敌伪当局政要如多田司令官、齐燮元、江潮宗、余晋等亦先后前往。

当晚"接三送路"。警士列队，官乐队开路，亲眷相随，身穿孝服手执照路明灯的送路者数百名。

在治丧期间，北平各大著名寺院的法师、高僧，轮流诵经，时称"送经忏"，逢"七"还要在晚上加放"焰口"。当时参与丧事的有雍和宫、广济寺、法源寺、拈花寺、承寿寺、潭柘寺、碧云寺、柏林寺、贤良寺、龙泉寺、白云观、翠峰庵等。诵经时，设大幡门，法师高坐法台，诵经声、鼓乐声交汇于耳，场面宏伟而庄严，至夜方休。

平日到灵前祭奠的人流不断,有生前僚属、故友、族亲,也有许多不相识的人。每逢"七",都有官方和民间团体举行公祭。每次公祭都要供奉"祭席",读祭文,间或送匾额、挽联、花圈、经忏不等。官方的不外是代表当局的军、政、警、宪和各大机关,民间团体则方方面面,有宗教团体、居士团体、慈善团体、工商团体、各省同乡会团体、学校团体、戏剧团体、曲艺团体、盲人团体、聋哑团体、车夫团体,好像还有乞丐团体。

1940年1月16日,举行"点主"大典(依传统习俗,死者牌位上的"某某神主"字样,"主"字缺一点,呈"王"型,由孝子用血补上,是为"点主")。末代清帝之师傅增湘为点主官,清代翰林潘龄皋、付定一为陪主,陈幼挚、劳之常、孙汉尘、高松筌为襄主,张馥卿、孙子涵等为司仪。"点主"为丧事中的大典,白事里的红事,大棚内用彩红色装点,灵前的白烛、白帐均改为红色,孝子孝孙换孝服为礼服(长袍马褂)。典礼庄严肃穆,以孝子(先父吴道时)所刺的中指血蘸笔,由点主官点主。灵牌安位后,举行隆重祭礼。

由于时处抗战非常时期,不便归葬蓬莱祖茔,治丧处研究议定,暂停灵于北平鼓楼西拈花寺东跨院(原为寺内菜园),借地建造三间大顶殿式的北房,名曰"武圣祠"。时值隆冬,为了等待建祠工程完竣,定为在家守灵"七七",后又延至52天。

1940年1月24日(农历腊月十六日)是移灵日子,实际上是民族传统形式的大出殡。64人扛绣"佛"字的大棺罩,两旁各拴300尺长的白练,由送殡人牵引,缓缓行进。殡前由军、警列队开路,后边是西乐队、民乐队、古典仪仗队、各界民众团体队、影像松亭、若干匾额亭队、白柳队、纸活队、番、道、僧、尼队、僚属亲朋队、朝野军政要人步送者。孝子左手"接引幡",右手"哭丧棒",我们孝孙紧跟其后。灵罩后女孝眷每人乘白布小轿相随,骑兵马队殿后。

当时送殡的人数很多,虽没有准确的统计数字,但殡头至殡尾延绵数里,据说殡头已至天安门,殡尾尚未出灯市口。行进的路线大致从北平的东四,经灯市口、王府井,沿东长安街、天安门、西安门大街、地安门,至鼓楼西旧鼓楼大街大石桥胡同拈花寺。北平的老百姓自发地参加葬礼,以此来表达他们的爱国情感和对日寇的愤懑。沿途的楼窗里、阳台上、街道旁的观殡民众,人潮如海。途中搭有很多席棚进行路祭。殡队边进边停,极为缓慢,从早晨出发至黄昏才抵达,几乎行进了一天。当时报称,此乃民国以来北平罕见的盛举。

匾额挽联等不计其数

先祖父治丧期间收到的祭文、挽联、匾额甚多。当时什锦花园住宅的正院、东院以及大门外胡同均高搭席棚,棚中挂满了各界送来的匾额、挽联、花圈、佛幡、万民旗、万民伞、帐料等,不计其数。家人曾专门抄录于册,多年珍藏,惜乎失于"文革"动乱。现在只能就记忆所及和手头的一些材料,挂一漏万地补记一些。

匾额的题词有:名垂宇宙,武圣,关岳吴,大义先觉,乃圣乃神,至大至刚,乾坤正气等。

挽联收受甚多,目前能找到的只有先祖父青年时的同窗挚友李际春的两幅及附文:

第一幅:不爱钱,不蓄妾,不入租界,执简以书,是为真不朽;
同投军,同就学,同拯国难,扶棺痛哭,岂独念私情。

第二幅:是奇男子,是真将军,家国系安危,斯人胡可死?
为天下忧,为民众惜,行藏系劫数,天道竟难论!

[附文]:孚威之丧,举国同戚。况四十年间叨在契末,噩耗传来,能无心痛?前联情犹未尽,再志数语,以志将军之亡,为天下同悲,非一二人之私痛也。时艰未艾,吾与谁谋?天其犹未厌乱欤!悲夫!

凡来祭奠的政府机关、各类团体和朝野要人均有祭文。现就所存,摘录两则如下:

山东同乡会祭文：

……何来厄运，如沸如羹，虫沙化幻，风鹤时惊，东山在望，如望雨零。胡天不吊，劫数相仍。催我柱石，坏我长城。云霄惨淡，忽陨将星。况关梓谊，悼痛何胜，所堪共信，正气充盈。精神不死，虽死犹生……

汇文小学师生公祭文：

……蓬莱境，东海滨，诞生大英雄，处忧患，如安居，志在拯救愚蒙。众民皆感戴，将来定成功。到现在，成往事，徒留身后名。嗟呼！痛心哉！……近年来，隐居在北京城隅，不贪财，不怕死，不住租借地。善绘画，兼真草，乐此无聊耳……日月失光兮，又逢黑云幕幕，天地色变兮，伟人骤而远逝。前途茫茫，是谁来挽救疮痍？我众无法。只有仰天长叹息。蹉呼！痛心哉！民也何辜？竟去了救国神裔。

抗战胜利后隆重公葬

先祖父灵柩在拈花寺暂厝历经七年之久，直至1946年12月才安葬于北平西郊玉泉山西麓自家购买的茔地。

抗战胜利后不久，邓锡侯、杨森等先祖父生前的故交挚友，从四川抗日后方先后飞来，并由他们倡议发起了公葬活动。当时的南京国民中央政府发来了明令褒电："故吴上将军佩孚，于沦陷期间，忠贞不屈，大节凛然，为国殒没。为表彰忠烈，追赠陆军上将衔。"并以"故旧袍泽"及"平市各界"的名义发起公葬。

当时贵州省主席杨森主持具体事宜，组成了以行政院长孔祥熙、华北行辕主任李宗仁为主任委员的"蓬莱吴上将军营葬委员会"，登报启事与向全国各省市地方发函并举，募捐公葬费。

坟地是自家在玉泉山西麓陆续购买的，约计40亩。选用"玉泉"其地，寓意有三：先祖父生前以"关、岳"自喻，关羽死后曾在"玉泉"显灵，遂以为"圣地"；玉泉之玉，正合其字"子玉"；而清澈洁净的玉泉水象征其洁如白玉的品格永远流传。

当时募集的公葬费本相当可观,因此墓地的设计极为雄伟宏大。从图纸上看,坟茔高大,石座玉栏,还有碑亭、神路、石人、石兽、阳宅和树木围墙,可称蔚为大观。然而随着当时经济崩溃,物价飞涨,只建成了一座坟墓宝顶(水泥碹)和一个为掩埋墓门的土台,就用尽了巨额的募款。结果坟地成了个简陋的半成品,连墓碑都未能建成。

1946年12月15日,拈花寺举行了隆重的安葬前夕的大祭。灵堂前悬挂着蒋中正赠的"正气长存"匾额。北平市长何思源作为蒋的代表主祭并宣读祭文,另有政要人士、朝野名流、部下属员、亲朋好友等前来祭奠。由于葬费殆尽,只能一切从简。

1946年12月16日是安葬之期,国民政府明令全国下半旗致哀。时逢隆冬,运灵是辆扎彩棚的大型军车,送葬的是长长的汽车队。车队行经鼓楼、交道口、王府井大街、东西长安街、西单、西四、新街口,出西直门到玉泉山,一路人山人海。安葬后,由北平行辕主任李宗仁站在寒风凛冽的简陋墓地上,向众人作了简短讲话,而后由李宗仁、何思源率领送葬来宾进行公祭。礼仪简单而庄重。

先祖父坟茔的确切地址现为北京海淀区四季青乡西洪门村,当地人依坟冢之形称之为"大宝顶"。

先祖母张佩兰于1949年10月15日病逝,即合葬于此墓内。先父吴道时在1951年7月15日去世,葬于墓前,只培了一土坟。1957年秋三祖母陈佩秋病逝,与已故20余载的三祖父吴文孚合葬于墓边培一土坟。

经过土地改革,墓地以树木为界,划了十亩为私家坟地。1952年,政府曾颁发由北京市长彭真签署的《土地所有权证》。

"文革"中,墓地惨遭破坏。"大宝顶"上面被砸出几个大窟窿,土台没有了,地下墓门露出多半截,墓中棺木亦被毁。墓地上的树木和三祖父母、父亲的土坟都不复存在。

我们经数年酝酿，于 2002 年 6 月全家集资对墓地做了简单修补。主要是补好幕顶的窟窿，封墓门于台下。同时立了一块简朴的普通石碑，上书：

吴佩孚　张佩兰之墓

2002 年 7 月 27 日，修补竣工。孙、曾孙、玄孙三辈子女举行了简单的家祭，并撰祭文曰：

时光之飞逝兮，往事其如烟；
风云之变幻兮，阴晴其相间；
灾难之袭劫兮，尚存其主垣；
孙辈之尽心兮，略补其破残；
修葺之惊扰兮，宽恕其千万；
今日之告竣兮，奉祖其寝安；
列祖之圣灵兮，佑孙其平安；
后世之无忧兮，永眠其玉泉。

（本文发表于《百年潮》2004 年 4 期）

吴运乾　吴佩孚之孙
吴运坤　吴佩孚之孙

编后记

中国现代史学会、中华民国史研究中心、山东社会科学院主办，山东省历史学会胶东人物研究专业委员会、蓬莱市历史文化研究会承办，蓬莱八仙过海旅游有限公司协办的"吴佩孚国际学术研讨会"，2014年4月22日至23日在蓬莱格林豪泰大酒店召开。

中国现代史学会副会长兼秘书长白云涛宣读了中国现代史学会会长郭德宏的开幕词，山东社会科学院党委副书记王希军、蓬莱市副市长吴明光、吴佩孚曾孙深圳图书馆馆长吴晞分别致辞，中国社会科学院学部委员耿云志、中华民国史研究中心主任张宪文，分别向研讨会发来贺信。近70位专家学者出席了研讨会，共提交论文50余篇。20多位专家学者在研讨会上演讲交流了他们的研究成果，日本学者渡边阳子介绍了正在翻译的吴佩孚幕僚冈野增次郎上世纪30年代所著《吴佩孚》有关情况。中国现代史学会副会长兼秘书长白云涛作了会议总结并致闭幕词。《中国日报》、中新社、《国家人文历史》《民国档案》《大众日报》《联合日报》《烟台日报》《烟台晚报》、烟台电视台、胶东在线、烟台网络电视、《走向世界》《烟台大事记》《家和之友》、蓬莱电视台等多家媒体采访报道了本次研讨会。

本次研讨会，是继2009年12月4日召开的"第四届吴佩孚学术研讨会"之后的"第五届吴佩孚国际学术研讨会"，与会专家学者人数和论文数量质量均超过以往。会议开得圆满成功，得到与会专家学者的普遍好评。这首先要感谢研讨会的主办单位、承办单位和协办单位,也要感谢出席研讨会和撰写吴佩孚研究文章的专家学者,更要感谢蓬莱市委、市政府、市政协对研讨会的支持和帮助。中国现代史学会会长郭德宏先生、中国社会科学院学部委员耿云志先生、南京大学中华民国史研究中心主任张宪文先生因事不能出席研讨会,分别来电来信鼓励和祝贺,在此谨致感谢。

本次研讨会论文集得以顺利出版发行,特别要感谢国家图书馆出版社的领导和编辑们!他们对本书出版的无私支持和倾力帮助,必将进一步推动吴佩孚的研究。在此,谨向各位朋友表示诚挚的敬意。

本书在编辑过程中,为尊重作者,仅在保持论文内容和结构完整的条件下,对文字做了一些技术处理。由于主编学识水平所限,本书会有不足和不妥之处,敬请作者和读者朋友不吝赐教。

唐锡彤

2014 年 5 月 16 日

唐锡彤 刘晓焕 吴德运 主编

吴佩孚新论 上册
——吴佩孚国际学术研讨会论文集

国家图书馆出版社

图书在版编目(CIP)数据

吴佩孚新论——吴佩孚国际学术研讨会论文集(全二册)/唐锡彤,刘晓焕,吴德运主编.—北京:国家图书馆出版社,2014.12
ISBN 978-7-5013-5514-3

Ⅰ.①吴…　Ⅱ.①唐…②刘…③吴…　Ⅲ.①吴佩孚(1873~1939)—人物研究—国际学术会议—文集　Ⅳ.①K827=6

中国版本图书馆 CIP 数据核字(2014)第 293662 号

书　　名	吴佩孚新论
	——吴佩孚国际学术研讨会论文集(全二册)
著　　者	唐锡彤　刘晓焕　吴德运主编
责任编辑	景　晶
出　　版	国家图书馆出版社(100034　北京市西城区文津街 7 号)
	(原书目文献出版社　北京图书馆出版社)
发　　行	010-66114536　66126153　66121313　66175620
	66171706(传真)　66126156(门市部)
E-mail	btsfxb@ nlc.gov.cn(邮购)
Website	www.nlcpress.com→投稿中心
经　　销	新华书店
印　　装	北京华正印刷有限公司
版　　次	2014 年 12 月第 1 版　2014 年 12 月第 1 次印刷
开　　本	850×1168(毫米)　1/32
印　　张	22.25
字　　数	550 千字
书　　号	ISBN 978-7-5013-5514-3
定　　价	68.00 元

"吴佩孚国际学术研讨会"开幕词

中国现代史学会会长　郭德宏

各位专家学者：

"吴佩孚国际学术研讨会"今天在吴佩孚先生的故乡——蓬莱召开，我谨代表会议的主办单位中国现代史学会、中华民国史研究中心、山东社会科学院，向参加这次研讨会的各位专家学者表示热烈的欢迎！向承办和协办这次研讨会的山东省历史学会胶东人物研究专业委员会、蓬莱历史文化研究会、蓬莱八仙过海旅游有限公司，表示深深的谢意！向对这次研讨会给予大力支持的蓬莱市委、市政府、市政协领导及有关部门，表示衷心的感谢！

今年是甲午战争120周年，第一次世界大战爆发100周年，第二次世界大战爆发75周年。今天是公元2014年4月22日，140年前的今天，吴佩孚先生诞生于人杰地灵的登州府蓬莱县城区县学后街。140年后的今天，我们在这里召开"吴佩孚国际学术研讨会"，一是为了弘扬以爱国主义为核心的社会主义价值观，进而推动振兴中华的"中国梦"得以早日实现，二是检验近几年吴佩孚研究的新成果，进而推动中国近代史的研究以及山东地方史的研究。

自1999年12月4日第一届"吴佩孚学术研讨会"召

开以来,吴佩孚研究走过了十几年的艰辛历程。以往,我们对吴佩孚,往往以"北洋军阀""洋鬼子的走狗""二七刽子手"等等概括。经过近十几年的研究,我们对吴佩孚的评价已经更加理性、更加客观、更加公正、更加真实。从研讨会收到的50余篇论文看,目前吴佩孚研究确实有了很大发展:研究队伍不断扩大、论文质量不断提高、评价更加客观公正。

大家知道,近代中国的基本历史主题是争取独立、统一、民主、富强。毫无疑问,吴佩孚先生置身于这样一个时代,围绕这几大目标,他做过努力,有过探索,有所贡献。但他也有那个时代、那个阶级的烙印,也有自身的缺憾和败笔,"爱国者、杀人者"的两极现象同时出现在他身上,这是令人吃惊的,也是不容否认的。

历史是民族的记忆。在中国走向现代化、实现"中国梦"的伟大历程中,在世界形势复杂多变的国际环境中,我们不应忘记历史、不能忘记历史、不能集体"失忆"。我们要"以史为师""以史为鉴",为今天的发展提供更多的智慧和经验教训。因此,吴佩孚研究还要继续搞下去。我祝今天的"吴佩孚国际学术研讨会"圆满成功,也预祝明天吴佩孚研究有新发展、新突破、新成果!

最后,祝大家在蓬莱过得快乐平安!

谢谢大家!

2014年4月22日于蓬莱

"吴佩孚国际学术研讨会"致辞

山东社会科学院党委副书记　王希军

尊敬的各位领导、各位专家学者、各位来宾：

大家上午好！

今天是民国历史上曾经叱咤风云、具有传奇色彩的重要历史人物——吴佩孚诞辰140周年纪念日。自从1999年12月召开"第一届吴佩孚学术研讨会"以来，吴佩孚研究有了长足进展，对吴佩孚的评价也日趋客观公正，但从近代化的角度系统研究吴佩孚在中国近代化进程中的作用及其影响的著述尚不多见，许多有关吴佩孚的微观史实也还有待于进一步厘清。为了促进吴佩孚研究深入发展，进而推动民国史的研究和近代史的研究及山东区域史的研究，中国现代史学会、中华民国史研究中心、山东社会科学院决定于2014年4月举办"吴佩孚国际学术研讨会"。经过上述发起单位和承办方——山东省历史学会胶东人物研究专业委员会、蓬莱市历史文化研究会等多方努力筹备，今天在吴佩孚故里、神话传说中"八仙过海"的地方、美丽的海滨城市——山东省蓬莱市隆重召开"吴佩孚国际学术研讨会"。来自全国各地有关高等院校，党校，社会科学院，党史史志，政协文史资料，文博系统，档案部门的专家学者和烟台市、蓬莱市的有关领导，文教界的代表60余人出席了这次研讨会。这既是山东省历史学会胶东人物研究专业委员会开展学术研究工作中的一件大事，也是山东乃至全国史学界的一件盛事。我为能够有机会出席这样一次学术盛会，感到十分荣幸。在此，谨代表这次研讨会发起单位之一的山东社会科学院，向大会的召开表示热烈的祝贺！向与会全体专家学者表示诚挚的慰问！

吴佩孚是中国近代史尤其是民国历史研究中非常重要的历史人物，一个时期内对中国近代化的进程起过一定重要影响作用的风云人物。大凡从事研究北洋军阀史、研究中华民国史、研究山东区域史，都离不开吴佩孚研究，有关吴佩孚的研究一向被史学界视为研究北洋军阀史的绝佳突破口。近一二十年来，国内学术界尤其山东史学界有关吴佩孚的研究有了突飞猛进的发展，有关吴佩孚研究的论著在数量上较以往有所增加，在质量上有所提高，研究领域逐步拓宽，在许多重大问题上有了新的突破，取得了令人瞩目的成绩，从而促使吴佩孚研究更加深入，对吴佩孚的评价较以往更加客观和切近实际。在这方面，中共烟台市委党校原副校长唐锡彤教授和他的同仁们付出了艰辛劳动，做了大量工作。从1999年以来，在吴佩孚研究领域，由唐锡彤教授发起成立并担任主任委员的山东省历史学会胶东人物研究专业委员会可谓异军突起，成绩斐然，成为该研究领域的生力军。由唐锡彤教授精心策划、精心组织的前4次全国性吴佩孚生平与思想学术讨论会规模一次比一次大，取得的研究成果也一次比一次多，已逐渐引起学术界的重视。从2009年举办全国第四届吴佩孚生平与思想学术研讨会以后的四五年间,唐锡彤教授再接再厉,不辞劳苦,在所担负的行政后勤和教学工作之外,又利用余暇,继续北上南下,并曾专程去过台湾,多方从事学术交流,与海内外专家学者建立了广泛联系,并在北京、天津、南京、台北相继发掘、搜集了一大批有关吴佩孚的档案、文献、实物等项资料,尤其在台北访问交流期间搜集到了1939年在东京出版的日本人冈野增次郎(吴佩孚在洛阳时期的顾问)所著的《吴佩孚》一书(该书上千页,目前正由有关专家翻译,准备出版中译本),从而进一步充实、完善了他的大部头著作《吴佩孚年谱长编》。唐锡彤教授及其同仁们在吴佩孚研究领域所取得的成就,越来越受到学术界的公认和好评。在山东史学界,他担任主任委员的山东省历史学会胶东人物研究专业委员会,一向是山东省历史学会14个专业委员会开展活动较多、取得研究成果较多的专业委员会之一,从而多次受到山东省历史学会的表彰;他的有关研究成果也多次被山东省历史学会评为优秀成果一等奖。借此机会对他的辛勤劳作表示敬意!

2012年11月29日,新一届中共中央总书记、中央军委主席习近平发表重要讲话时阐述了引发广泛共鸣的"中国梦"话题,指出:"实现中华民族伟大复兴,就是中华民族近代以来最伟大的梦想。"2013年11月,习近平总书记视察山东时也作了一系列重要讲话,其中11月26日习近平到孔府和孔子研究院参观考察时指出:一个国家、一个民族的强盛,总是以文化兴盛为支撑的,中华民族伟大复兴需要以中华文化发展繁荣为条件。对历史文化特别是先人传承下来的道德规范,要坚持古为今用、推陈出新,有鉴别地加以对待,有扬弃地予以继承。习总书记的重要讲话对我们开展中华民族近代史、民国史、区域史领域的研究,指明了方向。我们要本着实事求是的科学研究态度,探究历史的真实,以史为鉴。希望与会专家学者来到传说中的"八仙过海"之地,"各显其能",畅所欲言,相互交流,增进共识,拿出高水平的学术研究成果,把这次研讨会开好。

预祝大会圆满成功,祝各位领导、各位代表、各位来宾在蓬莱期间生活愉快、身体健康!谢谢大家!

2014 年 4 月 22 日

"吴佩孚国际学术研讨会"致辞

蓬莱市政府副市长 吴明光

尊敬的各位代表,来宾,女士们、先生们:

上午好!

"吴佩孚国际学术研讨会"开幕式今天在这里举行,首先我谨代表蓬莱市人民政府向这次活动致以热烈的祝贺!并借此机会,向各位专家、各位嘉宾表示诚挚的欢迎和衷心的感谢!

蓬莱是一座历史悠久的文化名城和著名的海滨风景旅游城市,位于山东半岛最北端,濒临黄渤二海,与日本、韩国隔海相望,同辽东半岛共扼京津门户,素以"人间仙境"闻名于世。全市总面积1129平方公里,海岸线59公里,人口45万。

唐神龙三年至民国初期的1200多年间,蓬莱一直是登州治所所在地,是古代胶东政治、经济、军事、文化的中心,是中国沿海历史文化积淀最丰厚的城市之一。这里有海市蜃楼奇观和"八仙过海"美传,有中国古代"四大名楼"之一的蓬莱阁,有蓝色浪漫之旅的海洋极地世界,是中国古代北方最大的港口城市、东方海上丝绸之路的起点和明清海防遗存廊道的重要节点。

蓬莱山海相融,风景优美,气候宜人,具有鲜明的滨海城市特色。因地理位置优越,蓬莱成为世界七大葡萄海岸之一,是中国葡萄酒名城,年葡萄酒产量占全国的五分之一。还有丰富的黄金及农、副、水产品等资源。

蓬莱是中国环渤海经济圈、山东半岛城市群的重要城市之一,境内两处功能完善的深水港均为国家一类开放口岸,与70多个国家100多个港口通航;德龙烟铁路、威乌高速、206国道穿境而过,烟台市蓬莱国际机场正在建设,周边还有烟台至大连铁路轮渡,交通方便快捷。

山海名邦,人间仙境,美酒之乡,休闲天堂。人间蓬莱,永远是华夏神州的东方传奇。

蓬莱的文化资源积淀厚重,多姿多彩,如历史文化遗产、自然人文文化资源、名人文化资源、民俗文化、革命文化及土特产等。近些年来,我们蓬莱市在文化遗产保护、发掘和理论研究方面已取得了可喜的成绩,得到了社会的好评和认可,但这只是刚起步,许多东西还需要更深层次地探讨、挖掘、开发和利用,需要各方面的大力协作。此次"吴佩孚国际学术研讨会"的举行,无疑是一次成功的合作和有益的实践,对我们今后的工作和发展必将起到积极的推动作用。同时,也真诚地希望各位专家学者继续为蓬莱的文化事业献计献策,在研究领域广泛探讨,多出成果,为弘扬中国优秀文化、复兴华夏文明做出新的贡献。

最后,祝各位来宾工作顺利,生活愉快,预祝本届研讨会圆满成功!

谢谢大家!

2014年4月22日

"吴佩孚国际学术研讨会"致辞

吴 晞

各位领导,各位专家,各位朋友:

先曾祖子玉公曾有诗云:"花开上苑春三月,人在蓬莱第一峰。"值此春暖花开、草长莺飞之际,"第五届吴佩孚国际学术研讨会"在蓬莱胜境召开,欣逢盛会,幸何如之。我谨代表吴氏家族后裔,衷心祝愿会议圆满成功,成果丰硕,青史永存。

记得是在1999年,我曾陪伴先父吴运乾参加了在蓬莱召开的"第一届吴佩孚学术研讨会",先父在会上宣读了由先父吴运乾、先叔父吴运坤合作撰写的题为《先祖父吴佩孚生前身后事》的论文。会议盛况恍如昨日,然先父、先叔父均已殁世,令人喟叹唏嘘。

我们这一代吴氏后人,也就是子玉公的曾孙辈,均未曾对这段历史做过深入的研究,也不像先父、先叔父那样有着亲身的经历和感受,难以对本次会议及相关学术研究有所贡献、有所裨益,深感愧怍。然父辈留有遗训:自食其力,清白做人,远离祖上影响,不介入历史是非。这也是我们多年来一以贯之的为人处世原则。

虽然我们对先曾祖的生平事迹缺少研究,但亦知其几件旧事。在他得势之时，曾亲写手谕：天孚道运隆，五世永不叙用。由此而断绝了家族中人倚官仗势的念头。在他失势之时，写下了名颂一时的对联：得意时清白乃心，不纳妾，不积金钱，饮酒赋诗，犹是书生本色；失败后倔强到底，不出洋，不走租界，灌园抱瓮，真个解甲归田。以此而明志。在他身处沦陷的北平，面对日寇威逼利诱，大义凛然，不惜以身殉国，保存了民族气节。我们以为，不论社会如何发展变化，也不论政治观点有何异同，这些中华民族延续了千年的传统美德和高风亮节，均有其普世的价值和现实的意义。正所谓：周虽旧邦，其命维新；人虽旧事，其义长存。

这次呈献给本次会议的，是由我执笔，我们兄弟五人联合写就的《吴佩孚直系亲族后裔》一文。因为这些"家中"的事情，我们最为清楚，对各位专业研究者或许会有一些参考价值；同时也是为了澄清事实，以正视听，纠正社会上及网络上流传的一些不实之词。从文中可以得知，吴氏后人谨守祖训，以诗书传家，以清廉自守。我们的父辈，以及我辈兄弟及家眷，从事的都是普通职业，辛勤工作，自食其力，凭借自身努力谋求发展。我辈中有多人担任过各种领导职务，均能以廉洁奉献为本，从无违法乱纪、有悖伦理道德之事。

最后，我想以杜甫的《丹青引》中的诗句来结束我的发言："将军魏武之子孙，于今为庶为清门。英雄割据虽已矣，文采风流今尚存。"

谢谢！

2014 年 4 月 22 日　蓬莱

耿云志贺信

  山东烟台"吴佩孚国际学术研讨会",唐锡彤校长并致参加"吴佩孚国际学术研讨会"各位专家、学者:

  欣闻"吴佩孚国际学术研讨会"在蓬莱召开,我们非常高兴。十几年来,由于唐锡彤校长及各位专家学者们的积极努力,吴佩孚的研究工作取得了丰硕成果。从前曾经流行的许多对吴佩孚不公正的评论和不实之词,得到了澄清,基本上还原了历史的本来面目。这对于全面深入地认识民国时期,特别是北京政府时期的中国历史是很有帮助的。我们谨向各位朋友表示诚挚的敬意,并预祝此次研讨会取得圆满成功!

中国现代文化学会
会长 耿云志
2014 年 4 月 20 日

张宪文贺信

　　由中国现代史学会、山东社会科学院和南京大学中华民国史研究中心联合举办的"吴佩孚国际学术研讨会",即将在山东蓬莱市举行。我因学校公务繁忙,不能出席会议向各位专家学者学习请教,非常遗憾。在这里我代表南京大学中华民国史研究中心,向出席会议的专家教授表示敬意,也祝贺这次研讨会顺利举行,并取得学术成就。

　　吴佩孚是民国时期有影响的著名政治家、军事家,对他的一生政治活动和是非功过,应该本着实事求是的精神,给予客观的评价。我相信本次会议将进一步推动吴佩孚的学术研究,并为民国人物的研究做出有益贡献。

南京大学　张宪文
2014 年 4 月 20 日

"吴佩孚国际学术研讨会"会议总结

中国现代史学会副会长　白云涛

尊敬的各位领导、尊敬的各位专家、各位学者：

由中国现代史学会、南京大学中华民国史研究中心、山东社会科学院主办，山东省历史学会胶东人物研究专业委员会、蓬莱市历史文化研究会承办，蓬莱八仙过海旅游公司协办的"吴佩孚国际学术研讨会"，经过全体与会人员的共同努力，经过既紧张又活泼的报告与研讨，现在圆满结束了。

这次研讨会共有来自中共中央党校、山东社会科学院、山东省文史研究馆、山东大学、中国国家博物馆、河南师范大学、天津师范大学、人民日报社、西北师范大学、江汉大学、鲁东大学、临沂大学、烟台市委党校、青岛市委党校、烟台日报社、辽宁张氏帅府博物馆、蓬莱市登州博物馆等单位的50多位专家学者参加，提交了50余篇学术论文，十几位有关领导和专家学者作了重点发言和学术研讨。纵观此次学术研讨会，有以下几个特点：

1. 研究视野有所开阔，研究范围有所扩大。从所提交的50余篇论文来看既有对吴佩孚生平事略、民族气节、爱国主义精神、道德人格的研究，也有关于吴佩孚与李大钊、谢觉哉、张学良、白坚武等人物关系的探讨；既有对吴佩孚军事思想、洛阳练兵与中国军事近代化、治军之道、抗日主张与实践等军事方面的研究，也有关于对吴佩孚思想理论、政治思想、儒家思想、教育思想、妇女观等思想领域的探讨，也有对吴佩孚与日本、吴佩孚的国家观、吴佩孚与苏俄关系、吴佩孚的统一观念、吴佩孚与教育界的关系、吴佩孚蓬莱轶事等其他方面的研究。

研究视野的开阔，研究范围的延伸，表明吴佩孚研究工作正在向纵深发展。

2. 研究队伍更加广泛，并引起国际学者的关注。从所提交的50余篇论文看，论文撰写者既有吴佩孚家乡的长期从事吴佩孚研究的领导和专家学者，也有各地科研院所从事近现代史研究的专家学者；既有党校系统的专家学者，也有档案馆、博物馆系统的专家学者，还有报刊出版、电视台的专家，以及中等教育工作者。从研究成果看，既有各个科研院所的广泛的国内学者的研究论文，还有国际上从事吴佩孚研究的日本、韩国、俄罗斯专家学者提供的研究成果。这一方面表明吴佩孚的研究队伍更加广泛，另一方面也表明吴佩孚的研究在国际上已经引起越来越多科研工作者的重视。

3. 关于本次学术研讨会的学术成果。从学术角度来看，本次研讨会所提交的50余篇研究文章，大多数符合学术规范，有相当的学术价值，形成了吴佩孚研究的新成果。这次吴佩孚国际学术研讨会，比较突出的研究成果，我觉得有两个方面：第一个方面，是在吴佩孚后人的努力下，关于吴佩孚家族史的研究有了较大的进展，厘清了一些基本线索，我们期望吴佩孚的后人继续努力，也希望在座的专家学者给予支持和帮助，在下一次吴佩孚学术研讨会中，在吴佩孚家族史研究方面，能够产生更多更大的成果；第二个方面，是有关吴佩孚的文献史料的挖掘工作，有了更深入更精细的进展。在这次会议下发的论文集中，我们看到，河南师范大学苏全有教授和高航通先生，向会议提供了五篇有关评述吴佩孚的史料性文章，这五篇文章中，其中三篇是将晚清民国年间的《申报》、民国年间有关的报刊、民国年间的有关方志中有关吴佩孚的文论，编成索引，供人检索，带有一定程度的工具书性质，为我们提供了相当数量的新的研究资料。另外两篇是以建国后吴佩孚负面形象的形成为研究项目，将《人民日报》创刊以来有关对吴佩孚的论述，分成五类，逐一列出，既使我们清楚了建国后吴佩孚负面形象的生成过程，也向我们提供了难得的吴佩孚研究史的研究资料。另外，山东省发改委的吴隆杰先生向会议提交的《民国时期期刊刊登的吴佩孚先生史料索引》一文，按照时间顺序，将1915年至1949年间期刊中有关吴佩孚文论的题目，共809条，顺序罗列，出处详细，为我们研究吴佩孚工作，提供了重要的检索资料。

  学术研究最忌讳的是无米之炊，只有充分掌握了的原始资料，或者说竭泽而渔地掌握原始资料，然后进行分析研究，才能得出客观的公正的结论，才能产生经得起时间检验的学术研究成果。我相信，上面三位先生所做的这些基础性研究工作，对推动吴佩孚研究将会发挥相当重要的作用。

  我们的研讨会，虽然时间短暂，但开的非常成功，开的非常圆满,达到了交流成果、沟通感情、促进研究的目的。

我不是研究吴佩孚的专家,我只是一个普通的近现代史研究工作者,在学习各位专家学者的论文时,受到各位专家学者的启发,我想就吴佩孚研究问题,谈一点粗浅的体会。

第一,研究吴佩孚,要根据他当时所处的社会地位、社会环境,把他放在他所处的那个历史时代,依据那个时代社会发展、时代进步的要求,去考察他的言行。不管什么意识形态,不管什么社会制度,国家利益至上,民族利益至上,社会发展为先,人类进步为先。考察历史人物,评价历史人物,根本上还要看这个历史人物对国家利益、民族利益是贡献还是毁损,对社会发展和人类进步是促进还是促退。就吴佩孚而言,处在那样一个中国社会急剧变动的时代,处在那样一个国内外各种势力交错影响的时代,而吴佩孚本身又处在一言一行即产生影响的众目睽睽的显要位置,所以,现在我们所看到的那些有关吴佩孚的是是非非的历史事实,注定是要吴佩孚去做的,那是他躲不开的历史宿命。但是,不管对错,既然形成历史事实,就要承担历史责任,就要接受历史的评判。但是,如何评价,如果评判,就要放在是不是符合国家和民族的根本利益这个大标准中去考虑。

第二,研究吴佩孚,研究者要站在第三者的立场上,要以旁观者的身份,去审视去研究,要百家争鸣,各抒己见,仁者见仁,智者见智。就吴佩孚而言,在近现代中国历史上,他既做过有益于社会发展有益于民族利益的好的事情,有大功,他也做过对社会发展对民族利益有所障碍的事情,有大过,是一个毁誉参半的历史人物。在对他的研究中,功就是功,过就是过。有过错并不完全是吴佩孚个人的问题,是那个时代所决定的。中外历史上,没有不存在丝毫过错的历史人物。

第三,研究吴佩孚,我们要全面地准确地认识他的整个人生,对其一生所有的功过有一个全面的认识。综合他的一生研究历史人物,一要站在第三者的立场,二要力戒个人情感渗透到学术研究之中。长期以来,我们评价历史人物,总是偏重晚节。晚年是个正面人物,似乎这个人物就一生都好,晚年反动了,似乎一生均坏。好人好的一生没有瑕疵,坏人坏的终生一无是处。其实,人的一生是复杂的,也是变化的。好人未必一生都好,必有其不好的时候和不好的一面。坏人未必一生均坏,也必有其好的时候和好的一面。所以,客观地评价一个历史人物,应该对其人生的各个阶段,对他一生所有的活动,进行全面的客观的分析。就吴佩孚而言,我们只有全面地准确地认识吴佩孚的整个一生,对吴佩孚一生所有的功过都有一个客观的认识,这样才能更加客观公正地评价吴佩孚。

第四,推动吴佩孚研究更深入地开展,要从进一步深入挖掘历史资料,进一步厘清历史史实入手。关于吴佩孚的有关方面的研究,不管是道德方面,还是爱国主义,为官清廉,都已经有了比较充分的论述。吴佩孚的研究史料,在海峡两岸学者的共同努力下,也取得了丰硕成果,这是我们今天研究吴佩孚能够取得很多成果的基础。在吴佩孚的研究工作已经取得很大成果的基础上,要把研究工作进一步推向深入,我认为还是要利用现代网络信息给我们提供的便利条件,更精细地更深入地挖掘历史资料,在挖掘资料和研究资料过程中,发现线索,厘清史实,纠正讹误,丰富、完善吴佩孚的生平,把某些缺失的历史链条链接起来。我相信,在下一次吴佩孚学术研讨会上,我们会看到吴佩孚家世的更进一步的研究成果,我们也会看到更多的吴佩孚研究史料,并产生更多的新的研究成果。

最后,我代表主办单位,感谢全体与会领导、专家和学者们的热情参与,感谢烟台市委党校唐锡彤副校长以及其他各承办单位领导为本次研讨会的召开和顺利进行付出的辛勤劳动。

吴佩孚的学术研究工作取得了很大成就,但还有许多有待深入研究、深入探讨的问题。我们希望在座的各位专家学者再接再厉,继续为吴佩孚的研究作出更大贡献,我们期待着大家的再次相聚!

谢谢大家!

2014 年 4 月 24 日

目 录

上 册

"吴佩孚国际学术研讨会"开幕词………………………… 郭德宏(1)
"吴佩孚国际学术研讨会"致辞…………………………… 王希军(3)
"吴佩孚国际学术研讨会"致辞…………………………… 吴明光(7)
"吴佩孚国际学术研讨会"致辞…………………………… 吴 晞(9)
耿云志贺信……………………………………………… 耿云志(11)
张宪文贺信……………………………………………… 张宪文(12)
"吴佩孚国际学术研讨会"会议总结……………………… 白云涛(13)

吴佩孚小传
　　………（日）冈野增次郎著　郑匡民　（日）渡边阳子译(1)
吴佩孚直系族裔撷拾……………………………………… 吴晞等(23)
吴佩孚与谢觉哉…………………………………………… 王彦民(28)
吴佩孚与故宫三大殿幸免被毁…………………………… 白云涛(35)
吴家大楼中的"老黄牛"与十三团………………………… 张克勤(43)
"九一八"事变后吴佩孚的抗日主张与实践……………… 胡玉海(47)
两次直奉战争中吴佩孚与张学良的较量………………… 张恺新(56)

1

从《人民日报》看建国后吴佩孚负面形象的生成
　　……………………………………… 苏全有　高航通(63)
方志所载与吴佩孚相关记述 ……………… 苏全有　高航通(76)
民国期刊所载与吴佩孚相关之文论
　　……………………………………… 苏全有　高航通(83)
《人民日报》有关吴佩孚负面形象的记述
　　……………………………………… 苏全有　高航通(116)
《申报》中所刊登的与吴佩孚相关文论…… 苏全有　高航通(153)
吴佩孚诗词书画的文化学意义及其价值 ………… 范立君(175)
武人与政治：吴佩孚驻湘期间的社会映像 ……… 阎书钦(187)
吴佩孚之死是日本人所为 ………………… 窦春芳　苗体君(208)
践行儒者思想的国家
　　——浅议吴佩孚悯民思想的截面 …………… 李茂春(217)
将军亦是识花人 ……………………………… 郑贞富　黄利江(231)
吴佩孚与我的爷爷 ……………………………… 孙耘英(236)
抗日战争时期被日本诱降对象与吴佩孚之比较研究
　　………………………………………………… 李子玉(240)
论吴佩孚与张学良 ……………………………… 张侃侃(251)
民国时期期刊登载的吴佩孚先生史料索引 ……… 吴隆杰(261)
吴佩孚：一个不值得赞美的主和派 ……………… 刘明钢(327)
论吴佩孚之百变人生与功过得失 ………………… 韩世杰(334)
浅析吴佩孚的妇女观 ……………………………… 李沂靖(342)

下　册

吴佩孚评价之我见 ………………………………… 李鹏程(349)
略论民初吴佩孚与教育界的关系 ………………… 姜朝晖(357)

新发现的吴佩孚函电所反映的有关史事
　　………………………………… 刘晓焕　杜庆余（367）
被溥仪称为"贿选大总统曹锟的心腹谋士"的
　　北洋政府总统府秘书长王毓芝 ………… 王伟波（393）
短命的陆军第二十师师长、直系陕西督军阎相文 … 刘乃贤（402）
直系山东省长熊炳琦 ………………………… 杜庆余（414）
部分山东籍国民党人（前同盟会员）与吴佩孚的交往
　　…………………………………………… 刘晓焕（422）
吴佩孚、陈干与近代中国的独立 …………… 佟立容（455）
吴佩孚的"中国梦" …………………………… 安家正（467）
为什么纪念吴佩孚 …………………… 唐锡彤　吴德运（472）
半生知己：白坚武与吴佩孚 …………… 杨　潜　吴龙强（480）
吴佩孚家世新证 ……………………………… 杨　潜（497）
吴佩孚的人生理念及在人生历程上的"退"与"守"
　　………………………………… 俞祖华　赵慧峰（508）
吴佩孚与《登州吴氏族谱》…………………… 吴德运（526）
吴佩孚的"统一"情怀与实践 …………… 张薪一　金仁淑（530）
试论历史教学拓展吴佩孚爱国思想教育的必要性
　　…………………………………………… 程笛声（542）
枝如戈戟叶如刀
　　——吴佩孚题竹诗赏析 ………………… 孙为刚（550）
试论吴佩孚的道德思想及其实践 …………… 刘　青（556）
浅谈吴佩孚官德 ……………………………… 曹桂华（569）
略论吴佩孚的国家观 ………………………… 李　萍（579）
洛阳练兵与中国军事近代化 ………………… 谭欣欣（591）
吴佩孚教育思想述论 ………………… 耿　旭　大　伟（600）
吴佩孚与李大钊 ……………………… 黄旭初　亚　娜（607）

3

从地域文化角度品评吴佩孚 …………… 李成锋　朴炳仙(617)
吴佩孚的多面人生 ……………………………… 姜睿雅(625)
论吴佩孚的爱国主义思想 ………………………… 隋海燕(631)
吴佩孚的爱国思想及其与苏俄关系的演变 ………… 栾冰冰(640)
吴佩孚的精神财富简述 …………………………… 张爱敏(648)
吴佩孚的籍地考 ………………… 李濂恩　秦树权　方　勤(656)
吴佩孚置有房地产业 …………… 于希鉴　于秋中　于海群(663)
近年来吴佩孚研究成果综述 ……………………… 张薪一(666)

附:先祖父吴佩孚的生前身后事 ………… 吴运乾　吴运坤(671)

编后记 ………………………………………………… 唐锡彤(682)

吴佩孚小传

一、序

欧战结束后,又经过华盛顿会议,世界之目光遂集于中国,大正十一年三月八日(1923年3月7日),吴佩孚于其家的寿筵上口占七言诗一首:

> 欧亚风云千万变,英雄事业古今同。
> 花开上苑春三月,人在蓬莱第一峰。

驻军洛阳的吴佩孚,当时不过直隶系一部将,但其志愿高远,以经营天下为己任,手握军政大权,身有宰相之才,自称帝王之师。中原有事则亲提貔貅以讨之,中原无事则隐居洛阳过其晴耕雨读之时日。恢复九朝之名邑,中兴三代之政治,是他的志向,淡泊以处世,宁静以致远是他的追求。营市街天字第一号陋屋是他的栖身之所,为招待天下宾客而造继光大楼。他广植树木,改良环境,修理桥梁,以便行旅,起伊川之水,以利灌溉。他设养鸡场,授产废兵,造菜园,规范农耕。他营造苗圃,培植种木,拓建花苑,栽培牡丹。移来樱花,种植菊花,植葡萄,开桑田而奖励养蚕。一年里,洛阳四郊五谷飘香,万木繁盛,呈现出一派兴盛景象。然论其职位不过一师长,以天下为己任。以卜式①所谓的牧羊者自居。

去名求实,大行其志于天下,一时使世人以为连年纷乱之中国也因斯人之出现而呈统一之局。后年以榆关之败,遂绝其志业于中途,唯其功罪,须盖棺方能论定,在辛亥革命后的混乱年代,这位如彗星般出现的蓬莱将军,暂且不论其是否能与斯国古代之英雄相媲美。但自大正八年他进入洛阳以来,世界之目光便开始集于洛阳,吴氏隐然成为天下之中心。无论如何,吴氏掌中国过渡时期之政权,而北京政府实乃傀儡乃事实也。

笔者遵此事实,根据客游中之见闻,记述事情之真正的面貌,以俟后世史家之定论。

二、祖先与阅历

英雄愚弄百姓,自古有之,尤其是中国易姓革命成功之英雄,无不强调其政权乃上天所授,指派御用文人将自己家谱润以神秘的色彩,远者如刘邦和成吉思汗称自己非凡人之子,近者如爱新觉罗氏亦称自己祖先乃长白山之天女,此皆牵强附会之说。吴佩孚自民国八年至十三年之六年中,占据于九朝之古都洛阳,静观天下风云,韬光晦迹,秣马厉兵,"中原有事则出而驱逐群雄,终了乃率兵归其嵩洛之仙窟"。不到一年即名声鹊起而有中国重镇之名。吴佩孚很爱写诗,经常在其诗中寄托他的情怀,他或寄思于铁树之开花,或歌诵骡马生三不像之奇瑞,或祝洛河之鲤鱼逢洪水而上西宫之祥瑞,总而言之,他常暗想他自身莫非天命所授,于是,他时常在其言谈之间稍露其胸中之事。有一天在饭桌上,他谈起了他家祖上及他的身世:

余家乃吴太伯之后,始祖出自江苏之延陵。据传太伯有24

---

① 西汉洛阳人,畜牧主,屡以家财捐助政府,武帝任为中郎。——译者注。

子,均封内外之要镇,其中一子传说渡海去了日本。《三国志·东夷传》中有东夷乃夏康之后,有断发文身之风俗的记载即是证明。余父亲自太伯数乃第120世,余因一兄夭折,当属121世之正系。余幼年父亲去世,由母亲抚育,时家贫穷生计艰难。14岁时入山东登州之水师营,薪俸每月二两四钱银子,这点银子仅供母亲等一家数口人糊口。当时水师之制度是每周召集两次,其余之时间余则从乡人李汉卿读书,李之门生有30余人,余之成绩居中。余15岁娶妻,18岁时丧妻。母亲纺织洒扫之余还得抚养幼弟文孚。然余因生活之穷困亦无力续弦,于是专心学业。23岁时,在家乡考试时,以第三名中秀才,始为乡党所知,时虽有乡绅怂恿余百尺竿头更进一步,应试举人、进士,然余21岁时,逢中日甲午战争,经受过日本海军在山东沿岸之威吓射击时之炮弹的洗礼,意识到军事乃国之急务,遂决定废文从武,燃起了充当军人的愿望。

当时日本军舰发射之一炮弹正命中在蓬莱阁之"海不扬波"匾额的"不"字上,匾额上只残留下了"海扬波"三字。这件事成为日后时局不祥之象征。当时余观中国之现状,血气奔涌,遂决心从军,余中秀才后靠一伯父帮助,进了天津北洋毅军聂士成之营,在沈管带手下当了两年兵。当时直隶总督李鸿章从法国聘了教官,于开平设立了武备学堂。余大胆应试,虽然考试成绩及格,但校方因当时之体重还不到11贯(1贯等于3.75公斤),不许入学。余百般恳求,校方觉余将来有发达之希望,才暂时许可入学。学堂总办孙宝琦即是后来之国务总理,开学不到一年即逢团匪之乱,学堂关闭,学生犹如丧家之犬,不得不到天津游荡。匪乱之后,袁世凯在北洋编成模范军六个镇,在保定设了军官学堂,广开干部速成之道。学堂置参谋测绘两科,招募学生2000人。余被抽到测绘科,从日本教官樱井文雄等学习一般军事及测绘学。毕业后的翌年恰逢日俄战争,余被任命为中尉。被北洋军派往日本驻芝罘武官守田利远少佐处,负责战时对俄军的侦察。明治三十八年(1905)9月离开芝罘,归还天津。经守田少佐之推荐,余升为大尉,更被派往锦州,在执行侦察任务时,被俄军发现,在奉天关了两个月,由于案情重大,依军法被判处死刑。在奉天监狱中,俄军曾发给余伙食费俄币20卢布,余将一半买了烟卷,偷偷送给了俄军的看守,暗中与其结交。因而当余被押解到哈尔滨途中,火车行至铁岭之时,余方有幸乘薄暮而逃出险境。

战争结束,日本大获全胜,天皇为余叙勋六等,授余单光旭日章。当时中国军界第一人段祺瑞任第三镇统制。段祺瑞以余测绘科出身为理由不许余升级。幸而后来曹锟继任统制,战后余被派往满洲长春时,曹锟特提拔余为步兵队第十一标第一营之管带,此乃余与曹锟鱼水关系之起源也。

但凡人世中细小之因缘,均是以力屈人者弱,以智屈人者强。余入曹氏之麾下,驻长春以来,于劳务、侦察等方面脱颖而出,成绩非凡,最后由曹统制出面向军部报告,以余为第三镇最优秀之管带官。中国陆军中历来之风气,皆由派系关系而影响升进,故余于管带一级所停留的时间颇久,大约长达八年,这段时光,余一直以随办营务之身份落在编制之外。辛亥革命之际,第三镇离开长春,归驻北京南苑,时炮队第三标兵变,曹统制命余处理事件之善后。事件平息后,余凭此功一跃被擢用为炮队第三标标统。至此,余始能稍舒骥足。从此之后,余与曹统制二人,犹如一家,形影相随。后袁大总统命第三师(名称已改)开往湖南,转战四川。曹师长之业绩,大半与余之参画有关。民国八年,余年46岁,由步兵队第六旅长接任曹师长第三师师长之职。民国十年,北京方面有安福系之乱,余从湖南率兵北上,随即平复了安福之乱。次年更驱逐了关外之奉军,余将根据地设在洛阳,使此地成为保定曹家之屏藩。此后,余始与闻国家庙堂之事矣。

余对于吴将军说其乃是吴太伯121世后裔之事,甚感为难,因日本千载之英主明治天皇恰是皇祖神武天皇之121代孙。但这事却意外地引发了吴将军之好奇心。嗣后他向各省来访之政客宣扬自己乃受命于天,以统一中国。他常称,日本从皇祖始到121世始成维新之大业,余亦于先祖始到121世而得到今日之地位,回想起来不能不说是万分幸福。

自此之后,他更是到处宣扬其乃是吴太伯之后,在给其夫人张佩兰等的信中也特意冠以归延陵郡四字,这些琐事如同狭小的心胸中漏出了些微隐秘,充满了稚气。吴氏的所为不是仿效古来之英雄将自己之家世神圣化吗?所以,在我看来现在中国人之思想犹受三国志、楚汉传奇思想之影响,绝非偶然。中国之典籍,日本人涉猎极多,而如笔者能直接深入当代一流人物之内心,细观当代之三国志,楚汉之争之人极少,故仅将余之所感权记于此,以为后史家征引。

三、机智之风格

吴佩孚尝云,其乃北洋军阀中一道异彩。其虽未以天下之大器自许,然平心而论,他于军阀首领之中,乃稍通文墨之人。其为人负气轻诺,但勇猛果敢,隐忍自重却好壮语大言。他投身于时代潮流,可惜事业中道,却疏远侃谔之士而亲近便佞功利之人。洛阳时代,其周围已形成谱代、外洋、妻党、中立之四派,故凡事难免掣肘。唯其始终未离曹锟而竭尽忠诚之事,与其他泛泛之军阀相比,实乃高出一筹。人称曹锟家财数千万,吴氏于朝中大事上有利用其之心计,吴果有其意否,余则不知。

吴氏原乃军人,故颇好研究事物,日俄战争之际,自旅顺围攻战、南山得利寺战等开战之时,他经常留意日本军之作战方略,并将战争之经过详记在笔记本上,随后与学堂上所学之战术互相参照研习,其在战略上,乃祖述孙吴兵法,尤擅长韬略之运用,说战术时则稽古征今,指出新式西洋战术与中国古代暗合之处。特别是到了大正十二年,他为了为今后的肉搏战作准备,起用隐栖河南陕西等山中之古代拳法柔术与剑术大师,给其大尉乃至少校之官衔,令其训练少年队。此实乃因各国鉴于欧洲大战时,最后之胜负常决定于白刃战,故战后均讲究肉搏战术之事偶然一致。而他则宣称此以寡胜众之战法,乃自家独创。他平常对部下说,一弹非毙敌数人不许发射,以培养爱惜子弹之观念。其用心可谓良苦。

吴佩孚在洛阳的日子,早晚食膳之时,手擎酒杯之际,毫无忌惮地品评中国时局,漫骂台上之人物,亲自援引易理,指责革命前后人物之缺点,这里仅举两三个例子:如称徐世昌为老朽便佞之阴谋家,称黎元洪为顽冥无知之贪汉,孙文为天下不容之破伦无道者,谭延闿乃下婢之所生,陈炯明有异父同母之弟妹,唐继尧乃荒淫好色之徒,而不以奸淫部下之妻女为耻,至于张作霖之污行丑态,更是痛加摈斥,对吴氏来说,这些人得罪上苍,迟早该当自灭。吴佩孚常拾一些捕风捉影之谈而自娱自乐。

甲子深秋,吴来到北京国务院,开始谋划对奉之战。入城当时,文武百官纷纷前来参见,真可谓门庭若市。然在京仅半个月,其出战山海关之前,国务院门前却是冷冷清清,可谓门可罗雀,这种情形,不仅可见世态之炎凉,同时也可以看出人心之向背。那时有两位先辈(一位是原保定军官学堂总办某氏,一位是原江西都督陈光远)前来向其进谏,曰:

  待天下之才,须宽容。
  选天下之才,须慎重。

有一技之长之士,虽政敌必须加以敬重。千夫之诺诺,不如一士之谔谔。

他们说出这些格言,暗中讽谏其待人不足宽,遇士不足诚,渐有人心离反之先兆。果然,吴佩孚为先辈之言所感而潸然泪下,徐徐言道:

大教铭记肺腑,平生虽极为反省并尽力改正之,然深憾如今还未能改正。

笔者当时正在场,看到此种情景,不觉也陪着落泪,想到人改正自己之弱点缺点乃至难之事,不禁对吴佩孚这种从善如流的行为肃然起敬。

大正十二年(1923)初春,日本参谋总长上原勇作元帅派遣参谋本部第二部长伊丹松雄少将率领数名参谋将校来到洛阳,劝吴佩孚聘请20名日本军官,为其训练坚强的部队,以作为统一中国大业之资本。然吴以缺少军费为理由,加以拒绝。那时他真是没有长远的见识吗?如这样地认为,那真是只知其一,不知其二。如果他那时听受伊丹少将等之意见,接受日本人之好意,则不仅能带来军事关系以外的许多好处,也不会遭受榆关那样的惨败。

他性格狷介不羁,从不轻意向人屈服,他对壬戌之冬,与笔者同来之孙中山之密使陈中孚没有一丝之好感。那次,他与陈相见后即单刀直入地痛骂起来,他说,孙中山十年前即说修铁路,到如今连一里也未铺成。似这样大言虚行之人(指孙中山)我不喜欢。

现在回想起此事,吴夫子之局量过于偏狭,不能容忍清浊并流,故只能亲近与自己志趣爱好相近之人,而疏远与自己志趣爱好不同之人。

观其后年山海关之败,则恍然如梦,他一时隐于岳州,卧于洞庭清风之下,当年之雄图伟略几如烟消云散。俗语说,人生常不如意,一个好汉三个帮,干大事者,单身一人,孤掌难鸣,无论如何也是难以成功的。如其当年拒绝孙中山建议之事,真乃千古之恨事,笔者今日思之,仍禁不住浩然长叹。

吴佩孚机敏过人,今举一例:迄大正十三年初春,他已任直鲁豫巡阅使之职。那段时间,他一直绞尽脑汁地策划着如何能不战而屈张作霖之兵。三月七日乃其生日,前清遗老内大臣郑孝胥之子郑垂代表宣统帝,给吴氏送来种种珍宝,以表祝贺。郑君临行之际,将乃父之计划中国交通私议一道,托笔者转交将军,吴氏披阅之下,连声称赞,大叫快哉。至同年七月上旬,他以郑老之意见为骨干,制成了堂堂的路政案,并将其公布于天下。其说远采秦始皇兵卫之策。并为将来之裁军而开工整理黄河及扬子江之水道,引入外资铺设铁道。他欲第一步先修筑北方五省之汽车公路。且请求亲任督办等事宜,从他灵活运用郑老私议之事上,则足以显出他的聪敏机智。

此外,他高居于北京政府之中,握有铨衡文武百官升迁进退之大权,然观其所为,于大节上并未出现错误,有关这点,则应充分承认他的智慧。然而他虽好观察世界之大势,掌握世界之潮流,但却总以诗词来表达,这虽无大碍,但终不免过于迂阔。其最可惜之事,乃忽视东洋日本之实力,动辄有对英美评价过高之偏见。笔者惜其觉醒太晚,于交通大开之时代却始终蛰伏于洛阳以应付天下大势,则非有洞察时势之明而不可,然其毕竟陶醉于中国文化之中,效仿昔日之英雄而依胡芦画瓢,欲于洛阳成就复兴中华之大业。为了传达信息之方便,他于甲子春已完成无线电台之建设。电台之规模虽未符其所望,但其北达库伦,南经庾岭之中继可与广东通信之工程已渐渐完成。但是,没有多久,又进入了第二次直奉战争。

甲子三月,北京陆军部所购四架法国法尔曼式飞机已空运到洛阳。但是,将其作为组建空军之基础的构想,以及深通时务,放眼世界,妥善应付局势等筹划,终究不能指望于吴佩孚。民国八年,他继曹锟之后为第三师师长后,每当北京政府动荡之时,他或任陆军总长,或湖南督军,或任山东督军,每逢其乡党猛烈运动之时,其则以兔子不吃窝边草一语以应之。终始如一地躲避权势地位,出入进退极为有度。而最终于洛阳延聘政客议员,行所谓瓜熟蒂落主义以实现其夺取天下之梦。他于每年辞岁之夕,则彻夜谒洛阳西门外之周公之庙,祈祷治国平天下,端坐冥想,如奉神敕,其志或有可悯，然最终其一朝蹉跌而不起。其终非天下之大器耶？抑未际会时运耶？

四、思想

尧舜者，中国理想之名君也。天下者，天下人之天下，非一人之天下也。万邦有罪，罪在朕躬。去名利权力之欲而惟以治天下为念。鹪鹩巢于深林，不过一枝，偃鼠饮河，不过满腹。无论住在何等之豪宅，坐时仅占半席之地，躺下也无非一席之地。即使得了天下，每日也仅食两合半米。天下于我无用也。惟治乱源，安苍生，真真逍遥于物外，不得已时才君临天下者，其庶几乎。笔者侍吴佩孚，留意其思想，多少有此等消息。

过去余尝问西园寺公对现代思想之意见。公曰：

对共产主义或赤俄不必过分地恐惧，思想随时代而转移，政治家应顺应时代之思潮，而使国家之船免于沉没，逆大势而欲阻挡潮流者，自身则不能不溺，说何等思想是善是恶，实在不容易断定。善与恶的断定只是根据各人不同立场而已。

吴佩孚乃中国北方思想之化身，其主导思想不出孔孟思想之范畴，现仅就笔者听到他的口头禅数则记之于下：

一、大丈夫有志于治国平天下者，非正心诚意不可。孔子曰：欲平天下者先治其国，欲治其国者先齐其家，欲齐其家者先修其身，欲修其身者先正其心，欲正其心者先诚其意。

二、孟子曰：天下定于一。老子亦主张尊一主义。古之圣贤之言皆暗合。吾人平生欲寻出一言以蔽天下之格言，然终未能如愿。惟能祖述圣贤之意，今愤世者流或欲将大好之山河，金瓯之中国联省自治，或欲仿行普鲁西亚，或亚美利加之制度，有俗语曰：应怜此辈未知二五，安知一十也。

三、易理之极致，当以阴阳二元为归宿，于人则男女，一男一女相配则为夫妻，典型理想夫妻则见于文王夫妻。诗经卷头一诗则道破了人生崇高之理想："窈窕淑女，君子好逑"实乃千古至言也。

四、道不远人，古之圣人垂拱而治天下，皆凭自然德化之力，中国之大域包容四亿之民众，有时混乱已极，四分五裂，而呈不可收拾之局面，立于此间，毅然行其所信，而毕竟未能有所成，惟有北辰，居其所而众星共之。大国之治法惟在此一句也。

五、三军可以夺帅，匹夫不可以夺志，我为一小卒时，从没有梦想到会有今日之显荣，至知天命之年，惟日孜孜为其所应为之事业，汲汲尽其所当尽之责任。三军之帅得夺之，中国之民意在于鼓腹击壤，帝力何有于我哉？匹夫之志竟不可夺也。

六、国之重寄在膺，律行日常之政务，无规矩不可以成方圆，无论何事，非有制度不可，吾侪以中庸九经为绳墨，其四通八达。圆融无碍，似非行之而不可也。

七、有"地方百里而可以王"之自信，有筑此城，掘此池之觉悟则中国之事易为也。宽严公平则民集如堵，利用厚生可揽父老之心，吾未尝谓民治之难为也。

从以上可以看出吴佩孚抱着极端的中国文化优越的观念，他是古代思想的热情讴歌者。也可以说他持一种不顾世界思想之变迁的思想态度。而吴佩孚能否有西园寺公所谓的掌握时代潮流，顺应时势以救国家的大政治家的资格，我们则不能不有所怀疑。惟其在洛阳最盛之时代，其抱负及其名声不过一巡阅使，而其思想态度则俨然如一个帝王，当时有民谣曰："帝王啊王八啊洛阳栽树人，有欲平天下之名啊，则应有其实。"盖适当之评价也。

五、家庭情况

吴将军尝谈到他的家庭状况时说：

余的家兄早亡，我15岁时，母亲劝我娶妻。当时我继承祖父之生意，生活十分困难，一家数口仅能糊口，妻子比我大几岁，贞静娴淑，服侍婆婆。然18岁时因病而死，余家生活益加窘迫。无奈，余去水师从军，嗣后辗转军旅，一直未曾婚娶。年32时娶乡人李氏为妻，虽琴瑟相合然无子嗣。老母叹我未有后裔而频频苦劝。35岁驻军长春时，纳关内一妇为妾，是乃张氏也。中国之俗，因无子孙则一男不妨娶数妇。古语言："惟女子与小人为难养也。"养女人之事则更难，因男女两性，一硬一软，一刚一柔，互相裨补则可以匡救，然往往意思难以疏通。一男娶数妇甚至纳妾十数人时，妻妾间虽有纠纷，然如其财力充足，驾驭亦不困难。许多时家务均归其第一夫人节制。各人各安其分，也能和谐圆满而不累及主人。然而如我因没有子孙而同时容二妇于家中，其操纵着实不易。上有严母之压制，我惴恐地等待着第一夫人之节制，第二夫人佗佗而服从，然而家中经常卷起波澜，处理此事极难，经常烦恼纷纭。这时则极难忍耐。若能充分地处理此等纷纠，没有宰相治理天下之才者岂能胜任乎？

第一夫人李氏美貌、精悍，酷爱吴将军，不愿他人染指，因没有后裔，故容张氏。她体态丰满而精力拔群，其实对将军来说，并不合适，而李氏之精悍奔放，不服驾驭之性格，更使将军感到为难，将军虑及与其同居，势必会影响到公务，故由前辈曹锟夫人从中斡旋，于保定为其置一别墅，挑来她喜欢的青年女子跟随着她，每月给银300两，令其另营门户。这样一来，反而使李氏之懊恼更加厉害，她神经昂奋，面色苍白，失去了当年之美貌，日夕晏卧于烟榻之上，吸食高级鸦片，她这样做，仅仅是为了麻醉神经，就这样，她在别墅中渡过了数年阴郁的时光，后来月计300两，连烟价都不够用，曹家夫人则悄悄补助之。据说有时她心悸大发，或做出狂态，几个伺候的下人都难以控制。如此，她竟不能与吴将军共享荣华，最后，苦闷忧愤终使其病情加重，将军在湖南时，她寂寞地死于保定别墅。笔者在洛阳时，跟随我的马夫某，过去在保定曾伺奉李氏，他深情地向我叙述过李氏临终的情景，李氏生前曾数次来我长春客舍，拜访我的家人，那时的她性格开朗快活，我竟不知然而在她的胸中竟包藏着那样多的懊恼和痛苦，想起她孤寂地被鸦片熏死，我虽为男子，亦感恻然酸辛矣。吴将军亦将她可怜之心情告诉给笔者说：

过犹不及，女子嫁人而未能生子，而集其爱情于丈夫一身，此固然为善事，唯达到悍嫉奇妒而不可拯救的程度，则不好。此皆由太溺爱夫君之故也。我糟糠之妻李氏之志颇可悯也。而如妾张氏之忠于我，毕竟仅为获得锦衣玉食，住宅车马之显荣也。云云。

张氏亦博得贤夫人之名，曾有携酒往阵中慰问将军之事。日常处理家政亦未出过差误。能与将军相始终。中国有谚云：清官难断家务事，一时雄踞中原，威服400余州之吴将军，在其私生活中，也有以上之不幸。

西谚有云："能驾驭一妇人者，便能治理天下。"吾国近世之英豪原敬氏之人格的养成，全有赖于先夫人中井樱洲之女儿贞子夫人之悍妒。凡有志于天下者，不可忽视家庭生活，近日吴佩孚从蛰伏十年之境中脱出，能有拯救四亿苍生于水火之信念，也许全由其清净简洁之家庭生活中所养成。在这次崛起声明发表之日，他颁发给新闻记者之循分新书，其主旨也是提倡夫妇之道。如此看来，他的夫妇观念极为严肃。他认为一夫一妇乃天经地义之人伦大义。据说此次设立于开封的绥靖公署门壁上，就被写上了"发扬东洋之道德"七个大字。吴佩孚认为，振肃夫妇之道乃东洋道德之根基。文王与太姒之伉俪，才可称万世之师表。吴佩孚于洛阳全盛时代，曾严令其部下，凡发现其将僚有行迹不轨者，立即革职。其嫡系部队的第三师，全军上下，则浑如一家然，它绝对服从吴氏之命令。出战时像成吉思汗之怯薛军（亲卫队）如臂使指，然而吴夫子自身之家庭生活又如何呢？这里且插入一段有趣的事情。

如本书开头所云，吴佩孚之母张氏异常贤惠，吴氏14岁时其父辞世,此后全靠其母抚养长大,幼时吴氏异常顽皮,终日与群童嬉戏于蓬莱阁(神龙庙)一带,归来时则是满身尘土,有时玩得太累,归来时不洗澡即睡,原来中国家中没有准备浴缸之习惯,普通人家都是烧热水来擦身,近年来我国西胜造氏所提倡的足汤、腰汤等方法中国自古代早就有了。此方法自宋代大儒程伊川、程明道时代开始盛行。吴氏家族亦有幼时入寝前烫脚之习惯,据说烫脚有清火及预防感冒之功效。母亲张氏曾反复地告诫吴氏入寝前必须烫脚,有一天吴佩孚自早到晚,尽情地嬉戏了一天,晚上回家进门倒头便睡。此次,吴氏遭到了严厉的斥责,母亲半夜将其叫醒、命令他端坐于床上,受到了一次惩处,从那时起他养成了严格的每日睡前洗脚的习惯。母亲的教育极为重要,母亲的贤愚左右了其一生之性格。大多数英雄人物之成长都与其贤良的母亲有很大的关系。

因吴佩孚之长兄早丧,作为吴家之继承人,吴佩孚早在其15岁时便娶年长于他的女子为妻,同楼三四年后,其妻于吴佩孚18岁时因病而死,当时吴佩孚正在水师当兵,二两四分的饷银仅够一家数口糊口,因生活贫困,吴佩孚开始拼命读书,全然不思续弦之事。日俄战争之时,吴佩孚恰好31岁,他终于以袁世凯军中的陆军中尉的身份,被派到芝罘日本驻华武官守田少校的手下工作。明治三十七年(1904)5月15日,他加入了由少佐等47人组成的侦探队,活动于复州沿岸。当他在海岸娘娘宫粮食批发商李乘海之家潜伏时,收到母亲劝其续弦之信。恰巧李乘海乃是一个十分善良之人,他多方地照顾吴佩孚一行的饮食起居,到后来甚至关心到吴佩孚的婚姻大事。对吴氏的任何要求他都竭力满足,本来这支侦探队应逐渐北上,然而旅顺攻围军却需要这支部队,六月中旬,部队接到返回芝罘之电命,吴佩孚又重新回到在旧地勤务。当时他请了一个星期的假,回到了故乡蓬莱,与母亲张氏为他选择的姑娘结婚。姑娘姓李,住在离他家30余里的李家屯。时年24岁,比吴佩孚小七岁,她这种年龄,对中国姑娘的结婚年龄而言,应属稍晚。然夫人天生丽质,乃百里挑一的美女,其异常好胜,且极为自负,曾云今生誓不为等闲之辈执箕帚。然吴氏于乡里考试时中第三名秀才,更以第一名成绩毕业于袁世凯之保定测绘学堂。任官一年即升任中尉,且从多数的军官中脱颖而出,被派往日本参谋本部为其部员,其乡党之中但有女儿之家,广有争先恐后,投赘于吴家之风。母张氏乃精细之人。她绝不会错过李家贤淑姑娘的机会。吴氏在辽东半岛执勤时,她就不断写信劝说,幸而这喜事圆满地成功了。当时吴佩孚在军中当中尉的俸禄不过是银40两,加上出差补充银30元,合起来不够100元,此种生活水平虽然赶不上一个普通的工头,但对自幼年起就从苦楚辛酸生活中锻炼出来的吴佩孚来说,不过仅是过衣食俭朴的生活罢了。笔者第一次见吴佩孚时是在守田少校处。虽然从其外貌上看断然就是读书人,但他穿的是普通中国商店中小徒弟常穿的灰色棉衣,带着礼帽。他住在烟台山下的中国旅店中,每日步行到离旅店20余丁(一丁约109公尺)的西沙旺之守田公寓勤务。笔者曾去过一两次他所住的中国旅店,那实在是一所破旧的矮屋,只有晚上能躺一个人的空间,没有电灯,而他毫不在乎地蹋踏在这种环境中。晚上极喜欢在昏暗的煤油灯光线下读三国志或楚汉相争的故事。在那他渡过了青灯黄卷的日子。

然而当吴佩孚来到守田少校之处,便能经常与公馆里的人员一起用餐。来中国日本的读书人,生来都多少有些酒量,然吃饭很简朴,在芝罘旅馆那样的生活,一个月不过花20元,尤其是守田少校一行去辽东半岛侦查敌人阵地时,吴君是一个有力的东道主,所有的饭费都由公费里支出。那时候他还没有抽烟,于生活上他几乎不花一分钱,如此,这些年他不知积蓄了多少钱。除了为了抚养母亲和弟弟,他每月必须给家中寄钱以外,吴君的手上至少有二三百元的存款。有了这笔钱后,吴君才得以娶贞淑之先夫人李氏。

他将他们的婚姻比作周文王和太姒,他经常于大庭广众的宴会上,吟咏诗经卷首的一诗:"关关雎鸠,在河之洲,窈窕淑女,君子好逑",宣讲他如何因重视夫妇之道,而他才得娶李夫人为妻。

吴佩孚认为,严肃夫妇之道才是纪纲之首,王化之端。对这方面,他深信不疑。李夫人即是吴佩孚从事各种善行的"意识形态"的根据。说其各种意念工夫都是从这里出发,绝不过分。吴君婚后不久即重赴战场,他经常冒着极大的危险,往返于奉天和锦州方面。李夫人则在家乡蓬莱老家,伺候婆婆。他贞静娴淑,独守孤闺,竭力操持家务,其行为令人钦佩,极得贤母张夫人赏识。

日俄战争结束后,吴君回到其卫戍地保定。后又转到北京,但却没有将母亲和妻子接过来同住的条件。明治三十九年末,第三镇转调到满洲守备时,他才在长春租了民房,将母亲和妻子接来同住,当时吴君当大队长,月俸银90两(银百二三十元),因笔者与他俸禄大致相同,所以我们只能对等交际。

吴佩孚与其妻同棲数年,李夫人无子,这件事使贤淑之李夫人异常焦虑,不能为吴家生育,这对吴氏先祖无法交代,按中国习俗,当在七出之例。李夫人为此事极为烦恼,那时李夫人借住于长春市内三道街赵尊贤(长春商务总会会长)家。赵尊贤夫人张氏是俄国占领长春时代,在财神庙开照相馆之张百龄的姐姐。其家子女众多,张家之三女佩兰当时乃是年方18之少女,她那充满青春活力丰满的身材,使人一见就感到她是一位纯真且健康的姑娘,若论美貌她虽比不上李夫人,但也不难看,若将李夫人比作樱花,那么可将张姑娘称为桃花。天然无邪的姑娘,由于经常随姐姐赵夫人出入吴家,渐渐地与李夫人关系亲密起来,最后二人的关系发展到形影不离。李夫人想到自己未能生育之弱点,便萌生了使这个可爱的姑娘来帮助自己的念头,她将自己心中的想法告诉了婆婆张氏,从来婆婆想抱长孙的愿望都十分强烈,故此事稍商量便得到了婆婆的同意,李夫人坦白地将此事告诉给了吴君。然而吴佩孚与李夫人感情甚笃，且吴君乃持一夫一妇主义甚坚之人。无论李夫人如何相劝，吴君只是不从。光阴荏苒，不觉又过了数月，李夫人和吴母十分焦急，最后不得不找到吴君之同乡张敏卿，张氏经常出入吴家，受到过吴母不少的照顾。张母为了吴家后嗣，托张敏卿说服吴君。于是张敏卿便频繁地劝说吴君纳张氏为妾，在三方面的逼迫下，吴君终于答应了。于是张氏从张家嫁了过来，妻妾共住一处。但刚一开始，便险些没保持住一家的平静。没有多久，李张二妇之间嫉妒与猜忌大发，平静的生活卷起了波澜。这事使足智多谋的吴佩孚也无计可施，打算放弃了。那时，吴君跟我谈起了这件事情，谈话中吴君流露出他的苦衷。中国素有纳妾之风，纳几个妾，根本不算回事，只不过是家中增加了五六个人，正妻地位特殊，其他人都是从属，盖几处房子让她们单住，驾驭起来绝不困难，像我这样让妻妾处于邻室一同生活，终究亦不是善处之法。若是此等事情亦能善处，而养自己之胸襟。便可将其作为把握天下英雄之心的磨炼。

当时在从北洋来长春的第三镇将领中，携带妻女者便有数百人。然论美貌，论聪明，没有一个能比得上李夫人的。李夫人是一个极难得的贤妻良母型的女子，但是如何治愈其嫉妒症。也终于使足智多谋的吴先生，大叫无药可医了。有时，笔者也经常为其家庭纠纷而充当灭火队。

然而，李夫人之痼疾渐渐深入。明治四十五年辛亥革命之际，部队为了卫戍北京而撤退，李夫人之痼疾更加严重，终于到了每日不把吴氏置于身边而不甘心的地步。而且，她动辄则大动肝火。这样一来，则大大地妨碍了军务。如大正三四年左右，吴君随曹锟去湖南时，则发生了阻止吴君出发的闹剧。好不容易才由曹夫人出面，约定每月由吴佩孚拿出300两银子给李夫人，于保定曹家别墅光园附近另盖房子，让李夫人别居。第二夫人张氏则勇敢地携酒去吴君阵中慰劳将士，但是，张氏越名扬天下，则越使李夫人懊恼,其烦躁之状难以用语言形容。最后,她只能用高价的鸦片来麻痹其郁闷,沦落为到最为可怜的境地。每月300两白银根本不够其鸦片钱,所余部分还得由中介人曹夫人掏腰包。这种悲惨的生活没有持续了几年,大正九年的一天,她连叫着吴君的名字,遂成为悲惨的白玉楼上之人了。笔者素与夫人相熟,当听到夫人临终前近侍于左右的某侍者说起当时的情况时,我不禁想起了夫人的音容笑貌,不觉也潸然泪下了。

后年,吴君在追悼跟随其而战死将士之亡灵,而作法事之日,曾流露出统一中国后,想在峨眉山度过余生的意思。当时,笔者立即问他,参禅念佛虽可,然如何安排张夫人呢?吴君答曰,第二夫人并不是问题,我糟糠之第一夫人已亡,也只能为她祈祷亡灵,其黯然追慕先夫人之情,溢于言表,儿女情长之英雄悔恨交加场面,深深地感动着笔者。

六、根据地

前清末年枭雄袁世凯者近代稀有之大人物也。西太后与光绪帝相继崩殂,年幼之宣统帝继承帝位。不数年即以武汉革命而危及其皇位。终于,他屈服于袁世凯所提出的优待条件而失去了祖宗之大宝。如此,袁世凯之威望压倒了革命派,革命派之首领大总统孙文,将民国总统之印绶及称赞袁世凯雄才伟略的信一起捧给袁世凯,一时400余州皆伏于袁世凯之脚下,天下群雄也拱手静听袁世凯之号令。

袁世凯对天下之风吹草动极为敏感,他对南方革命派只是暂时屈服于其势力的事实看得十分清楚。革命派中的才子宋教仁起草的临时约法,竟能束缚大总统的手脚,大总统受到立法院的掣肘,这样一来,约法中所规定的总统,只不过是一国主权机关形式之上代表而已。让议院握生杀予夺之权。这对向来独裁专断,以自己部下为达到自己目的工具的袁世凯来说是不堪忍受的。如何开拓局面,以行其志于天下,对袁来说极为重要。故当时凡对袁世凯将来有妨碍的豪杰之士尽遭暗杀、迫害,几乎被一网打尽。然而修改临时约法并非易事。而约束袁世凯者,即此约法。袁世凯本来是皇权政治下之宰相,其慧眼足以洞悉此国人心之所趋。于是其心中总想废除总统制而恢复帝制。当时,外有英国使臣等之怂恿,内有智囊杨度等之策划。在此之上,袁氏便思推出洪宪王朝。他先造就一种天下民心热衷于王权政治之气氛,然后等待时机,当机会到时,便作出被中国四亿大众所拥立,不得已才穿上黄袍的样子,同伙之党徒竭尽全力为之策划,22行省各府县公私团体更不待言,他们纷纷以边境特别行政区军政长官之名义拥立袁世凯称帝。各种声明通电辐辏北京政府,均要求袁称帝以救济大局。据说当时仅电报费一项便用了九亿两白银。如此,袁世凯称帝只是时间问题了,从定年号,铸造货币,制定帝位继承之法规,到皇妃皇子身份之规定,各种事项已稳妥地准备完了。天下之目光则齐集袁世凯之一身,而看其如何行动了。

这属于民国五年之事,行此等大事,袁世凯还有二三事不安。假如按上述巧妙之安排,得到了天下人的认可,袁世凯虽当了皇帝,但在北京还有受到外国君主待遇,享受优待条件下而不露面的宣统帝。这样一来则形成了袁世凯洪宪皇帝,与宣统帝同处的局面,那时天下趋炎附势之士,有跟宣统帝走的亦有跟袁氏奔走的,两者互相拮抗,不得不争其大宝。事情预想到了这种地步,袁世凯不得不为自己设计一个更安全的地方,不可不为其另建新都。于是,袁世凯为了准备万一事情破裂时而迁都做准备,便派其心腹徐世昌,去河南直隶两省,选择候补之建都地。徐初举彰德、顺德、许州、郑州等地,然最后在实地踏查的基础上,决定以洛阳为洪宪帝最后之避遁地。其基址在洛阳城之西方,北邙之南麓,伊水之东岸大约两千米的广阔区域(约占地400万平方米)充当陆军用地。其工程于民国五年动工,参酌日本及诸国之兵营建设方法,结合中国之兵营之经验而加以改良,建成了一座砖墙瓦顶的大兵营。其预算为白银170万两,整一年全部工程竣工。其一时曾收容过张勋率领的巡防队,后安福内阁时代,湖南督军张敬尧一个师团镇戍于此。民国八年八月,吴佩孚率兵入此地时,张之兵已撤退,各兵营的窗、槛、门扉等一个都没有留下,其荒凉目不忍睹,建筑也仅存其残骸。吴占据此地后,逐渐地进行修补,他以师团司令部兼两湖巡阅使署,更于西边新建了参谋本部。并于其东新建了吴府。其南新建了继光楼,新建的比袁世凯原存的建筑更加壮观。吴佩孚尚欲建筑与南面继光楼互相对峙之摩天阁,他曾与笔者谈过其设计方案,摩天阁高有数十丈,其顶端装有强力探照灯。有事之时,可照射到从北邙一带以及陇海铁路方面袭来之敌。平时亦可防止盗贼在洛阳四郊活动,而配合巡警队于夜间拿贼。

甲子三月吴佩孚生日之前一天,笔者与吴谈起洛阳居城之来历,笔者言道:据说本兵营乃是袁项城为了防备万一迁都而修建的,然其丧命于其帝业之中途,现在此居城由直鲁豫巡阅使之子玉兄管理,袁世凯以前为北洋大臣直隶总督。而今兄之地位远高于项城,此居城实有袁、吴一脉之因缘。我国有谚语曰:"杜鹃晏然宿于莺巢",此谚语恰似放在吾兄身上。思项城未竟之志,庶几天意可由子玉兄而大成耶?吴佩孚笑言道:卿之比喻并非不妙。唯杜鹃本来象征不祥,我不愿将杜鹃拟我。中国也有类似的说法,叫做"维鹊有巢,维鸠居之"。鸠我还能忍受,杜鹃鸣于洛阳天津桥上,乃天下大乱之兆也。

吴佩孚说罢,呵呵大笑。这年中秋,他陷于不得不离开鹊巢的地步,好不容易才归到旧寨,然不过旬日,更中敌之计而被逐去。丙寅之夏,虽曾三次进入此地。但终于抵挡不住敌人的攻击,仅能安全脱身而转移到南阳街道,逃入南豫登封县之中岳寺。在那里,吴佩孚欲剃发为僧,后来在其夫人张氏的激励下,暂时逃往白帝城。甲子春,笔者与他闲谈时,他曾有杜鹃啼血之叹,不料竟成了他今日落难之谶语,回想起当年的情景,感慨的眼泪再也止不住了。呜呼!往昔之洛阳,遗九朝隆盛之迹,今即地气风水已尽乎?袁项城曾经营此地而丧其业,吴子玉据此地而亦遭失败。地利、人和皆与现代社会不相容耶?叙洛阳之居城,聊将胸中徂徕之直觉附记于后。

附 吴佩孚官历

原籍 山东省蓬莱县城内 同治十三年三月七日生

光绪十六年三月,应募山东省登州府水师营水兵,受月薪银二两四钱。

光绪二十三年三月,应试乡试,以第三名及秀才第。

同年六月,入北洋毅军聂士成军门之兵营,当沈管带官之从卒,居二年,以恪勤称。

光绪二十六年二月,入开平武备学堂学习,居五个月,学堂因义和团事变关闭,闲游天津年余。

光绪二十八年,以初级官(少尉)入学保定军官学堂测绘科,二十九年,以第一名毕业,任中尉。

光绪三十年末,受北洋大臣直隶总督袁世凯之命,派往驻芝罘日本武官守田利远少佐处,从事日俄战前满洲侦查勤务。

光绪三十一年二月十一日以后,参加日俄战役,转战满洲各地,同年九月被袁总督召回,任上尉。更派往锦州方面继续执行侦查。

同年十月,去锦州新民屯执行侦查任务时,被俄军以日探之嫌疑捕拿,监禁在奉天,根据所持的地图及其他文件,罪证确凿,同年十二月在去哈尔滨执行死刑途中,于铁岭新台子逃走,依然返奉天勤务,其情报呈报我军第一线。

光绪三十二年(明治三十八年)三月十日,满洲军总司令官大山元帅率军入奉天时,在城外出迎,初仰大山、兒玉两将军之风采。

光绪三十三年(明治三十九年)十月,升级少校,任北洋第三镇步队第十一标第一管带官,同年末,于镇统制曹锟麾下,以满洲守备之职务驻守长春。

光绪三十四年(宣统元年、明治四十年)春,转任炮兵第三标第一管带官。

宣统元年十二月，率领测图班成员十六名，往中俄国境兴凯湖附近执行任务，因为天气极为严寒未能完成任务而返。

宣统二、三、四年在长春，连续任匪徒讨伐使被派往各地，成绩颇好，博小诸葛之名。

宣统三年末，辛亥革命爆发，任京津守备赴南苑驻扎。时逢兵变，因行事机智权变而有治平之功，升任上校，任炮兵第三标标统。

宣统四年（民国元年）冬，为讨伐山西方面革命军，入娘子关，击破革命军。

民国三年，第三师改编时，受命出师湖南，为师长曹锟之副官长。

民国四年，出征湖南时，任第三师第六旅旅长，随后转战四川等地，破云南革命党蔡锷等，所到之处，捷报频传，遂得常胜将军之名。

民国六年，再南下，在援粤总司令张怀芝手下任副司令，并任直隶军前敌总司令，转战湖南各地。

民国七年（大正七年），任第三师长，孚威将军。

民国九年，安福派和直隶派之争斗表面化，当时吴佩孚在湖南衡阳，同年3月末，他主动撤回各路人马，6月入洛阳。7月15日长辛店方面发生安福派与直隶派战争，大胜之。帮助曹锟使直隶派进入全盛时代。战后归洛阳。任两湖巡阅使兼直鲁豫巡阅副使，使萧耀南驱逐湖北督军王占元，没收其财产。

民国十一年，藉口山东问题，为驱逐支持梁士诒内阁之张作霖，发动第一次奉直战争，逐张于山海关外，使孙传芳、周荫人经略福建。

同年七月，任命为黎元洪之陆军总长，固辞不受。

民国十二年12月，任上将军，因曹锟就任大总统，袭其后，任直鲁豫巡阅使兼直鲁豫航空队监督、主持筹办直鲁豫汽车道路事宜。

民国十三年，直隶派遭到了其他各派的联合抵制，不得已率兵出洛阳，赴山海关，发动第二次直奉战争，因第三军司令冯玉祥之背叛而遭惨败，与直隶派之没落同时，一时隐遁在湖南岳州。

翌十四年5月，再受川、云、贵、鄂、陕、甘、直、鲁、豫、苏、皖、赣十三省联军之推戴，一度曾攻入武汉，但翌十五年3月，当广东之国民党领袖蒋介石率联俄容共之大军北上时，吴佩孚正在讨伐与跟张作霖合作，并接受俄国援助而逐渐抬头的冯玉祥。吴接到消息后，即挥军南下，虽一时阻住蒋的攻势，然友军孙传芳、靳云鹗等为蒋之离间计所乘，按兵不动，逸失战机，遂使蒋军成功。

民国十五年（昭和元年）7月，宣布下野，经过郑州、登封、沙市等地，逃至四川万县，后转移到绥定达县。在那里住了六年，民国二十年离开四川，藉道陕、甘、宁夏、绥远、山西、察哈尔各省，翌二十一年（昭和六年）1月，得到华北政权代表者张学良之同意，隐栖于北京东城什锦花园，以至今日。

    著者：冈野增次郎 吴佩孚日籍顾问
    翻译者：郑匡民 中国社会科学院研究员
        渡边阳子 日籍学者

吴佩孚直系族裔撷拾

先曾祖吴佩孚(子玉公)曾自称是"泰伯之后"[1],并考证其始祖出自江苏延陵郡(今江苏常州),是"延陵季子"后代[2]。

此说出自吴氏宗族起源的传说。吴姓发源于姬姓,故也称姬吴氏。姬姓是中国最为古老显赫的家族,人文始祖黄帝就姓姬。姬姓分支众多,其嫡传的一支成为后来创建周朝的周王族。周人大约发端于公元前20世纪,经历代不懈奋斗,开疆拓土,传至古公亶父一代,迁至岐山(亦称周原),开始强盛起来。

古公亶父被后人尊为周太王,在周族的崛起中是继往开来的重要人物。他有三个儿子:长子泰伯、次子仲雍、三子季历,亦称太伯、虞仲、王季。古公亶父晚年欲传位于三子季历,据说是因为季历的儿子姬昌,也就是后来的周文王,聪颖过人,堪承大统。为能遂父亲心愿,泰伯和仲雍"三让天下",为此而出走他乡,最后来到"句吴",亦即江苏省苏州、无锡一带,当时还是"断发文身"的荆蛮之地。泰伯和仲雍在此创建了吴国,其后代也就形成了吴姓宗族。泰伯、仲雍的故事历代为人所称道,孔子就曾赞颂:"泰伯其可谓至德也已矣!三以天下让,民无得而称焉。"现在苏州一带供奉有多处泰伯祠,常熟市还有"十里青山半入城"的虞山,传说为虞仲当年居住之地。此外有日本天皇家族是泰伯后裔东渡的说法,甚至还推测日本开国的神武天

---

[1] 唐锡彤:《吴佩孚文存》,吉林文史出版社,2004年。
[2] 章君榖:《吴佩孚传》,传记文学出版社,1970年。

皇与吴泰伯实系一人①,此说恐属"假语村"言了。

延陵季子即吴泰伯的 25 代后人季札,也是一位有"让德"的大贤,曾为"避位"而借故出走。这样,季子及其后代就与后来吴国发生的"专诸刺王僚"之类的王族争位残杀丑闻划清了界线,这或许是先曾祖子玉公自称是延陵季子后裔的一个原因吧。据子玉公的推算,由吴泰伯到自己,共历 121 世。在他得势时曾想聘请著名文人吴獬撰修《吴氏统谱》,后因吴獬病逝未果。《吴氏统谱》既然未能面世,我们也就无从搞清这 121 代是如何演绎推算的,更无法称之为信史。

据 1923 年刊印的延陵堂版《登州吴氏族谱(八修)》记载,吴氏家族之一脉迁徙到登州(蓬莱),是在明初洪武年间。对于登州吴氏的谱系,族人中有"一肇黄伊陛,天孚道运隆,高明德俊尚,广大业和同"的说法,也在这部族谱中得到证实。据族谱,登州吴氏自落户登州的始祖辛二公至子玉公的谱系是:吴辛二—吴通—吴□—吴桂—吴洪—吴锐—吴国选—吴应鹍—吴时隆—吴脉绣—吴一瑶—吴肇枚—吴黄遥—吴恂伊—吴陛宰—吴若天—吴佩孚②。

古人曾提出过"五世别祖"的宗法观念,民间也有"五服"的说法。从我辈论,其五世祖为若天公。本文旨在厘清先曾祖子玉公的直系亲族后裔,亦当从若天公说起,余者暂且存而不论。

综合各史料及研究成果,子玉公直系亲族的情况大致是:父亲为若天公(1836—1887),曾有史料记为吴可成③,误。若天公以经营祖传的蓬莱县城"安香"杂货店为生,娶妻张氏,生有三子官孚(曾名观孚)、佩孚、文孚,长子官孚早夭。若天公于光绪十三年(1887)去世,其时子玉公 13 岁。子玉公 18 岁时订婚王氏,未过门即病殁,后娶妻李氏,因无嗣而娶侧室张佩兰(1875—1949),仍无子女,乃以其弟文

---

① 吴彦和:《根魂——吴泰伯世家与日本天皇家族之谜》,香港华艺出版社,2000 年。
② 《登州吴氏族谱(八修)》,延陵堂版,1923 年。
③ 赵恒惕:《吴佩孚先生集》,文海出版社,1967 年。

孚之子道时为嗣。后李氏殁,张佩兰被扶为正室。

这是通行的权威史家之论①。但据杨潜先生的研究,比照1923年延陵堂版的《登州吴氏族谱(八修)》,以上说法尚存有一些舛误:"佩孚之父逝于光绪十五年(1889)六月,并非光绪十三年(1887),是年,吴佩孚15岁;佩孚之母姓氏为周,并非张姓;佩孚元配姓氏为宋,并非王姓;佩孚之兄逝于光绪二十六年(1900)八月,并非为笼统所说的早夭,当在佩孚从军之后的两年,且年长佩孚13岁。"②依据杨潜先生的观点,是肯定家谱而疑史论之说③。其说持理有据,值得方家关注。

子玉公之弟文孚(1876—1929),字子斌,曾授衔"总统府咨议、陆军少将、参军统领署顾问",娶妻陈佩秋(1889—1957)④。生有独子道时,过继给子玉公为嗣。然《登州吴氏族谱(八修)》中还记载了文孚之次子道成⑤,未知其详。我们家族中从未曾提及过此人,只记得长辈说过:三奶奶(即文孚夫人陈佩秋)生养很多,唯留道时一人,余皆早夭。我们推测,1923年修谱时,文孚夫妇可能确有次子道成,否则不该有将独子道时出继的举措,但其后不久道成便夭折了。

子玉公之嗣子吴道时(1909—1950),字智中。因子玉公尊崇儒教,反对"洋学",自幼延请家教,就读私塾,从未就任过军政职务。后随子玉公定居北平,侍奉膝下。1939年子玉公被日本特工杀害后,谨遵"不当汉奸"的遗训,赋闲在家,只是以山东同乡会理事的名义从事赈济救灾的公益活动。抗战胜利后的1946年,扶子玉公之灵柩安葬于北京玉泉山。1950年病逝,享年仅41岁。

1928年,吴道时与张义先在天津成婚。张义先(1909—1975)是张绍曾之女。张绍曾(1879—1928)是北洋名将,辛亥功臣,曾任北洋政府陆军次长、国务总理。早年留学日本士官学校,辛亥革命

---

① 郭剑林:《吴佩孚传》,北京图书馆出版社,2006年。
②③ 杨潜:《吴佩孚先生家世考》,《鲁东大学学报》2010年第4期。
④⑤ 《登州吴氏族谱(八修)》,延陵堂版,1923年。

时任北洋军二十镇统制,与吴祯禄等发动滦州起义,策应革命,呼吁南北议和,并成功地安抚绥远的蒙古王公使之接受"五族共和"的主张。1928年3月被刺身亡,年仅49岁。虽然这一命案悬而未决,最后不了了之,但张、吴两家的人都确信是奉系军阀张作霖策划的政治谋杀。张绍曾生有三男二女,张义先为其次女。

吴道时、张义先育有二子吴运乾、吴运坤。子玉公遇害时,吴运乾11岁,吴运坤9岁,当时与张氏夫人及吴道时、张义先均在现场①。在他们幼时,吴运坤与子玉公及张氏祖母一起生活,住什锦花园胡同;吴运乾与陈氏祖母(文孚之妻)一起生活,住保安寺街。

吴运乾(1929—2006),字元良,1949年毕业于北京育英中学,1956年毕业于天津师范学院。多年从事教学,先后在天津师范学校、第六干部中学、河西业余大学、天津市广播电视大学任教。1990年退休。1951年与张亚男女士结婚。

吴运坤(1931—2009),1950年毕业于北京育英中学。先后在冶金部驻津办事处、天津近代化工厂就职。1991年退休。1949年与余益慧女士结婚。

吴运乾、张亚男夫妇育有三子:吴晞、吴晔、吴星;吴运坤、余益慧夫妇育有二子:吴昀、吴晖。按照家谱,我辈应是"隆"字辈,但因当时的政治状况,均未按隆字取名。据说是由于当时在世的陈氏曾祖母坚持,乳名仍依照"隆"字排行,依次为大隆(吴晞)、二隆(吴昀)、三隆(吴晔)、四隆(吴星)、五隆(吴晖)。

吴晞,1955年生。先后在北京大学、国家文化部、深圳图书馆就职。1982年与靳萍女士结婚,1983年生一女吴紫嫣。

吴昀,1958年生,1975年参军,1978年复员在工商银行天津分行就职。1983年与邢瑛华女士结婚,1984年生一子吴岩泽。

吴晔,1959年生,先后在天津客车修配厂、天津高速公路管理

---

① 吴运乾、吴运坤:《先祖父吴佩孚的生前身后事》,《百年潮》2004年第4期。

处就职。1985年与张德敏女士结婚,1987年生一女吴紫微。

吴星,1963年生,在北京市热力集团就职。1986年与刘燕女士结婚,1991年生一女吴紫菲。

吴暐,1965年生,先后在天津第一煤气厂、新华保险公司就职。1990年与王毅红女士结婚,1993年生一女吴紫舒。

史载先曾祖子玉公吴佩孚"有清廉名"。我辈虽对此缺少深入研究,但自我辈记事时起,家中的生活来源就完全是父辈们从事普通职业的工资收入。唯一与普通民众不同的是住有一座连体的小楼房,这所房子是用变卖北京什锦花园旧宅的钱买下的,而旧宅则是子玉公于1932年到北平时,当时主政北平的张学良赠送的。

现在父辈的吴运乾、吴运坤已殁,张亚男、余益慧健在。我们从事的都是普通职业,自食其力,遵纪守法,有意识远离祖上影响,不介入历史是非,谨遵祖训,以诗书传家,以清廉自守。聊以自慰的唯有杜工部的名章:"将军魏武之子孙,于今为庶为清门。英雄割据虽已矣,文采风流今尚存。"

附录:吴佩孚坟茔

吴佩孚的坟茔位于京郊玉泉山西侧,确切地址现为北京海淀区四季青乡西洪门村,当地人依坟冢之形称之为"大宝顶"。夫人张佩兰1949年去世后亦合葬于此。其子吴道时在1950年去世,葬于墓前,只培了一土坟。1957年文孚夫人陈佩秋病逝,与已故多年的吴文孚合葬于墓边土坟。

经过土地改革,划了十亩为私家坟地。1952年,曾颁发由北京市长彭真签署的《土地所有权证》。

"文革"中墓地被毁,仅余水泥残垣。后来全家集资,对墓地做了简单的修葺。同时立了一块简朴的普通石碑,上书"吴佩孚张佩兰之墓"。2002年7月修葺竣工。

吴晞　吴昀　吴晔　吴星　吴暐
吴佩孚曾孙

吴佩孚与谢觉哉

一

《谢觉哉日记》1942年12月21日记载：

民十五年国民革命军北伐，吴佩孚乘火车败走，时吟"洛阳亲友如相问"句，以酒自遣，曾赠句云（登在当时《湖南民报》上）：

> 白日青天尽倒吴，
> 炮声送客火车孤。
> 洛阳亲友如相问，
> 一片雄心在酒壶。①

---

① 《谢觉哉日记》上册，人民出版社，1984年，第371页。

民国十五年，即 1926 年。吴佩孚败走①，时在该年 9 月间。谢觉哉吟"洛阳亲友如相问"，以酒自遣并赠句，当亦在 9 月间。唯"以酒自遣"，是郁闷呢，还是高兴呢？或许两者兼而有之。如果郁闷，则是吴佩孚这样的人，曾数度叱咤风云，声震寰宇，如今怎会落到这种地步呢？如果高兴，则是因为国民革命军胜利？两者孰是，实难言矣。

谢觉哉"赠句"中的"洛阳亲友如相问"，出自唐代诗人王昌龄的《芙蓉楼送辛渐》。原诗是一首七绝："寒雨连江夜入吴，平明送客楚山孤。洛阳亲友如相问，一片冰心在玉壶。"②前两句写接送客人境况，后两句是向客人及亲友致意，表明自己有一颗纯洁的心，并且能够很好地保持这颗心，光明磊落、清廉自守，也让亲友们放心。"赠句"前两句："白日青天尽倒吴，炮声送客火车孤"，是写北伐军倒吴和吴败走的境况；白日青天，是指国民党的青天白日旗，这里代指国民党领导的北伐军。后两句"洛阳亲友如相问，一片雄心在酒壶"，是以吴佩孚之口，向其亲友故旧表明其"雄心"：虽然失败了，但雄心还在，还像酒壶中的酒一样浓烈。

"赠句"为什么说"洛阳亲友如相问"呢？因为吴自 1920 年直皖战争取胜后，与曹锟保持一定距离，即以洛阳为驻扎练兵、养精

---

① 1926 年 7 月 9 日，国民革命军在广州誓师北伐，兵力 8 个军 10 万人。北伐主要对象是：吴佩孚(兵力 20 万，主要驻扎湖南、湖北、河南及河北保定一带)、孙传芳(兵力 20 万，驻扎江苏、浙江、安徽、江西、福建)、张作霖(兵力 30 万，驻扎北京、天津、东北各省、津浦铁路、京奉铁路)。吴佩孚是北伐首要目标。北伐军主力 1926 年 7 月 11 日进入长沙。这个时候，吴佩孚和张作霖的军队，正与冯玉祥的国民军争夺南口。吴佩孚陷于南北两线作战、顾此失彼的境地。他不愿北京政权和北方地盘被张作霖独占，因而命令在湖南的部队坚守待援。他电请唐继尧出兵进攻广东，请孙传芳出兵湖南并从闽西、赣南进攻广东。但是，唐继尧远在云南；孙传芳则按兵不动。吴佩孚在 8 月 14 日攻占南口后，21 日率部分主力南下，25 日赶到武汉。这时，北伐军已于 22 日占领岳州，随后进入湖北境内。北伐军连克武汉外围的汀泗桥、贺胜桥，击溃吴佩孚主力，9 月上旬占领汉阳、汉口。吴佩孚因而败走。

② 喻守真编注：《唐诗三百首详析》，1957 年，第 293 页。

蓄锐、纵横捭阖、遥控大局、爱国护国的根据地。他有兵力20万人,主要驻扎湖南、湖北、河南及河北保定一带。同时他在洛阳从事各种建设,为长远发展做准备。数年间,洛阳成为中外注目之地。中外使节常到洛阳与吴联系,或者献策问计。"赠句"借用"洛阳亲友如相问",是贴切而又意味深长的。"赠句"用王昌龄诗原韵(吴、孤、壶),亦恰到是处。

对于"赠句",一般认为是讽刺嘲弄吴佩孚的。例如:《谢觉哉传》中写道:"吴佩孚在北伐军的强大攻击下,被迫从岳阳退出湖南,觉哉闻讯,立即借吴佩孚自吟'洛阳亲友如相问'之句,在《河南民报》上发表了一首诗。诗中既表达了觉哉对胜利的喜悦,又隐喻着对失败者的无情嘲弄。"[1]又如:马连儒注《谢觉哉诗选》说:作者自注:"民国十五年,国民革命军北伐,吴佩孚乘火车败走时,吟'洛阳亲友如相问'句,以酒自遣。曾有句嘲之。"马连儒说:作者此诗"用王昌龄诗原韵而变其意,以讽刺北洋军阀吴佩孚"[2]。

究竟谢觉哉为什么会在吴佩孚乘火车败走时吟"洛阳亲友如相问"句?为什么"以酒自遣"?为什么"赠句"?为什么登在当时《湖南民报》?为什么1942年12月21日又想起这首诗?

由于谢觉哉"大革命时期和长征途中的日记""已经散失而无法收集到了"[3],1926年的日记现在查找不到了。要是能够查找到该有多好啊,那一定可以更多了解谢觉哉当时的实际感受。

1926年前的七八年间,吴在军事上、政治上,屡有惊人之举,还在五四时期通电声援学生,因而声誉日隆,一旦败走,能不让人心动!"赠句"是否有点"惜玉"(吴佩孚字子玉)?

吴佩孚如果看到谢觉哉"赠句",想必也能够接受,或许会心一笑。"赠句"不也可以表达吴的心声?试想,如果这首诗出自吴之

---

[1] 《谢觉哉传》,人民出版社,1984年,第40页。
[2] 马连儒:《谢觉哉诗选》,湖南文艺出版社,1986年,第2—3页。
[3] 《谢觉哉日记》下册"后记",第1297页。

手,不也说得通?

此外,谢觉哉用笔名"见心",在《湖南民报》发表《试猜猜吴佩孚的下场》①。"见心",见谁的心呢?是见酒壶中的"一片雄心"吗?至少包括这颗心吧!欲查《湖南民报》,至今没有查到。查《谢觉哉文集》②《谢觉哉杂文选》③及《谢觉哉与新闻工作》④等,均未载这篇文章。不知《文集》及《杂文选》等,为何不选《试猜猜吴佩孚的下场》。

二

对于吴佩孚,谢觉哉早有所知,至少在"五四"时期就知道。他在1919年5月7日记载:"七年(1918)1月4日,张敬尧通电主战。27日,南军进据岳城。31日,(中央)特派张敬尧为援岳前敌总司令,苏李督(江苏李纯督军)通电调停。2月9日,张敬尧赞成各总长联名斥李督31日电。23日,特派曹锟为第一路总司令,张怀芝为第二路总司令。3月2日,张敬尧抵通城,会第三师师长吴佩孚进攻岳州。6日,参陆两部,悬赏十万元攻岳。15日,北军占临湘,南军退出岳城。18日,岳城全为北军占领,张怀芝定期由南昌进攻长沙。23日,段(祺瑞)复任总理。25日,谭浩明退出长沙。26日,吴佩孚督师入长沙,南军退走衡山。31日,张敬尧抵长沙,吴佩孚率师南下。4月20日,北军克衡山,进逼衡阳、宝庆。21日,北军克衡阳。23日,赵恒惕开始攻击攸、醴。27日,张怀芝以第二路失利,电请派奉军入援。5月1日,南北军激战于黄土岭株洲间,北军大败,南军乘势进攻,刘建藩徒步涉河死之。6月15日,冯玉祥攻

---

① 《谢觉哉传》,人民出版社,1984年。
② 《谢觉哉文集》,人民出版社,1989年。
③ 《谢觉哉杂文选》,人民文学出版社,1980年。
④ 丁浪:《谢觉哉与新闻工作》,重庆出版社,1983年。

克常德。20日,派曹锟为四省经略使,张怀芝为援粤总司令,吴佩孚为副司令。时吴佩孚以盛暑与南军停战,期为两月(6月15日至8月15日)。8月7日,吴佩孚主和通电。10月10日,徐世昌就大总统职。"①这些记载,大概摘自于《湘灾纪略》,因为当日日记中,写到阅读《湘灾纪略》。吴佩孚1918年率师进攻南军,直至衡阳等地的情况,在社会上有广泛影响。谢觉哉在做上述记载之前,当已有所了解。上述记载,未对吴等进行评论,只是事后纪要,备忘备查,或作参考之用。

1927年4月3日,谢觉哉以"见心"笔名,在《湖南民报》发表《何来此不祥消息》,其中讲到"交通部派往沪杭沪宁两路的职员,均被军事当局(指蒋介石——笔者)拒绝"时说,这"令人憬然回忆吴佩孚垄断京汉铁路,张宗昌垄断津浦北段,张作霖垄断京奉路,任意扣车提款,视北交部如无有"②。同年4月30日,他发表文章批评蒋介石,说蒋"雇佣青红帮打九江、安庆党部,开枪射击游行群众,死伤至千人,比张作霖、吴佩孚之讨赤,还凶的多","张作霖到底是胡子,吴佩孚不愧为秀才,蒋介石的罪恶,同他们一样,而没有他们'好汉做事自身当'的气概"③。拿蒋介石与吴佩孚等相比,认为"吴佩孚不愧为秀才","'好汉做事自身当'的气概"比蒋介石强。5月12日谢觉哉在国民党湖南省党部联席会议上的报告中,还提到以前的"吴大帅",以前"吴派叶开鑫入湘"④,但都是为了说明别的问题,而对吴没有评论。这之后,就极少讲到吴了。因为吴大势已去,蒋介石和国民党崛起,南京中华民国政府开张,接着就是十年内战了。

---

① 《谢觉哉日记》上册,第14页。括号内容是引用者增加,"两月"后括号内容是原文。
② 《谢觉哉文集》,第112页。
③ 同上,第132页。
④ 同上,第136、137页。

吴佩孚是否认识谢觉哉呢？恐怕不认识。吴比谢年长10岁①。在吴的著作中,未见写到谢。吴的传记,如郭剑林著《吴佩孚大传》(上下)②、章君毅著《吴佩孚传》(上下)③等,也未见写到谢。在谢觉哉的著作,和《谢觉哉传》等有关著作中,都未见两人有过直接交际。

三

吴运乾、吴运坤先生的《先祖父吴佩孚的生前身后事》中说:"先祖父的晚年生活绝不同于其他失败下野的军阀政客……我家的大门洞还悬有谢觉哉书写的大幅金匾'元敬再生'(元敬是戚继光的号)。"④这是启发我写这篇文章的原因之一。我因为阅读过谢觉哉的"赠句",便怀着一颗好奇心,想知道吴佩孚与谢觉哉的关系,想知道谢觉哉是什么时候为吴书写"元敬再生"的。

于是,我查《谢觉哉日记》(日记不全),没有查到。查《谢觉哉文集·谢觉哉生平年表》《谢觉哉传》等,也没有查到谢觉哉为吴书写"元敬再生"。查《吴佩孚先生集·吴佩孚先生年谱·传记·追忆录》《吴佩孚传》《吴佩孚大传》等,一样没有查到谢觉哉为吴书写"元敬再生"。从以上著作中,未见谢吴之间,有过一面之交,也未见有第三者从中联系。

那么,"元敬再生"匾额,究竟是谁书写的？据《吴佩孚先生年谱》记载:1923年,吴佩孚在洛阳建戚继光楼,以接待四方嘉宾。章太炎及张謇、康有为等人,"争来接纳,寄望甚殷"⑤。是否这些人中

---

① 吴佩孚(1874—1939);谢觉哉(1884—1971)。
② 郭剑林:《吴佩孚大传》,团结出版社,2012年。
③ 章君毅:《吴佩孚传》,新华出版社,1987年。
④ 吴运乾、吴运坤:《先祖父吴佩孚的生前身后事》,《百年潮》2004年第4期。
⑤ 《吴佩孚先生集》,文海出版社,1971年,第225页。

有一人呢？刘泗英在《吴佩孚先生传记·息影北平》中写道：二十一年（1932）2月，"章炳麟先生来平，催先生（吴佩孚）与张（学良）出兵抗日"；鉴于日本人挟溥仪出关宣布成立满洲国，"章炳麟为先生起草申讨满洲国蒸电（3月10日发）"。后来，"章炳麟氏以抗日无功，废然南归，临行榜公门首'元敬再生'，并语公左右曰：'汉卿（张学良）意志薄弱，蓬莱（代指吴佩孚）孤峰独耸。'"①刘泗英还追忆道："余姚章先生北上说张（学良），欲以之助上将（吴佩孚）出关收复失地，并题赠'元敬再生'匾额，上将以之榜于门首，凡倭人之过其宅者不得入，观之气沮。"②刘又忆道："太炎先生书赠蓬莱联语：'他乡生白发，故国见青山'；并榜其门曰'元敬再生'。"③章炳麟（1868—1936）号太炎。刘泗英是章的学生，又是吴的亲信，长期追随吴左右，所记章与吴事，当有依据。但这毕竟是他一个人的记忆。吴运乾、吴运坤是吴佩孚的嫡孙，曾和吴佩孚一起生活，所忆其家门洞悬有谢觉哉书写的大幅金匾"元敬再生"，也应当可信。然而，这两种不同的记忆，不可能都对。

　　根据上述情况，初步判断，章太炎书写"元敬再生"的可能性比较大。但还不能做最后判断，因为以上两种述说，都是一家之言，还缺少旁证。如果有吴家大门洞金匾"元敬再生"的照片，根据笔迹辨认，一下就可以断定是谁书写了。

　　综上所述，吴佩孚是一位有重大影响的人。吴和谢觉哉，虽然未必有直接联系，但是，谢觉哉曾对吴非常注意。谢觉哉密切关注吴的重大行动，在吴失败之际"赠句"，试猜吴的下场，1942年底在延安，还追记"赠句"。但"元敬再生"是谁书写，还有待考证。

王彦民　中共中央党校教授

---

① 《吴佩孚先生集》，第432—434页。
② 同上，第467页。
③ 同上，第515页。

吴佩孚与故宫三大殿幸免被毁

北京故宫又称紫禁城,始建于明永乐年间,是我国现存最大、最完整的建筑群。故宫造型庄重,结构严谨,集中体现了我国古代建筑的优秀传统和独特风格。

1912年,中华民国成立。宣统退位后,按清室优待条件,尊号保留不废,居紫禁城后半部分(乾清门以里,包括乾清宫、坤宁宫、御花园等),中华民国以各外国君主之礼相待,其岁用400万两,改新币后400万元,由民国政府拨用。民国总统府设于中南海,与紫禁城比邻而居。同在1912年,中华民国国会参议院、众议院从南京迁到北京,在宣武门象坊桥前资政院旧址办公。

20世纪20年代,北京政府国会曾经决定将故宫三大殿拆除,改建成国会会场,遭到吴佩孚的坚决反对,故宫三大殿因而保存至今。

一、国会动议拆除故宫三大殿

1922年4月,第一次直奉战争爆发。5月3日,直系总司令吴佩孚出奇兵绕道攻击奉军后方卢沟桥。5日,奉军大败,张作霖下令退却,率残部出关。

就在张作霖率部出关的第三天,即5月7日,吴佩孚提出"全国须早日统一,组织一良善政府,选举真正能代表民意之国会"①主张。5月10日,吴佩孚通电请召集国是会议,"恢复法统","统一全国"。随后,吴佩孚与曹锟反复筹谋,决定召集民国六年(1917)被解散的旧国会,以驱逐现任非法大总统徐世昌,迎回旧国会所承认的接替袁世凯为大总统的黎元洪,然后再通过选举,促使直系首领曹锟当选大总统,实现直系对北京政府的完全控制。

随后,以吴佩孚为主的直系连番"逼宫",迫使徐世昌于6月2日正式卸职。6月12日,段祺瑞入京就任大总统,以颜惠庆为国务总理,吴佩孚为陆军部总长。13日,吴佩孚觐贺黎元洪复任总统后,当日返回河北保定。7月1日,吴佩孚回返洛阳,以示不争权位之诚意。

此时的吴佩孚,正是"余之洛阳时代"的人生鼎盛时期。就所掌控的地域而言,他虽不在中枢北京,但控制着富庶的直、鄂、豫、皖、苏、赣、闽七省,一时附和者有鲁、晋、陕、甘、湘、热、察、绥八省,川、黔也暂受节制。就军事力量而言,仅根据地直、豫、鄂三省嫡系部队,即近25万人之多。在当时,作为"直鲁巡阅使"的吴佩孚,如日中天,是国内各种政治力量和军事力量中,实力最雄厚的人物。他的一言一行,对政局起着举足轻重的影响。

在"法统重光""驱徐迎黎"的同时,旧国会在议长吴景濂、王家襄等推动下,重新活跃起来。旧国会活跃之后,就办公场所问题,打起了故宫的主意。

当时,旧国会办公地点在宣武门象坊桥。约在1923年初,因嫌会场不够宏敞,国会计划迁往紫禁城太和、中和、保和三大殿,并将三大殿改造成办公及会议场所。为此,国会雇用中外工程师绘制改建工程图纸,所绘图纸不下十数种。对三大殿的改造工程,主要是在大殿修建议席及旁听席,且拟定了工程投标方法及工程经

---

① 《奉直风云录》,《近代稗海》第五辑,第114页。

费。

三大殿改造工程最终由瑞典建筑师施达克（Albin J. Stark，1885—1960）担纲设计。1923年4月1日，施达克提交了改建太和殿为议院的设计图。按照设计方案，除在原有楹柱之间增设议席、旁听席外，明清两朝皇帝的"金漆雕龙宝座"将被移走，太和殿东西两侧将各新建两座二层、5.2米高的平顶建筑，内设总统休息室、议员休息室、衣帽间、厕所和锅炉房等。虽然施达克尽量压低这两座新建筑的高度，并将它们紧贴在太和殿东西两侧6米高的红墙北面，但其效果只是不影响太和殿的正面景观而已。另外，按照设计要求，太和殿东西两壁还须各开一个门洞与它们相通。

故宫太和、中和、保和三大殿是明清封建皇帝行使权力、举行盛典的地方，是故宫的标志性建筑。尤其是俗称"金銮殿"的太和殿，位于故宫的中心部位，也是北京城的中轴线的中心点。太和殿建在高约5米高的汉白玉台基上。台基四周矗立成排的雕栏称为望柱，柱头雕以云龙云凤图案，前后各有三座石阶，中间石阶雕有蟠龙，衬托以海浪和流云的"御路"。殿内有沥粉金漆木柱和精致的蟠龙藻井，殿中间是封建皇权的象征——金漆雕龙宝座。太和殿红墙黄瓦、朱楹金扉，在阳光下金碧辉煌，是故宫最壮观的建筑，也是中国最大的木构殿宇。

如果改造三大殿的工程施工，势必对故宫核心地段造成根本性破坏。一旦三大殿成为国会办公场所，各种办公设备陆续进入，人来人往，混乱嘈杂，将对整个紫禁城造成毁灭性的损害。随着时间的推移，势必会根据不同的需要，对故宫其他部分进行改造。如此，紫禁城将逐渐被改造的面目全非，紫禁城将不成其为紫禁城。

二、吴佩孚怒发电报，诉诸政府和报端

以"直鲁巡阅使"之职驻扎洛阳的吴佩孚，闻讯大怒，于1923

年5月20日,从洛阳发电报给大总统黎元洪、国务总理张绍曾、内务总长高凌霨、财政总长张英华,表示坚决反对。

电报全文为:

国务院张总理、内务部高总长、财政部张总长钧鉴:

顷据确报:北京密谋决拆三殿建西式议院,料不足则拆乾清宫以补足之。又迁各部机关于大内,而鬻各部署。卖五百年大楠木殿柱利一,鬻各部署利二,建新议院利三,建各新部署利四。倡议者处心积虑,无非冀遂中饱之私。查三殿规模闳丽,建明永乐世,垂今五百年矣。光绪十五年,太和门灾被修之费每柱靡国帑至五万元。尝闻之欧西游历归者,据云百国宫殿,精美则有之,无有能比我国三殿之雄壮者。此不止中国之奇迹,实大地百国之瑰宝。欧美各国无不斷斷以保存古物为重,有此号为文明,反之即号为野蛮。其于帝殿教庙,尤为郑重。印度已逐蒙古帝,英人已灭印度王,而于爹利、鸭加喇两地,蒙古皇帝至今珍护,坏则修之。其勒梡各王宫至今巍然。英灭缅甸,其阿瓦京金殿庄严如故。至埃及六千年之故宫,希腊之雅典故宫,意大利之罗马故宫,至今犹在。累经百劫,灵光巍然。凡此故宫,指不胜屈。若昏如吾国今日之举动,则久毁之矣。骤闻毁殿之讯,不禁感喟。此言虽未必信,而究非无因而至。若果拆毁,则中国永丧此巨工古物,重为万国所笑,即亦不计,亦何忍以数百年故宫,供数人中饱之资乎?务希毅力维持保存此大地百国之环宝,无任欣辛,盼祷之至。

吴佩孚①

吴佩孚的电文,把故宫称为"不止中国之奇迹,实大地百国之瑰宝"。意即故宫为世界文化遗产。电文斥责拆毁三大殿改建议会大厅为"野蛮"行径,"若果拆毁,则中国永丧此巨工古物,重为万国所笑",强烈要求国务院"务希毅力维持保存此大地百国之瑰

---

① 中国第二历史档案馆:《吴佩孚档案资料选编》,《民国档案》2009年增刊。

宝"。

三、舆论哗然，国务院致函内务部稽查此事

吴佩孚的上述电文在发给大总统黎元洪、国务总理张绍曾、内务总长高凌霨、财政总长张英华的同时，也交给北京的《顺天时报》。5月22日，《顺天时报》刊登吴佩孚电报全文。其他媒体也广泛报道，甚至称国会计划拆除三大殿，在原址另盖西式议院。一时间，社会舆论大哗，对北京政府形成巨大的压力。

舆论压力之下，5月23日，北洋政府国务院致函内务部，令查核办理此事。函曰：

国务院公函　　第一千五百四十二号
径启者：准洛阳吴巡阅使号电称：顷据确报：北京密谋决拆三殿，建西式议院，料不足则拆乾清宫以补足之。又迁各部机关于大内，而鬻各部署。在倡议者处心积虑，无非冀遂中饱之私。查三殿规模闳丽，建明永乐世，迄今五百年，尝闻之欧西游历归者，据云百国宫殿，精美则有之，无有能比我国三殿之雄壮者。骤闻毁殿之讯，不禁感喟，务希毅力维持保存。等语。除原电业准分致不录外，相应函达贵部，查核办理可也。此致

内务部

中华民国十二年五月二十三日①

四、国会致电吴佩孚解释此事

在舆论抨击和国务院、内务部质询之下，5月26日，主持国会迁移的国会众议院议长吴景濂、参议院议长王家襄、代理审议长张

---

① 中国第二历史档案馆：《吴佩孚档案资料选编》，《民国档案》2009年增刊。

伯烈、宪法起草委员长汤漪等致电吴佩孚,解释国会迁移三大殿的理由,并称无拆除三大殿改建西式议院之说,仅计划在三殿楹柱之间,增设议席及旁听席。

吴景濂等致吴佩孚电全文如下:

洛阳吴巡阅使鉴:顷阅各报,载公致府院号电,本保存三殿之旨,以立言,对于国会迁移之举,以为非是。各报且从而和之,力持异议。弟等读而疑之,以为果有此电,则必以告者过也。今日国中百度,紊乱极矣。其为吾人讨论所及者,不过一二,未遑致议者,殆千百也。设此一二事,犹复闻异词,意见舛牾,贤如我公,卒不谅解。弟等以为决不至此。国会迁移三殿之意,弟等实共创之,用意所在,愿为公一述焉。一曰正视听以固国本。凡国之大事,如大总统之选举,及其就职宣誓,宪法之宣布或修正,与夫解释宪法之会议等,必于其国历史上最庄严闳丽之地行之,此古今中外所同也。法之费赛依(凡尔赛)王宫,其王路易十四之所营也,而今则为法国国会会合之所,其明证也。民国二年,项城就总统职典,于太和殿行之,公所知也。然按诸总统选举法,大总统就职时之宣誓,实为出席国会之所,有事当然于国家固有会场行之。若项城时代之故事,则国会非接受誓言之主体,议员为参观就职之来宾,于法理至为背驰,斯又往事之足为反证者也。共和以来,清帝犹拥尊号,遗老因而生心,曩者帝制复辟之变,恐再见矣。如曰三殿当留,以有待国家一切大事,皆可于象坊桥行之,甚非所以别嫌明微之道也。二曰谋古建物之保存。凡建物莫不以获用而后存,以不用而就圮,此常理也。今之三殿荒废已久,其旁殿尤甚,倘不加以修葺,别无保存之法,自始议迄今,中外工程师所绘图案,不下十数,无一非就原有楹柱之间,增设议席,及旁听席而止。既无所用其拆,更不知何所谓毁也。不观乎天坛乎,在民国二年曾为宪法起草之会场矣。且附设办事处于其中矣。究竟此精美壮丽之建筑,果有毫末之损否,其所以为焕然改观者,果足指为耗费国帑之举否。天坛如此,三殿可知。宪法起草会如此,国会可知。综计修理工程所费不过二十万左右,节省极矣。且闻当局拟以公开投标方法,估定其价格,中饱之弊当可杜绝。总而言之,国会两院将来当有新建筑,而一切两院会合时之所有事,则必于三殿行之,永为定制,垂诸无极。所以正名分,别嫌微,实维立国之常经,绝非不急之细务,悠悠之口,颠倒实事,故为危词,何足算也。临电神驰,惟希亮察。吴景濂、王家襄、张伯烈、汤漪。①

吴景濂等人的解释电报,以法国凡尔赛宫和解除清朝遗老遗少对前朝的怀念,以及物尽其用、使用中注意保护等理由,依然坚持将国会会场设在三大殿中,即所谓"一切两院会合时之所有事,则必于三殿行之,永为定制,垂诸无极"。

当时,正是吴佩孚政治生涯中的鼎盛时期,权势如日中天,国内外舆论对吴佩孚寄予期望。国外如美、英、日甚至苏联,国内包括北京的文化界名人如胡适、蔡元培、李大钊等,都与吴佩孚联络。南方的政治军事人物,寄希望于孙中山,北方则寄希望于吴佩孚,甚至希望孙中山、吴佩孚联手,重振国家。更重要的是,吴佩孚呼吁保护文物,理由堂堂正正,极具号召力。

第二日,即5月26日,此复电刊登于《顺天时报》。这个电报,实际上是为国会的荒唐行为狡辩,不但未能取得舆论谅解,反而引起舆论更严厉的抨击。

五、改造故宫三大殿工程废止

在舆论的抨击之下,国会两院迁移三大殿之议只好暂时打住。

1923年6月,黎元洪被曹锟逼出北京。10月5日选举总统,曹锟以贿赂手段当选总统。

---

① 《顺天时报》1923年5月27日。

曹锟贿选丑闻爆出,激起全国民愤。孙中山在广州大元帅府下令讨伐,通缉贿选议员。随后,北京旧国会议员散去,第一届国会退出历史舞台,改三大殿为国会的计划自然成为泡影。

1924年10月,冯玉祥发动"北京政变",软禁曹锟,驱溥仪出宫,取消帝号。

1925年,成立故宫博物院。随后,宫禁开放,这座辉煌的古典建筑和百万件古代艺术品及明清历史文物归还于人民手中,成为中华民族的不朽财富。

在祖国的历史文化遗产受到危害的关键时刻,吴佩孚挺身而出,及时将紫禁城拯救下来,为保护历史文化遗产,对中华民族后世子孙,建立了不朽的功勋。

        白云涛 中国现代史学会副会长

吴家大楼中的"老黄牛"与十三团

吴家大楼中的"老黄牛",是当年蓬莱抗日武装起义部队从吴佩孚的楼宇中缴获的一挺重机枪的绰号,抗日战争中,它和山东纵队第十三团有着一段鲜为人知的激烈而悲壮的战斗经历。

1940年12月,掖县郭家店战斗之后,我山东纵队第十三团继续在平、招、莱、掖地区打游击。一天,在团长李绍桥、政委苏晓风(蓬莱潮水镇人)的率领下,全团从平北向招、掖边的道头一带移动。一路上,由于气候突变,先是下小雨,后转成大雨,接着又纷纷扬扬飘起雪花来,于是领导决定先在上庄一带休整。团部率二营驻上庄,一营驻下庄,三营驻崔家。

上庄是一个有200多户人家的山村,村南有一条沙河。团部就驻村西头的小学校里。由于这里离道头据点近,部队驻下后,李绍桥团长命令各部加强警戒,封锁消息,并亲自检查了岗哨,才回到住处。

这时,警卫员慕恩荣已生起了火。苏政委拿了一件干衣服让李团长换上后,两人就坐下来交谈起情况。李团长检查岗哨时,发现有人坐着放哨,苏政委去二营时,见到有的战士倒下就睡,这些都使他们感到不安。不错,战士们已经十分疲劳。可是战争是无情的,再疲劳也不能稍有放松啊!于是,苏政委批评了几位营连干部,心却还是放不下,二人便和衣躺下。

两天后,上级通知准备转移,大家也做好转移准备。但是,通知又说,没有敌情变化,仍就地宿营,加强警戒。可是就在21日凌晨,敌人进攻的枪声响了。

李绍桥被枪声惊醒,从床上一跃而起。这时,警卫员慕思荣已跑来报告,李团长吩咐他收拾好文件,赶快与政委先上南山,自己则准备先去部队。他们刚到学校门口,就见三个鬼子端着刺刀朝他们冲来,李团长抡起匣子枪将鬼子打倒,与苏政委和几个警卫员边打边撤,越过沙河后,上了南山坡。

在他们冲上南山坡的时候,村子里的战斗已全面展开,枪声异常激烈。李绍桥十分着急,痛心地说:"政委,我们麻痹了。"苏晓风连忙说:"这都怪我,对敌后斗争的复杂性认识不足,给敌人留下了可乘之机。"李绍桥沉思了一下说:"看来问题不那么简单。下庄、后山都有部队,敌人却集中力量攻打团部,这里面肯定有鬼!"

李团长判断得没错。日寇在多次"扫荡"寻找我主力未果,反而到处遭到我军打击的情况下,便采取了更阴险毒辣的手段,网罗汉奸,收买奸细,对我十三团团部进行跟踪追寻。这是一次经过奸细多日跟踪、准确了解我军情况后的偷袭。接到内奸告密后,驻道头日寇柏峙中队、渡边小队和伪军百余人连夜出动,先摸掉我军的北山岗哨,然后兵分两路,直取团部。

正在大家着急的时候,忽见四五十名战士边打边撤,朝山上奔来。李绍桥一看是机枪连的同志,心中一喜:身边有个把连队,事情就好办了!可谁知副连长胡建盛跑过来,扑通一下跪在李绍桥面前就放声大哭:"团长,'老黄牛'(一挺重机枪)丢了!敌人包围时,我们把重机枪抢了出来,可刚冲到村边,抬'老黄牛'的战士牺牲了,'老黄牛',也被鬼子抢去了!"

这消息在李绍桥和苏晓风听来简直就是晴天霹雳。"老黄牛"早已是十三团的荣誉和骄傲,自从1938年3月18日从大军阀吴佩孚家中起出后,它就一直伴随着十三团的干部战士,就是在老百姓心中也早已名闻遐迩。后来胡建盛扛上了"老黄牛",由于他忠心耿耿,任劳任怨,打仗勇敢,技术精湛,不久大家也给他送了个外号叫"老黄牛"。胡建盛行武出身,在旧军队里吃尽苦头,参加十三团后,他深感人民军队的温暖,也深感自己能成为十三团一员的光荣和责任的重大,因此把"老黄牛"视为自己的生命。他不但精心保护,还摸索出了一套绝对保密的射击技术,并已带出了三名徒弟。他还向李团长保证,一定要教出五名一流的"老黄牛"射手……

李团长愣怔一下后马上说:"不行,这是丢我十三团的荣誉,也丢了我们团的志气,一定要夺回来!"当年抗日起义队伍从吴佩孚家中起出这挺水压重机枪的时候,苏晓风政委就是在场的经手人之一,他毫不犹豫地说:"对!十三团的荣誉不能丢!我们就是牺牲了,也要把它夺回来!"战士们也个个摩拳擦掌,决心拼死一战。于是,把人员重新组织后,李绍桥和苏晓风就亲自率领冲下山去。

敌人抢到"老黄牛"后,以为大功告成,正在小学校里围着它欢呼雀跃,他们都知道"老黄牛"的价值,准备扛回去请赏。正高兴,不想李团长和苏政委他们已冲到跟前。随着一排手榴弹炸响,几个战士端着刺刀冲杀过去,扛起"老黄牛"就往外冲,在敌人反应过来时,战士们已经扛着"老黄牛"跑远了。敌人很快组织反扑,苏政委率领一部分战士在后面边打边撤。他突然中弹倒下,几名战士回头抢救也全部牺牲。苏政委在昏迷中被敌人抢走。李团长在指挥大家撤过南沙河时,也被炮弹炸成重伤,倒在冰冷的河水中。警卫员慕思荣背起他就往南山跑。爬上山坡时,李团长还能说话。他吃力地问了苏政委的情况后,命令慕思荣放下他,赶快去通知三营到北山截击敌人,营救政委,可这已是他下的最后一道命令了。一会儿,这位 1930 年入党、1931 年参加工农红军,后来又参加过两万五千里长征,身经百战,功勋卓著,对十三团的成长有着杰出贡献的好团长,就永远闭上了眼睛。

敌人也不敢恋战,带着苏晓风匆匆逃回城里去了。不久,苏晓风就被日寇杀害在招远城内,年仅 25 岁。

上庄遭袭,是十三团建团以来蒙受的一次最大损失。团长牺牲，政委被害，全军伤亡近百人。虽然事后很快查出内奸并予以正法，但重大损失已无法弥补。全军指战员们无不痛心疾首。为了尽快摆脱这股阴影，振作精神，在招远检查工作的政治处主任沈阳立即赶回部队代行政委职务。山东纵队和五旅首长闻讯后也备感吃惊，火速再调红军干部卢福三到十三团任副团长，全面负责军事。

上庄偷袭的意外成功，使日寇妄图摧毁抗日根据地的梦想又膨胀起来。1941年1月4日，日寇上右中队又趾高气扬地来到平、掖边的于家村，妄图在这里建立据点，给大泽山根据地安上一颗钉子。

一直憋着一肚子怒火的十三团指战员，得知这一消息后，马上积极请战，坚决要求使敌人的这一梦想破灭。团领导考虑后，把这一任务交给了一营和特务连。

这一夜，月黑风高，寒气袭人。指战员们以急行军速度长途奔袭，棉衣里浸着汗水，棉衣外飘着热气，全都忘了寒冷。到了离于家村还有两公里半地的时候，战士们就已开始鼓励：一定要粉碎鬼子建据点的阴谋，保卫根据地，人人做英雄，为李团长和苏政委报仇！到达于家村，宋宗元在黑暗中匍匐近敌，用手榴弹炸毁了敌人的火力点。指战员们一鼓作气，很快就把敌人逼进两座瓦房。敌人故伎重演，又投出一批毒气罐。但十三团的勇士们毫不畏惧，戴上事先准备好的口罩等简易的防毒器具，又继续往前猛冲。经过四个多小时的激战，毙伤敌人四五十人，缴获轻机枪一挺，步枪十余支，于拂晓前凯旋。天亮后，敌人拉着伤员和尸体狼狈逃回掖县城，在于家村建立据点的企图被彻底粉碎。

而今，这挺绰号"老黄牛"并立下赫赫战功的德国造的重机枪，被陈列于国家军事博物馆。

张克勤　中国人民解放军第二十七军军史委员会主任

"九一八"事变后吴佩孚的抗日主张与实践

吴佩孚作为民国时期名声极高的著名将领,具有很强的政治影响力。在"九一八"事变前,吴在中国政治和军事舞台上已被边缘化,他在"九一八"后的抗日主张和作为,不具影响力,更不为人们所关注。而吴在"九一八"事变后的抗日理念与实践,具有十分特殊的典型意义。吴佩孚人生最后的八年是坚持抗日的八年,研究吴佩孚这八年的抗日主张与作为,不仅是研究吴佩孚的关键环节,更有助于提升民族凝聚力。

一、"和内攘外"的政治主张与实践

1931年"九一八"事变爆发时,吴佩孚作为蒋介石追讨的对象,正蛰居在甘肃省东南部的武都。当他得到"九一八"事变的消息后,一夜未寐,黎明时出示电稿,"抗议倭廷速返关东之地,否则率师周旋到底"①。遂即决定结束在西南的活动,绕道赴京,联络旧部,旨在利用全国抗日救亡运动蓬勃发展的形势,以实现驱除日本侵略者,挽回大局的目的。

吴在赴京临行前,在给日本驻成都总领事馆的电文中,强烈斥责日本政府,"前据我东鲁,今又窃我沈阳,人谋虽巧,公理难容"。向日本侵略者表明了他的立场。当他接受天津《大公报》记者关于

---

① 郭剑林:《吴佩孚真传》,辽宁古籍出版社,1997年,第320页。

对时局看法的采访时,明确提出了"和内攘外"的政治主张①。在日本帝国主义入侵中华民族的形势下,及时、明确地提出这一主张,是爱国主义具体表现。这一主张既与蒋介石"安内攘外"政策针锋相对,又与共产党的主张和口号不谋而合。

为了实践这一政治主张,吴佩孚有两个目标。一是以华北、两湖地区昔日之旧部为基础招揽兵马,重建自己掌控的武力;同时他在北上的路上可将沿途的红枪会、杂牌军、散兵游勇及土匪招揽入自己的旗帜下,以扩大军事实力。二是说服张学良与他合作,共同抗日。这两个目标的关键是第二个,如果没有张学良与他联合共同抗日,靠他自己是弄不出局面来的。

对这一点,吴佩孚十分清楚,他到北京后立即到顺承王府访张学良。宾主简单礼节后,吴开门见山地质问张学良,沈阳事变为何不抵抗?现在日军立足未稳,仍可率部打回东北去。此时,张学良和蒋介石继续实行不抵抗主义,遵守国联不使事态扩大的要求,企盼国联和国际社会对日本的制裁。因此对吴的提议,他只能是顾左右而言他。见此,吴佩孚非常生气,他说:"国恨你不报,家仇你也不报,真没出息,忘记了自己的国恨家仇,真是不忠不孝。"吴对张的这种斥责,张学良从内心深处是接受的。

吴佩孚深知张学良是在执行蒋介石的不抵抗政策,就问张:"未知将在外,君命有所不受耶?"见张语塞,进一步说:"你怕抗日,我帮你抗,我不是为名为利,我左手拿回东三省,右手交给你,你有仇不报真是笑话。"②不管吴佩孚如何劝说怒骂,张学良也不能改变依靠国联的方针。劝说张学良联合抗日目标不能实现,吴佩孚武力抗日的主张也宣告最终失败。但他坚信:"和内攘外""永息内争,同心同德,共御外侮,以国事为重,无投机心理,抗战必胜、中国

---

① 《吴佩孚先生集》编委会:《吴佩孚先生集》,台北大中书局,1960年,第431页。
② 《中外杂志》1970年第7卷第5期。

必胜"。

二、以出山条件进行的正义抗争

吴佩孚利用抗日大局形成势力的愿望破灭后,他就住在了北京。其老部下担心他的安全,劝他移居大后方。他回答说:"我愿为烈死,决不苟活。"表明了他已将生死置之度外。

日本全面侵华战争开始后,在武力进攻的同时,还推行"以华制华"的手段,以"大东亚共荣""中日提携"为幌子,以北平和南京为两个中心,收买汉奸成立傀儡组织或政权形式。吴佩孚是日人诱降的主要对象之一,为诱降吴,土肥原还成立了专门机构"吴佩孚工作机关",妄图建立一个以吴为中心的傀儡政权。

日本人之所以如此重视吴佩孚,是鉴于对吴现状的分析。从个人的意愿上看,吴本人有东山再起的"雄心"和"统一中国"的良好愿望;从其本人的政治威望上看,吴在军界、政界和民众中都具有较高威望,认为是"第一位人物";从吴的政治倾向上看,他既是蒋公的追击对象和最惧怕者,同时又曾是"讨赤"反共的急先锋;从吴所处的环境上看,他居住在北京,已被日特们所牢牢控制;从他的人际关系上看,其旧部、僚属中已有一部分人如齐燮元、符定一、江朝宗等人,已经成为屈服于日人的汉奸。

通过这样分析,日人认为诱降吴佩孚不仅是必要的,而且也是可能的,信心满满。土肥原亲自出马请吴出山,他故意放低姿态地对吴说:"请玉帅出来,救救我们日本!"吴回答说:"自身不能救,焉能救人。现在不是谁救谁的问题,而是如何救的问题。"土肥原进一步解释说:"请玉帅出来调停和平。"吴说:"这毫无问题。请贵国天皇及中央介公双方来请我出任调停,当然可以。"[①]吴的这句顺理

---

① 《中央日报》1932年2月13日。

成章地回答,实际上是给土肥原出了一道难题,用以揭露调停和平的幌子。

日人要吴出山目的是要建立具有影响力的傀儡政权,却打着"调停和平"的幌子,吴就此提出由日本天皇和中央的介公请他,他就出山。早在1938年1月近卫第一次对华声明中,就宣称:"今后不以国民政府为对手。"①吴与蒋介石虽曾是政敌,但此时却强调要由蒋请才肯出山。吴曾明确地表示:"我吴某人一生反对国民党,但此乃我中国人自己家中事,不容外人干涉。"②这实际上就是向日本方面阐明了他仍然拥护以蒋为首的中央政权的政治立场。

土肥原仍不依不饶地要求他出山,吴最后亮出他的底牌,提出出山条件,"根本谈不上出山。如要出山,请贵国人等一概退出中国,连东北也在内"③。以日本人退出中国作为出山条件,让日本军国主义者放弃侵略政策,当然是与虎谋皮。但他却是代表中国人发出了正义的呼喊,是另一种形式的抗战。

吴佩孚的态度是明确的,但日本人却不肯轻易放弃他这人难得的"人选",继续在吴佩孚身上下工夫。1938年11月3日,日本近卫首相发表第二次对华政策声明,大谈"东亚新秩序",并美其名曰日本的"政略进攻"。在所谓"政略进攻"中,日本人加大了对吴的诱降力度,制定了对策和具体方案,在行动上采取六个步骤。在日本不依不饶的纠缠下,吴再次提出他出山的条件,他向记者公开表明实现和平的三项条件:"一要有实地,以便训练人马;二是要有实权,以便指挥裕如;三是要有实力,以便推施政策。"并强调"实权这个问题,是最要紧的,也可以说是先决条件。日本一日不肯让出主权,则余一日不能出山。把握住主权之日,即余出山之时。"④

---

① 《日本外交年表及主要文书》(1840—1945),1959年,第378页。
② 《吴佩孚真传》,第327—328页。
③ 《中央日报》1932年2月13日。
④ 苏开来:《吴佩孚之死》,北平新报社,1946年,第23、30页。

吴佩孚十分清楚,日本不可能让出主权,他提出这样的条件,是与日本周旋的一种策略,也是他的抗日主张的一种表达。

三、痛斥汪伪表明抗战到底的决心

日本诱降吴佩孚始终没有进展,但对汪精卫诱降却有了突破性进展。1939年3月,汪逃离重庆赴越南河内,并发表了"艳电"公开他接受诱降的立场。诱降汪精卫成功,增加了日本人继续诱降吴佩孚的信心和耐心。认为如能促使"汪吴合作",造成"南汪北吴""文武齐全"之局面,对日本在有益处。

日本政府和汪精卫密切合作,同时向吴佩孚发起新一轮的诱降攻势。1939年6月初,日本政府五大臣会议正式通过了《建立新中央政府》议案,其中规定:"将争取吴佩孚工作改为汪吴合作。新中央政府由汪吴共同主持,建立汪吴联合之新中央政府。此政府按吴七汪三分成。"[①]汪精卫奉日方旨意致函吴佩孚,极力劝进:"中日两国为敌,则两败俱伤;为友,则共同发达,其理甚明。易地奔走,期与海内豪俊,共谋挽救。"并强调说:"非恢复和平,无以内除共祸,外应世界大势;非组织统一有力自由独立之政府,无以奠定和平。"[②]

吴佩孚针对汪精卫关于中日之间为敌为友论,用事实进行批驳:"吾国自甲午燔师,庚子喋血,迄于'九一八'事变,隐忍依违,专以不滋生事端为无上自全之策,敷衍因循,正如痈疽附身,终归一溃。"吴强调今日两国之交战,是起因于日本不断发动侵略战争,中国向来是与邻为善不滋生事端的。恢复两国的和平,也要有"和平要领",这个要领"则以保全国土,恢复主权为唯一之主张"。就这

---

① 《日本驻华大使馆档案》,第75—1—199页。
② 《吴佩孚先生集》,第440页。

一点而言,"窃幸与公尚有针芥之合"。而如何实现和平,恢复主权,明确提出日本撤兵,可仿照德、意的做法,"近德、意于西班牙撤兵,复归其政权于弗朗哥"。并请汪正告日本"弟委质国家,誓与国家生存同其命运,苟能山河无恙,自计已足"①。吴佩孚的这篇复函,没有正面回答是否出山与汪合作,而是谈了自己的主张,表明誓与国家生存同其命运的立场。

实际上正如吴佩孚所言,汪与他只是在希望和平这一点上的"针芥之合",而如何实现和平的政治差别太大,吴要求日本撤兵作为他出山条件,实际上也就等于拒绝了与汪的合作。汪在日本特务的精心策划下,还是来北平与吴亲自谈判,一定要请吴出山。日特安排在日本华北军总司令公馆——铁狮子胡同一号,作为谈判地点。这一安排遭到吴的谴责:"我们是中国人,商量中国事,应该在自己的中国人家中。""如果在日人支持下即言救国,实亡国也。我决不与之同恶共济。"因谈判地点让汪吴会面不能实现,汪在北平白白等了半个多月后,只好离京返沪。实际上地点并不是主要问题,吴佩孚只是借此表明立场,拒绝出山与汪合作。

汪回到南京后,仍连发数电邀吴参与伪政权,"汪主政党,吴主军事"。还特派陈中孚专程赴京游说,并以伪军事委员会委员长及北平政治委员会委员长为诱饵,还允吴仍居北平。吴对陈的回答不留任何余地,愤然拍案曰:"谁同汪合作,这人就是下贱。"临别还交手书文天祥正义歌一首,再次表明他不可能出山的正义主张。

吴佩孚是一名具有政治号召力的军人,在无职、无权、无兵、无势的状态下,拒绝敌伪各种诱降,展现了一位爱国军人的精神风貌。

---

① 《吴佩孚先生集》,第453页。

四、几点余论

吴佩孚在中近代史上是一位具有较大影响的将领,对他的评价和对任何历史人物评价一样,都要把他们放到他们所处大时代的背影中去考察。这种考察的标准只有一个,就是对国家和民族利益大局是有损还是有利,而不要带任何政治上有色眼镜。以这一标准考察吴佩孚在"九一八"事变后的言论主张和行为,可有以下几点:

第一,提出"和内攘外"主张,是"九一八"事变后国内政治唯一正确的选择。"九一八"事变后,蒋介石继续推行"安内攘外"政策,内战继续,为日本不断扩大侵略提供了可乘之机。在民族矛盾上升为主要矛盾后,为了承救中华民族,反抗日本的侵略,"和内攘外"就成为中国政治唯一正确的选择。"和内攘外"的主张和口号,在当时应当得到国人的普遍响应;在今天研究中应得到充分的肯定。然而,当时乃至今日,都有人认为这是吴佩孚借抗日的大势,企图东山再起,发展自己的势力。这种评论带有某种否定的意涵,是不可取的。在面对日本疯狂侵害的大势面前,不管什么人,也不管他过去都干了什么,更不管他是何党何派,有何种政治主张,有何种个人目的,只要他主张抗日就应提到充分肯定。

第二,提出"日本人退出中国"作为出山的条件,体现了爱国主义的崇高境界。"九一八"事变发生后,中华民族面临着前所未有的危险,抵抗日本帝国主义的侵略,把日本侵略者赶出中国去,是每个中国人最迫切的使命。当日本人诱降吴佩孚出山,为其巩固和扩大侵略帮忙时,吴提出"日本人退出中国"作为条件。这实际上是个南辕北辙的条件,表明他根本不可能出山。以"日本人退出中国"作为出山的条件,表明了一位军人利用自身条件坚持抗战的立场,这种不屈的精神风貌,体现了爱国主义的崇高境界。

第三,痛斥汪精卫并拒绝与其合作,再次向世人表明他的救国理念。当日本诱降汪精卫成功后,企图通过"汪吴合作"方式,达到让吴出山的目的。吴佩孚采用"刚柔兼施"的斗争方法与之周旋,先是表明立场,那就是中国人的事,不能在日人的支持下进行,如果是"我决不与之同恶共济"。二是拒绝与汪会面,打击汪伪投敌行为。三是指出汪伪政权不得中国民意,而蒋介石的国民政府更得中国民心。四是指出从法律角度看,一个国家不能同时有两个政府存在,汪伪政府的出现则属非法。五是最后明确表态完全拒绝与汪合作。最后,就连汪精卫也承认,他与吴在"为国为民,心事相同而立场不无稍异"。并对吴评价是:"以一忠字对民国,以一侠字对民国政府,则公之风节必照映宇宙。"①吴佩孚与汪伪的这一段周旋,是再次向国人表明他的抗日救国理念。

第四,日汪诱降吴佩孚失败的原因。为诱降吴佩孚日本人用尽了各种手段,最终还是失败了。关于诱降吴佩孚出山失败的原因,冈野增次郎②在一份题为《吴佩孚想法与日本意图之比较》的机密文件中,提出了六点原因:一是吴要求日本恢复中国主权;二是吴以中国古代文化把握人心;三是吴人格不可辱;四是吴治国平天下是树立孝、悌、忠、信、礼、义、廉、耻八德;五是吴以清廉洁白为本;六是吴以天下第一自居③。冈野增次郎作为吴佩孚的老朋友,从政治、文化和心理阐述了六点,实际最本质的原因只有一点,即第一点要求日本恢复中国主权,日本人退出中国。冈野增次郎在分析这一点时说,只有恢复中国主权,吴才可以"号召天下大众",否则吴"出山显然无意义也"。这是对吴而言,他回避了对日而言,日本人退出中国,恢复中国主权,对日就是放弃侵略,停止战争。日本做不到这一点,吴当然就不可能出山。这一点,是吴佩孚不能

---

① 《奉系军阀密电》第3册,中华书局,1987年,第32页。
② 冈野增次郎,日本人,是吴佩孚早年的朋友,曾担任过吴佩孚的军事顾客。
③ 同①,第20—23页。

出山与汪合作的根本原因。

综观吴佩孚自"九一八"事变后的人生八年,可分为三个阶段,有三个要点:一是提出抗日主张,并北上身体力行去实践;二是提出日本人退出中国作为出山条件,与日方周旋;三是提出恢复中国主权作为与汪合作的条件,与汪伪进行周旋。由这三个要点可得出结论,吴佩孚人生最后的八年,是特殊形式的抗战八年,是他人生最光辉的八年。

胡玉海　辽宁大学历史学院教授

两次直奉战争中吴佩孚与张学良的较量

吴佩孚与张学良同为中国近代史上有影响力的军政人物,虽然两人军政生涯的鼎盛时期[①]并没有交集,且吴佩孚论辈分是张学良的长辈,但两人在两次直奉战争中是战场上的对手。鲜有学者专文研究过在两次直奉战争中吴佩孚、张学良在战场上的博弈。其实,两次直奉战争中,吴佩孚率领直军与张学良部奉军都有针锋相对的正面交战,两人都到第一线指挥作战,但两次战争的结局却是胜负易位。

一、第一次直奉战争初次交手

1920年直皖战争后,北京政府的实权操纵于直、奉两系之中,两派争权夺利,有妥协也有紧张,到1922年,因为奉系操纵的梁士诒组阁,直奉矛盾达到不可调和的程度,导致第一次直奉战争爆发。张作霖以镇威军总司令名义,设总司令部于军粮城,从4月初起,以保卫京津为名,奉军主力陆续开进山海关,总计奉军投入作战的部队在10万人以上。当时,张学良担任奉天陆军第三混成旅旅长,1922年4月17日,张学良被张作霖委任为镇威军东路第二梯队司令。当时奉军在兵力部署上分为东西两路,每路各辖三个梯队,张学良部第二梯队除了第三混成旅外,还有郭松龄部第八混

---

① 吴佩孚通常被认为是在1918年至1926年,张学良是1928年至1936年。

成旅和蔡平本部第四混成旅,驻天津西的信安镇。

战争开始后,张学良部第二梯队和李景林部第三梯队在津西胜芳和马厂、姚马渡一带大胜直军,吴佩孚对张学良的防线特别重视,用嫡系精锐部队第三师第六旅及王承斌第二十三师向奉系东路第二梯队压迫,吴佩孚甚至亲自乘汽车督战。吴还对部下说了一句很经典的话:"打孩,娘出来,我痛击张学良,看张作霖出来否?"①但奉军东路第二梯队在张学良、郭松龄的指挥下,以蔡平本旅为预备队,战况始终占优势,三、八旅共4个团长,负伤3人,战斗非常激烈。此战直军溃退,奉军夺取胜芳、大城、青县并进逼霸县,张学良负轻伤。"是役,奉军掳获敌人大炮、弹药甚多,夺取直军大旗4面,将王承斌的二十三师打得溃不成军"②。

然而,由于奉军西线崩溃,张作霖镇威军总部撤退到滦州。5月4日,张作霖鉴于全局形势不妙,命令张学良回总部开会,张遂将第二梯队指挥之职权交给郭松龄,并命令撤退。其后,奉军东路第二梯队在郭松龄组织下安全有序撤退,在遵化停留三天后,由遵化南行,经榛子镇、丰润而达唐山,继奉命再东撤,经卢龙、抚宁而抵山海关以西。张作霖将总部撤至绥中,并准备构筑工事,发动一场榆关(山海关)据守战,张学良也回到第二梯队指挥御敌。6月初,吴佩孚麾下王承斌第二十三师、彭寿莘第十四混成旅开抵昌黎、留守营、卢龙等地,直奉两军小有接触,但无剧烈战斗。主要原因是直军的后方不稳,5月5日,赵倜、赵杰兄弟在河南叛直,吴佩孚为应对河南变局,将东进军事委于王承斌,王承斌本身是奉天兴城县人,有乡土观念,加之奉军尚有一定实力,直军短期内很难取胜,于是有意主和。6月16日,在英国人的中介下,张学良与王承斌会晤于秦皇岛车站,17日,奉军以孙烈臣、张学良为代表,直军以

---

① 荆有岩:《奉系军事集团的形成与发展》,辽宁人民出版社,1987年,第15页。
② 郝秉让:《奉系军事》,辽海出版社,2001年,第214页。

王承斌、杨春芳为代表,在秦皇岛英国军舰上签订"罢兵协定"。

综观第一次直奉战争,吴佩孚、张学良第一次以对手身份进行交战,深谙儒家观念的吴佩孚看好张学良和张作霖的血缘关系,他亲自到一线督战,目的是为了通过打击张学良部以吸引张作霖出援,打乱张作霖的战略部署。事实上,这次战争展示了张学良的实战指挥能力,然而张作霖也不愧为老辣的军阀,他在张学良所部作战形势略好时将张学良调回总部,实际上是一种保护爱子、避免中吴佩孚之招的聪明之举。当然,历史上的战争都是以最后成败为论的,纵使张作霖父子再聪明勇敢,第一次直奉战争是以奉军失败而结束的,张学良在和吴佩孚的第一次较量中以输告终。

二、第二次直奉战争实力较量

第一次直奉战争后,张作霖整军经武,扩充实力,以图东山再起。经过两年多的备战,1924年9月,张作霖利用直系的江苏督军齐燮元和皖系的浙江督军卢永祥争夺伤害地盘爆发"江浙战争"之机,自任镇威军总司令,出兵讨伐直系,第二次直奉战争爆发。此时,奉系已经今非昔比,不仅军兵种近代化程度提高,而且通过发展实业,粮饷、军械十分充足,政治上还建立起奉粤皖反直三角同盟。而直系却因为把持北京政府后的曹锟贿选等丑闻声名狼藉。第二次直奉战争,奉系有4个师13个混成旅约15万人参战,编为6个军。其中第三军军长张学良,副军长郭松龄,与姜登选任军长的第一军组成一、三联军司令部,在山海关正面布防,即由老龙头海滨至九门口以北之线。9月18日,吴佩孚在四照堂点将,在兵力部署上,将"讨逆军"第一路彭寿莘部、第二路王维城部和第三路董政国部共4万多人布置在山海关一线,与张学良、姜登选的奉军主力对敌。点将完毕后,吴佩孚充满胜利信心,他在接受中外记者采访时还提到了张学良:"我出兵20万,两个月内一定可以平定奉天,张作霖下台后,他的儿子张学良可以派送出国留学。"①

第二次直奉战争开始首先在热河打响,因为热河地方军队为老毅军米振标部,素质极差,奉军以破竹之势占领朝阳,随后热河重镇开鲁、赤峰、建平、凌源等地均被奉军占领。奇袭热河,为奉军解除了侧翼威胁。而在山海关战场,因为直奉两军都设置了精锐主力,较量比较残酷。直军第十五师凭借雄关天险,居高临下、严阵以待,奉军第一、三联军猛攻五眼城、娘娘庙一带阵地,却始终不能突破直军防线。张学良、姜登选将这一情况报告给张作霖,张作霖命令第一军猛攻九门口,以九门口为突破口,至10月6日奉军攻占九门口,这是山海关战役的重要转折。

攻克九门口,打乱了吴佩孚的战略部署。吴佩孚被迫急调准备于葫芦岛登陆的直军反攻九门口,张作霖也调预备队应援,战斗十分激烈。吴佩孚为夺回九门口和守住石门寨,不仅给彭寿莘送来一笔巨款鼓舞士气,还于10月10日离开北京亲自到山海关前线督战。10月13日,吴佩孚视察了石门寨、赵家峪、沙河寨的直军防御阵地,并将自己嫡系第三师的一个团和一个混成团派往前线,增加三道关的防御力量。吴佩孚以赏额10万元,命令务于14日夺回九门口。

石门寨战斗于10月12日打响。直系第一师(陕军部队)张治公部在猪熊峪与奉军展开激战,战斗持续到次日。14日,彭寿莘依据吴佩孚的命令,发动总攻,以沙河寨以东的老尖顶和北山为战场,直军志在必夺九门口,奉军急于扩大战果、拿下石门寨,直军奋勇冲锋,双方伤亡惨重,处于胶着状态。这时,姜登选、张学良在奉军第一、三联军指挥部研究决定,使用联军的预备队增援第一军前沿。15日,奉军突破了直军防线。16日,奉军大部队开进九门口,经过猪熊峪,在沙河寨以东地区对直军张治公部展开猛烈进攻,张

---

① 陶菊隐:《北洋军阀统治时期史话》第7册,三联书店,1978年,第84页。

治公被迫撤退。这样,奉军未遭遇猛烈抵抗就占领了影响整个战争全局的战略要地石门寨。

奉军占领石门寨,一鼓作气向南推进,秦皇岛直军防务空虚。16日,吴佩孚返回秦皇岛。17日,直奉军队在山海关正面战场的三道关、角山寺和二郎庙展开激战。奉军夺下二郎庙、角山寺后,奉军第一、三联军已经全部开进关内,张学良与姜登选、韩麟春、郭松龄等计划进攻策略,仍将联军分为两路,一路攻取滦州,一路攻取秦皇岛。19日,奉军派一个旅的兵力固守角山寺,派两个大队向西南出发,布成犄角之势,以围歼直军。吴佩孚和直军将领知悉奉军的部署后深感事态的严重性,吴佩孚赶赴前线观察形势,决定在奉军战线未完成前,发动大规模进攻,以破坏奉军的战略部署。

此时,直奉双方在山海关战场陆续增加兵力,吴佩孚调动各省兵力投入战场,直奉两军的右翼从山海关外海岸起,左翼至山羊寨止,战线长达80余里,准备决一死战。10月24日,吴佩孚以优势兵力,发动开战以来最猛烈的进攻,但奉军也拼死迎战,双方不相胜负。到下午,直军得知北京政变的消息,因为冯玉祥发动政变囚禁了直系首领曹锟,这影响了山海关前线的直军士气,直军攻势锐减。这一天,奉系张宗昌率部夺取冷口,奉军掌握了战争的主动权。10月25日,吴佩孚在秦皇岛车站的总司令召开紧急军事会议,他决定亲赴天津主持讨伐冯玉祥的军事行动,将山海关战场的军事指挥权交给张福来和彭寿莘。到11月3日,随着直军在军事上的失利和回救北京讨伐国民军的无望,吴佩孚从天津塘沽乘船南下,第二次直奉战争以奉军胜利、直军惨败而告终。

第二次直奉战争山海关战场上,不仅吴佩孚亲临前线督战和观察,奉军主要参战将领张学良、姜登选、郭松龄等也亲临前线督战。此战中,吴佩孚和张学良都亲临第一线督战,成了名副其实的针锋相对战场对手。

在第二次直奉战争中,张学良作为参战奉军的主要将领,率军与吴佩孚麾下直系精锐对阵,吴、张都到第一线督战指挥,可谓身先士卒。这场战争直军失败有诸多原因,但吴佩孚也的确存在轻敌的弱点,如开战前对记者谈话时天真的认为奉军必败,甚至连张学良的去处都设想好了。战斗打响后,当山海关前线的陕军第一师师长张治公向吴佩孚告急时,吴佩孚甚至写信给张治公说:"张学良黄毛孺子算什么东西?本大帅明天抵达前线,他立刻就得逃掉。"后来这封电报被奉军截获,张学良看后哭笑不得。

  作为此次战争的重要指挥者之一,张学良在晚年口述历史时,这样评论吴佩孚的战败:"他这个人(指吴佩孚——引者注)真是不会用兵,山海关作战的时候,我们奉天实实在在地出了7万人,他光山海关来的21万,比我们多三倍,但怎么叫我们给打败了……我们军队里最忌讳的一件事情叫各个击破,他把他的军队就是陆续地增加……来了一个师,叫我们给打完了,再来一师,叫我们给打完了,他继续增加。那这原因,也不光是他指挥军队指挥得不好,他的这个后方的交通呀、运输啊,他海上还运输呢,他把交通指挥得非常混乱,军队运不上来。所以,没等他增援的来,就叫我们给打败了。"①

  诚然,第二次直奉战争直军失败的原因很多,不能将其简单归结为吴佩孚自身原因。当时,反直斗争已成为全国政治潮流中的主流,奉系又在战前积极与粤、皖联盟,受奉系策动的冯玉祥突然发动北京政变,"这种政治上的有利和不利因素的相互作用,致使军事上势均力敌的局面出现急转直下的形势,这是直败奉胜的根本原因"②。张学良没有充分考虑政治因素,将直军战败归结为吴佩孚指挥无方和后勤保障不力,这是有失偏颇的。但应该看到,张学良通过第二次直奉战争,提升了军事指挥能力,在驾驭集团作战

---

① 张学良口述:《张学良口述历史》,中国档案出版社,2007年,第54页。
② 王海晨、胡玉海:《世纪情怀——张学良全传》,广东人民出版社,2001年,第79页。

上日臻成熟,为其自身以后率奉军主力进攻冯玉祥国民军以及对抗北伐军积累了实战经验。

  1926年春夏之际,为联合对抗国民军,直奉实现短暂的联合。这年6月28日,吴佩孚与张作霖、张学良父子在北京中南海居仁堂会面,这是吴佩孚第一次和张学良见面。这次直奉联合期间,吴佩孚和张学良互通电报,共同的利益让二人保持了一定程度的默契。当然,最终由于吴佩孚势力在北伐军的进攻下消退和奉系退回东北,吴佩孚和张学良天各一方。"九一八"事变后,张学良接纳吴佩孚来北平定居,并以子侄相称,在生活上对吴予以照顾,吴佩孚也对张学良丢失东北提出了理性的批评。1933年,张学良下野准备出洋考察而离开北平,吴佩孚和张学良之间的联系至此终结。

  张恺新 辽宁省葫芦岛市政协文史办副主任、辽宁张学良研究会副秘书长

从《人民日报》看建国后吴佩孚负面形象的生成

吴佩孚对民国时期的政治、军事、外交都有举足轻重的影响，作为一代枭雄，有许许多多、各式各样的评价，这些从对他的称呼中就略显端倪。如当时有人称他为"玉帅""孚威将军"，指的是其军事方面；又因其乃秀才，被称为"最具儒将风采的军阀"；他也是首位登上美国《时代》杂志封面的中国人，被称为"Biggest man in china"，而在他残酷镇压京汉铁路工人运动后，他便多了一个"刽子手"的称号；又因为他为了实现其武力统一中国的目标而接受美英帝国主义的援助，而被称为"帝国主义的走狗"等等。总的来说，民国时期对于吴佩孚的评价不能算作十分中肯，但至少是就事论事。然而，自建国后我们发现吴佩孚的形象渐次被塑造成了一个大反动派，形象趋于矮化乃至负面，此中因由乃学术界研究的缺失所在[1]。有鉴于此，笔者拟以《人民日报》的报道为视域，以吴佩孚建国后负面形象的生成原因为视点，提出自己的看法，以期推动吴佩孚的研究走向深入。

一、镇压京汉铁路工人运动

《人民日报》涉及到吴佩孚的报道中，最为集中的在于"镇压京

---

[1] 苏全有、任同芹：《对吴佩孚研究的回顾与反思》，大连大学学报2010年第5期。

汉铁路工人运动"。

1923年2月7日爆发了以京汉路铁路工人为主体的大罢工，这是在中国共产党领导下的第一次工人运动的高潮，然而却在北洋直系军阀的镇压下失败了。吴佩孚作为直系军阀的领袖必然负有不可推卸的责任①，其破坏工人运动便成了个人形象被否定的最重要的因素。关于吴佩孚在《人民日报》中涉及其破坏工人运动的记载，可分为以下几个方面。

（一）阻挠京汉铁路总工会成立

吴佩孚开府洛阳，郑州也成为其直接统治地区。为了与奉系张作霖相抗衡，就需要控制京汉铁路，进而就需要获得铁路工人的认同。为此，吴佩孚提出"保护劳工"的政策，并因此得到了工人们的大力支持。第一次直奉战争期间，在铁路工人的帮助下，凭借着铁路的畅通，直军得以顺利地奔赴前线作战。从某种意义上来看，第一次直奉战争直军的胜利与工人们的支持是分不开的。在一段时期内，吴佩孚对工人的态度比较温和，甚至在两方关系融洽时，对于后来引发"二七大罢工"的筹组总工会郑州会议还得到了吴佩孚的大力支持。因而，工人阶级以及中共对吴佩孚曾有过相当的期待和认可，甚至一度认为吴佩孚是当时唯一可以利用以成全革命之军阀。

但是，当京汉铁路总工会成立的那天，吴佩孚却下令阻止总工会成立。在《人民日报》中有多处类似记载："1934年2月1日，京汉铁路总工会在郑州成立，到京汉路代表及全国各地工会来宾数百人。军阀吴佩孚是日派兵包围会场拘捕代表不准开会……"②"1923年1月底，京汉路各分会代表65人到达郑州，并有来宾130

---

① 苏全有：《镇压二七大罢工的历史责任问题》，《船山学刊》2004年第4期，第165—168页。

② 新华社：《"二七"简史》，《人民日报》1949年2月7日，第1版。

余人。直系军阀吴佩孚密令该地驻军靳云鹗等武力制止开会,并多方予以阻挠……"①此类报道给人的印象是吴佩孚缺乏信义,忘恩负义。

(二)杀伤工人数量的记载

虽然吴佩孚下令禁止京汉铁路总工会成立大会召开,但是在中国共产党的领导下工人代表们仍然克服了困难,在1923年2月1日成立了京汉铁路总工会。随后在总工会执行委员会中做出了京汉铁路自2月4日起举行罢工、其他工会陆续响应的决定,接下来便发生了二七惨案。"1923年2月7日,军阀吴佩孚屠杀京汉铁路总工会成立大会的代表,有39名工人惨遭杀害,300余工人受伤……"②"在京汉铁路以及其他许多铁路工人实行罢工反抗后,吴佩孚就在2月7日在汉口、长辛店等地对工人实行屠杀,工人死难者约40人,伤数百人,被称为'二七惨案'……"③《人民日报》中对吴佩孚杀伤工人数量的记述,这种直观的具体的数字记载,更加能显现出吴佩孚镇压工人运动的残酷,以及吴佩孚的"刽子手"形象。

(三)时人对吴佩孚杀害工人的细节描述

建国初期,二七大罢工的亲历者曾为之写过回忆录,或为了解这个事件而专程采访过经历者,并以此为史实材料写成文章发表于《人民日报》。如"我急忙赶到车站,只见祥谦被绑在车站电线杆上,军阀吴佩孚的爪牙、湖北督军署参谋长张厚生正在威胁他说:'你的弟弟已经被打死了,你不下复工令,也要打死你。'"④"军阀吴佩孚的爪牙张厚生亲自逼迫祥谦下上工命令,祥谦不答应,张厚

---

① 新华社:《"二七"回忆录》,《人民日报》1949年2月9日,第3版。
② 柏生:《记中国青年运动史料展览》,《人民日报》1950年5月11日,第3版。
③ 胡乔木:《中国共产党的三十年(之一)》,《人民日报》1951年6月22日,第5版。
④ 刘葵华:《访"二七"烈士林祥谦的故乡》,《人民日报》1963年2月8日,第2版。

生叫刽子手砍他一刀……祥谦忍痛大骂：'现在还有什么好说，一个好好的中国，就断送在你们这些混账王八蛋的军阀手中……'张听了更火了，又砍一刀，祥谦就这样牺牲了……陈桂贞继续说：'第二天，别人告诉我，军阀吴佩孚的报纸上说林祥谦是共产党员，所以要把他杀掉。'"①这一类的描述因为是以经历者的口吻来写的，就显得更加有信服力。此外，其中经历者的情感也很容易影响到文章的读者，如他们对吴佩孚的憎恨厌恶就会随之感染到受众。

（四）出于弘扬工人精神而进行多次的记述

二七大罢工的历史地位是不容置疑的，而且此次大罢工也是在中国共产党的领导下进行的一次工人运动的高潮点，乃工人阶级显示其伟大力量的一次运动，为了能让后人牢记，这一历史事件自然会被长期宣传。事实也正是如此，从1949年起到2012年底为止，单只《人民日报》中关于记载二七大罢工的文论就不下36条，特别是建国后的前30年就达到了27条之多。这样大量地记载，一方面使人们牢记了京汉铁路工人运动的艰难、重要，另一方面也让人们深深记住了在吴佩孚的镇压下京汉铁路工人运动失败的史事。如此一来，吴佩孚就成为了站在人民对立面的残酷屠杀工人的刽子手。

二、国民大革命的对象，北伐的阻碍者

《人民日报》涉及到吴佩孚的报道还体现在国民革命时期的"北伐"方面。

在第一次国共合作下，自1924至1927年开始了轰轰烈烈的国民大革命。此次革命的目标是打倒列强，除军阀，深合当时人们的呼声。而北伐战争则是国民大革命的高潮部分，其讨伐的主要对

---

① 龚人左：《烈士的愿望开了花，结了果》，《人民日报》1954年7月22日，第2版。

象就是吴佩孚、孙传芳和张作霖等封建军阀。而吴、孙、张为了维护自己的既得利益必然要阻碍北伐的胜利进军,阻碍国民大革命进一步向前发展,如此一来他们便成为了逆历史潮流而行的人民的敌人了。

在《人民日报》中关于吴佩孚阻碍北伐的记载达37条之多,其中关于北伐前期得以胜利进军的原因中多是这样的记载:"北伐战争由于工农群众的积极支援,共产党人和革命的国民党人并肩战斗,进展十分迅速。友军7月底攻占了长沙,8月间相继克复了进军武昌路上的汀泗桥、贺胜桥两个军事要地,消灭了军阀吴佩孚的主力……"① "1926年至1927年间,中国人民在中国共产党和国民党的共同组织领导下进行了反对帝国主义和北洋军阀的革命战争。1927年初,北伐军先后击溃北洋军阀吴佩孚、孙传芳等军队的主力,取得了伟大的胜利……"② "在1926年秋至1927年春的北伐时期,黄埔军校师生发扬"尽忠革命、为国牺牲"的英雄气概,与北伐革命军将士一起,打败了强悍的军阀吴佩孚和孙传芳的数十万大军,占领了武昌城……"③ 指出北伐战争胜利进军的原因是由于国共合作,革命战士英勇不屈的作战,此外"其中一个重要原因,就是得到了工农群众的支援"④。而关于吴佩孚之于北伐则是如此记载:"这时,北洋军阀吴佩孚为了阻止革命军北上,纠集其主力部队死守通向武昌的交通要道汀泗桥……"⑤ "1926年8月,北伐革命

---

① 任白戈:《郭沫若同志,我们的良师益友——纪念郭沫若同志诞生九十周年》,《人民日报》1982年11月17日,第5版。

② 刘建美:《80年80事》,《人民日报》2001年6月25日,第5版。

③ 何继宁、苏克中:《黄埔军校旧址纪念馆巡礼》,《人民日报》1984年6月16日,第4版。

④ 朱学范:《两岸工会合作 共同振兴中华——纪念第六次全国劳动大会四十周年》,《人民日报》1988年8月25日,第5版。

⑤ 中国人民解放军军事科学院:《英勇善战坚强不屈——纪念叶挺同志》,《人民日报》1977年8月3日,第1版。

军挺进武汉。北洋军阀吴佩孚匆忙在汀泗桥、贺胜桥一线构筑防御工事10余里,结集部队2.6万人,妄图阻止北伐军前进的步伐……"①如此一来,吴佩孚便成了阻碍革命潮流向前发展、危害国家民族利益而且失去民心从而导致其最终失败的一个反面人物。

除此之外,建国后出于对国民大革命历史意义的肯定,也出于对那些推进国民大革命向前发展的历史人物的肯定,自然会为凸显他们的历史功绩而对国民大革命的敌人、北伐的对象进行贬斥。如关于叶挺在北伐中的表现有这样的记述:"1926年7月,国民革命军正式出师北伐,打垮了盘踞中南各省的吴佩孚和孙传芳两大军阀,攻占了湖南、湖北、福建、浙江、安徽、江苏等省的全部或一部。以共产党员为骨干的叶挺独立团担任北伐军的先遣队,在湖北咸宁汀泗桥、贺胜桥两次战役中,击溃军阀吴佩孚的主力,攻占长沙、武昌……"②又如关于刘伯承在北伐战争中的记述:"1923年在讨伐北洋军阀吴佩孚的战争中任东路讨贼军第一路指挥官……"③此外还有关于许继慎、陈铭枢、孔从周等著名北伐将领的记载,而出于弘扬老一辈革命家革命精神的需要,人们在对这些人进行缅怀的同时,在一定程度上便会对他们的敌人造成某种被丑化的影响。

三、孙中山对吴佩孚负面形象生成的影响

《人民日报》涉及到吴佩孚的报道中,"孙中山"是一个很重要

---

① 田豆豆:《咸宁:红土地上崛起绿色产业(经典中国82)》,《人民日报》2005年3月26日,第4版。
② 《学习〈关于建国以来党的若干历史问题的决议〉(资料)》,《人民日报》1981年7月3日,第2版。
③ 《功勋卓著的名帅——刘伯承同志生平》,《人民日报》1986年10月17日,第2版。

的主题。

探究吴佩孚负面形象生成的原因,就不能不论及孙中山对吴佩孚的影响。可以说,孙中山人生的顶峰与低谷都与吴佩孚有关系。第二次护法运动在陈炯明和吴佩孚的联合下失败了,此为孙中山一生之最低潮,而后来北伐战争的胜利进军,在不到5个月就基本消灭了吴佩孚的势力,此为孙中山人生之盛点。孙中山对吴佩孚负面形象生成所造成的影响,与孙中山的历史地位有关。

孙中山被公认为是中国近代民主主义革命的先驱,从1894年建立兴中会,提出"驱逐鞑虏,恢复中国,创立合众政府",到1905年建立中国第一个资产阶级民主革命政党——中国同盟会,倡导三民主义,再到1914年为推翻袁世凯的独裁统治、建立真正的民主共和国而成立中华革命党,直至1924年联合中国共产党而对国民党进行改组,提出了新三民主义,期间领导或参与了旨在推翻清王朝的一系列武装起义,如黄冈起义、镇南关起义等等,在袁世凯窃取了辛亥革命的成果后又进行了二次革命,为了维护在中国初步建立资产阶级民主共和制而与北洋旧军阀进行了一系列的抗争,如第一次护法运动、第二次护法运动、国民大革命等等。孙中山处处站在革命的前沿,引导着中国革命向前发展,直至去世前还发出了"革命尚未成功,同志仍需努力"的号召。可以说孙中山对近代中国的民主革命事业奋斗了一生,也对中国的革命事业做出了巨大的贡献。基于此因,孙中山历来就受到人们的敬仰和推崇,无论是何党何派。因此在某种程度上来看,孙中山对某个历史人物的看法对此人的形象是有着相当大的影响的。

在《人民日报》中有关于孙中山对于吴佩孚的直接评价,如:"我必须很坦率地说,我的真正敌人肯定会是吴佩孚,英国和其他国家肯定会支持他而反对我。英国甚至现在就躲在吴佩孚和陈炯明的'联盟'幕后,在福建'消灭'我的军队。吴佩孚正在这样干,尽管他保证善意对我。我担心此人靠不住……"①也有借他人之口来间接表现孙中山对吴佩孚看法的:"孙先生坐在他办公桌前的大靠椅上……指示我们:彭允彝的问题,不只是教育界的问题,而是一个政治问题。光反对彭允彝一人很不够,要反对他的主子曹锟、吴佩孚,还要反对曹、吴的后台老板帝国主义列强……"②从这些具有代表性的记述中我们可以看到孙中山对于吴佩孚的评价是相当低的,尤其是在1922年由于陈炯明和吴佩孚的联合而导致孙中山领导的第二次护法运动失败,在人们对陈炯明进行批判的同时:"最不可饶恕的叛徒陈炯明,与吴佩孚勾结阻挠北伐……"③也加深了对吴佩孚痛恨。

此外,在孙中山的心目中吴佩孚和自己根本就是两个不同阶级利益的代表,他认为"吴佩孚根本不是中国资产阶级的代表,而是中国封建军阀势力的代表,是帝国主义的代理人"④,其追求的目标也定不相同。因此"孙先生坚决与倪嗣冲、曹琨、吴佩孚、张敬尧等南犯的北洋军阀一再对抗作战"⑤,甚至"曾经与张作霖缔结过军事同盟,共同反对吴佩孚"⑥。

如此这些便将吴佩孚置于孙中山的对立面,出于国人对孙中山的爱戴,其历史地位被抬得越高,相反孙中山的对手——吴佩孚

---

① 《孙中山致越飞的两封信(1922年8月—12月)》,《人民日报》1991年3月12日,第5版。
② 王昆仑:《宋庆龄——毕生为新中国奋斗的忠诚斗士》,《人民日报》1981年6月3日,第2版。
③ 朱蕴山:《纪念孙中山先生诞辰的感想》,《人民日报》1956年11月12日,第6版。
④ 孙钢:《革命先行者的珍贵文献——读新发现的孙中山致越飞书信两封》,《人民日报》1991年3月12日,第5版。
⑤ 何香凝:《我的回忆》,《人民日报》1961年10月6日,第7版。
⑥ 朱乔森、姚维斗、黄真:《学习李大钊同志的〈狱中自述〉》,《人民日报》1980年5月30日,第5版。

的历史地位便会越低。

四、吴佩孚与英美帝国主义之间的关系

《人民日报》涉及到吴佩孚的报道中,主题还包括"英美帝国主义"。

中国近代史是一部饱含屈辱的历史,也是中华民族逐渐觉醒的人民抗争史。期间西方列强纷纷对我中华进行侵略瓜分,腐败无能的清王朝无力抵挡来自西方的侵略而割地赔款、丧失主权。然而由于中华儿女不屈不挠的坚持抗争,使列强们看到中国难以成为他们能够直接统治的地区,转而开始扶植他们在华的代理人来维护其在华利益。从此中华民族与西方列强的矛盾,人民大众与西方列强在华代理人之间的矛盾逐渐开始成为主要矛盾。

在史学界,一般都认为吴佩孚与清王朝、袁世凯等人一样都是西方帝国主义列强在华的代理人,然而却也有与此不同的观点,认为"不能把吴佩孚简单地定性为'英美代理人',过去那种把'军阀'与列强的关系武断定论是不可取的"[1]。在此且不论这两种说法孰优孰劣,单就《人民日报》中关于吴佩孚与英美帝国主义关系的记载上来看,其宣扬的就是吴佩孚乃英美帝国主义在华的代理人。而由于中国受西方列强的间接控制,实际上列强也成为了当时中国政府的"太上皇",利用从不平等条约中得到的一系列权益而对中国进行大肆掠夺。民族资本主义企业受到外国资本主义和本国封建势力的排挤,手工业者大量失业,工人受尽外国资本家的剥削,农民也由于军阀间连年混战而无法安定劳作。人们对于西方帝国主义已经到了深恶痛绝的地步,对于那些甘于当帝国主义

---

[1] 郭剑林、苏全有:《吴佩孚是"英美代理人"吗》,《河南师范大学学报》1994年第6期。

在华代理人的势力代表则是更加痛恨和不齿。

　　这种看法在建国前人们的心中已经根深蒂固,尤其是建国初中美关系的恶化又使学者对吴佩孚与英美帝国主义的关系研究达到了一次高潮。其中以刘大年、胡绳、樊百川为代表的一批学者持吴佩孚就是英美帝国主义在华代理人的观点,而对英美帝国主义以及吴佩孚进行了批判。他们先后在《人民日报》中发表了一系列的文章来表达自己的观点:"第二年——1920年,美国的反攻即开始进行。首先是发动直皖战争。这时直系依靠英美支援以曹锟、吴佩孚为首取得河北、河南、江苏、江西、湖北等省重要地盘……"①"正因为美国的一贯企图是独霸中国,所以它在中国总是选择它所认为在中国最强的反动势力,加以支持,使它做自己的走狗,帮助它'武力统一中国'……北洋军阀中的曹锟、吴佩孚也是受美国支持的……吴佩孚四处打仗,想统一中国,主要是靠美国人的钱和军火的帮助……"②"祸国殃民的北洋军阀曹锟、吴佩孚,就是美帝国主义的走狗。美帝曾给以财政上、军火上的种种援助……"③等等。指出吴佩孚接受过英美帝国主义的军火和财政方面的支持,甚至是帮助美帝国主义实现"武力统一中国"的工具,并以"帝国主义的走狗"来称呼吴佩孚。此种观点由于在建国初期得到了大力的传播,渐渐地吴佩孚是英美帝国主义在华代理人的观念也就根植到人们的心中了。

---

　　① 刘大年:《美国侵华史》,《人民日报》1949年9月13日,第5版。
　　② 胡绳:《美国在历史上怎样侵略中国?》,《人民日报》1950年11月20日,第3版。
　　③ 俞杰、樊百川:《推荐几种学习美帝侵华史的读物》,《人民日报》1950年11月15日,第5版。

五、《人民日报》关于吴佩孚负面形象的其他记载

上述四大方面对建国后吴佩孚负面形象的生成有影响之外，《人民日报》中还有其他关于吴佩孚负面形象的记载。

（一）百姓眼中吴佩孚的军阀作风

吴佩孚是一个大权独揽的军阀，在人们的心中这样的人一定是穷奢极欲的，所以本来就对他们没有什么好的印象，再加上文人对他们奢华生活描述，更加深了人们的憎恨感。

《人民日报》中有一篇文章在描述吴佩孚等类的军阀出行场景时，这样写道："那时候最阔气的是段祺瑞、曹锟、吴佩孚、张作霖等等，出来先要'禁街'……车两旁挂满了带着'盒子炮'的卫兵，一哄而过……"①在介绍北京郊区土地情况时特别指出"李守信、吴佩孚、段祺瑞、张勋等占有土地都在千亩以上。这类地主多住在城内，靠出租土地，榨取农民的血汗来供给他们荒淫糜烂的生活"②。如此，吴佩孚耀武扬威、剥削农民的形象便被生动地刻画了出来。

（二）文艺作品的影响

文艺作品像戏剧、歌曲等由于自身特点而能在广大群众中迅速地流行起来。而在文艺作品中所蕴含的精神、思想、情感也会对欣赏的人造成很大的影响。

建国初期出于阶级斗争的需要，像吴佩孚这样的军阀在当时社会是批斗和反对的对象。在《人民日报》中曾刊登过这样一篇文章，在评论《红灯记》的剧本时提到"《红灯记》中李奶奶痛说革命家史的念白，有以下几个特点：在声调方面……如念到'洋鬼子走

---

① 冶秋：《车如流水马如龙》，《人民日报》1962年12月13日，第6版。
② 石岩：《北京郊区农村情况介绍》，《人民日报》1949年12月6日，第2版。

狗吴佩孚'时,以加强的语气,表达了对敌人的切齿痛恨"①。从中我们可以看到《红灯记》中确实有"洋鬼子走狗吴佩孚"这句台词,在演出时这句话是加重了语气的。作为文革时期的八大样板戏之一,可见其流传程度有多高,而《红灯记》中对吴佩孚深恶痛绝的念白则会对那个年代的人造成的影响也就不言而喻了。

（三）其他一些被矮化的历史人物的影响

吴佩孚总是与其他一些饱受争议的历史人物一起出现在文史资料中,如袁世凯、段祺瑞、曹锟等北洋旧军阀:"段祺瑞、徐世昌、曹锟、吴佩孚等等,他们都想镇压人民,但是结果都被人民推翻。凡有损人利己之心的人,其结果都不妙……"②"辛亥革命就走了回头路,革掉了皇帝,来了军阀……皖系军阀段祺瑞、直系军阀曹锟和吴佩孚、奉系军阀张作霖等先后夺取了北京中央政府的权力,实行反动统治……"③又如蒋介石、林彪等颇受争议的人物:"是的,屠杀人民的刽子手总要为人民的力量压碎,无论是吴佩孚或蒋介石……"④"按照林彪的说法,党、政、军、民中,军队是'中心'……这在理论上是非常荒唐的,是完全违背马克思主义国家学说的……当年,吴佩孚、蒋介石这些反动军阀们,曾经拼命兜售过这类货色……"⑤等等。古语言"近朱者赤,近墨者黑",吴佩孚经常与那些被矮化的历史人物一起同台出现,对吴佩孚的形象当然也会有相当大的影响。

---

① 金丰羽:《为无产阶级英雄李玉和立传》,《人民日报》1970年5月14日,第3版。
② 人民日报编辑部:《毛泽东同志论帝国主义和一切反动派都是纸老虎(1958年10月27日)》,《人民日报》1958年10月31日,第1版。
③ 《学习〈毛泽东选集〉第五卷参考资料(17)》,《人民日报》1977年8月27日,第3版。
④ 本报资料研究室:《石家庄近况》,《人民日报》1949年2月25日,第2版。
⑤ 国家海洋局理论小组:《"枪杆子里面出政权"的真理不容歪曲——学习〈战争和战略问题〉笔记》,《人民日报》1974年11月25日,第2版。

综上所述,我们从《人民日报》的记载中可以看到,吴佩孚负面形象的生成不是一朝一夕、单方面作用形成的,而是经过了长期而持续的影响,集合多方面的原因共同作用而造成的结果。既有历史方面的原因,也有社会大背景的影响,甚至有人为的因素。通过对吴佩孚在建国后负面形象生成原因的探析,我们应该学会在看待历史人物时不可人云亦云、俯就时趋,要不断地探寻历史真相,就必须脱出主流舆论的羁绊,争取能对其做出客观公正的评价,言别人所不能言。

苏全有　河南师范大学历史文化学院教授、图书馆馆长
高航通　河南师范大学历史文化学院2011级学生

方志所载与吴佩孚相关记述

北京爱如生公司研发的《方志》数据库,收有大量方志原始资料。单以吴佩孚而言,相关记载就较为丰富。

作者	题目	出处	版本	内容
	民国十一年夏,直军、奉军战于京津,始征发柏乡民夫民车	(民国)柏乡县志第十卷,第648页	民国二十一年铅印本	……先是八年,徐世昌为总统,段祺瑞为国务总理,曲同丰为国防第一师师长,驻北京北苑,是为皖派。曹锟为直隶督军,吴佩孚为湖南督军,是为直派。两派互争权位。九年,吴佩孚自动由湖南回军,驻顺德府、石家庄等处,意在推翻徐段,以曹锟代其位。因是开战于涿州。曲同丰等师败绩,徐段去职。因选曹锟为总统,吴佩孚为直鲁豫巡阅使,驻洛阳。至是,东北边防督办张作霖与吴佩孚不洽,乃率奉军入山海关,进攻燕京。吴佩孚自顺德进兵,乃征发柏乡、宁晋等县民夫民车,与奉军战于京南、霸州、天津等处。奉军败绩,暂退出关……

作者	题目	出处	版本	内容
	民国十三年秋，奉军、直军再战于山海关，柏乡棉业大受损失	（民国）柏乡县志第十卷，第649页	民国二十一年铅印本	……是年，张作霖与广东政府孙中山，浙江督军卢永祥响应，是谓三角同盟。复率奉军与吴佩孚等军战于山海关。冯玉祥自喜峰口回军，吴佩孚败绩。张冯合军入北京，禁曹锟于团城，以段祺瑞为执政，行大总统事。方未开战之先，柏乡、赵州等处棉花每百斤涨至三十三元。及开战后，火车不通，商务阻滞，每百斤棉花减至二十二三元。此后直省棉花不再涨价，每年棉业无形损失实不下千万也……
刘盼遂		（民国）长葛县志第三卷，第121页	民国二十年铅印本	……十四年秋，吴佩孚部属联络南方，与奉军又战。征款约洋五六万元，敷料十四万六千斤，柴草四十九万斤……
	韩陈据城	（民国）大名县志第十二卷，第518页	民国二十三年铅印本	……十四年秋九月，奉军北徙镇道，克日移防。有南乐寺庄韩悦者，自言奉吴佩孚密令为直鲁豫联军总司令。乘隙人大名城，估据镇道两署，把持电话，扣留汽车……

77

作者	题目	出处	版本	内容
	夏五月西北军驻黑石关	（民国）巩县志第五卷，第350页	民国二十六年刊本	……直皖战起，五月二十六日，西北军自洛阳进据黑石关。吴佩孚帅第三师扼守虎牢，相持月余，西北军宵遁……
	冬吴佩孚夜渡黑石关	（民国）巩县志第五卷，第353页	民国二十六年刊本	……直奉再战，吴佩孚离洛。吴军夜渡黑石关，拆毁铁道……
	长途电话	（民国）巩县志第七卷，第407页	民国二十六年刊本	……民国十三年，吴佩孚驻洛阳，设长途电话于东站。除巩、洛阳相通外，余不详。后数年改为商办，东达开、郑，西达陕、洛，南达许昌，北达新乡……
		巩县志第二十卷，第1802页	民国二十六年刊本	……黑石关洛河铁桥近年因战事迭次炸毁。十三年，吴佩孚军由洛阳东退，其一……
		（民国）南宫县志第十七卷，第625页	民国二十五年刊本	……十三年，曹锟继为总统，浙督卢永祥举兵，淞沪声讨贿选。奉军应之，登选领第一军与第三军军长张学良合兵逆敌。直鲁豫巡阅使吴佩孚悉率师四十万直薄山海关，势张甚。登选与学良设奇拒之……

作者	题目	出处	版本	内容
		(民国)桐梓县志第十五卷,第778页	民国十八年铅印本	……其后,北兵曹锟分令齐燮元、吴佩孚。南旅一由涪州绕出青羊市,一由江津绕出龙台寺,两面包围我军,遂回松坎……
	张宗昌驻防西丰记	(民国)西丰县志,碑铭传记诗歌轶事志第二十四卷,第792页	民国二十七年铅印本	……张宗昌以一勇之夫,手提重兵数十万,驰驱中原五六省。始而战败吴佩孚,继而抗拒孙传芳,终而联吴和孙逐走冯玉祥……
		(民国)陕县志第一卷,第61页	民国二十五年铅印本	……斯岁冬,直奉战起,直军败绩,吴佩孚退守洛阳。三十五师师长憨玉琨出师潼关,驻兵陕县,向洛进发,窥伺汴梁,在陕招纳扩充势力。县人勇于进取者,多自行买马招兵。一时民间养马搜罗殆尽。城内及南关团营连部驻扎殆遍地。方支应兵差,日不可以数计。卒被该师长缴收,赤手空归,徒使地方受重大损失云……

79

作者	题目	出处	版本	内容
	十五年春，岳维峻为吴军所败，西退至新安	（民国）新安县志第一卷，第90页	民国二十七年石印本	直奉战争后，胡景翼督河南，未几景翼死，维峻自为河南督办。是年正月，吴佩孚令寇英杰、靳云鹗等攻维峻，维峻兵溃，狼狈西奔……
	长途电话	（民国）新安县志第五卷，第460页	民国二十七年石印本	……民国十二年，县奉吴佩孚令设长途电话，旋废。二十年于电线所经处之环境，电话杆逐一添加电线，设为长途电话。东达洛阳，西达陕县，南达宜阳……
		（民国）新乡县续志第二卷，第202页	民国十二年铅印本	……民国九年春三月，成慎、孙会友等以彰德兵变，意在南下。驻新直军旅长苏世荣力任保境安民，防御甚严。兵变兵未得入，而潜踞离城二十五里之潞王坟、五陵等处。赵杰率宏威军抵河屯与战败之變兵退至汲县。直鲁豫巡阅副使吴佩孚又破之，始各鸟兽散，而五陵、河屯一带十余村牲畜财物损失颇巨……
		（民国）义县志中卷，第2671页	民国十九年铅印本	……休屠法度儿曹守，羊琇功名母教来……

作者	题目	出处	版本	内容
		(民国)禹县志第二卷,第249页	民国二十四年刊本	……九月,日曹士英从吴佩孚北伐,以营长王子文留守,士英驻禹。未三年,供饷逾百万。移师北伐,责禹供饷益亟……
		(民国)禹县志第六卷,第590页	民国二十四年刊本	……溯自吴佩孚之大举东伐,一次而禹出银元者十六万……
		(民国)元氏县志故事,第239页	民国二十年铅印本	……十五年吴佩孚自河南反攻国民二三军,晋吴合作。正月,晋军驻元氏与国民二三军战于大陈、姑寺间……
		(民国)昭平县志第八卷,第870页	民国二十三年铅印本	……是年秋八月,沈鸿英奉吴佩孚令以协威将军自赣窜回,招抚旧部……
		(民国)重修镇原县志第三卷,第456页	民国二十四年铅印本	……民国十二年洛阳吴佩孚招学兵,邑中学生自备资斧,往洛阳入伍。家属恐其一去不返,故为阻挠。学生慷慨而对曰,负男子七尺躯不如外国之妇人、女子,可耻孰甚焉。由是互相援引当兵者日渐多矣……

81

作者	题目	出处	版本	内容
		(民国)涿县志第二编,建置事迹,第157页	民国二十五年铅印本	……九年,国务总理段祺瑞起边防军拒第三师师长吴佩孚于涿县城南,奉军助吴,段师败绩,人民损失甚巨……十一年,奉军师长张景惠与直军师长吴佩孚战于长辛店。驻涿之第十三混成旅前往助吴,大破之……十三年,驻涿之第十四混成旅旅长时全胜随同直军总司令吴佩孚东出榆关,与东北边防司令长官张作霖战于关外,师败而还……十五年,吴佩孚冯玉祥战于南口。冯军败绩,吴师诈随征之第二十三师全师驻涿。适有热蒙联军便衣,遂分驻于县属之张村、刁窠等村……

北京爱如生公司研发的《方志》数据库是研究吴佩孚的重要原始资料,目前学界利用不够,故特予以表录,以推动相关研究走向深入。

苏全有　河南师范大学历史文化学院教授、图书馆馆长
高航通　河南师范大学历史文化学院2011级学生

民国期刊所载与吴佩孚相关之文论

上海图书馆所藏民国期刊数据库中,收有相关吴佩孚的文论分类如下:一、吴佩孚与当时名流有关之文;二、吴佩孚的国内政策(政治方面);三、吴佩孚的文学作品;四、吴佩孚与皖系军阀的争斗;五、吴佩孚与奉张之战和;六、吴佩孚与冯玉祥;七、北伐期间的吴佩孚与国民政府;八、吴佩孚之对外抗争;九、吴佩孚之身后事等。

一、吴佩孚与当时名流有关之文

作者	篇名	出处	栏目	期次
	吴佩孚劝告王揖唐电	兴华	逐日新评	1919年第16卷第36期,第27—28页
	景定成与吴佩孚书	兴华	文件录要	1920年第17卷第35期,第22—23页
鹃突	吴佩孚和王占元	民国日报·觉悟	随感录	1921年第8卷第30期,第2页
	张东荪与吴佩孚	民国日报·觉悟	随感录	1921年第11卷第3期,第3页
Q.蒋	曹锟吴佩孚再致孙文的电文说	努力日报	这一周	1922年第19期,第0页

83

作者	篇名	出处	栏目	期次
孙铎	吴佩孚和陈炯明	向导	时事短评	1922年第9期,第2页
	吴佩孚与程淯书	爱国报	时事记	1923年第11期,第31页
子休	吴佩孚生日萧刘两家厚礼	共进		1923年第37期,第4页
独秀	吴佩孚与康有为	向导	中国一周	1923年第25期,第1页
巨缘	冯玉祥与吴佩孚	向导	中国一周	1923年第29期,第2页
	吴佩孚致齐燮元书	兴华	中外大事记：其一、中国之部：各方文电	1924年第21卷第37期,第40页
吴梓瑞	致吴佩孚书	兴华		1924年第21卷第44期,第20—25页
	吴佩孚与冯玉祥耶稣讲书	真光	时事	1924年第23卷第12期,第92—94页
冯玉祥	冯玉祥致吴佩孚电	真光	时事	1924年第23卷第12期,第94页
	张謇赠吴佩孚的一首诗	晨报副刊		1924年12月2日,第4页
	吴佩孚与靳云鹗	兴华		1926年第23卷第24期,第27页

作者	篇名	出处	栏目	期次
	孙宝琦与吴佩孚师生因缘	兴华		1926年第23卷第37期,第51页
孤愤	陈独秀拜会吴佩孚	独立青年	短评	1926年第1卷第1期,第100—101页
	吴佩孚与张天师	真光	轶闻	1926年第25卷第4—6期,第155—157页
	张作霖与吴佩孚	真光	时事(自十一月十六至十二月五日):东北风云	1926年第25卷第12期,第82页
	靳云鹗与吴佩孚	新社会	时事短评	1926年第2期,第2页
	吴佩孚与刘玉春	通问报:耶稣教家庭新闻	中外新闻	1927年第1261期,第11页
	吴佩孚给刘存厚的诗	兴华		1930年第27卷第38期,第21页
	吴佩孚挽谭院长联	兴华		1930年第27卷第47期,第47页
赵眠云	王士珍遗吴佩孚书	联谊之友	名人轶事	1930年第160期,第0—1页
	黄郛与吴佩孚	兴华	本周大事记:名人近事	1933年第30卷第37期,第38页

作者	篇名	出处	栏目	期次
胡徇道	曹锟致吴佩孚之电报	论语	雨花	1933年第17期,第37—38页
	周作人和吴佩孚	战时中学生	关于吴佩孚周作人特辑	1939年第1卷第3期,第72—73页
叶山	吴佩孚和汪精卫	华美	小评	1939年第2卷第6期,第5页
温宗尧	吴佩孚将军与汪精卫先生	华文大阪每日		1940年第4卷第1期,第7—8页
佛茜	吴佩孚挽谭廷闿	新都周刊	新都话旧录	1943年第4期,第19页
土人	吴佩孚和齐燮元	飘		1946年第6期,第10页
伯伦	章太炎与吴佩孚	青年生活（上海1946）		1946年第2期,第27页
愚蒙	中山先生论吴佩孚	人物杂志		1948年第3卷第1期,第22页
	吴佩孚阻方本仁出洋书	民视日报五周纪念汇刊	函	19××年纪念汇刊,第150—151页
	吴佩孚冯玉祥往来函	民视日报五周纪念汇刊	函	19××年纪念汇刊,第155—157页
	吴佩孚慰问杨森书	民视日报五周纪念汇刊	函	19××年纪念汇刊,第158页

二、吴佩孚的国内政策(政治方面)

作者	篇名	出处	栏目	期次
镜亚	吴佩孚的救国同盟	正议周刊	批评	1919年第2期,第3页
	吴佩孚主张国民大会	兴华	中外大事记	1920年第17卷第35期,第22—23页
	吴佩孚整顿外交之通电	新民报	时事论说门	1920年第7卷第10期,第7页
	吴佩孚之废督裁兵计划	兴华	中外大事撮要:其一:中国之部	1922年第19卷第23期,第30—32页
适,蒋	吴佩孚与联省自治	努力周报	这一周	1922年第15期,第0页
烬梅	吴佩孚还想武力统一吗	工人周刊	杂感	1923年第64期,第3页
独秀	吴佩孚的"匪力统一政策"	向导	中国一周	1923年第27期,第2—3页
石	中国共产党为吴佩孚惨杀京汉路工告工人阶级与国民	向导		1923年第20期,第0—1页
和森	吴佩孚硬要外交系组阁	向导	中国一周	1923年第43期,第1—2页

作者	篇名	出处	栏目	期次
愚公	告教育界之吴佩孚	醒狮	时评	1924年第4期,第0页
	吴佩孚将组织护宪政府	清华周刊	国情述要：时局	1924年第328期,第43—44页
	吴佩孚反对白话诗	民国日报·觉悟	杂感	1924年第10卷第4期,第6页
	吴佩孚压制舆论的手段	民国日报·觉悟	杂感	1924年第2卷第13期,第6页
愚公,路	再告教育界之吴佩孚	醒狮	时评	1925年第16期,第0页
	吴佩孚主张恢复颜阁电	兴华	中外大事记：其一、中国之部：政局混沌	1926年第23卷第18期,第35—36页
天风	吴佩孚遵"法"	独立青年	时事短评	1926年第1卷第2期,第82—83页
孤奋	吴佩孚护宪与张作霖护法	独立青年	短评	1926年第1卷第7期,第82页
	吴佩孚对于恢复法统之观望	大同	国内要闻：汉口	1926年第1卷第3期,第19—21页
潇湘	河南红枪会被吴佩孚军队屠杀之惨状	向导		1926年第158期,第10—11页
实	吴佩孚与国会	向导	寸铁	1926年第161期,第8页

作者	篇名	出处	栏目	期次
	吴佩孚也赞成三民主义	真光	时事（自10月10日至11月10日）：各地杂讯	1927年第26卷第10期，第94页
	吴佩孚也谈三民主义	真光杂志	时事（自10月14日至11月11日）：国内	1928年第27卷第11期，第93页
怪力	吴佩孚的名教救国论	论语	子不语	1932年第1期，33—35页

三、吴佩孚的文学作品

作者	篇名	出处	栏目	期次
	吴佩孚诗话	兴华		1925年第22卷第13期，第15页
荆梦蝶	吴佩孚之入蜀诗	兴华	诗歌	1928年第25卷第1期，第21页
	吴佩孚初春即事诗	兴华	诗词	1930年第27卷第26期，第44页
	吴佩孚给刘存厚的诗	兴华		1930年第27卷第38期，第21页
	吴佩孚挽谭院长联	兴华		1930年第27卷第47期，第47页

作者	篇名	出处	栏目	期次
	吴佩孚歌以寄愤	国闻周报		1932年第9卷第8期,第20页
	吴佩孚自作生挽联语	兴华	诗词	1933年第30卷37期,第25页
	吴佩孚先生来书	船山学报(长沙1915)	从录:通讯	1933年第3期,第3页
淑	吴佩孚等冬至日祀天祝文	法治日报		1934年第2卷第1期,第29—30页
秋水	吴佩孚寿杨云史诗	法治周报		1934年第2卷第16期,第38页
	吴佩孚题龙寄牢骚	兴华	解颐录	1936年第33卷26期,第27页
	吴佩孚行草	风月画报	美术	1936年第8卷第39期,第2页
补桐轩主人	吴佩孚书竹	风月画报	美术	1936年8卷第45期,第2页
补桐轩主人	吴佩孚书竹	风月画报	美术	1936年第9卷第25期,第2页
	吴佩孚的"醒世歌"	天仙旅社特刊	附录	1937年特刊,第410—411页
	吴佩孚醉后诗四首	读者义摘	诗词四首	1941年第1期,第146页

四、吴佩孚与皖系军阀的争斗

作者	篇名	出处	栏目	期次
	吴佩孚赞成除安福部	通问报：耶稣教家庭新闻	中外新闻	1919年第859期,第15页
	吴王撤防之近讯	兴华	中外大事记	1920年第17卷第10期,第26页
	吴佩孚撤防	兴华	中外大事记	1920年第17卷第12期,第22页
	吴佩孚师长将实行撤防	兴华	中外大事记	1920年第17卷第20期,第25页
	吴佩孚挥戈北指	兴华	中外大事记	1920年第17卷第22期,第26页
	吴佩孚曹锟之行动	兴华	中外大事记	1920年第17卷第24期,第23页
	吴佩孚加陆军上将衔此令	江苏省公报	大总统令	1920年第2438期,第2页
	任命吴佩孚为直鲁豫巡阅使此令	兵事杂志	法令(9月2日):大总统令	1920年第78期,第1—2页
	段祺瑞电堵吴佩孚	兴华	中外大事记：其一、中国之部：政变纪略	1924年第21卷第44期,第40页

作者	篇名	出处	栏目	期次
	段氏劝吴佩孚下野	兴华	中外大事记：其一、中国之部：吴派下野	1924年第21卷第48期，第38页
	段祺瑞劝吴佩孚下野电	兴华	中外大事记：其一、中国之部：官样文章	1924年第21卷第49期，第44—45页
	段祺瑞劝吴佩孚下野电	爱国报	时事记	1924年第41期，第23页
	吴佩孚致段祺瑞书	兴华	中外大事记：其一、中国之部：吴佩孚之行动与今后战局	1924年第21卷第47期，第38—39页
	段祺瑞就职后之吴佩孚	真光	时事	1924年第23卷第12期，第91页
吴佩孚	吴佩孚覆段执政支电	辽东诗坛	时事零墨	1925年第4期，第38—39页

五、吴佩孚与奉张之战和

作者	篇名	出处	栏目	期次
	吴佩孚痛诋梁阁之通电	兴华		1922年第19卷第3期,第21—22页
	吴佩孚通电反对梁阁	兴华	中外大事撮要:甲、中国之部(民国十一年1月5日)	1922年第19卷第3期,第28页
	张作霖通电反对吴佩孚	兴华	中外大事撮要:甲、中国之部(民国十一年1月19日至2月7日)	1922年第19卷第5期,第27页
	吴佩孚亲赴前敌	兴华	中外大事记:其一、中国之部:东北战事吃紧	1924年第21卷第40期,第32页
	吴佩孚离津	兴华	中外大事记:其一、中国之部:政变纪略	1924年第21卷第44期,第38页
政之	张作霖欲擒吴佩孚	国闻周报	东北战事	1924年第1卷第17期,第8页

93

作者	篇名	出处	栏目	期次
政之	到津后之吴佩孚	国闻周报	东北战事余闻	1924年第1卷第17期,第8页
	张作霖拘留吴佩孚代表	兴华	中外大事记:其一、中国之部:张作霖与吴佩孚	1925年第22卷第4期,第35—36页
	舰中生活之吴佩孚	兴华	中外大事记:其一、中国之部:张作霖与吴佩孚	1925年第22卷第4期,第36—37页
	吴佩孚态度依然:不联奉张,不援直鲁,不结晋阎	兴华	中外大事记:其一、中国之部:要人近讯	1925年第23卷第1期,第42—43页
	吴佩孚崛起由来	寰球中国学生周刊	国内外要闻:吴佩孚再起讨奉	1925年第218期,第1页
	吴佩孚抵鄂行动	寰球中国学生周刊	国内外要闻:吴佩孚再起讨奉	1925年第218期,第1—2页
	吴佩孚召集会议	寰球中国学生周刊	国内外要闻:吴佩孚再起讨奉	1925年第218期,第2页

作者	篇名	出处	栏目	期次
	吴佩孚计划军费	寰球中国学生周刊	国内外要闻：吴佩孚再起讨奉	1925年第218期，第2页
	吴佩孚暂不来宁	寰球中国学生周刊	国内外要闻：吴佩孚再起讨奉	1925年第218期，第2页
	吴佩孚任讨贼总司令	寰球中国学生周刊	国内外要闻：吴佩孚再起讨奉	1925年第218期，第2页
	吴佩孚出山通电	寰球中国学生周刊	国内外要闻：吴佩孚再起讨奉	1925年第218期，第2页
	吴佩孚就职通电	寰球中国学生周刊	国内外要闻：吴佩孚再起讨奉	1925年第218期，第2页
	吴佩孚张作霖如夫妇	兴华	中外大事记：其一、中国之部：政局与巨头	1926年第23卷第20期，第39—40页
	张作霖致吴佩孚电	兴华	中外大事记：其一、中国之部：奉吴军近况	1926年第23卷第49期，第43页

作者	篇名	出处	栏目	期次
	吴佩孚致张作霖电	兴华	中外大事记:其一、中国之部:奉吴军近况	1926年第23卷第49期,第43页
孤奋	吴佩孚的护宪和张作霖的护法	独立青年	短评	1926年第1卷第7期,第82页
	张作霖与吴佩孚	真光	时事(自十一月十六至十二月五日):东北风云	1926年第25卷第12期,第82页
	国民军联直之真相谭:吴佩孚绝不反奉	真光	时事(四月份)	1926年第25卷第4—6期,第202—204页
	豫鄂战事	圣公会报	国闻	1926年第19卷第4—5期,第24—25页

作者	篇名	出处	栏目	期次
	张作霖电告吴佩孚	兴华	中外大事记：其一、中国之部：奉军大举南下	1927年第24卷第6期，第39页
	奉方主张吴佩孚出洋	兴华	中外大事记：其一、中国之部：河南紧急	1927年第24卷第7期，第39—40页
	张作霖电吴佩孚	真光	时事（自2月1日至3月15日）：中州现状	1927年第26卷第3期，第86—87页
	吴佩孚覆张作霖电	真光	时事（自2月1日至3月15日）：中州现状	1927年第26卷第3期，第87页
	靳就保国军总司令，吴佩孚请奉军入豫	通问报：耶稣教家庭新闻	中外新闻：靳云鹗军公然反吴	1927年第1236期，第19页
	吴佩孚请奉军入甘	新北方周刊	时评	1927年第1卷第2期，第7—8页

六、吴佩孚与冯玉祥

作者	篇名	出处	栏目	期次
巨缘	冯玉祥与吴佩孚	向导	中国一周	1923年第29期,第2页
	吴佩孚与冯玉祥耶稣讲书	真光	时事	1924年第23卷第12期,第92—94页
	吴佩孚讨冯胡	清华周刊	国情述要:政治	1924年第325期,第40—41页
冯玉祥	冯玉祥致吴佩孚电	真光	时事	1924年第23卷第12期,第94页
金志清	吴佩孚有无潜势力以抵抗国民军	青年镜	论说	1925年第44期,第25—27页
	吴佩孚讨冯玉祥电	兴华	中外大事记:其一、中国之部:吴佩孚之策略	1926年第23卷第7期,第43—44页
	吴佩孚与国民军之战事	兴华	中外大事记:其一、中国之部:张吴与时局	1926年第23卷第23期,第42页

作者	篇名	出处	栏目	期次
	吴佩孚冯玉祥倒戈电	民视日报五周纪念汇刊	电文	19××年纪念汇刊,第104—105页
	吴佩孚冯玉祥之往来函	民视日报五周纪念汇刊	函	19××年纪念汇刊,第155—157页

七、北伐期间的吴佩孚与国民政府

作者	篇名	出处	栏目	期次
	吴佩孚军队解散问题	兴华	中外大事记:其一、中国之部:各省近讯	1926年第23卷第4期,第43—44页
	吴佩孚之生活与态度	兴华	中外大事记:其一、中国之部:南北战事	1926年第23卷第29期,第39—40页
	吴佩孚援湘计划	兴华	中外大事记:其一、中国之部:南北战事	1926年第23卷第29期,第41—42页
	吴佩孚中弹受伤	兴华	中外大事记:其一、中国之部:战报纷歧	1926年第23卷第35期,第38页

作者	篇名	出处	栏目	期次
	吴佩孚退守武昌之经过	兴华	中外大事记:其一、中国之部:战报纷歧	1926年第23卷第35期,第39—40页
	武昌失守之沪讯	兴华	中外大事记:其一、中国之部:苏沪近事	1926年第23卷第35期,第44页
	败退以后之吴佩孚	兴华	中外大事记:其一、中国之部:南方战事	1926年第23卷第36期,第43页
	吴佩孚反攻计划	兴华	中外大事记:其一、中国之部:武汉战讯	1926年第23卷第37期,第40页
	吴佩孚退守信阳后情形	兴华	中外大事记:其一、中国之部:武汉战讯	1926年第23卷第37期,第41页
	吴佩孚退郑州记	兴华	中外大事记:其一、中国之部:吴军消息	1926年第23卷第38期,45—46页

作者	篇名	出处	栏目	期次
	吴佩孚之行踪	兴华	中外大事记:其一、中国之部:吴军消息	1926年第23卷第38期,第46页
	吴佩孚确有反攻意	兴华	中外大事记:其一、中国之部:吴军消息	1926年第23卷第42期,第40—42页
	吴佩孚反对十三公使言和	兴华	中外大事记:其一、中国之部:吴军消息	1926年第23卷第42期,第42页
	吴佩孚反攻计划	兴华	中外大事记:其一、中国之部:吴军消息	1926年第23卷第42期,第42页
	吴佩孚之征南布置	大同	国内要闻:汉口	1926年第1卷第17期,第14页
	请速出兵声讨吴佩孚	真光	时事:上海南京各团体致国民政府电	1926年第25卷第2期,第94页

作者	篇名	出处	栏目	期次
	令各地速组织国民会议促成会,打到奉系及吴佩孚万恶之军阀	真光	时事:中央党部之重要训令	1926年第25卷第2期,第86—87页
	吴佩孚反攻声中之兵力,名为十师以上	真光	时事(自10月15日至11月15日):豫鄂现状	1926年第25卷第11期,第89—90页
	吴赵赴前线督战	真光	时事(7至8月):西南:吴佩孚南下后之战局	1926年第25卷第7—8期,第156—157页
日知	吴佩孚再超后的湖北(武昌通信12月29日)	向导		1926年第141期,第3—4页
日知	再起后的吴佩孚(12月29日武昌通信)	向导		1926年第142期,第9—10页
郁	中国共产党中国共产主义青年团为吴佩孚联奉进攻国民军事告全国民众	向导		1926年第145期,第1页

作者	篇名	出处	栏目	期次
	吴佩孚又免靳云鹗职	兴华	中外大事记:其一、中国之部:豫西战局	1927年第24卷第2期,第50页
	吴佩孚罢免靳云鹗	兴华	中外大事记:其一、中国之部:豫省战事	1927年第24卷第3期,第45页
	吴佩孚讨伐靳云鹗	兴华	中外大事记:其一、中国之部:豫省战事	1927年第24卷第5期,第40—41页
	日暮穷途之吴佩孚	兴华	中外大事记:其一、中国之部:直豫近事	1927年第24卷第29期,第42—43页
	于学忠谈吴佩孚入川经过	兴华	中外大事记:其一、中国之部:末路军阀	1927年第24卷第30期,第47—48页
	吴佩孚现居万县	兴华	中外大事记:其一、中国之部:末路军阀	1927年第24卷第30期,第48页

作者	篇名	出处	栏目	期次
	国府通缉吴佩孚	兴华	中外大事记:国府要闻	1927年第24卷第39期,第43页
	吴佩孚现居白帝城	兴华	中外大事记:吴佩孚近状	1927年第24卷第34期,第44—47页
	上海廉价拍卖吴佩孚珍物	兴华	中外大事记:吴佩孚近状	1927年第24卷第34期,第45页
	吴佩孚困守白帝城	兴华	中外大事记:招商局之厄运	1927年第24卷第41期,第46—47页
	吴佩孚投党军?	真光	时事(自2月1日至3月15日):中州现状	1927年第4卷第7期,第6页
	吴佩孚再免靳云鹗	真光	时事(自12月6日至12月31日):中州现状	1927年第26卷第1期,第93—94页
	吴佩孚在郑州召集军事会议	时兆月报	世界要闻:国内消息(自1月8日至2月8日)	1927年第22卷第2期,第4—6页

作者	篇名	出处	栏目	期次
	困居白帝城之吴佩孚	真光	时事（自5月25日至10月10日）：杂讯	1927年第26卷第7—9期，第178—179页
	吴抵巫山，刘已释放	通问报：耶稣教家庭新闻	中外新闻：吴佩孚与刘玉春	1927年第1261期，第11页
	川将领拥戴吴佩孚	农民	新闻：国内要闻	1927年第3卷第18期，第3—4页
	吴佩孚的情况	农民	新闻：最近新闻	1927年第3卷第3期，第1—2页
	吴佩孚逃走南漳	农民	新闻：国内新闻	1927年第3卷第16期，第2页
心洁	进退维艰之吴佩孚	新北方周刊	时评	1927年第1卷第3期，第9—11页
	吴佩孚心还未死	农民	新闻：国内要闻	1927年第3卷第21期，第2页
	吴佩孚现在万县	农民	新闻：国内新闻	1927年第3卷第21期，第2页
	吴佩孚野心不死	农民	新闻：最近新闻	1927年第3卷第7期，第3页
	全部党军都能够接受张作霖吴佩孚的提议吗？	向导	寸铁	1927年第191期，第6页

作者	篇名	出处	栏目	期次
	吴佩孚野心不死	兴华	中外大事记：四川近事	1928年第25卷第7期,第43—44页
	吴佩孚在川之行踪	兴华	中外大事记：各省要闻	1928年第25卷第10期,第46—47页
	吴佩孚到大竹	坦途		1928年第8期,第22页
	吴佩孚杨森在川之行踪	真光杂志	时事（自5月16日至6月8日）	1928年第27卷第6期,第93页
	吴佩孚也谈三民主义	真光杂志	时事（自10月14日至11月11日）	1928年第27卷第11期,第93页

八、吴佩孚之对外抗争

作者	篇名	出处	栏目	期次
	吴佩孚对签字问题之通电	通问报：耶稣教家庭新闻	中外新闻	1919年第857期,第11页
	吴佩孚痛论取缔排货电	全国公民和平协助会周刊	国内要闻	1920年第7期,第20—21页
	吴佩孚整顿外交之通电	新民报	时事论说门	1920年第七卷第10期,第7页

作者	篇名	出处	栏目	期次
	吴佩孚痛诋梁内阁之通电	兴华		1922年第19卷第3期,第21—22页
	甲、中国之部（民国十一年1月5日）：吴佩孚通电反对梁阁	兴华	中外大事撮要	1922年第19卷第3期,第28页
	壮哉吴佩孚之歌电	兴华	时评	1922年第19卷第3期,第32—33页
	其一、中国之部：金案披露：吴佩孚反对金案轶闻	兴华	中外大事记	1922年第18卷第16期,第41—42页
	吴佩孚拒见坂西通电请讨溥仪	战地摄影		1932年第1期,第21页
怪力	吴佩孚的名教救国论	论语	子不语	1932年第1期,第33—35页
	吴佩孚表明心迹	救国通讯	时事要闻（自1月19日至31日）	1933年第38期,第672页
大虎	吴佩孚拒绝日人煽惑	礼拜六	记所欲记	1934年第541期,第4页
	吴佩孚拒就伪建国大将军	摄影画报		1934年第10卷第10期,第4页

作者	篇名	出处	栏目	期次
	吴佩孚到底是好汉	田家半月报	小消息	1937年第4卷第23期,第3页
	吴佩孚英雄本色	国讯	中日一旬	1937年第171期,第385页
刘芳棣	吴佩孚尚能重晚节	战干	旬日来国内事	1938年第11期,第17页
	小小报道:吴佩孚避外使馆	现世报	现世动态	1938年第33期,第4页
	吴佩孚置棺明志,王克敏起身放砲	华美	小章间	1938年第1卷第36期,第1页
	吴佩孚答冈野亲笔函	杂志	吴佩孚论	1939年第3卷第6期,第5页
刘芳棣	吴佩孚陈棺明志	战干	旬日国内动向	1939年第14期,第31页
	吴佩孚三气土肥原	田家半月报	小消息	1939年第6卷第5期,第6页
	吴佩孚躲了	田家半月报	小消息	1939年第6卷第1期,第4页
老王	吴佩孚备棺记	抗战新闻	小大由之	1939年第1卷第2期,第52—53页
	吴佩孚通电全国	自由谭		1939年第7期,第26页

作者	篇名	出处	栏目	期次
任莘如	关于吴佩孚之通电	决胜		1939年第24期,第13页
	备棺示志的吴佩孚	现世报	小小报道	1939年第38期,第3页

九、吴佩孚之身后事

作者	篇名	出处	栏目	期次
霖霖	悼吴佩孚将军	职业生活		1939年第2卷第8期,第16页
	悼吴佩孚将军（附图）	现实（上海1939）		1939年第7期,第535页
华夏	吴佩孚将军盖棺论定	学习		1939年第1卷第7期,第18页
	盖棺论定吴佩孚（附照片）	杂志		1939年第5卷第6期,第17—20页
杜绍文	关于周吴	战时中学生	关于吴佩孚周作人特辑	1939年第1卷第3期,第58—59页
拾荒者	吴佩孚论	战时中学生	关于吴佩孚周作人特辑	1939年第1卷第3期,第65—72页
李一飞	周作人和吴佩孚	战时中学生	关于吴佩孚周作人特辑	1939年第1卷第3期,第72—73页

作者	篇名	出处	栏目	期次
梁森	吴佩孚将军的一生	职业与修养		1939年第2卷第1期,第23页
党幽星	吴佩孚将军轶事	总汇报每旬增刊		1939年第1卷第4期,第8—9页
巴林	人物剪影:吴佩孚将军	新中国		1939年第2卷第3期,第52—53页
	吴佩孚之谜（附照片）	良友		1939年第141期,第16—17页
曾令可	汪精卫与吴佩孚	抗战时代		1939年第1卷第3期,第25—26页
天风	吴佩孚将军生前不纳妾,不积私财,不出洋,不入租界	民锋	时事漫谈	1939年第1卷第7期,第15页
	吴佩孚将军逝世	江西地方教育	国内大事述要	1939年第167—168期,第99—101页
	（一）褒奖事项:十七、褒扬吴佩孚追赠陆军一级上将特给治丧费一万元（中华民国二十八年12月9日）	内政公报	国民政府命令	1939年第12卷第10—12期,第13页

作者	篇名	出处	栏目	期次
廷敏	吴佩孚将军于日前在平突然逝世我政府当局特赠陆军一级上将并给恤金一万元	抗卫		1939年第2期,封4页
	一代完人吴佩孚逝世	时事文汇		1939年第1期,第20—23页
	悼吴佩孚将军	时事文汇	时论选录	1939年第1期,第7—11页
	吴佩孚氏病逝故都	进修	一月来时事（自11月26日至12月15日）	1939年第2卷第3期,第22—23页
	吴佩孚北平逝世	战鼓周刊	两周来	1939年第54—55期,第6页
叶山	吴佩孚与汪精卫	华美	小评	1939年第2卷第6期,第5页
华夏	再论吴佩孚将军	学习		1940年第1卷第9期,第10页
梁森	吴佩孚将军的一生	职业与修养		1940年第2卷第2期,第24—25页

作者	篇名	出处	栏目	期次
王幼侨	吴佩孚传略（续）	读书通讯	名人传记	1940年第4期,第10页
王幼侨	吴佩孚传略（续）	读书通讯	名人传记	1940年第5期,第7—8页
王幼侨	吴佩孚传略（续）	读书通讯	名人传记	1940年第6期,第15—16页
王幼侨	吴佩孚传略（续）	读书通讯	名人传记	1940年第7期,第10—11页
张君劢	悼吴佩孚	学生月刊	时文选读	1940年第1卷第9期,第10页
张君劢	悼吴佩孚	时代精神		1940年第1卷第6期,第65—66页
	中枢各界公祭吴佩孚上将（附照片）（中英文对照）	东方画刊	正气昭垂千古	1940年第2卷第12期,第15页
	美国图画杂志中之吴佩孚氏殡礼	名著选择月刊		1940年第14期,封3页
Barger·H·H著,吴饮冰译	吴佩孚将军	长风（上海1940）	外人心目中的吴佩孚	1940年第1卷第1期,第51—56页

作者	篇名	出处	栏目	期次
温宗尧	"吴佩孚将军与汪精卫先生"书后	华文大阪每日		1940年第4卷第2期,第4页
温宗尧	吴佩孚将军与汪精卫先生	华文大阪每日		1940年第4卷第1卷,第7—8页
郑学稼	论吴佩孚	时代精神		1940年第1卷第6期,第68—73页
伯敏	吴佩孚之死	时代(漳州)		1940年第22卷第1期,第12页
波子	吴佩孚将军的生平	复兴旬刊		1940年第31—32期,第12—13页
	吴佩孚将军的遗范	长风(上海1940)	外人心目中的吴佩孚	1940年第1卷第1期,第56—57页
陶菊隐	吴佩孚将军传	读者文摘		1941年第1期,第138—146页
方朔	吴佩孚传达出身	飘		1946年第7期,第6页
土人	吴佩孚和齐燮元	飘		1946年第6期,第10页
	吴稚晖追悼吴佩孚	海涛		1946年第41期,第1页
方朔	吴佩孚任传达	老百姓(上海)		1946年第1卷第2期,第7页

作者	篇名	出处	栏目	期次
伯伦	章太炎与吴佩孚	青年生活（上海1946）		1946年第2期，第27页
华封三	吴佩孚之死	新上海		1946年第48期，第6页
郑逸梅	吴佩孚之讣告	海天	名贵柬帖	1946年第40期，第2页
灵犀	吴佩孚将军的生和死	新纪元周刊		1946年第3期，第7页
阿诚	杨森于学忠等请予吴佩孚国葬	周播	中央曾明令褒扬	1946年第5期，第5页
	吴佩孚墓竣工	秋海棠		1946年第20期，第6页
大任	吴佩孚国葬问题	新上海	号外新闻	1946年第10期，第10页
鳞爪	孔祥熙筹划吴佩孚葬事	新上海		1946年第40期，第2页
木公	褒扬吴佩孚	新文化		1947年第3卷第1—2期，第3页
愚蒙	中山先生论吴佩孚	人物杂志		1948年第3卷第1期，第22页
姚澈	吴佩孚论	学生文艺丛刊汇编	文(甲)	19××年第2卷第1期，第280—282页
万惠卿	吴佩孚论	学生文艺丛刊汇编	文(甲)	19××年第2卷第1期，第457—458页

民国期刊数据库中所收有关吴佩孚的文论,是研究吴佩孚的重要原始资料,目前学界利用不够,故特予以表录,以推动相关研究走向深入。

苏全有　河南师范大学历史文化学院教授、图书馆馆长
高航通　河南师范大学历史文化学院2011级学生

《人民日报》有关吴佩孚负面形象的记述

《人民日报》数据库具有全文检索的功能,这极有利于资料的获取。就吴佩孚而言,其在建国后负面形象的生成,从《人民日报》的记述中即可管窥全貌。

一、关于吴佩孚与京汉铁路大罢工的记述

作者	题目	出处	内容
新华社	"二七"简史	1949年2月7日第1版	……1923年2月1日,京汉铁路总工会在郑州成立,到京汉路代表及全国各地工会来宾数百人。军阀吴佩孚是日派兵包围会场拘捕代表不准开会……
新华社	"二七"回忆录	1949年2月9日第3版	……1923年1月底,京汉路各分会代表65人到达郑州,并有来宾130余人。直系军阀吴佩孚密令该地驻军靳云鹗等武力制止开会,并多方予以阻挠……

作者	题目	出处	内容
	石家庄五千职工纪念"二七"廿六周年 菏泽纪念"二七"职工会召开座谈会	1949年2月14日第2版	……市委刘秀峰同志概述了自"二七"罢工以后26年来的斗争情形后,激昂地说:现在我们已把比吴佩孚还万恶的蒋介石打到后台去了,"二七"所争取的自由与解放,很快就要在全国实现……
	平津区铁路职工通电 拥护恢复全国铁总	1949年6月16日第2版	……自从"二七"——为了建立铁路工人的组织而与封建军阀吴佩孚进行流血斗争的那天起,就坚定地走上了政治斗争的舞台,表现了伟大的无产阶级的坚决意志与顽强斗争的精神……
商恺	首都工人们欢度除夕	1950年1月1日第2版	……京汉工人大罢工,遭到吴佩孚武装镇压……从此北京的工人被踏到脚下,饱受了封建军阀、国民党官僚和日本帝国主义25年的折磨。"长辛店变成伤心店,琉璃河变成流泪河。"……

作者	题目	出处	内容
艾方	访"二七"老工人梁永福和计根生	1950年2月7日第2版	……1923年1月29日,京汉铁路全线各站工人都派了代表,到郑州开京汉铁路总工会的成立大会……帝国主义及其爪牙——军阀吴佩孚等,在工人们的力量面前,吓得发抖……
新华社	有关劳动政策的两大文件——工人日报社论	1950年4月30日第1版	……1923年"二七"京汉铁路工人大罢工,也就是为了争取组织工会的自由,结果遭到当时帝国主义的走狗封建军阀吴佩孚的残酷屠杀……
柏生	记中国青年运动史料展览	1950年5月11日第3版	……1923年2月7日,军阀吴佩孚屠杀京汉铁路总工会成立大会的代表,有39名工人惨遭杀害,300余工人受伤……
柳荣	纪念"二七"开展爱国主义生产竞赛	1951年2月9日第2版	……官僚军阀和帝国主义勾结压迫和剥削我们工人,把工人当作牛马看待……小站上只有一班人,大站也只二班倒。如果病了,不但没有人照顾,反而要扣薪金……当时在班上还要受当头的人的气,不是打就是骂,军阀吴佩孚和张作霖的军队,打人骂人也非常厉害……到2月7日狗腿子萧耀南在军阀吴佩孚的指使下,便开始屠杀工人了……

作者	题目	出处	内容
本报讯	制造"二七"惨案凶犯 赵匪继贤落网 惨杀赵一曼的凶手就擒	1951年6月14日第1版	……1923年2月1日,赵匪会同南段伪局长冯云和军阀吴佩孚,命令郑州匪军警当局,迫令解散京汉铁路总工会的成立大会,并派军队占领总工会会所,捣毁设备,包围工人代表……
胡乔木	中国共产党的三十年(之一)	1951年6月22日第5版	……但到1923年2月,中国工人运动的第一个高潮就受到了反动统治阶级的严重的打击。当时统治着河北、河南、湖北等省的军阀首领吴佩孚,用武力禁止京汉铁路总工会的成立大会。在京汉铁路以及其他许多铁路工人实行罢工反抗后,吴佩孚就在2月7日在汉口、长辛店等地对工人实行屠杀,工人死难者约40人,伤数百人,被称为"二七惨案"……
毛泽东	中国社会各阶级的分析(1926年3月)	1951年7月1日第5版	……在英帝国主义支持下的北洋军阀吴佩孚、萧耀南,在2月7日对罢工工人实行了残酷的屠杀,是为历史上有名的"二七惨案"……

119

作者	题目	出处	内容
苏广福	我愿在党领导下革命到底	1951年7月11日第6版	……各地代表1月28日到齐。29日,我们就派代表至洛阳和军阀吴佩孚谈判。吴匪蛮不讲理,不准我们成立总工会……在1926年军阀吴佩孚又抓去了我们工会干部汪胜有、司文法,将他们屠杀后把头挂在郑州德化街的电线杆上。我听到了这个消息,恨不得立刻抓到那些刽子手,把他们用铁锤捣碎……
万农 汪德鉴 刘立	向制造"二七"惨案的凶手赵继贤讨还血债!	1951年7月18日第1版	……制造"二七"惨案,大批屠杀铁路工人的凶手赵继贤……他把修建黄河大铁桥的工程费3000万,送给吴佩孚作军费……
新华社	全国铁路工会和武汉人民代表公审"二七"惨案主要凶犯 赵匪继贤在林祥谦烈士被害处执行枪决	1951年7月18日第1版	……另一方面却暗中打电报给军阀吴佩孚,阴谋扼杀工人组织的成立。2月1日,吴佩孚派兵包围了我们总工会成立大会的会场,强迫我们把大会解放……

作者	题目	出处	内容
龚人左	烈士的愿望开了花,结了果	1954年7月22日第2版	……军阀吴佩孚的爪牙张厚生亲自逼迫祥谦下上工命令,祥谦不答应,张厚生叫刽子手砍他一刀……祥谦忍痛大骂:"现在还有什么好说,一个好好的中国,就断送在你们这些混账王八蛋的军阀手中……"张听了更火了,又砍一刀,祥谦就这样牺牲了……陈桂贞继续说:"第二天,别人告诉我,军阀吴佩孚的报纸上说:林祥谦是共产党员,所以要把他杀掉……"
肖一平 张 弓	中国共产党历次代表大会简况	1956年9月14日第4版	……1923年2月,发生了震惊全国的"二七"惨案,华北、华中的工人运动遭到军阀吴佩孚的血腥镇压,工人运动暂时转入低潮……
田 汉	歌中苏拥抱	1957年10月11日第8版	……京汉成血线,省港使冰封……指京汉路二七大罢工,施洋等烈士与军阀吴佩孚斗争不屈遇害……

作者	题目	出处	内容
陈白尘	谈电影"风暴"的改编	1959年11月3日第7版	……二七大罢工——京汉铁路大罢工……一方面显示了中国工人阶级坚强、英勇和自我牺牲的高贵品质……另一方面，也充分暴露了帝国主义和军阀吴佩孚的狰狞面目，以及他们狼狈为奸相互勾结的内幕……
向东	铁牛白马话洛阳	1959年11月4日第8版	……依靠英美势力的反动军阀吴佩孚，长期盘踞洛阳，在西工修筑营房，招兵买马，祸国殃民，1923年制造"二七"惨案，屠杀京汉铁路大罢工工人的密令就是从这里发出的……
杭宝华	"二七"精神永远鼓舞着我们	1960年2月7日第8版	……1923年初，京汉铁路工人在党的领导下，进一步认识到组织起来的重要性，决定2月1日在郑州成立京汉铁路总工会。但是这个计划遭到当时军阀吴佩孚的破坏，没有实现……
刘葵华	访"二七"烈士林祥谦的故乡	1963年2月8日第2版	……我急忙赶到车站，只见祥谦被绑在车站电线杆上，军阀吴佩孚的爪牙、湖北督军署参谋长张厚生正在威胁他说："你的弟弟已经被打死了，你不下复工令，也要打死你。"……

作者	题目	出处	内容
全国总工会"革联"	是"工运领袖"还是头号工贼?	1967年10月5日第5版	……"二七"罢工时,工人代表同刽子手、大军阀吴佩孚谈判……
新华社	发扬无产阶级革命精神 打好批林批孔这一仗	1974年2月7日第1版	……郑国钧说:"13岁那年,我刚到京汉铁路郑州机厂当童工,就听到封建军阀吴佩孚大喊大叫:'孔子圣德,师表万世,昭垂千古。'他假惺惺地通电发表了所谓的'保护劳工'的政治主张……1923年1月31日,老奸巨猾的吴佩孚一面和总工会筹委会代表谈判时,欺骗工人说'你们工人的事,我没有不赞成的',一面却穷凶极恶地阻挠、破坏京汉铁路工人在郑州开会成立总工会……阴谋失败后,更加凶相毕露……制造了全国有名的'二七'大惨案。铁的事实戳穿了吴佩孚宣扬'保护劳工'的画皮及其一套谎言……"
新华社	发扬"二七"革命传统 狠批林彪孔老二	1974年2月8日第1版	……当年的反动军阀吴佩孚满口讲的是"仁义道德",可是他在镇压"二七"大罢工时杀害了我们多少无辜的铁路工人……

作者	题目	出处	内容
王德合	对反动派决不能施"仁政"——学习《论人民民主专政》的一点体会	1974年4月5日第2版	……以"圣人之徒"自居的北洋军阀吴佩孚,在"二七"大罢工时,一次就屠杀了30多个铁路工人……
天津站工人理论组	学习革命理论积极评论《水浒》	1975年11月24日第2版	……我们铁路工人"二七"大罢工的工人领袖林祥谦烈士,就是因为有投降分子的告密而惨死在反动军阀吴佩孚的屠刀下……
姜华宣	中国共产党第三次全国代表大会 中国共产党民主革命时期七次全国代表大会介绍	1981年6月4日第5版	……1922年1月到1923年2月,党领导的工人运动形成高潮。工人斗争的高涨引起帝国主义和封建军阀的恐惧。吴佩孚在帝国主义的支持下,疯狂镇压工人运动,制造了"二七"惨案……
田夫 王志新	中国共产党历次全国代表大会简介	1982年8月30日第4版	……1923年2月京汉铁路工人大罢工,遭到了帝国主义和军阀吴佩孚的武力镇压,造成"二七"惨案。同时,各地工会组织也大部分被反动军阀捣毁和封闭。许多工人领袖被逮捕和杀害。中国工人运动转入低潮……

作者	题目	出处	内容
刘明逵	"二七"大罢工史略	1983年2月7日第5版	……全国工人运动的高涨，引起了帝国主义和封建军阀的恼怒。吴佩孚撕掉了他的"保护劳工"的假面具，公然动用武力，禁止京汉铁路总工会成立大会的召开……
方政军；朱玉祥	武汉"二七"纪念馆新馆落成	1988年2月7日第4版	……2月7日，军阀吴佩孚在帝国主义支持下，在汉口江岸、郑州、长辛店等地对罢工工人进行了血腥镇压……汉口江岸分工会委员长林祥谦、总工会法律顾问施洋等52人，先后惨遭杀害，数百人受伤，造成历史上有名的"二七"惨案……
卞卡	塔赋	1989年7月2日第6版	……那座塔被称为"双塔"……据说就建在当年军阀吴佩孚屠杀大罢工铁路健儿的地方，为的是昭示后来者不忘历史，也为彪炳与垂悼雄风赫然的英魂……
	永远的丰碑(117)：江岸京汉铁路工会委员长林祥谦	2005年5月29日第2版	……1923年2月1日，京汉铁路总工会在郑州召开成立大会，遭到北洋军阀吴佩孚的破坏和镇压……

作者	题目	出处	内容
	京汉铁路工人大罢工（永远的丰碑·红色记忆）	2006年6月15日第2版	……2月1日上午，军阀吴佩孚派出大批荷枪实弹的军警在郑州全城戒严，下令禁止召开京汉铁路总工会成立大会……京汉铁路工人大罢工引起了帝国主义和反动军阀的恐慌。在帝国主义支持下，吴佩孚调动两万多军警在京汉铁路沿线镇压罢工工人，制造了震惊中外的"二七"惨案……
来建强	"二七烈士"——林祥谦（"双百"人物中的共产党员）	2011年2月15日第1版	……在一片欢呼和口号声中，宣告京汉铁路总工会正式成立。反动军阀吴佩孚、萧耀南对此感到无比恐慌和仇恨……吴佩孚勾结帝国主义，决定对罢工的京汉铁路工人进行残酷镇压……
	浴血奋斗	2011年6月21日第8版	……工人运动的迅猛发展，引起了反动统治者的恐慌。1923年2月7日，此前一直标榜"保护劳工"的直系军阀吴佩孚，血腥镇压了京汉铁路沿线的罢工工人。共产党员林祥谦、施洋先后英勇就义……

二、关于吴佩孚与北伐之相关记述

作者	题目	出处	内容
泽然	孔从周将军访问记	1946年9月5日第2版	……孔从周将军在抗战初期，任独立四十六旅的旅长……民国十五年为了使北伐军顺利北上，他同他的队伍在西安坚守了八个月，围着他们的是北洋军阀吴佩孚、刘振华的十万大军……
吴玉章	纪念辛亥革命 要打倒中山先生的叛徒蒋介石	1947年10月12日第1版	……国共两党合作以后，中国革命的面貌为之一新，削平了广东反动势力，巩固了革命根据地之后，在1926年进行北伐战争，打倒了吴佩孚、孙传芳等北洋军阀，占领了长江流域及黄河流域，并给帝国主义以严重打击，震惊了全世界，使中国革命向前进了一大步……
新华社	粤汉路上我军连捷 克汀泗桥军事重地 解放咸宁歼敌四个团	1949年5月23日第1版	……1926年北伐战争时，北伐军第四军独立团，在共产党员叶挺将军的领导下，曾于上述两地大败军阀吴佩孚的军队……

作者	题目	出处	内容
胡华	学习斯大林关于中国革命的学说	1950年2月7日第5版	……毛泽东同志，从1924—1927的大革命时代开始，就是中国共产党全党同志中"站在农民运动的最前列"的模范。他在1925年就在湖南从事发动农民运动，为后来北伐进军顺利通过湖南打垮吴佩孚主力准备好了群众基础……
郭沫若	发扬武装的革命 郭沫若	1950年8月1日第5版	……1926—1927年的大革命，在初期是获得了很辉煌的成就的。摧枯拉朽般地摧毁了吴佩孚、孙传芳、张作霖等旧军阀的武力，使吴孙两大军阀一蹶不振，不足一年的期间便解放了大半个中国……在北伐军发动以后，在军队里面，有叶挺所领导的独立团，是当时中国的红军，具有模范的战斗力，一出马便把北洋军阀的头子吴佩孚打垮了……
张沛	"学者"—政治阴谋家—胡适在思想上和政治上的反动本质	1955年1月15日第3版	……当北伐军猛攻吴佩孚时，吴佩孚向另一个军阀孙传芳求援以免于覆灭，这时远在伦敦的胡适，通过他的好朋友"淞沪督办"丁文江，策动孙传芳不去援救，目的是让北伐军与吴佩孚两败俱伤，然后再让孙传芳去消灭北伐军，扑灭大革命……

作者	题目	出处	内容
中国人民解放军军事科学院	英勇善战 坚强不屈——纪念叶挺同志	1977年8月3日第1版	……这时,北洋军阀吴佩孚为了阻止革命军北上,纠集其主力部队死守通向武昌的交通要道汀泗桥……
中国共产党湖北省委员会	力挽狂澜 功垂千古——毛主席大革命时期在武汉的伟大革命实践	1977年10月16日第2版	……1926年7月,在中国共产党的推动和组织下,广东革命政府出师北伐……不到半年,北伐军就打垮了吴佩孚、孙传芳等封建军阀的主力军,先后占领了武汉、九江、南昌等重要城市,革命势力迅速扩展到长江流域,严重地打击了帝国主义、封建军阀的统治……
新华社	五届政协常务委员、原农业部副部长 何基沣同志追悼会在北京举行	1980年3月26日第4版	……在第一次国共合作时期,他积极拥护北伐革命战争,参加了对封建军阀吴佩孚的讨伐……
	学习《关于建国以来党的若干历史问题的决议》①(资料)	1981年7月3日第2版	……1926年7月,国民革命军正式出师北伐,打垮了盘踞中南各省的吴佩孚和孙传芳两大军阀,攻占了湖南、湖北、福建、浙江、安徽、江苏等省的全部或一部。以共产党员为骨干的叶挺独立团担任北伐军的先遣队,在湖北咸宁汀泗桥、贺胜桥两次战役中,击溃军阀吴佩孚的主力,攻占长沙、武昌……

作 者	题 目	出 处	内 容
赵清学	为革命献出自己年青的生命——记共产党人郭亮	1981年9月3日第5版	……1926年3月,国民革命军即将北伐,赵恒惕与吴佩孚狼狈为奸,力图阻止北伐进军……
王昆仑	爱国为民 不断前进——纪念冯玉祥将军诞辰一百周年	1982年9月11日第3版	……冯玉祥率军由绥远出征陕、甘两省,同北伐军南北呼应。然后起兵出潼关,攻洛阳、郑州,与张作霖、吴佩孚的反动军队鏖战中原,成为北伐军中的一支劲旅……
宗志文	北伐战争	1982年9月24日第5版	……北伐的主要对象是三支军阀部队:一、直系吴佩孚,兵力约20万,据有湖南、湖北、河南三省和陕西的东部、河北的一部,控制着京汉铁路……在南方由吴佩孚出兵湖南,联合孙传芳和西南各省的地方军阀围攻广东……吴佩孚又从武汉赶调三个团死守贺胜桥,并亲临战地,杀死退却将官多人……9月1日,北伐军第四第七两军进抵武昌城下。这时,吴佩孚令其部将刘玉春等率两万余人,凭借武昌城垣及长江天险负隅顽抗。北伐军连续两次猛攻不入……

作者	题目	出处	内容
任白戈	郭沫若同志，我们的良师益友——纪念郭沫若同志诞辰九十周年	1982年11月17日第5版	……由于北伐将士的奋勇作战和人民群众的热烈支援，北伐军迅速打败了直系军阀吴佩孚的部队，占领武汉……
王昆仑 屈武 朱学范	沉痛悼念李世璋同志 促进国共第三次合作	1983年10月12日第5版	……北伐战争由于工农群众的积极支援，共产党人和革命的国民党人并肩战斗，进展十分迅速。友军7月底攻占了长沙，8月间相继克复了进军武昌路上的汀泗桥、贺胜桥两个军事要地，消灭了军阀吴佩孚的主力……
王德京	收回汉口、九江英租界	1984年3月9日第5版	……当北伐军进抵武汉时，英舰竟云集汉口江面，配合吴佩孚，炮击北伐军……
李尚志 何 平	何当重携手 共图兴中华——访当年黄埔军校政治教官许德珩老人	1984年6月15日第4版	……北伐军所向披靡，势如破竹。仅用半年多的时间，就击溃了称雄一时的反动军阀陈炯明、吴佩孚、孙传芳，直下长江流域，迭克名城重镇，一举统一了半个中国，有力地打击了帝国主义和封建主义的反动统治……

作者	题目	出处	内容
何继宁 苏克中	黄埔军校旧址纪念馆巡礼	1984年6月16日第4版	……在1926年秋至1927年春的北伐时期，黄埔军校师生发扬"尽忠革命、为国牺牲"的英雄气概，与北伐革命军将士一起，打败了强悍的军阀吴佩孚和孙传芳的数十万大军，占领了武昌城……
程子华	在黄埔军校建校六十周年纪念会上的讲话	1984年6月17日第4版	……由于国共联合战线，带来了北伐战争的胜利，曾经是北洋军阀"常胜将军"的吴佩孚，被摧枯拉朽地消灭了，东南王孙传芳也同样一败涂地……
黄埔军校同学会	黄埔军校与北伐战争——纪念北伐战争六十周年	1986年7月8日第4版	……在不到十个月的时间里，一场规模空前广大的人民革命战争，席卷了大半个中国，打败了封建军阀吴佩孚、孙传芳数十万反动军队，在中国革命历史上写下了光辉的篇章……
	功勋卓著的名帅——刘伯承同志生平	1986年10月17日第2版	……刘伯承同志1892年12月4日出生于四川省开县赵家场……1923年在讨伐北洋军阀吴佩孚的战争中任东路讨贼军第一路指挥官……

作者	题目	出处	内容
翁德清 林世良	许继慎——功勋卓著的红军将领	1987年10月9日第5版	……贺胜桥之战，是北伐军打垮军阀吴佩孚、夺取武汉的决定性一仗。当时，吴佩孚调集数万兵力，构筑了三道防线，亲自督战。独立团担任正面攻击任务。8月29日晚，许继慎率领的二营与三营分别沿着铁路两侧隐蔽挺进。30日拂晓，他带领全营战士向敌人发起勇猛冲锋，冲破敌军第一道防线后，继续向纵深进攻，直插吴佩孚的指挥阵地。吴佩孚大为惊慌，急调一个师拼命反扑，将二营团团围住，战斗异常激烈。许继慎鼓励官兵顽强战斗。他的胸部负了重伤，仍坚持指挥。第一营增援过来，粉碎了敌人的包围，并继续组织进攻，敌军第二道防线又被独立团摧垮，吴佩孚的守军随之全线崩溃……
朱学范	两岸工会合作共同振兴中华——纪念第六次全国劳动大会四十周年	1988年8月25日第5版	……1926年7月，国民革命军北伐，把吴佩孚、孙传芳等军阀的数十万部队，打得落花流水，其中一个重要原因，就是得到了工农群众的支援……

133

作者	题目	出处	内容
薄一波	北方局党的军事领袖 工农革命红军的将才——忆张兆丰同志	1990年10月21日第5版	……不到一个月时间,国民革命军即占领郑州,两路大军胜利会师。此时,武汉兵力空虚,蜷缩在南阳一隅的吴佩孚率其残部,会合于学忠部,想联合襄樊驻军徐寿椿、马文德等部,乘机进袭汉口……
屈武 朱学范 侯镜如	毕生爱国 典范永存——纪念陈铭枢同志诞辰一百周年	1989年10月26日第6版	……1926年夏,北伐战争开始,陈铭枢同志所在的第四军以共产党人叶挺同志领导的独立团为前锋,由粤入湘,直下两湖,击败吴佩孚主力,特别是在汀泗桥等著名战役中,他与叶挺同志、张发奎将军并肩作战,屡建战功,第四军因而被誉为"铁军"……
王德京	英名永在 浩气长存——纪念叶挺将军诞辰一百周年	1996年11月4日第10版	……7月初,广东国民政府正式誓师北伐……为了实现占领武汉的部署,四军奉命进攻平江。吴佩孚在此布置重兵万余人凭险固守。叶挺率独立团从小道绕到敌人侧后,配合正面友军发起突然攻击,迅速击溃敌人,占领平江。随即乘胜攻入湖北境内,进而切断粤汉铁路。吴佩孚急忙调遣近3万人的兵力,布防在素以天险著称、作为武汉南大门的汀泗桥……

作者	题目	出处	内容
中共中央党史研究室	伟业千古 风范长存——纪念李大钊同志诞辰一百一十周年	1999年10月30日第6版	……在李大钊的领导下，党在国民军的工作做得有声有色，对争取和壮大国民军成为一支国民革命的劲旅、策应南方国民革命军的北伐、打败吴佩孚和张作霖等军阀势力，起了很大作用……
	80年80事	2001年6月25日第5版	……1926年至1927年间，中国人民在中国共产党和国民党的共同组织领导下进行了反对帝国主义和北洋军阀的革命战争。1927年初，北伐军先后击溃北洋军阀吴佩孚、孙传芳等军队的主力，取得了伟大的胜利……
田豆豆	咸宁：红土地上崛起绿色产业	2005年3月26日第4版	……1926年8月，北伐革命军挺进武汉。北洋军阀吴佩孚匆忙在汀泗桥、贺胜桥一线构筑防御工事10余里，结集部队2.6万人，妄图阻止北伐军前进的步伐……
	北伐战争（永远的丰碑·红色记忆）	2006年6月25日第2版	……北伐军首先集中兵力在两湖战场打击吴佩孚所部。北伐正式开始后，国民革命军连克长沙、平江、岳阳等地，8月底取得两湖战场上的关键一战——汀泗桥、贺胜桥战役胜利。10月，北伐军进抵武汉，先后占领武昌、汉阳、汉口，全歼吴佩孚部主力……

作者	题目	出处	内容
	血战汀泗桥（永远的丰碑·红色记忆）	2006年6月27日第2版	北伐军兵临武汉,吴佩孚急调近3万人的兵力,企图利用粤汉铁路上三面环水、一面靠山的天险汀泗桥,固守待援……8月26日,北伐军6个团对汀泗桥发起猛烈攻击,敌军据险顽抗。吴佩孚亲临督战,下令"退却者杀无赦"。北伐军连续冲锋10多次,汀泗桥几度易手,双方伤亡惨重,争夺异常激烈……汀泗桥战败后,吴佩孚又集中4万多人的部队,在同样地势险要的贺胜桥布下三道防线,并亲自坐镇指挥……
赖少芬 赵建成	铁流奔涌聚工农（伟大历程）——记反帝反封建的大革命	2011年5月11日第4版	……正是在大革命掀起高潮的有利形势下,1926年夏,国民革命军挥师北伐。在沿途人民群众的大力支持下,北伐军势如破竹,在半年多时间里,就占领了长江流域和东南沿海各省,消灭了北洋军阀吴佩孚和孙传芳的势力……
刘友凡	荆楚红色记忆（党旗礼赞）	2011年6月18日第8版	……北伐铁军,武昌城头奏凯歌。吴佩孚控荆楚,借军费勒百姓。国共合作,北伐讨吴,三路进军,直取武汉……

作 者	题 目	出 处	内 容
	中国共产党历史大事记	2011年7月21日第20版	……7月9日国民革命军在广州誓师北伐。至11月,基本消灭军阀吴佩孚、孙传芳的势力……

三、关于吴佩孚与孙中山的相关记述

作 者	题 目	出 处	内 容
郭煜中	从处理商团事件看孙中山先生的反法西斯思想	1956年11月8日第4版	……近日陈廉伯派代表往洛阳勾结吴佩孚,乃用商团名义,此等事实彰彰,中外人民皆知,证以此次庆祝牌楼各对联之口气,亦与此事吻合,实已不打自招。此等谋为不轨之事,竟公然明目张胆而为之,陈廉伯等之视政府为无物,于斯可见矣……
熊克武	孙中山先生永远活在中国人民的心中	1956年11月11日第2版	……袁世凯死了,其他各派军阀又起来,张勋、曹锟、吴佩孚等相继窃取北京政权……孙中山先生进行了一次又一次的奋斗……当孙中山先生在苏联和中国共产党的帮助之下,革命力量蓬勃发展起来的时候,曹锟、吴佩孚的力量也在逐步扩张,孙先生希望我们整顿部队,安定地方,以响应北伐……

作者	题目	出处	内容
朱蕴山	纪念孙中山先生诞辰的感想	1956年11月12日第6版	……从癸丑讨袁一直到护法讨贼各役这一时期的中山先生，是平生最辛苦的时期。南北军阀，相互勾结，又相互混战，官僚政客依附军阀，替他们做御用工具。最不可饶恕的叛徒陈炯明，与吴佩孚勾结阻挠北伐……
平心	孙中山的和平理想永垂不朽	1956年11月16日第7版	……辛亥革命失败以后，受帝国主义驱策的封建军阀，制造了不断的内战灾难。人们记得：曹锟贿选不久，做着武力统一迷梦的吴佩孚集团虽然垮台了，而外来侵略势力和军阀割据局面仍然像长夜的梦魇，威胁中国人民的和平生活……
何香凝	我的回忆	1961年10月6日第7版	……孙先生坚决与倪嗣冲、曹琨、吴佩孚、张敬尧等南犯的北洋军阀一再对抗作战，陆荣庭等都是很不满的……
	在孙中山先生诞辰一百周年纪念大会上 民革主席何香凝的讲话	1966年11月13日第4版	……共和国成立以后，孙先生又领导了反对袁世凯，反对陆荣廷、陈炯明、沈鸿英、杨希闵以及反对吴佩孚、段祺瑞等封建军阀的斗争……

作者	题目	出处	内容
朱乔森 姚维斗 黄真	学习李大钊同志的《狱中自述》	1980年5月30日第5版	……孙中山曾经与张作霖缔结过军事同盟，共同反对吴佩孚……
王昆仑	宋庆龄——毕生为新中国奋斗的忠诚斗士	1981年6月3日第2版	……那是1923年，我还在北京大学读书，由于北洋政府委派他们的小爪牙彭允彝出任教育总长，激起了爱国学生的公愤，认为这种不学无术的人也来长教育，实际上是摧残教育，侮辱教育界，便选黄日葵、李国暄、屠安和我四人南下……孙先生坐在他办公桌前的大靠椅上……指示我们：彭允彝的问题，不只是教育界的问题，而是一个政治问题。光反对彭允彝一人很不够，要反对他的主子曹锟、吴佩孚，还要反对曹、吴的后台老板帝国主义列强……
尚明轩	孙中山和首次国共合作	1984年1月16日第5版	……孙中山因受国民党右派的包围、影响而一度缺乏信心和勇气，表现犹豫、妥协，甚至认为不能在广州再坚持下去，必须另谋生路。他于9月初决定再次北伐，征讨直系军阀曹锟、吴佩孚，并亲率北伐军离开广州，移大本营于韶关，希望向广东以外打开出路……

作者	题目	出处	内容
朱学范	孙中山的思想发展与中国工人运动	1986年11月3日第5版	……孙中山斥责军阀吴佩孚镇压京汉铁路大罢工的暴行,对京汉铁路工人表示深切的同情……
孙钢	革命先行者的珍贵文献——读新发现的孙中山致越飞书信两封	1991年3月12日第5版	……在对吴佩孚及其控制下的北京政府的认识上,以及在处理孙、吴关系上,孙中山并不同意苏俄和共产国际的看法。他深知吴佩孚有武力统一中国的野心,他写道:"我的真正敌人肯定会是吴佩孚,英国和其他国家肯定会支持他而反对我。"……12月16日,孙中山致信列宁,重申了他的基本观点。在信中他指责曹、吴控制下的北京政府是帝国主义列强的"奴仆和工具"……1923年2月7日,吴佩孚悍然血腥镇压京汉铁路工人大罢工,并公开表示反对苏俄和共产国际、反对中国共产党的立场,使他的反革命真实面目暴露于光天化日之下。事实说明,吴佩孚根本不是中国资产阶级的代表,而是中国封建军阀势力的代表,是帝国主义的代理人……

作者	题目	出处	内容
	孙中山致越飞的两封信（1922年8月—12月）	1991年3月12日第5版	……我必须很坦率地说，我的真正敌人肯定会是吴佩孚，英国和其他国家肯定会支持他而反对我。英国甚至现在就躲在吴佩孚和陈炯明的"联盟"幕后，在福建"消灭"我的军队。吴佩孚正在这样干，尽管他保证善意对我。我担心此人靠不住……

四、关于吴佩孚与英美帝国主义的关系的相关记述

作者	题目	出处	内容
新华社	西北军的历史现状及其出路	1946年10月31日第3版	……段祺瑞执政后，委冯为西北边防督办，辖察、绥、甘三省……此时，张作霖、吴佩孚在帝国主义等驱使下，曾联合一切反动势力，在"讨赤"的口号下发动了对西北军的战争，冯乃去职赴苏……
	五四运动二十八周年	1947年5月6日第1版	……五四运动在文化上犹如"放足运动"，从此以后，除了反动派如吴佩孚、蒋介石、戴季陶等还提倡"读经"，提倡封建的买办的和帝国主义的文化以外，人民大众对于洋奴文化、封建文化已经毫无留恋了……

作者	题目	出处	内容
新华社	孙科卖国反人民叫嚣 是图借外援延续暴政 李济琛陈瑾昆两氏著文痛斥	1947年7月12日第1版	……著名法学家陈瑾昆氏顷撰文痛斥孙科叫嚣反苏、反共称：孙科的叫嚣"完全是向美国喊救命，它完全和段祺瑞、曹琨、吴佩孚、张作霖、汪精卫等喊防共防苏一样，只是勾结外国维持独裁的一个口实"……
陈伯达	消灭蒋介石，打碎蒋家小朝廷的全部统治机构！	1948年2月23日第1版	……同时帝国主义的侵略，也就经过那一套反革命的统治机构而向中国扩张。适应于大地主大买办的经济基础而形成的军阀的、官僚的、特务的上层统治机构，并不一定要由一个固定的人来代表，它可以由慈禧太后来代表，可以由袁世凯来代表，可以由段祺瑞来代表，可以由曹琨、吴佩孚来代表，可以由蒋介石来代表。总之任何流氓混蛋，乌龟王八，只要有个适当的机会，都可能被帝国主义者和中国反动派提拔起来，或叫"皇帝"，或叫"总统"，或在昨天叫"总统"，今天叫"皇帝"，或在今天叫"国民政府主席"，明天叫"总统"……

作 者	题 目	出 处	内 容
张西曼	"三一八"爱国运动的教育意义	1949年3月19日第4版	……本来冯玉祥于民国十三年10月在奉直军阀作战中,毅然举行了对直系吴佩孚致命打击的"倒戈",是有它的重大历史意义的,但是不幸他在欢迎孙中山北上之后,忽又和进驻天津的奉系军阀张作霖秘密妥协……而张段反勾结退依两湖巡阅使萧耀南(即民国十一年2月7日屠杀平汉路罢工工人的刽子手)的吴佩孚,仰承帝国主义者的鼻息,由湖北向河南国民第二军进攻,构成一种消灭北方冯玉祥所领导的国民军的联合阵线,以阻绝冯对将来广东北阀军的声援呼应……
新华社	长江日报发刊词号召建设新武汉	1949年5月30日第1版	……武汉又曾是吴佩孚、萧耀南、蒋介石、李宗仁、白崇禧这些反动派和官僚资本家勾结外国帝国主义压迫人民、屠杀人民的罪恶堡垒……
刘大年	美国侵华史	1949年9月13日第5版	……第二年——1920年,美国的反攻即开始进行。首先是发动直皖战争。这时直系依靠英美支援以曹锟、吴佩孚为首取得河北、河南、江苏、江西、湖北等省重要地盘……

143

作者	题目	出处	内容
刘大年	美国侵华史	1949年9月14日第5版	……英国则单独扶持吴佩孚再起,希望以此巩固长江流域利益……
新华社	"二七"简史	1950年2月7日第1版	……而所有这些军阀都是中国不同地区大地主、大资产阶级的代表和一个或几个帝国主义国家的走狗,他们是中国的半殖民地半封建统治的代表者,是中国人民的凶恶敌人……而当时这些军阀集团中,以直系军阀吴佩孚握有的军事势力最大,他们据有中央政权,所以又成为当时反革命集团中更为凶恶的一个集团……
时事手册	怎样认识美国（宣传提纲）	1950年11月5日第5版	……1922年至1924年以军火及贷款援助直系军阀曹锟、吴佩孚等进行内战……
胡绳	美国在历史上怎样侵略中国？	1950年11月20日第3版	……正因为美国的一贯企图是独霸中国,所以它在中国总是选择它所认为在中国最强的反动势力,加以支持,使它做自己的走狗,帮助它"武力统一中国"……北洋军阀中的曹锟、吴佩孚也是受美国支持的……吴佩孚四处打仗,想统一中国,主要是靠美国人的钱和军火的帮助……

作者	题目	出处	内容
俞杰 樊百川	推荐几种学习美帝侵华史的读物	1950年11月15日第5版	……祸国殃民的北洋军阀曹锟、吴佩孚,就是美帝国主义的走狗。美帝曾给以财政上、军火上的种种援助……
樊百川	美帝侵华年表	1950年11月16日第5版	……1920年,美帝与英帝联合支持直系军阀曹锟吴佩孚发动直皖战争。 ……1922—1924年,美帝以军火及贷款援助直系军阀曹锟、吴佩孚等进行两次直奉战争及江浙战争等军阀混战……
新华社	中华人民共和国的声音是应该被全世界听到 伍修权在记者招待会分发庄严文件支持苏联代表控美侵略我国的发言	1950年12月19日第1版	……1922—1924年,美国政府以军火及贷款援助中国直系军阀曹锟、吴佩孚等进行内战……这150年的历史证明美国帝国主义者是一贯侵略中国的,他们对于中国人民的所谓友谊,不过是侵略的别称;他们在中国所作的文化和人道的努力,实际上只是为了实现这种侵略的手段,他们在中国的朋友,从满清皇帝、曾国藩、李鸿章、袁世凯、吴佩孚、曹锟、直到为全中国人民所唾弃的蒋介石,都是帮他们进行侵略的助手……

作者	题目	出处	内容
戴文葆	介绍"帝国主义与中国政治"	1953年1月18日第3版	……袁世凯死后,帝国主义国家各自寻找其有力的工具,互争霸权。北洋军阀系统在袁死后分裂为"直系"与"皖系"两派。"直系"军阀冯国璋、曹锟、吴佩孚等正是美英帝国主义所运用的工具……
汪子嵩 王庆淑 张恩慈 陶阳 甘霖	批判胡适的反动政治思想	1954年12月17日第3版	……但在政治上,中国早已被日英等帝国主义所霸占。所以美帝国主义当时一方面竭力争取"门户开放,机会均等",同时也不甘心让日、英帝国主义支持的大军阀段祺瑞、吴佩孚等来武力统一中国,这样对美国没有好处。美帝国主义需要的是让各省军阀分治,然后通过经济侵略来独霸中国……
王光远	第一次国共合作的楷模——纪念李大钊同志就义六十周年	1987年5月7日第5版	……为了镇压日益高涨的群众革命运动,赶走京津地区的国民军……由英帝国主义支持的吴佩孚从南面进攻国民军。全国人民甚为愤怒,立即掀起了一个反日英、反张吴的运动。北京各界群众数万人连续在天安门召开反日讨张国民示威大会,2月27日,又召开反英讨吴国民大会……

五、《人民日报》对于吴佩孚的负面形象形成的其他有关记述

作者	题目	出处	内容
新华社	马西努指出 马歇尔、司徒雷登的联合声明,是美国武装干涉中国第二阶段的开始。	1946年8月17日第1版	……华侨日报对此写道:我们必须警告这些战争挑拨者以孙中山曾说过的一句话:"军阀与帝国主义阴谋合作所造成的武装力量一定会失败的!"该报继称:"假使国民党军阀坚持实行自己罪恶的阴谋,那末它将会像袁世凯、段祺瑞、吴佩孚等中国军阀一样,会被中国人民的庞大力量铲除净尽。"……
新华社	依靠美反动派支持决心全面破裂 蒋介石叫嚣武力统一	1946年10月13日第1版	……武力统一的迷梦,袁世凯吴佩孚都曾做过,蒋介石如果一定要走袁世凯的老路,那也只能请便……
新华社	响应美军退出中国运动 延安万人举行大会 要求美军退出中国去 要求蒋军退出侵占区	1946年10月14日第1版	……35年以前,中国只有几百个革命党员就把统治中国267年的满清推翻了。以后中国人民又推翻了袁世凯、曹锟、吴佩孚。侵略中国的日本帝国主义,也被我们打败了……

作者	题目	出处	内容
本报资料研究室	石家庄近况	1949年2月25日第2版	……是的,屠杀人民的刽子手总要为人民的力量压碎,无论是吴佩孚或蒋介石……
新华社	沈钧儒先生的演词 呼吁民主人士和党派团结起来 粉碎美帝制造"反对派"的阴谋	1949年3月1日第2版	……专制帝王倒了之后,变成了袁世凯、吴佩孚、段祺瑞、张作霖等北洋军阀反动统治的首都……
冷林	郊区土地情况介绍	1949年10月21日第4版	……由于地主军阀放在农民身上的负担年有增加,因之农民日趋贫困,于是土地便更加迅速地集中在地主军阀手内。如吴佩孚、段祺瑞、冯治安等在郊区都占有大量土地……
石岩	北京郊区农村情况介绍	1949年12月6日第2版	……李守信、吴佩孚、段祺瑞、张勋等占有土地都在千亩以上。这类地主多住在城内,靠出租土地,榨取农民的血汗来供给他们荒淫糜烂的生活……
《读者·编者》		1951年3月18日第6版	……错误的《历朝功臣名将图》……标题的提法反映了封建统治者的立场……反动军阀吴佩孚被称为"昭垂万世之伟大人物"……这种有害的出版物,不应听其在市场上流行……

148

作者	题目	出处	内容
朱务善	回忆守常同志	1957年4月29日第2版	"我们早就认定了吴佩孚和中国其他军阀完全一样……并不相信吴佩孚什么的保护劳工政策"……
人民日报编辑部	毛泽东同志论帝国主义和一切反动派都是纸老虎（1958年10月27日）	1958年10月31日第1版	……段祺瑞、徐世昌、曹锟、吴佩孚等等，他们都想镇压人民，但是结果都被人民推翻。凡有损人利己之心的人，其结果都不妙……
程潜	光辉和伟大的十年	1959年10月25日第5版	……并且适得其反，产生了蒋介石国民党反动派的统治，它是国际帝国主义、中国的封建主义和官僚资本主义的联合统治，是中国历史上最反动的、最黑暗的、最残酷的、最凶恶的王朝。这个血腥王朝，继承了中国近代封建统治者西太后、袁世凯、段祺瑞、曹锟、吴佩孚等反革命统治的全部经验，这个王朝及其代表人物觉得"天下莫予毒"，把中国人民纳入了灾难深重的血海之中……
冶秋	车如流水马如龙	1962年12月13日第6版	……那时候最阔气的是段祺瑞、曹锟、吴佩孚、张作霖等等，出来先要"禁街"……车两旁挂满了带着"盒子炮"的卫兵，一哄而过……

作者	题目	出处	内容
金丰羽	为无产阶级英雄李玉和立传	1970年5月14日第3版	……《红灯记》中李奶奶痛说革命家史的念白,有以下几个特点:……在声调方面……如念到"洋鬼子走狗吴佩孚"时,以加强的语气,表达了对敌人的切齿痛恨……
国家海洋局理论小组	"枪杆子里面出政权"的真理不容歪曲——学习《战争和战略问题》笔记	1974年11月25日第2版	……按照林彪的说法,党、政、军、民中,军队是"中心"……这在理论上是非常荒唐的,是完全违背马克思主义国家学说的……当年,吴佩孚、蒋介石这些反动军阀们,曾经拼命兜售过这类货色……
	学习《毛泽东选集》第五卷参考资料(17)	1977年8月27日第3版	……辛亥革命就走了回头路,革掉了皇帝,来了军阀……皖系军阀段祺瑞、直系军阀曹锟和吴佩孚、奉系军阀张作霖等先后夺取了北京中央政府的权力,实行反动统治……

作 者	题 目	出 处	内 容
刘金魁	牡丹之忆	1982年3月1日第7版	……在回归的路上,我不禁想起宋朝李格非《书洛阳名园记后》中的话:"洛阳之盛衰,天下治乱之候也……园囿之兴废,洛阳盛衰之候也。"由于历代统治者屡次在此交兵,加上国民党的盘踞,军阀吴佩孚的袭扰,"其池塘竹树,兵车蹂躏,废而为丘墟;高亭大树,烟火燔化为灰烬",洛阳牡丹当然也不能幸免,逐渐衰败,到中华人民共和国成立前夕,只剩下20多个品种,零散在少数人家中……
侯均初	直皖战争	1982年8月6日第5版	……而以吴佩孚为代表的直系军阀,正是利用人民的不满和反对,竭力装扮出一副"爱国军人"的面孔,起而与皖系相对抗。然而,历史很快就证明,直系军阀与皖系军阀是一丘之貉。它掌握北京政权也一样祸国殃民。因此,它也终究逃脱不了彻底覆灭的可耻下场……
章立凡	直奉战争与北京政变	1982年8月16日第5版	……直系的主要支柱吴佩孚,不满于曹派的驱黎贿选,在洛阳埋头练兵,力图实现其"武力统一"的野心……

作 者	题 目	出 处	内 容
高克林 钟师统 赵和民 何辛震	震撼西北的春雷——纪念渭华起义六十周年	1988年5月5日第5版	……1925年我党领导陕西人民迫使北洋军阀豢养的陕西省长兼督军刘镇华下台。翌年,吴佩孚、张作霖、阎锡山等军阀互相勾结,支持刘镇华卷土重来,围困共产党人魏野畴和杨虎城率领的陕西军驻守的西安……
	中国最早的马克思主义者和共产主义者,中国共产党的主要创始人之一李大钊(永远的丰碑)	2005年2月2日第2版	……1926年3月,李大钊领导并亲自参加了北京人民反对日、英帝国主义和反动军阀张作霖、吴佩孚的斗争……

从上可知,无论是关于吴佩孚与京汉铁路大罢工的记述、关于吴佩孚与北伐之记述,还是关于吴佩孚与孙中山的相关记述、关于吴佩孚与英美帝国主义的关系记述及其他等等,这一切的叠加,渐次演化成负面形象。

苏全有　河南师范大学历史文化学院教授、图书馆馆长
高航通　河南师范大学历史文化学院2011级学生

《申报》中所刊登的与吴佩孚相关文论

　　北京爱如生公司研发的《申报》全文检索数据库,对原始资料的穷尽意义重大。就吴佩孚课题而言,《申报》中就收有丰富的资料。

一、吴佩孚与社会各团体之间来往电文

作者	篇目	时间	版次
	全国和平联合会所接函电吴佩孚函	1919年7月16日	第10版
	吴佩孚覆和平联合会两函	1919年7月29日	第10版
	吴佩孚复平和期成会函	1919年7月31日	第10版
	吴佩孚覆各路商界联合会函	1920年2月26日	第10版
	吴佩孚覆沪公团函	1920年8月8日	第10版
	上海学生会致吴佩孚电	1920年8月14日	第10版
	吴佩孚覆商业公团函	1920年8月17日	第10版
	各界联合会与吴佩孚往来函	1920年8月29日	第10版
	吴佩孚覆上海学生联合会书	1920年8月30日	第10版

作者	篇目	时间	版次
	吴佩孚覆安徽救国代表团书	1920年8月31日	第10版
	鄂同乡致吴佩孚冬电	1921年8月3日	第14版
	学生总会致吴佩孚电	1921年8月5日	第14版
	旅沪鄂团体致吴佩孚电	1921年8月6日	第14版
	旅沪鄂团体致吴佩孚电	1921年8月7日	第14版
	旅沪鄂人致吴佩孚电	1921年8月16日	第14版
	湖北旅沪同乡会致吴佩孚电	1921年8月22日	第14版
	商界联合总会致吴佩孚电	1921年8月24日	第14版
	鄂团体声讨吴佩孚决堤电	1921年8月28日	第14版
	吴佩孚覆九团体电	1921年9月13日	第14版
	时间守约会致吴佩孚电	1922年1月18日	第10版
	吴佩孚致商教联合会书	1922年1月31日	第14版
	吴佩孚致京津沪各银行电	1922年3月14日	第6版
	吴佩孚覆商格协会电	1922年4月23日	第13版
	京商界请吴佩孚收复外蒙	1922年5月18日	第6版
	吴佩孚覆广州各团体电	1922年7月14日	第6版
	河南代表请吴佩孚裁兵节饷	1922年7月16日	第7版
	商总联合会忠告吴佩孚函	1923年3月15日	第13版

作者	篇目	时间	版次
	工商友谊会电劝吴佩孚	1923年3月28日	第13版
	旅沪川人电责吴佩孚祸川	1923年4月18日	第13版
	留日学生电责吴佩孚	1923年6月19日	第13版
	鲁人反对吴佩孚增兵之电文	1923年7月20日	第14版
	旅沪湘人致吴佩孚电	1923年8月17日	第13版
	吴佩孚致道路协会电	1924年8月17日	第14版
	总商会致吴佩孚电劝其下野	1924年11月27日	第9版
	五省公民会致吴佩孚电	1926年2月19日	第13版
	苏浙人士忠告吴佩孚电	1926年4月19日	第13版
	民权会电诤吴佩孚	1926年6月8日	第13版
	吴佩孚复红会电	1926年9月15日	第13版
	吴佩孚复市商会电	1933年1月22日	第13版
	侨胞电吴佩孚表示敬仰	1938年12月18日	第3版
	菲律宾胞电勖吴佩孚	1938年12月18日	第8版

二、吴佩孚与社会各界人士之间的电文

作者	篇目	时间	版次
	吴佩孚致江苏李督军电	1918年8月21日	第11版

作者	篇目	时间	版次
	莫荣新复吴佩孚电	1918年9月13日	第3版
	张树元反稽吴佩孚之通电	1919年9月15日	第6版
	吴佩孚讦龚心湛之又一电	1919年9月23日	第7版
	吴佩孚致张鲁泉电	1920年8月6日	第6版
	赵炳麟致吴佩孚书	1920年8月24日	第7版
	翁吉云阻吴佩孚助王占元电	1921年7月31日	第14版
	蒋作宾质问吴佩孚电	1921年8月21日	第11版
	驻美蒋梦麐等致吴佩孚电	1922年1月13日	第14版
	梁士诒反稽吴佩孚卖国	1922年3月5日	第7版
	丁锦致吴佩孚书	1922年4月29日	第13版
	吴佩孚对浙卢个电之答复	1922年4月30日	第10版
	谢复初致吴佩孚电	1922年5月18日	第13版
	章太炎覆曹锟吴佩孚电	1922年5月29日	第13版
	温宗尧覆吴佩孚电	1922年6月6日	第13版
	吴佩孚覆蔡子民商榷时局电	1922年7月10日	第7版
	汤漪丁佛言等覆吴佩孚电	1922年8月15日	第7版
	汤漪丁佛言等覆吴佩孚电（续）	1922年8月16日	第7版
	黎黄陂覆吴佩孚之梗电	1922年8月28日	第7版

作者	篇目	时间	版次
	徐树铮与吴佩孚书	1922年9月5日	第7版
	徐谦与吴佩孚往还函电	1922年10月4日	第13版
	吴佩孚致冯玉祥书	1924年11月29日	第6版
	吴佩孚致段祺瑞电	1924年12月1日	第7版
	吴佩孚与岳维峻信使往还	1925年7月14日	第9版
	吴佩孚与张謇往来电	1925年10月28日	第6版
	张一麐覆吴佩孚电	1926年1月21日	第6版
	吴佩孚复董康电	1926年5月7日	第13版
	何丰林与吴佩孚书	1926年6月1日	第15版
	唐继尧致吴佩孚电	1926年8月23日	第7版
	吴佩孚致沪友电	1931年2月21日	第10版
	吴佩孚致李孟鲁电	1932年2月19日	第2版
	吴佩孚致蒋介石书	1932年8月9日	第11版
	吴佩孚复吴迈函	1933年1月25日	第12版
	赵恒锡致函规劝吴佩孚:流芳遗臭定于寸衷,泰山鸿毛争于一瞬	1938年3月15日	第2版
	省长赵恒锡函劝吴佩孚善保晚节	1938年3月18日	第2版

三、吴佩孚的国格

作者	篇目	时间	版次
	吴佩孚对签字问题之通电	1919年6月28日	第6版
	吴佩孚之最近两要电	1920年1月1日	第6版
	吴佩孚痛论取缔排货电	1920年1月15日	第6版
	吴佩孚反对直接交涉电	1920年2月13日	第7版
	吴佩孚主张协力对外电	1920年9月30日	第10版
	吴佩孚谢绝发起鲁大公司	1922年3月15日	第7版
	吴佩孚反对以三殿改议院	1923年5月25日	第7版
	吴佩孚大捕豫省白丸私贩	1924年3月9日	第6版
	吴佩孚催签中俄协定	1924年3月25日	第6版
	吴佩孚催决俄约之第四电	1924年3月30日	第7版
	吴佩孚措辞益厉	1924年3月31日	第6版
	吴佩孚允饬保护放赈	1926年3月27日	第15版
	吴佩孚允保护济生会放赈员	1926年3月28日	第14版
	吴佩孚电告万县英舰事件	1926年9月12日	第9版
	吴佩孚催办万案交涉	1926年9月24日	第4版
	争废比约之吴佩孚复电	1926年9月26日	第13版

作者	篇目	时间	版次
	吴佩孚促关会复开	1926年10月20日	第3版
	吴佩孚望促进关会	1926年10月23日	第5版
	吴佩孚主组救国基金委会	1932年2月9日	第4版
	吴佩孚电慰沪军	1932年2月26日	第5版
	吴佩孚拟发对日宣言	1932年2月28日	第5版
	吴佩孚拟就通电讨伐东北叛逆	1932年3月8日	第3版
	吴佩孚拒见坂西	1932年3月12日	第6版
	吴佩孚通电申述救国大计	1932年3月16日	第7版
	吴佩孚不赴国难会	1932年3月31日	第4版
	吴佩孚致书日皇共维东亚和平	1932年8月29日	第3版
	吴佩孚谈时局	1932年12月1日	第7版
	吴佩孚谈时局	1933年1月23日	第6版
	吴佩孚无离平意	1933年5月18日	第7版
	吴佩孚等洁身自爱,不甘背叛国家,拒绝出任傀儡	1938年6月16日	第2版
	吴佩孚表示不为傀儡	1938年11月30日	第4版
	吴佩孚坚决拒绝作傀儡 土肥原计划完全失败	1938年12月5日	第2版

作者	篇目	时间	版次
	吴佩孚拒作傀儡 土肥原梦想已全部幻灭	1938年12月5日	第8版
	土肥原亦妄期和平 吴佩孚不愿做傀儡	1938年12月7日	第8版
	吴佩孚大义凛然 陈逆中孚作日说客 被吴驱逐出门	1938年12月15日	第8版
	吴佩孚不受伪命	1938年12月17日	第8版
	吴佩孚斥日谣言	1939年1月29日	第4版
	吴佩孚拒绝参加和平运动	1939年1月31日	第8版
	吴佩孚拒就伪职	1939年2月2日	第4版
	日方幻想毫无成就 吴佩孚意志坚定 梁鸿志等曾被迫访吴氏 吴曾切实拒绝一切建议	1939年2月9日	第8版
	吴佩孚态度坚决	1939年2月13日	第4版
	吴佩孚意志坚定 日报鼓吹汪氏论调	1939年8月12日	第3版
	吴佩孚意志坚定	1939年12月2日	第6版

四、外报中对吴佩孚的论述

作者	篇目	时间	版次
	外报纪吴佩孚之言动	1921年8月24日	第11版
	外人所传之吴佩孚行动	1921年9月5日	第11版
	西报记吴佩孚之谈话	1921年9月17日	第7版
	外人目中之吴佩孚	1921年9月27日	第11版
	美报论战胜后之吴佩孚	1922年5月7日	第6版
	外报论战胜后之吴佩孚	1922年5月9日	第6版
	外人目中之吴佩孚	1922年5月10日	第6版
	西报述吴佩孚今后之计划	1922年6月8日	第6版
	吴佩孚与东方记者之谈话	1922年6月23日	第7版
	外报论吴佩孚与时局	1922年6月28日	第7版
	外人目中之吴佩孚政敌	1922年7月6日	第7版
	西报述吴佩孚统一长江计划	1922年10月11日	第6版
	吴佩孚与美记者谈话	1923年7月25日	第10版
	外报评论吴佩孚做寿	1924年4月24日	第7版
	吴佩孚对中西记者之谈话	1924年9月24日	第5版
	吴佩孚与日记者谈话	1924年10月3日	第5版

作者	篇目	时间	版次
	吴佩孚对于某记者之谈话	1924年11月6日	第5版
	东报推重吴佩孚之评论	1924年11月6日	第5版
	吴佩孚在汉与外报记者谈话	1924年11月21日	第5版
	吴佩孚来汉之外讯	1925年10月22日	第5版
	吴佩孚对日记者探讨赤意义	1926年7月14日	第6版
	西报记吴佩孚对西北军事乐观语	1926年7月18日	第7版
	吴佩孚对法报记者谈话	1926年7月21日	第6版
	西报记者与吴佩孚左右谈话	1926年8月4日	第7版
	外报传日方 诱吴佩孚登台 拟畀以军队统治黄河以南 片面计划吴氏决无动于中	1939年2月4日	第13版

五、吴佩孚对于南北军阀议和的态度

作者	篇目	时间	版次
	吴佩孚之态度	1918年8月11日	第6版
	吴佩孚致江苏李督军电	1918年8月21日	第11版
	西南之吴佩孚携手说	1918年8月25日	第6版
长沙通信	吴佩孚通电之湘讯	1918年9月3日	第6版
	切责吴佩孚	1918年9月4日	第3版

作者	篇目	时间	版次
	吴佩孚主和之决心	1918年9月5日	第6版
	李宗黄对于吴佩孚主和之谭话	1918年9月7日	第6版
	李宗黄对于吴佩孚主和之谈话（续）	1918年9月8日	第6版
	吴佩孚通电撤防之因果	1918年9月11日	第3版
	长江三督与吴佩孚	1918年9月29日	第3版
	吴佩孚惩戒案之酝酿	1918年10月2日	第6版
	京讯中之吴佩孚近状	1918年10月22日	第6版

六、直皖之间的争斗

作者	篇目	时间	版次
	吴佩孚赞成除安福部	1919年7月10日	第10版
	吴佩孚覆各路商界联合会函	1920年2月26日	第10版
	吴佩孚对易汴督问题之愤慨	1920年3月3日	第7版
	吴佩孚撤防将实现	1920年3月8日	第7版
	吴佩孚撤防问题近状	1920年3月11日	第7版
	吴佩孚之撤防期有暂缓十日说	1920年3月15日	第6版
	吴佩孚撤防消息	1920年3月17日	第7版

作者	篇目	时间	版次
	吴佩孚军队撤防详报	1920年3月23日	第7版
	吴佩孚撤防问题近讯	1920年4月4日	第6版
	吴佩孚实行撤防	1920年5月13日	第7版
	吴佩孚对和议之主张电	1920年6月22日	第6版
	补纪吴佩孚决战之言	1920年7月23日	第6版
	吴佩孚军之驻地	1920年7月27日	第6版
	吴佩孚之要求条件	1920年7月28日	第7版

七、直奉之间的争和

作者	篇目	时间	版次
	吴佩孚与鄂湘	1921年7月30日	第10版
默	吴佩孚与梁阁	1922年1月8日	第8版
	吴佩孚歌电到京后之梁阁	1922年1月11日	第7版
	吴佩孚对新阁示威之鄂讯	1922年1月13日	第10版
	直军将领响应吴佩孚电	1922年1月16日	第8版
	各省响应吴佩孚电	1922年1月17日	第7版
野云	吴佩孚倒梁原因之一说	1922年1月18日	第6版
汉口通信	吴佩孚驱梁之决心	1922年1月23日	第10版

作者	篇目	时间	版次
庸	吴佩孚倒阁之气势	1922年2月12日	第11版
汉口通信	吴佩孚对时局之方针	1922年3月3日	第10版
	吴佩孚决与奉张一战	1922年4月22日	第6版
	吴佩孚拒绝调停	1922年4月30日	第10版
	大陆报纪吴佩孚赴保情形	1922年5月2日	第7版
	大陆报纪吴佩孚赴保情形	1922年5月2日	第7版
	吴佩孚最近之行动	1922年5月10日	第6版
	吴佩孚抵津后之言动	1922年5月12日	第6版
	吴佩孚已愿对奉息兵	1922年6月17日	第10版
	吴佩孚所调查之张作霖	1922年7月31日	第4版
	吴佩孚决心与奉张再战	1922年9月11日	第7版
	吴佩孚对奉之战备	1922年9月12日	第10版
	吴佩孚对于战事之谈话	1924年9月23日	第5版
	吴佩孚整装待发	1924年10月3日	第5版
	吴佩孚将亲赴前线	1924年10月8日	第5版
	吴佩孚由京出发	1924年10月12日	第4版
	奉张祝吴佩孚寿	1925年4月2日	第4版
	吴佩孚抵汉受总司令职 发电以法律民意为言	1925年10月22日	第4版

作者	篇目	时间	版次
	吴佩孚大举讨奉之准备	1925年11月11日	第6版
	中央将以武力处置吴佩孚	1925年11月18日	第5版
萧萧	吴佩孚调军讨奉之急进	1925年11月22日	第9版
	吴佩孚与奉张合作难实现	1926年1月22日	第9版
萧萧	吴佩孚联奉之经过	1926年1月28日	第6版
	吴佩孚联奉对冯之方策	1926年3月9日	第6版
	吴佩孚代表邓继禹抵奉	1926年3月31日	第6版
	吴佩孚颂张作霖寿词	1926年4月7日	第5版
	吴佩孚拒鹿钟麟通欵	1926年4月18日	第6版
	吴佩孚电奉张坚持护宪	1926年5月13日	第7版
	吴佩孚与奉方之裂痕	1926年5月18日	第6版
萧萧	吴佩孚大为颜阁卖力	1926年5月19日	第6版
	吴佩孚劝张作霖暂缓回奉	1926年7月12日	第6版
	吴佩孚电复张孙	1926年12月11日	第4版
	奉方仍盼吴佩孚赴南阳	1927年5月14日	第5版

八、吴佩孚之对内政策

作者	篇目	时间	版次
	吴佩孚之清理财政计划	1921年10月24日	第11版
	吴佩孚又唱统一会议	1921年12月29日	第8版
默	吴佩孚与梁阁	1922年1月8日	第8版
	吴佩孚歌电到京后之梁阁	1922年1月11日	第7版
	吴佩孚对新阁示威之鄂讯	1922年1月13日	第10版
野云	吴佩孚倒梁原因之一说	1922年1月18日	第6版
汉口通信	吴佩孚驱梁之决心	1922年1月23日	第10版
庸	吴佩孚倒阁之气势	1922年2月12日	第11版
	旧国会恢复声中之吴佩孚	1922年5月19日	第6版
	吴佩孚之统一办法	1922年5月22日	第4版
	吴佩孚对于旧国会	1922年6月1日	第4版
	吴佩孚促黎复职三豪电	1922年6月9日	第7版
	吴佩孚之废督裁兵计划	1922年6月16日	第7版
	吴佩孚督促国会之三蒸电	1922年6月21日	第10版
	吴佩孚反对联省会议	1922年7月14日	第6版
	吴佩孚请议员专意制宪	1922年8月7日	第6版

作 者	篇 目	时 间	版次
	吴佩孚要查曹税账目	1922年10月28日	第6版
	吴佩孚对总统问题之主张	1922年11月4日	第6版
	吴佩孚主张贯彻武力主义	1923年7月21日	第13版
	吴佩孚不为宪政宪政党理事	1923年12月4日	第6版
	吴佩孚不愿推行宪法	1924年3月20日	第7版
萧萧	吴佩孚组织护宪政府之反动	1924年11月23日	第6版
萧萧	吴佩孚尚不忘情于护宪政府	1925年5月28日	第9版
	吴佩孚将开联省代表会议	1926年2月4日	第9版
	吴佩孚电奉张坚持护宪	1926年5月13日	第7版
	吴佩孚取缔各路工会	1926年5月13日	第9版
	吴佩孚召集国会之反响	1926年6月5日	第13版
	吴佩孚与议员谈话	1926年6月9日	第6版

九、北伐战败前吴佩孚与孙中山及其后继者之政府

作 者	篇 目	时 间	版次
	吴佩孚主战之目的	1921年8月29日	第11版
汉口通信	北伐声中之吴佩孚	1921年10月28日	第10版

作者	篇目	时间	版次
汉口通信	川湘攻鄂中之吴佩孚	1921年11月1日	第10版
	吴佩孚归汉及防粤计划	1921年11月3日	第10版
	吴佩孚代表来粤之行动	1921年11月17日	第11版
	吴佩孚与陈炯明代表谈统一	1922年8月7日	第6版
	吴佩孚对闽粤用兵之腹案	1923年3月29日	第11版
	吴佩孚令马济攻粤	1923年12月26日	第6版
	吴佩孚代表昨午赴粤	1925年12月26日	第13版
	吴佩孚注意援湘	1926年7月24日	第4版
	吴佩孚之讨贼论	1926年7月29日	第4版
	吴佩孚令彭部援湘	1926年7月29日	第9版
	吴佩孚请苏孙马旅援湘	1926年7月30日	第7版
	吴佩孚注意湘豫	1926年7月31日	第4版
	吴佩孚调徐寿椿部援湘	1926年8月3日	第9版
	吴佩孚决暂时不南下	1926年8月4日	第7版
	吴佩孚援湘军官团分期出发	1926年8月4日	第7版
	吴佩孚委任援赣司令证实	1926年8月10日	第13版
	吴佩孚之军官团抵汉	1926年8月16日	第7版
	吴佩孚起程南下	1926年8月22日	第4版

作者	篇目	时间	版次
	吴佩孚赴保情形	1926年8月23日	第4版
	吴佩孚离保赴汉	1926年8月24日	第4版
	吴佩孚将离长赴汉	1926年8月24日	第7版
	吴佩孚今日抵汉	1926年8月25日	第4版
	吴佩孚离长南下	1926年8月25日	第7版
春冰	吴佩孚南下后之湘鄂军事	1926年8月26日	第8版
	吴佩孚南下抵郑	1926年8月27日	第7版
	吴佩孚离郑南下	1926年8月28日	第7版
	吴佩孚调马登瀛旅援湘	1926年9月1日	第8版
冷	武昌与吴佩孚	1926年9月3日	第6版
金水	吴佩孚仍欲死守武昌	1926年9月4日	第8版
	吴佩孚总司令部移设信阳	1926年9月15日	第7版
	吴佩孚退守信阳后情形	1926年9月18日	第9版
	吴佩孚准备反攻	1926年9月19日	第4版
	吴佩孚在郑州布置援兵	1926年9月21日	第4版
舜年	吴佩孚保持豫省根据地	1926年9月21日	第6版
	退郑后之吴佩孚行动	1926年9月25日	第4版
	吴佩孚将移驻保定	1926年9月26日	第10版

作者	篇目	时间	版次
	吴佩孚仍却奉鲁军援鄂	1926年9月29日	第6版
	吴佩孚候机反攻	1926年9月30日	第6版
	吴佩孚赴信阳	1926年10月3日	第4版
	吴佩孚在豫策画军事	1926年10月6日	第5版
	吴佩孚仍在郑图反攻	1926年10月12日	第4版
	吴佩孚主战到底	1926年10月20日	第5版
	吴佩孚确有反攻意	1926年10月22日	第7版
	吴佩孚忽发援赣令	1927年1月7日	第5版

十、入川后的吴佩孚

作者	篇目	时间	版次
	吴佩孚只身逃川	1927年7月21日	第9版
	吴佩孚亡命入川	1927年8月5日	第10版
	吴佩孚行踪详纪	1927年8月24日	第9版
	川将领对吴佩孚态度	1927年8月28日	第9版
	吴佩孚入川之反响	1927年8月31日	第6版
	吴佩孚在川状况	1927年8月6日	第4版
	国府通缉吴佩孚	1927年10月8日	第10版

作者	篇目	时间	版次
	吴佩孚尚思再起	1927年12月19日	第4版
	国府下令通缉吴佩孚	1927年12月24日	第7版
	杨森报告解除吴佩孚武装	1927年12月28日	第9版
	军委会请国府再缉吴佩孚	1928年1月6日	第7版
	吴佩孚祸川之心未已	1928年4月1日	第9版
	吴佩孚为杨森求助于奉	1928年4月8日	第6版
	邓锡侯庇护吴佩孚	1928年6月23日	第4版
	吴佩孚之行踪	1928年8月11日	第17版
	吴佩孚对川乱声明	1929年1月1日	第20版
	吴佩孚在川情形	1929年2月20日	第8版
	吴佩孚在川招兵	1929年3月21日	第8版
	刘湘阻吴佩孚出川	1930年5月28日	第8版
	刘湘反对吴佩孚甚烈	1930年5月29日	第8版
	吴佩孚出川被截阻	1930年6月22日	第8版
	军部令防范吴佩孚	1930年7月2日	第7版
	吴佩孚声明未活动	1931年2月24日	第6版
	吴佩孚待命出川	1931年4月5日	第4版
	吴佩孚由川赴京	1931年4月26日	第10版

作者	篇目	时间	版次
	吴佩孚已启程出川	1931年5月21日	第5版
	吴佩孚电川将领辞行	1931年5月26日	第5版
	吴佩孚出川之行程	1931年6月30日	第17版
	吴佩孚到成都	1931年8月7日	第8版
	吴佩孚过成都赴松潘	1931年9月6日	第15版

十一、各界对吴佩孚的悼文

作者	篇目	时间	版次
	悼吴佩孚将军	1939年12月6日	第4版
	吴佩孚将军逝世 何应钦深表悼惜 此老风骨嶙峋足资矜式 日宪兵在吴宅布警备线	1939年12月6日	第6版
	请吴佩孚将军入武庙	1939年12月7日	第13版
	沪各业电唁吴佩孚	1939年12月7日	第10版
	国防最高会议决定 吴佩孚追赠一级上将 并由国府明令褒扬 中执委会特电致唁 发给治丧费一万圆	1939年12月9日	第7版
	国府明令 褒吴佩孚	1939年12月10日	第8版
	吴佩孚将军的衣食住行	1939年12月11日	第15版

作者	篇目	时间	版次
	鲁旅陕同乡公祭吴佩孚	1939年12月29日	第3版
	沪各界筹备 追悼吴佩孚 灵柩定期安厝拈花寺 追悼会职员已经派定	1940年1月15日	第10版
	渝市将举行群众大会 纪念吴佩孚将军 发起人多政府显要领袖	1940年1月19日	第3版
	渝各界追悼吴佩孚	1940年1月22日	第6版
	吴佩孚灵柩移厝庙中	1940年1月25日	第3版
	为追念吴佩孚 南川建蓬莱阁	1941年4月5日	第3版
	杨森等呈国府请国葬吴佩孚	1946年4月10日	第1版
	吴佩孚公葬期近 杨森昨自沈返平	1946年12月10日	第2版
	吴佩孚今公葬 平各界昨公祭	1946年12月16日	第2版
	吴佩孚哀荣	1946年12月17日	第2版

《申报》全文检索数据库是研究吴佩孚的重要原始资料来源，目前学界利用不够，故特予以表录，以推动相关研究走向深入。

苏全有　河南师范大学历史文化学院教授、图书馆馆长
高航通　河南师范大学历史文化学院2011级学生

吴佩孚诗词书画的文化学意义及其价值

吴佩孚,字子玉,山东蓬莱人,北洋直系军阀首领,一生有着传奇色彩。他14岁开始在登州水师营里当学兵,从此转战南北。操练之外的时间全部投入到学习当中,22岁就中得秀才第三名,可谓是文武兼修的全才。他一生除战功卓著之外,诗词书画也令世人叹为观止。其作品不但继承和弘扬了中华悠久的传统文化,而且个性鲜明、富有生命力。通过对其诗词书画的深入研究,不但拓宽了吴佩孚研究领域,还原了吴佩孚在那个社会变革、文化冲击时代背景下的鲜活形象,更加揭示了其诗词书画中所蕴藏的文化学意义和价值。

一

吴佩孚一生喜欢舞文弄墨,嗜好诗词。将自己情感充分融入到诗词当中,是其人生观的重要写照。在那个外有列强侵略、内有军阀割据混战的动荡岁月里,他的诗词少了些矫揉造作,多了几分慷慨激昂,体现了他甘愿为国捐躯、舍生取义的生死观,淡泊明志、寄情于景的苦乐观,坚贞不屈、借物言志的荣辱观。

1. 为国捐躯的生死观

吴佩孚的很多诗词是以战争为背景创作的,其中不乏对历史人物的品评和对是非功过的反思,反映了作者强烈的民族意识和舍生取义、为国捐躯的人生态度。如《怀古二首》:

岳武穆

撼山容易撼军难,军号岳家策万全,炎宋再兴无上策,朱仙一战定中原,黄龙捣去臣心愿,金字牌来士胆寒,无限风波无限恨,可怜二圣不归还。

林则徐

攘外筹边谁与俦,羡公粤海整貔貅。军威大振东南土,外寇潜侵吴越州,圣断误听多士子,国权丧失几春秋,后生愿继先生志,军事从今著力修。①

在《怀古二首》中,他盛赞岳飞、林则徐两位民族英雄,体现了吴佩孚的民族主义情怀,其爱国情感何其强烈!短短的几句诗,概括了岳飞、林则徐的毕生功绩,诗人借两位民族英雄直抒胸臆,期望能与其雁行。同时,我们也能感受到诗人对当时中国四分五裂政局的忧心,对战乱频仍、民不聊生的无奈。面对连年军阀征战、百姓流离失所的局面,吴佩孚极力主张南北议和,尽早结束战争。1918年,吴佩孚与谭延闿、赵恒惕湘军签订了"双方永不衅"的停战协定。广东军政府政务院主席岑春煊致电吴佩孚,表示赞成他促进和平的主张。吴佩孚为促进北洋政府与广东军政府实现全国和平,一再通电主和。有感于此,写下诗文《感时》:

何事连年苦斗争,夏来春尽倍怆神,龙蛇起陆河山裂,蚍蜉丛生甲胄腥,劫火四封中外困,杀声一震地天惊,谋和幸有名实者,代表人间第一声。②

诗中描绘了"龙蛇起陆河山裂,蚍蜉丛生甲胄腥"的惨景。在吴佩孚的不懈努力下,1918年10月22日,广东军政府宣布休战,北洋大总统徐世昌也下令尊重和平意见。12月28日,北平成立

---

① 赵恒惕:《吴佩孚先生集》,载沈云龙:《近代中国史料丛刊》第68辑,文海出版社有限公司,1971年影印版,第209—210页。

② 同上,第210页。

"全国和平联合会",其心愿得到宽慰。而《满江红·登蓬莱阁歌》,则寄托了其北上抗日的情怀:

> 北望满洲,渤海中风浪大作!想当年,吉江辽沈,人民安乐,长白山前设藩篱,黑龙江畔列城郭。到而今,外寇任纵横,风云恶。甲午役,土地削;甲辰役,主权弱。叹江山如故,夷族错落,何日奉命提锐旅,一战恢复旧山河!却归来,永作蓬山游,念弥陀。①

此诗是吴佩孚洛阳练兵时的军歌,反映了他对家国的热爱和对侵略者的无比仇恨。诗中描绘了1895年甲午战争的失败,造成了领土主权的沦丧;1904年日俄战争给东北人民带来的灾难。吴佩孚愤恨难平,通过写诗,表达了希望领命去东北一战的强烈渴望。他对"恢复旧山河"充满了信心,主体思想和岳飞、赵尚志的《满江红》是一致的,都表达了愿为民族而甘愿做一尖兵的豪情,而在词的结尾,却没有了岳飞那种"待从头、收拾旧山河,朝天阙"②的恢弘之气,也缺少赵尚志"待光复东北凯旋日,慰轩辕"③的豪迈之情,而是"却归来,永作蓬山游,念弥陀",表明了其淡泊明志,打完仗甘愿解甲归田,作一个"永做蓬莱游"的居士,只求整日与残灯古佛为伴,了此残生。

2. 寄情于景的苦乐观

吴佩孚自幼饱读诗书,接受传统礼教,是军阀中少有的文人、儒将。在他的诗词中,不乏寓情于景、理想与现实交相辉映的佳篇。其诗句淡雅脱俗,不坠尘世。1921年,吴佩孚夺取湖北,掌控湖南,又击溃川军,威震一时;率胜利之师,乘军舰溯江而上。时值下元佳节,放眼浩浩荡荡的长江,两岸青山翠峰的美景,突生喜悦之情,挥笔写下一首七律:

---

① 《吴佩孚先生集》,第209页。
② 舒驰:《岳飞诗文选注》,浙江古籍出版社,1990年,第7页。
③ 张连俊:《东北三省革命文化史》,黑龙江人民出版社,2003年,第110页。

彝陵风雨洞庭秋,一叶扁舟驶上游。西北烽烟犹未息,东南鼙鼓几时收?

庐山面目真难见,夔峡波涛惯倒流;不坐梢头观逝水,江声咽尽古今愁。①

彝陵,是今天的宜昌。写作这首诗时,吴佩孚已击退川军,达到了西南议和而雄踞中原的目的,然而前方的道路并不平坦,张作霖奉系大军眈眈相向,窥探关内,战争随时都有可能爆发。因此,吴佩孚把自己视为"扁舟一叶",飘忽不定,倍增一丝孤立无助之感。与此同时,遥望滚滚江流,吴佩孚借景抒情,感慨家国命运,军阀连年征战、民不聊生,这种局面何时才能休止?自己的明天又将向何处?

欧亚风云千万变,英雄事业古今同;花开上苑春三月,人在蓬莱第一峰。②

这首诗是 1922 年 3 月吴在洛阳所作《五十自寿》。此前的 1920 年,吴佩孚率领北洋第三师返回洛阳练兵。经过短短一个月的时间,"扩大兵营为 1 万亩,扩建营房 12000 间,建操场、阅兵台、继光楼"。洛阳一时成为直系统治之最大政治、军事中心,全国除广东、云南、贵州三省外,均有代表常驻洛阳③。正值人生功业达到鼎盛时期的吴佩孚,迎来了自己的天命寿辰。在波谲云诡的时局中,诗人以古鉴今,感叹历史变迁,其中的"欧亚风云千万变,英雄事业古今同",让我们不禁联想起明代文学家杨慎的那首《临江仙》,"滚滚长江东逝水,浪花淘尽英雄。是非成败转头空,青山依旧在,几度夕阳红"。不难看出,诗人在感慨世事无常的同时,陷入

---

① 刘跃德:《吴佩孚轶事》,政协洛阳市西工区委员会文史资料委员会:《西工文史资料》第 3 辑,1989 年,第 37 页。
② 《吴佩孚先生集》,第 211 页。
③ 唐锡彤:《吴佩孚画传》,吉林摄影出版社,2005 年,第 77 页。

了历史循环论的迷途;而"人在蓬莱第一峰"则又体现出其傲视群雄的英雄主义价值观。就这样,在悲喜交杂中,吴佩孚用诗词倾诉情怀,将苦乐的人生态度融入到大自然的景色当中。

3. 借物言志的荣辱观

吴佩孚是诗人,也是画家。他独爱画竹,为此也写了不少关于竹的诗句。"竹在中华文化中被人格化,成为象征中华民族的人格评价、人格理想和人格目标的一种重要的人格符号。中国传统文化的主干——儒家和道家设计出两种迥然相异的人生道路和人格理想:建功立德与遁迹山林、刚正奋进与淡泊自适。这迥然相反的二元人格标准构成了中国传统理想的人格系统,竹人格符号以其特有的包容性,意指着中国传统人格的整个结构和系统"[①]。

吴佩孚诗词中充分展现出旧式文人对传统文化的继承与弘扬。如咏竹代表作《竹德赞》:

两度出师西南征,错乱参差总不平。少时自负班生笔,笔锋到处无人撄!

如斯破敌如破竹,惟惭国际少奇勋。从此虚心要师竹,聊写数竿待时平。[②]

诗中,吴佩孚高度赞扬了竹的品德,决心以竹为师。又如《为刘叟痴题画竹》:

潇湘万竹动高秋,叶战西风气自遒;大陆何分南北界,惊涛长咽古今愁。

同根岂效萁煎豆,交斡不妨箸借筹。只要立身坚有节,任他霜雪压枝头。[③]

[①] 李世东、颜容:《中国竹文化浅析》,《生态文化》2005年第6期;《中国竹文化若干基本问题研究》,《北京林业大学学报》2007年第1期。

[②][③]《吴佩孚先生集》,第221页。

《为刘叟痴题画竹》写于1919年底,这一年是中国近代史上极不平凡的一年。是年,中国在巴黎和会上外交失败,爆发了"五四"爱国运动。此时正在衡阳驻守的吴佩孚极力痛斥巴黎和会对中国的荒谬决定,通电号召"内惩国贼,外争主权"。这首诗中,吴佩孚借用竹子战风斗雪的高尚节操,彰显了其广阔的胸襟和非凡的气度。再如《题画雨竹》:

岁寒劲节依然在,正气长存宇宙春,天欲为民苏疾困,故教珠玉蔽寰尘。①

第二次直奉战争,吴佩孚兵败如山,带领残部返回洛阳。此前,冯玉祥倒戈并发动"北京政变",囚禁总统曹锟,迫使曹锟撤销自己的一切职务,战局就此急转直下。冯玉祥随即将炮火朝向吴佩孚。与此同时,奉系派出陆海空三军围追堵截。即使陷入如此境地,吴佩孚也不去日本人提供的租界避难。其坚贞不屈的精神,反映在他这一时期的诗词中,面对寒冷的严冬,竹子依然挺拔坚韧,存留着天地万物的生气去迎接美好的春天。

二

受清末民初书坛尊碑风气影响,吴氏书宗北碑,尤其深得《石门铭》笔意。行草吸取篆书技法,雄健醇厚。吴佩孚书法作品数量繁多,尤其是行书,在张扬个性的同时,又能够很好地继承传统。

张怀瓘《书断》载:"案行书者,后汉颍州刘德升造也即正书之小讹。务从简易,相间流行,故谓之行书。王愔云:晋世以来,工书者多以行书著名。昔钟元常善行押书是也;尔后王羲之、献之并造其极焉。"②说明行书能够相传不衰的基本原因,是其简单易变的特

---

① 《吴佩孚先生集》,第221页。
② 潘运告:《张怀瓘书论》,湖南美术出版社,1997年,第98页。

点,可谓书法领域中的革新。同样,吴佩孚生活的年代,正是中国社会的大变革时期,新旧思想相互碰撞,吴佩孚虽是秀才出身,但也受到了新思潮的影响,表现在书法方面则是和而不同,匠心独运。他兼用碑派的笔法特点,将传统的使、转、翻、折转化为提按与缠绕。这样的书风对20世纪的中国及日本书法都有重要影响,时至今日仍影响着整个书坛。在他的行书作品中,赠给木下先生的行书可谓首屈一指。整个作品字迹沉静、稳健,落款为"木下先生法正""吴佩孚"。将字卷起,卷轴上还有当时收藏者木下先生的题字:"吴将军所赠"。通篇一气呵成,用笔老辣,看上去如乌云遮日一般,浑厚不乏灵动,笔触苍劲,巧妙地融合了各家之长。又如《弥勒楼阁颂碑》,碑高53厘米、宽192厘米,是吴佩孚为扬州长生寺弥勒阁所作。碑文如下:

弥勒楼阁颂,长生古寺,选佛开场,华严经卷,涌现金光,佛子可端,湛然入定,五蕴皆空,见华严境,慈悲宏愿,普度众生,扫除障碍,大放光明。

弥勒示现,天花飞舞,毅座说法,晨钟暮鼓,文殊指引,觉路诞登,莲华千叶。

楼阁三层,一心皈依,顶礼三宝,苦渗无边,回头及早,同参妙谛,各种善因。

居士护法,发菩萨心,感召祥和,潜消劫运,大转法轮,世界宁靖。甲子季夏孚威将军直鲁豫巡阅使蓬莱吴佩孚敬颂书。[①]

全碑用楷书写成,用笔简洁明快,结构严整,兼具欧阳询的险峻和褚遂良的飘逸。这幅颂碑写于1924年第二次直奉战争后。战场上的失败极大地削弱了吴佩孚的精神世界,他渴望通过佛法来弥合心中的哀怨。在这篇空灵的碑文里,充满了他对现实境遇

---

① 袁道俊:《从弥勒楼阁颂碑探析吴佩孚的佛性》,《东南文化》1993年第1期。

的无奈和痛苦,希望皈依三宝做一个无欲无求的隐者。

1931年9月18日,日本发动蓄谋已久的"九一八"事变,不到3个月的时间,占领了整个东北,举国震惊,全国各界迅速掀起轰轰烈烈的抗日救亡运动。年底,吴佩孚在回答《大公报》记者提问时说:"永息内部,同心同德,集中力量,共御外侮,一切以国事为重",并为《大公报》题写了"和内攘外"四个大字。整幅字集魏碑之刚劲有力与行草之豁达畅快于一身,反映出作者当时愤怒难平、不甘屈辱的民族气节。

"七七"事变前夕,日军兵临北平城外,29军军长宋哲元邀日军将佐参加在中南海怀仁堂举行的酒宴,29军高级将领作陪,吴佩孚应邀出席。中日军官对这位昔日的吴大帅非常敬畏,知其书法精妙,请他书写表演。吴佩孚对日本侵略者嫉恶如仇,当场挥毫泼墨,运笔如流电激空,一气呵成"还我河山"四个苍劲俊秀的大字,激励了在场中国人的抗日爱国热情。

日军侵占北平后,环境日趋险恶,吴闭门谢客,潜心著作,研习书画。鉴于吴佩孚的影响和威望,日伪军政大员曾多次登门游说,极尽威逼利诱之能事,请其出任高官。但吴大义凛然,恪守民族气节,坚辞拒任伪职,并痛骂那些汉奸卖国贼,显示了其爱国主义精神。

在绘画上,吴佩孚则更青睐写意花鸟画。和诗词一样,他喜欢将高风亮节的竹子作为表现内容,寄情于画卷中。在众多的绘画作品中,《墨笔风竹题诗图》可谓画由心生,极佳地表达了作者的志向。作品采取中堂的形式,用浓淡相兼的墨色描绘了一幅在风中摇曳的竹的形象。在用笔上,中锋用笔的竹叶,一方面将竹叶的形态塑造得栩栩如生,另一方面也看出作者极其深厚的书法功底。从构图上看,整幅作品疏密得当,将竹子在风中摆动的韵味把握得十分准确。右边的行书题诗更是淋漓尽致、自然洒脱,和竹子的主体交相辉映,起到了画龙点睛的妙用。如果单从技法的角度来说,这幅作品无疑是民国年间的佳作,但它高出一般绘画作品的原因则是作者将竹子坚贞不屈的精神展现出来,并赋予了民族的生命力。在日本侵华的日子里,吴佩孚深居简出,以诗词书画,研习春秋易礼为好,但是从没有被日本人的高官厚禄所迷惑,在这样的环境中,依然刚正不阿,坚持操守,足见其高尚的爱国主义情怀。

三

吴佩孚的诗词也好,书画也好,都被赋予了他的喜怒哀乐,使得作品本身充满了灵性,更是他独特人生观的具体写照。从文化学的角度来看,"任何人生观都是一定文化的产物。人的文化观,实际上就是人生观"①。吴佩孚作为当时中国社会的精英人物之一,其人生观则更具时代性和典型性。通过对其诗词书画中所蕴含的人生观进行研究,可以进一步解读其独特的文化价值。

首先,吴佩孚极力宣扬的民族主义爱国奉献品质,体现了积极入世的人文精神。众所周知,在中国传统文化构成中,儒家文化已成为社会的主流文化。而在儒家文化中,"君子"的人生观又被广泛提倡。吴佩孚作为旧式文人,思想中潜移默化地吸收了儒家文化,时时刻刻以君子标准来要求自己。明代庄元臣《叔苴子·内篇》提到:"君子之为君子也,一人死而万人寿,一人病而万民愈,一人忧而万民乐,一人劳而万民逸。"②这种忧国忧民的人生观被历朝历代所信奉。正因为如此,吴佩孚在《怀古二首》中,歌颂了岳飞、林则徐的民族精神,宣扬了君子对国家和民族尽忠奉献的思想,与此同时,倡导了儒家积极入世的世界观。孔子云:"三军可以夺帅也,匹夫不可夺志。"③鉴于此,吴佩孚大力歌颂舍生忘我共赴国难

---

① 王玉德:《文化学》,云南大学出版社,2006年,第195页。
② 庄元臣:《叔苴子内外编》,中华书局,1985年,第22页。
③ 《论语》,吉林人民出版社,2005年,第111页。

的高尚精神,鼓舞兵士们勇往直前。那首《满江红·登蓬莱阁歌》,内容慷慨激昂、催人奋进,在国家民族面临生死存亡之际,号召兵士们拿起武器与外敌决一死战,这种杀身成仁的精神正是千百年来中华民族具有的优秀品质和以儒家文化为先驱的传统文化所传承的宝贵财富。

其次,吴佩孚以景抒怀,崇尚自然,表现了其超脱现实的出世精神。这种精神和他的入世精神一起,构成了其人生观的主要内容。在其代表作《满江红·登蓬莱阁歌》里最后提到"一战恢复旧山河;却归来,永作蓬山游,念弥陀"。吴佩孚虽然久经沙场,但是一直参禅拜佛,其诗句时而流露出世思想。他感叹:"世人礼佛,莫不以佛为济世度人之宗主,亦莫不以佛法为济世度人之实筏。故欲登彼岸,无论其乘大乘之船,乘小乘之船,必藉我佛之引度,始可大以成大,小以成小。故称颂佛法者,曰无边,曰无量,曰不可思议。"[①]可见他对佛教教义有着深切的体会。吴佩孚下野后曾游历西北,途径宁夏时,商人林如岭热情地款待了他。后来吴佩孚专程前来感谢,偶然听到后堂里阵阵的木鱼敲击声,是林的母亲在诵经念佛,有感而发,旋即写下一副对联"佛法广大通三界,圣道高明贯全球"[②],赠与林家。

此外,其书法作品《弥勒楼阁颂碑》也是他人生观自然的表露,说明吴佩孚晚年一些佛教活动亦是他早年佛教活动的继续,晚年表现出的自践诺言的民族气节,亦是他虔诚皈依的佛性流露[③]。也许是身临战乱的时间太久,让吴佩孚看尽了世态炎凉与人间的悲欢离合。这种不寻常的人生经历,造成了吴佩孚常常读经、写经,希望有朝一日有明灯指引,早日脱离苦海。第二次直奉战争的失败,对他打击极大,此时,礼佛诵经成了其精神解脱的良药。

---

① 唐锡彤:《吴佩孚文存》,吉林文史出版社,2004年,第76页。
② 慧禅:《留云十方》,上海人民出版社,2007年,第202页。
③ 袁道俊:《从弥勒楼阁颂碑探析吴佩孚的佛性》,《东南文化》1993年第1期。

第三,吴佩孚借物言志,践行君子的美德和操守,表现了一代儒将的人文精神。他的诗词和书画,均以竹子作为对象和主题。竹具有坚贞不屈的高贵品格,古今之人常将竹和梅、兰、菊一起称为"四君子"。竹虽经风雨而不折不污,有傲骨通透的枝节,却不显蔓蔓,纵使矗立于东西南北往来之风中,亦不屈不挠,不卑不亢。孟子云:"君子之守,修其身而天下平。"①在《竹德赞》中,吴佩孚以竹为师,"如斯破敌如破竹,惟惭国际少奇勋。从此虚心要师竹,聊写数竿待时平"。吴佩孚恪守君子正道,对日本人的利诱毫不动心。这正应了传统儒家文化所提倡的道德祈向"君子求诸己,小人求诸人"②。"言有物而行有格也,是以生则不可夺志,死则不可夺名。故君子多闻,质而守之"③。吴佩孚在为人处事上一向以君子的准则行事,君子有做人的风范,处事有一定的度,不会超出这个范围。他曾用卖画的钱去赈济灾民,这种体恤百姓疾苦的道德情怀同样是其君子美德的体现。

董必武先生曾这样评价吴佩孚:"他有两点和其他的军阀截然不同,第一,他生平崇拜我国历史上伟大的人物是关、岳,他在失败时,也不出洋,不居租界自矢……吴的不出洋,不居租界的口号,表现了他不愿依靠外国人讨生活的性情,他再失势时还能自践前言,这是许多人都称道他的事实。第二,吴氏做官数十年,统治过几省的地盘,带领过几十万的大兵,他没有私蓄,也没置田产,有清廉名,比较他同当时的那些军阀腰缠千百万,总算难能可贵。"④纵观吴佩孚的一生,早年弃笔从戎,转战南北,几度沉浮,其诗词书画充满了鲜活的人生经历,显示出其对现实境遇的感慨,对民族、国家的牵挂。总之,吴佩孚的诗词书画更多地继承和发扬了中华传统

---

① 《孟子》,崇文书局,2004年,第206页。
② 《论语》,第194页。
③ 《礼记》,商务印书馆,1947年,第222页。
④ 董必武:《日寇企图搬演新傀儡》,《群众周刊》1939年第2卷第15期。

优秀文化,融入了强烈的爱国主义和民族意识,使其诗词书画的文化学价值上升到一个新的高度。这对于进一步研究吴佩孚个人性格及其他领域的造诣具有重要的参考价值。

范立君　吉林师范大学历史文化学院院长,教授,博士生导师

武人与政治:吴佩孚驻湘期间的社会映像

吴佩孚自1918年3月率军入湘,以迄1920年5月率部北归,驻湘两年余。在此期间,吴由不为社会关注的武人,迅成社会公众人物。其之所以很快为社会各界所瞩目,不仅缘于其所拥有的军事实力,而更主要的原因系其对社会政治问题的高度关注并由此所发表的政治主张。在其时处于南北军事对峙及外患日急形势下的中国,实现南北和平、维护临时约所规定的民主制度、旨在维护国家主权的民众运动,是时人所关注的三大政治论题。吴紧紧抓住此三大问题,并超然于其他多数军阀、政客,敢于发表具有正义色彩的政治主张,从而迅速扩张了其社会影响力。故探讨其由此形成的社会政治映像,乃为值得关注的问题。这包括吴在此期间的政治言论及作为、军政界相关反应、社会舆论对其评价三方面。

倡导和平与联络南北

吴佩孚驻湘期间军职并不高。此前,他只是曹锟属下直军第六旅旅长,征南后,他才升任曹锟所辖第一路军第三师师长,虽于1918年6月至1919年1月任援粤副总司令,但此职亦只是空名。《申报》即报道:"吴不过名义上之副司令,实际上仍扼守衡耒一带,肃清湘南余孽。"①而吴仅以一师长身份,形成极大社会关注度,其

---

① 《曹张吴命令发表之经过》,《申报》1918年6月24日,第2张第6版。

鲜明的"和平军人"形象确为重要导因。始于1918年7月的护法运动,使中国形成广州与北京两种对立的政治、军事系统,造成国家的南北政治、军事分裂与冲突。故实现南北和平与统一,便成为时人最关注的政治议题。1918年4月,《申报》即对段祺瑞"继续用武"主张极表反感,称"必须继续用武之言,是不啻谓必须继续借债,必须继续招兵,必须继续筹饷,必须继续种种使民受苦之事,而益陷中国于民穷财尽无可救药之地也","我人民之望和平也久矣"①。1919年元旦,《申报》又发表评论呼吁尽快南北统一,表示"国会有新旧,政府有南北,军人政客,各为其一,各争其一之是非,而中华民国之国家,遂以二而不成其为国家。对内无以保人民之安宁,对外无以享平等之利益。故吾人今后之期望,第一即在于一"②。吴公然在南北和平问题上公开发表言论,并敢于与南方军人密切联络,不能不引起时人的极大关注。

吴佩孚虽在国人中树立起鲜明的"和平军人"形象,但其在1918年初攻南作战中骁勇善战。攻南北洋军虽包括直、皖、奉等各系军队,但其之所以能于3至4月间连克岳阳、长沙、衡阳,多恃吴部作战之力。因吴攻南有功,北京政府于4月授吴"勋三位"和"二等大绶宝光嘉禾章"③。但《申报》发表评论,对北京政府对吴的表彰并不以为然,指出北洋军攻湘既非对外国建立战功,又对人民生命财产造成损失,"抑何兴高采烈若是乎"④。不过,吴部在攻南作战中战功最多,确成为时人的共识。《申报》于1918年5月所刊报道即称,"第三师师长吴佩孚为南征第一路之常胜将军,克岳复长,吴功最多"⑤。且在时人眼中,吴部军纪严明,对湘人极少骚扰,与

---

① 冷:《继续用武》(时评),《申报》1918年4月27日,第1张第2版。
② 默:《民国八年之第一日》(杂评一),《申报》1919年1月1日,第2张第7版。
③ 《命令》,《申报》1918年4月6日,第1张第2版。
④ 默:《赏励与纪念》(杂评一),《申报》1918年4月6日,第2张第7版。
⑤ 《攻湘军第一路近日之态度》,《申报》1918年5月4日,第1张第3版。

湘督张敬尧部截然有别。这在《申报》报道中被屡屡提及。《申报》于1918年6月所发外电称,"吴佩孚所率之直隶第三师军纪严肃,秋毫无犯,因之湖南人民,交口称赞"①。同年7月,《申报》又报道,"军兴以来,吴军所过,严令约束,不甚骚扰地方,而张军则奸掳杀烧,人怨沸腾。此时遂有湘绅八人至湘潭晤吴,要其督湘"②。显然,在湘人看来,吴相较于张,是湖南督军的更合适人选。1919年1月,《申报》报道说,关于湖南督军人选,"目下湘人之揣拟,以为继任者必为吴佩孚氏"③。吴部于1920年5月由湘北撤乘船抵长沙时,据时人称,吴部军纪严明,士气高昂,"十时三十分前后,直军前队,即已开到,一般兵士,均赤手对坐,状极闲雅,且有扣舷而高唱军歌者,一望而知其为久经训练、纪律严明之师"④。

吴佩孚主张南北和平不可谓不早。他率军攻下长沙不久,即于1918年4月中旬向段祺瑞政府提出率师回直隶⑤。吴部于4月下旬攻占衡阳后,曹锟⑥又向段祺瑞提出,直军进于衡阳即止⑦。对于吴、曹此议,当时报界多表示认可。同年6月,《申报》所发报道即称,"吴乃曹锟代表,曾自称北军攻陷衡州后不应前进。诚哉此言"⑧。从1918年7月起,报界始频繁报道吴的主和态度。《申报》于7月13日注意到,"吴将军对于和议极具热忱,已与湘桂各军数

---

① 《外电》,《申报》1918年6月5日,第1张第3版。
② 赤水:《张湘督与前敌将领》,《申报》1918年7月21日,第2张第6版。
③ 《谭延闿之督湘说》,《申报》1919年1月23日,第2张第6版。
④ 《纪吴佩孚抵湘情形》,《申报》1920年6月2日,第2张第7版。
⑤ 《专电》,《申报》1918年4月17日,第1张第2版。
⑥ 1918年初,曹锟随直系军队由直隶南下汉口,任两湖宣抚使、第一路军总司令。同年5月底,曹未经北京政府批准,称病回直隶,并将第一路军司令部撤回,将前敌军事委托吴总指挥。(《专电》《外电》,《申报》1918年6月1日,第1张第2版)但是,6月上旬,吴坚辞代理第一路军总司令职。(《专电》,《申报》1918年6月8日,第1张第2版)
⑦ 《专电》,《申报》1918年4月27日,第1张第2版。
⑧ 《西报之湘中消息》,《申报》1918年6月20日,第2张第6版。

次接洽"①。7月18日,《申报》发表评论,对吴与直系江西督军陈光远电请广东方面岑春煊调和时局表示肯定,认为"今日诚为调和时局之一机会也"②。7月28日,《申报》所刊通信又称,"吴氏已决不再战",主张暂时驻守衡阳③。8月2日,《晨钟报》亦报道说,吴"竟日与赵恒惕等作竹林之戏。其种种设备,闻莫不与联络南方之计画有关"④。《申报》于8月19日生动描述了吴与南军停战期间的悠闲儒将之风:"衡山一带,天气极热,吴氏恒出司令部往游。衡山如最高之祝融峰,奇险之水帘洞及各处名胜,无处不有此君之足迹。常就岳庙或祝圣寺等处下榻,羽扇挥暑,蜡屐登山,古儒将风度不过是也。"⑤

1918年6月,吴佩孚始与桂军谭浩明部在湖南零陵,与湘军赵恒惕部在耒阳相约停战。之后,吴派人又于7月与南军代表在耒阳公平墟谈判,协定停战。当时报界对吴与南军的划界停战活动作了详尽报道。7月15日,《申报》所刊《湘省最近之战局》称:吴、赵"现正各派代表在耒阳以上之公平墟之地方磋议一切"⑥。《申报》同日所刊《粤报所纪湘南停战真情》披露广东报纸所载消息:吴佩孚奉曹锟之意致函程潜、赵恒惕,提出双方停战。吴遂与湘军各派代表在居中地点谈判,之后,吴致电湘军,约定"划地互守,各不相侵"⑦。7月21日,《晨钟报》亦报道,吴派人于7月8日"赴耒阳县之公平墟,与湘军接洽"⑧。之后,《申报》又于8月19日报道,吴与湘军所订停战协定于7月底到期,又与湘军"赓续前约",以相距

---

① 《湘中最近之战局(长沙通信)》,《申报》1918年7月13日,第2张第6版。
② 讷:《出兵与调和》(杂评二),《申报》1918年7月18日,第3张第11版。
③ 《潇湘军事安讯(长沙通信)》,《申报》1918年7月28日,第2张第6版。
④ 《五花八门之湘局》,《晨钟报》1918年8月2日,第3版。
⑤ 《和战消息之鄂闻》,《申报》1918年8月19日,第2张第6版。
⑥ 《湘省最近之战局(长沙通信)》,《申报》1918年7月15日,第1张第3版。
⑦ 《粤报所纪湘南停战真情》,《申报》1918年7月15日,第2张第6版。
⑧ 《长沙通讯:派员招抚湘军》,《晨钟报》1918年7月21日,第6版。

20里为界,"不相侵越"①。9月11日,《申报》又报道说,吴派人至耒阳公平墟设立议和筹备处,于8月4日与南军正式签订停战协定。8月中旬,吴还至湖南永州南方联军总司令部与南军将领聚谈二日②。此后,吴与西南方面一直保持相当联络。在其率部撤离湖南北返前夕,他即派余道南于1920年3月初赴广西会晤陆荣廷、谭浩明,陆以"吴军在湘,首倡和议,功劳甚伟",希望吴部"俟南北议和竣事后,方可撤防"③。对于吴与湘、桂军相约停战,《申报》予以相当关注,并表示肯定。该报于1918年7月发表时评注意到,"曹锟与吴佩孚则开始运动和议矣","政府所恃以战之人,又将一变而为主和之人"④。吴于1918年7月中旬藉口天气炎热,向段祺瑞政府提出休养一两月再战,遭到拒绝。《申报》发表评论认为,"以事实言,湘中各军之停战久矣。兵士既无斗志,而又值赤日当空之时,谁复肯以血肉之躯,为无谓之相搏者"⑤。

吴佩孚明确向北方军政界提出南北议和主张始于1918年8月初,并立即受到报界关注。他于8月初与冯玉祥致电直系湖北督军王占元,提出"除速止战争,努力妥协外,无良法",并要王向北京政府转达此意。但王对吴意有相当顾虑,认为向北京政府转达此意,恐无效果,"反被谴责",并未向上转达⑥。虽然王占元未向北京政府转达吴意,但《申报》却高度关注吴佩孚此举,发表评论注意到,不仅曹锟、张怀芝不愿由北方南下督师作战,"即在前敌之吴佩孚、冯玉祥今且电告除停战妥协外无他法矣"⑦。

---

① 《和战消息之鄂闻》,《申报》1918年8月19日,第2张第6版。
② 《吴佩孚通电撤防之因果》,《申报》1918年9月11日,第1张第3版。
③ 《吴军撤防之邕垣消息:余代表与陆潭之谈话》,《申报》1920年3月18日,第2张第7版。
④ 讷:《战将主和》(杂评二),《申报》1918年7月15日,第3张第11版。
⑤ 默:《托暑停战》(杂评一),《申报》1918年7月31日,第2张第7版。
⑥ 《外电》,《申报》1918年8月7日,第1张第3版。
⑦ 默:《贯彻主战》(杂评一),《申报》1918年8月7日,第2张第7版。

1918年8月下旬,吴佩孚连发四电,掀起主和风潮,不仅极大冲击了北京政坛,还广受时人关注,树立起"主和军人"形象。吴首于8月21日发出通电,提出由总统冯国璋速颁罢战明令①。8月24日,段祺瑞亲拟一电,以教训口气斥责吴,称吴作为军人,应尽服从天职。责任内阁为国家政令中枢,吴提出异议是"干犯纲纪",要吴"嗣后勿再妄谈政治"②。段刚发出此电,吴于24日又发通电,要求迅速将吴部撤回直隶③。26日,吴佩孚接段电后,发表通电痛驳段,称本人直接服从曹锟,间接服从总统冯国璋。冯与曹均主和平,本人"即根据实行"。而根据民国约法,宣战媾和权在总统,而不在内阁,非段之权④。28日,吴再发通电,申明其主和实出本心⑤。此外,他还在驻湘北洋各军中宣传停战。9月下旬,他指示所部向在湘各北洋军印发数万张《湖南直军军士之感言》,批评段政府穷兵黩武,主张"由局部和平进而为国家和平",在湖南军政界反响极大,"将士阅此,颇多感动","某要人曾致电中央,指为煽惑军心"⑥。

　　吴佩孚四次主和通电,对段祺瑞政府造成相当冲击。《申报》报道,吴之通电导致"军情大变",江西杨春普赞同吴意,福建童保暄亦倒向主和,"政府之计画,本定由闽、湘、赣三路进兵,今三路皆变,政府当局颇为焦灼"。段不得不于8月29日开会商议对策,并计划拜会代总统冯国璋寻求支持,因吴"极力推重元首,尤令段总理感触百端"。谋国驻京使馆参赞则由吴通电联想到武人干政问

---

① 《前敌将领之两大主张》,《晨钟报》1918年8月25日,第2版。
② 《补录段总理申斥吴佩孚电》,《晨钟报》1918年9月1日,第2版。
③⑤ 《吴佩孚敬、俭两电之原文:其一申请即日撤师,其一声明非受人嗾使》,《晨钟报》1918年8月31日,第2版。
④ 《吴佩孚态度之再接再厉——宥电之原文如此》,《晨钟报》1918年8月29日,第2版。
⑥ 《长沙通信》,《申报》1918年9月24日,第2张第6版。

题,认为中国前敌军官干政"系一种自然趋势",此前,督军可以逐元首,倒内阁,"今日师长即可以逐其上官。此例由督军自己开之,尚复何言"①。《申报》又报道,北京政府对于吴电极感彷徨,一派主张强硬,主张褫吴之职,一派主张缓和,派人对吴疏通②。《晨钟报》亦报道,"政府中有拟予以严重处分之议,有主张免吴佩孚职者,有主张撤回第三师者"③。吴电亦引起张敬尧的疑虑。9月中旬,张致函吴,试探吴的想法,表示吴通电"予中央以困难,为时局生反响,愿详其故,俾息浮言",甚至试探性地表示"湘督一席,愿以相托"④。

《申报》则认为吴佩孚通电意义重大。1918年8月,《申报》发表评论注意到,"自吴佩孚一电,而和战两派又成对抗之形势"⑤。《申报》于9月所刊通信亦认为,此次南北战争,自西北到湘赣,长达二千余里,"但其主力仍在湘南吴佩孚所部,是以吴之行动,颇足动摇全局",故"今日促时局之最大变化者,无过湘南前敌将帅吴佩孚等之主和通电"⑥。西南方面对于吴主和通电评价颇高。滇系成员李宗黄将之视作吴由"北洋思想"转变为"国家思想"之明证,并认为"南北畛域之谬说亦可从此打破"。李分析,"国军直隶于国家,不参加任何党派,非一人一系所能左右","我国民所以不足于北洋派者,以其为家兵家将也","将来合全国军人为一大团结,以对外御侮,发扬国辉,岂不懿欤"⑦。8月下旬,谭浩明、谭延闿则连发两电,称吴的意见"大义凛然,同深赞服"⑧。

---

① 《北系两派激争之内幕》,《申报》1918年9月1日,第1张第3版。
② 《所谓和战问题之激争》,《申报》1918年9月2日,第2张第6版。
③ 《政府与吴佩孚:处分议作罢》,《晨钟报》1918年9月1日,第2版。
④ 《时局中之吴佩孚》,《申报》1918年9月21日,第1张第3版。
⑤ 默:《和战两派与选举》(杂评一),《申报》1918年8月29日,第2张第7版。
⑥ 新:《北京特别通信二》,《申报》1918年9月3日,第1张第3版。
⑦ 《李宗黄对于吴佩孚主和之谭话》,《申报》1918年9月7日,第2张第6版。
⑧ 《南方赞成吴氏之两电原文》,《晨钟报》1918年9月1日,第2版。

此前,吴佩孚主张议和仅以个人名义,1918年9月,他又有更大举动,与南军将领谭浩明、谭延闿等十余人领衔发表通电,不仅提出速谋南北和平,且提出系统的议和计划,由代总统冯国璋"毅力主持和平,速颁罢战明令",徐世昌"出任调人首领",曹锟、李纯、王占元、陈光远等直系督军及岑春煊、陆荣廷等南方军政府要员担任"调人"①。冯国璋对此颇不以为然,表示此事自己实难办到,称"电中所称毅力主持和平,速颁停战明令等语,余夙昔固主和平,即事与愿违,负疚良多。今惟静待新总统就任,俾余得卸仔肩已耳"②。吴似未考虑冯的意见,又于10月初与谭浩明、谭延闿等联名发表通电,希望南北"同心一致,早息内争,协谋对外"③。

　　1919年2月,南北和平会议在上海召开,但很快于3月因陕西战事未停,陷于停顿。时人风传,"吴佩孚、陈光远、李纯、冯玉祥四人现已决意,一朝南北和议决裂,同时与南北相方断绝关系,联合宣告独立"。段祺瑞为此派人至武昌,托王占元劝吴等改变想法④。《申报》则于3月17日发表评论对吴此计划表示相当认可,认为如果长江督军及冯、吴宣布中立,"组织有力之第三者,以中立维持时局,虽暂时不能统一",总比局势失控,南北大战要强,"犹非若吾人悬想中最恶劣之结果也"⑤。3月下旬,吴佩孚甚至亲自致电质问皖系陕西督军陈树藩,是否仍在进攻⑥。4月,吴与王占元、陈光远、李纯致电北京政府,要求南北和会尽快复会,提议双方将讨论议题一次性提出,并限定讨论范围,讨论议题"尤必以合乎今日时势及

---

① 《湘省南北军主和之通电》,《申报》1918年10月1日,第2张第6版。
② 《吴佩孚惩戒案之酝酿》,《申报》1918年10月2日,第2张第6版。
③ 《吴佩孚等又有支讲两电》,《申报》1918年10月10日,第2张第6—7版。
④ 《各通信社电》,《申报》1919年3月16日,第1张第3版。
⑤ 默:《风说》(杂评一),《申报》1919年3月17日,第2张第7版。
⑥ 《各通信社电》,《申报》1919年4月1日,第1张第3版。

事实所必要而亦能办到者为标准"①。5月,吴与冯玉祥、谭浩明、谭延闿、程潜、赵恒惕等南北将领联名通电,要求上海和平会议南北代表"极力让步","务期和议早决"②。《申报》发表评论对吴与南北将领联电表示认同,称"湘中南北将领之联电,固亦息内争以对外之常言也。然吾于此独有感者,湘中南北各将领,久已携手表示一致,为国内和平倡"③。5月中旬,南北双方代表均提出辞职,南北和平会议近于破裂。7月19日,吴致函上海全国平和期成会,提出南北双方应搁置争议,先谋统一,"凡一切疑难,无妨留作悬案,以俟将来解决"。南北统一后,便可建立代表"真正之民意"的"完全之政府",庶政维新,南北双方目的均可达到④。

从1918年6月开始,吴佩孚一方面与西南军队划界停战,并互动频繁,另一方面,又公开倡导和平,明确提出一系列南北和平主张,从而在时人中树立起"和平军人"形象。《晨报》于1920年3月所刊报道即称,"吴倾向和平,联络二谭,划界分守,就是他的倾向和平底表示"⑤。此种形象,再加以其治军有方,与张敬尧部祸湘截然有别,故其在受到时人高度评价的同时,亦成为时人关注的中心人物。

维护法律与反对安福国会

第一次护法运动期间,国会与约法是北京政府与广州军政府博弈的中心论题。在此问题上,皖系及其政治集团安福系与南方

---

① 《王陈吴李调停和会之主张》,《晨报》1919年4月4日,第6版。
② 《南北将领谋和通电全文》,《晨报》1919年5月30日,第3版。
③ 默:《湘省南北将领联电感言》(杂评一),《申报》1919年5月30日,第2张第8版。
④ 《吴佩孚复平和期成会函》,《申报》1919年7月31日,第3张第10版。
⑤ 《最近湘鄂之两大问题》,《晨报》1920年3月9日,第3版。

尖锐对立。冯国璋、曹锟等直系首领对此问题虽与段系有隔阂,但基本承认段系所主导的以安福国会为主的政治框架。而吴佩孚则大胆发声,强烈反对此种政治框架。

安福国会于1918年2月选出,同年8月在北京开会。安福国会开会前夕,吴佩孚于8月7日致电李纯,一方面强调维持法律的重要,声称民国成立以来,"干戈扰攘,无岁无之,推求其故,多发生于法律问题","民国精神全在法律,立法不善,必召大乱",另一方面,痛斥安福国会选举违法与腐败,指出"国会者,立法之最高机关也。此次新国会选举,政府以金钱大施运动,排除异己,援引同类,因之被选议员半皆恶劣"[1]。吴又于8月21日发表通电,反对由安福国会选举总统,指出在安福国会与旧国会"分立南北"情况下,"既无统一精神,焉有真正民意"[2]?吴此种主张,颇具社会轰动效应。当时外国通信社即注意到,吴8月7日电"可为重大发展之先声"[3]。《申报》所刊通信注意到,吴8月21日通电涉及总统选举问题,"是此电之作用,虽为吁恳停战,实则攻击现内阁之政策。换言之,即不啻欲将现内阁及现内阁任内对内之种种政略,根本推翻",吴此举大大提升了其社会关注度,"孚威将军吴佩孚本为今日时局中之重要人物。自迭发通电对于现内阁极力攻击以来,其一举一动,尤为世人所注意"。通信推测吴背后定有直系要人作后盾,"吴氏虽为战局中之重要人物,而其实职不过一师长而已,乃竟有此绝大之举动,则其内幕中必大有人在"[4]。西南方面则看重吴所言法律问题。滇系成员李宗黄即注意到,吴8月21日通电"对于法律问题,三致意焉。是已表同情于护法,对于北京非法政府为最后之

---

[1] 《请看吴佩孚之主和电》,《晨钟报》1918年8月23日,第2版。
[2] 《前敌将领之两大主张》,《晨钟报》1918年8月25日,第2版。
[3] 《外电》,《申报》1918年8月21日,第1张第2版。
[4] 《吴佩孚通电之湘讯(长沙通信)》,《申报》1918年9月3日,第2张第6版。

警告"①。

1918年9月初,安福国会选举徐世昌为总统。吴佩孚自9月中旬开始,连电反对徐就职。他于9月15日致电徐,未称徐为"总统",而称之为"先生",建议徐勿急于就职,应先担任"调人首领",出面谋求南北和平。待南北统一后,由重新改选的"完美"新国会选徐为总统。他再次指责安福国会选举腐败,不能代表民意,更无权选举总统,"新国会之议员不但由金钱运动而来,且西南五省均未选送。似此卑劣不完之国会,安能为全国民意代表"?吴此电对北京政局产生很大冲击。此电促进了段的下野,安福国会选徐世昌为总统后,段对卸任总理犹豫不决。段接到吴电后,甚为惊诧,当夜即开紧急会议,决定下野②。同时,徐、段敏感地注意到吴关于维护法律的意见切合西南护法主张,乃派人请吴"勿过于激烈,使西南益增要求"。安福国会有议员甚至提出查办吴佩孚案,但段嘱安福国会众议院议长王揖唐取消此案③。而《申报》则发表评论对吴表示支持,称"吴佩孚致东海电,称之曰东海先生。在东海未接受证书前,固不妨以先生称之","称之为先生者,欲其以先生自居而不欲其以总统自居也,更欲其以先生之资格调和时局而后再上合法之总统尊号,不欲先有总统之尊号,使时局无法调和,致重违先生之素志也"④。

此前,吴佩孚以安福国会不能代表民意为由,反对徐世昌就任总统,仅以本人名义。1918年9月底10月初,吴又与南方将领谭浩明、谭延闿等连发三电,劝徐勿就职。其9月26日电称,安福国会系"武力强造不完全之国会",徐当选"名既未正,言即不顺,而分裂之祸将随之而起",并明确提出总统暂由冯国璋代,"不受非法之

---

① 《李宗黄对于吴佩孚主和之谭话》,《申报》1918年9月7日,第2张第6版。
② 《吴佩孚通电与段内阁下野》,《申报》1918年9月18日,第1张第3版。
③ 《专电》,《申报》1918年9月21日,第1张第2版。
④ 讷:《吴佩孚致东海电》(杂评二),《申报》1918年9月18日,第3张第11版。

动摇"①。其10月3日电称,段祺瑞以"不完全之总理"强迫徐世昌就任"不完全之大总统",非全国人民之"真正民意"。其10月4日电称,"总统大权旁落已久,恐东海登台后,为傀儡,形态较黎、冯尤甚也"②。吴等9月26日通电引起北京政坛极大震动。《申报》报道,"吴谭通电到京,北京政界莫不骇异,以为吴师长等已与南军一贯"。徐世昌"对于此电亦大有不豫之色,感受非常激刺者",安福国会计划提出查办吴佩孚提案,段祺瑞及段派要人"均以吴佩孚之举动碍难姑容",计划发布命令,惩戒吴氏。安福系主办的报纸则声称,"吴佩孚身为国军将领,不受政府命令,通电主和,已属荒谬绝伦",是"投降于南方"之举③。吴此举甚至引起同属直系的王占元的很大戒心。王密电曹锟,希望曹戒饬吴④。对于吴等通电的政治影响,《申报》所刊通信亦指明,"盖吴氏寝电之内容,实为与新国会宣战,东海由新国会产出,即不啻与东海宣战"⑤。而广州军政府则对吴等极表赞同,认为吴等所发通电"顾全统一,维持正谊,民意藉兹以伸,不特全国人心所同然,抑世界公理所当然者也"⑥。

1919年2至3月,围绕在上海召开的南北和平会议问题,吴佩孚再表明维护法律、反对皖系及安福国会态度。会议于2月20日召开前夕,吴于19日发表通电,强调"和议以合法为主"⑦。会议因陕西战事未停,于3月2日陷于停顿。对此,吴提出除撤销皖系陕西督军陈树藩职务、裁撤皖系国防军外,解散安福国会亦为恢复南北和议的前提⑧。

---

① 《湘省南北军主和之通电》,《申报》1918年10月1日,第2张第6版。
② 《吴佩孚等又有支讲两电》,《申报》1918年10月10日,第2张第6—7版。
③ 《吴佩孚惩戒案之酝酿》,《申报》1918年10月2日,第2张第6版。
④ 《外电》,《申报》1918年10月12日,第1张第3版。
⑤ 《湘省之局势又紧(长沙通信)》,《申报》1918年10月21日,第2张第6版。
⑥ 《西南对谭吴通电之主张》,《申报》1918年10月21日,第2张第6版。
⑦ 《各通信社电》,《申报》1919年2月21日,第2张第6版。
⑧ 《各通信社电》,《申报》1919年3月22日,第1张第3版。

1919年5月中旬,北方总代表朱启钤提出辞职,8月13日,北京政府任命安福系首领、安福国会众议院议长王揖唐为北方议和总代表。吴佩孚掀起反对王任总代表风潮。他于8月23日致电王,坚决反对其任此职。他强调,王之所以不适合与南方谈判,在于其身兼安福国会与安福系首领两种身份,而安福国会与安福系为以护法为旗帜的广州军政府所坚决反对者,"身列国会,安能解决国会之问题?身为党魁,安能不受党派之牵掣"①?8月下旬,吴又三次致电代总理龚心湛,反对王任总代表。其31日第三次通电甚至指责龚,如不解决总代表和国会问题,"不能逃中梗和局之咎"②。这引起龚很大反感。《申报》报道,"吴子玉于王揖唐之总代表连电反对,并词连龚心湛。龚氏大愠"。龚于9月5日回电吴,否认自己倾向安福系,申明"区区诚悃,但知有国,何党何系,初无容心"③。9月9日,吴又与谭延闿、谭浩明、莫荣新等西南将领联电拒王④。《申报》于9月13日注意到,"吴前日迭次单独之电,仅表示其拒王之意,今之与谭、莫电,则更露其表情于西南之意矣"⑤。

吴佩孚公开反对王揖唐,给北京政坛造成很大冲击。《申报》报道,"京中近日几无不以吴佩孚为谈资矣"。北京当局与安福系深恐吴此举促进广州军政府的反对态度,"自吴佩孚接二连三之电,则反对之声势将日高,难保不影响于西南"。且吴指责龚心湛亦成为龚辞代总理职的一大原因,"当此之时,忽有龚辞总理之声

---

① 《吴子玉忠告王揖唐与马良》,《申报》1919年9月3日,第2张第7版。
② 《专电》,《申报》1919年9月5日,第1张第3版。
③ 《龚心湛对吴佩孚电之辩解》,《申报》1919年9月10日,第2张第6版。
④ 《专电》,《申报》1919年9月13日,第1张第3版。
⑤ 默:《疏通吴佩孚》(杂评一),《申报》1919年9月13日,第2张第7版。

浪……吴氏之电,亦为其中之一因"①。

在拒王问题上,吴佩孚要比广州军政府坚决得多,这进一步使吴成为舆论关注的焦点。王揖唐被任为总代表之初,西南方面一度意见分歧。非常国会、南方议和总代表唐绍仪以及谭延闿、赵恒惕、李根源、柏文蔚等军事将领明确反对,桂系则持认可态度。陆荣廷即认为"目下为谋国内统一,有速开会议之必要,故不问北方代表为何人,应即开会"②。广州军政府迟至9月5日才致电北京政府明确拒绝王。值得注意的是,军政府在表明反对理由时,将吴佩孚意见作为重要理由,称"现西南以外之各团体,函电纷驰,请愿拒绝,案牍盈天,共见共闻,即如衡州吴师长等之通电,痛哭陈词,实代表国民之心理"③。《申报》发表评论即注意到,军政府"反对之理由,不就西南护法本体立言,而曰西南以外之团体,函电纷纷,请愿拒绝,一若专徇请愿者之意,态度缓和,反不如吴子玉措词之坚决"④。且吴此举受到南方军人较高评价。《晨报》所刊报道即注意到,"吴佩孚之反对王揖唐与南方态度相同,实为大局紧要问题"⑤。9月27日,南方援鄂军第一路总司令李书诚致电吴称,"公之言论已正社会一时之趋向,公之举措尤系国家百年之危安"⑥。

吴佩孚此举得到舆论界赞赏。1919年9月6日,《申报》发表评论,将吴此举视作"为民请命",是对北京政府"极大之打击","政府每谓实力派不反对王,而孰知反对之有实力者,不在西南,而在北方之将领"⑦。9月8日,《申报》又发表评论,指出吴反王的护

---

① 霜羽:《北京通信:吴佩孚通电之影响》(1919年9月6日),《申报》1919年9月9日,第2张第6版。
② 《西南对王揖唐之态度》,《晨报》1919年8月21日,第2版。
③ 《南方正式表示反对王揖唐》,《申报》1919年9月8日,第3张第10版。
④ 庸:《军府拒却王揖唐》(杂评二),《申报》1919年9月8日,第3张第11版。
⑤ 《吴佩孚之疏通难》,《晨报》1919年9月22日,第2版。
⑥ 《拒王声中之湘讯》,《申报》1919年9月28日,第2张第6—7版。
⑦ 默:《吴佩孚电》(杂评一),《申报》1919年9月6日,第2张第7版。

法实质,"此次南北之争,既因护法而起,则国会问题,当然为和平会议中解决之要点。王揖唐之历史且不必言,即以身居新国会议长之关系言之,已不宜当代表之任"①。不过,《申报》于9月9日发表评论亦认为,"吴佩孚之反对,则无论当与不当,实有军人干政之嫌"②。

实际上,吴佩孚之所以屡次就维护法律,反对安福国会发表主张,亦与其直系身份有关。他对段祺瑞死党徐树铮即极为反感。1919年7月,上海和平联合会致电北京政府,要求处置徐树铮。吴两次致函上海和平联合会,赞同其议。他申明,段祺瑞与徐树铮乃此次南北战争、巴黎和会外交失败之祸根,"此次内争外侮,实由徐树铮一人蛊惑合肥,徐以段为傀儡,段以徐为腹心,狼狈相依,遂致殃民祸国"。"至于徐贼,如国政清明,纪纲严肃,早当剪除",但因国家大局尚未底定,尚难处置之,只有待南北统一后,"由公共民意以法律之"③。同月,上海另一组织全国平和期成会亦要求北京政府撤销徐树铮筹边使职务,并严令徐不得干预要政。吴又致函全国平和期成会,认为此议"诚为拔本塞源之计"④。

从1918年8月至1919年9月,围绕安福国会开会、总统选举、王揖唐任北方议和总代表问题,吴佩孚公开提倡并阐明其维护法律、反对安福国会主张。这些议题均为时人高度关注的社会核心问题。这使吴迅速成为被社会各界广泛关注的社会要角,从而初步奠定了其在中国社会的政治地位。

---

① 庸:《军府拒却王揖唐》(杂评二),《申报》1919年9月8日,第3张第11版。
② 冷:《疏通吴佩孚》(时评),《申报》1919年9月9日,第1张第3版。
③ 《吴佩孚覆和平联合会两函》,《申报》1919年7月29日,第3张第10版。
④ 《吴佩孚复平和期成会函》,《申报》1919年7月31日,第3张第10版。

附和民众运动与反抗日本

1919年春,中国各地爆发大规模五四爱国运动。除去运动的科学、民主诉求,此场运动表现出鲜明的反日倾向。吴佩孚虽不认同运动的科学与民主诉求,但对运动的反日诉求作出相当回应,而完全不同于其他军阀政客对民众运动的冷漠与对立态度。这使其在全国民众中树立起一种全新的军人形象。

吴佩孚回应民众运动始于拒签巴黎和约问题。北京政府于1919年6月中旬指示参加巴黎和会的中方代表在和约上签字,全国各界遂发起轰轰烈烈的拒签和约运动。吴亦于6月下旬致电龚心湛,要求坚决拒签。他表示,"盖青岛得失,为吾国存亡关头。如果签字,直不啻作茧自缚,饮鸩自杀也",并称作为军人,愿作政府外交后盾,"军人卫国,责无旁贷,共作后盾,愿效前驱"[①]。龚复电吴称,北京政府已要求中国代表"保留签字",同时劝告吴,吴此电与邦交"似未稍合",暂不要向全国公开此电[②]。吴并不满意龚的答复,复电龚提出,中国代表应在巴黎和会上向日方询明交还青岛的确切期限,并由各国共同立约[③]。同时,吴并未听从龚的劝告,仍将其电文通示全国,《申报》即于6月28日全文刊登此电。之后,他又发出通电,提出召开公民大会,公布近日外交事件,得到广州军政府赞同[④]。7月初,他又致电北京政府,希望其制定对日方针时,"应征求全国多方之意思"[⑤]。

在各界压力下,中国代表于1919年6月28日拒绝在巴黎和约

[①]《吴佩孚对签字问题之通电》,《申报》1919年6月28日,第2张第6版。
[②]《专电一》,《申报》1919年6月24日,第1张第3版。
[③]《专电》,《申报》1919年6月23日,第1张第3版。
[④]《专电》,《申报》1919年6月26日,第1张第3版。
[⑤]《吴佩孚赞成拒约电》,《晨报》1919年7月9日,第3版。

上签字。但同年8月,又发生所谓补签和约问题。8月19日,吴佩孚得悉北京政府欲补签德约消息,于21日电询龚心湛有无此事。龚于22日表示"德约现无补签之事"。吴不满意于龚此种表示,于26日发电质问龚,其所言"现无补签之事",并未表明"将来"不会补签,应将"现无"改为"决不","宣示全国,以定人心"①。因龚未答复,吴又于9月5日致电徐世昌,告龚的状,称龚对于补签之事态度含混,"惹人注意"。他指出,龚受安福系指使,正暗中与日本商洽二千四百万借款,安福系又"昌言中日合邦",此为龚不敢表示"决不签约"的隐衷。他希望徐世昌"主持于上",无论安福系"如何跋扈","坚不盖印","并请全国军民监督于下,对于补签德约,必须根本推翻,以待国际联盟公决"②。显然,吴对龚如此不客气,亦与吴反对皖系有相当关系,因龚依靠段祺瑞心腹徐树铮。《申报》曾于1919年9月发表时评称,"徐之与龚互相助也,亦有由来矣。故龚之代阁,无异即为徐之代阁,而龚之去阁,亦即无异徐之去阁也"③。

1919年底至翌年初,又发生中日直接交涉山东问题之事。1919年12月初,北京政府拟由驻日公使与日方直接交涉山东问题。吴佩孚得知此消息,致电总理靳云鹏,要求不得与日方直接交涉,应将山东问题提交国际联盟裁决,"以重主权,而保国土"④。1920年1月,各协约国在巴黎分别与德国正式签署和约。日本政府在中国未签署巴黎和约的情况下,依据对德和约相关内容,单方面宣告继承德国在山东的权利。1月19日,日本驻华公使向中方提出通牒,要求中日直接交涉解决山东问题⑤。这引发全国各界大

---

① 《专电二》,《申报》1919年8月31日,第2张第6版。
② 《吴佩孚评龚心湛之又一电》,《申报》1919年9月23日,第2张第7版。
③ 冷:《靳徐之战》(时评),《申报》1919年9月25日,第1张第3版。
④ 《吴佩孚最近之两要电》,《申报》1920年1月1日,第2张第6版。
⑤ 《山东问题日本提出交涉矣》,《晨报》1920年1月20日,第2版。

规模的反对声浪。吴亦于2月5日致电徐世昌,要求退回日牒,拒绝直接交涉,强调中国并未签订对德和约,日方无权要求中国接受日方继承德国在山东的权利,"今我政府,若与之直接交涉,是即默认服从,对于拒签德约,自相矛盾"①。2月13日,吴又致电靳云鹏表示,政府必须遵从收回山东主权的民意,"若竟悍然不顾,逆拂人民之公意,以博邻国之欢心,则大乱之起,迫于眉睫"②。同时,他又致函上海各路商界联合会表示,"宁为玉碎,勿为瓦全。我军民各界,早有决心,必达到保存国土之目的而后止"③。吴此种态度确在国人中树立起良好形象。《晨报》即报道,诸多湖南衡阳人感觉,在中日直接交涉问题上,吴比张敬尧"为人要明白到不可以道里计"④。西南方面的刘显世亦致电吴称,吴2月5日致徐世昌电"于山东问题直接交涉之弊害,言之极为沉痛,确足代表国民心理,发擿谠论"⑤。

吴佩孚对民众运动的附和,更体现在对"济南血案"和福州事件的回应上。1919年7月下旬,皖系国防军第二师师长、济南镇守使马良逮捕济南回教救国后援会领导人,并在济南实行戒严。8月初,马良又逮捕学生16人,并杀害回教救国后援会领导人。这激起全国各界的抗议热潮。8月13日,吴致电马良痛斥其暴行,表示"在各界既属热心爱国,又非结党作乱,即或稍逾常轨,其心可怜,而其情亦可原。先生亦何必发雷霆之威,下动员之令,与民意宣战耶"⑥?同年11月,日本驻福州领事馆警卫将五名中国学生打伤。

---

① 《吴佩孚反对直接交涉电》,《申报》1920年2月13日,第2张第7版。
② 《吴佩孚反对直接交涉电》,《晨报》1920年2月16日,第2版。
③ 《吴佩孚覆各路商界联合会函——坚持退还日牒》,《申报》1920年2月16日,第3张第10版。
④ 《长沙特约通信:山东问题与衡阳人》,《晨报》1920年2月27日,第3版。
⑤ 《刘显世复吴佩孚通电》,《晨报》1920年2月15日,第3版。
⑥ 《吴佩孚忠告马良电》,《申报》1919年8月15日,第3张第10版。

之后,日本军舰开到福州,海军陆战队在福州持械殴人①。福州事件引发全国各地大规模抗议浪潮。12月初,吴连发两电表示,作为军人,"愿整戎行,以为后盾"②,要求北京政府"据理抗争"③。同月,日本驻华公使照会中方,声称福州事件源于1919年春五四运动以来的排斥日货运动,并威胁说,如中方不约束人民的反日运动,难保今后不发生"不测事件"④。12月27日,吴致电北京政府,痛斥日方行为。他指出,日方将中国排斥日货运动说成福州事件的起因,实为"轻视我国,蔑视公法"之举。国际公法与通商条例并未规定一国人民不用某国货,某国可强迫一国人民使用本国货物,甚至对一国进行"凶击"和"武力干涉"。而且,日方所言中国排斥日货并不成立。中国并未拒绝进口日货,亦未从在华日人手中强夺日货并予以毁弃,只是进口而国人不用,国人亦只是从日商手中买下日货才毁弃之。至于日方威胁可能发生所谓"不测事变","尤为藉端开衅,无理已极"⑤。

1920年1月,湖南长沙及各县学生三四百人到衡州吴佩孚处请愿,申诉湖南学生运动"无非本良心之主张,为外交之后盾",要求湖南当局维持学校教学秩序,并提供教学经费,并希望吴部移驻长沙。吴"大为感动",遂致电张敬尧,一方面对学生运动表示同情,认为各地学生"虽其言语过激,而其心理则属甚佳","系出于爱国一片血诚,应为略迹原心之对待,只可以理晓谕之,万勿以力遏抑之",另一方面,希望张"责成各校长,将各学生分别收回校,照常

---

① 《京中对于福州事件之态度》,《申报》1919年12月1日,第2张第6版。
② 《专电》,《申报》1919年12月6日,第1张第3版。
③ 《专电》,《申报》1919年12月7日,第1张第3版。
④ 《政府取缔排日风潮之文电》,《申报》1920年1月11日,第2张第6版。
⑤ 《吴佩孚痛论取缔排货电》,《申报》1920年1月15日,第2张第6版。

上课,所需经费,或勉为筹付,或稍行节俭,斟酌情形办理"①。由湖南学生向吴请愿,可见吴在湖南人士中形象之佳。

吴佩孚不仅附和国内民众运动,亦颇关注国际劳工问题。1919年10月,国际劳动会议在美国首都华盛顿召开。中国仅派驻美使馆代办容揆出席,未派劳、资代表与会。旅美侨工会和容揆均要求北京政府速派代表②。吴亦于12月初两次致电靳云鹏,希望速派代表与会,表示"近世劳动界地位日高,对于国际前途,关系至巨","我国劳工供给居世界第一,华工足迹遍及全球,欧洲参战华工五十余万,从事国际战争,功绩昭著。此次欧战之后,各国会议保工善后事宜,我国若不派代表赴会,是放弃国际上应享受之利权,将来何以对我全国劳动界"③。

公开附和五四运动以降的反日民意,乃至关注劳工问题,这在北洋军人政客中可谓绝无仅有。这使吴佩孚明显有异于其他军阀政客。由吴所发政见,亦可窥其强烈的反日思想。吴之所以对1919年春开始的以收回山东主权为主要诉求的民众运动如此热心,除其反日情结外,其"山东人"身份或亦为另一导因。他在1919年8月致马良电中即称,代表"齐鲁同乡"向马良呼吁,"爱乡即所以爱国"④。

北洋军阀时期,武人干政为中国政治常态。吴佩孚驻湘期间的诸政治行为亦未超出此一常态。1918年4月,《申报》在评论段祺瑞武人内阁时即分析道,"今之行政一任武人之干涉,今之命令一任武人之违抗,而莫可如何矣。非特干涉与违抗也,有时且俯首

---

① 《吴佩孚请张敬尧维持学校——张敬尧果能领教否》,《申报》1920年1月25日,第2张第7版。
② 《政府不派劳资代表之答覆》,《晨报》1919年11月14日,第2版;《国际劳动会议与我国》,《申报》1919年12月12日,第2张第6版。
③ 《吴佩孚最近之两要电》,《申报》1920年1月1日,第2张第6版。
④ 《吴佩孚忠告马良电》,《申报》1919年8月15日,第3张第10版。

听命,以服从武人之指挥,是今之政府早为武人狎而玩之矣"①。且吴在此期间确有很大政治抱负。1920年初,湘人张骏提议组织军人和平联合讨论会,以解决时局。吴对此极表赞同,复函张称,"伟论由军人联合解决,速谋统一,一致对外,所见甚是","诚能以南北一家之思想,互相联合,由一部以及于一省之全部,由一省以及于一国之全部,相怜相爱,沆瀣一气,则不待议会口舌纷争而大事定矣"②。不过,尽管吴并未脱离其时武人干政的一般政治常轨,但其表现的维持南北和平、一定程度认可临时约法所规定的民主制度、附和1919年春至1920年初爱国民众运动的鲜明政治态度,使其社会政治映像明显有别于其他军阀、政客。而同时期皖系军阀及其政治集团安福系,则以其穷兵黩武、操纵成立安福国会、亲日卖国等政治映像,日益遭到国人唾弃。这亦成为1920年直皖战争直胜而皖败的重要导因。

阎书钦　天津师范大学历史文化学院教授

---

① 默:《威信》(杂评一),《申报》1918年4月22日,第2张第7版。
② 《关于和局之函电》,《晨报》1920年1月6日,第2版。

吴佩孚之死是日本人所为

对于吴佩孚的死因,学术界有三种说法:一、日本人所杀。这一说法来源于对吴佩孚后人的采访;二、因病而死。这一说法来源于1960年至1961年对吴佩孚幕僚汪崇屏先生的采访纪录,即《汪崇屏先生访问纪录》,认为吴佩孚死于牙疾引起的血毒症;三、国民党军统所杀。这一说法来源于原国民党军统组织"国家密电室"主任李直峰撰写的一篇文章,该文章题目是《吴佩孚死因新说》,文章发表在上海市文史研究馆编的《上海文史》1995年第2期。但李直峰的文章一发表就立即遭到学术界的声讨,特别是台湾方面,他们在台湾《传记文学》杂志上连续公布了李直峰所说的完整的档案资料,对李直峰的观点进行了批驳,大陆也有学者对李直峰的观点撰文进行商榷。通过对各种资料的比对与分析,我认为吴佩孚是因患牙疾,被日本人趁机害死的。

一、吴佩孚是戚继光转世

1874年4月22日,在山东渤海之滨的古城蓬莱,一位小商人吴若天正坐在自己的店里打瞌睡,朦胧间他看见一位身穿明代金盔金甲的武将向他走来,他惊奇地仔细辨认这位武士,原来正是家喻户晓的明代抗倭明将戚继光,正当他准备起身恭迎的时候,忽然有人在他耳边惊喜地呼唤:"老爷,老爷快醒来。"吴若天睁开眼睛,只见接生婆笑呵呵地站在他的面前,说:"老爷大喜,大喜,夫人生了个儿子!"这个男童便是北洋时期叱咤风云、声名显赫的直系儒将吴佩孚。吴佩孚的父亲也以自己的这个梦,给儿子取名时,引用戚继光名字的字"佩玉",给吴佩孚取名"子玉"①吴佩孚的出生与其父梦见戚继光的巧合,因而吴佩孚得戚继光"转世"的美名,而吴佩孚一生最崇拜的人物,可以说是吴佩孚的精神寄托"就是明朝的戚继光"②更巧的是吴佩孚晚年与日本人的斗争,体现的是高尚的民族气节,最后惨死在日本人的手中,成就了他戚继光"转世"的美名,也为他的一生划上了最圆满的句号。

　　6岁时吴佩孚入私塾求学,不幸的是不久其父便死了,接下来便是靠其兄开的烟馆维持学业,终于在其23岁时考中了山东第87名秀才,而后虽挑灯夜读,但两次秋闱均名落孙山,偏偏此时又因酒后打了当地县城电报局长的贵戚,县太爷一道金牌下来捉拿吴佩孚,吴佩孚最终流落北京街头,以卖字占卦为生,从此也绝了他的科举之路。接下来为生活所迫去投军,也便开始了他不寻常的军旅生涯。当时具有秀才身份当兵的很少,这也为吴佩孚奠定了飞黄腾达的基础,接下来便是镇压"二次革命",参与军阀间的连年混战,并背上了镇压共产党领导的"二七"工人大罢工的恶名,事实上,1923年发生的京汉铁路大罢工,长辛店、郑州两地枪杀工人事件是军阀曹锟下的命令,而汉口枪杀工人事件是军阀萧耀南下的命令,吴佩孚的幕僚汪崇屏先生回忆此事时,曾经为吴佩孚感到惋惜,认为吴佩孚被"夹在中间,担当恶名,实在冤枉"③。后来成为大革命时期国民革命军北阀的主要目标。北阀后吴佩孚在四川各地流浪了五年,所以吴佩孚也成了中国近现代史上两大党派共产党、

---

　　① 章君毅:《吴佩孚传》(上),台北传记文学出版社,1983年,第3页。
　　② 张方严、刘耀宗:《吴佩孚侧记》,全国政协编:《文史资料存稿选编》,文史出版社,2002年,第648页。
　　③ 郭廷以、王聿均:《汪崇屏先生访问纪录》,台北中央研究院近代史研究所,1994年,第112页。

国民党所憎恶的历史人物,但其晚年却谱写了他反日的人生辉煌篇章。

二、吴佩孚与土肥原斗智

　　1932年2月,吴佩孚由内蒙古西部的包头乘专列回到他在北京的私宅——什锦花园,然后关起门来继续做他的"孚威上将军",三百名卫队仍然是头顶北洋政府的王五旗帽徽,看起来十分威风。府中,依照总司令部的规范,仍旧设八大处,并各有处长。他们依旧是每日商量国事,他认为自己的帅旗不倒,人马自会拉起来,但这时的吴佩孚在经济上是十分拮据的,常常陷入尴尬境界。吴氏为官数十年之久,曾经统治过几个省的地盘,带领过几十万大军,但他为官十分清廉,从不聚敛财富,也不购置田产,这与他同时代的那些腰缠千百万的军阀相比,真是十分难能可贵的。所以刚回北京城时,蒋介石知其窘状,为了拉拢他,表示按月馈赠,但被吴佩孚拒绝了,可他却接收了张学良每月馈赠的8000元,因为他与张学良父子是故交的缘故,况且张学良对他也是子侄相称。尽管这样,他还常对人骂道:"张学良这小子没出息,忘记国仇家恨,真是不忠不孝!"由此可见他对于日本的愤恨之情。

　　1932年3月9日,日本军辅佐清废帝溥仪在长春宣布成立伪满洲国,与中央政府断绝关系,吴佩孚对此十分气愤,3月10日他还发出通电,怒陈日本暴行,文称:"伪称满洲独立国,实际为日本附庸,阳辞占领之名,阴行掠夺之实。"4月他呈是《致国联调查团书》给李顿调查团,抨击日本割裂中国版图的行径,要求国联主持公道,恢复中华民国领土的完整。

　　日本对华的入侵更甚,不久又染指华北,日本人采取收买汉奸、组织伪政权等方式,来为自己全面侵华服务,鉴于吴佩孚的地位与声望,日本人把吴作为重点拉拢对象,但他们又了解吴佩孚对日本人的反感，没有直接去拉拢吴佩孚，而是在追随吴多年的吴的身边人员身上下功夫，如吴的秘书长陈延杰、枢要处长符定一、参谋长刘永谦等人，这些人自北伐战后就追随吴佩孚，在四川甘肃颠沛流离多年，也希望吴佩孚出来为日本做事，借机寻一官半职的头衔，况且他们自从与吴佩孚进京后，个人囊中羞涩，生活也较贫困。1935年11月，殷汝耕在冀东建立一个汉奸政府，即"冀东防共自治政府"，聘吴的秘书长陈延杰为顾问，月送"车马费"500元，还聘吴手下其他一些人为参议，月送"车马费"200元，而给吴的就更高了，此外每年三节和吴的生日、各馈赠5000元，实际上，这些馈赠吴的夫人张佩兰均收纳了，为了解决日常生活的开支，张佩兰还不时打发大帅府人员或族弟张锡九打着吴佩孚大帅的旗号出外筹措，吴佩孚本人对此也只是装聋作哑，因为他毕竟要生活，而且要生活得较好些。

北平沦陷后，北洋失宠政客江朝宗出面组织"治安维持会"，江朝宗曾参与张勋复辟而受人唾弃，自知难堪"大任"，就请吴佩孚出山，江朝宗由已被收买的吴的秘书陈延杰领进什锦花园，当江向吴佩孚说明其意思后，吴没有给他一点面子，把桌子拍得震天响，大骂道："你个老而不死的东西！"吓得江抱头鼠窜而去。而后王志敏在北平组建"华北临时政府"，吴佩孚的旧部齐燮元也出任了伪京律卫戍司令，公开叛国投敌。伪政权为了拉拢吴佩孚，仍然在经济上大做文章，聘吴为"特高顾问"，月送车马费达4000元，而其他顾问也只有1200元至2000元左右，可见对吴待遇之高。吴佩孚的夫人张佩兰对这笔钱按月收下以备家庭开支，而吴佩孚只是把自己关在自己的什锦花园私宅内过日子而已。

不久，日本的大迫通贞受命进入北平，邀见吴佩孚，请吴出山担负"兴亚"大任，吴佩孚这时使出了他精湛的占卜术，口中念念有词道："眼前大事，玄黄未判，不可不可……"弄得翻译无法翻译，大迫通贞更是不知所云为何，吴佩孚接着又说："只须本人掐诀念咒，向空中抛出一团团麻线,你们日本人的飞机就被缠绕下来!倘若不信,你先对着我开枪,这绝对伤不了我。"大迫通贞听了半天,最后沮丧而去。

随后日方又派更厉害的号称"东方劳伦斯"的中国通、日本著名特务头子土肥原贤二,决心一定要把吴佩孚拉下水来。1938年初,土肥原贤二亲自到什锦花园,见面就用哀求的语气请吴"救救日本"!吴佩孚却坦然道:"自身不能救,焉能救人?现在不是谁救谁的问题,而是如何救的问题!"土肥原贤二无话可说最后只得离去。

随后不久土肥原贤二又去拜访吴佩孚并说道:"请您出来调停中日和平。"吴佩孚对此大笑道:"好哇,那就请贵国天皇和我国蒋公,双方来电请我出任调停,当然可以喽!"土肥原听后气得简直要死。第三次去拜访吴佩孚时,土肥原以高官为诱饵,劝说吴佩孚出山"维持中日民族关系",并保证恢复吴往日的权势。吴佩孚却果断地说:"现在根本谈不上出山不出山,如果一定要让我出山,请贵国人等一概退出中国,当然包括东北在内,如何?"

三次劝说失败后的土肥原贤二恼羞成怒,采取拉拢失意政客、社会渣滓之类的人从各地拍电拥护吴,在舆论界大造声势,谎称吴佩孚已同意出任伪绥靖军事委员会委员长职务,一时间,各界哗然,土肥原还利用日伪宪兵操巡控制新闻界,使吴佩孚无法向外界辨明自身。随后土肥原又去拜访吴佩孚,并称:"外界一致拥护您出山,"并作出"撤兵北京"的承诺,向吴佩孚施展诡计,吴佩孚此时也搪塞说:"那允许我考虑考虑。"

土肥原见有商量的余地,立即提出:"既然如此,就请您出面,开个中外记者招待会,如何?"吴佩孚听后欣然点头同意。没多久,日本及沦陷区的报刊大量报道吴佩孚召开记者招待会的信息,土肥原还派人为吴佩孚准备好了记者招待会上的"讲稿",并命令翻译不论吴佩孚是否按照讲稿说,都要按"讲稿"逐字逐句进行翻译。

1939年3月30日,百余名中外记者涌向什锦花园,花园内戒备森严,进场的记者每位都拥有一份中西日三种文字形式的"讲稿",吴佩孚在众人簇拥下进入会场,并客气地向记者先鞠了一躬,然后仅瞥了一眼案前的"讲稿",做开口即席的讲演,开始的讲话让土肥原十分满意,讲着讲着吴佩孚把话锋一转,没等土肥原醒过来,提出了恢复中日和平的两个条件,即日本无条件全面撤兵;中华民国应保持领土和主权完整。吴佩孚同时还大声命令翻译按他的原话,一字一句的进行翻译。会场的中外记者纷纷疾笔如飞记下了吴佩孚最真实的讲话。随后吴佩孚把土肥原事先准备的"讲稿"从案前拿起来,然后狠狠地摔在地上,用力踩在脚下。土肥原对此气得浑身发抖,脸色蜡黄,吴佩孚巧妙地用记者招待会的形式彻底揭穿了土肥原散布的流言蜚语,粉碎了土肥原的阴谋,长了中国军人的志气。

三、吴佩孚与川本斗智

1938年12月的一天,什锦花园驶进了几辆小轿车,然后从车上下来几位身穿便装的日本人,领头的是吴佩孚的老朋友冈野增次郎,此人过去担任过吴佩孚的顾问,跟在他身后的便是接替土肥原的川本少将。吴佩孚碍于老朋友的关系就接待了川本一行,接下来的谈话是川本对吴佩孚大加赞赏,并提出要拜吴为师的恳求。吴却说自己从没收外国弟子。旁边的老朋友冈野增次郎又帮腔为川本说好话,无奈之下吴佩孚答应了川本的请求,并提出按中国的拜师规矩:焚香点烛,行三跪九叩之礼。但川本照此一样一样认真的做了,然后改称吴佩孚为师父。

其实这里川本对吴实施的是所谓的"联络感情式"的拉拢方式,当时的汪精卫伪政府已在南京建立,日本人提出了"汪主政,吴主军"的方略,所以继续对吴佩孚实施攻势,随后川本还以孝敬师母为名送给吴佩孚夫人一大笔钱,这次吴佩孚着急了,他连夜差人把钱又退给了川本。川本见此计失算,就又打起吴佩孚身边人的主意,但最终也没有结果。

最后川本终于自己出马了,他劝老师出山,吴佩孚却说:"如欲和平,必须全面撤兵!"川本苦求说:"老师应该体谅弟子的苦衷,土肥原将军因您拒绝出山而受到一生最大的挫折。如今,厄运又将落在弟子头上,如果老师执意拒绝,弟子只有剖腹自杀,以谢天皇。"吴佩孚却说:"承你错爱拜吾为师,却不见你挑经问义,你我之间不过空有一层师生关系罢了。"然后他又送川本一句孟子的话:小国不可以敌大,寡国不可以敌众,弱国不可以敌强。中国大、人多、力弱,日本力强,以一对二,终必失败,这就是我对中日战争最后的看法。但最后中日战争的结果就是如此。最后川本只说一句话:"大帅会后悔的!"然后告退。

接下来日本人又让汪精卫出马说服吴佩孚,以实现所谓的"汪吴合作"。汪精卫先是派人与吴佩孚接触,1939年6月26日又亲自飞往北平,并邀吴佩孚在铁狮子胡同日本侵华军参谋长山下奉文的公馆里会晤,吴佩孚对报界称"吾与汪先生皆中国人也,如商国事,当相见于中国人住所",所以拒绝汪的请求。汪精卫又提出在顾维钧寓所内会面,吴佩孚又以"在外面昭谈不方便"为由,请汪"来敝舍会谈"。其实他根本不愿与汪精卫会谈。后来汪精卫又派陈中学去劝驾,吴佩孚把桌子一拍,骂道:"谁跟汪精卫合作,这个人一定下贱!"虽然他与蒋介石曾是冤家,但他十分赞赏蒋介石在抗日问题上的态度并派人与蒋介石进行联系,蒋也拍密电劝吴"保持晚节"。

四、被日本人害死的经过

1939年底的一天,吴佩孚在吃饺子时,肉馅中的一根骨渣插进了吴的牙缝,几天后便肿了起来,疼得吴佩孚捂着嘴巴,呻吟不止。也有人说是吴佩孚无力摆脱日方纠缠,气急交加,突患牙病的,总之吴确实为牙病所困扰。按医理说,牙病肿痛期间为了防止感染是不能拔牙的,但日本医生伊东凭着他与吴佩孚熟悉,再三劝说让吴拔牙,当时的伊东 30 多岁,细高身条,大眼睛,穿着一身洁白的职业服,讲一口流利的京话,深受吴的信任。当得到吴允诺后,只见他掏出钳子"咔嚓"一声,一颗血淋淋带点肉屑的牙齿拔掉了,然后让吴漱漱口就离开了,其实伊东对吴实施拔牙是遵照日寇头子板恒征四郎的指示做的,其目的是间接谋杀吴。

牙拔掉后,吴佩孚的病情加重,疼痛难忍,也无法说话,随后吴夫人又请了一位天津名医郭眉臣,为吴开了一副中药,但药中有二两石膏,吴又担心药力太猛,也就没有服用。到了第四天,吴连水也不能咽下了,炎症扩散到喉头部,又请来一位德国名医,但医生看过后提出入东交民巷进行手术治疗,这有悖于吴的"不进租界"的警言,所以吴宁死不去东交民巷。

当时吴佩孚周围唯一没有被日本收买的张伯伦,他是吴的秘书帮办,12 月 4 日,他最后单独与吴会晤,吴说:"死了的好,死了的好。"接着又说:"将来美日必有一战,中国定可雪耻报仇。"由此可见吴佩孚的预言是完全正确的,说明他至死仍然惦记着中国的抗日战争。下午三点钟,川本、军医处长石田、齐燮元、符定一等人驱车来到什锦花园,当时还有一队日本宪兵,他们拒绝任何人进入什锦花园。

吴佩孚看到川本时,表情非常愤怒,就在这时,石田拉开皮包掏出钳子、钢条等,然后奋力撬开吴的嘴望了一下说:"要动手术了,把脓放出来!"吴夫人及其仆人奋力阻拦也没有结果,于是吴夫人抱着吴的头,其子无奈地抱着脚,石田掏出一把狭长锐利的手术刀,这时吴的五姑爷张瑞丰见状大喝道:"慢着!"川本气势汹汹走过来用威胁的语气问:"什么事?"张怒目问道:"为什么不打麻药?"

一句话提醒了吴的妻子,她也大声抗议:"既然开刀,为什么不打麻药?"石田苦笑着在皮包内翻了半天,才找出针剂,并给吴注射了一支。

然后又撬开吴的牙齿,当时张瑞丰亲眼看到,石田那把狭长锋利的手术刀并没有指向胀肿的牙龈,而是刺向了吴的喉咙,只听吴"啊"的一声惨叫,鲜血从吴的口里喷射出来,顷刻间,随着鲜血汩汩地向外流,吴佩孚怒视川本一眼,最后气绝身亡,此时是1939年12月4日午后3时45分。

吴佩孚生前曾占卜自己62岁必死,如果不死可活百岁,但却在66岁这年突然死去了,吴佩孚的死讯立刻传遍了北京城,"大帅没有屈服于日本人",这感动了北平的老百姓,他们停下手中的活计为吴大帅送行,人是那么的多……

吴猝死的消息传到重庆,蒋介石发唁电"精忠许国""大义炳耀",国民政府各部部长也纷纷致电哀掉"可为中国旧军人最后一个典范""足为我国军人之模范""大节凛然,数十年如一日"!

一个山东的勇士不是在战场,而是在自己的私宅里续写了戚继光的抗倭英名。

参考资料:

文斐:《我所知道的吴佩孚》,中国文史出版社,2004年。
蒋自强、余福美编:《吴佩孚》,山东人民出版社,1985年。
郭剑林:《吴佩孚真传》,辽宁古籍出版社,1997年。
赵恒惕:《吴佩孚先生集》,台北文海出版社,1971年。
郭剑林:《北洋政府简史》,天津古籍出版社,1999年。

窦春芳　广东海洋大学思想政治理论课教学部副教授
苗体君　广东海洋大学教授、硕士研究生导师

践行儒者思想的囹家
——浅议吴佩孚悯民思想的截面

吴佩孚,一介书生,22岁中秀才,熟读《易经》《春秋》,浸淫儒家思想的根底。究其一生,上马驰骋疆场,下马诗书儒雅,在数以百计的北洋大小军阀中,唯其以"秀才"著称,被史家誉为"学者军阀"和"秀才将军",称得上是一位践行儒者思想的囹家,析理其人生截面,横透着民国的时代气息。

他孜孜以求、奉行终生的儒家悯民理想,以他道德言论、点滴亲身的践行,在近代中国传统致仕的文化人伦中树立了标识性儒者武夫、民国范儿的形象。

他认为:英雄并不以成败定义,本人既以关、岳为立身行事的楷模,所以在行为上一不爱财、二不好色、三不怕死;本人志在春秋,为国家民族,不惜肝脑涂地。

他对国家架构的理想:所有国事,悉由国民大会定夺!国民大会的代表由农、工、商、学四界组成,自下而上推选,由省至中央,这便是国家最高权力机构。

他对营私当权者的怒斥:全国之大,能否尽为一人所盘踞?疆吏之多,能否尽为一党所居奇?兆民之众,能否尽为一人所鞭笞?

他对军人战乱的悲叹:天落泪时人落泪,哭声高处歌声高。世人漫道民生苦,苦害生民是尔曹。

他对自己人生的归宿:清白乃心,不纳妾,不积金钱,饮酒赋诗,犹是书生本色;失败后,倔强到底,不出洋,不进租界,灌园抱瓮,真个解甲归田。

他面对日本驻天津领事吉田茂(后曾任首相)的威逼利诱,不屈不挠地说:贵总领事拯救中国之美意,我很感激……欧美各国立国不过两三百年间,其有千年历史者殊鲜,唯独我国为拥有四千余年文明历史之古邦,且有千古不灭的不成文宪章,那便是孝悌忠信,礼义廉耻!揆诸我国历史,八德张,则国宪立,而国运兴。坏其一,即乏收拾人心之准绳。中国之有八德,正如贵国万世一系之天皇,是为团结全体国民的力量。有八德即有中国,斯道丧则国必亡,这是千古颠扑不破之至理①。

寻根思底,以上言论足以诠释吴佩孚儒家祈天悯民思想的渊源表述。

一、五四通电,悯民思想的鲜明表达

1918年第一次世界大战结束。战后的巴黎和会上,中国政府提出取消21条不平等条约,要求归还大战期间日本从德国手中夺去的山东各项权利。巴黎和会拒绝中国的要求,还要把德国在山东的特权转让给日本。1919年5月4日,北京大学生们走上街头,要求政府拒签《巴黎和约》,途中示威者焚烧了卖国官员的房宅。军警逮捕了多名"暴徒",激起中国人民的强烈反对,爆发了爱国的"五四运动"。

回想那场爱国运动,系知识阶层的先省,工人阶层的先行,爱国军人们的跟进,是整个中华民族的觉醒。过去一些理论史籍,叙说起"五四运动",往往赞扬学生的爱国热情,褒扬蔡元培为代表的知识分子,后则提一提商界的罢市、工人的罢工,惟独对军界的表现态度不置一辞,或有意回避。

研究民国历史,研究以吴佩孚为代表的军阀,就不难看出手握

---

① 章君穀:《吴佩孚传》,团结出版社,2007年,第590页。

重兵军方人物的政治主张,的确对当时政府拒绝在"巴黎和约"上签字,起着重要的制约作用。

其实"军阀"们的态度,在运动爆发的时刻,因其实力和最后决策者的位置关键,决定了其必须站在潮头之前。这些反映实证的载体之一就是当时的——爱国通电。各地手握重兵实力的督军、省长,不管皖系还是直系,不管南军还是北军,大都致电政府,措词强硬地要求拒签"和约"。

关键之时,驻军南岳衡阳的北洋陆军第三师师长吴佩孚率先发言了,这个"言人所皆欲言,谏人所不敢谏"的区区师长,公开越过多级首脑,直接向大总统徐世昌发出通电,一纸电文率先亮出了中国军方的态度。

5月9日,"孚威将军"吴佩孚向全国首发通电曰:"大好河山,任人宰割,稍有人心,谁无义愤?彼莘莘学子,激于爱国热忱而奔走呼号,前仆后继,民草击钟,经卵投石……其心可悯,其志可嘉,其情更可有原!"并且告白天下,"此一国耻事件的来由,全系段祺瑞和日本人所签订的卖国条件有以致之"。

数日后,吴佩孚又致电当时参加南北和议(当时北洋政府和广东孙中山政府,以及湘粤桂滇军事力量代表正在进行停止国内内战,推动和平的谈判)双方将领联名通电反对政府签约:"顷接京电,惊悉青岛主持签字噩耗,五衷摧裂,誓难承认……军人卫国,责无旁贷,共作后盾,愿效前驱!"

决不许出卖祖国的主权!不能让强敌鱼肉我山东家乡!身为山东籍的军人,我愿对日本背水一战!这就是"五四运动"时吴佩孚的态度。

在军阀当政的年代,枪杆子无疑有最大的发言权。正因为如此,一个有着军事实力的吴佩孚,加上南方、西南诸军阀的正义支持和附和,以吴佩孚为军人代表的多次通电,对北京政府无疑产生了极大的军事和政治压力。于是,北京政府在吴佩孚等三次通电后的第三天,面对民族力量的怒吼,才公开表态,训令参加巴黎和会的代表陆征祥拒绝在和约上签字。

探讨这件事的意义,无非是使研讨者渐以公正、全面、严谨、客观的科学态度对待历史。多年来,我们有些历史研究深受某些教条式的政治理论影响。比如,军阀都是反动的,军阀都是卖国的,军阀都是荒淫无道的。其实,某时某事某地,因人物环境所处位置不同,所处的态度不同,事物发展的结果也决然不同。

吴佩孚在"五四运动"中代表军方的标志性"通电"作用,可谓用"先"字是最好的概括,具体表达可用汉字意义的"首先"觉醒、"率先"行动、"首倡"正气等表述。

悯民思想的"首先"觉醒。儒家说:"天行健,君子以自强不息。"仁人君子应具有强烈的社会责任感和历史使命感。国难当头,"大好河山,任人宰割,稍有人心,谁无义愤"?吴佩孚是儒者学士的真秀才,不是穷酸学究似的迂腐之才。毕竟大清暮气被"武昌首义",开了民国新风。仁者须积极地、勇敢地承担起社会责任,"可以托六尺之孤,可以寄百里之命,临大节而不可夺也"。五四通电,吴佩孚居有首先的思想激励基础。

悯民思想的"率先"行动。"五四运动"是沸腾全国的民族救亡行动,智者先觉,悟者行醒,学者跟行,都是要面对风险的;儒者中庸之道谁都清楚,出头的椽子先烂。民族利益,国家利益,君子担当,"军人卫国,责无旁贷,共作后盾,愿效前驱"!作为一名中级军官的吴佩孚,越过自己的督军,率先行动,直接向国家总统通电,声明支持学生的爱国行动,这在当时的政治实际是家族政治、人身依附政治的民国,无异于在北洋军队的一潭死水中惊起了爱国的波澜。这一"率先"的行动,既是军方的第一个表态,也是吴佩孚为代表军人的行动,是外观形式上的军方的第一个号角。

悯民思想的"首倡"正气。军阀当政期的民国,军队即国家,军队实力即国家话语权。吴佩孚儒者积极入世的人生观,是他匡扶天下、恩泽于民的社会理想。面对国家任人宰割、民族尊严被人驱使、列强欺压亿万兆民的现实,军队是国家的长子,是国家的脊梁,军人则是国家的最后发言人。小师长"言人所皆欲言,谏人所不敢谏"也是要有勇气的,这个勇气来自于吴佩孚的悯民思想的正气,也来自于吴佩孚看到了全体军人民族的正义,于是,他拿出勇气,冒天下之大不讳,率先通电全国,不是一时的哗众取宠,不是一时的意气冲动,我不下地狱,谁下地狱;于是,其首倡通电全国"军人卫国,责无旁贷",立时全国军人爱国之心山呼海应。事后,当时徐世昌总统说:"吴子玉一言一行,可以动天下之视听,天南海北,到处呼应,他的种种意见,我们倒是必须注意留心。"①

二、国民大会,悯民思想的个人理想

"国民大会"最初源自五四运动中知识界发动群众就外交问题向政府进行政治抗议的活动方式,逐步发展成以行使"直接民权"来代替国会立法功能的组织方式。

1920年8月1日,吴佩孚以直系师长的名义通电全国,提出《国民大会大纲》,立即举行"国民大会""今后所有国事,悉由国民大会定夺!国民大会的代表由农、工、商、学四界组成,自下而上推选,由省至中央,这便是国家最高权力机构"。

他拟定了八条大纲。

1. 名义:国民大会。2. 性质:国民自行召集,官署不得参与或监督,以免官僚政客把持操纵。3. 宗旨:国民自决统一善后、制定宪法与修正选举方法,以及一切重大问题,地方不得借口破坏。4. 会员代表:全国各县农工商学各会,互举怡人为初选,如无工商等会组织,宁缺勿滥;初选会员代表由各省复选1/5,集中天津或上海

---

① 《吴佩孚传》,第252页。

成立开会。5. 监督:由各省县农工商学各会长,互相监督,官府不得干涉。6. 常设机构(事务所):由各省县农工商学总会,共同组织为各该省总事务所,由该所电知各县农工商各会,克日成立各县事务所。7. 经费:由各县自治经费项下开支。8. 期限:限三个月内成立开会,限六个月将第三条所列各节议定公布①。

初登政坛就崭露头角军人的政治主张,当时博得广泛喝彩,赢得了在野政治势力的热烈赞同,南方的国民党领袖孙中山多次表示拥护"国民大会"的召开。当时的《晨报》《益世报》发表文章讨论"国民大会"应该行使的职权。各地纷纷集会,成立国民大会筹备组织,如国民大会协进会、策进会、筹备会等,上海、安徽、江苏、浙江等处尤其热烈。各省教育会、农会、商会不乏积极参与者。

1920年9月12日,《申报》刊有学者严建章《国民大会及国民代表大会之得失之申论》文说:总之,人们认为国民大会"合于世界最进步之直接立法主义、及直接复议主义,并民治主义之原则"②。显然,"国民大会"运动,是与世界范围内直接民权的高涨相呼应的。

"国民大会"是国民自决思想的产物。吴佩孚提出的这一主张既像西方的民选制度,又颇开中国政治进程的先河,其"国民自决主义"由"国民公决"制宪的思想,不能说与其儒者悯民的思想无关。

天下是天下人的天下,非一己之天下。任何人妄图以天下为己有,任意作为,没有不失败的。吴佩孚的脑海里,民心是第一位的,全体国民是第一位的。治理国家,就应该是儒者大道的"以正治国""正善治"。"正"就是悯民的属性之一,以正治国,就是"以百姓之心为心""修之于天下,其德乃普"。治理天下,要以天下苍

---

① 《吴佩孚传》,第306页。
② 严建章:《国民大会及国民代表大会之得失之申论》,《申报》1920年9月12日。

生为己人,居于一家、一族、一党都是一己之私。天下之心,就是悯民之心。得人心者,得天下;人心者,道心也。老子《道德经》第二十九章:"将欲取天下而为之,吾见其不得已。天下神器,不可为者也。为者败之,执者失之。"

当时的民国政府南北议和的流产,使国人对南北政府失望,安福国会的祸国也预示着议会政治的失败,废除督军的呼声是对军阀们的憎恶。知识界对于解决国事的希望转而寄托在人民身上,这反映了北京政府合法性正在逐渐丧失的现实。吴佩孚这位熟读四书五经的秀才,自然明白其中的道理。

尽管国民大会作为一种不定期的公众政治集会,其作用与议会的功能是很难相互取代的,议会与政府之职权互相对峙而牵制。这些新鲜的西方政治名词,对国人来说也许曾听说过,也许国学大师、议会大鳄也曾议论过,但作为国策主张,向全国民众、政党、官绅公开首倡,吴佩孚是居首位者。

因他当时的政治地位不高,其提出的政治纲领遭到了包括直系军人在内的各路大小军阀的非议。当时的奉军首领张作霖谈"国民大会"议题,其在天津接受一批记者访问,谈到吴佩孚的主张就轻蔑地说:"我所合作的是曹经略使。吴佩孚小小一个师长,全国就有几十个师长。而我手下也有好几个。"①

所以打败段祺瑞后的天津会议,没有讨论国民大会问题。军阀、觉者、政客、头面人物新鲜过后,死水一潭的民国,又恢复了往日的纷争。权谋人士想的是,国民说了算,他们就得下课;若让他们下课,岂不过于天真?

所以,吴佩孚就落寞,他的这种的悯民理想,算是在民国流年里,刻下了一丝丝思想新鲜的印痕,他自己也由此认为失去了留在京城的意义;于是,便一溜烟远离是非之地的北京来到了洛阳。

---

① 《官场百丑图——北洋军阀秘录》,湖南出版社,1992年。

一位在中国多年的日本军部间谍铃木贞一为此佩服说："我认为吴佩孚是个很了不起的人物，因为在一般情况下，获胜的中国将军都是进入北京大逞威风，但吴佩孚却不声不响径自领兵回到河南洛阳。"

那时，他忠心不贰的老上级曹锟已经被胜利冲昏了头，非要坐到大总统的宝座上过过瘾。尽管吴佩孚极力反对，但曹锟还是以行贿议员的卑劣手段当选新一任总统。远在洛阳的吴佩孚忍看刚有新气象的北京政坛再度衰败，他也一筹莫展。

三、罢兵主和，悯民息战内涵的实践

民国初年，袁世凯的"帝制自为"惹恼国人及各路军阀，均宣布"独立自治"。袁死后段祺瑞领衔内阁，令各省取消独立服从中央，西南割据政权无人听令。段下令南征，吴佩孚奉命率陆军第三师，出直隶进河南入湖北攻湖南，势如破竹，一气逼近广东。

北军南下，气壮山河，谁都明白，只要这位中将师长一声令下，他军纪严明的大军即可底定三湘并进而荡平粤、桂两省，北京政府"武力统一"的梦想则指日可待！

然而，就在捷报频传之际，吴佩孚却突然按兵不动，他与占领区的军政首脑、士绅终日饮酒赋诗，不言战事！

1918年段祺瑞急得亲往前线劳军，破格授予吴佩孚以"孚威将军"的殊荣和勋位，以励其一鼓作气扫平两广进而统一中华。可是，吴佩孚竟擅自撤军，把北洋军先前打下的大片江山拱手奉还南方！主张"罢战主和"。

罢兵的理由——呼吁和平。为什么呢？通电说："阋墙煮豆，何敢言功？"双方"并非寇仇外患，何须重兵防守？对外不能争主权，对内宁忍设防线"。所以要"罢战主和"！气得段祺瑞直蹦："秀才造反啦！"究其原因推测：

1. 赏罚不公。战功赫赫的第三师师长吴秀才理应被任命为湖南省督军或省长,段祺瑞却安排了自己的亲信,惹得战地师长不高兴。

2. 军阀内争。时北京政府出现了"府院之争",吴佩孚反对皖系"安福俱乐部"把持政权,吴佩孚附和冯国璋,与段祺瑞相对抗。他通电要求大总统罢黜段祺瑞内阁,"全国之大,能否尽为一人所盘踞?疆吏之多,能否尽为一党所居奇?兆民之众,能否尽为一人所鞭笞"——结论当然是否定的,以致就有了1920年7月直皖战起,吴佩孚联合奉系军阀张作霖大败皖军,段祺瑞政府倒台,直奉两系军阀共同控制北京政府。

3. 悯民祈和。吴佩孚于民国七年5月28日占领衡阳,前锋部队又已攻下衡州,一路往南如入无人之境,没想到在永州遇到强敌阻挡。阻挡他前进的长官是湘军的"一代奇才"、后来做了他秘书的张其锽。吴佩孚读了张其锽写给他的一封信,信中分析形势,说明"战"则两败、"和"则两利的道理,劝说吴佩孚上为国家百姓着想、下为直系自己的利益考虑,不可再战,于是就有了1918年6月16日签订了南北停战协议。

无论吴佩孚"罢战主和"的直接原因是"赏罚不公""军阀内争",还是"悯民祈和",其均系现代人的推测而已。但吴佩孚"罢战主和",在当时国人眼中,国家统一的希望寄托在吴佩孚身上,顺应了人民痛恨皖系对西南用兵,渴望和平的愿望却是顺应了历史进步趋势。

从个人角度分析吴佩孚的"罢战主和"的动机是有其内在决定因素的,因为他既不像其他大多数军阀那样一心求利求地盘,又不像国民革命军那样师法欧美文明的精神。他的人生观和世界观是传统得十分陈旧了的"愚忠"体系,虽然他的坚守可敬可悯,其行为的动机之一,就是为了践行儒者思想的内涵。他早就说过:"英雄并不以成败定义,本人既以关、岳为立身行事的楷模,所以在行为上一不爱财,二不好色,三不怕死。本人志在春秋,为国家民族,不惜肝脑涂地。"

四、保护故宫,仁民爱物的家国情怀

1927年5月27日,吴佩孚败绩率队逃到四川经河南邓县构林关时,受到当地头面人物的热情款待。面对满桌酒肉,他却说:"免了吧,战火连绵,百姓不得温饱,我们还要这么多菜干什么?"只留下四个小菜,其余全叫人撤下。地方士绅纷纷前来求字求诗,他即席撰写了多首(副)诗联。赠给乡绅杨星如的诗中,有"天落泪时人落泪,哭声高处歌声高。世人漫道民生苦,苦害生民是尔曹"的字句。

吴佩孚练兵,力避北洋军恶习。五条纪律:一不懈怠防务,偷奸耍滑;二不向民间赊欠挪借;三不许拿民间一草一木;四是保护驻地民间安全;五是遇匪奋力扫除。将部队训练成了当时的铁军。

此举,在现代人的眼里,吴佩孚仿佛跟民国时代的军阀居然判若两类人似的。

孟子曰:"君子之于物也,爱之而弗仁;于民也,仁之而弗亲。亲亲而仁民,仁民而爱物。"意思是:"君子对于万物,爱惜它,但谈不上仁爱;对于百姓,仁爱,但谈不上亲爱。亲爱亲人而仁爱百姓,仁爱百姓而爱惜万物。"

读过四书五经的吴佩孚,显然对中国古代文化的辉煌、古代历史文化的价值,有着比一般军阀更有自己独特的家国情怀。古建筑作为祖先遗民创造的财富遗产,作为体现古代建筑风格的文化载体,从"仁民爱物"的角度,应该完全无条件的保护,对其文化及信仰系统予以尊重,是人类文明进步的表现。

中华民族引为自豪的故宫得以保全,竟与吴氏的一声断喝有关,激起了我们后人的一种感激的欣慰。若不是他旗帜鲜明地反对,紫禁城最精华的太和殿、中和殿、保和殿,恐怕早被所谓的西式议会大厦所取代!

话说当年,挤在宣武门内象房桥国会厅里的参议员和众议员们争吵不休,拟拆除紫禁城三大殿,在其废墟上建议会大厦。

居在洛阳的吴佩孚惊闻此讯,立马直接把一封电报拍给了大总统、总理、内务总长、财政总长四位。电文掷地有声:"何忍以数百年之故宫供数人中饱之资乎?务希毅力惟一保存此大地百国之瑰宝。无任欣幸。盼祷之至!"

各报刊登载了吴氏通电后,颂扬吴帅之声鹊起,抨击国会之议潮涌,"保存此大地百国之瑰宝"的威严号令让始作俑者噤若寒蝉,故宫三大殿方幸免一劫。

一位巡阅使之职的大元帅武夫,经略起文官古文化建筑的事来,没有对中国古代文化的敬仰,没有中华民族古代文化的个人修养,没有对古代文明悯惜精神的情感渊源,那是不成的。可见,吴佩孚比较一般的草莽武夫,是有鲜明区别的。个中的一个截面,体现其悯民思想中的家国情怀:

"先生托志春秋,精忠许国,比岁以还,处境弥艰,劲节弥厉,虽暴敌肆其诱胁,群奸竭其簧鼓,迄后屹立如山,不移不屈,大义炳耀,海宇崇钦。先生之身虽逝,而其坚贞之气,实足以作励兆民,流芳万古。"——蒋介石对吴佩孚的评价,应该算是一个比较中肯的结论。

吴佩孚作为秀才将军,上马驰骋疆场,下马诗书儒雅。在军阀丛中如同鹤立,他骄傲,目空当世;他曾跟上时代的节拍,他又落伍于时代的脚步,他复杂得让人难以琢磨;他愿意远小人,但他不能去小人;他自以为懂一点儒家政治,就可以驾驭军阀政治,实际是不懂军阀政治,不能军阀政治,不离军阀政治,又无法不卷入军阀政治,只好伴随着曙光辉明,娉牵着酕醄共舞。

终其毕生尊崇孔孟,与其结识孔子第 74 代裔孙孔泗坛是分不开的。孔泗坛是后来国民政府孔祥熙的叔父,山西望族,太谷孔家执票号斯业牛年,属太谷首富之列。吴佩孚与孔泗坛的往来,纯属仰慕孔家圣裔之后,而孔泗坛道德文章,素有北方宿儒之称。吴佩孚向孔泗坛请学三纲五常、四维八德,是中国文化优于一切的精奥所在,是古德圣人所示的康庄大道。两人朝夕论道,兴致入境,还合作组织成立了一个全国性的"孔学会",推孔泗坛为会长,此也是吴佩孚为之一生高兴之事。

民国报人张慧剑,于卢沟桥枪声即将响起的1937年6月,在北平采访了早已过气的军阀吴佩孚。写了篇采访记:"他说他笺注《春秋·左传》,已经完成了四分之一……他夸奖这部书在军人教育上的作用……吴氏给我友谊的款待,颇使我流连而不忍去。以后我是静听吴氏发挥其三教同源的新学说,至于40分钟之久。我压制着我的感情,不再说一句刺激吴氏的话。"①此时,张慧剑看到的已不是一个叱咤自喜、不可一世的吴佩孚,但比起硝烟中那个吴佩孚还要真实,有血肉,他看到的是一个古老文化传统中成长起来的读书人,一个乱世中投笔从戎、曾经高处不胜寒的成功者,一个被滚滚潮流抛弃的老人。

我们现在根据史料,说到民国时代的一些气息,说到民国人物的某些政治情怀,应该是说他们——作为时代的宠儿,在政治上他们意欲有所担当,或者说生平于那个年代,他们意欲与国家与人民有一定作为的人物。

他们的政治情怀和意欲的理想作为,显然不能用现代人的政治眼光去作标准衡量。应该说,这些民国人物,在某些时候、某些地方、某些事情上,为国家、为民族,敢说话,敢作政治风险的担当,有些行为践行比较正确。

这些个人物,在国家的政治舞台上,其"有效生命"并不长。在

---

① 傅国泳:《吴佩孚先秀才而军阀,拒为中国之主》,《济南时报》2012年9月3日。

当时的环境下,他们发誓要做一件事,有时机缘巧合就做成了,要是换一个人就很难说做得成,说得出那样中肯、恰当、一语中的的话。这与他们的个人修养、事实环境、时代背景息息相关。

研究历史,我们是为了前行,对一些近代史事,要还原到当时历史环境中加以探讨,才能得出客观的科学的真实的结论。事物在探讨其间,自然要允许一些鲜为人见的新鲜见解。

如中国社会科学院近代史所研究员、博士生导师马勇教授的一些观点,很可能与我们过去认为的真相事实,出现正向相关或负面相关的命题。

比方说张学良"不抵抗政策"的新解,是为了避免割地赔款。他说①:日本在东北进攻的时候,张学良下令不要冲突,不要打。我们一直没办法解读的"九一八"事变"七七"事变,为什么中国大规模撤退?为什么把东三省拱手相让而不打?这一点我们很多历史学家、政治家就搞不明白。其实道理简单得很:如果像我们后来很多主战派专家一样,当时张学良下令跟日军交战,打败了也得打,那就落到日本的圈套里面去了。近代战争很简单,打败了就签协议,签协议就要赔款割地。因此,这个时候张学良下令不打,就阻止了这场战争的有效性。因为我们没有输。1931年"九一八"事变发生后,南京政府和张学良都期待着"国联"出面调停,用这样一种办法来代替中日之间直接的交涉。如果当时中日真打起来,结果就会像马关条约那样割地赔款。这就是我通过解读史料,给1931年张学良和蒋介石的不抵抗命令找到的原因。

吴佩孚有效影响中华民国"政治生命"的突出时段,应该是1918—1927年,约10年时间;其影响中华民国"精神层面"的突出时段,应该是1928—1939年,大约10年时间。两个10年的时段,应该说是吴佩孚践行其儒者思想显有作为的时段。那么,作为儒

---

① 马勇:《民国四公子的政治情怀》,《江淮文史》2013年第2期。

家思想图者实践家的称号他也就受之无愧了。

我们从悯民思想的言行截面说吴佩孚是践行儒者思想的图家,是说他的一生,他的世界观人生观,深受儒家思想左右;他的人生轨迹,始终是循着儒家思想的轨道前行;他的所作所为,始终没有跳出儒家思想的樊笼体系。这也是他自己认可的思想归属和人生认同感。

儒家强调,仁人志士必须坚持弘毅,因为他们要以天下为己任,要经邦济世,"达则兼济天下,穷则独善其身"。

或许吴佩孚儒家思想中这种社会理想原本是积极的、入世的,于民于己是有利的,然而这种入世的社会理想被封建统治者所垂青和利用,就要变味,就要变成精神枷锁。有史家称他"至死都是儒家制度与价值观的一位颇具口才的辩护士",这也不为过。在中国近代史上,不乏书生领军成功的例子,清朝的曾国藩算一个,李鸿章算一个;无疑,民国军阀吴佩孚也应算一个。他是承前启后的军人,他的迂腐、僵化、愚忠使得他前不及曾、李,后又不及蒋介石等新兴军人。可以说为儒家文化殉道者是如此稀罕可怜,令人欷歔感叹!

作为儒者,吴佩孚个人人生终极价值的实现即是对儒家社会理想的执著追求和向往,与之对人生的崇高社会责任,并为之以整个生命相投入实现理想和履行责任,虽死不悔。吴佩孚确实是倾身而为了!他留下的一幅名联:"清白乃心,不纳妾,不积金钱,饮酒赋诗,犹是书生本色;失败后,倔强到底,不出洋,不进租界,灌园抱瓮,真个解甲归田。"

笔者认为,此乃吴佩孚人生最好的自我诠释。

李茂春　中石化巴陵石化公司企业管理部副处长、高级政工师

将军亦是识花人
——吴佩孚与洛阳牡丹

在近代洛阳城市建设史、园林史和牡丹史上,没有任何人的地位超越吴佩孚将军。吴佩孚从1920年秋入驻洛阳,到1927年夏离开洛阳,共在洛阳7年有余,他在这里度过自己生命中最辉煌的岁月。这期间,他进行了大规模的城区建设,建起了有"花窟"之美誉的西工新区,修建了天津桥,大力倡导绿化事业,使洛阳再一次引起世界的关注。

一、洛阳花窟是西工

"西工"之名起源于民国初年,袁世凯选定洛阳作为屯兵之地,在此修建新式兵营,训练新式陆军。他委派官员到洛阳勘察地形,规划选址,决定在东起五门屯、西至灵官庙、南抵下池、北到金谷园的区域内修建兵营。从1914年开始,经过两年的紧张施工,西工兵营初具规模。由于该工程位于洛阳老城的西关外,洛阳人称这里为"西工地",后简称"西工"。

1920年,直皖战争爆发,皖系军阀段祺瑞战败。7月,驻西工的西北边防军第三、第四旅哗变,直系军阀吴佩孚即令驻郑的王承斌部兼程赶到洛阳,收编了这两个旅。熟读史书的吴佩孚,深知洛阳地理环境之优越,所以他决定屯兵洛阳,他说:"洛阳为十省通衢,四通八达、地理居中,夫所谓中也者。天下之大本也。如果我以重兵驻在洛阳,则居中可以御外,宜于武力统一天下。"

当年9月2日,吴佩孚率领着他的陆军第三师进驻洛阳。就在这天,北京政府颁布了任命吴佩孚为直鲁豫巡阅副使。经过扩充、训练,以及中央授编,吴佩孚在洛阳直接指挥的部队,共有5个师和一个混成旅,还有若干个独立团,共计总兵力达到10余万人。控制着河南、湖北、直隶和陕西等省。

吴佩孚大规模扩建兵营。营房由原来的5000余间,扩大到1.2万余间。吴又在公馆街扩建房院百余所,作为军官住宅区。在洛河上修筑了"新天津桥"。又建飞机场、操场、阅兵台(继光台)、广寒宫(即吴的办公处所及高级会议场所)、学兵营。同时,建了电厂、商业区、仓储区。河南省长公署也迁至西工,洛阳成为河南省会。

《洛阳古今谈》是1935年底在洛阳出版的一部学术著作,作者李健人时任黄埔军校洛阳分校教官。该书《洛阳花木》一节写道:"吴佩孚驻洛时,车辇洛阳四乡所种植之花木,植栽于西工营房。又向他处移运珍奇至洛。故当时西工,有洛阳花窟之称。"

二、牡丹迎风舞洛阳

在西工,吴佩孚种植了大量牡丹,在公馆街的每个庭园都种上了牡丹,在司令部东侧专门建了牡丹园。

当时,洛阳牡丹的种植中心是李家楼至安乐窝一带。《洛阳古今谈》说:"今日洛阳之人,俗仍好花。若洛河以南,安乐窝、李家楼诸村,皆有花园子,灌植花卉。春时花开,担售城中,花价甚廉,故无人家不购置花木。"

吴佩孚派人详细调查洛阳牡丹的苗木情况后,于1920年重阳节前后,从著名的李家楼梁家花园和安乐窝西场花园购置5000株牡丹,种植在西工司令部花园和营房区。梁家花园是当时牡丹品种最全的牡丹园,有 50 多个品种。《洛阳古今谈》说:"梁氏云:牡丹之出洛者,种最佳,虽移植远处,其色不变。故远至甘肃、绥远等省,多有向其订购牡丹者。"其珍品有姚黄、魏紫、孩儿面、二乔、猩猩红、豆绿等。

次年春,西工牡丹绽放,但吴佩孚看后,认为品种仍太少,特别是姚黄、魏紫品种已退化,需要重新嫁接。他派人到洛阳各花园重新调查,又定购了一批牡丹珍品,同时,派人到亳县、淮阳,乃至四川一带又选了一批牡丹。当年秋天,这批牡丹除种植西工外,还种在正筹备中的河洛图书馆、河南府文庙、古唐寺等处,并赠送给林东郊、张钫等洛阳名一批牡丹珍品。

河洛图书馆的这片牡丹长势甚好,1936 年春"中央古物保管专门委员会洛阳办事处"成立,设在河洛图书馆内。这片牡丹给担任办事处主任的傅雷和考古学家荆梅丞留下了深刻印象。多年后,《民进会史资料选辑》第三辑刊发荆梅丞的遗作《傅雷和我共事的日子》。文中说:"洛阳办事处设立在河洛图书馆,虽在市区中心,但高大的院墙隔开了闹市的喧嚣。院内正面有一座假山,西边是一片牡丹园,我们初到洛阳时,正值春天,姹紫嫣红的牡丹花竞放,美不胜收,衬以东边的葱郁林木和花草,景色清幽宜人。"

在这片牡丹园中,傅雷认识了赏花的一个汴梁姑娘,二人相互倾慕,他在给友人刘抗的信中说:"你将不相信在中原会有如是娇艳的人儿,我的爱她亦如爱一件'艺术品'。要是我把她当做梅,当做我以往的恋人。"傅雷简直难以控制住他的激情,他为这个女子写了一首很动人的情诗。但像很多爱情故事一样,这是一个无言的结局。

当时的吴佩孚已经下野,他不知道自己十多年前种植的这片牡丹园,带给人那么多欢乐,以及美好或苦涩的回忆!

三、繁华散尽花是主

1922年4月,西工的牡丹报喜而来,大总统黎元洪的特使到达洛阳,带来了晋升吴佩孚为"孚威上将军"的授衔令。上海大陆电影公司也到达洛阳,开拍《吴佩孚风采》和《洛阳风光》两部纪录片,这是洛阳最早的电影拍摄。

次年农历三月初七,是吴佩孚的五十大寿,各省督军、师、旅将领及各国驻京使馆武官都云集洛阳,清废帝宣统也派其摄政王赶来祝贺。在三月初六晚上,在西工的检阅台放映电影,全城万人空巷,前来观看。电影放映时,人们对白幕上出现栩栩如生的人物和洛阳牡丹画面无不惊异。

生日当天,司令部摆满了盛开的牡丹,康有为向吴佩孚献上了寿联:"牧野鹰扬,百岁功勋才一半;洛阳虎视,八方风雨会中州。"吴佩孚向他回赠了一幅自己画的牡丹,来宾都很吃惊。因为,很多人不知道,将军并非赳赳武夫,而是诗书画全才的一代儒将。张钫将军也向吴佩孚献了一幅寿联,祝其寿比南山。吴佩孚执其手而指牡丹云:"谁非过客,花是主人!"后来,张钫把这两句话刻在了自己书房的门前。

1924年9月,第二次直奉战争爆发,由于吴的部下冯玉祥在北京发动政变,吴佩孚遭到了惨败。他于11月19日,退回洛阳,以西工军校两千学生兵为基础,重整军队。1925年10月21日,吴佩孚就任十四省讨贼联军司令,对冯玉祥的国民军大举进攻。1926年3月4日,然后聚歼国民二军8万人于灵宝函谷关,冯玉祥败逃五原。

1926年10月,蒋介石、冯玉祥、张作霖联合向吴佩孚宣战。1927年5月,吴佩孚兵败,退住南阳,后退往四川。洛阳名士林东郊托人赠给将军一把自己园中的牡丹花种,这些花种正是当初将军送给他的牡丹结的种子。

将军黯然入川,在白帝城写下的诗中已有"洛水梦回千里曲""望月空余落花句"这样凄凉的句子。1929年在四川过生日,他赠给来宾的就是一本《蓬莱诗草》。只是"花开上苑春三月,人在蓬莱第一峰"的时光已不再。后来他宁死不当汉奸,大义殉国于北平。

  郑贞富 洛阳市河洛文化研究中心主任、研究员
  黄利江 洛阳市政协

吴佩孚与我的爷爷

我们中华有句谚语叫做"一贵一贱,交情乃见"。犹如我的爷爷孙廷德①和吴佩孚交情的真实写照。

如果打开电脑,在"百度"里打上吴佩孚三个字,跳入眼帘的是几十篇上百篇有关介绍吴大帅的各种民族精神、吴大帅的生平以及吴大帅的各种传奇甚至离奇的故事,也不乏有后人杜撰和移花接木的故事。下面我所讲述的是有关吴大帅的一些小事,却也是我所知道与我家族有关的真实小事,现在写出来与大家分享。

我家祖籍是山东省蓬莱县大季家乡,小的时候经常听父亲讲,爷爷孙廷德和吴佩孚是同乡,比吴佩孚大几岁,但和吴佩孚的父亲却是朋友。如果按照辈分来分,还是吴佩孚的长辈。早年爷爷就很聪明,在那个年代能够带着一笔钱到天子脚下来经商,在今天看来也算得上智慧过人了。

来到北京不久,爷爷便选中了崇文门外巾帽胡同,在那儿买了一栋房子,并命名为"隆庆客栈",开始了京城的经商之路。

打从这家"隆庆客栈"开张后,生意还真的算是兴隆,因为从山东进京的同乡大都来这里捧场,就好像是当时的"山东驻京办事处"。这也歪打正着地随了爷爷的心愿,因为爷爷能从这些住客们的口中得到不少有关家乡的奇闻乐事。吴佩孚早年考上了秀才,

---

① 即章君榖所著《吴佩孚传》中的孙庭瑶。

便是爷爷从这些住客的口中得知的。而吴佩孚因得罪了当地的乡绅官吏,险些被捉拿入狱却是后来吴佩孚亲口对爷爷讲述的。

　　吴佩孚在自知惹上"官司"后,便想起父亲生前提到过的朋友孙廷德,也听说过孙廷德在北京开了一家"隆庆客栈",便和其母匆匆告别,从山东蓬莱坐上到北京的火车,出站后一路打听,找到了当时爷爷所开的隆庆客栈。一来呢,吴佩孚是老友之子,二来呢,吴佩孚又是刚中不久的秀才,所以爷爷满心欢喜的接待了吴佩孚,并且嘘寒问暖了个把时辰。这样一来,反倒让吴佩孚心神不安,不好意思起来,扭捏了半天,还是把怎样得罪了乡绅官吏并被革了功名一事一股脑掏了出来。并且表明是逃难躲灾才到了北京。说白了就是:我吴佩孚眼下无路可走就是投奔孙叔叔您来了。

　　爷爷当时的心境我们无从揣测,但听父亲所讲,当时爷爷没有怎么犹豫,就收留了非常落魄的吴佩孚。但前提是:我收留你没有问题,你可以在这吃,也可以在这住,但,不能整天无所事事。总得有点本领养活自己。干点什么呢? 吴佩孚整天地苦思冥想,自己就是文文弱弱一书生,既没有本事做大事,又没有本钱做生意,适逢天寒地冻之季节,做什么都是徒劳啊!

　　就在吴佩孚整天地琢磨怎样糊口之时,爷爷也没有停止过对吴佩孚的关心,他也在用心地按照吴佩孚当时的资质为其考虑谋生之路。时至年关,爷爷和吴佩孚几乎是不谋而合地想到了为人写对联这一谋生之路。因为为人写对联只要心中有墨,字迹工整,谁家都会在年三十贴上一副对联讨个喜庆。

　　说干就干,爷爷在店内找到了一副门板,几根竹竿木头,扎齐钉牢,让吴佩孚在"隆庆客栈"门外摆起了写字摊。说起来,由于吴佩孚是秀才出身,笔墨纸砚在逃难时也不忘随身携带,从另一个角度看,吴佩孚绝对是好学之人。可写对联是需要大红纸的,但他当时连买大红纸的钱也掏不出来! 吴佩孚也是好面子之人,已经在爷爷这白吃白喝白住了,哪还好意思再向爷爷开口要钱呢。爷爷却是个细心之人,早就料到了这一点,当吴佩孚在门外摆上笔墨纸砚之时,就让伙计送上了早就准备好的一卷大红纸。就算是给吴佩孚开业大吉送上的贺礼!这卷大红纸不用说在今天,就是当时也算不得有多金贵,可对于那时的吴佩孚来说无疑是雪中送炭!这让吴佩孚感动了好一阵子!确切地讲,是爷爷指导并帮助了吴佩孚进京后怎样学会了自食其力。

要说起来吴佩孚写出的第一副对联卖给了谁,可能没有几个人能说出子丑寅卯来。听父亲讲过,也在章君穀所著《吴佩孚传》里看过,他刚开始写下的十几副对联是"卖"给了我的爷爷。因吴佩孚摆写字摊开业那天是腊月初十,还没有真正意义地进入非买不可之日,所以,开业当天一副对联也没有卖出去。而吴佩孚又怀揣感恩之心,一口气写了十几副对联送给了我的爷爷,而爷爷也惺惺相惜地给了吴佩孚一百个铜钱,让吴佩孚淘到了到京后的"第一桶金"①。吴佩孚就是用这100个铜钱作为本钱,在接下来的十几天时间里,每天都能卖上几十幅上百幅对联。并且用赚下来的钱买下几本相面书籍,并且在那年春节后,除了给人写书信、又兼给人相面、测字。

爷爷本身也是个喜欢读书之人,这样相处下来,两人竟然意气相投,每逢刮风下雨无法摆摊之时,爷爷便邀吴佩孚在店内一起或南朝北国地海聊,或泡一杯浓茶下盘棋消遣,犹如亲叔侄一般。直到后来吴佩孚从戎离京。

后来吴佩孚在几年的军旅生涯中,凭借他的智慧和胆识平步青云,直至称帅。并在得势回到北京后,曾多次邀请爷爷进入帅府叙旧,并安排属下重修"隆庆客栈"、添柜加铺,以至于后来爷爷成为吴佩孚的座上宾。

可后来爷爷经不住家人的怂恿,向吴佩孚表达了想弃商从政

---

① 《吴佩孚传》上册,第24页。

的想法,吴佩孚念在爷爷当初的情分,竟然把山东省济南市税务局长的肥缺给了爷爷。不幸的是,爷爷在打点行装回老家准备上任的途中染病,回到家后就驾鹤西去。

孙耘英　北京学者

抗日战争时期被日本诱降对象与吴佩孚之比较研究

一、日本对蒋介石的诱降工作

抗日战争期间,日本当局对蒋介石的诱降几乎没有中断过。日本对蒋介石的诱降与对吴佩孚的诱降两者之间存在很多相似之处。

(一)从诱降的背景上看,日本对蒋介石的诱降与对吴佩孚的诱降基本相同,都是在抗日战争进入相持阶段后,日本为改变侵华僵局而对中国当时有影响力的政治人物所作的和平诱降。从蒋介石和吴佩孚本人来说,这两者在对待日本的态度上都略有暧昧,这也是日本能对其进行诱降的突破点。蒋介石在对待日本的态度上是消极抵抗。虽然他发出"中央已决心运用全力抗战,宁为玉碎不为瓦全,以保持我国家人格"[①],然而内心却寄希望于国联和其他列强对日本的牵制。当列强干涉的希望破灭后,国民党便产生了和谈的想法,这恰与日本的诱降策略相吻合。吴佩孚虽然在言论上反对日本的侵略,然而私下却经常和日本来往,他的这种表现给日本人发出了暧昧的信号。

(二)从诱降的特点上来看,两者都呈现出阶段性、多变性及隐秘性。日本对蒋介石的诱降从卢沟桥事变起一直到抗日战争结束

---

① 吴相湘:《第二次中日战争史》,台湾综合月刊社,1973年,第368页。

分为四个阶段。这四个阶段的情况变化和对吴佩孚的诱降大致相同,日本与蒋介石的关系是时近时远。

(三)从诱降的结果和失败原因来看,这两次诱降活动均以失败而告终。全国高涨的抗日形势,个人心中朴素的爱国主义情怀,中国共产党所做的工作,还有日本政权内部的利益博弈是两大诱降活动失败的共同原因。

(四)从日本当局政策的影响上看,日本当局的政策变化对诱降过程和结局有着决定性的影响。在抗日战争时期,日本实行的是多元决策体制,决策机构如军令部、参谋本部、军事参议院等具有相对平行的权力功能。这些权力机构相互制衡。还有一些临时建立的战争机构,如五相会议、大本营御前会议等也存在诸多不协调。特别是军方和政府方面在对华政策上存在着明显的分歧。这些情况的出现造成诱降政策缺乏连贯性、稳定性。这种内部权力的博弈直接影响着诱降政策的推进,在主观上造成诱降的失败。日本当局对蒋介石和吴佩孚的诱降均出现时断时续的现象,这种变化体现出日本当局的人事变动和内部政见的冲突。

(五)从诱降失败的影响上来看,日本对蒋介石和对吴佩孚诱降的失败,都打乱了日本的既定方针,影响着日本的侵华进程,还在一定程度上鼓励了中国人的抗日力量,避免了中国抗战营垒的分崩离析。

当然,这两大诱降活动也存在着鲜明的个体特征:

(一)从诱降的手段上来看,日本对蒋介石的诱降以高官会晤为主,以谈判的形式进行直接劝诱,也有高官与蒋介石秘密会谈的。这些手段的出现反映出日本对蒋介石的重视程度。日本对吴佩孚的诱降手段则是变化多端,多管齐下,有高官直接劝诱的,有拜师学艺的,有威逼利诱的,有靠从吴佩孚身边的亲人入手的,有靠小汉奸组织拉拢的等等。而且因阶段不同,日本对吴佩孚的诱降也略有不同。前期以高官利诱为主,后期以汉奸拉拢为主。这些手段的变化也反映出吴佩孚本身的内心变化。日本对蒋介石的诱降手段与对吴佩孚诱降手段的不同,反映了两人所站的立场和所体现出的影响力的不同。蒋介石是当时中国政府的最高首脑,拥有最高的权力。他的一言一行影响着全中国的抗日局势。欲诱降蒋介石只有以谈判为主的形式来进行,如遇机会进行私谈。而吴佩孚是昔日叱咤风云的人物,如今只是一个下野军人,无大权无大势。然而吴佩孚却一直有着"爱国军人"的称号,在中国尚存较大的影响力,且在对待日本的态度上,令日本当局捉摸不定,日本不得不采取多种渠道,以求诱降成功。

(二)从日本诱降的目的上来看,日本对蒋介石的诱降是为了从中国抗日力量的内部寻找打击点,以达到与自己军事进攻手段相互配合的目的。日本诱降的对象是中国政府的最高领导人,他们妄图通过谈判让蒋介石缴械投降,以达到迅速全面吞并中国的目的。日本对吴佩孚诱降的目的十分明确,即寻找一个总傀儡,在中国内部建立自己的坚强堡垒,以削减中国人的抗日力量。当然这个总代理的选定也并非随意而定,而是通过多次会议讨论通过的。他们要在日本占领区选定一个有着影响力、有意出山的大人物。日本最后选定吴佩孚并非出于突然决定,而是早有预谋的。

(三)从诱降的重视程度来看,两者之间有着各自鲜明的特点。日本对蒋介石的诱降从未成为日本最高当局解决中国问题的主要策略。在日本人眼中,中国是一个四分五裂、危机四伏的国家。他们认为凭其武力打败国民党军队,吞并全中国是完全可能的。因此,在抗日战争的这八年内,虽然日本当局与蒋介石的接触从未断过,然而日本当局从未特别重视对蒋介石的诱降,只是把其当成军事进攻的辅助策略而已。日本对吴佩孚的诱降十分重视,为拉拢吴佩孚出山,日本当局不仅花费大量人力、物力、财力,并专门制定"吴佩孚工作"计划,派专人负责。

(四)从蒋介石和吴佩孚面对日本当局诱降的态度上来看,两者之间有着不同的反应。1931年5月发生中村事件后,张学良曾向蒋介石请示对策,蒋介石答复说:"要效仿印度等地,遇事退让,军事上避免冲突,外交上要采取拖延方针。"①1931年11月19日,迫于国内抗日运动的压力,蒋介石在南京国民党第四次全国代表大会上作报告时表示"个人决心北上,竭尽职责,效命党国"②。然而面对日本强大的军事进攻和政治诱降攻势,蒋介石还是一度徘徊犹豫,实行过消极抗日政策。"一二八"事变之后的第二天,蒋介石便提出"一面预备交涉,一面积极抵抗"③的对日方针,这对最初的抗日战争起到极大的负面作用。但最终还是抵挡了日本的诱降,坚持抗战,对抗日战争的最后胜利起到不可抹杀的重大作用。吴佩孚在对待日本的态度上,可谓矛盾重重。在他坐镇洛阳时期,不可一世,对日本的支援不屑一顾。可是抗日战争时期的吴佩孚已是被人遗忘的在野军人,有着雄心的他渴望被人重视,渴望重整旗鼓,极需支援。面对日本的诱降,他矛盾不已,对日本的态度也是时好时坏。有时对日本军官的到来,喜出望外;有时是不理不睬,直轰出门。他既渴望依靠日本的支持东山再起,又不愿背负汉奸的骂名。就在这种暧昧关系中,他一步步让自己陷入日本诱降的环绕之中,困惑不已,最后死在诱降的关键时期。他心中有着朴素的爱国主义情怀,然而面对诱降,他还是在一度徘徊并在不可知的原因中死去。这种有趣的大义而亡,结束了日本对其诱降工作。在某种程度上,历史的偶然与时机造就了吴佩孚的爱国名声。

---

① 吉林省委员会文史资料研究委员会:《吉林文史资料选辑》第11辑,吉林人民出版社,1983年,第4页。
② 《中央日报》,1931年11月20日。
③ 秦孝仪:《中华民国重要史料初编——对日抗战时期》续编(三),1981年,第431页。

二、日本对汪精卫的诱降工作

日本在对国民党政府要人的诱降上，首选了蒋介石。在诱降蒋介石受挫后，他们把目标转向了一直渴望超越蒋介石，成为中国国民党和中国政府真正主宰的二号人物汪精卫身上。那么，诱降汪精卫和诱降吴佩孚又有哪些异同呢？

在相似方面：

（一）汪精卫和吴佩孚被诱降的时代背景相同，都是在抗日战争进入僵持阶段、日本为寻找在中国的代言人而被推上历史舞台的。

（二）两人在心态上有相似的地方。汪精卫是国民党的二号人物，在蒋介石的压制下没有施展自己才能的机会。他渴望得到外部力量的支援，一展拳脚。当日本人伸出拉拢的手时，他立即表现出投怀送抱的姿态。面对日本的诱降，吴佩孚虽然没有像汪精卫表现的这般激动。然而，他在下野之后一直渴望受人重视，渴望重新登上历史舞台的中央。在这种心态支配下，他面对日本的诱降表现出来的是徘徊不定、犹豫不决。虽然因种种原因吴佩孚最终没有和日本达成出山协议，然而他的这种心态与当时的汪精卫却也有相似之处。

（三）两人在"汪吴合作"的态度上，在最初有着惺惺相惜的一致性。在日本人眼中，汪精卫不足以担负起"中日合作"的大任，他们渴望达成"汪主政，吴主军"的傀儡政权。在"汪吴合作"计划的最初，汪精卫和吴佩孚都曾表示支持，他们之间还通过函电进行多次沟通。然而最后由于在权力分配的问题上两人之间分歧较大，"汪吴合作"不欢而散。

汪精卫和吴佩孚虽然在日本诱降问题上有可以沟通的地方，然而在很多方面两人之间有着较大的差异：

（一）从两者所站的角度和诱降的结果来看，汪精卫是头顶革命光环的国民党重要领导人物，所代表的是国民政府。而吴佩孚只是一个下野多年的军人，代表的是旧军阀。汪精卫在日本的诱惑下，甘为日本的走狗，成为国人唾弃的汉奸卖国贼。而吴佩孚面对日本的诱降，却表现了灵活的应对策略，终保晚节，为自己的人生画上一个圆满的句号。

（二）从"汪吴合作"计划中汪精卫与吴佩孚对众多问题的不同观点上来看。

1. 从汪精卫和吴佩孚对日本和共产党的态度上来看，汪精卫把反对共产党置于首位，视共产党为最主要的敌人。在对日本的态度上，他认为中国和日本只宜为友，不应为敌。汪精卫态度明确表明，他把反对共产党放在首位，而把中华民族的敌人日本视为兄弟，而且提出要"共同防共"的口号。他说"在日本之估计，以为中国可不战而屈，甚或一战而使中国沦亡。在中国之估计，以为日本之经济可以旦夕崩溃，甚或因战事而起革命。今战争将已两年，双方皆知中国之最后胜利不可期，而日本欲达其吞并目的亦不可得。两方皆知之，且洞知之，而犹以两国之人民为牺牲，匪特不智，抑且大悖人道。长此相持，东亚之文明可以全毁，而中日两国人民将必相与枕籍，而两皆沦胥。余确信战则两伤，和则共存。艳电之主张，盖本诸良心之所驱，而为全国人民所共信。"[1]汪精卫的态度欲盖弥彰。汪精卫从抗战开始，就对中国取得胜利持怀疑态度，对抗日前途悲观失望。以汪精卫为中心的"低调俱乐部"鼓吹"战必大败，和必大乱"，策划对日实行所谓的"和平运动"。随着日本对中国政治诱降的加紧，汪精卫终于按捺不住，公开脱离抗日阵营，于1938年12月19日逃至河内，并于29日在报纸上公开发表"艳电"，鼓吹与日本"善邻友好，共同防共，经济提携"。在日本的支持

---

[1] 汪伪宣传部：《汪主席和平建国言论集》，1940年，第35—37页。

下,1940年3月,汪伪政府粉墨登场,汪精卫任国民政府代主席,完全走上汉奸的道路。由于历史的原因,吴佩孚既反对共产党,也反对国民党。但是在中华民族面临存亡之际,他认为民族矛盾应该是第一位,并提出"和内攘外"的口号。

2. 在中日战争的性质和保全国家主权与领土的看法上,两人立场迥然不同。在汪精卫看来,中日战争没有什么侵略与被侵略、正义与非正义之分。他试图抹杀日本侵华的实质,为日本帝国主义开脱罪责。汪精卫认为主权和领土是可以做交易的,为了主权可以损失领土,为了保卫领土也可以损失主权。这些言论都是卑躬屈膝的卖国语调。他为了得到日本主子的信任,不惜颠倒黑白,置中国主权和领土于不顾。关于中日战争,吴佩孚认为这是中国近代史上中日甲午战争日本入侵的继续。这就明确表明了中日战争中日本的侵略性质。关于中国的主权和领土,吴佩孚是力保中国主权和领土完整的。他认为,保全中国的领土、恢复主权是实现和平要领的唯一有效主张。

3. 在是否另组国民政府的问题上,两者相差甚远。汪精卫为满足自己的权力欲,欲取蒋介石而代之,他极力支持另组国民政府,这点也迎合日本侵略的需求。但吴佩孚对此却不以为然。他认为抗日战争中中国军事上的失败绝非国民党一党之错,而是中国近年来国力衰弱所致。所以对另组国民政府,他极力反对。

4. 从汪精卫和吴佩孚对待抗日战争的态度方面,两人是截然相反的。汪精卫从抗战开始,就对中国取得胜利持怀疑态度,对抗日前途悲观失望。以"汪精卫为中心"的"低调俱乐部"鼓吹"战必大败,和必大乱",策划对日"和平运动"。随着日本对中国政治诱降的加紧,汪精卫公开脱离抗日阵营。一言以蔽之,汪精卫的态度就是接受诱降,与日本订下城下之盟。而吴佩孚是主张抵抗日本侵略的。"九一八"事变发生后,吴佩孚就曾当面指责张学良为何不奋起抗日。伪华北临时政府成立时,吴佩孚拒绝出任其首脑。

吴佩孚说:"窃谓中华民国,四万万民众,实为主体。民意趋归,果以抗战为然,则任何牺牲,均可弗计。若民皆厌战,相战之国,复有感于穷兵黩武之非,即宜矜恤同胞,戛然而止。有史以来,从无久战不和之理。"①在这里,吴佩孚表达出抵抗日本侵略的心声,也道出久战必和的道理,旨在说明如若久战中国必占上风。

5. 从汪精卫和吴佩孚所发表的公开宣言来看两者对日本诱降的态度。汪精卫的《和平救国会宣言》:

吾国自有史以来,每与外人相遇,不出和、战两途,其势不能和或和矣,而国真不保向战。苟可以不战或战矣,而形见势绌。和和战乖方,国乃灭亡。往事照然,可以借鉴也。

……

吾人为中华民国一份子,即当负中华民国一分之责任。际此国家存亡绝续之交,即吾人献身报国之日,自应不避汤火以赴国难。用是不揣绵薄,号召同志共同组织和平救国会,敦请吴佩孚先生出就绥靖委员长,以抚辑党府各军。庶和平早日可现,政局早日可安,用极诚恳之意与邻国敦睦邦交,以保持东亚和平之幸福。所望各界领袖、地方军政长官以及父老兄弟、诸姑姐妹共谕斯旨,同下决心,以挽垂危之大局,而延将绝之国命。同胞幸甚!中国幸甚!谨此宣言伏希。②

1939年1月31日,吴佩孚在北平什锦花园公开发表自己的出山条件"余受'和平救国会'之推荐,组织绥靖委员会,着手准备建立政府机关,以实现和平。第一阶段当先编成作为其骨干之军队。为此,余打算首先使华北游击队归顺。若在华北巩固了地盘,则可在日华之间实行武力调停,解决事变。因为武力调停,余在国内战

---

① 《复汪兆铭》,《中华民国史资料丛稿》专题《吴佩孚工作档案资料》,中华书局,1987年,第29页。

② 《和平救国会宣言》,《中华民国史资料丛稿》专题《吴佩孚工作档案资料》,中华书局,1987年,第26—28页。

争中已有数次经验,所以对此是有自信的"①。他强调自己出山的三个保证"一、要有实地,以便训练人马;二、要有实权,以便指使裕如;三、要有实力,以便推施政策"。吴佩孚特别强调实权的重要性,"实权这个问题,是最要紧的,也可以说是先决条件。日本,一日不肯让出主权,则余一日不能出山。把握主权之日,即余出山之日"②。

汪精卫的《和平救国会宣言》充分暴露出这是一个虚伪的国民党要人为了迎合日本的需求而做出的和平宣言。他并非真正出自对国家危难的考虑,字里行间流露出汉奸气息。而吴佩孚的出山宣言,一方面暴露出他是有出山的想法,想依靠日本的支援充当中日战争的调解人;另一方面表现出一个中国人面对日本的诱惑所体现出的爱国情怀。他的三个实权的提出,特别是对主权的强调,是含有和日本谈条件的意向,但是这个条件是在不损中国主权的情况下提出的,是爱国主义基础上的和平调解。只是吴佩孚没有看透日本实为在中国寻找一个总傀儡的意图。日本怎会给吴佩孚以实权,又何谈中国的主权。从汪精卫和吴佩孚的救国宣言可以看出两者在所谓救国策略方面大相径庭。

6. 从汪精卫与吴佩孚的政权博弈上来看,两者都想在"汪吴合作"中占领导地位,在会晤方面各不退让。汪精卫对日本言听计从,为实现"汪吴合作",他从上海来到北平,并住在日本军部参谋长之宅,电约吴佩孚会晤。吴佩孚拒绝道:"吾与汪先生皆中国人,如商国事,当相见于中国人住所,出没日本人宅中,且为日军之参谋长,何以使国人释然?吾辈万一共语一堂,日军部提出何项要求,向吾们结盟,又将何以自处?兹事未必即有,而不敢决其必无。经加考虑,与其遗悔将来,受国人指摘,不如应汪先生招,任其开

---

① (日)晴气庆胤:《上海恐怖工作七十六号》,每日新闻社,1980年,第22页。
② 苏开来:《吴佩孚之死》,北平新报社,1946年,第23页、30页。

罪,斯无两全之策也。"①汪精卫无奈悻悻而去。

从汪精卫和吴佩孚对众多问题的不同观点上可以判定,"汪吴合作"的失败是必然的,两者合作缺乏必要的基础。一个是只愿当一个听话的汉奸,一个是想在中日之间寻找一个可以和平结束战争的捷径。关于"汪吴合作",日本当局是缺乏深入研究的。

(三)从日本诱降的主动性上来看,汪精卫的出现对日本人来说是一个惊喜。他们并未看重汪精卫的影响力,刚开始也并未把汪精卫当成主要的诱降对象。所以从日本的主动性来说,对汪精卫的诱降日本缺乏足够的动力,只是在日本诱降蒋介石和吴佩孚受挫后才转而重视汪精卫。而对吴佩孚的诱降则是有着详备的计划,从"吴佩孚工作"计划的施行,到最后"依依不舍"的放弃,日本都有着极明确的目的性。

(四)从日本诱降的手段和过程来看,日本"梅机关"对汪精卫的诱降几乎是一拍即合。日本对汪精卫的诱降手段十分简单,过程由最初的不重视,到中间的"汪吴合作",到最后把注意目标主要投入到汪精卫身上,这个过程与日本的诱降倾向有重要的关联。而日本对吴佩孚的诱降手段变化多端,过程复杂。从建立"吴佩孚工作"计划,到中间一波三折的事态变化,到最后吴佩孚的暴卒,日本可谓煞费苦心。

综上,日本对国民政府要人蒋介石与汪精卫的诱降和日本对吴佩孚的诱降是处在同一历史背景下、日本为实施侵华计划而实行的几次重大政治诱降行动。从日本对蒋介石、对汪精卫诱降和对吴佩孚诱降横向比较分析,我们可以看出日本对吴佩孚诱降的目的性之强,投入量之大,重视程度之高的特点。在横向比较中,可以看出日本对吴佩孚诱降工作上的"良苦用心"及吴佩孚在不同时期所表现出来的矛盾心理变化。一方面说明了当时复杂的历史

---

① 文斐:《我所知道的吴佩孚》,中国文史出版社,2004年,第233页。

背景,另一方面也诠释了吴佩孚在日本诱降问题上其独特的人物性格。由于种种历史原因,吴佩孚和蒋介石都抵挡住了日本的诱降,守住了自己的民族立场。而汪精卫自甘堕落,被钉在历史的耻辱柱上。

  李子玉 河南省安阳市第三十七中学

论吴佩孚与张学良

进入耄耋之年的张学良对民国时期的许多将领都有所评价,或褒或贬不一而足。也许是过了"随心所欲不逾矩"的年龄,他臧否人物直抒胸臆、畅所欲言、无所忌讳。对于众多和他交过战的对手,他说:"我的对手吴佩孚,我最不佩服他。""他那真是'西蜀无大将,廖化作先锋。'"①吴佩孚是直系领军人物,论年龄、资历、地位与张作霖不相上下,直奉两系尽管多有龃龉,也多次交手,但在直皖战争及1926年北伐战争期间,吴佩孚与张作霖也多次携手,二人还义结金兰。作为子侄辈的张学良对于吴佩孚理应敬重才对,为何做出如此鄙视的评价?吴佩孚又是怎样看待张学良呢?他们之间又有着怎样的是非恩怨?

一、两次交手,张学良对吴佩孚印象不佳

在两次直奉战争中,张学良与吴佩孚两次交手。对于战场上的对手,双方并不陌生,张学良对吴佩孚的评价来自战场上的经历。归纳起来有三点:一、不会打仗,不是好军人;二、对部下不仁慈,不善驾驭人;三、刚愎自用、自欺欺人。

关于打仗,张学良讲述了两次直奉战争中的几个事例。在第一次直奉战争中,奉系战败北退时,直军未能乘胜追击。张学良

---

① 张学良、唐德刚:《张学良口述历史》,中国档案出版社,2007年,第53页。

说:"奉军打败回退,那时候他要是追击过来,自山海关追击过来,要是用全力追击,可以把东北给解决了,因为东北的力量已经打败了,就剩我的梯队了。"①张学良军队在山海关阻击直军,由于吴没能追击,"把直军挡住了,那么就和谈了,不打了,我就在这点上,我看不起吴佩孚。假使吴佩孚他用力量往东北打,可以把东北事情给解决了"②。

由于直军没能乘胜追击,使张学良率领的主力部队保存完好地回到东北,给奉军以重整旗鼓的机会。作为与直军对垒的奉军将领,张学良没有因为直军未能乘胜追击而心存侥幸,反而从战略战术角度,批评吴佩孚失去了彻底战胜奉军的机会。

谈到二次直奉战争,张学良说:"山海关作战的时候,我们奉天实实在在的出了七万人,他光山海关来的21万,比我们多三倍,但怎么叫我们给打败了?……军队里最忌讳的一件事情,叫各个击破,他把他的部队就是陆续的增加,明白?来一个师,叫我们给打完了;再来一师,叫我们给打完了;他陆续增加……他把交通指挥得非常混乱,军队运不上来。所以,没等他增援的来,就叫我们给打败了。"③张学良提到在这次战争中韩麟春的第一军团把九门口打开,张学良把主力都调到九门口,"吴佩孚真是没有用啊,我们山海关就搁了一旅人在这儿守卫……假如当时吴佩孚能看明白,他要从山海关打出来,那我们就完蛋,我们没有军队了"④。

张学良以亲身经历的两次战争为例,作为指挥官从战略战术角度批评吴佩孚不会指挥打仗,无可厚非。吴佩孚也的确在两次战争中犯下了兵家大忌的错误,但得出吴佩孚"不是好军人"的结论视乎有些偏颇。两军对垒终有胜负,胜败乃兵家常事,单凭一两

---

①② 郭俊胜、胡玉海:《张学良品评人物的标准与特点》,《张学良口述历史研究》,辽宁人民出版社,2010年,第2页。

③ 《张学良口述历史》,第54页。

④ 同上,第55页。

次战争来评价指挥官的才能有些以偏概全。客观地说,第二次直奉战争是继第一次直奉战争后更惨烈的一次战争,不仅是指挥官才能的比拼,也是双方综合实力在战场上的一次大较量。张作霖吸取第一次直奉战争教训,启用张学良、郭松龄、姜登选等大批有知识有才能的新军将领,整军经武,提高官兵素质,大力发展东北经济,尤其是军工企业迅猛发展,为战争提供充足的后勤给养,并以政治、金钱手段,分化、收买冯玉祥、胡景翼、王承斌等直系将领,使他们阵前倒戈。诸多因素导致直系惨败,此役也是吴佩孚人生走麦城的开始。虽然吴佩孚也曾身经百战,久经沙场,曾经八方风雨会中州,也有孚威上将军、常胜将军的美名,但在良威上将军张学良眼里不过手下败将而已。

  对于驾驭部下,张学良列举了二次直奉战中的一件事。也是在山海关战役中,直军左翼第十三混成旅旅长冯玉荣兵败服毒自杀,吴佩孚命令将其脑袋割下挂起来,以示惩戒。在张学良看来,将领兵败引咎自杀,是负责任的表现,理应尊重、厚待才对。吴的做法只能令部下寒心,渐渐离他远去。据吴的部下潘承禄回忆,在援湘战役中,吴佩孚任前敌总指挥,有一次,吴率步兵团长王用中和炮兵团长张琢斋赴前线督战,张琢斋不幸阵亡。王用中哭着向吴汇报:"大帅,琢斋阵亡了。"吴以严肃的态度说:"嚷什么!敌人退了吗?这是火线!"接着又说:"战场是神圣的战场,哪容得不洁净的人,这种身不干净的人,神明是不能容的。"[①]回到驻地后,王用中当即请假回乡。吴所指的不洁净是指张琢斋此前不久有宿娼之事,吴借以惩一儆百。对于追随自己多年的老部下如此绝情,着实令部下感到刻薄寡恩。水至清则无鱼、人至察则无徒。吴佩孚不近人情的严厉令身边追随者越来越少,几乎成为孤家寡人。这也是他人生走向失败的原因之一。

---

① 文斐:《我所知道的吴佩孚》,中国文史出版社,2004年,第74页。

在山海关战役中,奉军打败了陕军第二师并抄了师司令部,在缴获的文件中,有一份是吴佩孚写给师长张治公的函件,写在办寿时所用的一种特殊纸张上,函件上说,"张学良黄毛乳子算什么东西……你不必怕他,本大帅明天到那儿,他立刻就得跑掉"①。此函件说明吴佩孚根本没把张学良放在眼里,认为张学良不过是个黄嘴丫子、乳臭未干的小孩子,凭自己的声势就可以把他吓跑。而在张学良看来,吴佩孚的函件不仅可气,简直幼稚可笑。此函件暴露了吴佩孚目中无人、刚愎自用、傲气冲天的性格弱点。

二、张学良替父赔罪,张吴重修旧好

正如上文所说,在吴佩孚眼里,张学良只是个乳臭未干的毛小伙,根本没把张学良放在眼里。话虽这么说,但吴佩孚毕竟膝下无子,仅有从兄弟那过继来的侄子吴道时做养子。因此,尽管他打心眼里看不起张作霖,还是很羡慕他有个好儿子。

第二次直奉战争后,为了共同对付国民革命军,张、吴决定重修旧好,彼此又都抹不开面,张作霖毕竟是战争发动者而且是赢家,先拿出低姿态。他派儿子张学良携带贵重礼品以及二次直奉战中俘获的3000名官兵和300条枪(二次直奉战争中,奉军实际俘虏直军3万多人,俘获5万多条枪),去给吴佩孚赔礼,请求吴佩孚谅解,吴佩孚也不计前嫌,在张学良、张宗昌等人斡旋下,二人重修旧好。

二人能够重修旧好,还有吴佩孚个人的人格魅力。吴佩孚战败后,向部下询问被囚禁的曹锟情况,得知"不论哪一方面(监视)都要听张作霖的话"后,立刻给张作霖发了一封电报,称"这次战争所有一切,均由我吴佩孚一人主持,绝不与曹仲老相干。你早晨把

---

① 《张学良口述历史》,第53页。

仲老释出,我晚上就亲赴辕门,请君处置"等等。张作霖得到吴的电报深为赞赏,向其左右说,人家曹仲珊用的人是这样义气,真是忠心于他的长官,吴子玉真是好样的①。

  1926年6月26日傍晚,张作霖专车抵达北京入驻顺承王府官邸。28日晨6时,吴佩孚专车抵京入驻王怀庆宅。上午9时50分,张作霖先到王宅拜会吴佩孚。二人一见面,吴说的第一句话是,"我不羡慕老弟别的,只羡慕您有这个好儿子"。双方约谈20分钟,张作霖离去。11时,吴佩孚赴顺承王府回拜张作霖。一小时后,代理北京政府国务总理并摄行大总统职的杜锡珪、财长顾维钧、卫戍司令王怀庆等在怀仁堂设宴为张、吴接风洗尘。当年7月7日的《北洋画报》,刊登了吴佩孚与张作霖、张学良、张宗昌等人的合影。三天后,《北洋画报》又登出吴佩孚与张学良在同一背景下的合影。在此期间,张作霖和吴佩孚两位大帅歃血为盟,义结金兰。直奉两系开始合力治理北方。但两系军官对于由何人出面负责管理直隶治安争执不下,直系将领信不过奉系将领,奉系将领也信不过直系将领。最后吴佩孚做出让步,让他的贤侄张学良出任此要职,别人来他一概反对。

  此后,张作霖与吴佩孚联合驱兵对抗冯玉祥部队。8月,奉冯会战于南口,奉军获胜。为阻止北伐军南下,张学良、韩麟春率部沿京汉路南下,假道河南,并通电吴部将领勿生误会。吴部靳云鹗通电"拒绝奉军入豫",双方会战于郑州,奉军获胜,吴所部不足千人退至巩县。张作霖仍请吴回郑州,表示合作到底。吴佩孚遭国民革命军孙良诚部攻击转而依附归入奉系的前部下于学忠,不久该部驻地南阳被北伐军占领,吴被迫逃往四川。军阀之间没有永远的敌人,也没有永远的朋友。至此,吴佩孚对张氏父子爱恨交织。在北伐军的攻势下,奉军北撤,张作霖在皇姑屯被炸身亡,张

---

① 《我所知道的吴佩孚》,第76页。

学良子承父业主政东北。

三、东北沦陷，吴佩孚痛骂张学良

"九一八"事变令"不抵抗将军"张学良饱受社会各界诟病，张学良不得不辞去中华民国陆海空副司令职务，但仍以北平政务委员会常委兼代军事委员会北平分会委员长身份驻节北平。随着淞沪抗战爆发，全国人民抗日声浪风起云涌，吴佩孚认为凭借全国的抗日声势，借张学良的武装力量，可以达到东山再起的目的，于是在来京前夕给驻节北平的张学良打电报，表示要"来京常住""合作抗日"。吴佩孚行至包头，有《大公报》记者前去采访，问其对时局看法，吴佩孚一言不发，随即令人取来纸笔，匆匆写下"和内攘外"四个大字。显然是在批评蒋介石"安内攘外"的既定国策，张学良此时已归顺南京蒋介石，于是把电报转交蒋介石并请示办法。蒋介石指示张学良对吴佩孚要"敬鬼神而远之"。

允许前朝的大帅回北平定居，既显示了张学良对与父亲有八拜之交的世叔吴佩孚的仁义，也显示出当局执政者的大度。原本蒋介石已为吴大帅在杭州准备了宅院，偏偏倔强的吴大帅不愿去国民政府的后花园与高官们为邻，执意要到北平，蒋介石只好答应。

作为世侄的张学良给足了吴大帅面子，不仅派秘书长远赴内蒙临河迎接，吴大帅专车抵京当天，张学良携张宗昌、于学忠等人早早来到北京西站迎候。按照官场规则，身份地位高的完全不必亲自去现场迎接比自己身份低的人。张学良还把北平城一流的房产，位于西城区原北洋元老"京兆尹"（相当于北京市长）薛笃弼的什锦花园公馆，腾出来送给吴大帅居住。张学良用行动表明自己对世叔的敬意。

这个吴大帅仍是架子十足，公然冷落张学良，仅和张学良寒暄了几句,就带着随从登上于学忠准备的汽车,驰往什锦花园公馆。同年3月15日,由张学良资助的《上海画报》(791期)刊登了《吴佩孚与张学良》一文说:

  民十五,张作霖遇吴佩孚于北平,遣子张学良迓诸津沽,吴张政敌也,握手之第一语,吴曰:"我不羡慕老弟别的,只羡慕您有这个好儿子。"作霖大乐,摄影纪念,济济一堂,曾寄本报。曾几何时,吴已垂垂老人。今吴重莅旧都,学良迓于车站,实报社长管翼贤先生摄影寄。学良固中年哀乐,吴亦不能无烈士暮年之思也。

  当晚,按"行客拜坐客"的惯例,在幕僚们的劝说下,吴佩孚勉强答应去了顺承王府张学良的私宅,刚寒暄几句,这位世伯就质问张学良:"沈阳事变,你为什么不抵抗?"张学良脸色当时就变了:"我有中央命令。""有命令也不行,将在外君命有所不受,你连这个道理都不懂,真丢你老父的脸。"旁边的人连忙拉了拉吴佩孚的衣襟,吴佩孚甩开衣袖接着说:"国仇你不报,私仇你不报,你老子的棺材已经竖起来了!"张学良只得毕恭毕敬地说:"玉帅骂得对,我确是给父亲丢脸了。"

  第二天,坐客拜行客,张学良回拜吴大帅,让张学良更加尴尬的是,老世叔写了一首诗,赠送张学良:

棋枰①未定输全局,宇宙犹存待罪身。

醇酒妇人终气短,千秋谁谅信陵君②。

此诗借古讽今,前两句批评张学良"九一八"不抵抗,导致东北

---

  ① 棋枰又称棊枰,指棋盘。棋没下完就输掉全局,暗指张学良"九一八"不抵抗导致东北沦陷。

  ② 信陵君即魏无忌(?—前243年),魏昭王少子,安釐王的异母弟,战国时期魏国著名的军事家、政治家。被封于信陵而被后世称为信陵君,与春申君黄歇、孟尝君田文、平原君赵胜并称战国四君子。他效仿田文、赵胜的辅政方法,礼贤下士、延揽食客数千人,自成势力。曾两度击败秦军,挽救赵国和魏国危局。因屡遭魏安釐王猜忌而未能予以重任。公元前243年信陵君因伤于酒色而死,18年后魏国被秦所灭。

257

沦陷,全局皆输,成为千古罪人。后两句受马君武那首打油诗影响,指张学良沉湎于酒色,在"九一八"之夜陪胡蝶跳舞,从而误国。因信陵君伤于酒色而死,借此暗讽张学良。

即使再没学问,也能读懂老世叔的这番良苦用心。张学良从此不再来什锦花园。

为了缓和吴佩孚和张学良的关系,张宗昌在铁狮子胡同宴请吴、张,并邀请张广建、熊秉琦、师景云、李炳之等人作陪。吴佩孚到的比较晚,一身朴素的长袍马褂与张学良的西装革履形成鲜明对比。令在座各位诧异的是,当吴佩孚来到时,大家纷纷起身相迎,唯独张学良叼着烟斗坐在次席座位上,昂然不动。吴也没有向他点头打招呼,就在首席上坐下。

觥筹助兴,张宗昌有意安排了两出戏,分别是李万春、毛庆来的《两将军》和梅兰芳、余书言的《龙戏凤》。《两将军》讲的是张飞与马超的故事,张飞与马超曾经敌对作战,最后成为一家人。这是张宗昌有意撮合张吴两位上将军而精心挑选的剧目。《龙戏凤》开演后,梅兰芳饰演的凤姐刚刚登场不久,吴佩孚就起身道谢离开。自始至终,同桌就餐的叔侄两将军没有说过一句话。两位将军都是那么有个性。

四、张学良以礼相待,吴佩孚计划落空

吴佩孚到北平不久,他带来的将领由张学良出资解散,卫队也被缴了械,改由张学良派来的卫队保护,只有八大处的组织依旧维持。上述安排,并非出自张学良本意,而是蒋介石的用意。吴佩孚的"北上抗日"口号与蒋介石"安内攘外"的既定国策相违背,遭致蒋介石不满,加之吴佩孚毕竟在北洋元老中有一定的号召力,北洋势力的死灰复燃也是蒋介石的心腹之患,授意张学良多加防范也在情理之中。

防范归防范,该照顾还得照顾。由于吴佩孚个性强硬,崇尚义气,当政时不积金钱,退居北平时,生活情况及其困窘,甚至无米下锅。尽管如此,仍然安贫乐道,不向他人伸手。蒋介石知其窘状,表示按月馈赠,但被吴佩孚拒绝了。

张学良了解这位脾气倔强、性情高傲的世叔,不仅给他安排了北平城里一流的住宅,而且按月给予4000银元供其开销。对于张学良的接济,吴佩孚起初坚决璧谢,后来经张学良亲自登门劝说,吴才接受不辞。吴佩孚最终接受张学良的每月馈赠,因为他与张学良父子是故交的缘故,况且张学良对他也是子侄相称。尽管这样,他还常骂道:"张学良这小子没出息,忘记国仇家恨,真是不忠不孝!"从1932年2月到1936年12月,按每月4000元计,张学良累计支助吴佩孚23万余元。当年,北大、清华教授的工资为每月300元,显然这是一笔不小的开支。

对于前朝领导人,曾是自己的政敌对手,张学良够仁义,称得上是大丈夫。

吴佩孚刚到北平时,看到张学良对自己执礼甚恭,以为自己的抗日计划能够实现,喜出望外。后经朋友透露,他才恍然大悟,如梦初醒。得知自己东山再起、北上抗日的计划落空,吴佩孚黯然神伤,提笔写下四句诗:

国耻传来空有恨,百战愧无国际功。

无泪落时人落泪,歌声高处哭声高。

张学良在北京期间,日本著名特务头子土肥原贤二曾经三次到什锦花园,企图拉吴佩孚下水。第一次见面,土肥原贤二就用哀求的语气请吴"救救日本"!吴佩孚却坦然道:"自身不能救,焉能救人?现在不是谁救谁的问题,而是如何救的问题!"土肥原贤二无话可说最后只得离去。随后,土肥原贤二第二次拜访吴佩孚并说道:"请您出来调停中日和平。"吴佩孚对此大笑道:"好哇,那就请贵国天皇和我国蒋公,双方来电请我出任调停,当然可以喽!"土肥原听后气得简直要死。第三次去拜访吴佩孚时,土肥原以高官为诱饵,劝说吴佩孚出山"维持中日民族关系",并保证恢复吴往日的权势。吴佩孚却果断地说:"现在根本谈不上出山不出山,如果一定要让我出山,请贵国人等一概退出中国,当然包括东北在内,如何?"土肥原接着说:"直隶本是玉帅的地盘,如今张氏小儿坐镇北京,大帅怎么甘心啊?"吴回答:"中国有句话叫子继父业,我膝下无子,再说我与张作霖有八拜之交,他儿子就是我儿子!"日本人接着说:"张学良少年无能,还是玉帅出山的好。"吴回答:"张有没有能力,不是你们日本人该管的事情!"日本人说:"玉帅日子清贫啊,曾经风云人物,今日威风不在,我国希望玉帅能重整旗鼓!"吴回答:"钱的事你们不要管,我会找张学良要的,他不敢不给我钱。"

虽然吴佩孚对张学良"九一八"不抵抗很不满意,但在日本拉拢自己的时候,仍然维护张学良的地位,说明吴佩孚虽然落魄,仍然不失民族大义。

张侃侃　张氏帅府博物馆

民国时期期刊登载的吴佩孚先生史料索引

在民国时期期刊全文数据库①中,以"吴佩孚""吴子玉""吴玉帅"和"孚威将军"为检索词进行检索,检索、下载得到1915年至1949年刊载吴佩孚先生相关史料共809篇。

为便于以后研究,现按史料刊载年份由前至后,每年以"吴佩孚""吴子玉""吴玉帅""孚威将军"顺序;每篇以"史料名称、作者名、刊登期刊或报纸名称、××年[卷,期,页]"格式;刊登期刊或报纸名称,按检索显示顺序——兴华、国闻周报、真光、向导、公教周刊、寰球中国学生会周刊、农民、清华周刊、良友、杂志等。现分列如下。

1915年

1. 法令(三月四日):策令:任命吴佩孚为陆军第三师步兵第六旅旅长此令……《兵事杂志》,1915年[第14期,2页]

1918年

2. 国内要闻:命令(六月三日至六月七日):大总统令:吴佩孚授为孚威将军此令……《兴华》,1918年[第15卷,第24期,27页]

3. 逐日新评:吴佩孚主和之第三电。《兴华》,1918年[第15卷,第35期,32—33页]

---

① http://www.cnbksy.cn/shlib_tsdc/simpleSearch.do

4. 大总统令(中华民国七年六月三日):吴佩孚授为孚威将军此令……季,《江苏省公报》,1918年[第1607期,2—3页]

1919年

5. 逐日新评:吴佩孚劝告王揖唐电。《兴华》,1919年[第16卷,第36期,27—28页]

6. 逐日新评:政府对吴佩孚之猜忌。《兴华》,1919年[第16卷,第42期,29页]

7. 逐日新评:吴佩孚果受愚弄耶。《兴华》,1919年[第16卷,第44期,29页]

8. 批评:吴佩孚的救国同盟。镜亚,《正议周刊》,1919年[第2期,3页]

9. 中外新闻:吴佩孚对签字问题之通电。《通问报:耶稣教家庭新闻》,1919年[第857期,11页]

10. 中外新闻:吴佩孚赞成除安福部。《通问报:耶稣教家庭新闻》,1919年[第859期,15页]

1920年

11. 中外大事记:吴王撤防之近讯:吴佩孚所部……《兴华》,1920年[第17卷,第10期,26页]

12. 中外大事记:吴佩孚撤防。《兴华》,1920年[第17卷,第12期,22页]

13. 中外大事记:吴佩孚师长将实行撤防。《兴华》,1920年[第17卷,第20期,25页]

14. 中外大事记:吴佩孚挥戈北指。《兴华》,1920年[第17卷,第22期,26页]

15. 中外大事记:吴佩孚曹锟之行动。《兴华》,1920年[第17卷,第24期,23页]

16. 中外大事记:吴佩孚主张国民大会。《兴华》,1920年[第17卷,第31期,26页]

17. 百年大会纪事:各会通讯:自立会上总统总理与吴子玉将军书(上海)。《兴华》,1920年,[第17卷,第34期,20—21页]

18. 档录要:景定成与吴佩孚书:敦促国民大会,主张废督裁兵。《兴华》,1920年[第17卷,第35期,22—23页]

19. 中外大事记:吴佩孚前途之预备。《兴华》,1920年[第17卷,第35期,27页]

20. 时事论说门:吴佩孚整顿外交之通电。《新民报》,1920年[第7卷,第10期,7页]

21. 一周要闻:五月十四日,陈光远电,称吴佩孚军在易家湾……《公正周报》,1920年[第1卷,第6期,29—32页]

22. 国内要闻:吴佩孚痛论取缔排货电。《全国公民和平协助会周刊》,1920年[第7期,20—21页]

23. 大总统令(中华民国九年十月八日):吴佩孚加陆军上将衔此令……季,《江苏省公报》,1920年[第2438期,2页]

24. 法令(九月二日):大总统令:任命吴佩孚为直鲁豫巡阅副使此令……《兵事杂志》,1920年[第78期,1—2页]

25. 大总统令(中华民国九年七月二十六日):据兼代国务总理萨镇冰呈师长吴佩孚等所部军队前次在豫暂驻……芝,《江苏省公报》,1920年[第2367期,2—3页]

26. 赠吴子玉将军歌。易顺鼎,《宗圣学报》,1920年[第3卷,第1期,11—12页]

27. 赠吴子玉将军。柯璜,《宗圣学报》,1920年[第3卷,第1期,12页]

28. 实业月报:吴子玉之治洛政策。《电气工业杂志》,1920年[第1卷,第3期,90页]

1921 年

29. 中外大事撮要:其二、中国之部:湖北人对于吴佩孚之失望。丰,《兴华》,1921 年[第 18 卷,第 33 期,21—22 页]

30. 社评:论吴佩孚调停之非计。宇澄,《兴华》,1921 年[第 18 卷,第 33 期,28 页]

31. 中外大事撮要:其五、特载:劝其稍自敛迹:梁任公致吴子玉书。《兴华》,1921 年[第 18 卷,第 34 期,28—31 页]

32. 中外大事撮要:其一、中国之部:吴佩孚之威风。丰,《兴华》,1921 年[第 18 卷,第 44 期,28—29 页]

33. 随感录:吴佩孚和王占元。鹘突,《民国日报·觉悟》,1921 年[第 8 卷,第 30 期,2 页]

34. 随感录:张东荪与吴佩孚。《民国日报·觉悟》,1921 年[第 11 卷,第 3 期,3 页]

35. 商情:本国之部:(二)各埠商情:汉口:吴佩孚此次在汉筹饷……《上海总商会月报》,1921 年[第 1 卷,第 × 期,15 页]

36. 法令(八月三十日):大总统令:晋授吴佩孚以勋一位此令……《兵事杂志》,1921 年[第 89 期,10 页]

37. 大总统令(中华民国十年八月三十日):晋授吴佩孚以勋一位此令……季,《江苏省公报》,1921 年[第 2756 期,2 页]

38. 请废督裁兵减政兴学案(电张曹两使暨吴子玉师长文)。《江西省教育会会务录》,1921 年[第 1 期,125 页]

1922 年

39. 吴佩孚痛诋梁内阁之通电。《兴华》,1922 年[第 19 卷,第 3 期,21—22 页]

40. 中外大事撮要:甲、中国之部(民国十一年一月五日):吴佩孚通电反对梁阁。丰,《兴华》,1922 年[第 19 卷,第 3 期,28 页]

41. 时评:壮哉吴佩孚之歌电。选,《兴华》,1922 年[第 19 卷,

第 3 期,32—33 页]

42.中外大事撮要:甲、中国之部(民国十一年一月十九日至二月七日):张作霖通电反对吴佩孚。丰,《兴华》,1922 年[第 19 卷,第 5 期,27 页]

43.中外大事撮要:甲、中国之部(民国十一年二月十六日至二十二日):吴佩孚之对南对北。丰,《兴华》,1922 年[第 19 卷,第 7 期,29 页]

44.中外大事撮要:其一、中国之部:中外注目之吴佩孚。丰,《兴华》,1922 年[第 19 卷,第 18 期,32—33 页]

45.中外大事撮要:其一、中国之部:南政府与吴佩孚。《兴华》,1922 年[第 19 卷,第 20 期,28—29 页]

46.中外大事撮要:其一、中国之部:外交团赞成吴佩孚。《兴华》,1922 年[第 19 卷,第 22 期,31—32 页]

47.中外大事撮要:其一、中国之部:吴佩孚之废督裁兵计划。《兴华》,1922 年[第 19 卷,第 23 期,30—32 页]

48.中外大事撮要:其一、中国之部:湖北:吴佩孚以奉洛两方……《兴华》,1922 年[第 19 卷,第 37 期,30 页]

49.中外大事撮要:其一、中国之部:外交团为豫匪督促吴佩孚。《兴华》,1922 年[第 19 卷,第 47 期,25 页]

50.时事短评:吴佩孚真会拣择便宜货。和森,《向导》,1922 年[第 7 期,0 页]

51.时事短评:吴佩孚和陈炯明。孙铎,《向导》,1922 年[第 9 期,2 页]

52.吴佩孚轶事二则。陆静山,《礼拜六》,1922 年[第 161 期,25—26 页]

53.直奉战争中之吴佩孚[照片]。周,《礼拜六》,1922 年[第 167 期,8 页]

54.张方岩、吴佩孚、曹锟[照片]。《礼拜六》,1922 年[第 167

期,9页]

55.吴佩孚与大陆报记者谈话[照片]。《礼拜六》,1922年[第167期,9页]

56.吴佩孚部下之两军官(程希圣周梦觉)[照片]。《礼拜六》,1922年[第167期,10页]

57.世界要闻:巡阅使吴佩孚肖像[照片]。《时兆月报》,1922年[第17卷,第6期,5页]

58.世界要闻:吴佩孚治军之宣言(录新闻)。《时兆月报》,1922年[第17卷,第10期,4页]

59.科学浅说:两真能助吴佩孚吗?沈懋德,《晨报副刊》,1922年[5月9日,1—2页]

60.时事提要:吴佩孚提国税赶造军械。《大埔周刊》,1922年[第39期,2页]

61.这一周:吴佩孚与联省自治。适、蒋,《努力周报》,1922年[第15期,0页]

62.这一周:曹锟吴佩孚又说。Q,《努力周报》,1922年[第19期,0页]

63.这一周:曹锟吴佩孚再致孙文的电文说。Q、蒋,《努力周报》,1922年[第19期,0页]

64.这一周:直系军人发出许多通电来反对"联省会议",吴佩孚说……Q,《努力周报》,1922年[第19期,0页]

65.吴子玉将军之悼亡。郑际云,《快活》,1922年[第7期,13页]

66.吴子玉将军之诗。印民,《快活》,1922年[第21期,12页]

1923年

67.吴佩孚的时局谈。《兴华》,1923年[第20卷,第34期,11—12页]

68. 中外大事撮要：其一、中国之部：剿匪：吴佩孚电致政府……《兴华》,1923年[第20卷,第34期,26页]

69. 中外大事撮要：其一、中国之部：重庆：吴佩孚因重庆被围……《兴华》,1923年[第20卷,第41期,31页]

70. 时评：武力：自从吴佩孚武力统一的政策划出……王善治,《兴华》,1923年[第20卷,第45期,33页]

71. 中国共产党为吴佩孚惨杀京汉路工告工人阶级与国民。石,《向导》,1923年[第20期,0—1页]

72. 时事短评：外交系与吴佩孚。和森,《向导》,1923年[第23期,2页]

73. 吴佩孚与国民党。孙铎,《向导》,1923年[第24期,4—5页]

74. 中国一周：吴佩孚与康有为。独秀,《向导》,1923年[第25期,1页]

75. 中国一周：吴佩孚爪牙阎锡山第二——杨森。独秀,《向导》,1923年[第25期,2页]

76. 中国一周：吴佩孚的"匪力统一政策"。独秀,《向导》,1923年[第27期,2—3页]

77. 中国一周：冯玉祥与吴佩孚。巨缘,《向导》,1923年[第29期,2页]

78. 北京政变特刊号：北京政变与吴佩孚。和森,《向导》,1923年[第31—32期,3—4页]

79. 读者之声：赞成吴佩孚处置议员的办法。白青,《向导》,1923年[第39期,5页]

80. 中国一周：吴佩孚硬要外交系组阁。和森,《向导》,1923年[第43期,1—2页]

81. 中国一周：三巡阅发表后的吴佩孚。仲平,《向导》,1923年[第46期,0—1页]

82. 中国一周:原来是吴佩孚委托外舰运军火。和森,《向导》,1923年[第46期,2—3页]

83. 本周国内要闻(九月七日至九月十三日):吴佩孚决定援赵。《寰球中国学生会周刊》,1923年[第120期,1页]

84. 一周间之国内要闻(十月二十四日至十月三十日):吴佩孚对川湘并进。《寰球中国学生会周刊》,1923年[第127期,3页]

85. 国情述要:政治之部:无大胜负之川中战事:赖心辉占隆昌,田颂尧占保宁,吴佩孚请令川军师长,北政府已经阁议通过。《清华周刊》,1923年[第285期,50—51页]

86. 吴佩孚的轶事。海角秋声,《青年友》,1923年[第3卷,第7—9期,29页]

87. 杂感:吴佩孚还想武力统一吗?烬梅,《工人周刊》,1923年[第64期,3页]

88. 时事记:吴佩孚与程淯书。《爱国报》,1923年[第11期,31页]

89. 吴佩孚生日萧刘两家奴的厚礼。子休,《共进》,1923年[第37期,4页]

90. 时事要目(十二年四月):一日,吴佩孚迫赵恒惕取消湖南自治……《学生杂志》,1923年[第10卷,第6期,307—308页]

91. 中央命令:大总统令(中华民国十二年十一月十二日):特任吴佩孚为直鲁豫巡阅使此令……蒋,《江苏省公报》,1923年[第3533期,0—1页]

92. 法令(十二月三十一日):大总统令:特任吴佩孚为孚威上将军此令……《兵事杂志》,1923年[第106期,1页]

93. 七律(三十六首):祝吴子玉使帅五十。东山,《交通丛报》,1923年[第94/95期,15页]

94. 礼拜六第二百期增刊:瓻月轩随笔:吴子玉将军,性好朴素……许吟花,《礼拜六》,1923年[第200期,71—72页]

1924年

95.中外大事记:其一、中国之部:各方文电:吴佩孚致齐燮元电。《兴华》,1924年[第21卷,第37期,40页]

96.杂件:吴子玉巡阅使之热心拒毒。《兴华》,1924年[第21卷,第38期,20页]

97.中外大事记:其二、世界之部:日本拒绝吴佩孚。《兴华》,1924年[第21卷,第39期,46页]

98.中外大事记:其一、中国之部:东北战事吃紧:吴佩孚亲赴前敌。《兴华》,1924年[第21卷,第40期,32页]

99.中外大事记:其一、中国之部:政变纪略:吴佩孚离津。《兴华》,1924年[第21卷,第44期,38页]

100.中外大事记:其一、中国之部:政变纪略:段祺瑞电堵吴佩孚。《兴华》,1924年[第21卷,第44期,40页]

101.选评:吴佩孚之行踪。若虚,《兴华》,1924年[第21卷,第45期,47页]

102.选评:吴佩孚离津。竞民,《兴华》,1924年[第21卷,第44期,48页]

103.致吴佩孚书:子玉先生执事,敬启者,瑞与执事从无一面雅……吴梓瑞,《兴华》,1924年[第21卷,第44期,20—25页]

104.中外大事记:其一、中国之部:吴佩孚之行动:吴佩孚过窜详情、吴佩孚到汉情形、吴佩孚由郑返洛……《兴华》,1924年[第21卷,第46期,31—34页]

105.中外大事记:其一、中国之部:吴佩孚之行动与今后时局:彰德以北开火之豫闻。《兴华》,1924年[第21卷,第47期,36—37页]

106.中外大事记:其一、中国之部:吴佩孚之行动与今后时局:彰德顺德间战事详报。《兴华》,1924年[第21卷,第47期,37—38

107. 中外大事记:其一、中国之部:吴佩孚之行动与今后时局:吴佩孚致段祺瑞书。《兴华》,1924年[第21卷,第47期,38—39页]

108. 中外大事记:其一、中国之部:吴派下野:吴佩孚之行勤。《兴华》,1924年[第21卷,第48期,37页]

109. 中外大事记:其一、中国之部:吴派下野:鄂人劝吴佩孚下野。《兴华》,1924年[第21卷,第48期,38页]

110. 中外大事记:其一、中国之部:吴派下野:段氏勤吴佩孚下野。《兴华》,1924年[第21卷,第48期,38页]

111. 中外大事记:其一、中国之部:河南之纠纷:吴佩孚命憨玉崑为豫总司令。《兴华》,1924年[第21卷,第48期,40页]

112. 中外大事记:其一、中国之部:鸡公山上之吴佩孚:吴佩孚入鸡公山后之所闻。《兴华》,1924年[第21卷,第49期,40—41页]

113. 中外大事记:其一、中国之部:鸡公山上之吴佩孚:吴佩孚之军队。《兴华》,1924年[第21卷,第49期,41页]

114. 中外大事记:其一、中国之部:鸡公山上之吴佩孚:吴佩孚下山。《兴华》,1924年[第21卷,第49期,41—42页]

115. 中外大事记:其一、中国之部:官样文章:吴佩孚报告赴鸡公山电。《兴华》,1924年[第21卷,第49期,44页]

116. 中外大事记:其一、中国之部:官样文章:段祺瑞劝吴佩孚下野电。《兴华》,1924年[第21卷,第49期,44—45页]

117. 中外大事记:其一、中国之部:北方要人举动:吴佩孚在洛失败后之态度。《兴华》,1924年[第21卷,第50期,34—35页]

118. 中外大事记:其一、中国之部:河南平定:鸡公山上之吴佩孚。《兴华》,1924年[第22卷,第1期,42页]

119. 名人录:吴佩孚(附照片)。《国闻周报》,1924年[第1

卷,第 5 期,1 页]

120.关系战事档辑要(二):吴佩孚申诚齐燮元电(九月九日)。《国闻周报》,1924 年[第 1 卷,第 8 期,19 页]

121.吴佩孚[照片]。《国闻周报》,1924 年[第 1 卷,第 9 期,封 1 页]

122.战事渐趋紧迫之一周:东北方面:海军备战:吴佩孚之计划……(附图)。公展,《国闻周报》,1924 年[第 1 卷,第 11 期,5—6 页]

123.国内外一周大事记(由十月二日至八日):(二)国内之部:财政状况:吴佩孚筹措军费……公展,《国闻周报》,1924 年[第 1 卷,第 12 期,26—27 页]

124.国内外一周大事记(由十月十六日至二十三日):(二)国内之部:财政状况:吴佩孚之所最门心者为军费……公展,《国闻周报》,1924 年[第 1 卷,第 13 期,22—23 页]

125.效忠曹家之吴佩孚[照片]。《国闻周报》,1924 年[第 1 卷,第 14 期,封 1 页]

126.国内外一周大事记(由十月三十日至十一月五日):(二)国内之部:各省态度:吴佩孚之所以敢于退津……公展,《国闻周报》,1924 年[第 1 卷,第 15 期,18—19 页]。

127.国内外一周大事记(由十一月六日至十一月十二日):(二)国内之部:全国大局:自吴佩孚离津南下……公展,《国闻周报》,1924 年[第 1 卷,第 16 期,28—29 页]

128.汤吉尔问题与西班牙之国际地位:东北战事之回顾(一):天津车站听候解散之吴佩孚部下[照片]。《国闻周报》,1924 年[第 1 卷,第 17 期,5 页]

129.汤吉尔问题与西班牙之国际地位:东北战事之回顾(二):站岗之吴佩孚少年兵[照片]。《国闻周报》,1924 年[第 1 卷,第 17 期,6 页]

130. 东北战事余闻:四照堂之吴佩孚。政之,《国闻周报》,1924年[第1卷,第17期,7页]

131. 东北战事余闻:吴佩孚之兵法(附图)。政之,《国闻周报》,1924年[第1卷,第17期,7页]

132. 东北战事余闻:到津后之吴佩孚。政之,《国闻周报》,1924年[第1卷,第17期,8页]

133. 东北战事余闻:张作霖欲擒吴佩孚。政之,《国闻周报》,1924年[第1卷,第17期,8页]

134. 中国扇业之概况:东北战事之回顾(三):已解散后吴佩孚部下[照片]。《国闻周报》,1924年[第1卷,第17期,11页]

135. 国内外一周大事记(由十一月十三日至十九日):(二)国内之部:长江形势:吴佩孚十日来船率部……东北战事之回顾(四):由秦皇岛乘舰逃回之直军[照片]。《国闻周报》,1924年[第1卷,第17期,16页]

136. 国内外一周大事记(由十一月十三日至十九日):(二)国内之部:长江形势:吴佩孚十日来船率部……公展,《国闻周报》,1924年[第1卷,第17期,16—17页]

137. 委员制问题:东北战争之回顾(五):京奉司令车中之吴佩孚[照片]。《国闻周报》,1924年[第1卷,第18期,5页]

138. 京尘零闻:吴佩孚失败之原因。秋心,《国闻周报》,1924年[第1卷,第20期,17页]

139. 京尘零闻:吴佩孚与安格联。秋心,《国闻周报》,1924年[第1卷,第20期,17页]

140. 关于吴佩孚之乩诗。《国闻周报》,1924年[第1卷,第20期,18页]

141. 萍庐笔记:吴佩孚不赞成以肉身与魔鬼战。《真光》,1924年[第23卷,第12期,81页]

142. 时事:段祺瑞就职后之吴佩孚。《真光》,1924年[第23

143.时事:吴佩孚与冯玉祥耶稣讲书。《真光》,1924年[第23卷,第12期,92—94页]

144.时事:冯玉祥致吴佩孚电。冯玉祥(叩敬),《真光》,1924年[第23卷,第12期,94页]

145.吴佩孚铁蹄下之湖北(汉口通信)。若愚,《向导》,1924年[第92期,9—10页]

146.国情述要:政治:吴佩孚讨冯胡。《清华周刊》,1924年[第325期,40—41页]

147.国情述要:政治:吴佩孚发表之大总统命令。《清华周刊》,1924年[第325期,41页]

148.国情述要:政局:天津会议:自曹锟下台,吴佩孚离京后……《清华周刊》,1924年[第327期,25—26页]

149.国情述要:政局:吴佩孚行踪。《清华周刊》,1924年[第327期,27—28页]

150.国情述要:政局:吴佩孚离豫。《清华周刊》,1924年[第331期,23页]

151.国情述要:政局:吴佩孚将组织护宪政府。《清华周刊》,1924年[第328期,43—44页]

152.时事记:吴佩孚报告赴鸡公山电。《爱国报》,1924年[第41期,22—23页]

153.时事记:段祺瑞劝吴佩孚下野电。《爱国报》,1924年[第41期,23页]

154.中外新闻:吴佩孚抵宁之外讯。《通问报:耶稣教家庭新闻》,1924年[第1127期,14页]

155.中外新闻:吴佩孚之行踪。《通问报:耶稣教家庭新闻》,1924年[第1127期,15页]

156.公电:新阁员题名,冯玉祥要求吴佩孚同时下野。《通问

报:耶稣教家庭新闻》,1924年[第1130期,14页]

157.一周大事述评:北方四头的活跃:王克敏、顾维钧、吴佩孚、齐燮元。代英《评论之评论(上海1924)》,1924年[第6期,1—3页]

158.尖兵:吴佩孚倒也会说话。半解,《评论之评论(上海1924)》,1924年[第20期,8页]

159.时事新报与吴佩孚。武思茂,《评论之评论(上海1924)》,1924年[第33期,7—8页]

160.杂感:吴佩孚压制舆论的手段。《民国日报·觉悟》,1924年[第2卷,第13期,6页]

161.杂感:吴佩孚与"易理"。《民国日报·觉悟》,1924年[第6卷,第25期,6页]

162.杂感:原来吴佩孚想做皇帝。《民国日报·觉悟》,1924年[第7卷,第29期,6页]

163.杂感:吴佩孚反对白话诗。《民国日报·觉悟》,1924年[第10卷,第4期,6页]

164.劳动消息:吴佩孚见神见鬼(国内)。《民国日报·平民》,1924年[第202期,5页]

165.劳动消息:社会民主党变了摧残工人党:比吴佩孚稍为慈善一些(国外)。《民国日报·平民》,1924年[第208期,6页]

166.时评:告教育界之吴佩孚。愚公,《醒狮》,1924年[第4期,0页]

167.张謇赠吴佩孚的一首诗。《晨报副刊》,1924年[12月2日,4页]

168.调查:直鲁豫汽车路近闻:督办直鲁豫汽车路事宜吴佩孚……《道路月刊》,1924年[第9卷,第3期,72页]

169.调查:各省汽车路进行汇志:(二)河南:吴佩孚督办直鲁豫三省汽车道路……《道路月刊》,1924年[第10卷,第1期,72—

73页]

170.本会职员及会员玉照:名誉会长吴佩孚君[照片]。《道路月刊》,1924年[第10卷,第3期,7页]

171.学乘:庚欵与教育基金之运动:吴佩孚最近主张、八校继续运动……《教育与人生》,1924年[第45期,0—1页]

172.例规:卫生:大总统指令一则:直鲁豫巡阅使吴佩孚呈为据陈秦陇两省于今年秋季实行禁种烟苗伏祈钧鉴由(九月二十七日)。《内务公报》,1924年[第133期,21页]

173.中央法令:大总统令(中华民国十三年一月十五日):特派吴佩孚兼任督办直鲁豫汽车道路事宜此令……芝,《山西公报》,1924年[第4141期,2页]

174.吴子玉善待夫役歌(一):夫役夫役……[诗歌]。《兴华》,1924年[第21卷,第42期,23页]

175.吴子玉善待夫役歌(二):夫役夫役……[诗歌]。《兴华》,1924年[第21卷,第42期,31页]

176.会议纪载:公牍:(A)电报:致洛阳吴玉帅请即日下野电(廿六日)。《上海总商会月报》,1924年[第4卷,第12期,5页]

1925年

177.中外大事记:其一、中国之部:吴佩孚之行踪:吴佩孚退下鸡公山。《兴华》,1925年[第22卷,第2期,41页]

178.中外大事记:其一、中国之部:吴佩孚之行踪:吴佩孚之前途。《兴华》,1925年[第22卷,第2期,41—42页]

179.中外大事记:其一、中国之部:吴佩孚之行踪:吴佩孚之徘徊。《兴华》,1925年[第22卷,第2期,42页]

180.中外大事记:其一、中国之部:要人鳞爪:吴佩孚之流离状况。《兴华》,1925年[第22卷,第3期,38—39页]

181.中外大事记:其一、中国之部:张作霖与吴佩孚:张作霖拘

留吴佩孚代表。《兴华》,1925年[第22卷,第4期,35—36页]

182. 中外大事记:其一、中国之部:张作霖与吴佩孚:舰中生活之吴佩孚。《兴华》,1925年[第22卷,第4期,36—37页]

183. 中外大事记:其一、中国之部:要人之今昔感:末路将军吴佩孚状况。《兴华》,1925年[第22卷,第5期,43—44页]

184. 中外大事记:其一、中国之部:河南战事:吴佩孚之嫌疑。《兴华》,1925年[第22卷,第8期,38页]

185. 中外大事记:其一、中国之部:吴佩孚之行动:吴佩孚赴岳州。《兴华》,1925年[第22卷,第9期,40页]

186. 中外大事记:其一、中国之部:吴佩孚之行动:外人探吴之真意。《兴华》,1925年[第22卷,第9期,40页]

187. 吴佩孚日顾问削发为僧。《兴华》,1925年[第22卷,第10期,6页]

188. 中外大事记:其一、中国之部:噪声:吴佩孚在岳之行动。《兴华》,1925年[第22卷,第11期,45页]

189. 吴佩孚诗话。《兴华》,1925年[第22卷,第13期,15页]

190. 中外大事记:其一、中国之部:噪声:吴佩孚煊赫犹昔。《兴华》,1925年[第22卷,第13期,43页]

191. 中外大事记:其一、中国之部:金案披露:吴佩孚反对金案轶闻。《兴华》,1925年[第22卷,第16期,41—42页]

192. 中外大事记:其一、中国之部:紧要政闻:吴佩孚与江浙。《兴华》,1925年[第22卷,第18期,43页]

193. 中外大事记:其一、中国之部:要人之荣枯:吴佩孚果患重病欤。《兴华》,1925年[第22卷,第19期,43—44页]

194. 中外大事记:其一、中国之部:各省政闻:七省联盟与吴佩孚。《兴华》,1925年[第22卷,第30期,40—41页]

195. 中外大事记:其一、中国之部:江浙风云:吴佩孚电招曹锳。《兴华》,1925年[第22卷,第37期,38页]

196. 中外大事记:其一、中国之部:联军消息:萧耀南等拥戴吴佩孚电.《兴华》,1925年[第22卷,第42期,37页]

197. 中外大事记:其一、中国之部:联军消息:吴佩孚到汉.《兴华》,1925年[第22卷,第42期,37—38页]

198. 中外大事记:其一、中国之部:联军消息:吴佩孚之通电.《兴华》,1925年[第22卷,第42期,38页]

199. 中外大事记:其一、中国之部:联军消息:吴佩孚进逼徐州.《兴华》,1925年[第22卷,第42期,38页]

200. 中外大事记:其一、中国之部:联军消息:吴佩孚之司令部.《兴华》,1925年[第22卷,第42期,38页]

201. 中外大事记:其一、中国之部:噪声:吴佩孚之文告.《兴华》,1925年[第22卷,第42期,45—47页]

202. 中外大事记:其一、中国之部:吴佩孚军事行动:吴佩孚招兵筹饷.《兴华》,1925年[第22卷,第44期,41—42页]

203. 中外大事记:其一、中国之部:吴佩孚军事行动:曹瑛报効军饷.《兴华》,1925年[第22卷,第44期,42页]

204. 中外大事记:其一、中国之部:吴佩孚军事行动:吴佩孚势将留汉.《兴华》,1925年[第22卷,第44期,42—43页]

205. 中外大事记:其一、中国之部:联军近讯:孙传芳催吴佩孚出师.《兴华》,1925年[第22卷,第46期,41页]

206. 中外大事记:其一、中国之部:要人近讯:吴佩孚态度依然:不联奉张,不援直鲁,不结晋阎.《兴华》,1925年[第23卷,第1期,42—43页]

207. 国内外一周间大事纪(由二月廿六日至三月四日):(二)国内之部:武汉形势:吴佩孚党翼……公展,《国闻周报》,1925年[第2卷,第8期,25—26页]

208. 国内外一周间大事纪(由三月五日至三月十一日):(二)国内之部:湘鄂近状:吴佩孚突然离黄抵岳……公展,《国闻周报》,

1925年[第2卷,第9期,25页]

209.国内外一周间大事纪(由六月十八日至二十四日):(二)国内之部:吴佩孚近状。公展,《国闻周报》,1925年[第2卷,第24期,29页]

210.东南风云与全国大局(十月十五日至二十一日一周间之消息):(六)吴佩孚出马与各方(附照片)。公展,《国闻周报》,1925年[第2卷,第41期,7—8页]

211.东南风云与全国大局(十月十五日至二十一日一周间之消息):(六)吴佩孚出马与各方:重登舞台之吴佩孚[照片]。《国闻周报》,1925年[第2卷,第41期,8页]

212.未来大战之酝酿(十月二十二日至二十八日一周间之消息):(四)吴佩孚莅鄂后之直系:韩麟春[照片]。《国闻周报》,1925年[第2卷,第42期,8页]

213.未来大战之酝酿(十月二十二日至二十八日一周间之消息):(四)吴佩孚莅鄂后之直系(附照片)。公展,《国闻周报》,1925年[第2卷,第42期,8—9页]

214.未来大战之酝酿(十月二十二日至二十八日一周间之消息):(四)吴佩孚莅鄂后之直系:张福来[照片]。《国闻周报》,1925年[第2卷,第42期,9页]

215.社评:吴佩孚之能为。子宽,《国闻周报》,1925年[第2卷,第43期,3—4页]

216.国内外一周间大事纪(自十二月三日至九日):(二)国内之部:长江局势:自拥讨贼军总司令名号之吴佩孚……(附照片)。公展,《国闻周报》,1925年[第2卷,第48期,29页]

217.时事:萧耀南电告吴佩孚入西山。《真光》,1925年[第24卷,第2期,91页]

218.时事:吴佩孚离黄赴岳。《真光》,1925年[第24卷,第3期,91—92页]

219. 吴佩孚入岳后之长江局势（五月十三日湖南通信）。罗夫，《向导》，1925年［第116期，5—6页］

220. 国内外要闻：浙奉形势愈趋严重：孙传芳等拥戴吴佩孚电：各报馆均鉴，顷致吴玉帅一电文曰……《寰球中国学生会周刊》，1925年［第218期，1页］

221. 国内外要闻：浙奉形势愈趋严重：孙传芳等拥戴吴佩孚电：各报馆均鉴，顷致吴玉帅一电文曰……《寰球中国学生会周刊》，1925年［第218期，1页］

222. 国内外要闻：吴佩孚再起讨奉：吴佩孚崛起由来。《寰球中国学生会周刊》，1925年［第218期，1页］

223. 国内外要闻：吴佩孚再起讨奉：吴佩孚抵鄂行动。《寰球中国学生会周刊》，1925年［第218期，1—2页］

224. 国内外要闻：吴佩孚再起讨奉：吴佩孚召集会议。《寰球中国学生会周刊》，1925年［第218期，2页］

225. 国内外要闻：吴佩孚再起讨奉：吴佩孚计划军费。《寰球中国学生会周刊》，1925年［第218期，2页］

226. 国内外要闻：吴佩孚再起讨奉：吴佩孚暂不来宁。《寰球中国学生会周刊》，1925年［第218期，2页］

227. 国内外要闻：吴佩孚再起讨奉：吴佩孚任讨贼总司令。《寰球中国学生会周刊》，1925年［第218期，2页］

228. 国内外要闻：吴佩孚再起讨奉：吴佩孚出山通电：各报馆均鉴，佩孚半年戎马……《寰球中国学生会周刊》，1925年［第218期，2页］

229. 国内外要闻：吴佩孚再起讨奉：吴佩孚就职通电：佩孚受各省军民长官及各界领袖推戴……《寰球中国学生会周刊》，1925年［第218期，2页］

230. 新闻：吴佩孚逃到岳州。《农民》，1925年［第4期，1页］

231. 新闻：吴佩孚出马。《农民》，1925年［第25期，2页］

232. 新闻:军事:吴佩孚想到四川下台去。《农民》,1925年[第29期,1页]

233. 新闻:军事:吴佩孚雄心未已。《农民》,1925年[第30期,1页]

234. 国情述要:政治:吴佩孚再起。《清华周刊》,1925年[第24卷,第8期,54—55页]

235. 国情述要:一周间大事记(十一月十二日至廿一日):吴佩孚电联军各省,派代表到汉军事大会……《清华周刊》,1925年[第24卷,第12期,33页]

236. 国情述要:军事:吴佩孚近讯:吴佩孚三月三日由黄州赴岳州……《清华周刊》,1925年[第24卷,第339期,60页]

237. 国情述要:政治:吴佩孚消息一束:素以武力自雄之吴氏,到岳州……《清华周刊》,1925年[第24卷,第340期,61页]

238. 国情述要:军事:吴佩孚:吴佩孚闻湘将解除本人武装卫队……《清华周刊》,1925年[第24卷,第341期,51—52页]

239. 要闻日志(民国十四年十月八日至十一月七日):吴佩孚将军[照片]。《时兆月报》,1925年[第20卷,第12期,5页]

240. 齐燮元寄吴佩孚诗:洛阳将军行(附图)。呆五郎(寄)、亚光,《环球画报》,1925年[第10期,1页]

241. 杂感:吴佩孚果与"湖南人感情素厚"耶?《民国日报·觉悟》,1925年[第4卷,第21期,6页]

242. 时事短评:河南人思念吴佩孚。召,《现代评论》,1925年[第2卷,第42期,4页]

243. 文(甲):吴佩孚论。姚澈,《学生文艺丛刊》,1925年[第2卷,第4期,37—39页]

244. 诗(甲):吴佩孚[诗词]。顾敛秋,《学生文艺丛刊》,1925年[第2卷,第8期,86页]

245. 各省财政近讯:湖北:吴佩孚借款之合同。《银行月刊》,

1925年[第5卷,第11期,158—159页]

246.时评:再告教育界之吴佩孚。愚公、路,《醒狮》,1925年[第16期,0页]

247.时事零墨:吴佩孚覆段执政支电:万急。北京段执政钧鉴……吴佩孚(叩),《辽东诗坛》,1925年[第4期,38—39页]

248.论说:论吴佩孚失败之原因及政治学上不易之公例。曾琦,《醒狮》,1925年[第14期,1—2页]

249.论说:吴佩孚谓应恢复法统唐绍仪痛斥贿选贿不选试申论之。袁南豪,《青年镜》,1925年[第43期,3—4页]

250.论说:国民军与吴佩孚合作否联军能推倒奉张否试详言之。李照,《青年镜》,1925年[第43期,16—18页]

251.论说:国民军与吴佩孚合作否联军能推倒奉张否试详言之。黄巨英,《青年镜》,1925年[第43期,21—22页]

252.论说:吴佩孚谓应恢复法统唐绍仪痛斥贿选贿不选试申论之。邱文奎,《青年镜》,1925年[第43期,27—28页]

253.论说:吴佩孚有无潜势力以抵抗国民军。金志清,《青年镜》,1925年[第44期,25—27页]

254.游记:拟联军公请吴子玉出山启。蔡灿民《青年镜》,1925年[第43期,39页]

255.吴子玉最近之文章。洪洪水,《兴华》,1925年[第22卷,第13期,23页]

1926年

256.中外大事记:其一、中国之部:各省近讯:吴佩孚军队解散问题。《兴华》,1926年[第23卷,第4期,43—44页]

257.吴佩孚与戚继光。《兴华》,1926年[第23卷,第5期,39页]

258.中外大事记:其一、中国之部:吴佩孚之策略:吴佩孚讨冯

玉祥电。《兴华》,1926年[第23卷,第7期,43—44页]

259.中外大事记:其一、中国之部:豫军之失败:吴佩孚之战略。《兴华》,1926年[第23卷,第9期,44页]

260.中外大事记:其一、中国之部:各省现状:方本仁将袭击吴佩孚。《兴华》,1926年[第23卷,第10期,48页]

261.中外大事记:其一、中国之部:豫局与岳维峻:吴佩孚预备回洛。《兴华》,1926年[第23卷,第13期,38—39页]

262.吴佩孚敬送生辰网。《兴华》,1926年[第23卷,第14期,13页]

263.吴佩孚之"三不"主义。《兴华》,1926年[第23卷,第15期,23页]

264.中外大事记:其一、中国之部:北京政变之第二幕:田维勤请吴佩孚入京电。《兴华》,1926年[第23卷,第15期,39—40页]

265.中外大事记:其一、中国之部:北京政变之第二幕:吴佩孚对京变后之主张。《兴华》,1926年[第23卷,第15期,40页]

266.吴佩孚请张天师建醮。《兴华》,1926年[第23卷,第18期,7页]

267.中外大事记:其一、中国之部:政局混沌:吴佩孚力主恢复颜阁电。《兴华》,1926年[第23卷,第18期,35—36页]

268.中外大事记:其一、中国之部:政局与巨头:吴佩孚张作霖如夫妇。《兴华》,1926年[第23卷,第20期,39—40页]

269.中外大事记:其一、中国之部:吴张与政局:吴佩孚离汉北上。《兴华》,1926年[第23卷,第21期,34—35页]

270.中外大事记:其一、中国之部:吴张消息:吴佩孚罢免靳云鹗。《兴华》,1926年[第23卷,第22期,40页]

271.社言:吴佩孚大负其气。谦,《兴华》,1926年[第23卷,第23期,6—7页]

272.中外大事记:其一、中国之部:张吴与时局:吴佩孚在保定

谈话。《兴华》,1926年[第23卷,第23期,40—41页]

273.中外大事记:其一、中国之部:张吴与时局:吴佩孚与国民军之战事。《兴华》,1926年[第23卷,第23期,42页]

274.中外大事记:其二、世界之部:英商会与吴佩孚。《兴华》,1926年[第23卷,第23期,49页]

275.吴佩孚的小学。《兴华》,1926年[第23卷,第24期,18页]

276.吴佩孚与靳云鹗。《兴华》,1926年[第23卷,第24期,27页]

277.中外大事记:其一、中国之部:张吴会晤一瞥:吴佩孚入京之盛况。《兴华》,1926年[第23卷,第26期,38—39页]

278.中外大事记:其一、中国之部:张吴会晤一瞥:吴佩孚以蚩尤为赤化。《兴华》,1926年[第23卷,第26期,39页]

279.中外大事记:其一、中国之部:张吴会晤一瞥:吴佩孚之大言。《兴华》,1926年[第23卷,第26期,39页]

280.中外大事记:其一、中国之部:张吴与时局:京汉车中之吴佩孚。《兴华》,1926年[第23卷,第27期,40页]

281.中外大事记:其一、中国之部:南北战事:吴佩孚之生活与态度。《兴华》,1926年[第23卷,第29期,39—40页]

282.中外大事记:其一、中国之部:南北战事:吴佩孚援湘计划。《兴华》,1926年[第23卷,第29期,41—42页]

283.吴佩孚崇拜关公。《兴华》,1926年[第23卷,第30期,29页]

284.中外大事记:其一、中国之部:北方战局变幻:吴佩孚将回汉说。《兴华》,1926年[第23卷,第30期,38—39页]

285.中外大事记:其一、中国之部:北方战局变幻:进退两难中之吴佩孚。《兴华》,1926年[第23卷,第30期,39—40页]

286.中外大事记:其一、中国之部:南北战局:曹锟劝吴佩孚回

汉无效。《兴华》,1926年[第23卷,第31期,41页]

287. 中外大事记:其一、中国之部:北方战事:吴佩孚报告攻克各地方电。《兴华》,1926年[第23卷,第33期,41页]

288. 中外大事记:其一、中国之部:南方战局:吴佩孚起用靳云鹗。《兴华》,1926年[第23卷,第34期,45页]

289. 选评:吴佩孚与时局:南归之前。公弼,《兴华》,1926年[第23卷,第34期,50—51页]

290. 中外大事记:其一、中国之部:战报纷歧:吴佩孚中弹受伤。《兴华》,1926年[第23卷,第35期,38页]

291. 中外大事记:其一、中国之部:战报纷歧:吴佩孚退守武昌之经过:前线扼守纸坊,武汉人心大震。《兴华》,1926年[第23卷,第35期,39—40页]

292. 中外大事记:其一、中国之部:战报纷歧:川将领刘湘等宣布讨吴佩孚通电。《兴华》,1926年[第23卷,第35期,40—42页]

293. 中外大事记:其一、中国之部:苏沪近事:武昌失守之沪讯:江轮停赴汉口、吴佩孚下军舰、外舰保护汉侨……《兴华》,1926年[第23卷,第35期,44页]

294. 中外大事记:其一、中国之部:南方战事:败退以后之吴佩孚。《兴华》,1926年[第23卷,第36期,43页]

295. 中外大事记:其一、中国之部:武汉战讯:吴佩孚反攻计划。《兴华》,1926年[第23卷,第37期,40页]

296. 中外大事记:其一、中国之部:武汉战讯:吴佩孚退守信阳后情形。《兴华》,1926年[第23卷,第37期,41页]

297. 孙宝琦与吴佩孚师生因缘。《兴华》,1926年[第23卷,第37期,51页]

298. 中外大事记:其一、中国之部:吴军消息:吴佩孚退郑州记。《兴华》,1926年[第23卷,第38期,45—46页]

299. 中外大事记:其一、中国之部:吴军消息:吴佩孚之行踪。

《兴华》,1926年[第23卷,第38期,46页]

300. 中外大事记:其一、中国之部:直豫军消息:吴佩孚严限各军克阳夏。《兴华》,1926年[第23卷,第40期,45页]

301. 中外大事记:其一、中国之部:吴军消息:吴佩孚与各方关系。《兴华》,1926年[第23卷,第41期,42—44页]

302. 中外大事记:其一、中国之部:吴军消息:吴佩孚确有反攻意。《兴华》,1926年[第23卷,第42期,40—42页]

303. 中外大事记:其一、中国之部:吴军消息:吴佩孚反攻计划。《兴华》,1926年[第23卷,第42期,42页]

304. 中外大事记:其一、中国之部:吴军消息:吴佩孚反对十三公使言和。《兴华》,1926年[第23卷,第42期,42页]

305. 中外大事记:其一、中国之部:吴冯二军近讯:吴佩孚下野之趋势。《兴华》,1926年[第23卷,第46期,43页]

306. 中外大事记:其一、中国之部:吴冯二军近讯:吴佩孚援陕内幕。《兴华》,1926年[第23卷,第46期,45页]

307. 中外大事记:奉张与洛吴:吴佩孚通电明心。《兴华》,1926年[第23卷,第48期,48—49页]

308. 中外大事记:其一、中国之部:奉吴军近况:吴佩孚致张作霖电:吴佩孚九日电张作霖,吾弟就安国总司令职……《兴华》,1926年[第23卷,第49期,43页]

309. 中外大事记:其一、中国之部:奉吴军近况:张作霖致吴佩孚电:最近张作霖电吴佩孚……《兴华》,1926年[第23卷,第49期,43页]

310. 卷土重来之吴佩孚[照片]。《国闻周报》,1926年[第3卷,第6期,封1页]

311. 民国十三年秦皇岛督师败退时之吴佩孚[照片]。《国闻周报》,1926年[第3卷,第6期,1页]

312. 吴佩孚今日之目的地:洛阳练兵场之一瞥[照片]。《国闻

周报》,1926年[第3卷,第6期,1页]

313. 友欤仇欤:吴佩孚、岳维峻[照片]。《国闻周报》,1926年[第3卷,第6期,1页]

314. 时评:吴佩孚之失败。谢明霄,《国闻周报》,1926年[第3卷,第7期,5页]

315. 各方面之时局形势与人物(上):吴佩孚部下策士之一:张志潭[照片]。《国闻周报》,1926年[第3卷,第7期,6页]

316. 国内外一周间大事纪(自四月十四日至二十一日):(二)国内之部:长江各省:吴佩孚将北上.鄂局无问题……公展,《国闻周报》,1926年[第3卷,第15期,25页]

317. 国内外一周间大事纪(自四月十四日至二十一日):(二)国内之部:沪案交涉:奉吴佩孚命收编军队之杨清臣[照片]。《国闻周报》,1926年[第3卷,第15期,25页]

318. 滞留汉口之吴佩孚:汉口徐家棚琴园[照片]。《国闻周报》,1926年[第3卷,第18期,1页]

319. 滞留汉口之吴佩孚:三月初七日吴佩孚在汉口查家墩做寿时摄影[照片]。《国闻周报》,1926年[第3卷,第18期,1页]

320. 国内外一周间大事纪(自五月二十七日至六月二日):(二):国内之部:川陕局面:吴佩孚所任之川督办邓锡侯[照片]。《国闻周报》,1926年[第3卷,第21期,22页]

321. 国内外一周间大事纪(自六月十日至十六日):(二)国内之部:西北军事:吴佩孚委任之讨贼三军总司令阎治堂[照片]。《国闻周报》,1926年[第3卷,第23期,22页]

322. 国内外一周间大事纪(自六月十日至十六日):(二)国内之部:西北军事:吴佩孚战兴甚豪……(附照片)。公展,《国闻周报》,1926年[第3卷,第23期,22—23页]

323. 国内外一周间大事纪(自六月十七日至二十三日):(二)国内之部:湘省战事:吴佩孚加派之援湘第四路司令董政国[照

片]。《国闻周报》,1926年[第3卷,第24期,25页]

324.国内外一周间大事纪(自六月二十四日至三十日):(二)国内之部:湘省大局:吴佩孚所住之保定光园[照片]。《国闻周报》,1926年[第3卷,第25期,25页]

325.国内外一周间大事纪(自六月二十四日至三十日):(二)国内之部:湘省大局:吴佩孚以湘省叶开鑫之兵力……(附照片)。公展,《国闻周报》,1926年[第3卷,第25期,25—26页]

326.国内外一周间大事记(自七月八日至十四日):(二)国内之部:沪廨交涉:吴佩孚到京(经过中华门前)[照片]。《国闻周报》,1926年[第3卷,第27期,18页]

327.国内外一周间大事记(自七月八日至十四日):(二)国内之部:东南大局:吴佩孚委任之湘鄂边防总司令李倬章[照片]。《国闻周报》,1926年[第3卷,第27期,20页]

328.国内外一周间大事纪(自八月十九日至二十五日):(二)国内之部:西北战事:吴佩孚幕僚之一:白坚武[照片]。《国闻周报》,1926年[第3卷,第33期,22页]

329.国内外一周间大事纪(十一月十九日至二十五日):奉鲁南援:崛强不屈之吴佩孚[照片]。《国闻周报》,1926年[第3卷,第46期,1页]

330.时事:吴佩孚张宗昌李景林联合之经过,各为切身利害问题。《真光》,1926年[第24卷,第11—12期,127—128页]

331.时事:中央党部之重要训令:令各地速组织国民会议促成会,打倒奉系及吴佩孚万恶之军阀。《真光》,1926年[第25卷,第2期,86—87页]

332.时事:上海南京各团体致国民政府电:请速出兵声讨吴佩孚。《真光》,1926年[第25卷,第2期,94页]

333.时事(四月份):京局剧变中吴佩孚之态度:吴对鹿钟麟不承认和议。《真光》,1926年[第25卷,第4—6期,196—197页]

334. 轶闻：吴佩孚与张天师。《真光》，1926 年［第 25 卷，第 4—6 期，155—157 页］

335. 时事（四月份）：国民军联直之真相谭：吴佩孚决不反奉、国民军退后之北京治安问题：吴炳湘接收警权。《真光》，1926 年［第 25 卷，第 4—6 期，202—204 页］

336. 时事（四月份）：时局急转中之吴佩孚：拒绝国民军之坚决。《真光》，1926 年［第 25 卷，第 4/5/6 期，204 页］

337. 时事（七八两月份）：北京：吴佩孚之时局主张。《真光》，1926 年［第 25 卷，第 7—8 期，140 页］

338. 时事（七八两月份）：西南：吴佩孚南下后之战局：吴赵赴前线督战。《真光》，1926 年［第 25 卷，第 7/8 期，156—157 页］

339. 时事（自九月一日至十月十五日）：豫鄂形势：吴佩孚退守郑州之原因，靳云鹗欲其交出兵权。《真光》，1926 年［第 25 卷，第 9—10 期，144—145 页］

340. 时事（自十月十五日至十一月十五日）：豫鄂现状：吴佩孚反攻声中之兵力，名为十师以上。《真光》，1926 年［第 25 卷，第 11 期，89—90 页］

341. 时事（自十一月十六至十二月五日）：东北风云：张作霖与吴佩孚。《真光》，1926 年［第 25 卷，第 12 期，82 页］

342. 时事（自十一月十六至十二月五日）：豫鄂现状：吴佩孚态度不变，不放弃中原亦不欲赴津。《真光》，1926 年［第 25 卷，第 12 期，83 页］

343. 时事（自十一月十六至十二月五日）：豫鄂现状：吴佩孚处境渐险恶。《真光》，1926 年［第 25 卷，第 12 期，83 页］

344. 吴佩孚再超后的湖北（武昌通信十二月二十九日）。日知，《向导》，1926 年［第 141 期，3—4 页］

345. 再起后的吴佩孚（十二月二十九日武昌通信）。日知，《向导》，1926 年［第 142 期，9—10 页］

346. 民众应急起向吴佩孚下总攻击：国包军之存亡与中国民族解放运动之关系。述之、郁,《向导》,1926年[第144期,1—5页]

347. 中国共产党中国共产主义青年团为吴佩孚联奉进攻国民军事告全国民众。郁,《向导》,1926年[第145期,1页]

348. 吴佩孚侵豫声中之河南（开封通信二月四日）。雷音,《向导》,1926年[第145期,12—13页]

349. 寸铁：张作霖吴佩孚的假慈悲。实,《向导》,1926年[第153期,11—12页]

350. 寸铁：吴佩孚已是事实上的大总统。实,《向导》,1926年[第154期,13页]

351. 河南红枪会被吴佩孚军队屠杀之惨状（五月二十五日河南通信）。潇湘,《向导》,1926年[第158期,10—11页]

352. 寸铁：吴佩孚与国会。实,《向导》,1926年[第161期,8页]

353. 讨赤领袖吴佩孚铁蹄下的河南人民（十一月十三日开封通信）。守愚,《向导》,1926年[第179期,12—14页]

354. 国内要闻：鄂豫两省战讯：汉口通信,吴佩孚以讨贼联军……《寰球中国学生会周刊》,1926年[第233期,2页]

355. 国内要闻：吴佩孚电告占领开封。《寰球中国学生会周刊》,1926年[第234期,0—1页]

356. 国内外要闻：吴佩孚力拥颜阁。《寰球中国学生会周刊》,1926年[第245期,1页]

357. 一周间要闻：吴佩孚北上消息。《寰球中国学生会周刊》,1926年[第246期,1页]

358. 新闻：最近军政要闻：据近来各报纸登载吴佩孚攻打西北军……《农民》,1926年[第2卷,第17期,2页]

359. 最近军政新闻：（3）张作霖和吴佩孚不准结成好朋友。

《农民》,1926年[第2卷,第35期,1页]

360.时评:吴佩孚之失败。谢星朗,《清华周刊》,1926年[第25卷,第1期,3—4页]

361.吴玉帅的卷土重来。张锐,《清华周刊》,1926年[第25卷,第8期,463—465页]

362.中华民国之三大军阀:吴佩孚与其部下之军官[照片]。《良友》,1926年[第7期,10页]

363.中华民国之三大军阀:吴佩孚之兵[照片]。《良友》,1926年[第7期,10页]

364.武汉鉴战之双雄:南征之吴佩孚[照片]。菱赠花,《良友》,1926年[第8期,7页]

365.论说:吴佩孚与靳云鹗忽难忽合之表里观。张少游,《青年镜》,1926年[第47期,33—34页]

366.时评:吴佩孚之收场与全民革命之必要。易君,《醒狮》,1926年[第102期,0—1页]

367.短评:陈独秀拜会吴佩孚。孤奋,《独立青年》,1926年[第1卷,第1期,100—101页]

368.时事短评:吴佩孚遵"法"。天风,《独立青年》,1926年[第1卷,第2期,82—83页]

369.国内要闻:汉口:吴佩孚对于恢复法统之观望。《大同》,1926年[第1卷,第3期,19—21页]

370.国内要闻:汉口:吴佩孚对豫用兵之经过。《大同》,1926年[第1卷,第4期,11—12页]

371.国内要闻:汉口:吴佩孚通电讨冯。《大同》,1926年[第1卷,第5期,13—14页]

372.国内要闻:汉口:吴佩孚宴英委员吴佩孚廿九日宴英国庚欵……《大同》,1926年[第1卷,第12期,17页]

373.国内要闻:汉口:吴佩孚之征南布置。《大同》,1926年

[第 1 卷,第 16 期,13 页]

374.国内要闻:汉口:俄使者谒吴佩孚。《大同》,1926 年[第 1 卷,第 17 期,14 页]

375.时评二:忠告吴佩孚。亚威,《大同》,1926 年[第 1 卷,第 17 期,24—25 页]

376.时评一:吴佩孚听者。亚威,《大同》,1926 年[第 1 卷,第 18 期,7 页]

377.时事短评:靳云鹗与吴佩孚。赣,《新社会》,1926 年[第 2 期,1 页]

378.时评:莫放过了张作霖和吴佩孚。师愚,《醒狮》,1926 年[第 81 期,0 页]

379.政治报告:国内情形:北方政局:自吴佩孚张作霖闹什废"宪法"问题后……敬之,《潮潮》,1926 年[第 1 期,18 页]

380.新闻摘要(八月四日至八月十日):八月四日:吴佩孚因湘事紧急内部又迭起变化自知难以久持……《潮潮》,1926 年[第 4 期,17 页]

381.日暮途穷的吴佩孚。甲伯纯,《潮潮》,1926 年[第 6 期,11—13 页]

382.短评:管他(吴佩孚)的死活呢! 天心,《潮潮》,1926 年[第 7 期,10 页]

383.短评:吴佩孚之末日。瑛石,《潮潮》,1926 年[第 8 期,10—11 页]

384.萝蝶庐人物志:吴佩孚、唐继尧。《丙寅杂志》,1926 年[第 2 期,89—94 页]

385.征求大会职员玉照:名誉会长吴佩孚君[照片]。《道路月刊》,1926 年[第 17 卷,第 3 期,9 页]

386.读者之声:吴佩孚治下的湖北的两大问题。薛超民,《独立青年》,1926 年[第 1 卷,第 5 期,116—119 页]

387. 短评:吴佩孚的护宪与张作霖的护法。孤奋,《独立青年》,1926年[第1卷,第7期,82页]

388. 中外新闻:鄂东蕲黄间之激战:吴佩孚部进攻麻黄。《通问报:耶稣教家庭新闻》,1926年[第1224期,11页]

389. 西北将领回应岳维峻:声讨吴佩孚并列举三大罪状。《西北汇刊》,1926年[第2卷,第8期,25—27页]

390. 国内大事记:二月六日,吴佩孚侵豫失利……岩啸,《西北汇刊》,1926年[第2卷,第8期,32—33页]

391. 国闻:豫鄂战事:自豫军攻鲁败挫,吴佩孚张作霖间互派信使……《圣公会报》,1926年[第19卷,第4—5期,24—25页]

392. 各省财政近讯:湖北:吴佩孚总部用欸。《银行月刊》,1926年[第6卷,第4期,120页]

393. 各省财政近讯:湖北:吴佩孚以盐税作抵向汉商借二百五十万元……《银行月刊》,1926年[第6卷,第9期,104页]

394. 世界要闻:中国之部(民国十五年八月八日至九月):吴佩孚电报告战况、催各路乘时进攻……(附照片)。《时兆月报》,1926年[第21卷,第10期,4—6页]

395. 世界要闻(民国十五年九月十日至十月十一日录新闻报):国内要讯:吴佩孚确退往孝感、闻孝感花园间八九两日有战事……《时兆月报》,1926年[第21卷,第11期,4—6页]

396. 时评:关税会议之前因后果的观察:日英各强之暗斗,奉直国内乱之主因。吴佩孚办得到关税自主吗?自主在全民革命成功以后。师愚,琳《醒狮》,1926年[第91期,0页]

397. 虱馋小谈:吴子玉之行辕。赵眠云,《紫罗兰》,1926年[第1卷,第21期,2—3页]

398. 函电:致徐君固卿函:敬启者,昨阅报载吴子玉将军……《道路月刊》,1926年[第17卷,第2期,100页]

399. 函电:致名誉会长吴子玉函:敬启者,昨阅报载,执事主张

以庚款建筑川汉粤汉两路……《道路月刊》,1926年[第17卷,第2期,100页]

400.中外新闻:张宗昌就安国军副司令职,关于吴子玉位置议定两条办法。《通问报:耶稣教家庭新闻》,1926年[第1229期,11页]

401.会务纪载:公牍:(A)电报:致吴玉帅、靳督办兰封军用款请公派勿专责粤帮电(三月十二日)。《上海总商会月报》,1926年[第6卷,第4期,4页]

1927 年

402.中外大事记:其一、中国之部:豫西战局:吴佩孚又免靳云鹗职。《兴华》,1927年[第24卷,第2期,50页]

403.中外大事记:其一、中国之部:豫西战局:吴佩孚近日之生活。《兴华》,1927年[第24卷,第2期,50页]

404.中外大事记:其一、中国之部:豫省战事:吴佩孚罢免靳云鹗。《兴华》,1927年[第24卷,第3期,45页]

405.中外大事记:其一、中国之部:豫南风云:吴佩孚讨伐靳云鹗。《兴华》,1927年[第24卷,第5期,40—41页]

406.中外大事记:其一、中国之部:豫南风云:河南纠纷之内幕:高汝桐与寇为难,田维勤回汝观望,吴佩孚改委豫长,林肇煌免职原因。《兴华》,1927年[第24卷,第5期,41—42页]

407.中外大事记:其一、中国之部:奉军大举南下:张作霖电告吴佩孚。《兴华》,1927年[第24卷,第6期,39页]

408.中外大事记:其一、中国之部:河南紧急:奉方主张吴佩孚出洋。《兴华》,1927年[第24卷,第7期,39—40页]

409.中外大事记:其一、中国之部:豫局纷扰:吴佩孚近状。《兴华》,1927年[第24卷,第8期,44—45页]

410.中外大事记:其一、中国之部:河南战讯:吴佩孚困于登

封:因红枪会多不敢前进。《兴华》,1927年[第24卷,第20期,43—44页]

411. 中外大事记:其一、中国之部:各省近事:嵩山道上之吴佩孚。《兴华》,1927年[第24卷,第21期,41—42页]

412. 中外大事记:其一、中国之部:直豫近事:日暮途穷之吴佩孚。《兴华》,1927年[第24卷,第29期,42—43页]

413. 中外大事记:其一、中国之部:末路军阀:于学忠谈吴佩孚入川经过:吴将削发为僧,张其锽确已死,于学忠返蓬莱原籍。《兴华》,1927年[第24卷,第30期,47—48页]

414. 中外大事记:其一、中国之部:末路军阀:吴佩孚现居万县:郑州败走历尽艰险,蜀道崎岖卒抵夔万。《兴华》,1927年[第24卷,第30期,48页]

415. 中外大事记:吴佩孚近状:上海廉价拍卖吴佩孚珍物。《兴华》,1927年[第24卷,第34期,47—48页]

416. 中外大事记:吴佩孚近状:吴佩孚现居白帝城:刘湘电请杨森驱吴出川。《兴华》,1927年[第24卷,第34期,44—47页]

417. 中外大事记:上海近事:法捕厉封锁售剩吴佩孚珍物。《兴华》,1927年[第24卷,第35期,45页]

418. 中外大事记:噪声:吴佩孚在川近状。《兴华》,1927年[第24卷,第35期,46—47页]

419. 中外大事记:国府要闻:国府通缉吴佩孚:令四川将领一体严缉。《兴华》,1927年[第24卷,第39期,43页]

420. 中外大事记:招商局之厄运:吴佩孚困守白帝城。《兴华》,1927年[第24卷,第41期,46—47页]

421. 一周间国内外大事述评(从十二月三十一日至一月六日):军事与财政:吴佩孚之前途如何?[照片]《国闻周报》,1927年[第4卷,第2期,2页]

422. 一周间国内外大事述评(自二月十八日起至廿四日止):

豫局紧张:进退维谷之吴佩孚[照片]。《国闻周报》,1927年[第4卷,第7期,6页]

423.时事(自十二月六日至十二月三十一日):中州现状:八方风雨会中州:吴佩孚部将瓦解,西北军进迫陕州,阎锡山婉拒援陕,樊钟秀拆断铁道。《真光》,1927年[第26卷,第1期,93页]

424.时事(自十二月六日至十二月三十一日):中州现状:吴佩孚派定援陕各司令。《真光》,1927年[第26卷,第1期,93页]

425.时事(自十二月六日至十二月三十一日):中州现状:吴佩孚还不下野。《真光》,1927年[第26卷,第1期,93页]

426.时事(自十二月六日至十二月三十一日):中州现状:吴佩孚再免靳云鹗:靳部有四师三旅,吴已迫靳军缴械。《真光》,1927年[第26卷,第1期,93—94页]

427.时事(一月间):中州现状:吴佩孚发表援赣令:委任司令及旅长,皖事并无变化。《真光》,1927年[第26卷,第2期,90页]

428.时事(自二月一日至三月十五日):中州现状:张作霖电吴佩孚。《真光》,1927年[第26卷,第3期,86—87页]

429.时事(自二月一日至三月十五日):中州现状:吴佩孚覆张作霖电。《真光》,1927年[第26卷,第3期,87页]

430.时事(自二月一日至三月十五日):中州现状:吴佩孚投党军?《真光》,1927年[第26卷,第3期,89页]

431.时事(自三月十六日至四月三十日):时事纪要:吴佩孚之行踪。《真光》,1927年[第26卷,第4期,82页]

432.以重值购吴佩孚夫人之裙之欧妇。《真光》,1927年[第26卷,第6期,4页]

433.时事(自五月二十五日至十月十日):噪声:困居白帝城之吴佩孚。《真光》,1927年[第26卷,第7—9期,178—179页]

434.时事(自十月十日至十一月十日):各地噪声:吴佩孚也赞成三民主义。《真光》,1927年[第26卷,第10期,94页]

435. 寸铁:全部党军都能够接受张作霖吴佩孚的提议吗？实,《向导》,1927年[第191期,6页]

436. 新闻:最近新闻:吴佩孚的情况。《农民》,1927年[第3卷,第3期,1—2页]

437. 新闻:最近新闻(三月廿六至四月五日):奉军迎吴佩孚。《农民》,1927年[第3卷,第5期,2页]

438. 新闻:最近新闻:吴佩孚野心不死。《农民》,1927年[第3卷,第7期,3页]

439. 新闻:国内新闻:吴佩孚做和尚。《农民》,1927年[第3卷,第14期,3页]

440. 新闻:国内新闻:吴佩孚逃走南漳。《农民》,1927年[第3卷,第16期,2页]

441. 新闻:国内新闻:吴佩孚现在万县。《农民》,1927年[第3卷,第17期,3页]

442. 新闻:国内要闻:川将领拥戴吴佩孚。《农民》,1927年[第3卷,第18期,3—4页]

443. 新闻:国内要闻:吴佩孚心还未死。《农民》,1927年[第3卷,第21期,2页]

444. 摘藻扬芬:第一门:登岳阳楼赋呈子玉将军(吴佩孚)[诗词]。逸名氏,《辽东诗坛》,1927年[第24期,3—4页]

445. 唐继尧的死和吴佩孚的做和尚(剑芒之三)。越,《青白》,1927年[第1卷,第3期,22页]

446. 杂诗四首:题吴佩孚下野。郭武《黄埔生活》,1927年[第10期,31页]

447. 时评:吴佩孚请奉军入甘。重,《新北方周刊》,1927年[第1卷,第2期,7—8页]

448. 时评:进退维艰之吴佩孚。心洁,《新北方周刊》,1927年[第1卷,第3期,9—11页]

449. 吴佩孚杨森两夫人订金兰盟。《坦途》,1927年[第2期,14页]

450. 名造评案:吴佩孚命造评。观瀑,《新命:命学苑苑刊》,1927年[第1期,57—59页]

451. 中外新闻:靳云鹗军公然反吴:靳就保国军总司令,吴佩孚请奉军入豫。《通问报:耶稣教家庭新闻》,1927年[第1236期,19页]

452. 中外新闻:吴佩孚与刘玉春:吴抵巫山,刘已释放。《通问报:耶稣教家庭新闻》,1927年[第1261期,11页]

453. 银行界消息汇志:吴佩孚又组兴业银行。《银行周报》,1927年[第11卷,第4期,51页]

454. 世界要闻:国内消息(十二月八日至一月八日):吴佩孚在郑州召集军事会议……《时兆月报》,1927年[第22卷,第2期,4—6页]

455. 吴子玉战败后之诗。鹤朋,《兴华》,1927年[第24卷,第13期,18页]

456. 儿女情长英雄气短之吴子玉。础石,《国闻周报》,1927年[第4卷,第41期,1页]

457. 吴子玉最近之两封信:一书焚寄冥中与张其锽,一书派代表与豫鄂沿边土匪。肖石,《真光》,1927年[第26卷,第6期,4页]

458. 吴子玉在万县西山放歌。《真光》,1927年[第26卷,第6期,6页]

459. 名人轶事:杨森之愚弄吴子玉。赵眠云,《联益之友》,1927年[第61期,1页]

460. 名人轶事:吴子玉戒酒。赵眠云,《联益之友》,1927年[第62期,1页]

1928 年

461. 吴佩孚之入蜀诗:[诗歌]。荆梦蝶《兴华》,1928 年[第25卷,第1期,21页]

462. 中外大事记:四川近事:吴佩孚野心不死:利用杨森实力,英国助吴军械。《兴华》,1928 年[第25卷,第7期,43—44页]

463. 中外大事记:各省要闻:吴佩孚在川之行踪。《兴华》,1928 年[第25卷,第10期,46—47页]

464. 中外大事记:名人新讯:吴佩孚入藏为僧讯。《兴华》,1928 年[第25卷,第11期,47页]

465. 吴佩孚之行踪(开江被杀说不确)。《兴华》,1928 年[第25卷,第31期,51页]

466. 中外大事记:噪声:吴佩孚访谒二百五十岁之老翁。《兴华》,1928 年[第25卷,第44期,45—46页]

467. 一周间国内外大事述评(自一月六日至十二日止):宁府罢免杨森:累及杨森之吴佩孚[照片]。《国闻周报》,1928 年[第5卷,第3期,4页]

468. 时事(自二月一日至三月十日):国内要闻:吴佩孚学佛、伍孙胡被刺未中。《真光杂志》,1928 年[第27卷,第2—3期,152页]

469. 时事(自五月十六日至六月八日):国内:吴佩孚杨森在川之行踪。《真光杂志》,1928 年[第27卷,第6期,93页]

470. 时事(自十月十四日至十一月十一日):国内:吴佩孚也谈三民主义,《真光杂志》,1928 年[第27卷,第11期,93页]

471. 吴佩孚到大竹。《坦途》,1928 年[第8期,22页]

472. 中外新闻:吴佩孚潜谋活动。《通问报:耶稣教家庭新闻》,1928 年[第1299期,16页]

473. 昔日军阀如今安在:吴佩孚[照片]。《今代妇女》,1928 年[第4期,27页]

474. 提防着要蹈吴佩孚陈炯明的覆辙？伟,《新评论》,1928年[第6期,19—22页]

475. 狂话:慨自吴佩孚董事东方大学以来……狂翁,《晓光》,1928年[第14期,22页]

476. 图中跪一人,常见于湖州之街市间,据其自言,前误认吴佩孚为救国之军人……[照片]。孙大德(摄),《卷筒纸画报》,1928年[第3卷,第145期,5页]

477. 令:江西省政府令:文字第一三三号(中华民国十七年一月十一日):令各厅厅长、县县长、市市长:奉国民政府令为吴佩孚殃民祸国仰饬属严缉由。朱培德,《江西省政府公报》,1928年[第15期,3页]

478. 吴子玉祭张雨亭文。杨圻(代撰),《辽东诗坛》,1928年[第37期,32—36页]

479. 名人轶事:吴子玉末路之吟。赵眠云,《联益之友》,1928年[第86期,1页]

480. 游戏文章:与吴子玉书(集古文句)。顾明道,《联益之友》,1928年[第66期,2页]

1929年

481. 国内外一周间大事纪(由三月十二日至三月十八日):(二)国内之部:湘鄂近状:吴佩孚抵岳后……《国闻周报》,1929年[第6卷,第37期,1页]

482. 时事(自十一月十二日至十二月十二日):国内:川乱中之吴佩孚:声明不作政治活动。《真光杂志》,1929年[第28卷,第1期,91—92页]

483. 见闻志要:杂志:吴佩孚复出说甚炽……《公教周刊》,1929年[第22期,11页]

484. 见闻志要:要人:吴佩孚……《公教周刊》,1929年[第25

期,10页]

485.见闻志要:最后消息:吴佩孚乘机活动。《公教周刊》,1929年[第27期,15页]

1930年

486.中外大事记:要人与战局:川局急变中之吴佩孚:吴佩孚久蛰思动。《兴华》,1930年[第27卷,第17期,43页]

487.吴佩孚初春即事诗:[诗词]。《兴华》,1930年[第27卷,第20期,40页]

488.中外大事记:战局:吴佩孚出川被阻。《兴华》,1930年[第27卷,第26期,44页]

489.吴佩孚给刘存厚的诗。《兴华》,1930年[第27卷,第38期,21页]

490.吴佩孚挽谭院长联。《兴华》,1930年[第27卷,第47期,47页]

491.卷土重来之吴佩孚[照片]。《国闻周报》,1926年[第3卷,第6期,封1页]

492.一周间国内外大事述评(自十九年四月十八日起至十九年四月廿四日止):国内:时局似又近一步:吴佩孚之在川近况(附照片)。《国闻周报》,1930年[第7卷,第16期,3—4页]

493.一周间国内外大事述评(自十九年四月十八日起至十九年四月廿四日止):国内:时局似又近一步:吴佩孚之在川近况:百无聊赖之吴佩孚[照片]。《国闻周报》,1930年[第7卷,第16期,4页]

494.一周间国内外大事述评(自十九年五月九日起至十九年五月十五日止):国内:中原大战开始:吴佩孚亦跃跃欲试。《国闻周报》,1930年[第7卷,第19期,3页]

495.见闻志要:阎冯方面?吴佩孚回应。《公教周刊》,1930年

[第49期,13页]

496.见闻志要:要闻一束:吴佩孚设办事处。《公教周刊》,1930年[第50期,14页]

497.时事见闻:大战声中:吴佩孚死灰复燃。《公教周刊》,1930年[第51期,14页]

498.时事见闻:战声与和声:吴佩孚北上决心。《公教周刊》,1930年[第58期,12页]

499.时事见闻:注意:吴佩孚,张宗昌,张发奎:蛰伏川中之吴佩孚……《公教周刊》,1930年[第73期,12页]

500.时事见闻:杂录:出川未遂吴佩孚。刘郁樱,《公教周刊》,1930年[第73期,14页]

501.中外风土纪:吴佩孚轶事。南,《游历》,1930年[第3期,1页]

502.吴子玉氏近作:中秋月下即席口占、重阳文山登高口占:[诗词二首]。《兴华》,1930年[第27卷,第50期,28页]

503.时人小乘:吴子玉之近况。江帆,《联益之友》,1930年[第144期,2页]

504.时人小乘:吴子玉之消极态度。赵眠云,《联益之友》,1930年[第151期,0页]

505.名人轶事:王士珍遗吴佩孚书。赵眠云,《联益之友》,1930年[第160期,0—1页]

1931年

506.一周大事:国内:过去人物:吴佩孚拟出国:中央拟资助旅费十万元。《兴华》,1931年[第28卷,第11期,44—45页]

507.一周大事:国内:要人消息:吴佩孚在川游览。《兴华》,1931年[第28卷,第30期,40—41页]

508.一周大事:国内:要人:杜锡珪将赴汉迎迓吴佩孚。《兴

华》,1931年[第28卷,第31期,47—48页]

509.一周大事:国内:要人:吴佩孚之行止:将由成都东下,准备卜居庐山。《兴华》,1931年[第28卷,第31期,48页]

510.一周大事:国内:中央近讯:吴佩孚愿任驱策。《兴华》,1931年[第28卷,第39期,38页]

511.一周大事:国内:要人小志:吴佩孚行抵狄道:电劝甘将领息争。《兴华》,1931年[第28卷,第44期,43—44页]

512.谈薮:吴佩孚琐事。《真光杂志》,1931年[第30卷,第4期,83页]。

513.时事:吴佩孚在川游览山水。《真光杂志》,1931年[第30卷,第7期,96—97页]

514.时事见闻:吴佩孚之近况:行辕已抵陕南镇巴鱼肚坝。《公教周刊》,1931年[第94期,15页]

515.时事见闻:收拾川局借重此公:吴佩孚起用说。《公教周刊》,1931年[第95期,14页]

516.天上人间:吴佩孚之四不与林文庆之三管:一个上将军,一个大校长。《公教周刊》,1931年[第98期,10—11页]

517.时事见闻:吴佩孚行将出国:阎锡山定下月东渡。《公教周刊》,1931年[第102期,13页]

518.时事见闻:吴佩孚动身来京。《公教周刊》,1931年[第107期,13—14页]

519.时事见闻:要人要事:吴佩孚经到成都。《公教周刊》,1931年[第117期,14—15页]

520.时事要闻:吴佩孚自谓不自误误国。《蒙古旬刊》,1931年[第15期,15页]

521.吴佩孚出山。启麟,《东方评论》,1931年[第1卷,第5期,79页]

522.反对起用吴佩孚。敏书,《奋斗》,1931年[第5期,10—12

523. 时事述评：吴佩孚出山乎？布五,《奋斗》,1931年[第5期,1—2页］

524. 西北五省将领请起用吴佩孚。剑,《火线》,1931年[创刊号,2—3页］

525. 最近大事述评：吴佩孚将入京。铁僧,《认识》,1931年[第10期,6页］

526. 大众谈话：川乱与吴佩孚。青冰,《联益之友》,1931年[第182期,1页］

527. 中外东西：吴佩孚与国家主义派。智考,《时时周报》,1931年[第2卷,第35期,8—11页］

528. 吴佩孚拟出国：中央拟资助旅费十万元。《学校评论》,1931年[第1卷,第3期,45页］

529. 时事撮要（自十二月十日至十六日）：甘局底定吴佩孚逃邵力子任甘省主席。《民众周刊（济南）》,1931年[第3卷,第21期,11页］

530. 杂录（接七月份第一册第四十八页）：吴佩孚之行踪（七月廿六日新闻报）。《观海》,1931年[第2期,51页］

531. 杂录（接八月份第二册第五十二页）：吴佩孚之行止,将由成都东下,准备卜居庐山（八月十四日新闻报）。《观海》,1931年[第3期,58页］

532. 陆海空军（接十一月份第五册第七十四页）：吴佩孚调停甘乱提出四条件（十一月八日九江报）。《观海》,1931年[第6期,79页］

533. 编辑者言：迷信武力的吴佩孚氏,在失败潦倒之余,近来盛传他将要出洋,害得一班赞成"不出洋"、"不住租界"的朋友,跺脚大跳,似乎吴氏快将失节。绿芙,《民众生活》,1931年[第1卷,第31期,1页］

534. 和吴子玉扬子江韵［诗词］。廖焕章,《新医药观》,1931年［第3卷,第6期,21页］

1932 年

535. 吴佩孚歌以寄愤。《国闻周报》,1932年［第9卷,第8期,20页］

536. 厦潮简报(一月十二日至一月十五日):吴佩孚驻粤代表吴森……十四晨,《公教周刊》,1932年［第144期,14页］

537. 天上人间:吴佩孚武术演讲。雪芳,《公教周刊》,1932年［第164期,12—13页］

538. 吴佩孚拒见阪西通电请讨溥仪:倡叛者在所必惩,劫降者情有可悯。《战地摄影》,1932年［第1期,21页］

539. 子不语:吴佩孚的名教救国论。怪力,《论语》,1932年［第1期,33—35页］

540. 月旦精华:吴佩孚大谈耶稣(十二月八日上海日报)。苏生,《论语》,1932年［第7期,31页］

541. 反对吴佩孚也就是反动。《四川旅沪同乡会会刊》,1932年［第1期,119—121页］

542. 述评五则:吴佩孚脑筋里的东西。《桂潮》,1932年［第4期,112—114页］

543. 中外要闻:吴佩孚赴万寿山避寿。《通问报:耶稣教家庭新闻》,1932年［第1485期,8页］

544. 校闻:燕清两校代表将谒吴佩孚:力请收回失地。《燕大周刊》,1932年［3B,5页］

545. 时事撮要(自一月五日起至十二日止):吴佩孚将到北平。《民众周刊(济南)》,1932年［第4卷,第2期,11页］

546. 东南西北(时事碎片):四川抵北平之吴佩孚最近五十九岁寿辰留影［照片］。《良友》,1932年［第66期,11页］

547. 全国猎影记之三:各地名人访问:吴佩孚氏之最近摄影及其手题诗章[照片]。《良友》,1932年[第72期,34页]

548. 陆海空军(接十二月份第六册第八二页):甘局纠纷难解,吴佩孚江防军抵天水,驻军奉令阻吴师过境(十二月六日新闻报)。《剪报》,1932年[第7期,85页]

549. 陆海空军(接十二月份第六册第八二页):杨虎城部入兰州,吴佩孚逃乡下(十二月十二日时事新报)。《剪报》,1932年[第7期,85—86页]

550. 杂录(接元月份第七册第一一三页):吴佩孚即抵临河,将在大同晒阁(一月十五日大公报)。《剪报》,1932年[第8期,118页]

551. 杂录(接二月份第八册第一二二页):吴佩孚讲儒家哲学(三月五日益世报)。《剪报》,1932年[第10期,124—125页]

552. 吴子玉将军题词(其图章为孙子涵氏所刻)。吴子玉,《湖社月刊》,1932年[第52期,4页]

1933年

553. 本周大事记:要人:黄郛为吴佩孚说项。《兴华》,1933年[第30卷,第33期,44—45页]

554. 吴佩孚自作生挽联语:得意时……[诗词]。《兴华》,1933年[第30卷,第37期,25页]

555. 本周大事记:名人近事:黄郛与吴佩孚。《兴华》,1933年[第30卷,第37期,38页]

556. 茶前:吴佩孚将军五十诞辰时……《兴华》,1933年[第30卷,第45期,24页]

557. 茶前:畴昔之吴佩孚,固一声威显赫之大将军也……(未完)。《兴华》,1933年[第30卷,第46期,18页]

558. 茶前:吴佩孚之战术(未完)。《兴华》,1933年[第30卷,

第47期,20页]

559. 荼前——吴佩孚之战术(4)狗子救护队。《兴华》,1933年[第30卷,第48期,23页]

560. 如此十年:吴佩孚与张作霖在北京相晤[照片]。《国闻周报》,1933年[第10卷,第3期,1页]

561. 如此十年:党军北伐中吴佩孚部众在汀泗桥失败后遗落之军火辎重[照片]。《国闻周报》,1933年[第10卷,第3期,1页]

562. 教闻:博士归来理当欢迎:吴佩孚赠"叔侄二铎"匾额一方。《公教周刊》,1933年[第234期,10—11页]

563. 新闻:吴佩孚之卫队。忠,《摄影画报》,1933年[第9卷,第6期,11页]

564. 吴佩孚变卖田产。《摄影画报》,1933年[第9卷,第42期,3页]

565. 雨花:替吴佩孚解嘲。徇遒,《论语》,1933年[第13期,27页]

566. 雨花:曹锟致吴佩孚之电报。胡徇遒,《论语》,1933年[第17期,37—38页]

567. 各方救国电讯汇志:忠告吴佩孚。《救国通讯》,1933年[第37期,657—658页]

568. 时事要闻(自一月十九日至三十一日):吴佩孚表明心迹。《救国通讯》,1933年[第38期,672页]

569. 丛录:通讯:吴佩孚先生来书:迳复者……《船山学报(长沙1915)》,1933年[第3期,3页]

570. 非镇静之时:吴佩孚大堪一用。石,《礼拜六》,1933年[第496期,5—6页]

571. 如是我闻(二则):吴佩孚的军事活动。《民主旬刊》,1933年[第21期,11页]

572. 社会情报:孙传芳吴佩孚近况:孙传芳与佩孚,在政治上

失败以来……冲津,《线路》,1933年[第31期,9—10页]

573.国难要闻(自五月六日至十九日):噪声一束:吴佩孚卫队遣散。《救国通讯》,1933年[第46期,836页]

574.言论:愿吴佩孚先生更进一步(今天又有"劝世文"问世,亦可标题为"读劝世文感言"十月廿八日加注)。补庵、薛,《广智馆星期报》,1933年[广字247,1—4页]

575.保安:二、关于取缔之件:训令各队饬属严查取缔吴佩孚卫队官兵资遣证文(中华民国二十二年六月三十日)(附表)。张骥,《水警季刊》,1933年[创刊号,131—132页]

576.吴子玉先生画梅[画图]。吴子玉,《湖社月刊》,1933年[第66期,14页]

577.近代史料:岑春煊之两封信(一)致吴子玉师长。《新社会》,1933年[第5卷,第3期,21—22页]

1934年

578.鸡公胜迹:(左中)平汉造林场,通避暑山庄,昔为吴子玉别墅[照片]。赵南煌(摄赠),《国闻周报》,1934年[第11卷,第36期,1页]

579.无中生有:吴佩孚出洋[照片]。《良友》,1934年[第95期,17页]

580.农林消息:农垦:吴佩孚在冀拟开垦盐荒:现正在计划中。《农林新报》,1934年[第11卷,第20期,11页]

581.记所欲记:吴佩孚拒绝日人煽惑。大虎,《礼拜六》,1934年[第541期,4页]

582.吴佩孚寿杨云史诗。秋水,《法治周报》,1934年[第2卷,第16期,38页]

583.特别趣闻:吴佩孚谈易逐客。《摄影画报》,1934年[第10卷,第30期,3页]

584. 吴佩孚等冬至日祀天祝文。淑,《法治周报》,1934年[第2卷,第1期,29—30页]

585. 吴佩孚拒就伪建国大将置。《摄影画报》,1934年[第10卷,第10期,4页]

586. 川河风景:北帝城,为川河风景之一,山巅洋房曾为吴佩孚失败时的住所:[照片]。张鉴尧君(赠),《关声》,1934年[第3卷,第6期,8页]

587. 吴子玉将军自挽。《兴华》,1934年[第31卷,第18期,36页]

588. 本周大事记:世界名人:吴子玉新着蚁斗论。《兴华》,1934年[第31卷,第30期,47—48页]

589. 吴子玉的穷途吟:蜀道难。冰,《骨鲠》,1934年[第48期,3页]

590. 诗录:简吴子玉:佩孚。王庆芝,《虞社》,1934年[第202期,35页]

1935 年

591. 华北问题—中日关系—未许乐观:一说:中日双方经谅解。河北不致再有新问题,一说:某方将拥吴佩孚。谣言甚识否认旧文章。《公教周刊》,1935年[第10期,5页]

592. 时谈:吴佩孚叩"天"八十一头。味增德,《公教周刊》,1935年[第300期,2—3页]

593. 民族英雄之丧:丁将军移葬在平展奠之日,吴佩孚(左)及江宇澄(左)两氏致祭在灵前留影[照片]。《良友》,1935年[第112期,10页]

594. 行军俱乐部:关于吴佩孚。曲江春,《四路军月刊》,1935年[第1卷,第3期,226—227页]

595. 新闻消息:吴佩孚等在平行祭天礼。《扬善半月刊》,1935

年[第2卷,第14期,13页]

596.陈炯明之丧:右旁挽联系吴佩孚赠[照片]。《时事旬报》,1935年[第31期,24页]

597.诗选:读吴佩孚将军所着循分新书。庄玉波,《虞社》,1935年[第216期,41页]

598.诗录:吴子玉以梅幅见寄诗以谢之。王庆芝,《虞社》,1935年[第213期,24页]

599.诗录:读吴子玉居士所着循分新书。庄玉坡,《虞社》,1935年[第215期,34页]

600.诗录:次洪毓庆词兄原玉寄呈吴子玉将军。庄樱痴,《虞社》,1935年[第217期,38页]

1936年

601.本周大事记:名人识小:吴佩孚亲书金刚经。《兴华》,1936年[第33卷,第4期,47页]

602.解颐录:吴佩孚题龙寄牢骚。《兴华》,1936年[第33卷,第26期,27页]

603.本周大事记:名人识小录:绑匪计绑吴佩孚夫人。《兴华》,1936年[第33卷,第31期,42—43页]

604.吴佩孚新有自挽联语载新闻报予因赓作两联以感伤其遇之不幸[诗词]。严霁青,《真光杂志》,1936年[第35卷,第3期,58页]

605.青年大路:吴佩孚少年时代的一页。孝鹄,《公教周刊》,1936年[第8卷,第6期,12页]

606.名人轶事:吴佩孚不爱牡丹。《公教周刊》,1936年[第8卷,第12期,13—14页]

607.各县新闻选录:歙县:让德传家:吴佩孚为祖祠题匾。《皖事汇报》,1936年[第4—5期,10—11页]

608.美术:吴佩孚行草[书法]。《风月画报》,1936年[第8卷,第39期,2页]

609.美术:吴佩孚画竹[画图]。吴佩孚,补桐轩主人(主编),《风月画报》,1936年[第8卷,第45期,2页]

610.美术:吴佩孚画竹[画图]。吴佩孚,补桐轩主人(主编),《风月画报》,1936年[第9卷,第25期,2页]

611.民国史料:(十六)吴佩孚事略(未完)。汪中,《国讯》,1936年[第133期,541页]

612.民国史料:(十六)吴佩孚事略(续上期)。汪中,《国讯》,1936年[第134期,564页]

613.民国史料:(十六)吴佩孚事略(续上期)。汪中,《国讯》,1936年[第135期,583页]

614.北方军阀拥兵两百余万之众不御外侮而事内争以平共党之口号以与广东人民政府决死战:前直鲁豫巡阅使吴佩孚[照片]。《留美学生月刊》,1936年[第1卷,第6期,12页]

615.美术:题吴子玉作画。补桐轩主人(主编),大方《风月画报》,1936年[第8卷,第39期,2页]

616.马虎斋琐谈:吴子玉书联自挽。鸽庵,《震亚月报》,1936年[第1卷,第4期,25—26页]

617.东南风(四集):孚威上将军近作。大华烈士(编订),今朔(寄),《逸经》,1936年[第4期,55页]

1937年

618.中外新闻:各省要闻:吴佩孚植碑戚继光祠。《兴华》,1937年[第34卷,第3期,39—40页]

619.附录:吴佩孚的:"醒世歌"。《天仙旅社特刊》,1937年[特刊,410—411页]

620.文艺:昭觉寺僧谈吴佩孚故事。《四川保安季刊》,1937年

[第3期,8页]

621.小消息:吴佩孚到底是好汉。《田家半月报》,1937年[第4卷,第23期,4页]

622.中日一句:吴佩孚英雄本色。大愿,《国讯》,1937年[第171期,385页]

623.一月来之康藏:甲、藏事:(三)安钦动态:吴佩孚等在平请安佛传法。《康藏前锋》,1937年[第4卷,第10期,43页]

1938年

624.函劝吴佩孚善保晚节。赵恒惕,《公教周刊》,1938年[第9卷,第46期,3—4页]

625.因吴佩孚而思曹锟。冬藏老人,《新阵地》,1938年[第28期,12—13页]

626.小消息:敌诱吴佩孚作汉奸。《田家半月报》,1938年[第5卷,第23期,5页]

627.现世动态:小小报道:吴佩孚避外使馆。《现世报》,1938年[第33期,4页]

628.旬日来国内时事:吴佩孚尚能重晚节。刘芳棣,《战干》,1938年[第11期,17页]

629.吴佩孚出山问题。陶百川,《血路》,1938年[第41期,封1页]

630.信不信由你:二.吴佩孚将出山耶。《血路》,1938年[第41期,662页]

631.信不信由你:三.吴佩孚不出山耶。《血路》,1938年[第41期,662页]

632.信不信由你:三.吴佩孚登场消息。《血路》,1938年[第42期,678页]

633.小章回:吴佩孚置棺明志,王克敏起身放砲。逸,《华美》,

1938年[第1卷,第36期,1页]

634. 时事一周:吴佩孚避居东交民巷(中英文对照)。Franklin C. T. Mei,《译丛:英文报章杂志的综合译刊》,1938年[第49期,22页]

635. 土肥原与吴子玉。平归,《天文台》,1938年[第216期,1页]

1939年

636. 吴佩孚之谜:蛰居故都之吴佩孚将军,吴将军最近曾派代表赴重庆向蒋委员长表示决不卖国求荣:[照片]。《良友》,1939年[第141期,16页]

637. 吴佩孚之谜(附照片)(中英文对照)。《良友》,1939年[第141期,16—17页]

638. 吴佩孚之谜:发誓永不托庇外人势力之吴佩孚将军,最近接见中外新闻记者,所谈内容,完全与日方代拟之谈话稿不同[照片]。《良友》,1939年[第141期,16—17页]

639. 吴佩孚之谜:吴佩孚发表谈话时,因内容与日方宣传者完全不同,出席人员均表惊异[照片]。《良友》,1939年[第141期,17页]

640. 吴佩孚之谜:外国新闻记者对于吴佩孚此次谈话,认为适足以证明连日报章所载和平运动……[照片]。《良友》,1939年[第141期,17页]

641. 民族正气:晚节可风的吴子玉将军(附照片)。《良友》,1939年[第149期,2页]

642. 吴佩孚论:吴佩孚答冈野亲笔函[照片]。《杂志》,1939年[第3卷,第6期,5页]

643. 吴佩孚论:吴佩孚[照片]。《杂志》,1939年[第3卷,第6期,5页]

644. 吴佩孚论:吴佩孚会见日记者图[照片]。《杂志》,1939年[第3卷,第6期,6页]

645. 小评:吴佩孚和汪精卫。叶山,《华美》,1939年[第2卷,第6期,5页]

646. 短评:吴佩孚果将献丑幺?叔,《民力周刊》,1939年[第2期,4页]

647. 抗战建国:吴佩孚氏下野后……《青年人(成都)》,1939年[复刊1第3期,15页]

648. 国内:吴佩孚有点危险了(四日)。希,《福建导报》,1939年[第1卷,第10期,1页]

649. 致吴佩孚的一封公开信。《血路》,1939年[第52期,836—837页]

650. 吴佩孚喜作韵语。《更生(上海1939)》,1939年[第3卷,第8期,16页]

651. 关于吴佩孚之通电。任莘如(译),《决胜》,1939年[第24期,13页]

652. 吴佩孚将军的生活。殷红,《民生(上海1939)》,1939年[创刊号,16页]

653. 关于吴佩孚周作人特辑:关于周吴。杜绍文,《战时中学生》,1939年[第1卷,第3期,58—59页]

654. 关于吴佩孚周作人特辑:我所知道的周作人先生。胡伦清《战时中学生》,1939年[第1卷,第3期,60—65页]

655. 关于吴佩孚周作人特辑:吴佩孚论(附照片)。拾荒者,《战时中学生》,1939年[第1卷,第3期,65—72页]

656. 关于吴佩孚周作人特辑:周作人和吴佩孚。李一飞,《战时中学生》,1939年[第1卷,第3期,72—73页]

657. 关于吴佩孚周作人特辑:关于周作人。农山,《战时中学生》,1939年[第1卷,第3期,73—77页]

658. 人物剪影:吴佩孚将军。巴林,《新中国》,1939年[第2卷,第3期,52—53页]

659. 吴佩孚将军轶事。党幽星,《总汇报每旬增刊》,1939年[第1卷,第4期,8—9页]

660. 从吴佩孚说起。莫邪,《学生生活》,1939年[第32期,13—14页]

661. 汪精卫与吴佩孚。曾今可,《抗战时代》,1939年[第1卷,第3期,25—26页]

662. 吴佩孚通电全国……[书法]。《自由谭》,1939年[第7期,26页]

663. 小消息:吴佩孚躲了。《田家半月报》,1939年[第6卷,第1期,4页]

664. 小消息:吴佩孚三气土肥原。《田家半月报》,1939年[第6卷,第5期,6页]

665. 吴佩孚将军骂贼![画图]。廷敏(作),《抗卫军画刊》,1939年[第1卷,第2期,5页]

666. 小大由之:吴佩孚备棺记。老王,《抗战新闻》,1939年[第1卷,第2期,52—53页]

667. 时人月旦:和平救国的先驱:举国景仰的"国粹良心"者:吴佩孚[照片]。《华文大阪每日》,1939年[第2卷,第7期,20页]

668. 苔岑诗坛:呈吴佩孚将军。《华文大阪每日》,1939年[第3卷,第4期,20页]

669. 卷一、吴佩孚认老子为耶稣。《文心》,1939年[第2卷,第1期,105页]

670. 旬日国内动向:吴佩孚陈棺明志。刘芳棣《战干》,1939年[第14期,31页]

671. 抗战琐屑录:八〇,王克敏捧吴佩孚。謦澄,《战地通讯》,1939年[第2卷,第23—24期,27—28页]

672. 诗论拔萃:吴佩孚之谜(中英文对照)。洛人(译),《译丛周刊》,1939年[第56期,14—15页]

673. 信不信由你:一、吴佩孚已做汉奸么。《血路》,1939年[第50期,816页]

674. 现世动态:小小报道:备棺示志的吴佩孚。《现世报》,1939年[第38期,3页]

675. 总理给总裁函电补辑(四):已见胡汉民先生所编"总理全集"者不录:一五、介绍卢凤冈函(十一年十一月):卢凤冈君新由吴佩孚处来……吴一飞《胜利》,1939年[第51期,13页]

676. 日补救泥足之四新议决案,土肥原牵率吴佩孚全经过:以克氏战争方略四则说明,攻击重点之指向……陈孝威、琳,《天文台》,1939年[第230期,2、5页]

677. 国内大事述要:吴佩孚将军逝世:不为敌用被敌谋毙并禁遗言。《江西地方教育》,1939年[第167—168期,99—101页]

678. 时事漫谈:吴佩孚将军生前不纳妾,不积私财,不出洋,不入租界。天风《民锋》,1939年[第1卷,第7期,15页]

679. 盖棺论定吴佩孚:吴氏在汉口就十四省联军总司令时留影[照片]。《杂志》,1939年[第5卷,第6期,17页]

680. 盖棺论定吴佩孚:吴佩孚[照片]。《杂志》,1939年[第5卷,第6期,17页]

681. 盖棺论定吴佩孚(附照片)。《杂志》,1939年[第5卷,第6期,17—20页]

682. 盖棺论定吴佩孚:上图为吴氏全盛代时的家庭,黑衣者为吴夫人张佩兰,傍立者为长子,其他则为吴氏令妹之一族[照片]。《杂志》,1939年[第5卷,第6期,18页]

683. 盖棺论定吴佩孚:中立披孝者为吴氏继子吴继中[照片]。《杂志》,1939年[第5卷,第6期,19页]

684. 吴佩孚的诗:吴佩孚生前惑于"武力统一"……吕寿山,

《杂志》,1939年[第5卷,第6期,20页]

685. 悼吴佩孚将军。霖霖,《职业生活》,1939年[第2卷,第8期,16页]

686. 悼吴佩孚。张君劢,《时代精神》,1940年[第1卷,第6期,65—66页]

687. 悼吴佩孚将军(附图)。《现实(上海1939)》,1939年[第7期,535页]

688. 小消息:吴佩孚有被害说。《田家半月报》,1939年[第6卷,第9期,4页]

689. 小消息:吴佩孚死了。《田家半月报》,1939年[第6卷,第24期,4—5页]

690. 时论选录:悼吴佩孚将军。《时事文汇》,1939年[第1期,7—11页]

691. 一代完人吴佩孚逝世。《时事文汇》,1939年[第1期,20—23页]

692. 吴佩孚将军盖棺论定。华夏,《学习》,1939年[第1卷,第7期,18页]

693. 两周来:吴佩孚北平逝世。《战鼓周刊》,1939年[第54—55期,6页]

694. 吴佩孚将军的一生。梁森,《职业与修养》,1939年[第2卷,第1期,23页]

695. 一月来时事(自十一月二十六日至十二月十五日):二、吴佩孚氏病逝故都。《进修》,1939年[第2卷,第3期,22—23页]

696. 吴佩孚将军于日前在平突然逝世我政府当局特赠陆军一级上将并给恤金一万元[画图]。廷敏(作),《抗卫》,1939年[第2期,封4页]

697. 悼吴子玉将军。汤匡瀛《抗卫》,1939年[第2期,34页]

698. 半月大事(自十一月廿三起至十二月七日止):国内:一代

伟人吴佩孚在平溘逝。徐敬言(辑),《抗卫》,1939年[第2期,50页]

699.本周大事记(自十二月二日至八日):国内:吴佩孚氏疾终平寓。《更生(上海1939)》,1939年[第4卷,第5期,160页]

700.国民政府命令:(一)褒奖事项:十七、褒扬吴佩孚追赠陆军一级上将特给治丧费一万元(中华民国二十八年十二月九日)。《内政公报》,1939年[第12卷,第10—12期,13页]

701.编辑者言:旅居北平的吴佩孚将军,于本月四日以牙病致收血症逝世……《良友》,1939年[第149期,1页]

702.与吴子玉书。赵恒惕《新闻杂志》,1939年[复3、8、9页]

703.方钟楼杂记:书吴子玉、叶楚伧与南社。林众可,《天文台》,1939年[第232期,3页]

704.老友吴子玉先生备橼左右不为敌动中外闻者凛然作歌壮之。柯璜,《民族诗坛》,1939年[第2卷,第6期,31—32页]

705.吊吴子玉将军。《抗战新闻》,1939年[第2卷,第1—2期,3—4页]

706.时事一旬:吴子玉逝世。《总汇报每旬增刊》,1939年[第1卷,第4期,3页]

707.海阔天空:每周茗谭:敬悼吴子玉将军。茶博士、琳,《五云日升楼》,1939年[第1卷,第41期,0页]

708.一月来时事讨论大纲(二月一日至廿八日):一、一月来发生了些甚么问题,这些问题的发生和发展:二、我国抗战:3、土肥原三请吴玉帅。《福建导报》,1939年[第1卷,第12—13期,6—7页]

709.吴孚威上将军挽歌(五十韵):[诗歌]。伍庄,《三六九画报》,1939年[第1卷,第16期,22页]

1940 年

710. 人物:上官云相论吴佩孚[照片]。《杂志》,1940 年[第 6 卷,第 4 期,51 页]

711. 人物:上官云相论吴佩孚(附照片)。曹聚仁,《杂志》,1940 年[第 6 卷,第 4 期,51 页]

712. 正气昭垂千古:中枢各界公祭吴佩孚上将:(上二)蒋委员长之挽联及亲书之大"义"字[照片]。邝光社,《东方画刊》,1940 年[第 2 卷,第 12 期,15 页]

713. 特载:吴佩孚将军的一生。梁森,《职业与修养》,1940 年[第 2 卷,第 3 期,25 页]

714. "吴佩孚将军与汪精卫先生"书后。温宗尧,《华文大阪每日》,1940 年[第 4 卷,第 2 期,4 页]

715. 再论吴佩孚将军。华夏,《学习》,1940 年[第 1 卷,第 9 期,10 页]

716. 吴佩孚将军的生平。波子,《复兴旬刊》,1940 年[第 31—32 期,12—13 页]

717. 吴佩孚之死。何珮,《严中学生》,1940 年[第 4 期,12—13 页]

718. 张君励《时代精神》,1940 年[第 1 卷,第 6 期,65—66 页]

719. 论吴佩孚。郑学稼,《时代精神》,1940 年[第 1 卷,第 6 期,68—73 页]

720. 吴佩孚之死。伯敏,《时代(漳州)》,1940 年[第 2 卷,第 4/5 期,589—590 页]

721. 外人心目中的吴佩孚:吴佩孚将军。Barger, H. H.(着),吴饮冰(译),《长风(上海 1940)》,1940 年[第 1 卷,第 1 期,51—56 页]

722. 外人心目中的吴佩孚:吴佩孚将军的遗范。《长风(上海 1940)》,1940 年[第 1 卷,第 1 期,56—57 页]

723. 外人心目中的吴佩孚:吴佩孚将军的最后一战(附照片)。《长风(上海1940)》,1940年[第1卷,第1期,57—58页]

724. 名人传记:吴佩孚传略。王幼侨,《读书通讯》,1940年[第4期,10页]

725. 时文选读:悼吴佩孚。张君劢,《学生月刊》,1940年[第1卷,第3期,95—96页]

726. 吴佩孚将军与汪精卫先生。温宗尧,《华文大阪每日》,1940年[第4卷,第1期,7—8页]

727. 从民众的爱憎说到佩服吴佩孚。冰生,《文心》,1940年[第2卷,第3期,24—25页]

728. 名人传记:吴佩孚传略。王幼侨,《读书通讯》,1940年[第4期,10页]

729. 名人传记:吴佩孚传略(续)。王幼侨,《读书通讯》,1940年[第5期,7—8页]

730. 名人传记:吴佩孚传略(续)。王幼侨,《读书通讯》,1940年[第6期,15—16页]

731. 名人传记:吴佩孚传略(续)。王幼侨,《读书通讯》,1940年[第7期,10—11页]

732. 吴佩孚将军的一生(续)。梁森,《职业与修养》,1940年[第2卷,第2期,24—25页]

733. 吴佩孚将军的一生(续)。梁森,《职业与修养》,1940年[第2卷,第4期,25页]

734. 吴佩孚将军的一生(续)。梁森,《职业与修养》,1940年[第2卷,第5期,25页]

735. 吴佩孚将军的一生。梁森,《职业与修养》,1940年[第2卷,第6期,23页]

736. 正气昭垂千古:中枢各界公祭吴佩孚上将:(上)故吴佩孚上将:[照片]。《东方画刊》,1940年[第2卷,第12期,15页]

737. 从吴佩孚将军的死谈到口腔卫生。饶君任,《新赣南月刊》,1940年[第1卷,第2期,70—73页]

738. 国民史料:吴佩孚将军的实事与轶事(下)。朱志远,《远东贸易月报》,1940年[第3卷,第7期,49—50页]

739. 美国图画杂志中之吴佩孚氏殡礼:一代完人之吴佩孚将军[照片]。《名著选译月刊》,1940年[第14期,封3页]

740. 宦海牙慧:吴佩孚与"女人"祸水、陈济棠之特别汽车……《都会》,1940年[第27期,7页]

741. 一月来国内时事:内政:吴佩孚在平逝世。万灿,《时事月报》,1940年[第22卷,第1期,12页]

742. 正气昭垂千古:中枢各界公祭吴佩孚上将:(上)亲临主祭之蒋委员长及中央各要人(前排自右至左,蒋委员长,于右任院长,孔祥熙副院长,何应钦部长,叶楚伧部长)[照片]。《东方画刊》,1940年[第2卷,第12期,15页]

743. 正气昭垂千古:中枢各界公祭吴佩孚上将(附照片)(中英文对照)。《东方画刊》,1940年[第2卷,第12期,15页]

744. 美国图画杂志中之吴佩孚氏殡礼:吴氏亲友送殡之盛况[照片]。《名著选译月刊》,1940年[第14期,封3页]

745. 美国图画杂志中之吴佩孚氏殡礼:殡仗中之吴氏遗像[照片]。《名著选译月刊》,1940年[第14期,封3页]

746. 美国图画杂志中之吴佩孚氏殡礼:吴氏为鲁人,铜匾之上为,鲁殿光寒四字[照片]。《名著选译月刊》,1940年[第14期,封3页]

747. 美国图画杂志中之吴佩孚氏殡礼:吴氏灵柩经过煤山之情景,由八十人舁运[照片]。《名著选译月刊》,1940年[第14期,封3页]

748. 半月大事(自十二月八日起至十二月二十二日止):国内:吴佩孚将军身后哀荣。徐敬言(辑),《抗卫》,1940年[第3期,95

页]

749.公牍:江苏省政府呈:秘三字第九〇号(中华民国二十八年十二月三十日):呈为己故孚威上将军吴佩孚人格……陈则民,《江苏省公报》,1940年[第84期,3—4页]

750.青年吴子玉。臧云远,《抗战文艺》,1940年[第5卷,第4/5期,118—120页]

751.哭吴子玉[诗词]。柯璜,《时代精神》,1940年[第1卷,第6期,155页]

752.觉园随笔:吴子玉……王觉源,《时代精神》,1940年[第2卷,第5期,90页]

753.吴子玉晚年生活。《时事半月刊》,1940年[第3卷,第4期,8页]

754.诗选:吴子玉将军佩孚挽歌……郑曼青,《时代精神》,1940年[第2卷,第5期,111页]

755.时事述评(十二月三日起至廿四日止):悼风骨嶙峋的吴子玉将军。《胜利》,1940年[第59期,30页]

756.诗歌:北征之曲(续第三期):寿阅台(吴子玉驻洛阳时建即所谓广寒宫者)。卢冀野,《黄河(西安)》,1940年[第5期,214页]

1941年

757.吴佩孚将军传。陶菊隐,《读者文摘》,1941年[第1期,138—146页]

758.吴佩孚醉后诗四首(转载同上书)[诗词]。《读者文摘》,1941年[第1期,146页]

759.吴子玉拒汪。《新认识》,1941年[第3卷,第6期,47页]

760.吴子玉 羊(分咏)。王伯龙(主编),《立言画刊》,1941年[第145期,33页]

321

761.后十年笔记(续):杨云史为吴子玉改诗、钟馗。胡怀琛(遗著),《文心》,1941年[第3卷,第9期,38—39页]

1942年

762.新都话旧录:吴佩孚挽谭延闿。佛茜,《新都周刊》,1943年[第4期,19页]

1945年

763.联语集粹:永思堂随笔之二:杨云史代吴子玉挽杜慎臣云……黄曾樾,《龙凤》,1945年[第1期,17页]

1946年

764.号外新闻:吴佩孚国葬问题。大任,《新上海》,1946年[第10期,10页]

765.孔祥熙筹划吴佩孚葬事。鳞爪,《新上海》,1946年[第40期,2页]

766.吴佩孚夫人气量小。小凤,《新上海》,1946年[第44期,4页]

767.吴佩孚之死。华封三,《新上海》,1946年[第48期,6页]

768.吴佩孚安葬:吴佩孚生前[照片]。许祖荫(摄),《一四七画报》,1946年[第8卷,第11期,21页]

769.吴佩孚任传达。方朔,《老百姓(上海)》,1946年[第1卷,第2期,7页]

770.吴佩孚墓竣工。《秋海棠》,1946年[第20期,6页]

771.王克敏害死吴佩孚。离平,《秋海棠》,1946年[第23期,7页]

772.吴稚晖追悼吴佩孚。《海涛》,1946年[第41期,1页]

773.一舟成敌国四海欲无家,吴佩孚困居兵舰时。梦中人,

《飘》,1946年[第5期,8页]

774.吴佩孚和齐燮元。土人,《飘》,1946年[第6期,10页]

775.吴佩孚传达出身。方朔,《飘》,1946年[第7期,6页]

776.章太炎与吴佩孚(附图)。伯伦,《青年生活(上海1946)》,1946年[第2期,27页]

777.名贵柬帖:吴佩孚之讣告。郑逸梅,《海天》,1946年[第1期,9页]

778.吴稚晖大捧吴佩孚。匡成,《快活林》,1946年[第6期,11页]

779.吴佩孚在平演讲趣话。虹声,《快活林》,1946年[第32期,11页]

780.吴佩孚的少年落宕时代。徐大风,《茶话》,1946年[第5期,72—75页]

781.吴佩孚安葬:鸣礼砲[照片]。许祖荫(摄),《一四七画报》,1946年[第8卷,第11期,21页]

782.吴佩孚安葬:李宗仁将军上祭[照片]。许祖荫(摄),《一四七画报》,1946年[第8卷,第11期,21页]

783.龙吟虎啸:吴佩孚传达出身。生甫(选辑),《群言》,1946年[复2,21页]

784.吴佩孚将军的生和死。灵犀,《新纪元周刊》,1946年[第3期,7页]

785.北洋旧直系军人:吴佩孚轶事。方佐卿(辑),《宇宙文摘》,1946年[创刊号,48—55页]

786.中央曾明令褒扬:杨森于学忠等请予吴佩孚国葬:吴佩孚遗影[照片]。《周播》,1946年[第5期,5页]

787.中央曾明令褒扬:杨森于学忠等请予吴佩孚国葬:克完晚节·薄海具瞻,鼓励兆民·流芳万古(附照片)。阿诚,《周播》,1946年[第5期,5页]

788.吴佩孚安葬:平西海淀民众当灵车抵达时举行公祭[照片]。许祖荫(摄),《一四七画报》,1946年[第8卷,第11期,21页]

789.吴佩孚生平一憾事:陈文钊违命投伪。李蒙生,《国际新闻画报》,1946年[第58期,2页]

790.卢沟桥事变说吴江:吴佩孚上天·江朝宗落水。林道萍,《民声(上海1946)》,1947年[第3卷,第1期,4—5页]

791.吴玉帅时代的交通总长。魏行易,《民声(上海1946)》,1947年[第3卷,第3期,6页]

792.卅年探访回忆录:忆孚威将军。畏厂,《一四七画报》,1946年[第8卷,第9期,6页]

1947年

793.褒扬吴佩孚。木公,《新文化》,1947年[第3卷,第1—2期,3页]

794.民国野史:公布吴佩孚一件秘密。王孚人,《国际新闻画报》,1947年[第73期,3页]

795.英雄本色,盖棺论定,吴佩孚风趣。金易,《国际新闻画报》,1947年[第82期,6页]

796.南川三泉公园蓬莱阁为吴故将军子玉七旬诞辰公祭楚玉赋怀旧二律次均答之。光升,《安徽文献》,1947年[第2卷,第4期,4页]

1948年

797.中山先生论吴佩孚。愚蒙,《人物杂志》,1948年[第3卷,第1期,22页]

1949 年

798.名人轶事:吴佩孚的幽默。《青年问题》,1949 年[第 6 卷,第 7—8 期,50 页]

19××年

799.文(甲):吴佩孚论。万惠卿,《学生文艺丛刊汇编》,19××年[第 2 卷,第 1 期,457—458 页]

800.电文:吴佩孚冯玉祥倒戈电。《民视日报五周纪念汇刊》,19××年[纪念汇刊,104—105 页]

801.电文:吴佩孚对外通电:(衔略)钧鉴:本日发表外交宣言文曰……《民视日报五周纪念汇刊》,19××年[纪念汇刊,110 页]

802.电文:吴佩孚勉川当局电。《民视日报五周纪念汇刊》,19××年[纪念汇刊,134 页]

803.函:吴佩孚阻方本仁出洋书。《民视日报五周纪念汇刊》,19××年[纪念汇刊,150—151 页]

804.函:吴佩孚冯玉祥之往还函:焕章将军足下……《民视日报五周纪念汇刊》,19××年[纪念汇刊,155—157 页]

805.函:吴佩孚慰问杨森书。《民视日报五周纪念汇刊》,19××年[纪念汇刊,158 页]

806.文(甲):吴佩孚论:夫战之道,攻心为上,攻城为下……姚澈,《学生文艺丛刊汇编》,19××年[第 2 卷,第 1 期,280—282 页]

807.诗(甲):吴佩孚:不为租界寄生虫……[诗词]。顾剑秋,《学生文艺丛刊汇编》,19××年[第 2 卷,第 2 期,487 页]

808.电文:吴子玉劝息争电。《民视日报五周纪念汇刊》,19××年[纪念汇刊,140 页]

说明:一个偶然的机会认识并熟悉了唐锡彤教授,深为其多年来致力于吴佩孚先生研究的精神所感动,也深为其所取得的成果而感到由衷的高兴。遵唐教授嘱,查找了一些刊载在民国时期的吴佩孚先生的相关史料,供今后研究参考。因才疏学浅,不会写论文,勉强奉上以上索引资料。也算为吴佩孚先生研究工作做了一点事情吧。

吴隆杰　山东省发改委

吴佩孚：一个不值得赞美的主和派

近几年，一些专家学者试图突破传统思维模式的束缚，开始从正面审视和评价军阀吴佩孚，并提出了一些新的观点和看法。这本来是好事，但时下对吴佩孚的评价越来越高，大有把过去的全部定论推翻之势，这就不能不令人忧虑了。有一种观点认为，吴佩孚在生命的最后阶段，在沦陷后的北平与日伪头目周旋，拒不当汉奸，维护了国家主权，结果惨遭谋杀，因此，吴是个晚节坚贞的爱国者，是个"民族英雄"。

对于这种观点，笔者不敢苟同。

笔者认为，吴佩孚是不折不扣的主和派，并进行对日媾和活动，因此不宜评价过高。

吴佩孚的主和立场与主张不值得肯定

吴佩孚是个喜欢自我标榜的人，在相当长的时间内，他竭力标榜自己抗日、爱国，俨然一个坚定的爱国者。1932年，失魂落魄的吴佩孚离开成都，来到了北平。少帅张学良给了"玉帅"好大的面子，亲率文武官员数百人到火车站迎候。吴并不领情，当晚回访张学良，刚一坐定，就大发其火，责问张为什么"九一八"事变不抵抗？保存实力作何用？张学良顾左右而言他。吴佩孚叹道："国恨你不报，私仇你不报，真没出息！忘记了自己的国仇家恨，真是不忠不孝。"

然而,卢沟桥事变后,当中华民族到了最危险的时刻,吴佩孚却没有任何表示。他没有发表抗议,没有举兵抗日,甚至不顾时局险恶,不理别人的劝告,执意留在即将沦陷的北平。

1938年6月至7月间,日本为了进一步"稳定"中国占领区,决定迅速组建伪"中央政府",并专门成立了"土肥原机关",开展"土肥原工作",目标是扶植北洋政客唐绍仪、靳云鹏及吴佩孚三人"出山",充任华北汉奸首领。而这三个人对于日本的态度有所不同。对于日寇的诱降,靳云鹏装病,婉拒与日伪交涉,保全了生命,也保全了声誉,客观上为吴佩孚提供了一个可以效法的榜样。唐绍仪稍与日寇接触,就被怀疑"通敌",重庆特工用利斧毙之于寓所。这实际上向吴佩孚发出了警告:与日寇勾搭,不但要背汉奸的恶名,而且有杀身之祸。然而,这些似乎对吴佩孚没有产生任何影响,他继续与日寇勾勾搭搭。

1938年12月29日,汪精卫在河内发表致蒋介石及国民党中央执委、监委的叛国"艳电",劝诱国民党政府与日本侵略者妥协求和。要求蒋介石响应近卫声明,以日本提出的"善邻友好、共同防共、经济提携"三点为依据,实现中日"和平"。1939年的元旦,国民党中常会继续召开会议,由蒋介石主持作出决议,永远开除汪精卫的党籍,同时撤销一切职务。

汪精卫是抗日战争时期最大的汉奸,然而,日本侵略者认为汪氏缺乏足够的号召力,尚需要更有实力的军界人物充当傀儡,才能达到目的,于是撮合"汪吴合作"。1939年5月至6月间,汪精卫几次致函吴佩孚。6月7日,吴复函。在这封信中,吴佩孚集中阐明了自己的政治立场与主张。

吴佩孚写道:"弟分属军人,昔亦误以武力为万能,经体察国情,默观世界大势⋯⋯一以政治之原理权衡其际,益慨然经国之路,初不必尽恃于藉疆场之决胜也。故自芦沟桥变起,兀坐故都,本所信念,日以启导和平为事,和平要领,则以保全国土恢复主权为唯一之主张,区区此志,窃幸与公尚有铖芥之合,九皋鹤鸣,敢云道不孤也。"①

翻译成白话文就是:我也是个军人,昔日也曾误以为武力万能。后经体察国情,纵观世界的发展趋势(得出新的结论)……(我坚信)以政治手段解决国与国之间的矛盾,是治理国家的基本途径,而不必自恃武力以求决胜于疆场。正是基于这种理念,卢沟桥事变后,我留在故都北平,并以倡导和平为己任。而实现和平的唯一前提,就是保全国土与恢复主权。在这一点上,我暗自庆幸与精卫先生不谋而合。有鹤鸣于九天之上,我深感议和的主张并不孤立。

从这段史料不难看出,对已经叛国投敌的汪精卫,吴佩孚毫不掩饰其仰慕之情;而且无论是在政治主张上,还是在思想感情上,他们都是情趣相通、臭味相投。虽然,吴佩孚也声称"和平要领,则以保全国土恢复主权为惟一主张",但这只是一厢情愿而已。要以和平的方式,令日本侵略者自动地退出占领的中国领土,恢复中国的国家主权,无异于白日做梦、与虎谋皮。汪精卫主和的本意,也不是要当汉奸,但在特定的历史环境下,不断受到日本诱降政策影响与挤压,最终走完了由主和到投降的叛国之路,成为可耻的汉奸。

近年来,有些文章将吴佩孚与汪精卫加以比较,认为二者在民族主义的认识和立场上是截然相反的②。也有的作者在书中写道:对于汪精卫来函,"吴认为荒谬绝伦"③。但是,如果认真研读吴佩孚的复函,就很难得出这样的结论。在信中,吴佩孚甚至表示应当

---

① 唐锡彤:《吴佩孚文存》,吉林文史出版社,2004年,第269—270页。下文涉及吴佩孚致汪精卫函的引文,都同此注释。
② 刘松茂:《吴佩孚与汪精卫对日寇不同的态度及其原因》,《湘潭大学学报》1994年第1期。
③ 郭剑林:《吴佩孚传》,北京图书馆出版社,2006年,第801页。

依附汪精卫,写道:"幸叨不弃,更当进附贤者,谒毕衷忱,如能教益频施,资为箴圭,更所欣盼而不容自己者也,修笺奉答,未罄万一,统希惠熠,维为国珍重。"翻译成白话文:"承蒙不嫌弃我,更应当依附贤人您,谒尽我的忠心。如能得到您的更多教诲,作为对自己的告诫,更是我盼望、高兴的事,特奉回信,也只说了自己的点滴感谢之情。尚希广布仁政之德,望您一定要为国家保重自己的身体。"

以上史实,足以说明,吴佩孚是个地地道道的主和派。

自抗战以来,中国政坛上就有主战派与主和派之分。在当时的历史背景下,主张抵抗,坚持抗战到底,就是民族大义,就是爱国主义。主和实际上就是投降,在一个民族敌人深入国土的背景下,妥协、媾和就是准备投降,是应该受到谴责的卖国行为。

为了阻止汪精卫们的妥协投降活动,国民参政会第一届第二次会议开幕后,陈嘉庚以电报的形式①,向大会提出"官吏谈和平以汉奸论案",许多参政员赞同,并使之获得通过。这一提案也受到国人普遍的赞同,这也是民族大义所在。

1939年6月30日,毛泽东在《反对投降活动》一文中指出:在中国内部,因而就掀起了主战派和主和派之争。他们的论点依然是一样,"战则存,和则亡"——主战派的结论;"和则存,战则亡"——主和派的结论。但是,主战派,乃是包括一切爱国党派,一切爱国同胞,全民族的大多数;主和派,即投降派,按其人数说来,则仅仅是抗日阵线中的一部分的动摇分子……我们共产党人公开宣称:我们是始终站在主战派方面的,我们坚决地反对那些主和派②。

吴佩孚是铁杆的主和派,并一直从事对日媾和活动,这是不争的事实。因此,晚年的吴佩孚不值得肯定,更不应该歌功颂德。

---

① 陈嘉庚为国民参政会参政员,因故未能出席会议。
② 《毛泽东选集》(第二卷),人民出版社,1991年,第571—572页。

吴佩孚对日和谈有损于国家、民族利益

1938年8月,"土肥原机关"派出大迫通贞少将来到北平,正式对吴佩孚开展"劝降"工作。吴佩孚对于谈判没有丝毫反感,反而认真地与敌伪头目进行接洽、磋商、讨价还价。吴佩孚提出的条件:一是他可以"出山";二是必须由他组织一支军队和一个政府。他说:"事变若由余来调停,大概可望得解决,如果举国舆论寄希望于余,余则可任此劳。但是,在调停之前,余须先行培植势力,足以迫使重庆政府接受调停。为此,余思招抚华北之土匪。如余发布命令,各支土匪部队将会立即汇合,如此,就易于培养军政势力。作为军、政势力之骨干的军队一旦建立,即可组织政府,扩大行政区域,取消临时政府。若蒋介石不听调停,则可把新政府之行政区域,扩至重庆,以解决事变。"①

吴佩孚这里讲得清清楚楚,他组织军队和政府的目的是要"迫使重庆政府接受调停","以解决事变";他甚至提出要以"新政府"取代重庆政府。在抗日战争初期,重庆政府的军队是日本人进攻的重点,搞垮重庆政府被日本人视为"解决事变"的关键。吴佩孚的上述主张,实际上就是协助日本人搞垮中央政府,破坏中国的抗战,无疑是地地道道的汉奸言论。汪精卫在投敌之前,还不敢这么明目张胆地叫嚣要搞垮重庆政府,在这一点上,与汪精卫相比,吴佩孚是有过之而无不及。

1939年初,日本人继续向吴佩孚施加压力,1月31日在吴的寓所什锦花园举行记者招待会,让吴宣读日本人写好的讲稿,宣布"出山",组织汉奸"中央政府"。

在此之前,吴佩孚受到了来自抗战阵营及各方爱国人士的多

---

① (日)晴气庆胤:《上海恐怖工作七十六号》,每日新闻社,1980年,第18—19页。

次警告,加深了对"落水"的顾虑,再加上日本不顾一切地采取强迫措施,更使之恼火,于是吴佩孚在记者招待会上甩开了日方拟就的讲稿,发表了讲话,向众人明确表示了自己的心意。吴佩孚这个讲话,如今受到史学界普遍的关注,一些人据此认为,吴佩孚顶住了日本人的压力,坚持了民族大义,因此应该肯定。但是仔细分析就会发现,吴佩孚这篇讲话不是爱国主义的,而是一篇汉奸言论的代表作:

第一,公开宣称准备当汉奸。吴佩孚开门见山地指出:"余受'和平救国会'之推荐,组织绥靖委员会着手准备建立政府机关以实现和平。"吴佩孚这里清清楚楚地表示,他准备建立汉奸政权,并出任汉奸政权的首脑。第二,"在日华之间实行武装调停"。吴佩孚接着说:"第一阶段当先编成作为其骨干之军队,为此,余打算首先使华北游击队归顺。若在华北巩固了地盘,则可在日华之间实行武力调停,解决事变。因为武力调停,余在国内战争中已有数次经验,所以对此是有自信的。"[①]在这里,吴佩孚不打自招,承认他不是站在国家的立场、民族的立场,而是想做"日华之间"的"调停人"。在民族危急深重的情况下,吴佩孚这种中立的立场,难道应该肯定吗?说实在的,吴佩孚貌似中立,实际上是为日本人张目,为侵略者帮忙。他所谓的"武力调停",决不是针对日本侵略者,而是向重庆政府施加压力,迫使蒋介石接受日本的条件,停止抵抗,妥协投降。这不是汉奸主张又是什么?第三,提出了"出山"的条件。吴佩孚提出了三个前提条件:一要有实地以便训练人员;二要有实权以便指挥裕如;三要有实力以便推行政策。在这三项内容中他特别强调要有"实权",视之为一切之基础。吴佩孚说:"实权这个问题是最要紧的,也可以说是先决条件,日本,一日不肯让出

[①] 《上海恐怖工作七十六号》,第22页。

主权则余一日不能出山,把握住主权之日,即余出山之日。"①

有人据此认为,吴佩孚向日本人要实权就是坚持了民族大义。但是,如果把这篇讲话上下文联系起来看,则很难得出那样的结论。

评价历史人物,不应脱离当时历史的背景与条件。在中华民族面临生死存亡的时刻,吴佩孚始终坚持主和的立场,并公开进行有损于国家、民族利益的媾和活动,实在不宜加以赞扬。有网友这样评论:吴佩孚是死得其时,如其不死,他当然也有可能不会去做"汉奸",但那也仅仅是因为条件谈不妥而已;他要是没有与日本搞和平的意愿,怎么会与日本接触,与汪精卫往来呢?

       刘明钢 江汉大学政法学院教授

---

① 苏开来:《吴佩孚之死》,北平新报社,1946年,第30页。

论吴佩孚之百变人生与功过得失

在风云变幻的百年中国近代史中,北洋军阀似乎是一个非常重要且无法规避的"历史名词"。因为自辛亥革命后,袁氏窃取大统,中国便开始进入长达 16 年之久的北洋军阀统治时期。自 1916 年 6 月,一代枭雄袁世凯病逝后,北洋集团便分裂为直奉皖等派系,并且各派为掌控北京中央政权而逐鹿,其间各派军阀几乎是连年混战,所谓"你方唱罢我登场",结果导致天下大乱,民不聊生,所以北洋集团长期以来备受世人痛骂,但历史则须从多角度观之,探之,也许才可得出一些真知灼见。北洋政府虽是臭名昭著,但对其也不可一概而论,直系名将吴佩孚,便是其中一特例。提及此人,世人也许只知吴氏在 1923 年血腥镇压了"二七"大罢工或是日后被国民革命军(北伐军)在两湖一带打得落荒而逃。这是吴氏一生中至为重要的两件大事,但仅此两事不能涵盖历史上真实的吴佩孚。吴氏一生,可谓传奇不断,但大多却不为人知。因此世人对吴氏之见解,可能多为偏见。

一、谍报战中显锋芒

吴佩孚,字子玉,生于 1874 年,山东省蓬莱县人,16 岁入登州水师营当学兵,22 岁考中秀才,24 岁入淮军聂士成部当了一名勤务兵。在其服役期间,因一次偶然时机被当时巡警营幕僚郭梁丞赏识,后在其极力保荐下,于 1902 年 9 月入保定陆军速成学堂测量科学习,一年后遂出任了北洋督练公所参谋处中尉。自此吴氏便正式成为北洋系的一员,开始了其传奇的一生。1904年2月,爆发了为争夺我国东北地区控制权的日俄战争,当时软弱无能的清政府陷入了两难的外交困境之中,因为其日俄双方谁也得罪不起,所以只好表面保持中立,但暗中却联日拒俄,为日军提供情报。譬如,当时清政府允许日本可从北洋督练公所中选拔16名能干得力的青年军官,作为日方的情报人员,而这其中便包括吴佩孚。这是吴氏初露锋芒的开始,也是其展现过人之能的第一次。据相关史料所载,吴氏在为日军提供情报期间,因其出色的情报工作能力,而被戏称为"总有法子先生"①。

1905年9月,日俄战争最终以沙俄的惨败而告终,而吴佩孚也因屡立奇功,被日本政府赠予一枚六等"单光旭日勋章"。此一事件,学界历来视为吴氏反动性之佐证,视为其投敌叛国之行径,但此种说法恐带有过浓的阶级色彩。试想此事发端之时,吴氏仅为一青年军官,可谓无权无势,且充当日方情报人员是当时朝廷之圣令。同时吴氏作为军人,其实难违令不从,须知军人之天职便是服从,此理古今皆通。所以吴氏充当日方的情报人员,可谓是无奈之举。其实若从吴氏一生而言,此事不过是吴氏一生之中的一支小插曲而已。单就抗战后,吴氏对日本之态度,便可知吴氏当年之举,绝非投敌叛国。据记载,吴氏当年在中外记者招待会上,明确表明他本人虽赞成和平,但有三个先决条件,即其一,日本必须无条件全面撤兵;其二,中华民国须保持领土和主权完整;其三,日本应以重庆国民政府为议和交涉对象。吴氏说完此三项后,便立即转过头来对秘书说:"你给我逐字译成日文,一字一句断乎不能有片言更意。"②试问此种对日之言论与态度,如何能说吴氏一生有投

---

① 郭剑林:《吴佩孚传》,北京图书馆出版社,2006年,第38页。
② 章君榖:《吴佩孚传》,团结出版社,2007年,第62页。

日之举呢?

二、识曹锟,北洋之星冉冉升起

吴氏在圆满完成了其一生中的第一次重大军务后,被清政府委派到北洋陆军主力第三镇。由此,吴氏便结识了对其有"知遇之恩"的大军阀曹锟,预示着自此这颗北洋之星很快就会冉冉升起。此后吴氏可谓是一路官运亨通,曾被袁氏政府授予陆军中将,后又率兵攻陷西南门户——衡阳,权重一方,而不久国内爆发了反对"巴黎和约"的五四爱国运动,当时在民族危亡的关键时刻,皖系力主签约,而直系则坚决反对,奉系却坐山观虎斗,想收渔翁之利。在此紧要关头,吴氏表现出了极大的爱国热情,他直接通电大总统徐世昌,表明"青岛得失,为吾国存亡关头。如果签字,直不啻作茧自缚,饮鸩自杀也",并表示"卫国是军人天职,与其签字贻羞万国,毋宁背城借一,如国家急难有用,愿率部作政府后盾,备效前驱"[①]。

同时在得知北洋政府开始对爱国学生大肆逮捕之后,吴氏遂及时通电大总统要求立即释放学生,否则众怒难犯,并一再严明学生"其心可悯,其志可嘉,其情更有可原"[②]。在五四运动中,吴氏表现出了一名军人应有的深切爱国之情,深得国人赞许,甚至连守常先生闻知此事后,也对其大加赞赏。1920年7月14日,爆发了直皖战争,吴氏率领第三师及三个混成旅由衡阳北上,顺利抵达武汉,与曹锟形成了南北呼应之势,后因奉系突然出兵,与直系联合作战,所以最终导致皖系大败,并彻底摧毁了皖系军阀。此次战役中,吴氏虽仅为一师长,却表现出了极高的军事指挥才能,深得直系其他将领和兵士的赞扬。战后吴氏升任为鲁豫巡阅副使,率第

---

① 田建群:《细说北洋——吴佩孚》,内蒙古人民出版社,2009年,第17页。
② 张鸣:《北洋裂变,学阀与五四》,广西师范大学出版社,2010年,第25页。

三师驻守中原军事重镇——洛阳。在此期间,吴氏开始在洛阳招贤纳士,筹饷练兵,以扩充实力。经过一年多的发展,到1921年底,其便已拥有十余万兵力,成了真正的地方实力派。

据坊间传闻,吴氏在此主政期间,民间一直有关于吴氏的"四字批文"的故事,如"豫民何辜""且先种树"和"老妻尚在"等,分别介绍了吴氏在用人和处理个人感情方面,所表现出的刚正不阿和用情专一。其一,"豫民何辜",是指吴氏在主政直鲁豫期间,当时有个极为平庸的政客,想托关系求"玉帅"提携,在河南求个一官半职,但当吴氏接到报告阅后,遂大笔一挥,批注了四个字"豫民何辜"。其大意是说,河南的老百姓有何过失,要你这样的庸才去祸害。其二,"且先种树",说的是当时有个被辞退的军佐,偶然听说吴氏帐下刚好有一个旅长的空缺,便写了一封自荐书,大谈了一番所谓的理想,并表示"愿为前驱功成,解甲退居故里,植树造林福泽桑梓"①等。当时吴帅阅后,也同样挥笔批了四个字"且先种树"。因为吴氏已从此人的自荐书中得知,此人乃华而不实之辈,所以便将其拒之门外。由此两则坊间传闻,可见其虽为一介武夫,但绝不是粗野荒蛮之人。他在用人之时,也是"唯才且唯德",如此用人之道,大公无私,实属难得,也足以警示启迪后人。其三,"老妻尚在",是说当时德国驻华公使的女儿,甚为仰慕吴氏,甚至到了极度暗恋的地步,所以便坦率地向吴氏写了一封求爱信。吴氏接到信后,要秘书译为中文,在得知信的内容后,其哈哈一笑,又大笔一挥写了四个字"老妻尚在"。众所周知,吴氏一生不曾纳妾,即使面对年轻姑娘的主动示爱也不动心,依然恪守礼道,这与同时期的其他军阀相比确有天壤之别。

---

① 杨文:《被历史忽略的历史》,河南文艺出版社,2006年,第45页。

三、"中国最强者"

1922年4月,第一次直奉大战爆发,吴氏被任命为直系的全权军事指挥。当时奉系入关的总兵力达12余万人,而直系的参战兵力却仅为奉系的一半,且装备也悬殊甚大,但此次战役,最后却是奉系兵败而归,直系大获全胜。第一次直奉战争可说是吴氏军事生涯中的顶峰之作,其过人的军事指挥才能,不言而喻。战后,吴氏虎踞洛阳,拥兵数十万,控制了直、陕、鲁、豫、鄂五省地盘,成了当时中国北方实力最大的军阀,可谓权倾一方。据记载,在其五十大寿之际,从全国各地赶来向吴氏拜寿的达官贵人、文化名流及各国驻华使节竟多达六七百人,甚至连康有为也为其献上寿联,"牧野鹰扬,百岁功勋才一半;洛阳虎视,八方风雨会中州"①,可见当时吴氏在中国的地位与影响。1923年,吴氏得知北京政府要将故宫三大殿拆毁,改为议院的消息时,震惊不已,遂当即给大总统、总理、内务总长、财政总长发电报,力陈其弊,表示"此不止中国之奇迹,实大地百国之瑰宝"②。并明确指出故宫三大殿不仅是中国的珍贵文化遗产,也是属于全人类的。据记载,当时全国各地报刊竞相登载了这篇通告,引起了巨大反响,最后故宫三大殿才得以保全。以此也可见,吴氏虽为军阀,但其也有深厚的爱国之情和深刻而公允的文化认知感,及对文物的保护意识。1924年9月8日,吴氏成为亮相美国《时代》杂志周刊封面的第一个中国人,当时西方媒体评价吴氏为"中国最强者"(Biggest man in China),而当时上海的英文杂志《密勒氏评论》的主编,美国人约翰·鲍威尔甚至认

---

① 苏文:《晚清民国人物分类档案》,中华书局,2006年,第21页。
② 陈杰:《吴佩孚传》,吉林大学出版社,2010年,第15页。

为"吴佩孚比其他任何人更有可能统一中国"①。

四、人生之百变

吴氏之风光,也许只是昙花一现,因为就在其登上美国《时代》杂志封面的一周后,第二次直奉战争爆发了。当时吴氏被任命为讨逆军总司令,但其在前线与敌激战之时,直系将领冯玉祥突然发动了"北京政变",囚禁了总统曹锟,直接推翻了直系中央政府,进而导致直系内讧,结果吴氏在第二次直奉战争中全军覆没,大败而归。由此,吴氏的人生便经历了180度的大转弯,从"时代的宠儿"一下跌落至人生的谷底,后仅率残部两千余人,败走天津,本想南逃武汉,可前景并不理想,一面是阎、冯、奉军队的围追堵截,另一面则是沿途的大小督理、督军禁止吴氏入境。其当时之境遇,真可谓是"前无去路,后有追兵"。此时,有部下建议吴氏莫不如暂退租界,以避锋芒,但吴氏却严辞拒绝,认为"堂堂军官,托庇外人,有伤国体"②。可见其英雄气概,与当时其他军阀相比,不可同日而语。后来无奈之下,其只好暂时寄身于兵舰之上,前后躲避长达七个半月,直到孙传芳发动反奉战争,邀吴氏出任"十四省讨贼联军总司令"之职,其才结束漫长的逃亡生涯。期间之经历,真可谓是险象环生,但吴氏却一刻也不曾想过投降奉系,也没有因此而意志消沉,而是养精蓄锐,自保实力,以图来日东山再起。

五、爱国之心永不变

1926年7月,广东革命政府开始誓师北伐,当时吴氏正好地处

---

① (美)约翰·鲍威尔:《我所知道的——吴佩孚》,中国文史出版社,2008年,第18页。
② 张学良、唐德刚:《张学良口述历史》,中国档案出版社,2007年,第11页。

两湖,所以便成为北伐军打击的头号目标,结果很快其便兵败两湖,又一次开始了逃亡生涯,后辗转流落到四川,投靠了大军阀杨森。1931年,应张学良之邀,其才离川赴北平定居。在北平火车站,吴氏还曾当面质问张学良,日本发动"九一八"事变时,东北军为何不全线抵抗,当时吴氏情绪甚为激动,足见其爱国之心。之后,其在北平便过起了深居简出的日子,但此时日本特务却想策反吴氏,以加快其侵略步伐。当时日本在北平、汉口两处曾分别设了专门策反吴氏的特务机关,所谓"大伯机关"与"竹机关"①。虽然吴氏当时已无兵权,实属闲人,但日本政府还是倾尽全力去策反,难得的是吴氏虽是军阀出身,却也有一腔爱国热血,对日本特务的策反,他根本不为所动,表现出了一个中国军人应有的民族大义与英雄气概。

六、宁死不屈,是真英雄

1939年12月4日,吴氏牙疾复发,高烧不退,很快便与世长辞,结束了其传奇的一生。当时有吴氏生前的部下、前清遗老、朝野名流及亲朋好友等一百八十余人为其送行,而且从东口大街一直到神路街口,站满了人群,都是自愿为吴氏送行的老百姓,老少皆有,甚至有人还放声大哭,可见吴氏当时在百姓心中之地位,京城百姓都尊其为"孚威上将军"②。再者也可从当时各方人士送来的众多挽联中得知吴氏之品格,本文仅列举其中有代表性的两幅,起一管中窥豹之用。其一,"不爱钱,不蓄妾,不入租界,执简以书,是真不朽。同投军,同就学,同拯国难,扶棺痛哭,岂独念和情";其二,"是真男子,是真将军,家国系安危,斯人胡可死。为天下忧,为

---

① 漱江浊物:《段祺瑞年谱·吴佩孚正传》,中华书局,2007年,第34页。
② 苏文:《晚清民国人物另类档案》,中华书局,2006年,第29页。

民众惜,行藏系劫数,天道竟难论"①! 对于这位戎马半生,叱咤风云的大军阀。我们应该从什么角度去理解? 又如何从其身上总结出何历史教训与经验,给今人及后人以启迪呢? 首先要全面而客观地了解历史上真实的吴佩孚,对其作一个全面而深刻的分析,不带任何阶级色彩,也不存丝毫主观偏见,恢复其本来面目。同时应将其还置于当时特殊的历史环境之中,从其一生作全局统筹分析。唯有如此,才能认识历史上真实的吴佩孚,才能对其做出一个全面而科学的评述,否则便只能是偏见。最起码须做到真实可信,而不可一味地主观臆断,违背历史事实,更不可为达到某阶级、某团体或某个人之利益,而妄断历史,甚至伪造历史。正如梁任公所言:"史学者学问之最博大而最切要者也,国民之明镜也,爱国心之源泉也。"②

综上,对吴佩孚之评述,应过滤其政治角色,从以下两个方面而论,即人格和国格。其一,从人格方面而言,吴氏可谓是禁财、禁色、禁裙带,为一介苦行僧。其二,从国格方面而论,吴氏则是拒绝卖国求荣,甚至到了迂腐之程度,犹是书生本色。所以,任何一种简单的、带有偏见性的评述,都无法使其人的复杂性得到全面、多方位的展示。换言之,只有正视史实,方能还原历史上真实的吴佩孚③。

韩世杰　西北师范大学历史文化学院中国近现代史专业在读硕士研究生

---

① 《吴佩孚传》,第51页。
② 梁启超:《中国史叙论》,中华书局,2001年,第23页。
③ 董必武:《日本企图搬新傀儡》,商务印书馆,1999年,第16页。

浅析吴佩孚的妇女观

吴佩孚作为近代军阀,从政治角度对其评价多存贬义,通常被扣上民国时期反动军阀的帽子而加以否定。但是,从另一方面看,他又是一个具有多面性的人物。从人性和道德的角度来看,他又有许多值得肯定和褒扬之处。本文试图透过吴佩孚的爱情原则所折射出的妇女观,分析其形成的原因,以及所具有的时代进步性和对当今后人的启示。

吴佩孚的妇女观的核心可用其作为爱情原则自警的"三不"信条概括之,即不纳妾、不好色、不找洋人。

吴佩孚的爱情原则之一是不纳妾。吴佩孚发迹后,始终不肯抛弃其糟糠之妻。更难能可贵的是,两人无子女,有人劝吴纳一小妾,不要断了吴家香火,但吴佩孚始终没有答应,这在妻妾成群的民国实属罕见。

吴佩孚的爱情原则之二是不好色。大量史实证明,吴佩孚一生是言行一致的。吴佩孚年轻时就写过:"率性而节欲,可庶几于圣贤;纵欲而灭性,则近于禽兽。"这道理说得简明、形象,想当圣贤,就要节制性欲,否则,就是禽兽!吴佩孚想做个道德完善的真君子,所以就恪守传统,谢绝纵欲。一个人一时禁色不难,难的是一辈子禁色,而吴佩孚做到了。他三十开外才娶结发妻子李氏,后母亲坚持纳妾张佩兰,吴佩孚不得不从。但其对两位夫人排得很正。李氏病故后,吴佩孚再未纳妾。

吴佩孚的爱情原则之三是不找洋人。1921年的某天,来自德国驻华公使馆年轻貌美的露娜小姐,非常偶然地在洛阳看到吴佩孚,久仰吴大帅大名的她,便一见钟情。西洋女子露娜小姐异常胆大,秋波频传,可这个大帅就是不领情,毅然回绝。露娜回国之后,还是十分倾慕,居然给吴下了最后通牒,直书:吴大帅,我爱你,你爱我吗?吴知道后,大笑不止,直接叫翻译传话过去:老妻尚在!绝不拖泥带水。自古英雄难过美人关,吴佩孚一代枭雄,如此忠于爱情,不为美女所动(还是外国的),除了张佩兰从不再予纳妾,与糟糠之妻厮守一生。

分析吴佩孚爱情原则指导下的行为背后的妇女观形成的原因,本人认为有以下几方面:

首先是新思想广泛传播对其产生影响的结果。近代中国国门随着被外国列强打开之后,各种新思潮、新思想涌进中国并得到广泛传播。因此,在闭关自守之下几千年来占据统治地位的封建伦理道德受到了猛烈冲击,这必然对识文断字秀才出身的吴佩孚产生影响,对新思想的接受使之不再完全被封建道德伦理所束缚,产生了反叛旧礼教的做法。几千年的封建社会以至到民国时期,婚姻并非是男女双方个人的事情,男人娶妻很重要的目的是要为家族繁衍后代,延续家族的香火。"家族主义支配我国的社会已经几千年了。在这家族主义之下,社会完全以家族为本位,个人的人格,全被蔑视;又因是父权制度的缘故,妇女尤被看作继续家系的机器和处理家庭事务的奴隶。"[①]汉代班昭写了《女诫》一书,几千年以来成为我国妇女的圣经。这本书的第一章就写明了女人要明确自己的身份和必须遵行的妇道,"古者生女三日,卧之床下,弄之瓦砖,而斋告焉。卧之床下,明其卑弱,主下人也。弄之瓦砖,明其习劳,主执勤也。斋告先君,明当主继祭祀也。三者:盖女人之常经,礼法之典教也"。其中的"继祭祀"就是要求女人成为制造子女

---

① 《五四时期妇女问题文选》,中国妇女出版社,1981年,第162页。

的机器①。吴佩孚之妻张佩兰不仅知道女人要恪守的职责,同时也深知封建礼教的严酷。"家族主义的结婚,是对于家的结婚。对于家的结婚的目的,就在生男子而定男系男子的继承人。所以结婚的第一义,便是生子。无子即是违反结婚的本义,对于家族,实在是极重大的事情,这时夫妇虽然怎样的相爱,当然也不能不生离了"②。吴佩孚发迹后,虽然始终对张佩兰相敬如宾,但两人一直没有子女。因此,张佩兰多次劝吴佩孚纳一小妾,不要断了吴家的香火,这是符合封建礼教要求的。对于吴佩孚而言,不仅可以纳妾生子,传宗接代,从封建伦理的角度看,即使休了张佩兰也是理所当然的③。所谓"不孝有三,无后为大"。在"以有后为孝,即必行一夫多妻和蓄妾的制度"④的时代,吴佩孚没有按照旧礼教所框定的规矩去做,始终没有答应纳妾,这在妻妾成群的民国实属罕见,吴佩孚的这一做法彰显出其敢于悖封建伦理而行的胆识,且重夫妻患难之情的人品。

其次是时代背景决定的。在民族危亡之时,作为一个有爱国良知的中国人,国格和人格必然是统一的。吴佩孚一生坚守的"四不"原则其中有两条为不留洋、失意后不进租界。1937年,卢沟桥事变发生,抗日战争全面爆发。日本人希望吴佩孚出山帮助他们实现占领全中国的美梦。日军以吴佩孚的名义在河南征召伪军。当吴佩孚得知南京大屠杀的消息后,为表示抗议,他整整绝食一天。国民党军炸开花园口黄河大堤,他为淹死很多日本人而高兴,但又为无家可归的140万中国人而悲伤。日本特务头子土肥原、川本等采取拉拢、威逼各种手段都未能让吴佩孚放弃民族气节。相反,吴佩孚义正词严地提出要日本人退换包括山东省在内的所

---

① 《五四时期妇女问题文选》,第162—163页。
② 同上,第165页。
③ 《大清律例》里列为七出第一条的便是无子。
④ 《五四时期妇女问题文选》,第159页。

有中国领土。前述德国贵族女子向吴佩孚求爱被他断然拒绝一事,不仅说明其是一个说到做到的正人君子,同时从他不纳妾、不找洋女人的爱情原则中也看到他坚持民族气节的铮铮铁骨。吴佩孚的国格和人格是相辅相成的,两者相得益彰。

再次是个人经历与成长背景决定的。吴佩孚与他同时代的军阀不同,北洋军人多不读书,而吴佩孚是秀才出身。1896年秋末,吴佩孚赴登州府去应童子试,一鸣惊人,时年23岁的吴佩孚中了第三名秀才,安香店门前一下子热闹起来,吴秀才顿时成为蓬莱县城街头巷议的中心人物。吴佩孚一生饱读圣贤之书,人称儒帅。他会写诗、绘画,书法也颇有功底。其鼎盛时期,他军中的军歌歌词即是由他填写的一阕《满江红·登蓬莱阁》。为此,不仅他常引以为自豪,在他成为威风八面的"孚威上将军"后,军政界也多当面以"玉帅""吴二哥"恭维之。正是这样一种与其他军阀不同的出身和经历,使其在人格修养,道德情操方面形成了与众多军阀不同的另类个性特征。

从人性、人伦和道德的角度看吴佩孚的爱情原则,对后人也不无启示。吴佩孚在做人上是有道德底线的。在当下的中国社会,从某种程度上讲中国人只顾发展经济而忘了道德建设。道德底线的缺失,使之频频曝出"道德沦丧"的事件。诸如摔婴案件、医务人员利用职业之便贩卖婴儿等等。更使人惊诧的是在高等学府竟也多次曝出学生相互残杀事件。高校是培养人才的重要阵地,人才应是德智体全面发展的、能对社会发展做出贡献的有用之人,这类事件的频出,不得不使我们要重新反思我国当前高等教育的成功与失败。全民素质的提高,道德家园的重建,各级教育机构肩负着重要的责任。要从娃娃抓起,要把"德商"的提高放到与智商、情商同等重要的地位来培养,并且首先要从最基础的做人的底线即人性、人伦和道德的底线教育开始,使孩子从小就知道什么该做,什么不该做。美国伦理学家、社会学家和教育家布鲁斯·温斯坦首次提出"德商"的概念,并总结出德商五原则:一、不造成伤害;二、让事情变得更好;三、尊重他人;四、公平;五、友爱。他认为德商五原则具有普适性与普世性,他是通过观察人类社会和各个宗教中普遍被世人所接受的行为准则中总结出来的。这些具有普适性与普世性的道德原则在我国传统文化的精髓中也随处可见,诸如孔子的"己所不欲,勿施于人"、孟子的"老吾老以及人之老,幼吾幼以及人之幼"、范仲淹的"先天下之忧而忧,后天下之乐而乐"。这些跨文化的核心道德观念,体现了人类道德价值的普遍性。

吴佩孚是一个爱读书,注重内涵修养的人。在当下的中国社会,功利主义价值观占据主导地位,使人们一切向钱看,什么需要做、什么不需要做,以能否马上赚到钱为标准。因此,坐冷板凳读书而不能立即有经济效益的事渐渐被轻视。尽管全社会人口的学历层次越来越高,而实际上国民的文化修养却越来越差。几千年所积淀的中国优秀传统文化的精华,无论在研究水平还是在传承和发扬上都远不如台湾以及日本等地区和国家。高等学府本应是一个能安心读书的地方,但目前的大学生能认真读书的人并不多,即使是刻苦读书的学生,其目的也极其功利:找到一份好工作、考研等等。我国国民的整体素质在国际上排名一直处于倒数几位,不读书、有学历无文化、不注重自身内涵修养是重要原因。而这一切必然导致全民价值观的混乱。

党的十八大从国家、社会、个人三个层面提出"三个倡导":倡导富强、民主、文明、和谐,倡导自由、平等、公正、法制,倡导爱国、敬业、诚信、友善。这是对社会主义核心价值观基本内容的最新概括,也为培育和践行社会主义核心价值观提供了基本遵循。积极培育和践行社会主义核心价值观,这是新形势下深入推进社会主义核心价值体系建设的需要,是国民摒弃失衡而没有标准的混乱的价值观回归社会主义价值观的需要。习主席也一再强调,当前宣传社会主义核心价值观、重塑社会主义核心价值观、践行社会主义核心价值观的重要性。历史和现实反复证明：一个国家、一个民族没有核心价值观的引领，就没有赖以维系的精神纽带，就没有统一的意志和共同的行动。社会主义核心价值观是实现中国梦不可或缺的价值引领，必须坚持和发扬。

李沂靖　山东外事翻译职业学院教授